COURS

DE

LÉGISLATION DES MINES

PAR

M. ÉTIENNE DUPONT

INSPECTEUR GÉNÉRAL DES MINES,
PROFESSEUR A L'ÉCOLE DES MINES.

PARIS
DUNOD, ÉDITEUR
LIBRAIRE DES CORPS NATIONAUX DES PONTS ET CHAUSSÉES, DES MINES
ET DES TÉLÉGRAPHES
Quai des Augustins, n° 49

1881

Tous droits réservés.

COURS

DE

LÉGISLATION DES MINES

PARIS. — IMPRIMERIE ARNOUS DE RIVIÈRE, RUE RACINE, 26.

COURS

DE

LÉGISLATION DES MINES

PAR

M. ÉTIENNE DUPONT

INSPECTEUR GÉNÉRAL DES MINES,
PROFESSEUR A L'ÉCOLE DES MINES.

PARIS
DUNOD, ÉDITEUR
LIBRAIRE DES CORPS NATIONAUX DES PONTS ET CHAUSSÉES, DES MINES
ET DES TÉLÉGRAPHES
Quai des Augustins, n° 49

1881

Tous droits réservés.

AVANT-PROPOS

Le livre que je fais paraître aujourd'hui renferme la première partie du *Cours de législation des mines, de droit administratif et d'économie industrielle* que je professe à l'École des mines (1).

Chargé de ce cours depuis treize années, j'ai dû le tenir au courant des principales décisions de doctrine judiciaire et administrative constituant la jurisprudence, ce puissant auxiliaire du droit. Les décrets et les circulaires ministérielles sucessivement intervenus en matière de mines doivent laisser leur trace dans un cours pratique de législation minérale : cette empreinte se reconnaîtra dans ce livre.

On y trouvera aussi, exposées et commentées à leur place, les importantes dispositions de la loi nouvelle du 27 juillet 1880. Après une préparation longue et laborieuse, cette loi récente est venue réviser, dans l'intérêt

---

(1) Le programme détaillé de ce cours a été imprimé en 1878 dans le volume intitulé : *Notices relatives à la participation du ministère des travaux publics à l'Exposition universelle, en ce qui concerne le corps des mines* (p. 188 et suiv.).

de l'industrie extractive, dix articles de la loi organique du 21 avril 1810 : elle fait désormais partie intégrante et essentielle de notre législation minière. C'est la promulgation de cette loi du 27 juillet 1880, je dois le dire, qui a décidé l'heure de l'impression du présent ouvrage, en préparation depuis plusieurs années déjà.

Un cours de législation ne comporte point tous les détails de doctrine et de jurisprudence que permet un traité : j'ai donc dû, pour ces détails, faire des renvois fréquents à mon *Traité pratique de la jurisprudence des mines*. Ce traité de jurisprudence contient un *appendice* (tome III) pour les lois, instructions, règlements et circulaires relatifs aux mines, minières, forges et carrières : la suite à cet *appendice* se trouve dans le chapitre des *annexes* (chap. XVIII), qui termine le présent ouvrage.

Vingt-huit années se sont écoulées depuis que j'ai publié la première édition de ce traité : je n'ai pas cessé, depuis lors, de poursuivre par devoir et par goût mes études et recherches sur le droit des mines. Heureux serai-je si mon nouveau travail le témoigne d'une façon utile et efficace aux ingénieurs, aux exploitants et à toutes les personnes appelées à s'occuper de questions de mines.

Paris, avril 1881.

TABLE DES CHAPITRES

ET

TABLE DES MATIÈRES

TABLE DES CHAPITRES

		Pages
Chapitre Ier.	— **Propriété des mines. — Généralités**.	1 à 27
— II.	— **Recherches de mines**.	28 à 71
— III.	— **Obtention des concessions**.	72 à 125
— IV.	— **Interprétation des actes de concession. — Recours**.	126 à 136
— V.	— **Devoirs des concessionnaires vis-à-vis des propriétaires. — Droits des propriétaires**.	137 à 202
— VI.	— **Devoirs des concessionnaires vis-à-vis des inventeurs et des explorateurs**.	203 à 214
— VII.	— **Redevances des mines**.	215 à 273
— VIII.	— **Surveillance administrative des mines**.	274 à 350
— IX.	— **Droits des concessionnaires**.	351 à 394
— X.	— **Anciennes concessions**.	395 à 405
— XI.	— **Mines de sel, sources et puits d'eau salée**.	406 à 426
— XII.	— **Minières et mines de fer. — Usines métallurgiques. — Terres pyriteuses et alumineuses**.	427 à 464
— XIII.	— **Régime des mines aux colonies**.	465 à 471
— XIV.	— **Carrières**.	472 à 509
— XV.	— **Tourbières**.	510 à 523
— XVI.	— **Expertises. — Arbitrages**.	524 à 539
— XVII.	— **Contraventions**.	540 à 567
— XVIII.	— **Annexes**.	568 à 741

TABLE DES MATIÈRES

CHAPITRE I.

PROPRIÉTÉ DES MINES. — GÉNÉRALITÉS.

Trois systèmes principaux d'organisation de la propriété des mines : accession, droit domanial, droit régalien.	1
Régime de la propriété des mines à l'époque contemporaine.	4
Historique du régime de la propriété des mines en France, avant 1791	6
Loi du 28 juillet 1791.	9
Arrêtés et instructions ministérielles intervenus sous le régime de la loi de 1791	11
Code civil.	12
Loi du 21 avril 1810 : première partie de l'exposé sommaire de ses dispositions.	13
Le droit de propriété des mines, en France, dérive exceptionnellement de la loi civile, tandis que le droit de propriété, en général, est de droit naturel	14
Part faite aux propriétaires du sol et aux inventeurs par la loi de 1810, dans la constitution de la propriété des mines.	21
Suite de l'exposé sommaire des dispositions de la loi de 1810.	21
Conséquences économiques de la loi de 1810.	23
Compléments et modifications apportés à la loi de 1810 par les lois des 27 avril 1838, 17 juin 1840, 9 mai 1866 et 27 juillet 1880.	25
Actes réglementaires divers intervenus sur les mines depuis 1810.	26

CHAPITRE II.

RECHERCHES DE MINES.

Importance technique, importance administrative des travaux de recherches	28
Deux catégories de recherches de mines : sur des terrains non concédés ou des terrains concédés.	28
Droit de recherches dans les terrains non concédés. — Deux sortes de recherches : celle que fait le propriétaire, et celles qui sont faites par un explorateur muni d'un permis de recherches.	29
Recherches exécutées par le propriétaire ou son ayant-droit : nature du droit du propriétaire.	29
Comparaison avec la législation étrangère (Autriche, Prusse, Bavière, Angleterre).	30
Devoirs des propriétaires explorateurs vis-à-vis du gouvernement.	31
Comparaison avec la jurisprudence belge.	32

Devoirs des propriétaires explorateurs vis-à-vis des autres propriétaires : prohibition spécifiée par l'article 11 révisé.	32
Comparaison avec la législation étrangère en ce qui concerne l'article 11 (Autriche, Italie, Prusse, Bavière, Belgique).	33
Interdiction au propriétaire de vendre ou utiliser les produits de ses recherches, sans un permis de vente.	34
Ce permis de vente est délivré par le ministre.	35
Formalités pour obtenir un permis de vente.	35
Droits et devoirs du permissionnaire. — Durée du permis.	36
Spécimen des conditions générales insérées dans les permis de vente.	37
Recherches faites par un cessionnaire du propriétaire. — Compétence des tribunaux pour les indemnités de terrain.	38
Compétence du gouvernement sur la destination des produits des recherches de mines : règlement des droits des propriétaires sur ces produits.	38
Opinion de la cour de cassation.	40
Opinion du conseil d'État.	40
Comparaison avec la législation étrangère (Prusse, Bavière, Autriche).	41
Permis de vente inséré exceptionnellement dans un décret de concession.	41
Recherches faites sans le consentement du propriétaire avec un permis du gouvernement : avantages du système de dualité organisé par la loi. — Rappel du système proposé par Turgot pour la propriété des mines.	42
Jurisprudence belge.	43
Trois conditions pour qu'un permis de recherches puisse être accordé.	43
Compétence exclusive du chef du gouvernement pour accorder les permis.	43
Autorisation de recherches sur les terrains communaux.	44
Autorisation de recherches dans un terrain domanial.	45
Formalités à remplir pour obtenir un permis de recherches.	46
Comparaison avec la législation étrangère (Autriche, Prusse, Bavière, Italie).	47
Devoirs des permissionnaires de recherches vis-à-vis des propriétaires. — Indemnité préalable.	48
Comparaison avec la législation de Prusse et de Bavière.	48
Mode de calcul de l'indemnité préalable payée en France.	49
Système de la caution, possible en France, appliqué en Algérie, admis en Prusse et en Bavière.	50
Définition de l'indemnité préalable.	51
Produits extraits des recherches faites en vertu d'un permis du gouvernement : nécessité, pour en disposer, d'un permis de vente.	51
Exemples de permis de recherches portant permission de vente.	52
Règlement, par le gouvernement, de la redevance due au propriétaire sur les produits extraits par le permissionnaire.	52
Devoirs des permissionnaires de recherches envers les propriétaires, résultant de l'article 11 révisé.	53
Double prohibition, intérieure et extérieure, spécifiée par l'article 11 révisé.	53
Œuvres auxquelles s'applique la prohibition intérieure.	55
Prohibition extérieure.	55
Les clôtures murées, isolées et sans habitation n'ont plus le privilége de la prohibition extérieure.	56
Rayon de la zone de prohibition.	56
Nomenclature des ouvrages interdits.	57
Consentement nécessaire du propriétaire des habitations.	57
Servitude imposée par l'article 11 au propriétaire qui exécute ou laisse faire des recherches de mines dans son fonds.	58

TABLE DES MATIÈRES.

Caution due en cas de travaux de recherches sous les lieux habités	60
Devoirs du permissionnaire de recherches vis-à-vis du gouvernement	60
Affiche du permis de recherches	61
Libellé d'un permis de recherches	61
Droits des permissionnaires de recherches	62
Le permissionnaire a-t-il le droit d'ouvrir des chemins dans son périmètre?	62
Comparaison avec la législation belge	63
Durée des permis de recherches	64
Comparaison avec la législation d'Autriche	64
Renouvellement des permis de recherches	64
Expiration, de plein droit, de sa durée	65
Produits extraits à la suite d'un permis de recherches. — Permis double de recherches et de vente	65
Le permis de recherches ne préjuge rien sur le choix ultérieur du concessionnaire	67
Recherches sur les terrains concédés : deux catégories de personnes peuvent faire ces recherches	67
Comparaison avec la législation étrangère (Italie, Prusse, Bavière)	69
Y a-t-il lieu à redevance au profit de l'État sur les produits des recherches de mines?	70
Législation étrangère (Autriche, Prusse)	70
La vente des produits extraits des recherches n'est pas sujette à patente	71

CHAPITRE III

OBTENTION DES CONCESSIONS

Régime des concessions. — Classement des substances minérales	72
Les concessions de mines comprennent généralement la partie superficielle comme la partie souterraine du gîte	73
Classification des substances minérales d'après leur nature	73
Comparaison avec la jurisprudence belge	75
Trois exceptions au principe précédent pour les minerais de fer, l'alun et les pyrites ferrugineuses	75
L'article 2, désignant les substances concessibles, est énonciatif et non limitatif : principe admis en France et en Belgique	77
Concessibilité de toutes les variétés de bitume minéral	78
L'autorité administrative, statuant en conseil d'état, tranche les questions de concessibilité	80
Obtention des concessions. — Personnes aptes à les demander	81
Sociétés aptes à obtenir des concessions de mines	82
Concession de mines accordée à un syndicat	82
Un individu déjà concessionnaire peut obtenir une concession nouvelle	83
Formalités à suivre pour une demande en concession de mines. — Pétition : indications qu'elle doit contenir	84
Annexes de la pétition. — Plans	87
Extraits de rôles des contributions	89
Traités particuliers pour la redevance tréfoncière	89
Acte de société	89
Mémoire à l'appui	91
Enregistrement de la demande à la préfecture. — Certificat d'enregistrement	91
Affiche des demandes complètes et régulières	92

Rédaction du projet d'affiche par l'ingénieur en chef des mines. 94
Durée des affiches et publications. 95
Travaux de recherches à exécuter pendant les deux mois d'affiches 96
Comparaison avec la Belgique . . . . , ... 97
De simples sondages peuvent suffire, comme recherches, suivant les cas. 98
Certificat d'affiches dressés par les maires. — Avis du préfet 98
Rapport de l'ingénieur des mines. — Avis de l'ingénieur en chef 99
Avis éventuel du conseil de préfecture. 99
Avis du préfet. . . . . , ... 100
Instruction au ministère. — Avis du conseil général des mines. — Projet de décret de concesssion 101
Discussion au conseil d'état. — Décision définitive 102
Refus de concession 102
Comparaison avec la législation étrangère en matière de concessions (Prusse, Bavière, Belgique). 103
Oppositions et demandes en concurrence, survenues pendant les deux mois d'affiches 107
Affiches simultanées et collectives. 109
Oppositions et demandes en concurrence tardives. 109
Etendue des concessions de mines, en France, en Autriche, en Prusse, en Bavière. . 111
Concessions superposées. — Comparaison avec la législation étrangère (Autriche, Prusse, Bavière, Belgique). 112
Difficultés pendantes sur la propriété de la surface. 114
Concession accordée à un demandeur, d'une portion de terrain demandée, non par lui, mais par son concurrent. — Jurisprudence belge. 115
Teneur des actes de concession. 115
Anciens modèles pour projets de décrets de concession de mines et cahiers des charges. — Modèles actuels. 115
Ampliations du décret de concession et du cahier des charges données par le ministre et le préfet. — Plans des concessions 123
Publicité des décrets de concession. 124

CHAPITRE IV.

INTERPRÉTATION DES ACTES DE CONCESSION. — RECOURS.

Interprétation des actes de concession. — Elle appartient au gouvernement statuant en conseil d'état 126
Jurisprudence belge en matière d'interprétation de concessions. 128
Oppositions motivées sur la propriété de la mine renvoyées aux tribunaux. 128
Jurisprudence belge. 129
Un décret de concession n'est point un acte de nature contentieuse. — Les concessions instituées dans les formes légales sont inattaquables par la voie contentieuse. 130
Tiers prétendant avoir été omis par erreur dans un acte de concession. 131
Impuissance d'un concessionnaire à attaquer par la voie contentieuse une disposition de son cahier des charges 131
Recours au contentieux contre un acte de concession non précédé de toutes les formalités légales. 131
Recours par la voie gracieuse. 132

Ouverture du recours en interprétation de concession sur une décision administrative ou judiciaire. 132
Les héritiers d'un demandeur décédé avant l'acte de concession n'ont pas un droit absolu à la concession. 132
Concession conférée exceptionnellement aux héritiers d'un demandeur. 133
Concession accordée à une société dont un des membres est décédé avant l'acte de concession. 133
Compétence des tribunaux, en matière de traités d'association du titulaire d'une concession avec des tiers. 133
Recours en interprétation pour bornage 134

CHAPITRE V.

DEVOIRS DES CONCESSIONNAIRES VIS-A-VIS DES PROPRIÉTAIRES. — DROITS DES PROPRIÉTAIRES.

Deux sortes d'indemnités dues par les concessionnaires aux propriétaires du sol. . . . 137
Redevance tréfoncière. — Sa nature. 137
Formes variées de la redevance tréfoncière. 139
En principe, elle doit être peu élevée 139
Trois modes principaux de redevances tréfoncières. 140
Redevances tréfoncières proportionnelles aux produits extraits. 140
Redevances tréfoncières fixes. 142
Redevances tréfoncières mixtes. 143
Comparaison avec les redevances tréfoncières belges. 144
Formes particulières de redevances tréfoncières : droits des usagers. 145
Redevances tréfoncières consacrant les conventions antérieures 146
Droit exclusif, pour le gouvernement, de régler la redevance tréfoncière. 147
Compétence des tribunaux pour les contestations relatives au payement de cette redevance, alors qu'il n'y a pas lieu à interprétation du décret de concession 150
Conventions amiables sur la redevance tréfoncière, postérieures à la concession : compétence des tribunaux 151
Règlement de la redevance tréfoncière par un décret postérieur à la concession. . . 152
La redevance tréfoncière suit, sauf stipulation contraire, la vente ou l'expropriation du fonds. 152
Expropriation temporaire de la redevance tréfoncière déjà séparée de la propriété de la surface. 153
La redevance tréfoncière n'est pas rachetable contre la volonté du propriétaire redevancier. 154
La redevance tréfoncière non séparée de la surface se divise naturellement avec celle-ci. 155
Elle est due solidairement par les concessionnaires 155
La redevance tréfoncière unie à la surface est susceptible d'hypothèques. 155
La redevance tréfoncière séparée de la surface est une rente mobilière. 156
Le chômage autorisé par l'administration ne peut pas donner lieu à indemnité au propriétaire redevancier. 157
Indemnités dues aux propriétaires du sol, pour occupations de terrains et pour dégâts de mines. 158
Aperçu sommaire des principes posés, en matière d'indemnités, par l'article 44 révisé. 159
L'article 43 révisé s'applique à la fois aux occupations de terrains et aux dégâts de mines. 160

Indemnités pour occupations de terrains dans le périmètre concédé............ 160
Compétence exclusive des tribunaux civils pour régler ces indemnités........ 162
Possibilité du règlement de ces indemnités par des arbitres................ 164
Les tribunaux doivent-ils régler les indemnités pour les occupations de terrains opérées par un permissionnaire de recherches?..................... 164
L'indemnité pour occupation de terrains par un concessionnaire doit-elle être préalable... 167
Règlement des indemnités d'occupation de terrains pour travaux de mines, à l'étranger (Autriche, Prusse, Bavière, Italie)..................... 168
Moins-value, privation ou diminution de jouissances en matière d'occupation de terrains pour travaux de mines. — Dépréciation..................... 170
Règlement possible de l'indemnité d'occupation par des conventions particulières... 171
Droits, pour les propriétaires du sol, d'être préalablement entendus, en matière d'occupation de terrains pour les travaux des mines................... 172
Indemnités pour dégâts de mines................................. 172
Le mot « droit commun » du § 7 de l'article 48 révisé s'applique seulement au « mode de calcul » de l'indemnité due pour dégâts de mines, laquelle est assimilée, pour le reste, à l'indemnité pour occupation de terrains..................... 173
Système mixte résultant de l'article 43 révisé : responsabilité spéciale pour le principe de la dette de l'indemnité, et responsabilité de droit commun pour le calcul de l'indemnité.. 174
Comparaison générale des deux théories de la responsabilité de droit commun et de la responsabilité de droit spécial, pour dégâts de mines................ 175
Règlement des dégâts de mines dans la législation étrangère (Italie, Prusse).... 184
Conventions particulières en matière de dégâts de mines.................. 185
Jurisprudence des tribunaux, en matière d'indemnités pour dégâts de mines.... 185
Comparaison avec les dégâts causés au voisinage par un propriétaire qui fait des recherches de mines, ou bien qui exploite une minière ou une carrière........ 187
Responsabilité d'un concessionnaire, dans le cas où les travaux de mines sont situés au-dessous d'un terrain lui appartenant............................ 190
Indemnités pour déversement d'eaux de mines nuisibles à la surface........... 191
Durée de la responsabilité du concessionnaire en matière de dégâts de mines.... 191
Particularité de la loi prussienne, pour prescription des dégâts de mines....... 191
Les dégâts de mines ne sont pas soldés par la redevance tréfoncière.......... 192
Les dégâts de mines sont dus pour les constructions postérieures à la concession.. 194
Jurisprudence en matière de dégâts aux constructions................... 194
Compétence pour ordonner des travaux destinés à empêcher des dégâts de mines... 195
Résumé général des droits des propriétaires vis-à-vis des concessionnaires de mines. 196
Caution due en cas de travaux sous les lieux habités.................... 196
Comparaison avec la législation étrangère (Italie)..................... 197
Droits résultant, pour le propriétaire de la surface, des prescriptions de l'article 11. 197
Compétence des tribunaux pour l'exécution de l'article 11................ 198
La prohibition intérieure de l'article 11 s'étend aux ateliers............... 198
Application de l'article 11 aux établissements fondés après la concession....... 199
Le droit du propriétaire ne s'étend pas à vendre la mine non concédée existant dans son fonds... 199
Le propriétaire ne peut pas vendre un droit de préférence à la concession...... 200
Il peut vendre son droit à la redevance tréfoncière.................... 200
Comparaison, pour divers droits des propriétaires, avec la législation étrangère (Prusse, Bavière, Autriche, Belgique)........................... 201

CHAPITRE VI.

DEVOIRS DES CONCESSIONNAIRES VIS-A-VIS DES INVENTEURS ET DES EXPLORATEURS.

Définition légale de l'inventeur, en matière de mines.	203
Deux sortes d'indemnités accordées à l'inventeur : droit d'inventeur, droit d'explorateur.	203
Exemples de droits d'inventeur.	205
Conventions particulières au sujet des droits d'inventeur.	206
Recours contre un acte de concession par un inventeur qui n'a pas été entendu.	206
Incompétence d'un ministre pour statuer sur les droits d'inventeur.	207
Compétence du conseil d'état pour définir, par interprétation, les droits d'inventeur spécifiés dans un acte de concession.	207
Indemnités aux explorateurs, réglées par le conseil de préfecture.	208
Principes et usages admis pour la fixation de ces indemnités.	208
Sondages d'exploration. — Distinction à faire.	210
Prix à attribuer aux travaux utiles.	211
Indemnités pour travaux antérieurs à une concession ancienne. — Compétence du conseil de préfecture.	211
Appel, en conseil d'état, des décisions du conseil de préfecture.	212
Mention, dans les actes de concession, du règlement éventuel de cette indemnité.	213
Considérations générales sur les indemnités à accorder aux explorateurs.	213

CHAPITRE VII

REDEVANCES DES MINES

Deuxième attribut du droit régalien : droit à une redevance sur les produits des mines.	215
Redevances fixe et proportionnelle dues à l'État.	215
Redevance fixe.	216
Redevance fixe, dans le cas de concessions superposées.	216
Assiette de la redevance fixe sur les mines concédées.	217
Assiette de la redevance fixe sur les mines non concédées.	218
Réclamations pour dégrèvement ou décharge de la redevance fixe.	218
Redevance fixe pour la première année.	220
La redevance fixe est due jusqu'au retrait de la concession.	220
Nature de la redevance fixe : est-elle une contribution ?	221
Comparaison avec l'étranger pour la redevance fixe (Autriche, Bavière, Italie, Belgique).	221
Il n'y a pas lieu d'élever, en France, le chiffre de la redevance fixe.	222
Redevance proportionnelle. — Sa nature.	223
Il n'y a pas lieu d'élever, en France, le taux de la redevance proportionnelle.	227
Assiette de la redevance proportionnelle.	227
Déclaration des concessionnaires.	227
Registres d'extraction et de vente.	228
Préparation des états des redevances.	229
Estimation du comité de proposition ou de répartition.	231

Proposition de l'ingénieur des mines.................................. 231
Intervention de l'ingénieur en chef des mines......................... 231
Avis du directeur des contributions directes.......................... 232
Décision du comité d'évaluation. — Décret du 11 février 1874.......... 232
Concessions quasi-abandonnées dont les titulaires sont insolvables.... 236
État récapitulatif par mine... 236
Recouvrement de la redevance.. 237
Mines inexploitées.. 238
Réception du travail des redevances au ministère...................... 238
Abonnement à la redevance proportionnelle............................. 239
Durée des abonnements à la redevance proportionnelle.................. 242
Demandes en réduction ou décharge de la redevance proportionnelle..... 242
Demandes en remise de tout ou partie de la redevance proportionnelle.. 246
Destination du produit des deux redevances............................ 247
Établissement de la redevance proportionnelle pour la première année de l'exploitation. 248
Il n'est pas tenu compte des déficits des exercices antérieurs à celui qui sert de base à la redevance proportionnelle.................................. 249
Mode d'établissement de la redevance proportionnelle sur deux mines appartenant au même propriétaire... 250
Redevance sur les mines affermées..................................... 252
Établissement du produit brut, d'après les quantités extraites, pendant un exercice unique. — Stocks de fin d'année.. 252
Prix à attribuer aux produits extraits. — Cas de chemins de fer extérieurs...... 254
Prix à attribuer aux produits des mines métalliques................... 257
Le lavage des produits extraits est un accessoire de l'exploitation, non sujet à patente. 257
La fabrication des agglomérés et celle du coke sont des opérations distinctes de l'exploitation des mines et sujettes à patente................................ 258
Dépenses à admettre pour la fixation du revenu net.................... 260
Dépenses qu'il n'y a pas lieu d'admettre pour la fixation du revenu net imposable. 263
Dépenses faites d'une manière plus ou moins judicieuse................ 265
Contribution foncière : portes et fenêtres............................ 265
Associations de concessionnaires. — Sociétés de mines étrangères...... 266
Entrepôts de vente.. 266
Les redevances de mines sont, en réalité, une charge relativement légère pour l'exploitant.. 267
Comparaison avec l'impôt des mines à l'étranger (Autriche, Italie, Prusse, Bavière, Belgique)... 268
Taxe des biens de main-morte.. 269
Subventions pour l'entretien des chemins extérieurs................... 270
Taxe pour la vérification des poids et mesures, non applicable aux exploitants.. 272
Impôt de 3 p. 100 sur les valeurs mobilières.......................... 272

CHAPITRE VIII.

SURVEILLANCE ADMINISTRATIVE DES MINES.

Troisième attribut du droit régalien : surveillance administrative des mines..... 274
Bornage des concessions de mines...................................... 274
Difficultés pour bornage.. 276
Indivisibilité des concessions sans l'autorisation du gouvernement.... 277

TABLE DES MATIÈRES.

Cessions du droit d'exploiter. — Amodiations partielles. — Conventions de partage. — Cas exceptionnels	278
Demandes en partage de concession. — Instruction de ces demandes	279
Comparaison avec la législation étrangère (Belgique, Prusse, Bavière)	280
Direction unique. — Représentant vis-à-vis de l'administration. — Comparaison avec la législation étrangère (Prusse, Bavière)	281
Responsabilité collective des concessionnaires en l'absence d'un représentant	282
Domicile administratif	282
Liberté de transmission des concessions, sauf deux restrictions	283
Réunion des concessions de même nature, interdite sans l'autorisation du gouvernement : décret du 23 octobre 1852	285
Fermage de plusieurs concessions de même nature, interdit sans l'autorisation du gouvernement	289
Nombreux exemples de réunions de concessions autorisées par le gouvernement	289
Réunion de concessions contiguës en une seule concession avec périmètre unique	290
Comparaison avec la législation étrangère en matière de réunion de concessions (Belgique, Prusse, Bavière)	291
Surveillance des mines par le gouvernement	292
Dispositions du nouvel article 50, en matière de surveillance administrative	292
Lois, ordonnances et décrets intervenus depuis 1810, en matière de surveillance des mines	295
La surveillance administrative des mines doit être répressive et préventive	295
Mode d'action de l'administration en matière d'ouvertures nouvelles de travaux de mines	296
Régime de la Belgique	299
Régime de la France en matière d'ouvertures de mines; prescriptions des cahiers des charges : jurisprudence	300
Comparaison avec la législation étrangère (Prusse, Bavière, Angleterre)	305
Recours contre les arrêtés préfectoraux en matière d'ouvertures de travaux de mines et de surveillance administrative	306
Obligations des concessionnaires en cas de travaux sous les lieux habités	307
Abandon des travaux : obligations des concessionnaires	307
Comparaison avec la législation étrangère (Prusse, Bavière, Angleterre)	309
Devoirs des concessionnaires en cas de danger : décret du 3 janvier 1813	309
Droit de réquisition pour les ingénieurs des mines, en cas de danger imminent	310
Insuffisance du décret de 1813; obligations résultant de l'ordonnance du 26 mars 1843	310
Compétence en matière de travaux prescrits à des concessionnaires	312
Comparaison avec l'Angleterre	312
Obligations des concessionnaires de mines menacées d'inondations. — Retrait de concession : trois cas spécifiés par la loi du 27 avril 1838	313
Mines inexploitées : Troisième cas de retrait de concession. — Précédents en cette matière	314
Comparaison avec l'étranger, en ce qui concerne les mines inexploitées (Italie, Belgique, Prusse, Bavière)	318
Obligations des concessionnaires de mines en cas d'accidents. — Mesures préventives	320
Actes administratifs généraux, se rapportant aux accidents de grisou	321
Exemple du mode d'opérer de l'administration des mines, en matière de mesures préventives	323
Mesures préventives contre les accidents, autres que ceux de grisou	323
Comparaison sommaire avec la surveillance administrative des mines à l'étranger (Angleterre, Belgique, Prusse)	324
Mesures en prévision des accidents : Médicaments. — Chirurgiens. — Boîte de secours.	326

Mesures en cas d'accidents arrivés : Avis. — Procès-verbal. — Sauvetage. — Réquisitions. — Devoirs réciproques. — Pénalités.......................... 328
Avis à donner des accidents au maire et à l'ingénieur des mines........... 330
Procès-verbaux d'accidents.. 330
Surveillance exercée par les exploitants de mines : règlements intérieurs; homologation administrative.. 331
Plans de mines et registres d'avancement des travaux..................... 332
Comparaison avec l'étranger, pour les plans de mines (Prusse, Angleterre).. 334
Résumé des attributions principales des ingénieurs des mines, en matière de surveillance administrative. — Visite des mines............................ 335
Procès-verbaux de visite... 336
Comparaison avec la Prusse et l'Angleterre, pour la visite des mines...... 337
Organisation de la statistique minérale en Angleterre..................... 337
Suite du résumé des principales attributions des ingénieurs des mines..... 338
Conseil général des mines... 338
Ingénieurs en chef.. 340
Ingénieurs ordinaires... 340
Gardes-mines.. 342
Obligations spéciales résultant, pour les concessionnaires, de leurs cahiers des charges. 342
Choix des directeurs de mines... 343
Comparaison avec la législation étrangère (Prusse, Bavière, Angleterre)... 344
Suite des obligations résultant des cahiers des charges................... 345
Prescriptions des cahiers des charges, en cas de travaux sous des maisons ou dans le voisinage de routes, canaux, chemins de fer, etc.......................... 346
Prescriptions au sujet de l'usage des sources qui alimentent des villes, villages, hameaux et établissements publics... 348
L'insertion, dans les cahiers des charges, de clauses concernant les salaires serait illégale et violerait le principe de la propriété des mines.................. 349

CHAPITRE IX.

DROITS DES CONCESSIONNAIRES.

De la propriété des mines... 351
Les mines sont immeubles : les produits extraits, les actions sont meubles. 352
Restrictions apportées à l'exercice du droit de propriété des mines....... 353
Liberté du concessionnaire de mine, dans la vente de ses produits......... 353
Hypothèques sur les mines... 354
Droit d'exploiter. — Partie superficielle des gîtes. — Anciennes haldes... 355
Droit de recherches sur les substances minérales concessibles, étrangères à la concession.. 356
Droit d'occupation de terrains : dispositions nouvelles des articles 43 et 44 révisés. 357
Un arrêté préfectoral autorise l'occupation de terrain par le concessionnaire à l'intérieur du périmètre, pour certaines catégories de travaux....................... 360
Énumération des œuvres pour lesquelles un arrêté préfectoral peut autoriser l'occupation de terrain par un concessionnaire de mines................................. 360
Préparation mécanique des minerais et lavage des combustibles............. 361
Routes et chemins de fer à l'intérieur du périmètre de concession. — Canaux.... 362
Occupations de terrains en dehors du périmètre de concession : déclaration d'utilité publique.. 364

Voies de communication en dehors du périmètre (canaux, chemin de fer, routes). . . . 366
Travaux de secours en dehors du périmètre. 368
Avantage du nouvel article 44. 369
Comparaison avec la législation étrangère (Autriche, Prusse, Angleterre, Belgique, Italie, Bavière). 370
Droits restreints des concessionnaires, en matière de travaux sous les lieux habités. . 373
Droits restreints des concessionnaires, en matière d'abandon des travaux. 375
Extension de concession. — Comparaison avec la Belgique. 375
Réduction de périmètre. — Renonciation à des concessions des mines. 377
Modifications de périmètre par extension et réduction. 378
Droit des concessionnaires, en cas de retrait de concession. 378
Droit de cession en matière de mines. 379
Deux restrictions apportées au droit de cession. 379
Droit, pour les concessionnaires, de louer leurs mines. 380
Réunion de deux concessions voisines en une seule. 380
Droits des cotitulaires d'une concession, pour régler leurs parts de propriété. . . . 381
Cession du droit d'exploiter. 381
Droit du concessionnaire à une indemnité dans le cas d'un massif réservé pour la sécurité d'un chemin de fer postérieur à la mine. — Compétence,. 382
Droit éventuel à indemnité pouvant résulter, pour un concessionnaire, de l'application générale de l'article 50. 387
Comparaison avec la législation étrangère (Prusse, Bavière, Belgique). 387
Cas d'indemnités dues aux concessionnaires de mines par les propriétaires de la surface. 388
Indemnités réciproques entre concessionnaires voisins. — Secours en cas d'accidents. 389
Exemption de patente des exploitants de mines. 391
Droits résultant, pour les concessionnaires de mines, de leurs cahiers des charges. . 391
Sociétés de mines : sont-elles civiles ou commerciales?. 391
Comparaison avec la Belgique 394

CHAPITRE X.

ANCIENNES CONCESSIONS.

Concessions antérieures à la loi de 1810. 395
Importance, en France, de la question, toujours actuelle, des anciennes concessions. . 396
Personnes qui peuvent réclamer le bénéfice de l'article 51. 397
Comparaison avec la Belgique, pour l'application de l'article 51. 398
Substances minérales classées comme mines par la loi de 1791, et comme minières par la loi de 1810. 399
Effets de l'article 51 sur les conventions concernant les concessions anciennes. . . . 400
Impuissance des propriétaires du sol à attaquer l'article 51, en invoquant un droit de préférence. 400
Délimitations de concessions anciennes, opérées conformément à la loi de 1791 : effets de ces délimitations. 400
Application de l'article 53. 401
Prohibition de l'article 11, en ce qui concerne les concessions anciennes. 401
La notification d'une concession ancienne au propriétaire du sol n'était pas obligatoire. 402
Délimitation des concessions anciennes : compétence. 402

Droits des propriétaires de la surface, en matière de concessions anciennes. 403
Redevances à l'état. 404
Anciens usages, prescriptions légalement acquises, conventions réciproques. 405

CHAPITRE XI.

MINES DE SEL, SOURCES ET PUITS D'EAU SALÉE.

Préliminaires. 406
Loi du 17 juin 1840 : Les mines de sel, les sources et puits d'eau salée sont soumis au régime des concessions. 406
Ordonnance du 7 mars 1841. 407
Recherches de mines de sel. — Obtention de concessions de mines de sel. 407
Maximum d'étendue des concessions de mines de sel. 408
Devoirs des concessionnaires vis-à-vis des propriétaires du sol. 408
Devoirs vis-à-vis des inventeurs et explorateurs. 409
Devoirs vis-à-vis du gouvernement. — Pas de redevance proportionnelle. — Redevance fixe. — Surveillance administrative. 409
Devoirs vis-à-vis du gouvernement, dérivant des cahiers des charges. 411
Devoirs particuliers au cas de l'exploitation du sel gemme par dissolution. 415
Devoirs au sujet de la conservation des voies de communication. 415
Comparaison avec l'étranger (Angleterre). 417
Droits des concessionnaires de mines de sel. 417
Sources et puits d'eau salée ; recherches. 418
Obtention des concessions de sources ou de puits d'eau salée. 418
Maximum d'étendue des concessions de sources ou de puits d'eau salée. 420
Concessions superposées de mines de sel et de sources ou de puits d'eau salée. . . . 421
Devoirs des concessionnaires vis-à-vis des propriétaires du sol et des inventeurs ou explorateurs. 421
Devoirs vis-à-vis du gouvernement. — Pas de redevance proportionnelle. — Redevance fixe. 422
Surveillance administrative : obligations spéciales. 422
Anciens usages concernant des sources d'eau salée. 423
Usines pour la fabrication du sel. 423
Les fabriques de sel ne figurent plus dans la nomenclature des établissements insalubres. 425
Contraventions en matière de mines de sel, sources et puits d'eau salée. 425

CHAPITRE XII.

MINIÈRES ET MINES DE FER. — USINES MÉTALLURGIQUES. — TERRES PYRITEUSES ET ALUMINEUSES.

En France, toutes les exploitations de minerais de fer sont classées parmi les mines ou parmi les minières. 427
Ensemble de la législation actuelle sur les mines et minières de fer. 427
Distinction des minières de fer et des mines de fer. 429

TABLE DES MATIÈRES.

Délimitation des minières et des mines de fer : décision du tribunal des conflits du 28 février 1880. — Compétences respectives du conseil d'état et des tribunaux. . 431
Résumé historique de l'ancienne législation de la France sur les mines de fer et sur les forges. 437
Ensemble de la législation actuelle : loi du 9 mai 1866. 438
Effets économiques de la loi du 9 mai 1866 441
Nécessité de dispositions législatives nouvelles pour définir les droits respectifs des concessionnaires de mines de fer et des exploitants de minières : révision de l'article 70 opérée à cet effet par la loi du 27 juillet 1880. 443
Commentaire de l'article 70 révisé. 445
Devoirs des exploitants de minières vis-à-vis du gouvernement. — Déclaration ou permission. 449
Règlements de minières. 449
Formalités de la déclaration. 450
Surveillance administrative. — Distance aux routes. — Comparaison avec la Belgique. 451
Mesures en cas de danger. 452
Mesures en cas d'accidents. — Comparaison avec la Belgique. 452
Mesures en cas d'abandon. 453
Devoirs des exploitants de minières en ce qui concerne leur personnel. 453
Patente sur les minières. 453
Entretien des chemins vicinaux. 454
Mines de fer. — Droits et devoirs respectifs des concessionnaires et des propriétaires de minières. 454
Devoirs généraux des concessionnaires de mines de fer vis-à-vis du gouvernement et des propriétaires du sol. 457
Droits des concessionnaires de mines de fer de disposer des produits de leurs mines. 458
Fourneaux, forges et usines. 458
Comparaison avec l'étranger (Italie) pour le régime des usines. 463
Terres pyriteuses et alumineuses. 463

CHAPITRE XIII.

RÉGIME DES MINES AUX COLONIES.

Régime des mines en Algérie. 465
Régime des mines à la Guyane. 470
Régime des mines à la Nouvelle-Calédonie 470
Colonies où il n'a pas été institué encore de concession de mines : les Antilles. . . 471

CHAPITRE XIV.

CARRIÈRES.

Régime des carrières sous l'ancienne monarchie. 472
Régime de la loi de 1791. 472
Législation actuelle en matière de carrières. 473

Propriété des carrières. 474
Substances minérales classées comme carrières. 475
Prohibition de distance des routes, pour l'ouverture des carrières dans les départements sans règlement local. — Cas d'un chemin de fer. 476
Énumération des règlements locaux de carrières. 477
Prohibition de distance des routes, résultant des règlements locaux. 483
Formalités de la déclaration à faire par les exploitants de carrières. — Plan des lieux pour carrières souterraines. — Récépissé. 484
Comparaison avec la législation étrangère (Italie). 487
Patente. — Entretien des chemins vicinaux. 487
Extraction forcée pour routes et chemins de fer. 488
Extraction forcée, spécifiée par la loi du 28 juillet 1791. 489
L'extraction forcée des carrières de castine, par les maîtres de forges, n'est plus en vigueur aujourd'hui. 490
Surveillance administrative des carrières à ciel ouvert ou souterraines 491
Instruction ministérielle du 3 août 1810. 493
Décret du 18 novembre 1810. 494
Décret du 3 janvier 1813. 494
Pouvoir réglementaire en matière de carrières. — Préfets. — Maires. 495
Visite des carrières. 496
Clôtures des abords des carrières. 496
Abatage. — Poudre. — Dynamite. 497
Abatage dans les ardoisières. 498
Mesures générales de sûreté dans les carrières souterraines. 498
Abandon des carrières. 499
Plan des travaux. 499
Travail des enfants, filles ou femmes. 500
Cas de danger. — Cas de péril imminent : réquisition. 500
Cas d'accident. 501
Cas de danger résultant de carrières abandonnées. 501
Recouvrement des frais pour travaux exécutés ou plans levés d'office. 502
Publicité, exécution des règlements. 502
Règlement des carrières de la Seine. 503
Recours contre les arrêtés des préfets ou des maires. 503
Carrières dans les forêts. 503
Rapports des exploitants de carrières avec les particuliers. — Compétence. ... 504
Servitudes pour prohibition de distance des bâtiments et constructions quelconques .. 505
Droits généraux des exploitants de carrières. — Enclave. 506
Rapports des exploitants de carrières avec les compagnies de chemins de fer. 506
Cession de carrières. 508
Vœux émis en Belgique et en Prusse pour la concession des ardoisières. 509

CHAPITRE XV.

TOURBIÈRES.

Régime des tourbières sous la loi de 1791. 510
Régime des tourbières depuis la loi du 21 avril 1810. 510
Les tourbes sont classées parmi les minières. 512

Formalités à remplir avant d'exploiter une tourbière. —Déclaration. 514
Règlements locaux de tourbières. 515
Instruction des demandes en autorisation de tourbières 516
Avis de l'ingénieur des mines. — Autorisation préfectorale 516
Obligations de l'exploitant de tourbières vis-à-vis du gouvernement. — Patente . . . 317
Surveillance administrative : plan général d'exploitation 518
Dépenses à la charge des propriétaires de tourbières 519
Droits des propriétaires de tourbières 520
Rapport des exploitants de tourbières et des compagnies de chemins de fer 521
Tourbières communales 522
Pas d'exploitation forcée de tourbières. 523

CHAPITRE XVI

EXPERTISES. — ARBITRAGES

Juridiction exceptionnelle des mines sous l'ancienne monarchie. 524
Juridiction de droit commun inaugurée par la loi du 28 juillet 1791 524
Fréquence des expertises de mines, résultant de cette juridiction de droit commun . . 525
Dispositions de la loi de 1810 en matière d'expertises 525
Règles générales posées par l'article 87 526
L'expertise est ordonnée par un jugement 526
Mode de nomination des experts : leur nombre 527
Qualités requises pour être expert 528
Récusation des experts. 529
Prestation de serment 530
Liberté de la fonction d'expert. 531
Opérations des experts : rédaction du rapport. 531
Dépôt du rapport. — Frais et vacations des experts 532
Foi aux rapports d'experts. — Appréciation par les juges 533
Communication au ministère public. 534
Visite de la mine par les experts 534
Expertises devant le conseil de préfecture 534
Arbitrages. — Compromis 536
Dispositions principales du code de procédure civile en matière d'arbitrages 536
Différence capitale entre les arbitrages et les expertises. 539

CHAPITRE XVII

CONTRAVENTIONS

Contraventions en matière de mines, minières et carrières. — Peines de simple police.
— Peines correctionnelles 540
Citations diverses de peines prononcées pour contraventions en matière de mines . . 541
Ensemble de la juridiction pénale en matière de mines, établie par la loi de 1810. —
Compétence 542

Classification des contraventions en matière de mines 545
Contraventions aux lois et règlements sur les mines 545
Contraventions aux actes de concession 546
Contraventions aux arrêtés préfectoraux en matière de mines 485
Comparaison avec la législation prussienne 548
Notification nécessaire des actes administratifs concernant les mines 548
Procès-verbaux de contraventions en matière de mines................. 549
Poursuite d'office... 550
Solidarité des concessionnaires...................................... 551
Cas de responsabilité des concessionnaires, directeurs, administrateurs. — Compétence souveraine des tribunaux....................................... 551
Peines pour contraventions en matière de mines. — Amende. — Détention. — Récidive. 552
Application de ces peines à une société de mines...................... 553
Les infractions à la loi de 1810 sont-elles des contraventions ou des délits?..... 554
Destruction d'ouvrages élevés en contravention à la loi des mines........... 555
Contraventions punissables indépendamment de l'intention................. 555
Circonstances atténuantes en matière de contraventions de mines............ 556
Contraventions punissables sans accidents de mines..................... 556
Augmentation de la pénalité en cas d'accident......................... 556
Prescription.. 557
Comparaison avec l'étranger (Italie, Prusse, Autriche, Angleterre)............ 558
Contraventions de grande ou de petite voirie........................... 559
Contraventions de minières... 560
Contraventions de forges.. 561
Contraventions de carrières... 561
Contraventions en matière de carrières souterraines................... 563
Contraventions en matière de carrières à ciel ouvert.................... 563
Statistique comparée des accidents de carrières souterraines et à ciel ouvert..... 565
Contraventions de grande ou petite voirie en matière de carrières........... 565
Contraventions de tourbières... 566

CHAPITRE XVIII.

ANNEXES.

Loi du 21 avril 1810, concernant les mines, les minières et les carrières, modifiée par les lois du 9 mai 1866 et du 27 juillet 1880..................... 568
Exposé des motifs d'un projet de loi portant abrogation des dispositions de la loi du 21 avril 1810, relatives à l'établissement des forges, fourneaux et usines, et aux droits établis à leur profit sur les minières du voisinage (annexe du procès-verbal de la séance du corps législatif du 30 mars 1864)..................... 580
Exposé des motifs d'une disposition additionnelle au projet de loi portant abrogation des dispositions de la loi du 21 avril 1810, relatives à l'établissement des forges, fourneaux et usines, et aux droits établis à leur profit sur les minières du voisinage (annexe du procès-verbal de la séance du corps législatif du 18 mai 1865)..... 591
Loi du 9 mai 1866, qui, 1° abroge les dispositions de la loi du 21 avril 1810, relatives à l'établissement des forges, fourneaux et usines, et aux droits établis à leur profit sur les minières du voisinage; 2° modifie les articles 57 et 58 de la même loi, relatifs à l'exploitation des minières. 594

TABLE DES MATIÈRES.

Exposé des motifs de la nouvelle rédaction du projet de loi relatif à une révision de la loi du 21 avril 1810 sur les mines, présenté au sénat dans la séance du 21 mai 1878, au nom de M. le maréchal de Mac-Mahon, duc de Magenta, président de la République française, par M. de Freycinet, ministre des travaux publics. 594

Rapport fait, au nom de la commission chargée d'examiner le projet de loi relatif à une révision de la loi du 21 avril 1810 sur les mines, par M. Paris, sénateur (annexe du procès-verbal de la séance du sénat du 18 décembre 1878). 601

Rapport fait au nom de la commission chargée d'examiner le projet de loi adopté par le sénat, relatif à une révision de la loi du 21 avril 1810, sur les mines, par M. Brossard, député (annexe du procès-verbal de la séance de la chambre des députés du 19 février 1880). 623

Loi du 27 juillet 1880, portant modification de plusieurs articles de la loi du 21 avril 1810. 639

Circulaire du 15 avril 1862 (1), portant envoi d'une instruction sur les moyens de tracer une ligne méridienne et de déterminer la déclinaison de l'aiguille aimantée, en faisant usage des instruments habituellement employés pour les levés de plans de mines et de surface. 641

Circulaire du 10 décembre 1863, relative aux affiches et publications des demandes en concession de mines. 650

Décret du 23 juin 1866, portant abrogation des arrêté du 9 octobre 1848 et décrets des 6 février 1852 et 5 février 1855 (art. 2, § 2), et rendant applicable à l'Algérie la loi du 9 mai 1866. 652

Décret du 27 juin 1866, sur les abonnements à la redevance proportionnelle. 653

Circulaire du 26 juillet 1866, relative à l'exécution de la loi du 9 mai 1866, sur les usines métallurgiques et les minières de fer. 654

Circulaire du 5 août 1866, sur l'application du décret du 27 juin 1866, concernant les abonnements à la redevance proportionnelle 658

Circulaire du 27 avril 1867, relative aux caisses de secours de mines. 660

Circulaire du 17 décembre 1867, sur les sociétés minières. 660

Circulaire du 30 septembre 1869, sur les accidents de grisou. 661

Circulaire du 20 avril 1870, sur la statistique des enfants employés aux travaux souterrains des mines, minières et carrières. 662

Circulaire du 30 mai 1872, sur les plans fournis à l'appui des demandes en concession de mines. 663

Circulaire du 31 mai 1872, sur les appareils pour pénétrer dans les lieux où manque l'air respirable. 664

Circulaire du 23 septembre 1872, sur les procès-verbaux d'accidents de mines et de contraventions. 665

Circulaire du 6 décembre 1872, portant envoi d'une instruction générale relative à l'exploitation des mines à grisou. 666

Circulaire du 30 septembre 1873, sur les mines inexploitées. 682

Circulaire du 19 janvier 1874, sur les lampes de sûreté à enveloppe de cristal. . . . 683

Rapport au président de la République et décret du 11 février 1874, relatif à des modifications à apporter aux dispositions du décret du 6 mai 1811, concernant l'établissement de la redevance proportionnelle sur les mines. 684

Circulaire du 28 février 1874, sur la redevance proportionnelle (comités d'évaluation-abonnements). 687

---

(1) Cette circulaire fait suite à l'*appendice des lois, instructions, règlements et circulaires relatifs aux mines, minières, forges et carrières*, composant le tome III du *Traité pratique de la jurisprudence des mines*, par M. Dupont : la dernière circulaire dudit *appendice* est celle du 10 mai 1861 sur les redevances de l'exercice 1861.

Circulaire du 28 avril 1874, sur les redevances (mines inexploitées)............ 690
Circulaire du 25 juillet 1874, sur l'orientation des plans à l'appui des demandes en concession de mines.. 691
Circulaire du 18 août 1874, sur les procès-verbaux de bornage des concessions de mines... 692
Circulaire du 18 mars 1875, sur la franchise postale entre les ingénieurs des mines et les maires.. 692
Circulaire du 15 juin 1875, sur la déclinaison de l'aiguille aimantée............. 693
Circulaire du 1er avril 1876, sur les redevances............................... 694
Circulaire du 20 décembre 1876, sur l'intervention des ingénieurs des mines dans les affaires contentieuses soumises aux conseils de préfecture.................. 695
Circulaire du 7 février 1877, sur les plans fournis à l'appui des demandes en extention de concession de mines.. 696
Circulaire du 7 février 1877, sur l'établissement de la redevance proportionnelle des des mines d'après les produits de l'extraction............................... 697
Circulaire du 10 février 1877, assignant un délai de deux mois pour la reprise des travaux dans les mines non exploitées...................................... 698
Circulaire du 21 mars 1877, sur l'intervention des ingénieurs en chef des mines dans le travail des redevances.. 700
Loi du 26 mars 1877, instituant une commission pour l'étude des moyens propres à prévenir les explosions de grisou.. 702
Circulaire du 7 mai 1877, sur les recherches de mines dans les terrains communaux ou domaniaux, boisés ou non boisés....................................... 703
Circulaire du 15 juin 1877, sur les mines inexploitées, rapportant celle du 10 février précédent.. 704
Circulaire du 21 juin 1877, sur les recherches de mines dans les terrains communaux ou domaniaux, boisés ou non boisés....................................... 707
Circulaire du 1er juillet 1877, sur la redevance proportionnelle................. 708
Circulaire du 27 juillet 1877, concernant la révision des instructions relatives aux ouvriers mineurs en cas d'accidents.. 711
Circulaire du 29 novembre 1877, sur les projets d'affiche des demandes en concession de mines.. 712
Circulaire du 2 janvier 1878, sur les procès-verbaux de visite des mines........ 713
Circulaire du 27 février 1878, concernant l'impôt direct sur le revenu des valeurs mobilières, payé par les sociétés minières................................... 715
Circulaire du 12 mars 1878, sur les redevances................................ 716
Circulaire du 14 juin 1878, sur les règlements intérieurs des mines à grisou..... 716
Circulaire du 16 août 1878, concernant l'enquête sur les câbles employés dans les exploitations minières.. 717
Circulaire du 3 mars 1879, sur les redevances................................. 718
Circulaire du 4 mars 1879, sur les règlements de carrières..................... 719
Instructions du 1er août 1879, adressées par le directeur général des contributions directes aux directeurs des contributions, au sujet des redevances des mines (concessions abandonnées, cotes irrécouvrables)................................... 719
Circulaire du 13 janvier 1880, sur l'intervention des ingénieurs en chef des mines dans le travail des redevances... 720
Circulaire du 22 juillet 1880, sur la redevance proportionnelle (conversion, par un concessionnaire, de ses charbons en coke ou en agglomérés)................. 721
Circulaire du 6 août 1880, concernant la loi du 17 juillet 1880, portant modification de plusieurs articles de la loi du 21 avril 1810.................................. 722
Circulaire du 9 août 1880, accompagnée d'une note sur les précautions à prendre dans l'emploi de la dynamite dans les mines et carrières........................... 725

Rapport de l'académie de médecine sur les modifications ou additions à apporter à l'instruction médicale, rédigée le 9 février 1813 par le docteur Salmade, en exécution du décret du 3 janvier 1813, sur le caractère des accidents auxquels les ouvriers mineurs sont exposés et sur la nature des secours qui doivent leur être administrés, lorsque ces accidents ont lieu (séance de l'académie de médecine du 15 mars 1881).................................... 727

FIN DE LA TABLE DES MATIÈRES.

ERRATA

(Le premier numéro indique la page où se trouve l'erreur à corriger; le second numéro indique la ligne de la page; il est suivi de la lettre D ou de la lettre M, suivant que les lignes de la page sont comptées en descendant ou en montant.)

Pages.	Lignes.	Au lieu de :	lisez :
2	7 M	Springard	Splingard
3	16 M	Springard	Splingard
38	11 M	les produits	ces produits
170	11 M	en matières	en matière
182	19 D	sons la surface	sous la surface
188	1 M	soi pour minières	soit pour minières
198	5 M	magasins	ateliers
232	17 M	; et cela, aux termes suivants de la circulaire du 12 avril 1849 :	. Aux termes suivants de la circulaire du 12 avril 1849,
273	6 D	27 juillet	27 février
317	13 M	30 novembre	30 septembre
322	17 D	10 janvier	19 janvier
361	17 et 18 M	et de combustibles	et des combustibles
405	5 D	légalement établies	légalement acquises
428	1 M	du revenu qu'ils en tiraient	du revenu net qu'ils en tiraient
433	9 D	revenu qu'ils en tiraient	revenu net qu'ils en tiraient
444	13 M	du revenu qu'ils en tiraient	du revenu net qu'ils en tiraient
446	2 D	du revenu qu'ils en tiraient	du revenu net qu'ils en tiraien
494	1 D	94	494
496	1 D	96	496
509	10 M	(2)	(1)
628	23 M	31 décembre 1869	31 décembre 1866

COURS

DE

LÉGISLATION DES MINES

CHAPITRE I.

PROPRIÉTÉ DES MINES. — GÉNÉRALITÉS.

Trois systèmes principaux d'organisation de la propriété des mines : accession, droit domanial, droit régalien.

L'organisation de la propriété des mines, variable suivant les pays, suivant les âges, présente trois systèmes principaux : celui de l'accession, celui du droit domanial, celui du droit régalien.

Dans le système de l'accession, la propriété de la mine est une dépendance de la propriété du sol; elle en est l'accessoire (*accedit* : article 546, Code civil).

C'est le système qui fut en usage dans l'ancienne Rome, sous la République, et sous les premiers empereurs.

C'était celui du pays de Liège et du Limbourg, avant la loi du 28 juillet 1791 (1).

C'est celui de l'Angleterre, surtout pour la houille, et, dans ce pays de grande propriété, il a permis, on doit le dire, un magnifique développement de la propriété minière : ce droit du propriétaire du sol sur les mines, qui porte, en Angleterre, le nom de *Royalty*, dési-

---

(1) Arrêt de la Cour de Liège, du 2 février 1865 (compagnie de Sclessin contre bureau de bienfaisance de Liège). — M. Arnould : *Notice sur le bassin de Mons*.

gnation rappelant son origine royale, est variable suivant les circonstances : en 1862, dans les fermages de houille du bassin de Newcastle, il était de 0ᶠ,60 à 1ᶠ,25 par tonne de charbon extrait : en 1874, il tendait à devenir plus considérable; en 1875, le droit de *Royalty* sur l'étain, dans le Cornwall, a varié de 1/22ᵉ à 1/24ᵉ.

En Amérique, pays de liberté testamentaire, la propriété des mines suit aussi la propriété du sol : comme fait économique à cet égard, je rappelle qu'en Pensylvanie, en 1864, la redevance de fermage aux propriétaires, pour l'exploitation des mines d'anthracite, variait de 1ᶠ,27 à 1ᶠ,90 par tonne (1).

En Sicile et dans toute l'Italie du Sud, la propriété du fonds emporte la propriété de la mine, mais la propriété est fort morcelée en Sicile, et l'on peut voir, par le mémoire de M. Ledoux, aux *Annales des mines* (1ʳᵉ livr. 1875), que ce système n'y a produit « que « le gaspillage des mines de soufre, et le maintien des plus détesta- « bles méthodes d'exploitation. »

En Prusse, une loi assez récente, du 22 février 1869 (2), déclare que dorénavant les mines de houille et de lignite seront à la disposition exclusive du propriétaire du sol dans certaines contrées des provinces de Saxe et de Brandebourg et en Lusace; mais c'est là une loi exceptionnelle, l'ensemble de la Prusse étant soumis à la loi générale des mines du 24 juin 1865, laquelle consacre, non pas le droit d'accession, mais le droit régalien, comme il sera dit tout à l'heure.

En France, le système de l'accession avait pour lui, au XVIIIᵉ siècle, l'opinion des physiocrates : il fut défendu en 1791, à l'Assemblée nationale par Heurtaut-Lamerville; il est adopté en principe par le jurisconsulte Merlin, alors qu'il avait été repoussé auparavant par Domat (3).

Il fut défendu au conseil d'État par l'archichancelier Cambacérès (4), mais il n'a jamais passé dans la loi française, soit en 1791, soit en 1810.

Le système de l'accession est appelé « Système primitif » par M. Springard (5).

---

(1) *Bulletin de la Société de l'industrie minérale*, t. XI, p. 593. — M. Bessy.
(2) *Idem*, 1879, p. 938.
(3) *Droit public*, t. I, ch. II, liv. II, n° 19.
(4) Locré, séances des 20 juin et 18 novembre 1809.
(5) *Des Concessions de mines dans leurs rapports avec les principes du droit civil*, Bruxelles, 1880.

Dans le système du droit domanial, les mines appartiennent en propre à l'état, qui les exploite lui-même, ou qui les afferme ou les vend au plus offrant.

Les mines étaient ainsi des propriétés domaniales dans les anciennes républiques grecques, et notamment à Athènes, où elles ont eu, à certaines époques, une grande importance, puisque au temps de Périclès les seules mines du Laurium occupaient 20,000 esclaves (1).

Le système domanial fut aussi employé autrefois pour les mines et salines que le domaine public romain avait acquises par voie de conquête, en Macédoine, dans l'Illyrie, la Thrace, l'Afrique, la Sardaigne, etc.

Au Japon, la propriété des mines appartient à l'État, ainsi qu'il résulte d'un document inséré au *Journal officiel* du 2 septembre 1872.

Dans le grand-duché du Luxembourg, des faits assez récents établissent que le système de concession au plus offrant, qui n'est que la vente à l'encan des concessions de mines, semble devoir être adopté pour les mêmes mines de fer : or un pareil système n'est évidemment qu'une forme, une dérivation du système du droit domanial, en matière de mines.

Parmi les partisans, en principe, du système domanial, pour la propriété des mines, on peut citer M. Lehardy de Beaulieu, professeur d'économie politique à l'École des mines du Hainaut; on peut citer aussi M. Jacomy (2). M. Springard, avocat à Bruxelles, paraît aussi pencher pour le système domanial, tout en manifestant ses regrets du remplacement de la loi du 28 juillet 1791 (3).

Comme nuance du droit domanial, on peut citer l'exemple du Hainaut, où le régime de la propriété des mines, dès le XIIIe siècle, était le droit domanial exercé par les seigneurs hauts-justiciers (4).

---

(1) Dumenil-Marigny : *Histoire de l'économie politique*, t. II, p. 248.
(2) *Étude sur la législation des mines;* par M. Jacomy, avocat. Paris. 1877.
(3) *Des Concessions de mines dans leurs rapports avec les principes du droit civil*, Bruxelles, 1880, p. 21.
(4) Dans le Hainaut, dès le XIIIe siècle, « la propriété des mines de « houille était un attribut de la haute justice. Les seigneurs hauts-justi- « ciers pouvaient exploiter ou rechercher eux-mêmes les mines de « houille, comme ils étaient libres de concéder à qui ils voulaient la « faculté d'extraire, moyennant certaines redevances stipulées dans des « baux de remise ou congés de charbonnage; ces droits des seigneurs

En France, les mines ne sont pas domaniales : elles ne l'étaient pas sous le régime de la loi du 28 juillet 1791 ; elles ne le sont pas sous la loi actuelle du 21 avril 1810.

En France, le système de la propriété des mines est celui du droit régalien, dont il nous reste à parler.

Le droit régalien se résume, d'après la juste définition donnée par feu M. Migneron, inspecteur général des mines, dans la triple attribution, pour le chef de l'État :

1° De régler la destination de la propriété souterraine, ou, en d'autres termes, de conférer le privilège de l'exploiter aux personnes qui peuvent le mieux la mettre en valeur ; 2° d'en surveiller l'exploitation, dans ses rapports avec l'ordre public, avec la conservation du sol et avec la sûreté des ouvriers mineurs ; 3° de percevoir un certain tribut sur les produits qu'en obtient l'exploitant.

En un mot, le droit dit régalien comprend, pour le chef du gouvernement, quelle que soit la forme du gouvernement, le triple droit suivant : 1° de concession des gîtes minéraux ; 2° de surveillance des exploitations ; 3° de prélèvement d'un tribut ou d'une redevance au profit de l'État.

Régime de la propriété des mines, à l'époque contemporaine.

A l'époque contemporaine, la propriété des mines est généralement soumise en Europe au régime du droit régalien.

Elle l'est en France, comme il vient d'être dit.

Elle l'est en Autriche, où le droit régalien des mines est explicitement consacré et défini au paragraphe 3 de la loi générale des mines, du 23 mai 1854 (1).

En Italie, à l'exception des provinces méridionales, les mines sont aussi régies par le droit régalien. Voir, à cet égard, le décret royal

---

« hauts-justiciers furent consacrés dans les chartes générales du Hainaut, « de 1534. »

Il résulte de ces détails, extraits d'une notice sur le bassin de Mons par M. Arnould (*Comptes rendus mensuels de l'industrie minérale*, 5 octobre 1878, p. 222), qu'autrefois, dans le Hainaut, le régime de la propriété des mines était le système domanial exercé dans la forme féodale par les seigneurs hauts-justiciers.

(1) *Annales des mines*, 4ᵉ livr., 1869, p. 258.

du 20 novembre 1859, concernant les mines, carrières et usines métallurgiques de la Sardaigne (1).

Il en est de même en Prusse, comme on peut voir à l'article 1er de la loi générale sur les mines, du 24 juin 1865 (2).

Il en est aussi de même en Bavière, comme on le voit à l'article 1er de la loi du 20 mars 1869 (*Ann. des mines*, 1878, p. 177).

Il en est de même en Espagne, comme on peut le voir par la loi du 6 juillet 1859 et celle du 13 juillet 1867 (3).

La Turquie a emprunté à la France sa législation minérale, ainsi qu'il résulte du règlement du 3 avril 1869 (4); notons cette particularité de la loi turque : la concession d'une mine n'est faite que pour 99 ans, après quoi le concessionnaire a un droit de préférence au renouvellement.

En Grèce, les mines sont aussi soumises actuellement au régime des concessions. [Lois de 1861-1867 et 1877 (5).]

En Chine « l'exploitation des mines d'argent est un privilège con-
« cédé au prix de lourdes redevances, que fixent des décrets impé-
« riaux. Un agent spécial du gouvernement est chargé de faire des
« essais sur le minerai à exploiter, et d'en constater la valeur : la
« redevance que doit payer le propriétaire, est proportionnelle à la
« quantité d'argent contenue dans le minerai (6). »

D'après cela on peut dire qu'en principe, les mines d'argent sont soumises, en Chine, au droit régalien, mais en fait, le tribut à payer est si lourd, qu'il équivaut presque à une sorte de fermage, et le droit régalien semble se tranformer ici en droit domanial : la même chose arrivera toutes les fois que l'impôt des mines sera excessif, et c'est dans cet ordre d'idées que M. Springard désigne le droit domanial sous le nom de droit régalien absolu (7).

---

(1) *Annales des mines*, 5e livr., 1859, p. 317.
(2) *Idem*, 1re livr., 1868, p. 91.
(3) *Annales des travaux publics de Belgique*, t. XXIII, p. 424.
(4) *Annales des mines*, 2e livr., 1875, p. 83.
(5) *Idem*, 1877, p. 32.
(6) *Industries anciennes et modernes de l'Empire chinois;* par Champion. Paris, 1869.
(7) *Des Concessions de mines dans leurs rapports avec les principes du droit civil.*

Historique du régime de la propriété des mines en France, avant 1791.

Et maintenant, occupons-nous exclusivement de la France, et demandons-nous d'abord :

Quel était le régime de la propriété des mines, en France, sous l'ancienne monarchie ?

Remontons plus haut encore, et, n'oubliant pas que nous sommes une race Latine, demandons-nous préalablement quel était le régime de la propriété des mines sous les empereurs Romains, alors que les Gaules formaient des provinces Romaines.

Disons, en passant, que l'existence de mines importantes, dans les Gaules, sous la domination Romaine, est un fait économique, hors de conteste, et, à cet égard, je ne puis que renvoyer à la notice suivante de M. Daubrée, *Aperçu historique sur l'exploitation des métaux dans la Gaule* (1).

Pour ce qui est du régime des mines sous les derniers empereurs Romains, Migneron a établi que le droit régalien se trouvait constitué de toutes pièces à cette époque (2).

Deux de ses attributs, le droit de redevance, et le droit d'accorder la permission d'exploiter aux divers explorateurs, sous la double condition de payer un dixième à l'État, et un dixième aux propriétaires du sol, étaient consacrés dans la loi suivante du Code Justinien, citée par Migneron (3).

« *Cuncti qui per privatorum loca Saxorum venam laboriosis effos-*
« *sionibus persequntur : decimas fisco, decimas etiam domino re-*
« *præsentent, cætero modo, propriis suis desideriis vindicando.* »

Quant au droit de police ou de surveillance, formant le troisième attribut du droit régalien, il résulte d'une autre loi, la loi sixième du même titre que tout à l'heure, laquelle a été citée et traduite dans la *Richesse minérale*, par le célèbre ingénieur Héron de Villefosse, également compétent en législation minière et dans l'art des mines, où il fut véritablement maître.

Sous la première et la seconde race, les mines restèrent en France

---

(1) *Revue archéologique.*
(2) Dupont : *Jurisprudence des mines*, t. I, p. 8 et suiv.
(3) Loi donnée par les empereurs Gratien, Valentinien et Théodose (loi 3e, tit. vi, liv. xi).

de droit régalien : deux titres, l'un de 635, sous Dagobert, et l'autre de 786, sous Charlemagne, en font foi.

Sous le régime féodal, dont le plein avènement date de Charles le Chauve, le droit régalien, en matière de mines, fut fractionné, déplacé comme les autres attributs de la souveraineté, pour passer du souverain aux seigneurs féodaux.

On pourrait citer de nombreux exemples de cet exercice du droit régalien, en France, par les grands possesseurs de fiefs.

Je me bornerai à mentionner les trois faits suivants :

1° Les deux chartes de 1293 et 1304, dans lesquelles le comte de Foix exerce véritablement le droit régalien, en ce qui concerne les mines de fer de la vallée de Vicdessos (1) ;

2° Le fait de la coutume d'Anjou, qui atteste l'usurpation du droit régalien sur les mines, par les grands vassaux (2) ;

3° Un traité de 1193, par lequel le comte de Toulouse cède son droit régalien sur des mines d'argent du Vivarais, moyennant une redevance de six deniers pogères par marc d'argent, aux seigneurs propriétaires des domaines où existaient ces mines (3).

Mais les rois de France ressaisirent graduellement le droit régalien sur les mines, et cela, disons-le, avec le consentement et l'aide implicites du pays, comme tous les autres attributs de la souveraineté, de telle sorte que, malgré cette usurpation temporaire, la Cour de cassation a pu justement proclamer ce principe de droit public français, dans un arrêt du 15 mai 1833 (de Monti c. Foulon) (4) :

« Que, d'après l'ancien droit commun de la France, et quelles
« qu'aient été à diverses époques les prétentions des seigneurs
« hauts-justiciers, les mines étaient de droit régalien. »

Le premier acte certain, consacrant solennellement la reprise du droit régalien par les rois, se trouve dans les lettres patentes de Charles VI, données à Paris le 30 mai 1413 (5).

Depuis cette époque, jusqu'à la loi du 28 juillet 1791, on peut compter et distinguer cinq périodes historiques, en ce qui concerne la constitution de la propriété des mines :

1.re période, 1413-1541, droit régalien avec grande liberté ;

---

(1) Voir Dupont : *Jurisprudence des mines*, t. I, p. 19.
(2) *Idem*, t. I, p. 38.
(3) Dom Claude de Vic et Dom Vaissette : **Histoire du Languedoc**.
(4) Sirey, t. XXXIII, — I, p. 363.
(5) Dupont : *Jurisprudence des mines*, t. I, p. 21.

2ᵉ période, 1541-1601, privilège, concessions générales ;
3ᵉ période, 1601-1722, liberté ;
4ᵉ période, 1722-1740, monopole exclusif ;
5ᵉ période, 1741-1791, régime des permissions et des concessions.

Dans ces diverses périodes, bornons-nous à mentionner les actes suivants :

Dans la première, après les lettres patentes de Charles VI, de 1413, nous devons citer l'ordonnance de 1471, donnée par Louis XI, qui institua un grand-maître surintendant des mines, ayant pouvoir d'exploiter ou faire exploiter les mines, sauf l'indemnité des propriétaires, et le droit de préférence laissé au propriétaire (1) ;

Dans la seconde période, les privilèges successivement accordés au seigneur de Roberval, au seigneur de Saint-Julien, au seigneur de Belles-Aigues, créèrent un monopole exclusif, infécond pour l'industrie minérale ;

On remarque dans la troisième période l'édit de 1601 (2), par lequel Henri IV abandonne son droit du dixième sur les mines de houille et de fer ; l'édit de 1604 (3), qui ordonne le prélèvement d'un trentième pour assurer aux ouvriers mineurs des secours matériels et spirituels ; l'édit du 13 mai 1698 (4), par lequel Louis XIV conféra à tous les propriétaires du sol la libre exploitation des mines de houille, liberté qui dut être supprimée au siècle suivant, parce qu'elle n'avait produit en France que le gaspillage.

En ce qui concerne la quatrième période, signalons seulement ce fait, que le duc de Bourbon, nommé grand-maître des mines, en 1722, fut le dernier grand-maître : à sa mort, les fonctions affectées à ce titre passèrent au contrôleur général des finances et aux intendants.

La cinquième période débute par un arrêt du conseil, du 15 janvier 1741, qui met en demeure tous les exploitants de mines de faire vérifier, par les intendants, leurs titres, dans un délai fixé. Un second arrêt, du 14 janvier 1744 (5), rendu sous l'influence de l'intendant général des finances Trudaine (6), supprime la faculté accordée par l'édit de 1698, aux propriétaires, d'exploiter les mines de houille

---

(1) Dupont : *Jurisprudence des mines*, t. I, p. 22.
(2) *Idem*, t. I, p. 27.
(3) *Idem*, t. II, p. 1.
(4) *Idem*, t. I, p. 30.
(5) *Idem*, t. I, p. 32.
(6) Fondateur de l'École des ponts et chaussées, en 1747.

situées dans leurs fonds, laquelle n'avait produit qu'abus et gaspillage, pour placer les mines de houille, comme les autres mines, sous le régime des permissions ou concessions. Les concessions accordées dans cette période (1741-1791), ne furent pas toujours bien définies, ni bien respectées par le pouvoir qui les avait instituées, et le besoin d'une loi générale des mines se faisait sentir (1). Nous devons signaler encore dans cette cinquième période l'arrêt du conseil, du 21 mars 1781, qui créa quatre inspecteurs des mines et carrières, au nombre desquels fut le célèbre Dietrich, et l'arrêt qui créa l'École des mines de Paris, à la date du 14 mars 1783 : constatons, à cette occasion, que l'École des mines de Paris fut ainsi fondée 21 ans après la plus ancienne École des mines de l'Europe, qui est celle des Schemnitz créée par Marie-Thérèse, 18 ans après celle de Freyberg, et 10 ans après celle de Saint-Pétersbourg.

Loi du 28 juillet 1791.

A la cinquième période succéda le régime de la loi du 28 juillet 1791, élaborée par l'Assemblée nationale de 1789 (2).

Cette loi inaugura une ère nouvelle pour la législation minérale de la France : quoiqu'elle contienne certaines parties défectueuses, elle fut un progrès réel. Mirabeau y prit une grande part; Regnault d'Epercy, député du Jura, en fut le rapporteur. Dans la discussion de la loi, Heurtaut-Lamerville, député du Cher, se fit le champion des droits des propriétaires du sol, et présenta un contre-projet dans ce sens, lequel ne fut pas adopté par l'Assemblée.

L'article 1er, titre I, de la loi de 1791, porte que « les mines et « minières tant métalliques que non métalliques, ainsi que les bi- « tumes, charbons de terre ou de pierre, et pyrites, sont à la dispo- « sition de la nation, en ce sens seulement que ces substances ne « pourront être exploitées que de son consentement et sous sa « surveillance. »

Le pouvoir de concession proclamé ainsi d'une manière un peu pompeuse par la loi de 1791 était fortement entravé, si non contredit, par le droit de préférence accordé aux propriétaires, dans l'article 3 de la même loi.

---

(1) Dupont : *Jurisprudence des mines*, t. I, p. 33.
(2) *Idem*, t. I, p. 38.

Un autre défaut de cette loi, celui qui frappa le plus vite l'opinion publique, parce qu'il se manifesta par des faits, fut la faculté laissée aux propriétaires d'exploiter dans leurs fonds, jusqu'à cent pieds de profondeur, faculté qui organisait le gaspillage légal de la richesse houillère, dans un pays morcelé comme la France, et où la propriété foncière change si fréquemment de mains.

Mentionnons aussi cette disposition désastreuse, au point de vue économique, de la loi de 1791, qui limitait à 50 ans la durée des concessions de mines, et en faisait des propriétés instables, alors que la stabilité est plus nécessaire que jamais dans des entreprises aussi coûteuses, et de nature aussi aléatoire que les exploitations de mines.

Mais un autre reproche plus grave, comme doctrine, doit être fait à la loi de 1791 : à un point de vue plus élevé, et en matière de principes, la loi de 1791 commettait une triple faute de rétroactivité : premièrement, par son article 6, titre Ier, elle prononçait la déchéance des anciens concessionnaires, même régulièrement pourvus d'un titre, au profit des propriétaires du sol qui avaient exploité auparavant, à moins qu'il n'y eût, de la part desdits propriétaires, consentement libre, légal et par écrit, formellement confirmatif de la concession : c'était de la rétroactivité dans le titre même de concession ; deuxièmement, par son article 4, titre I, elle limitait à cinquante années la durée de concessions de mines, données pour une durée illimitée : c'était de la rétroactivité dans la durée du titre ; troisièmement, par les articles 4 et 5, elle limitait à six lieues carrées, soit 120 kilomètres carrés, l'étendue de toutes les concessions, même des anciennes, plus vastes, qui devaient être ramenées à cette étendue : c'était de la rétroactivité dans l'étendue des concessions. Il n'y a pas lieu d'insister ici, pour faire remarquer comment l'Assemblée constituante, en votant ces articles fâcheux de la loi de 1791, tombait, vis-à-vis des anciens concessionnaires de mines, dans cette faute de versatilité qu'elle avait justement reprochée à l'ancien régime ; comment, en un mot, elle violait elle-même un droit de propriété, alors qu'à toutes les époques et dans tous les pays, il sera vrai de dire qu'une nation est d'autant plus élevée dans l'échelle de la civilisation que le droit de propriété, chez elle, est plus stable. Tel ne saurait être notre but : des récriminations de ce genre sont infécondes, elles seraient injustes, vis-à-vis d'une Assemblée qui dota la France d'une loi organique sur les mines éminemment préférable à la législation instable, mal définie de l'ancien régime. Nous avons dû pourtant signaler, condamner ce vice radical de la loi de 1791, résultant de sa rétroactivité, parce qu'aussi longtemps que la loi morale restera écrite dans le cœur des nations, le principe de non rétroactivité devra être respecté par les lois et par les mœurs.

Par contre, nous devons proclamer une heureuse innovation de cette loi, consistant dans la formalité des publications et affiches, imposée par l'article 11 du titre Ier, à l'effet de prévenir et éviter ces surprises, dans la distribution des concessions, dont le précédent régime avait fourni des exemples.

Rappelons aussi, à l'avantage de la loi de 1791, qu'elle posait, en principe, le droit, pour les exploitants de mines, d'exécuter, avec la permission du Directoire du département, des travaux de secours, tels que galeries d'écoulement, chemins, prise d'eau ou passage des eaux, et autres de ce genre, dans un canton ou exploitation du voisinage (art. 25 du titre Ier). A l'égard de ces travaux de secours en dehors de la concession, la loi de 1810 présentait, il faut le dire, une lacune regrettable, et qui n'a été comblée que soixante-dix ans plus tard, par la loi du 27 juillet 1880.

La loi de 1791, fort sévère en principe, puisqu'elle menaçait de la déchéance (art. 15) les concessionnaires qui suspendraient leurs travaux pendant un an, sans cause légitime, n'avait pas suffisamment armé, en fait, l'administration, pour réprimer les abus dans l'exploitation des mines : plusieurs mesures furent prises, à cette époque, pour corriger l'insuffisance de la loi des mines à cet égard.

Arrêtés et instructions ministérielles intervenus sous le régime de la loi de 1791.

Le 13 messidor an II, un arrêté du Comité du salut public organisa une agence des mines composée de trois membres nommés par lui.

Le 18 messidor an II, le Comité du salut public instituait, sous l'autorité de l'agence, une administration composée de 8 inspecteurs, 12 ingénieurs et 40 élèves ingénieurs (1).

Le 12 fructidor an II, le comité mettait en réquisition, et à la disposition de l'agence des mines, les inspecteurs et ingénieurs des mines, à l'effet de développer l'industrie des métaux nécessaires à la guerre entreprise pour la défense du territoire.

---

(1) Dupont : *Jurisprudence des mines*, t. I, p. 45.

Le 30 vendémiaire an IV, une loi décidait qu'à l'avenir, les élèves des mines seraient pris parmi les candidats sortis de l'Ecole polytechnique.

Le 3 nivôse an VI, un arrêté du Directoire exécutif soumettait à l'approbation du gouvernement les transports et cessions de mines, ce qui était, il faut le dire, un amoindrissement du droit de propriété des mines.

Le 18 messidor an IX (1), une instruction fut publiée par le célèbre Chaptal, ministre de l'intérieur, comme un commentaire étendu de la loi de 1791, destiné à atténuer les défauts de celle-ci; mais une instruction ministérielle ne peut pas corriger une loi défectueuse : il faut, pour cela, une loi nouvelle.

L'insuffisance de la loi de 1791 était reconnue de tout le monde : une loi nouvelle était demandée.

Code civil.

Or un grand fait législatif se produisit avant l'apparition de la loi de 1810, alors que les mines étaient encore régies par la loi de 1791, ce fut la promulgation, faite en l'an XII, du Code civil, lequel a exercé, sur la loi organique de 1810, une influence considérable par son article 552, ainsi conçu :

« Art. 552. — La propriété du sol emporte la propriété du dessus et du dessous. — Le propriétaire peut faire au-dessus toutes les plantations et constructions qu'il juge à propos, sauf les exceptions établies au titre des servitudes ou services fonciers. — Il peut faire au-dessous toutes les constructions et fouilles qu'il jugera à propos, et tirer de ces fouilles tous les produits qu'elles peuvent fournir, sauf les modifications résultant des lois et règlements relatifs aux mines, et des lois et règlements de police. »

Cette restriction finale de l'article 552 est très importante, car en renvoyant ainsi, pour ce qui concerne les effets du droit de propriété sur le dessous, aux lois et règlements relatifs aux mines, le Code civil s'est référé aux principes de la loi du 28 juillet 1791, comme l'a fait justement observer M. Dalloz. Disons, à ce sujet, que l'omission intempestive de cette partie finale a conduit plusieurs jurisconsultes à prétendre que les mines doivent, d'après le Code civil, appartenir au propriétaire, ce qui est une erreur.

---

(1) Dupont : *Jurisprudence des mines*, t. I, p. 48.

Loi du 21 avril 1810 : — première partie de l'exposé sommaire de ses dispositions.

Enfin, après une préparation lente et laborieuse, la loi du 21 avril arriva :

La discussion avait occupé 22 séances du conseil d'État, du 1ᵉʳ février 1806 au 24 février 1810 (1).

Après 14 rédactions successives, le comte Regnault de St-Jean-d'Angély présenta, le 13 avril 1810, le projet de loi au conseil d'État, en l'accompagnant d'un exposé des motifs resté justement célèbre. Le rapporteur au Corps législatif fut le comte de Girardin, : le 21 avril 1810, la loi fut votée à la majorité de 232 voix contre 11.

On peut lire dans l'ouvrage de Locré (2) le compte rendu mémorable de toutes les discussions préparatoires de la loi des mines, lequel est le récit d'une des plus grandes œuvres du conseil d'État.

La loi du 21 avril 1810 contient 10 titres et 96 articles.

Le titre 1ᵉʳ, article 1 à 4, classe les substances minérale ou fossiles sous les trois qualifications de mines, minières et carrières.

Dans l'esprit du législateur de 1810, le régime des mines, c'est la concession; celui des minières, c'est la permission; celui des carrières, c'est la déclaration.

Le titre II, de 5 à 9, se rapporte à la propriété des mines, qu'il organise : c'est un des plus importants de la loi.

L'article 5, qui porte que les mines ne « peuvent être exploitées « qu'en vertu d'un acte de concession délibéré en conseil d'État », proclame, pour le gouvernement, le premier et le plus important des attributs du droit régalien, le droit exclusif de concession.

Les propriétaires de la surface n'ont plus de droit de préférence à la concession, mais l'article 6 leur reconnaît un droit sur le produit des mines concédées, lequel est réglé par l'acte de concession ; la loi organique de la propriété des mines a pu ainsi être conciliée avec le Code civil, c'est-à-dire la grande Charte de la propriété immobilière et mobilière, dans notre pays : ce sera l'impérissable honneur des législateurs de 1810.

L'article 7 déclare les mines propriétés perpétuelles, disponibles

---

(1) Dupont : *Jurisprudence des mines*, t. I, p. 52.
(2) *Législation sur les mines et sur les expropriations pour cause d'utilité publique.*

et transmissibles comme tous autres biens, sauf le cas de partage de la concession. Ainsi donc, plus de ces concessions temporaires, qui avaient été la plaie de l'industrie minérale, sous l'ancienne monarchie; plus de ces concessions de cinquante ans, comme celles de la loi de 1791, qui n'étaient que des usufruits restreints, et non pas des propriétés réelles.

L'article 8 achève de consolider la propriété des mines, en déclarant que les mines sont immeubles.

Les articles 19, 20 et 21 complètent leur assimilation avec la propriété foncière.

Déclarer les mines propriété perpétuelle, disponible et transmissible comme les autres biens, propriété immobilière et susceptible d'hypothèques, c'était en faire un bien patrimonial, comme l'annonçait Regnault de Saint-Jean-d'Angély : ces principes devaient aider puissamment à l'institution de concessions nouvelles, et au développement des mines concédées. Les faits ont largement justifié ces prévisions ; c'est ce qui sera établi, lorsqu'après avoir terminé l'exposé sommaire des dispositions de la loi du 21 avril 1810, nous constaterons ses conséquences économiques.

Le droit de propriété des mines, en France, dérive exceptionnellement de la loi civile, tandis que le droit de propriété, en général, est de droit naturel.

Pour le moment, la logique des choses et l'importance du sujet nous forcent à interrompre cet exposé, pour nous appesantir sur « *la propriété des mines* », qui forme l'objet principal du présent chapitre, comme son titre en témoigne. Or une étude doctrinale du droit de propriété des mines ne saurait être sérieuse et complète, sans être accompagnée d'une analyse philosophique du droit de propriété en général : faire cette double étude comparative ne sera donc point sortir de notre sujet, mais le creuser et l'approfondir.

En France, la propriété des mines dérive de l'acte de concession délibéré en conseil d'État : cela résulte des articles 5, 7 et 19 de la loi du 21 avril 1810, conçus comme il suit) :

Art. 5. — Les mines ne peuvent être exploitées qu'en vertu d'un acte de concession délibéré en Conseil d'État.

Art. 7. — Il (l'acte de concession) donne la propriété perpétuelle de la mine, laquelle est dès lors disponible et transmissible comme tous autres biens, et dont on ne peut être exproprié que dans le cas et selon les formes prescrites pour les autres propriétés, conformément au Code civil et au Code de procédure civile.

Toutefois, une mine ne peut être vendue par lots ou partagée, sans une autorisation préalable du gouvernement, donnée dans les mêmes formes que la concession.

Art. 19. — Du moment où une mine sera concédée, même au propriétaire de la surface, cette propriété sera distinguée de celle de la surface, et désormais considérée comme *propriété nouvelle*, sur laquelle de nouvelles hypothèques pourront être assises, sans préjudice de celles qui auraient été ou seraient prises sur la surface et la redevance, comme il est dit à l'article précédent.

Le droit de propriété des mines, tel qu'il est constitué en France, résulte donc, dérive donc de la loi civile.

Voulons-nous dire par là que le droit de propriété en général dérive de la loi civile, qu'il n'est qu'une institution civile, une création de la loi? A Dieu ne plaise! Et sur cette importante question, nous devons entrer dans certains développements, faisant partie des principes généraux de la philosophie du droit. Ces développements analytiques sont nécessaires, pour éviter de faire naître des idées fausses, en une matière aussi importante que celle du principe général de la propriété.

La vraie doctrine est la suivante : Le droit de propriété en général est un droit naturel, antérieur et supérieur à la loi civile, et qui, par suite, ne dérive point de celle-ci.

Par exception, le droit à la propriété des mines dérive, en France, de la loi civile, de même que les droits de propriété résultent d'une concession de chemin de fer; mais cette double exception, nécessitée dans notre pays par les circonstances et la nature spéciale des choses, ne fait que confirmer la doctrine générale, que le droit de propriété est un droit naturel.

La propriété en général, c'est le droit de nous servir de certaines choses, à l'exclusion de tout autre individu.

Le droit de propriété, dérive nécessairement, comme l'a dit justement Dalloz, du droit de l'homme à sa propre conservation, et à son indépendance, en respectant la liberté d'autrui. Une analyse philosophique résumée va le faire comprendre (1).

Le Créateur, cela est certain, en donnant des besoins à l'homme,

---

(1) Nous avons pris pour guide, dans la plus grande partie de cette ana-

lui a donné, en même temps, le pouvoir d'user, pour la satisfaction de ces besoins, de toutes les choses crées.

Parmi ces choses, il en est qui restent nécessairement communes à tous, comme l'air, la lumière du jour, la mer, etc. Il en est d'autres dont l'homme ne peut user qu'en se les appropriant exclusivement; telles sont les choses qui servent à sa nourriture, celles qu'il emploie pour se vêtir, les armes dont il use pour se défendre, les outils qui servent à son travail, etc... Par conséquent, on est en face du dilemme suivant : Ou bien, dit Dalloz, il faut prétendre que ces choses n'ont pas été faites pour l'homme, et nul ne l'oserait, ou il faut reconnaître qu'en se les appropriant, l'homme fait de ces choses un usage conforme aux desseins du Créateur, un usage légitime, un usage de droit naturel.

La faculté d'appropriation de ces choses, leur affectation exclusive à l'usage d'une personne étant une suite nécessaire de la destination providentielle des choses crées, il s'en suit que l'obligation réciproque de respecter l'exercice de cette faculté d'appropriation est une de ces lois naturelles et primordiales qui, avant toute société, avant toute loi positive, régissent les rapports des hommes entre eux.

Passons maintenant à l'appropriation du sol. L'homme, placé sur cette terre pour y vivre, y occupe nécessairement une place dont nul ne peut le chasser par un droit supérieur au sien, alors qu'il est le premier occupant. Dans ce lieu qu'il occupe le premier, il peut se construire un abri contre les intempéries, contre les attaques des animaux, et cet abri, semblable au vêtement ou à l'armure dont il aurait couvert son corps, doit être respecté. Ce n'est pas tout : la terre n'est pas seulement destinée à porter l'homme, mais à le nourrir, et elle ne le fait que lorsqu'elle est fécondée par son travail : mais la semence jetée sur le sol défriché serait improductive si elle était livrée au libre parcours; d'où résulte, pour celui qui a le premier occupé un sol vacant, en faisant usage de sa liberté naturelle, qui a modifié l'état du sol par un acte permanent de son travail libre, le droit de clore la portion cultivée par lui, c'est-à-dire de se l'approprier.

Quant à la récolte, par une conséquence de tout ce qui vient d'être

---

lyse, l'exposé remarquable de Dalloz aîné (*Répertoire méthodique et alphabétique de législation, doctrine et jurisprudence*, v° Propriété) : nous tenions à faire cette déclaration.

dit, celui-là seul peut y prétendre, sans qui elle ne serait point ; elle lui appartient comme fruit de son travail, car son travail, c'est lui-même. On l'a dit avec raison : le travail de l'homme sur le sol est une véritable création ; celui qui crée un champ sur une terre inculte, vacante, crée, au même degré que le sauvage qui arrache dans la forêt une branche d'arbre, pour en faire un arc. Dans les deux cas, il y a libre exercice du travail de l'homme : il doit donc y avoir parité dans les conséquences ; d'où il suit que, pour la terre comme pour les choses mobilières, la faculté d'appropriation, c'est-à-dire le droit de propriété est une dérivation du droit naturel. Le communisme nie le droit de propriété, mais c'est une contradiction évidente, dit très justement M. Dalloz : Si le droit à la jouissance exclusive d'une chose n'a pas de raison d'être pour un individu, il n'en a pas davantage pour une aggrégation d'individus. Le communisme est donc condamné, en principe, par le droit, la science du juste, comme il est condamné, en fait, par l'économie politique, la science de l'utile. Ainsi en résumé, l'occupation est le fait qui détermine le droit de propriété, mais les titres primitifs de ce droit, titres appartenant essentiellement au droit naturel, sont la conservation de l'homme et son indépendance. Et voilà comment le droit de propriété en général se pose comme une dérivation du droit naturel, dérivation antérieure à la loi civile et indépendante de celle-ci. Le rôle de la loi civile, variable avec le temps et les lieux, c'est de garantir, de protéger le droit de propriété ; mais elle ne crée pas ce droit, pas plus qu'elle ne crée la famille, dont elle est la grande protectrice : ajoutons que le gouvernement ne saurait faire plus que la loi. Le gouvernement, disait justement Cambacérès, défend les propriétés, mais il ne leur donne pas l'existence (Locré, séance du 20 juin 1809).

Telle est la vraie doctrine en matière de droit de propriété.

L'analyse qui a établi cette doctrine, démontre la double erreur, il faut le dire, d'une part, de J.-J. Rousseau, Mably, Proudhon qui ont nié la légitimité de l'appropriation ; d'autre part, de ceux qui, sans nier la légitimité de la propriété, l'ont considérée comme une institution civile, comme une création de la loi, savoir : Rollin, Puffendorf, Montesquieu, Bentham, Vattel, Mirabeau, Benjamin Constant, Ed. Laboulaye, etc. Le girondin Rabaud Saint-Étienne, partisan de ce dernier système, que le droit de propriété, en général, dérive de la loi civile, en est arrivé à écrire les lignes suivantes citées par

M. Baudrillart (1) : « Le législateur peut établir des lois précises « sur le maximum de fortune qu'un homme peut posséder, et au-« delà duquel la société prend sa place et jouit de ses droits. » On voit ainsi à quelle conséquence anti-économiques, et contraires aux principes généraux de la justice et de la loi morale, Rabaud Saint-Étienne a pu être conduit par une erreur sur l'origine du droit de propriété.

Une objection a été faite, en invoquant le droit Romain, qui regarde la propriété comme dérivant de la loi civile : Frédéric Bastiat a répondu que les Romains, qui vivaient de rapines, dont tous les propriétés étaient le fruit de la spolation, et qui avaient fondé leurs moyens d'existence sur le travail des esclaves, ne pouvaient ni dire ni même penser que le vrai titre de la propriété, c'est le travail qui le produit : (Bastiat tome IV, *Propriété et loi*). Un autre publiciste a dit à ce sujet que, dans l'empire Romain, « le vrai propriétaire, c'était « l'État ou, César » (Serret). Ce n'est donc pas au droit romain qu'on peut emprunter la vraie doctrine du droit de propriété. Il est une école qui avait admis une sorte de moyen terme, en fait de droit de propriété, c'est l'école gallicane. Les écrivains gallicans reconnaissaient au pouvoir le haut domaine, *altum dominium*, sur les propriétés privées, c'est-à-dire le droit de requérir, moyennant de justes causes, la cession de telle ou telle propriété, et sans indemnité. Or ce principe conduisait logiquement à l'absorption de la propriété par l'État; il pouvait plaire à Louis XIV, qui disait : L'État, c'est moi (2)» ; mais ce principe n'en conduisait pas moins, par la logique des choses, et sans que les écrivains gallicans l'eussent suffisamment prévu, à la négation du droit de propriété, et à ce titre, il doit être rejeté par les juriconsultes, les philosophes et les économistes.

Le droit de propriété, rappelons-le, dérive du droit naturel, et disons ici que le droit naturel, c'est cette vraie lumière qui éclaire tout homme venant en ce monde, pour lui apprendre à distinguer le bien du mal, le juste de l'injuste; il est écrit dans la conscience, il est proclamé par le consentement unanime des peuples.

Ajoutons enfin que le droit de propriété est explicitement confirmé et sanctionné par un haut précepte du décalogue, cette loi

---

(1) *Journal des économistes*, mars 1871.
(2) Observons, à cet égard, que, au point de vue du droit de propriété, il n'est pas mieux de dire « l'État c'est nous » que, « l'État c'est moi. »

CHAP. I. — PROPRIÉTÉ DES MINES. — GÉNÉRALITÉS.

divine, qui a formulé les principaux préceptes du droit naturel, et dont un grand économiste moraliste, M. Le Play (1), demande justement une large intervention dans nos lois et nos mœurs : c'est le précepte : « Tu ne déroberas point (2). »

La doctrine qui fait du droit de propriété un droit naturel, antérieur et supérieur à la loi positive, et qui est, croyons-nous, la vraie, c'est celle des auteurs suivants, cités par M. Dalloz, de Loke (3), Reid (4), Barbeyrac, Burlamaqui, Maury, Cazalès, le jurisconsulte Proudhon, Cousin (5), Hennequin, Thiers (6), Bastiat (7), Escbach (8), Troplong (9), etc. Monseigneur de Salinis (10), et les théologiens en général.

Nous insistons sur le nom de Troplong, car nul, mieux que ce jurisconsulte éminent, n'a éclairci et discuté le principe de la propriété en général, parce qu'il était à la fois philosophe, jurisconsulte, historien et économiste. Avec Troplong, nous dirons donc que « la propriété dé« rive de la nature, elle est une condition de toute société, préexis« tante à des lois formulées ou à une convention (*Préface du commen-« taire sur la vente*). La propriété est le droit naturel appliqué au « rapport de l'homme avec la matière... La propriété est fille du tra« vail, elle est la domination de la matière par la puissante volonté « de l'homme » (*Traité de la propriété d'après le Code civil*). Ajoutons qu'elle est née de l'accomplissement de ce haut précepte : « Assujetissez la terre (11). »

Et maintenant, allons au-devant d'une objection qui doit vous être faite, et qui est celle-ci : Puisque la propriété en général, la propriété du sol, par exemple, est de droit naturel, pourquoi dirat-on la propriété des mines n'est elle pas aussi de droit naturel ? Pourquoi la propriété des mines, en France, dérive-t-elle de la loi civile, et pourquoi ne suit-elle point la propriété du sol par voie

---

(1) *Organisation du travail*, p. 201.
(2) *Non furtum facies* (Exode, 20-15).
(3) *Traité du gouvernement*, chap. v, § 25.
(4) Traduction de Jouffroy, *Œuvres philosophiques*, t. V, p. 363.
(5) *Philosophie morale*, p. 15.
(6) *De la propriété*.
(7) *Propriété et loi*.
(8) *Cours d'introduction générale a l'étude du droit*.
(9) *De la propriété d'après le Code civil et de la prescription*.
(10) *Mandements et instructions pastorales*, p. 406 et suiv.
(11) *Subjicite eam (terram)*. Genèse, 1-28.

d'accession ? A cet égard, il y a deux remarques importantes à faire. D'abord, au point de vue du droit, on ne peut pas dire de la propriété des mines ce qu'on dit de la propriété du sol, qu'elle est fille du travail libre du premier occupant, car il n'est pas exact de prétendre que celui qui occupa le premier une portion du sol, et qui l'a défrichée, qui se l'est appropriée par son travail, ait occupé volontairement la mine qui existait sous ce sol, dans les entrailles de la terre, et dont il ne soupçonnait pas l'existence.

On pourrait dire plus exactement, à cet égard, que celui qui a véritablement occupé la mine, ce n'est pas toujours le propriétaire, mais l'inventeur qui a découvert le gîte minéral. D'autre part, au point de vue du fait économique, la France n'est pas un pays de grandes propriétés foncières comme l'angleterre ; elle n'est pas non plus un pays de liberté de tester, comme les États-Unis. La France est un pays de petite propriété, un pays où la propriété foncière va en se divisant de jour en jour par l'effet incessant et obligatoire du Code civil. Or, comme au point de vue technique et économique de la bonne exploitation des gîtes minéraux de toute nature, il est un principe commun, qu'il faut un champ suffisant d'exploitation, ce principe devait nécessairement conduire le législateur à organiser en France la propriété des mines, indépendamment de la propriété du sol, par le régime des concessions (1).

Nous devions mentionner cette objection : Elle fut faite pendant la discussion préparatoire de la loi de 1810, par l'archi-chancelier Cambacérès, qui disait dans la séance du 20 juin 1809 : « Il y a beaucoup d'inconvénients à établir en principe, qu'il est des propriétés qui « n'existent que par un acte du gouvernement (2). »

Cambacérès aurait voulu qu'on déclarât le propriétaire de la surface, propriétaire de la mine, à la charge de l'exploiter (3), mais le conseil d'État d'alors ne partagea pas son avis; or il est incontestable, au point de vue de l'intérêt général, si l'on tient compte, d'une part, de la divisibilité du sol en France, et, d'autre part, de la difficulté pratique qu'on aurait eu à appliquer le système de Cambacérès, pour contraindre les propriétaires du sol à exploiter les mines, il est incontestable, disons-nous, que le système des concessions or-

---

(1) Dupont : *Jurisprudence des mines*, t. I, p. 2.
(2) *Locré*, p. 98.
(3) Séance du 18 novembre 1809, *Locré*, p. 235.

ganisé par la loi de 1810, est, économiquement parlant, préférable à celui que proposait Cambacérès.

Part faite aux propriétaires du sol et aux inventeurs par la loi de 1810, dans la constitution de la propriété des mines.

Faut-il prétendre, d'après cela, que l'on doive nier toute espèce de droit du propriétaire du sol sur les mines ou leurs produits ? Non répondrons-nous; et, à cet égard, la loi française consacre ce droit par les articles 6 et 42 conçus comme il suit :

Art. 6. — Cet acte (l'acte de concession) règle les droits des propriétaires de la surface sur le produit des mines concédées.

Art. 42. — Le droit accordé par l'article 6 de la présente loi au propriétaire de la surface sera réglé sous la forme fixée par l'acte de concession.

Est-ce à dire, d'autre part, que l'on doive nier, dans l'organisation de la propriété des mines, tout droit à l'inventeur, de bénéficier de cette propriété, alors que c'est à son intelligence et à son travail qu'on doit la découverte du gîte minéral, qui représente une richesse nouvelle ? Non, et la loi française consacre ici encore les droits de l'inventeur, elle donne encouragement aux découvertes de mines par les dispositions suivantes de l'article 16 :

Art. 16. — Le gouvernement juge des motifs ou considérations d'après lesquels la préférence doit être accordée aux divers demandeurs en concession, qu'ils soient propriétaires de la surface, inventeurs ou autres.

En cas que l'inventeur n'obtienne pas la concession d'une mine, il aura droit à une indemnité de la part du concessionnaire; elle sera réglée par l'acte de concession.

Nous avons donc le droit de le dire, en terminant sur cette question : La loi du 21 avril 1810, qui a organisé en France la propriété des mines, l'a fait en tenant un juste compte des principes philosophiques et économiques, aussi bien que des circonstances spéciales du pays.

Suite de l'exposé sommaire des dispositions de la loi de 1810.

Maintenant, reprenons l'exposé sommaire de la législation française en matière de mines, telle qu'elle a été organisée par la loi de 1810.

Le titre III, articles 10 à 31, modifié dans son article 11 par la loi du 27 juillet 1880, traite des actes qui précèdent la demande en concession de mines.

Les recherches de mines sont encouragées d'une manière féconde par l'article 10, qui consacre, pour le propriétaire du sol, le droit de recherches, en même temps qu'il proclame, pour le gouvernement, la faculté d'accorder des permis de recherches.

Les résultats des recherches de houille dans le département du Pas-de-Calais, devenu célèbre par sa puissance extractive, ceux des recherches de fer de la Moselle, qu'on doit citer malgré nos malheurs, démontrent, par des faits, combien l'industrie si importante des recherches de mines est utilement encouragée par la loi française.

L'article 13 proclame, pour tout le monde, le droit de demander une concession de mines.

Le Gouvernement est souverain pour choisir entre les demandeurs, mais une indemnité est réglée en faveur de l'inventeur, s'il n'obtient pas la concession (art. 16).

Le titre IV, articles 22 à 46, modifié dans ses articles 23, 26, 42, 43 et 44 par la loi du 27 juillet 1880, règle les formalités des demandes en concession, et formule les obligations des propriétaires de mines. Les articles 22, 23, 24 et 27 prescrivent des publications et affiches, qui sont une garantie contre toute surprise, en matière d'obtention de concession.

La seconde partie du droit régalien, celle qui concerne le tribut à l'État, est réglée par les articles 33, 34 et 35, qui stipulent une double redevance des mines, redevance fixe de 10 francs par kilomètre carré, et redevance proportionnelle, de 5 p. 100 du produit net de l'extraction.

Le titre V, articles 47 à 50, modifié, dans son article 50, par la loi du 27 juillet 1880, organise et définit la surveillance des mines par le gouvernement, laquelle constitue la troisième et dernière attribution conférée au chef de l'État par le droit dit régalien.

Le titre VI, articles 51 à 56, régularise le régime des concessions antérieures à la loi de 1810.

Bien loin de faire de la rétroactivité, comme la loi de 1791, la loi de 1810, par les dispositions larges et libérales de l'art. 51, a transformé en concessions perpétuelles les concessions antérieures, dont la durée ne dépassait pas 50 ans, d'après la loi de 1791 : qu'il suffise de dire, pour démontrer la fécondité bienfaisante de cette mesure législative, que les concessionnaires d'Anzin, de Commentry, la Grand-Combe, Bessèges, Carmeaux, Graissessac, le Creusot, Blanzy, etc., etc., ont profité de cette libéralité de la loi.

Le titre VII, art. 57 à 80, qui réglementait l'exploitation des minières et l'industrie du fer, à une époque où l'opinion générale du pays demandait que l'industrie du fer fût protégée, a eu sa raison d'être alors : il a depuis été profondément modifié, d'abord par la loi du du 9 mai 1866, et puis, en ce qui concerne l'article 70, par la loi du 27 juillet 1880.

Le titre VIII, art. 81 à 86, modifié dans ses articles 81 et 82 par la loi du 27 juillet 1880, fixe le régime des carrières et tourbières, régime justement libéral, vis-à-vis des carrières à ciel ouvert.

Le titre IX, art. 87 à 92, prescrit les règles à observer en matière d'expertises pour mines, expertises devenues très fréquentes et très importantes, depuis la suppression de la juridiction exceptionnelle en matière de mines, opérée par l'article 27 de la loi de 1791.

Enfin, le titre X, art. 93 à 96, excluant toute juridiction exceptionnelle, contient la sanction de la loi, organisée conformément au droit commun.

Tel est l'ensemble de la loi de 1810 modifiée par celles des 9 mai 1866 et 27 juillet 1880.

Conséquences économiques de la loi de 1810.

La loi du 21 avril 1810 a fait, des mines, une propriété perpétuelle et susceptible d'hypothèques, comme la propriété foncière, (art. 7, 20 et 21) ; elle a respecté et consolidé les concessions anciennes (art. 51 et 53) ; elle a aidé à l'institution de concessions nouvelles, en affirmant et organisant le droit, pour le gouvernement d'accorder des permis de recherches (art. 10), et en encourageant les inventeurs et explorateurs (art. 10, 16 et 46). Ces dispositions principales, et une foule d'autres qui seront commentées à leur place dans le présent ouvrage, devaient avoir, pour l'industrie minérale de la France, d'heureuses conséquences économiques : les faits ont confirmé ces prévisions. En effet, pour ce qui est des concessions nouvelles, il nous suffira de dire que, dans le seul département du Pas-de-Calais, dix-huit concessions houillères ont été instituées depuis 1837 jusqu'en 1873, embrassant une superficie totale de 48.618 hectares, et que les concessions de ce département ont produit en 1879, 4.174.800 tonnes, soit plus de 24 p. 100 de la production totale de la France. Disons enfin que les concessions houillères du Pas-de-Calais représentaient, en janvier 1875, une valeur vénale de plus de 450 millions de francs (1). Une grande part de ce fait économique si éclatant est bien due, on peut le dire, à cette circonstance, qui mérite attention, que les explorateurs, devenus depuis concessionnaires, avaient foi dans la sûreté de la propriété des mines, telle qu'elle est organisée par la loi de 1810.

Pour ce qui est de l'ensemble des concessions houillères instituées, qui forment en réalité les mines plus importantes de notre pays, disons que, au 31 décembre 1878, on comptait en France 629 concessions de combustibles minéraux, et que leur production s'est élevée, en 1879, à 17.104.485 tonnes, alors qu'au lendemain de la loi du 21 avril 1810, en 1812, il n'existait en France que 261 mines de houille, dont 86 régularisées par les concessions, et que la production totale de combustible minéral du territoire actuel de la France s'élevait à 820.000 tonnes seulement (2). Ces chiffres sont significatifs.

La Belgique, qui est régie par notre loi organique des mines, pourrait encore être citée comme un exemple probant des bons effets économiques de la loi du 21 avril 1810.

Une critique a été faite du régime de notre législation minérale, en ce qui concerne les mines métalliques de la France autres que le fer, dont on a invoqué l'état languissant : cette critique n'a pas tenu compte de l'allure, la consistance et la nature des gisements de ces mines métalliques dans notre pays, et d'autres circonstances économiques spéciales à ces entreprises, toutes choses indépendantes de la législation : en ce qui concerne les mines de fer de la France, qui sont dans des conditions différentes, on doit faire observer, d'autre part, que la consolidation de la propriété des mines, organisée par la loi de 1810 a pu produire ses heureux effets ; aussi la production de ces mines s'est-elle développée au point d'atteindre, en 1878, 1.872.563 tonnes de minerai, sans compter 298.892 tonnes, afférentes aux mines de fer de l'Algérie.

---

(1) Dutilleux (Douai), 1873-1874.
(2) Cordier : *Journal des mines*, t. XXXVI, p. 321.

Compléments et modifications apportés à la loi de 1810 par les lois des 27 avril 1838, 17 juin 1840, 9 mai 1866 et 27 juillet 1880.

La loi de 1810 a été complétée dans son application, comme il sera dit ultérieurement, par la loi du 27 avril 1838, pour certains points spéciaux, et au point de vue de la sanction administrative de plusieurs de ses dispositions : elle l'a été, d'autre part, en ce qui concerne le sel gemme et les sources d'eau salée, par la loi du 17 juin 1840.

La loi primitive du 21 avril 1810 comprenait 96 articles ; la loi du 9 mai 1866 en a abrogé 17, les articles 59 à 67, et 73 à 80 : 12 articles de la loi primitive ont été modifiés, 2, par la loi du 9 mai 1866, les articles 57 et 58, et 10, par la loi du 27 juillet 1880, les articles 11, 23, 26, 42, 43, 44, 50, 70, 81 et 82. Dans l'état présent des choses, la loi organique des mines, au lieu de 96 articles, n'en contient plus donc que 79, dont 67 sont restés intacts depuis le 21 avril 1810, et 12 ont été modifiés par les deux lois des 9 mai 1866 et 27 juillet 1880.

Des modifications profondes ont été apportées, comme on voit, à la loi de 1810, par les deux lois de 1866 et 1880, qui ont introduit dans la loi primitive les perfectionnements nécessaires indiqués par la pratique, et commandés par les besoins de l'industrie minérale et métallurgique. Ce résultat a pu être obtenu par les législateurs, en respectant le numérotage des articles, et sans opérer une refonte complète de cette loi du 21 avril 1810, si justement appelée le *Code des mines*, et qui a organisé en France la propriété minérale : c'est là une circonstance heureuse. En agissant de la sorte, on a justement imité la prudence de la Belgique, régie, elle aussi, par la loi des mines de 1810 modifiée et complétée par des lois postérieures (1); on a évité de bouleverser et compliquer inutilement la jurisprudence, ce précieux auxiliaire de la loi, ainsi que l'interprétation et l'application des nombreux titres de concession de mines, et cahiers des charges, lesquels invoquent, tous, certains articles de la loi organique des mines. Disons enfin, à cet égard, que le Conseil d'État en proposant, le 3 mai 1878, de ne modifier que les articles de la

---

(1) Lois des 2 mai 1837 et 8 juillet 1865.

loi de 1810 pour lesquels des réformes d'une certaine importance étaient depuis longtemps réclamées avec une certaine unanimité, a pensé que l'avantage de présenter sous une forme plus correcte les dispositions fondamentales d'une loi en vigueur depuis près de soixante-dix ans, et non contestée dans son ensemble, ne pouvait entrer en balance avec l'inconvénient de les soumettre sans nécessité à de nouvelles discussions. Le gouvernement a adopté cette manière de voir : cela résulte de l'exposé des motifs, joint à la nouvelle rédaction du projet de loi relatif à la revision de la loi des mines, qu'il a présentée au Sénat, le 21 mai 1878, et laquelle est devenue, sauf de très légères modifications, la loi du 27 juillet 1880.

Actes réglementaires divers intervenus sur les mines depuis 1810.

Donnons maintenant une énumération sommaire des divers actes réglementaires intervenus, en matière de mines, depuis la promulgation de la loi du 21 avril 1810 : nous serons courts à cet égard, ces actes devant trouver leurs places respectives dans les divers chapitres du présent ouvrage.

Mentionnons tout d'abord l'instruction ministérielle du 3 août 1810, qui est presque un commentaire de la loi organique des mines, et qui est intervenue pour en réglementer l'application administrative.

Le 18 novembre 1810, un décret constitutif du corps des mines régla sa composition et ses attributions principales.

Le décret organique du 6 mai 1811 a réglementé la perception des redevances sur les mines.

Le décret organique du 3 janvier 1813, qui a force de loi, a réglé avec détails la police des mines, et les mesures à prendre en cas d'accidents.

Le 18 avril 1842, une ordonnance a exigé le domicile administratif des concessionnaires de mines.

L'ordonnance du 26 mars 1843 a réglementé les mesures à prendre, lorsque l'exploitation des mines compromet la sûreté publique.

Le 23 octobre 1852, un décret, d'une haute portée, a interdit les réunions de concessions, sans l'autorisation du gouvernement.

Le 30 mai 1860, un décret a été rendu pour faciliter les abonnements à la redevance proportionnelle.

Le 11 février 1874, un dernier décret est intervenu, sur l'établissement des redevances, et sur les abonnements à la redevance proportionnelle.

Telle est, avec la loi du 21 avril 1810 à la base, l'ensemble des lois et règlements qui composent notre législation minérale : La loi organique de 1810 modifiée, comme elle l'a été en 1866 et 1880, peut, sans être déclarée parfaite, et alors que la porte reste ouverte dans l'avenir aux perfectionnements qu'indiquera l'expérience, cette loi, disons-le hautement, peut être justement citée comme un code remarquable de législation spéciale en matière de mines.

Un cours de législation, croyons-nous, qu'il s'agisse de lois générales ou spéciales, lorsqu'il se rapporte aux lois du pays, doit avoir deux conséquences, une, concrète et pratique, de faire connaître la loi, l'autre, d'un ordre plus élevé, de la faire respecter. Ce respect de la loi est une des forces d'un peuple, et c'est faire acte de patriotisme véritable que de travailler à l'accroître, et de souhaiter qu'il s'enracine aussi profondément chez nous que chez nos voisins d'outre-Manche, desquels on a pu dire que le respect de la loi est une vertu de leur nation ; et qu'on ne s'étonne pas de voir apparaître ici un mot pareil, car s'il est incontestable que le respect de la loi divine fait la vertu des individus, on peut dire, dans une certaine mesure, que le respect des lois humaines fait la vertu des nations.

Heureux donc serons-nous, si notre cours de législation des mines, dans sa sphère restreinte et modeste, peut avoir cette double conséquence, d'aider à la connaissance et au respect de la loi.

Ces préliminaires établis, entrons dans le vif de la législation des mines, en traitant des recherches de mines ; elles feront l'objet du chapitre deuxième.

CHAPITRE II.

RECHERCHES DE MINES.

Importance technique, importance administrative des travaux de recherches.

Nous n'avons pas à faire ressortir, dans ce cours, l'importance technique et économique des recherches de mines, ce préliminaire obligé de toute exploitation méthodique. Nous ne considérons ici les recherches des mines qu'au point de vue administratif et contentieux.

Une circulaire ministérielle du 31 octobre 1837 exigeait que l'existence du gîte minéral fût démontrée par des travaux de recherches, avant de soumettre aux affiches une demande en concession de mines. Cette manière de procéder a été modifiée par la circulaire du 10 décembre 1863, qui, revenant à l'exécution littérale de l'article 22 de la loi de 1810, ordonne de soumettre aux affiches toute demande en concession régulière et complète, alors même qu'aucun travail de recherches n'a démontré l'existence du gîte minéral demandé en concession. Mais cette dernière circulaire n'enlève aucunement aux recherches de mines leur importance administrative, au point de vue de l'obtention de la concession, attendu que toutes les autorités administratives sont unanimes à reconnaître « qu'on ne doit accorder une concession, que lorsque les travaux de recherches ont démontré l'existence d'un gîte minéral exploitable. »

Deux catégories de recherches de mines : sur des terrains non concédés ou des terrains concédés.

Les recherches de mines se divisent naturellement en deux catégories :

Ou bien elles s'exécutent sur des terrains non concédés, ou bien elles s'exécutent sur des terrains concédés, mais en ayant pour objet des matières minérales étrangères à la concession déjà instituée. Nous nous occuperons d'abord des recherches sur les terrains non concédés.

Droit de recherches dans les terrains non concédés; — deux sortes de recherches : celles que fait le propriétaire, et celles qui sont faites par un explorateur muni d'un permis de recherches.

Tout d'abord, il y a lieu de se demander qui a le droit de faire des recherches dans les terrains non concédés ?

La réponse à cette question se trouve dans l'article 10 de la loi de 1810, ainsi conçu :

Art. 10. — Nul ne peut faire des recherches pour découvrir des mines, enfoncer des sondes ou tarières sur un terrain qui ne lui appartient pas, que du consentement du propriétaire de la surface, ou avec l'autorisation du gouvernement, donnée, après avoir consulté l'administration des mines, à la charge d'une préalable indemnité envers le propriétaire, et après qu'il aura été entendu.

De là deux sortes de recherches de mines :

1° Celles que le propriétaire exécute lui-même, ou consent à laisser exécuter sur son fonds avec la même liberté d'initiative que si la propriété de la mine suivait nécessairement la propriété du sol, par voie d'accession ;

2° Celles qu'un explorateur exécute avec le permis de recherches du gouvernement, dispensateur, dans l'intérêt public, de la richesse minérale.

Recherches exécutées par le propriétaire ou son ayant droit : nature du droit du propriétaire.

Occupons-nous d'abord des recherches exécutées par le propriétaire lui-même, ou bien, en vertu de son consentement, par son cessionnaire ou ayant droit. En France, le droit pour le propriétaire du sol, de faire des recherches est un attribut de la propriété foncière, mais non pas un simple droit personnel, qui puisse se résoudre en dommages-intérêts; c'est un droit immobilier, inhérent à l'immeuble (1).

---

(1) Dupont : *Jurisprudence des mines*, t. I, p. 68.

Ce droit absolu, reconnu au propriétaire du sol, de faire des recherches de mines dans un terrain non concédé, est un hommage, nous dirons un juste hommage, rendu par la loi du 21 avril 1810 à la doctrine posée antérieurement (en l'an XII), par l'article 552 du Code civil :

Art. 552. — La propriété du sol emporte la propriété du dessus et du dessous. . . . . sauf les modifications résultant des lois et règlements relatifs aux mines.

Comparaison avec la législation étrangère (Autriche, Prusse, Bavière, Angleterre).

On ne retrouve pas dans tous les pays une attribution aussi large de ce droit de recherches, aux propriétaires de la surface. « Ainsi, par exemple, dans la loi Autrichienne, du 23 mai 1854, il est dit (parag. 14) que « le consentement de l'autorité minière est nécessaire pour l'exécution des fouilles, même au propriétaire qui veut faire des fouilles dans son propre fonds ».

Dans la loi Prussienne, le propriétaire du sol peut faire librement des recherches de mines, sauf certaines prohibitions de distance, 200 pieds autour du bâtiment, etc., etc., et le possesseur des terrains peut donner librement son consentement à des recherches faites par tiers, sauf les mêmes prohibitions (art. 3 et 4). L'administration des mines n'intervient qu'au cas où le propriétaire du sol croit devoir refuser son consentement (articles 3 et 4 de la loi du 24 juin 1865).

Mêmes dispositions dans la loi Bavaroise du 20 mars 1869, sauf que la prohibition de distance des bâtiments est de soixante mètres au lieu de 200 pieds (art. 4).

Dans la législation Anglaise, une seule restriction de police est apportée au droit du propriétaire, de faire des recherches : une déclaration doit être faite à l'inspecteur des mines, dans un délai de deux mois, à dater de l'origine des travaux, pour tout commencement d'un travail ayant pour but l'ouverture d'un nouveau puits dans une mine de houille, de minerais de fer en couche, de schiste bitumineux ou d'argile réfractaire (Loi du 10 août 1872 (1), sur la **réglementation des mines de houille et de certaines autres mines,**

---

(1) *Annales des mines*, 1873, p. 11.

art. 40). Les termes de la loi Anglaise sont, tels qu'ils s'appliquent à l'ouverture de tout nouveau puits, soit à titre de recherches de mines, soit comme développement d'une mine existante.

Devoirs des propriétaires explorateurs vis-à-vis du gouvernement.

En France, le propriétaire du sol qui exécute des recherches de mines dans son terrain exerce un droit, mais il est soumis, par contre, à des devoirs (1) : Le premier de ces devoirs, c'est de ne pas faire dégénérer ses travaux de recherches en travaux d'exploitation, attendu qu'on ne peut pas exploiter les mines sans concession (art. 5 et 12 de la loi de 1810) ; le second devoir, c'est de se soumettre, pour les travaux de recherches, en ce qui concerne la sûreté du sol, la solidité des travaux, la sûreté des ouvriers, les accidents, etc, à la surveillance administrative exercée par les ingénieurs, conformément au titre V de la loi de 1810 et au décret du 3 janvier 1813.

L'article 18 du décret du 18 novembre 1810 donne mission aux ingénieurs de surveiller « tous les travaux de mines qui compro« mettraient la sûreté publique, sans faire de distinction entre les « recherches et les exploitations : » Ajoutons que la question a été tranchée en ce sens par deux arrêtés du préfet de la Nièvre, et un arrêté du préfet du Pas-de-Calais, arrêtés cités par de Cheppe.

Bien plus, le nouvel article 50 de la loi de 1810, tel qu'il a été revisé par la loi du 27 juillet 1880, contient des prescriptions qui sont explicitement applicables aux travaux de recherches, en général, aussi bien qu'aux travaux d'exploitation des mines.

Ce nouvel article 50 est ainsi conçu :

« Art. 50. — Si les travaux de recherche ou d'exploitation d'une mine
« sont de nature à compromettre la sécurité publique, la conservation de
« de la mine, la sûreté des ouvriers mineurs, la conservation des voies de
« communication, celle des eaux minérales, la solidité des habitations,
« l'usage des sources qui alimentent des villes, villages, hameaux et éta-
« blissements publics, il y sera pourvu par le préfet. »

Ces dispositions du nouvel article 50 comblent heureusement, il faut le dire, une sorte de lacune, qui existait, au point de vue de la

---

(1) Dupont : *Jurisprudence des mines*, t. I, p. 68.

surveillance administrative des travaux de recherches de tout genre, exécutés par les propriétaires du sol ou par des explorateurs munis du permis de recherches mentionné à l'article 10 : à cet égard, les prescriptions formelles de la loi revisée seront plus efficaces, on doit le reconnaître, que les seules dispositions mentionnées tout à l'heure, des deux décrets des 18 novembre 1810 et 3 janvier 1813.

Rappelons ici que l'insertion de ces mots « travaux de recherches », qui ont passé dans le nouvel article 50, se trouve formulée, pour la première fois, dans le projet de revision de la loi des mines élaboré par le Conseil d'État et adopté par lui, à la date du 2 mai 1878.

Comparaison avec la jurisprudence belge.

En Belgique, où le conseil des mines exerce les attributions conférées au Conseil d'État par la loi organique du 21 avril 1810, il est admis par la jurisprudence de ce Conseil des mines que les dispositions de police, prévues par la loi du 21 avril 1810 et le décret du 3 janvier 1813, ne sont pas applicables aux travaux de recherches ou de reconnaissance de mines, en tant que ces travaux sont exécutés par le propriétaire ou son représentant (Voir, en ce sens, un avis dudit Conseil, du 30 janvier 1855 (1).

Comme les recherches de mines exécutées par le propriétaire peuvent tout aussi bien compromettre la sécurité publique et les autres intérêts généraux visés par le nouvel article 50 de la loi française des mines que les recherches exécutées par des permissionnaires, tenant leur autorisation du gouvernement, on doit reconnaître que la surveillance administrative des recherches de mines se trouve mieux organisée en France, depuis la loi du 27 juillet 1880, qu'elle ne l'est en Belgique

Devoirs des propriétaires explorateurs vis-à-vis des autres propriétaires : prohibition spécifiée par l'article 11 revisé.

Cette assimilation des travaux de recherches aux travaux d'exploitation des mines, proclamée dans le nouvel article 50, n'a pas pour seul effet de soumettre les travaux de recherches à la surveil-

---

(1) Du Pont : *Annales des travaux publics de Belgique*, t. XXXII, p. 292.

lance administrative, et, particulièrement aux arrêtés préfectoraux pris en vertu de l'article 50, mais elle formule des devoirs réels, vis-à-vis des tiers, en ce qui concerne la sécurité publique, la conservation des eaux minérales, la solidité des habitations et l'usage des sources qui alimentent des villes, villages, hameaux et établissements publics : ces devoirs s'appliquent à tous les travaux de recherches de mines, sans exception, aussi bien à ceux qu'exécute le propriétaire qu'à ceux que pourra opérer un permissionnaire, muni d'une autorisation du gouvernement. Le fait de ces devoirs méritait d'être remarqué et signalé.

Parmi les devoirs à remplir, vis-à-vis des propriétaires voisins, par le propriétaire qui fait ou laisse faire des recherches dans son fonds, il en est un, tout spécial, qui résulte des prescriptions de l'article 11, et qui concerne les habitations.

En effet, l'article 11, nouvellement revisé par l'article 1er de la loi du 27 juillet 1880, soumet le propriétaire qui fait des recherches de mines dans son fonds à une servitude grave, celle de ne pouvoir pas faire de « puits ou galeries » pour la recherche des mines, dans son propre terrain, à moins de 50 mètres des habitations des tiers et des terrains compris dans les clôtures murées y attenant, sans le consentement des propriétaires de ces habitations.

Nous nous étendrons plus longuement tout à l'heure, sur les prescriptions de l'article 11, à l'occasion des recherches de mines exécutées avec l'autorisation du gouvernement, et nous ne pouvons que renvoyer par avance aux développements qui y seront donnés.

Comparaison avec la législation étrangère, en ce qui concerne l'article 11 (Autriche, Italie, Prusse, Bavière, Belgique).

Pour le moment, et comme comparaison avec ce qui se passe dans d'autres pays, pour les prohibitions de distance imposées aux fouilles de mines, nous nous bornons à dire que, en Autriche, d'après le § 17 de la loi du 23 mai 1854, la prohibition de distance des bâtiments d'habitation et cours fermées est de 20 klafters ($37^m,92$); en Italie, d'après l'article 31 du décret royal du 20 novembre 1859, cette prohibition de distance est de 100 mètres, pour les habitations ou lieux clos de murs attenant aux habitations mêmes, et de 40 mètres pour les autres lieux clos de murs. En Prusse, d'après la loi du

24 juin 1865, les recherches de mines sont interdites sous les bâtiments, et dans un rayon de 200 pieds (62^m,25) aux alentours, dans les jardins et dans les clôtures murées, à moins du consentement formel du possesseur du sol (article 4) ; mêmes prescriptions en Bavière, sauf indication de 60 mètres, au lieu de 200 pieds (art 4). En Belgique, la loi du 8 juin 1865 (article 1er) a modifié l'article 11 de la loi de 1810, en ce sens que dans la zone de 100 mètres spécifiée par l'article primitif, la servitude ne porte que sur les terrains appartenant au propriétaire des habitations et clôtures murées.

Interdiction au propriétaire de vendre ou utiliser les produits de ses recherches, sans un permis de vente.

D'autre part, il est un devoir absolu qui pèse sur le propriétaire du sol opérant des recherches de mines sur son terrain, c'est celui de ne pas vendre ou utiliser les produits minéraux extraits de ses recherches, sans avoir demandé et obtenu une permission de vendre ou utiliser lesdits produits (1) : en effet, la loi de 1810 n'a pas maintenu aux propriétaires de la surface la faculté d'exploiter à 100 pieds de profondeur accordée par loi de 1791, et qui organisait, à cet égard, en France, un gaspillage légal des gîtes minéraux ; bien plus, elle a formellement interdit, par les articles 5 et 12, d'exploiter les mines sans concession :

Art. 5. — Les mines ne peuvent être exploitées qu'en vertu d'un acte de concession délibéré en conseil d'état.

Art. 12. — …..Il (le propriétaire) sera tenu d'obtenir une concession avant d'y établir une exploitation (dans sa propriété).

Le propriétaire qui vendrait ou utiliserait sans permission les produits de recherches de mines dans son terrain s'exposerait à être poursuivi correctionnellement pour infraction à la loi de 1810, et son travail de recherches pourrait être interdit, en vertu de l'article 8 de la loi du 27 avril 1838, lequel est ainsi conçu :

Art. 8. — Tout puits, toute galerie ou tout travail d'exploitation, ouverts en contravention aux lois ou règlements sur les mines, pourront aussi être interdits dans la forme énoncée en l'article précédent, sans préju-

---

(1) Dupont : *Jurisprudence des mines*, t. I, p. 71 et suiv.

dice également de l'application des articles 93 et suivants de la loi du 21 avril 1810.

Et pourtant il est des circonstances où l'administration est portée, par motif d'intérêt public, à laisser vendre ou utiliser les matières extraites, soit parce que ces matières se détérioreraient à l'air, soit parce qu'elles sont impérieusement nécessaires à la consommation, soit parce qu'il importe d'en faire promptement l'essai métallurgique, etc.

Dans ce cas, le gouvernement accorde un permis de vente des produits des travaux de recherches.

Ce permis de vente est délivré par le ministre.

Le droit du gouvernement d'accorder une permission pareille n'est pas écrit dans la loi de 1810, mais il découle, dit Migneron, du préambule du décret du 6 mai 1811, ayant force de loi (1).

Le permis de vente des produits des recherches, qu'il ne faut pas confondre avec le permis de recherches, dont il sera question tout à l'heure, est délivré par le ministre. On pourrait citer un grand nombre de pareils permis de vente. Le plus ancien permis de ce genre, cité par Migneron, se rapporte à des recherches de lignite, à Oupia (Hérault); il est du 10 janvier 1824.

L'autorisation du ministre est nécessaire pour autoriser un propriétaire, quel qu'il soit, à vendre les produits des recherches de mines exécutées dans son terrain : il n'y a pas d'exception à cet égard; et, par exemple, alors qu'il s'agit de recherches opérées dans un terrain communal, le préfet, tuteur naturel de la commune, est incompétent pour autoriser de pareilles ventes : c'est ce qui a été décidé par l'ordonnance en conseil d'état, du 30 octobre 1834 (2).

Formalités pour obtenir un permis de vente.

Les formalités à remplir pour obtenir un permis de vente des produits de recherches sont les suivantes :

---

(1) *Annales des mines*, 3ᵉ série, t. II, p. 563.
(2) *Idem*, 3ᵉ série, t. VII, p. 630..

L'explorateur, propriétaire ou cessionnaire du propriétaire, devra adresser sa demande au préfet sur papier timbré (1).

Quoique la loi de 1810 soit muette sur les demandes de ce genre, il fera bien, pour désigner d'une façon précise les lieux où se font les recherches, de joindre à sa pétition un plan à l'échelle de $\frac{1}{10.000}$, qui est l'échelle spécifiée par la loi des mines, pour les plans à joindre aux demandes en concession, et sans préjudice de la désignation des parcelles cadastrales.

Droits et devoirs du permissionnaire. — Durée du permis.

Pour ce qui est des droits des permissionnaires, il faut dire que le droit de vendre les produits des travaux de recherches ne s'applique qu'aux seuls terrains appartenant au permissionnaire : cette prescription formelle est insérée dans tous les permis de vente.

En ce qui concerne la durée, disons que les permis de vente sont donnés pour une courte durée, un an ordinairement. Mais on peut obtenir des prolongations de ces permis de vente, et nous citerons à cet égard le renouvellement d'une permission pareille accordé le 2 juin 1852, pour les recherches de houille de la Péronnière (Loire), alors qu'un premier permis de vente avait été donné le 25 décembre 1850.

Le permis de vente ne donne pas seulement des droits, il entraîne aussi des devoirs.

Les devoirs du permissionnaire sont les suivants : 1° de ne pas faire dégénérer ses travaux de recherches en véritables travaux d'exploitation ; 2° de se conformer, pour la conduite des travaux et la sûreté des ouvriers, aux instructions qui lui seront données par le préfet, sur le rapport de ingénieurs des mines, conformément à l'article 50 de la loi du 21 avril 1810 revisée ; 3° de tenir, sur les lieux, un plan et un registre d'avancement des travaux, constatant les quantités extraites, etc., qui devra être communiqué aux ingénieurs des mines lors de leurs visites ; ces obligations sont insérées d'ordinaire dans les permis de vente ; il y est dit aussi que le permis de vente ne préjuge rien sur le choix ultérieur du concessionnaire. Ce choix appartient toujours au gouvernement, en vertu de l'article 16

---

(1) Dupont : *Jurisprudence des mines*, t. I, p. 74.

de la loi de 1810, et il doit d'autant plus être réservé, dans le cas actuel, que le gouvernement peut être appelé par les circonstances à accorder plusieurs permis de vente là où il ne sera institué plus tard qu'une seule concession. Il y est dit également que le permis doit être affiché.

Spécimen des conditions générales insérées dans les permis de vente.

Voici un spécimen des conditions générales insérées dans les autorisations de disposer des produits de recherches de mines.

Conditions générales insérées dans les autorisations de disposer des produits de recherche de mines.

I. — L'autorisation ne s'applique qu'aux terrains appartenant aux permissionnaires, ou pour lesquels ils auraient obtenu le consentement des propriétaires à l'exécution des fouilles, et à l'enlèvement des produits.

II. — Tous travaux d'exploitation sont formellement interdits. Les permissionnaires ne pourront pratiquer que des travaux de recherches ou de reconnaissance, et seront tenus de se conformer, pour la conduite de ces travaux et la sûreté des ouvriers, aux instructions qui leur seront données par le préfet, sur le rapport des ingénieurs des mines.

III. — Les permissionnaires tiendront constamment en ordre et à jour, sur le carreau de la mine, le plan des travaux exécutés, et un registre constatant la nature, l'état et l'avancement de ces travaux, les circonstances principales de l'allure des couches, la nature du toit et du mur, le jaugeage des eaux affluentes, les quantités de minerais extraites ou vendues, et le nombre des ouvriers employés tant à l'intérieur qu'à l'extérieur.

Ces plans et registres seront communiqués aux ingénieurs des mines et aux garde-mines lors de leurs visites.

IV. — L'autorisation est accordée pour deux ans, à partir de la notification qui en aura été faite aux permissionnaires.

Elle cessera de plein droit si une concession vient à être instituée avant l'expiration de ce délai.

V. — En cas d'inexécution des conditions ci-dessus prescrites, ou d'infraction aux règlements sur les mines, la permission sera retirée, sans préjudice de l'interdiction des travaux, qui pourra être prononcée conformément à l'article 8 de la loi du 27 avril 1838, et des poursuites qui seraient exercées en vertu du titre X de la loi du 21 avril 1810.

VI. — Il n'est rien préjugé sur le choix qui pourra être fait ultérieurement d'un concessionnaire pour les mines que les travaux auraient fait découvrir.

VII. — La présente autorisation sera affichée dans la commune de ***, à la diligence du maire de la commune et aux frais des permissionnaires, dans le délai d'un mois à partir de la notification qui en aura été faite à ces derniers.

Recherches faites par un cessionnaire du propriétaire. — Compétence des tribunaux, pour les indemnités de terrain.

Quelques mots maintenant sur les recherches de mines opérées par le cessionnaire du propriétaire.

S'il survient un litige entre le propriétaire et son cessionnaire, pour dégâts de surface, les tribunaux ordinaires sont seuls compétents pour statuer sur ces dégâts : les conseils de préfecture, auxquels une compétence exceptionnelle est attribuée par l'article 46 de la loi de 1810, pour les indemnités de concessionnaire à explorateur antérieur à la concession, n'ont pas à s'occuper de ces dégâts de terrain pour recherches de mines : cette compétence des tribunaux a été justement affirmée par un arrêt de la cour de Montpellier (4 janvier 1841) (1).

La compétence des tribunaux, en pareil cas, persiste alors même qu'il s'agit de recherches exécutées dans un terrain communal : ainsi décidé par un arrêté du ministre des travaux publics du 13 octobre 1838, rapportant un arrêté du préfet de l'Aude, qui avait renvoyé devant le conseil de préfecture, en pareille circonstance.

Compétence du gouvernement sur la destination des produits des recherches de mines : règlement des droits des propriétaires sur les produits.

Mais la compétence des tribunaux ne s'étend pas à statuer sur la destination des produits des recherches de mines ; au gouvernement seul il appartient de statuer à cet égard, en vertu des articles 5 et 12 de la loi de 1810.

Ce point de compétence est très important (2).

Cette compétence de l'administration persiste alors même que les recherches ont été faites par un tiers, sans le consentement du propriétaire, et sans autorisation ministérielle : le propriétaire du sol a,

---

(1) Dupont : *Jurisprudence des mines*, t. I, p. 77.
(2) *Idem*, t. I, p. 78 et suiv.

dans ce cas, des droits sur les produits de ces recherches, c'est vrai, mais le gouvernement règle ces droits, comme il le fait, en vertu des articles 6 et 42, pour le produit des mines concédées.

Ce principe, parfaitement conforme à l'ensemble et à l'esprit de la loi de 1810, a été affirmé par une ordonnance du 16 avril 1841, rendue, après conflit, au sujet des recherches de houille de Bully et Fragny (Loire) (1).

« Considérant qu'aux termes de la loi sus-visée du 21 avril 1810, il n'ap-
« partient qu'à nous de concéder l'exploitation des mines, et, par consé-
« quent, de régler les droits des propriétaires de la surface sur les pro-
« duits de l'exploitation, quand bien même lesdits produits seraient le
« résultat de recherches antérieures à la concession, et que nous n'aurions
« pas autorisées. »

Mais, d'autre part, dans le cas d'une recherche de mine opérée sans le consentement du propriétaire, et sans autorisation administrative, il y a une voie de fait contre la propriété, en dehors des droits dus au propriétaire sur les produits des recherches, et les tribunaux ordinaires sont pleinement compétents pour statuer sur les dommages-intérêts dus pour cette voie de fait. C'est ce qui a été proclamé également par la même ordonnance du 16 avril 1841.

Il est donc bien établi que c'est à l'autorité administrative seule qu'il appartient de disposer du produit des recherches de mines, et de régler les droits du propriétaire de la surface sur ces produits.

Le gouvernement règle ces droits, nous l'avons vu, en cas de recherches faites par un tiers, sans autorisation de sa part, et sans le consentement du propriétaire; il les règle aussi, nous le verrons tout à l'heure, en cas de permissions de ventes des produits extraits de recherches autorisées par lui, et faisant suite à des permis de recherches. Mais il se tait, dans les permis de vente relatifs à des recherches consenties par le propriétaire du sol : en ce cas, les droits sont réglés par les conventions privées, intervenues entre le propriétaire et l'explorateur, et, s'il surgit une contestation pour le règlement de ces droits, les tribunaux sont seuls compétents pour faire exécuter ces conventions. Cela a été décidé en principe par un arrêt du tribunal des conflits, du 15 mars 1873, relatif aux houillères de Comberigol.

---

(1) *Annales des mines*, 3ᵉ série, t. XX, p. 670.

Ce silence du gouvernement est fâcheux, dans notre opinion : car c'est un droit que le gouvernement abdique dans une question touchant essentiellement à l'intérêt public. En effet, si une redevance trop forte, consentie amiablement par le demandeur en concession devenu concessionnaire, peut gêner l'exploitation des mines en général, une redevance trop élevée, consentie par l'explorateur, peut gêner de même l'industrie générale des recherches.

Or, puisque le gouvernement croit devoir régler, dans les actes de concession, les droits dus au propriétaire par le concessionnaire de mines, il semble qu'il devrait aussi régler, dans les permis de vente, les droits dus au propriétaire par l'explorateur, cessionnaire de celui-ci. Il est vrai qu'alors le permis de vente devrait émaner, non plus du ministre, mais du chef du gouvernement; mais ce ne serait pas là une difficulté réelle.

Opinion de la cour de cassation.

La cour de cassation, dans un arrêt du 1ᵉʳ janvier 1841 (Castellane contre héritiers Coulomb), a contesté le droit du gouvernement en matière de produits de recherches de mines, en motivant son opinion sur ce qu'avant la concession de la mine « les choses restent soumi-« ses au droit commun, suivant lequel (art 552 du Code civil), la « propriété du sol emporte la propriété du dessus et du dessous (1).» Mais à cela il y a lieu de répondre, d'une part, que l'article 552 met au droit du propriétaire une grande restriction, qui est celle-ci : « sauf les modifications résultant des lois et règlements relatifs aux « mines »; d'autre part, que la loi de 1810, postérieure au Code civil, a formellement dérogé au droit commun, et a proclamé le droit du gouvernement, en défendant à tous, et nommément aux propriétaires, d'exploiter sans concession (art. 5 et 12).

Opinion du conseil d'état.

Nous croyons donc devoir nous ranger à l'opinion émise par le conseil d'état dans l'ordonnance du 9 juin 1842 (Coulomb contre Castellane), laquelle porte :

« Qu'au gouvernement seul il appartient de concéder l'exploitation des

---

(1) Dupont : *Jurisprudence des mines*, t. I, p. 83 et suiv.

« mines, et, par conséquent, de régler les droits des propriétaires de la
« surface sur les produits de l'exploitation, même quand ces produits
« de l'exploitation, sont le résultat de recherches antérieures à la con-
« cession. »

Comparaison avec la législation étrangère (Prusse, Bavière, Autriche).

Comme comparaison avec ce qui se passe à l'étranger, nous devons dire que dans la législation prussienne et la législation bavaroise « l'auteur des recherches peut librement disposer des minéraux pro-
« duits par les travaux, en tant que les tiers n'ont pas déjà acquis
« des droits sur ces produits » (article 11 de la loi du 24 juin 1865, et art. 15 de la loi du 20 mars 1869).

En Autriche au contraire, « l'explorateur n'a le droit de disposer
« des minéraux extraits, qu'avec le consentement de l'autorité mi-
« nière » (§ 20 de la loi du 23 mai 1854).

Permis de vente inséré exceptionnellement dans un décret de concession.

Terminons sur les produits extraits des travaux de recherches, en disant que le permis de vente peut n'avoir pas encore été accordé au moment où intervient le décret de concession. Dans ce cas, le décret de concession contient des dispositions exceptionnelles, constituant un véritable permis de vente des matières extraites avant la concession. On peut citer, à cet égard, le décret du 3 juin 1872, portant concession, aux sieurs Amand et Cie, des mines de plomb et cuivre de Charrier (Allier), lequel contient les dispositions suivantes (1) :

Art. 5. — Les sieurs Nely et Servajeau livreront les produits de leurs exploitations aux concessionnaires, si ceux-ci le demandent, contre le payement d'une somme de 10 francs par tonne de minerai de cuivre contenu dans ces produits.

Les concessionnaires sont autorisés à vendre les minerais de cuivre provenant de tous les travaux exécutés antérieurement au présent décret.

La part des propriétaires dans les terrains desquels les minerais dont il s'agit ont été extraits est réglée, à moins d'accord amiable entre les parties, à 2 francs par tonne de minerai livrée, soit au commerce soit aux

---

(1) *Annales des mines*, 1872, p. 28.

usines de traitement métallurgique, ladite part payable avant l'enlèvement des minerais.

Recherches faites sans le consentement du propriétaire avec un permis du gouvernement : avantages du système de dualité organisé par la loi. — Rappel du système proposé par Turgot pour la propriété des mines.

Occupons-nous maintenant des recherches de mines entreprises et opérées, sans le consentement du propriétaire de la surface, et avec l'autorisation du gouvernement.

Deux personnes peuvent, aux termes de l'article 10 de la loi de 1810, donner la permission de faire des recherches, savoir : le propriétaire du terrain qui, au lieu de faire des recherches lui-même, peut céder à un tiers la faculté d'en faire dans ledit terrain, et le chef du gouvernement délivrant un permis de recherches, après avoir consulté l'administration des mines, et le propriétaire entendu.

Cette dualité a de grands avantages économiques, au point de vue de l'encouragement à donner à l'industrie générale des recherches de mines. Dans ce système de dualité, ainsi organisé par la loi de 1810, d'une part, et, en ce qui concerne la recherche des mines, le propriétaire jouit et dispose du droit de recherches, aussi bien que dans le système dit de l'accession, où la propriété des mines suit la propriété de la surface, comme un accessoire ; d'autre part, le droit attribué au gouvernement de délivrer des permis de recherches à tout explorateur sérieux fait participer notre régime de législation minérale à ce côté avantageux, le seul, du système proposé par Turgot, au siècle dernier, pour la constitution de la propriété des mines.

Dans le système de Turgot, appelé par M. Jacomy « le système de l'occupation (1) », chaque propriétaire aurait eu le droit d'ouvrir une exploitation minérale dans son fonds, puis de passer dans le tréfonds du voisin, sans l'assentiment de celui-ci, et, dans ce cas, l'explorateur aurait acquis le droit de premier occupant sur la mine située chez lui et son voisin, et aurait été déclaré propriétaire de la mine dans les deux fonds. On a justement reproché au système de

---

(1) *Études sur la législation des mines*, Paris, 1777.

Turgot d'organiser, en principe, l'anarchie dans le domaine des mines ; or, pareil reproche ne saurait être fait au système établi, en matière de recherches de mines, par la loi de 1810. Ajoutons enfin, pour justifier la faculté donnée au gouvernement, d'autoriser des recherches, malgré le propriétaire, qu'elle est pleinement corrélative aux droits conférés au gouvernement par les articles 5, 16 et 28, pour l'institution des concessions, et aux devoirs qui résultent, pour lui, de ces droits eux-mêmes (1).

Jurisprudence belge.

En Belgique, où la loi du 21 avril 1810 est, comme chez nous, la base de la législation minérale, on admet, comme en France, que le propriétaire du fonds, soit qu'il cède à un tiers la jouissance de son droit de recherches, soit qu'il exerce lui-même ce droit, ne prive pas le gouvernement de la faculté qui lui est réservée par la disposition finale de l'article 10 de la loi. Voir, en ce sens, un avis du conseil des mines, du 26 janvier-2 février 1849 (2).

Trois conditions pour qu'un permis de recherches puisse être accordé.

Le droit du gouvernement d'accorder des permis de recherches est soumis, d'après l'article 10, aux trois conditions suivantes : premièrement, pour le gouvernement, d'avoir consulté l'administration des mines ; deuxièmement, pour le demandeur, à la charge d'une préalable indemnité envers le propriétaire ; et troisièmement, d'entendre le propriétaire auparavant. Il était juste d'entourer ce droit de certaines restrictions, commandées par la justice et le respect de la propriété du sol, qui est la propriété primitive par excellence.

Compétence exclusive du chef du gouvernement pour accorder ces permis.

C'est un pouvoir considérable que celui d'autoriser des recher-

---

(1) Dupont : *Jurisprudence de mines*, t. I, p. 88.
(2) Du Pont : *Annales des travaux publics de Belgique*, t. XXXII (1874), p. 299.

ches de mines, sans le consentement du propriétaire, un pouvoir presque du même ordre que celui d'instituer des concessions.

Il résulte donc du texte actuel de la loi de 1810 que c'est le chef du gouvernement qui doit donner les permis de recherches.

L'instruction ministérielle du 3 avril 1816 avait fait erreur à cet égard en disant : « Les permis de recherches sont accordés par le ministre de l'intérieur. »

Cette erreur de doctrine a été justement signalée par feu M. Migneron, inspecteur général des mines (1).

Au reste, l'ordonnance du 10 août 1832, portant permis de recherches de houille, dans le département de Maine-et-Loire, au sieur Pellé, et tous les actes analogues survenus depuis lors émanent du chef du gouvernement ; pour l'Algérie même, un arrêté du gouverneur ne suffit pas, il faut un décret, ainsi qu'il résulte de l'arrêt au contentieux du 11 janvier 1878 relatif à l'affaire Barbaroux (2). Disons, pour donner une idée de la libéralité avec laquelle le gouvernement use de ce droit d'accorder des permis de recherches, pour l'encouragement de l'industrie minérale, que trente-deux permis ont été accordés par lui, de 1831 à 1864.

Les permis de recherches sont habituellement insérés aux *Annales des Mines* (Voir, à cet égard, les permis des 11 décembre 1874, 12 mars et 27 août 1875, 27 septembre 1876, 3 mai 1877, 6 mars et 29 septembre 1879). L'insertion de ces permis dans ces *Annales* est une très bonne chose.

Un grand nombre de ces permis ont été accordés nonobstant le refus du propriétaire, qui ne fesait aucun travail, ou bien qui ne fesait qu'annoncer l'intention d'exploiter plus tard (20 octobre 1839) (3).

Autorisation de recherches sur des terrains communaux.

Nous devons observer, au sujet des permis de recherches, que deux moyens se présentent à un explorateur pour obtenir le droit de fouilles sous un terrain communal : ou bien il peut s'adresser, par

---

(1) *Annales des mines*, 3ᵉ série, t. II, p. 559.
(2) *Idem*, 1878, p. 172.
(3) De Cheppe : *Annales des mines*, 3ᵉ série, t. XII, p. 630, et Dupont : *Jurisprudence des mines*, t. I, p. 91.

l'intermédiaire du maire, au conseil municipal, qui agit comme propriétaire, sous la tutelle du préfet ; ou bien il peut s'adresser au gouvernement, lequel peut accorder le permis de recherches, malgré le refus de la commune et du préfet (ordonnance du 28 janvier 1837, décret du 4 décembre 1864, etc.).

Dans le premier cas, alors que le conseil municipal et le préfet consentent à accorder le permis de recherches dans un terrain communal, ce permis est donné sous la forme d'un arrêté préfectoral, et l'administration supérieure ne doit pas intervenir, à moins de difficultés particulières (circulaire du 7 mai 1877).

Dans le cas d'un communal non soumis au régime forestier, l'administration supérieure ne doit intervenir qu'en cas de désaccord entre le préfet et l'ingénieur en chef des mines, qui doit toujours être consulté (Circulaires des 7 mai 1877 et 21 juin 1877).

Dans le cas d'un communal soumis au régime forestier, le conservateur des forêts doit être consulté, et l'administration supérieure ne doit intervenir qu'en cas de désaccord entre le préfet et l'un des chefs de service des forêts ou des mines (Circulaire du 21 juin 1877).

Autorisation de recherches dans un terrain domanial.

Enfin, s'il s'agit de recherches de mines dans un terrain domanial, la circulaire du 7 mai 1877 porte que « la décision à prendre « ressortit également à l'autorité préfectorale, sauf l'avis préalable « des ingénieurs des mines, celui du directeur des domaines du dé- « partement, et, si les terrains sont soumis au régime forestier, « celui du conservateur des forêts » : l'administration supérieure n'intervient dans les permis de recherches en terrain domanial « qu'en « cas de désaccord entre le préfet et l'un des chefs de service des « forêts ou des mines » (circulaire du 21 juin 1877).

Ajoutons que les permis de recherches de mines ainsi donnés par les préfets, dans les terrains communaux ou domaniaux, n'entraînent pas, avec eux, la permission de vente des produits, une décision ministérielle étant nécessaire, pour cette dernière permission. Cela a été rappelé par la circulaire du **7 mai 1877**.

Formalités à remplir pour obtenir un permis de recherches.

Quelles sont les formalités à remplir pour obtenir un permis de recherches ? L'instruction ministérielle du 3 août 1810 porte que toute demande en permis de recherches doit contenir, d'une manière précise, les indications suivantes : 1° l'objet de la recherche ; 2° la désignation du terrain, ce qui entraîne implicitement l'annexion d'un plan, pour que la désignation soit précise, et, par analogie, avec ce qui se passe pour les demandes en concession, d'un plan à l'échelle de $\frac{1}{10.000}$; ajoutons que dans le cas présent, il est bon de désigner les numéros des parcelles cadastrales du périmètre ; 3° les nom et domicile du propriétaire du terrain (1).

L'instruction ne parle pas de pièces à joindre à la pétition, pour justifier des facultés pécuniaires du demandeur, mais il faut dire que le pétionnaire fera bien, dans son intérêt, de joindre à sa pétition les extraits de rôle de ses contributions, établissant sa position de fortune. Par les même motifs, si c'est une société qui demande, elle devra joindre son acte de société.

La pétition sera adressée au préfet, et rédigée sur papier timbré.

L'instruction d'une demande en permis de recherches se fait comme il suit : le préfet du département la transmet à l'ingénieur des mines, qui reconnaît si elle est régulière et complète. Ensuite le préfet, pour satisfaire à l'article 10 de la loi de 1810, en communique officiellement le contenu au propriétaire de la surface, par l'intermédiaire du sous-préfet et du maire, avec mise en demeure, pour le propriétaire, de s'expliquer et fournir ses observations sur la pétition, dans un délai donné. Le sous-préfet, qui représente l'autorité locale, mentionnée dans l'instruction ministérielle du 3 août 1810, transmet la réponse du propriétaire, avec son avis sur la demande.

Le préfet communique le dossier à l'ingénieur des mines, qui se rend sur les lieux et dresse son avis, lequel est transmis à la préfecture, avec l'avis de l'ingénieur en chef. Le préfet émet son avis propre, et transmet le dossier au ministre, qui consulte le conseil général des mines.

---

(1) Dupont, *Jurisprudence des mines*, t. I, p. 96 et suiv.

Le conseil des mines entendu, le chef du gouvernement rend un décret, qui accorde, s'il y a lieu, le permis de recherches.

Comparaison avec la législation étrangère (Autriche, Prusse, Bavière, Italie).

En Autriche, c'est l'autorité minière qui donne les permissions de fouilles, et le consentement de l'autorité minière est nécessaire même au propriétaire qui veut faire des fouilles dans son propre fonds (§ 14 de la loi du 23 mai 1854). Dans la législation autrichienne « les simples permissions de fouilles ne constituent pas un droit exclusif dans le territoire fixé : plusieurs personnes peuvent obtenir, en même temps, des permissions de fouille dans le territoire » (§ 21). « On n'acquiert un droit exclusif dans un certain périmètre de fouille que lorsqu'on indique à l'autorité minière le point sur lequel on veut commencer la fouille et poser la marque de fouille. Dès le moment où cette indication a été donnée à l'autorité minière, on a le droit exclusif de fouille sur le point indiqué, c'est-à-dire une fouille libre » (§ 23), soit un cercle de 240 klafters (455 mètres) de rayon autour de la marque de fouille, fesant une superficie de 650,058 mètres carrés. En Autriche la fouille libre peut donner droit à la concession d'une mesure de mine rectangulaire de 45,108 mètres carrés.

En Prusse et en Bavière, celui qui veut faire des recherches dans un terrain appartenant à un tiers, doit demander la permission du possesseur, et, sauf dans les cas de prohibitions légales, ce possesseur du terrain, qu'il soit propriétaire ou usufruitier, doit permettre les recherches (article 5 de la loi du 24 juin 1865, et art. 5 de la loi du 20 mars 1869). Observons, en passant, que cette obligation, imposée au possesseur du terrain, de permettre à un tiers de faire des recherches de mines, qui est une particularité de la loi prussienne et de la loi bavaroise, rappelle un peu le système proposé par Turgot au siècle dernier pour la propriété des mines. Dans la législation prussienne, « lorsque l'auteur des recherches ne peut s'arranger à l'amiable avec le possesseur du terrain pour la permission à en obtenir, l'administration supérieure des mines décide, par une résolution, si et à quelles conditions les recherches peuvent être entreprises. Cette administration ne peut refuser l'autorisation que dans les cas de prohibition légale. » (Article 8 de la loi du 24 juin 1865).

En Italie, c'est le gouverneur de la province qui donne ou refuse la permission de recherches (art. 22 du décret royal du 20 novembre 1859).

Devoirs des permissionnaires de recherches vis-à-vis des propriétaires. — Indemnité préalable.

Occupons-nous maintenant des devoirs des permissionnaires de recherches, et tout d'abord de leurs devoirs vis-à-vis des propriétaires de la surface.

Le premier devoir du permissionnaire est de payer au propriétaire du sol l'indemnité préalable spécifiée à l'article 10 de la loi de 1810 : ce devoir est inséré dans tous les permis de recherches (voir, comme exemple, aux *Annales des mines*, les permis de recherches susmentionnés des 11 décembre 1874, 12 mars 1875, etc.). Les difficultés qui pourraient s'élever au sujet de cette indemnité de terrain sont du ressort des tribunaux ordinaires. L'administration supérieure, après avoir attribué la compétence, pour le règlement de ces indemnités, au préfet d'abord, puis au ministre, puis aux conseils de préfecture, est revenue justement, croyons-nous, à reconnaître la compétence des tribunaux, ainsi qu'il résulte d'un permis de recherches du 19 décembre 1848, accordé alors que M. Vivien était ministre des travaux publics, et où il est dit à l'article 3 : « A défaut d'accord entre « les parties, ces indemnités seront réglées par les tribunaux » (recherches d'anthracite à Poillé (Sarthe)(1). Voir, dans le même sens, le décret du 4 décembre 1864, portant permis de recherches de fer à Marbache (Meurthe).

Comparaison avec la législation de Prusse et de Bavière.

Comme comparaison avec l'étranger, au sujet de cette compétence, nous devons dire que, dans la législation prussienne, « l'administration « supérieure des mines fixe l'indemnité à verser lorsque les parties « n'ont pas pu s'entendre à l'amiable ; il n'y a pas de recours contre « cette fixation » (art. 8 de la loi du 24 juin 1866).

Cette attribution importante donnée, en Prusse, à l'administration supérieure des mines rappelle celle du grand-maître des mines et de

---

(1) Dupont, *Jurisprudence des mines*, t. I, p. 99 et suiv.

CHAP. II. — RECHERCHES DE MINES. 49

ses lieutenants, dans l'ancienne organisation minière de la France. La loi bavaroise contient des prescriptions analogues, sauf cette différence, qu'il y a un recours par voie judiciaire contre la fixation de l'indemnité par l'autorité minière (art. 8 de la loi du 20 mars 1869).

Mode de calcul de l'indemnité préalable payée en France.

Quant au mode de calcul de l'indemnité préalable, il est réglé par les paragraphes 2 et 3 du nouvel article 43, revisé par la loi du 27 juillet 1880, lesquels sont ainsi conçus :

§ 2. Si les travaux entrepris par le concessionnaire ou par un explorateur muni du permis de recherches mentionné à l'article 10 ne sont que passagers, et si le sol où ils ont eu lieu peut être mis en culture au bout d'un an, comme il l'était auparavant, l'indemnité sera réglée à une somme double du produit net du terrain endommagé.

§ 3. — Lorsque l'occupation ainsi faite prive le propriétaire de la jouissance du sol pendant plus d'une année, ou lorsque, après l'exécution des travaux, les terrains occupés ne sont plus propres à la culture, les propriétaires peuvent exiger du concessionnaire ou de l'explorateur l'acquisition du sol.

Observons, à cet égard, que les travaux de recherches de mines peuvent occasionner, à la surface, d'autres dommages (fissures, affaissements, éboulements de murs, etc.) que les dommages d'occupation proprement dite. Une différence grave, une seule, croyons-nous, existe entre la réparation de ces deux catégories de dommages, c'est celle qui résulte du mode de calcul de l'indemnité due : cela résulte de ce qui est dit, dans les termes suivants, par le paragraphe 7 du nouvel article 43, revisé par la loi du 27 juillet 1880, lequel est ainsi conçu:

§ 7. — Les dispositions des §§ 2 et 3 relatives au mode de calcul de l'indemnité due, en cas d'occupation ou d'acquisition des terrains, ne sont pas applicables aux autres dommages causés à la propriété par les travaux de recherche ou d'exploitation : la réparation de ces dommages reste soumise au droit commun.

Or, « le droit commun », en matière de « mode de calcul d'indemnité » c'est « l'indemnité simple », ainsi qu'il résulte de l'article 1149 du Code civil, lequel est ainsi conçu :

Art. 1149. — Les dommages intérêts dûs aux créanciers sont, en général, de la perte qu'il a faite et du gain dont il a été privé, sauf les exceptions et modifications ci-après.

En conséquence, la seule différence, à notre avis, entre la réparation des dommages d'occupation de terrains, et la réparation des dommages autres que ceux d'occupation faits à la propriété du sol par les travaux de recherches de mines, les deux réparations étant également dues, c'est que la première doit se faire sur le pied de l'indemnité double, et la seconde sur le pied de l'indemnité simple. Voilà ce qui ressort des paragraphes 2, 3 et 7 de l'article 43 revisé. Nous ne pouvons que renvoyer, du reste, en ce qui concerne les indemnités dues au propriétaire de la surface par l'explorateur muni du permis de recherches mentionné à l'article 10, soit pour occupations de terrains, soit pour dommages autres que ceux d'occupation causés à la surface, à ce qui sera dit ultérieurement pour les indemnités dues, dans des circonstances analogues, par le concessionnaire de mines, auquel le permissionnaire de recherches est assimilé par le nouvel article 43.

Système de la caution, possible en France, appliqué en Algérie, admis en Prusse et en Bavière.

Si les circonstances s'opposent à ce que l'indemnité puisse être évaluée d'avance, le permissionnaire doit donner caution entre des mains tierces, ou chez le receveur des consignations, pour la sûreté du payement.

Ce système de caution provisoire, indiqué par le jurisconsulte Proudhon, dans son livre du *Domaine de la propriété*, paraît satisfaire à l'esprit et aux exigences de la loi; il est appliqué en Algérie.

Poursuivant notre système de comparaison de la législation française avec les législations étrangères, disons que le régime de la caution, en matière d'indemnités de ce genre, est explicitement formulé par la loi prussienne. Cette loi, très pratique, porte en effet (art. 6) que l'auteur des recherches est tenu de payer à l'avance, chaque année, au possesseur du terrain, une indemnité représentative de la privation de jouissance qu'il lui fait éprouver... Il doit également indemniser le possesseur de la dépréciation du terrain, si les travaux en ont causé une; comme garantie de cette dernière obligation, le possesseur peut réclamer une caution suffisante, qui est fixée, en cas de débat, par l'administration des mines (art. 8). La loi bavaroise (art. 8) formule aussi le régime de la caution.

Définition de l'indemnité préalable.

L'indemnité préalable, mentionnée à l'article 10 de la loi du 21 avril 1810, ne concerne que l'occupation du sol nécessaire aux recherches : cela résulte de la discussion préparatoire de cet article qui eut lieu au conseil d'état (1).

En conséquence, il n'est pas dû d'indemnité au propriétaire du sol, par le permissionnaire de recherches, à raison de la privation de l'exercice du droit, que celui-ci avait, de faire des recherches lui-même : ce principe a été proclamé dans un permis de recherches du 15 septembre 1841, relatif à un terrain communal de Lusse, (Vosges) (2).

Produits extraits des recherches faites en vertu d'un permis du gouvernement : nécessité, pour en disposer, d'un permis de vente.

Il est dû une indemnité particulière au propriétaire du sol par le permissionnaire de recherches, au cas où ce dernier vend ou utilise les produits extraits des recherches ; mais, à cet égard, il est très important de poser le principe suivant, savoir :

Que le titulaire d'un permis de recherches, le permissionnaire désigné par le gouvernement, n'a pas le droit, *a priori*, de vendre ou utiliser les produits minéraux extraits de ses recherches, pas plus que le propriétaire explorateur ou son cessionnaire, s'il n'a pas reçu une autorisation administrative spéciale portant permission de vente.

Si donc le permis de recherches se tait sur la permission de vente, le permissionnaire de recherches doit s'abstenir de vendre ou utiliser les produits extraits.

---

(1) Dupont: *Jurisprudence des mines*, t. 1, p. 105 et suiv.
(2) *Annales des mines*, 3ᵉ série, t. XX, p. 102.

Exemples de permis de recherches portant permission de vente.

Souvent le demandeur en permis de recherches a sollicité en même temps un permis de vente, et en ce cas le permis de vente est donné en même temps que le permis de recherches. Comme exemples de ces doubles permis, on peut citer l'ordonnance du 19 septembre 1840 (houille de Bully, Loire), le décret du 20 décembre 1854 (anthracite de Mont de Lans).

Règlement, par le gouvernement, de la redevance due au propriétaire sur les produits extraits par le permissionnaire.

Dans ces cas de double permis, le gouvernement, usant de son droit de régler la redevance sur les produits extraits, fixe, dans le double permis, le chiffre de cette redevance. Ainsi, dans le permis du 19 septembre 1840, cette redevance est réglée, à défaut d'accord entre les parties, à un vingtième du produit brut, et, dans le second permis du 20 décembre 1854, elle est réglée, sans autre spécification, à 5 centimes par quintal métrique du combustible extrait (1).

D'autres fois, une permission de vente, réglant la redevance due au propriétaire, est donnée, postérieurement au permis de recherches, par un décret spécial. C'est ainsi qu'un décret du 26 décembre 1857, portant permis de vente aux sieurs de Bois-Richeux et Cie, auxquelles un permis de recherches d'anthracite avait été accordé par décret du 22 mai 1855, a réglé, sauf accord amiable entre les parties, la part des propriétaires à un vingtième du produit brut, en nature ou en argent, au choix des propriétaires (2). Le rapport ministériel du 24 décembre 1857, motivant le dernier décret, établit ce juste principe, que « c'est à l'autorité souveraine « qu'il appartient de régler les droits des propriétaires sur les pro- « duits des mines, soit lorsqu'il s'agit de concéder ces mines, soit « lorsqu'il est question, comme dans le cas actuel, d'autoriser à « disposer du minerai ou du charbon extrait, dans les terrains dont

---

(1) *Annales des mines*, 3e série, t. XVIII, p. 791.
(2) *Idem*, 5e série, t. XII, p. 241.

« les propriétaires n'auraient pas donné leur consentement aux
« fouilles. »

Nous croyons devoir conclure de cette doctrine que le gouvernement, pour être logique, aurait dû régler les droits des propriétaires sur les produits extraits des recherches de mines, nonobstant toute convention antérieure entre le permissionnaire et le propriétaire, comme il le fait en cas de concession.

Devoirs des permissionnaires de recherches envers les propriétaires, résultant de l'article 11 revisé.

Il est un dernier droit que le propriétaire de la surface a à exercer vis-à-vis des permissionnaires de recherches, lequel constitue, par contre, un devoir rigoureux pour le permissionnaire, c'est celui qui résulte de l'article 11 de la loi du 21 avril 1810, revisé par la loi du 27 juillet 1880, lequel est ainsi conçu :

Art. 11. — Nulle permission de recherches ni concession de mines ne pourra, sans le consentement du propriétaire de la surface, donner le droit de faire des sondages, d'ouvrir des puits ou galeries, ni d'établir des machines, ateliers ou magasins dans les enclos murés, cours ou jardins. »

Les puits et galeries ne peuvent être ouverts dans un rayon de cinquante mètres des habitations et des terrains compris dans les clôtures murées y attenant, sans le consentement des propriétaires de ces habitations.

L'article 12, qui complète le précédent, est ainsi conçu :

Art. 12. — Le propriétaire pourra faire des recherches, sans formalité préalable, dans les lieux réservés par le précédent article comme dans les autres parties de la propriété, mais il sera obligé d'obtenir une concession avant d'y établir une exploitation ; dans aucun cas les recherches ne pourront être autorisées dans un terrain déjà concédé.

Double prohibition, intérieure et extérieure, spécifiée par l'article 11 revisé.

L'article 11 stipule deux prohibitions bien distinctes : une prohibition intérieure et une autre extérieure.

La prohibition intérieure protège les enclos murés, les cours et les jardins : rien n'a été changé à cet égard par la loi du 27 juillet 1880 au texte primitif de l'article. Le mots « cours ou jardins » venant après ceux-ci : « enclos murés », la cour de Liège, dans deux arrêts des 16 janvier 1851 et 28 avril 1853, avait émis la doctrine suivante, que « les mots *cours ou jardins*, suivant ceux-ci : *enclos murés*, sont désignés après des mots génériques, et semblent ne « désigner que des espèces, qui sont dans la même condition ». Cette doctrine de la cour de Liège conduisait à n'attribuer la prohibition intérieure spécifiée par l'article 11 qu'aux seuls jardins clos de murs : c'était tirer une conséquence un peu rigoureuse d'une simple succession de mots, séparés par une virgule, ce qui semble un motif un peu spécieux.

La cour de cassation de Belgique, dans un arrêt du 10 janvier 1854 (1), a justement repoussé cette doctrine, et proclamé ce principe, que la prohibition intérieure résultant de l'article 11 distingue et protège également trois sortes de propriétés : premièrement les enclos murés, deuxièmement les cours, et troisièmement les jardins.

Une cour est toujours close de murs ; cela résulte de la définition du dictionnaire de l'académie. Cour — « Espace découvert, « qui dépend d'une maison, d'un hôtel, et qui est environné de murs « ou de bâtiments. » Mais un terrain peut être jardin sans être clos de murs. Si nous nous reportons au dictionnaire de l'académie, nous trouvons la définition : Jardin — « Lieu découvert, ordinairement « fermé de murailles, de fossés, de haies, et joignant les maisons, « dans lequel on cultive des légumes, des fleurs, des fruits, etc. »

Une première conclusion à tirer de cette définition, c'est que le jardin doit joindre une maison, et qu'un « lieu découvert ordinairement fermé de murailles, de fossés, de haies, dans lequel on cultive « des légumes, etc., » mais qui ne joint pas une maison, ne jouit pas de la prohibition intérieure spécifiée à l'article 11 : la chose est importante en matière de recherches et d'exploitations de mines. La deuxième conclusion à tirer de la définition du dictionnaire de l'académie, c'est que, le mot « ordinairement » n'équivalant pas au mot « nécessairement », il y a, aux yeux de l'académie, deux espèces de jardins : la première espèce, la plus ordinaire, celle qui comprend les lieux découverts fermés de murailles, fossés, haies, et joignant les maisons ; la deuxième espèce, celle qui comprend les lieux découverts, non fermés de murailles, fossés ni haies, et joignant les maisons, lesquels sont, à plus proprement parler, des « champs voisins de mai-

---

(1) Dalloz, t. I, p. 343.

« sons, cultivés en jardins ». Or la première espèce de jardins est la seule, à notre avis, qui jouisse de la prohibition intérieure spécifiée à l'article 11 (1). Supposons, en effet, un champ joignant une maison et non fermé de clôtures : parce qu'on cultive des légumes dans ce champ, au lieu de blé, peut-on invoquer « le motif de l'asile des jouissances domestiques » pour interdire d'y faire des travaux de recherches ou d'exploitation de mines? Évidemment non. Nous arrivons ainsi à cette conclusion, qui ne manque pas d'importance en matière de travaux de mines, c'est qu'un jardin doit être clos par des murs, des fossés, des haies ou tout autre système, pour que le propriétaire du jardin puisse invoquer la prohibition intérieure spécifiée à l'article 11.

Œuvres auxquelles s'applique la prohibition intérieure.

Quelles sont les œuvres auxquelles s'applique la prohibition intérieure? Ce sont, aux termes de l'article 11 revisé, premièrement l'œuvre de « faire des sondages »; deuxièmement celle « d'ouvrir des puits ou galeries »; troisièmement celle « d'établir des machines, ateliers ou magasins ».

Au sujet de la nomenclature des œuvres auxquelles s'applique la prohibition intérieure, bornons-nous à observer que l'article 11 revisé a adjoint une œuvre nouvelle à celles qui étaient prohibées par l'article primitif dans les enclos, cours et jardins, c'est celle d'y « établir des ateliers » (2).

Prohibition extérieure.

Occupons-nous maintenant de la prohibition extérieure, spécifiée par l'article 11 revisé.

Quatre choses distinctes sont à considérer dans cette prohibition extérieure : premièrement, il y a « la partie centrale de la zone de prohibition, » qui embrasse « les habitations et les terrains compris

---

(1) La cour de Nancy, dans un arrêt du 27 juin 1868, admet qu'un jardin clos sans être muré jouit de la prohibition intérieure de l'article 11.

(2) L'adjonction « des ateliers » aux œuvres mentionnées auparavant par l'article 11 a été proposée, pour la première fois, à la date du 15 avril 1875, par la sous-commission de revision de la loi des mines, composée de MM. Grüner, président, de Fourcy, Dupont et Heurteau, secrétaire.

dans les clôtures murées y attenant »; deuxièmement, il y a le rayon de la zone, qui est de « 50 mètres »; troisièmement, il y a la nomenclature des œuvres interdites dans la zone de prohibition, et qni comprend deux natures d'ouvrages seulement, « les puits et galeries »; quatrièmement, enfin, il y a la désignation précise de la personne qui peut seule permettre de faire les œuvres sus-mentionnées dans la zone prohibée; cette personne, c'est « le propriétaire des habitations », au profit duquel l'article 11 crée une servitude véritable, dans le sens de l'article 637 du code civil.

Les clôtures murées, isolées et sans habitation n'ont plus le privilège de la prohibition extérieure.

Au sujet de « la partie centrale de la zone de prohibition », disons tout de suite que « les clôtures murées » isolées et sans maison d'habitation ne peuvent plus servir de centre de prohibition, et ne jouissent plus de la prohibition extérieure, comme la chose avait lieu avant la revision de l'article 11 : c'est là une réforme heureuse, équitable et avantageuse à l'industrie, et qui avait été proposée, dès le 22 janvier 1874, mais seulement pour les concessions à venir, par la commission de l'assemblée nationale, chargée de procéder à une enquête sur l'état de l'industrie houillère en France (1).

Rayon de la zone de prohibition.

Pour ce qui est du rayon de la zone de prohibition extérieure, il a été réduit de 100 mètres à 50 mètres par le nouvel article revisé (2); sous l'empire de la loi du 28 juillet 1791,

---

(1) Un arrêt récent du conseil d'état, ne concernant pas les mines, il est vrai, mais un établissement insalubre (usine à gaz), a décidé qu'une allée, dans un jardin, ne pouvait pas être assimilée à une maison d'habitation (arrêt, du 16 janvier 1880, de la cour de cassation); nous estimons que ce principe doit être retenu, comme applicable à l'article 11.

(2) Cette réduction de 100 mètres à 50 mètres a été proposée, dès le 15 avril 1875, et pour la première fois, par la sous-commission de revision déjà mentionnée : la commission de l'assemblée nationale avait proposé antérieurement, à la date du 22 janvier 1874, le maintien de la zone de 100 mètres pour les sondages, puits, galeries et machines, avec réduction à 40 mètres, pour les magasins et dépôts seulement.

il était de 200 toises (art. 23 de la loi) ; il a été réduit à 100 mètres par les législateurs de 1810, et à 50 mètres par ceux de 1880 : les motifs de ces réductions successives sautent aux yeux ; ils proviennent du développement de la propriété bâtie dans les pays de mines, et comme il s'agissait ici d'une question de servitude, le législateur a pu adoucir celle-ci sans violer une sorte de « droit acquis » pour les propriétaires, par ce motif « qu'en « matière de servitude et quand un intérêt d'ordre public le com- « mande, le principe de la non-rétroactivité s'applique moins à la « législation qu'à la justice » (1). Terminons « sur l'étendue du périmètre de la zone de prohibition extérieure » en disant que cette prohibition extérieure existe, malgré l'interposition d'un chemin public entre les habitations et clôtures murées y attenant, d'une part, et les entrées de travaux de mines projetées, d'autre part ; c'est ce qui a été décidé par la cour de cassation, dans un arrêt du 28 juillet 1852 relatif aux mines de la Sibertière (2).

Nomenclature des ouvrages interdits.

La nomenclature des ouvrages interdits dans la zone de prohibition extérieure, ne comprend plus aujourd'hui que « l'ouverture des puits et galeries » ; elle ne comprend plus l'œuvre de « faire des sondages » ni celle « d'établir des machines ou magasins », comme faisait l'article 11 primitif ; c'est là une très grande amélioration apportée par la loi du 17 juillet 1880, dans le double intérêt des travaux pour la recherche et l'exploitation des mines. Une modification de la prohibition extérieure, en ce qui concerne « les magasins », avait été demandée par la commission de l'assemblée nationale dès le 22 janvier 1874, mais pour les concessions à venir seulement.

Consentement nécessaire du propriétaire des habitations.

Enfin le deuxième paragraphe du nouvel article 11 revisé fait cesser la longue controverse qui s'était élevée, au sujet de l'article 11 primitif, pour savoir quel était « le propriétaire de la surface » dont le consentement était nécessaire à l'exécution des travaux dans la

---

(1) Rapport de M. de Marcère à la commission de l'assemblée nationale.
(2) Sirey, 1852, — I, p. 700.

zone de prohibition extérieure, et si le propriétaire d'une habitation ne pouvait exercer ce droit de prohibition qu'à la condition de posséder, en même temps, les terrains en dehors de sa maison dans ladite zone ; le nouvel article 11 porte que c'est « le consentement du propriétaire des habitations » qui est nécessaire pour ouvrir des puits et galeries dans la zone prohibée, sans distinguer s'il est ou non propriétaire des terrains environnants.

Cette revision de l'article 11 est conforme à la jurisprudence établie par la cour de cassation, dans un arrêt rendu, chambres réunies, le 19 mai 1856 (1) au sujet des mines de houille de la Sibertière. Ajoutons du reste qu'elle est conforme à l'esprit de la loi de 1810, car les législateurs d'alors, dans la rédaction de l'article 11, ont eu un double motif : ils ont voulu, tout d'abord, « assurer le respect du domicile (2)..... la liberté et le respect de l'asile des jouissances domestiques » (3), et l'équité conduirait à penser qu'ils ne l'ont pas voulu seulement pour le riche propriétaire d'habitation qui possède aussi les terrains ambiants ; mais ils ont eu un second motif, c'est la considération de la solidité des maisons (4), et ce deuxième motif conduit à dire que le propriétaire dont le consentement est nécessaire, c'est le propriétaire des habitations, comme le nouvel article 11 le dit en termes formels (5).

On ne s'étonnera pas des développements donnés par nous au sujet de l'article 11, l'un des plus importants, au point de vue contentieux, de la loi générale des mines.

Servitude imposée par l'article 11 au propriétaire qui exécute ou laisse faire des recherches de mines dans son fonds.

En résumant les obligations qui résultent, pour les explorateurs, vis-à-vis des propriétaires de la surface, des prescriptions de l'article 11, nous devons formuler la doctrine suivante : premièrement le permissionnaire de recherches muni d'un permis administratif, est

---

(1) Sirey-Devilleneuve, 1856, p. 497.
(2) Rapport du comte de Girardin au Corps législatif.
(3) Exposé des motifs de Regnault de Saint-Jean-d'Angély.
(4) Séance du 13 février 1810 : Locré, p. 347 ; et rapport du comte de Girardin, Locré, p. 409.
(5) Dupont : *Jurisprudence des mines*, t. I, p. 111 et suiv.

soumis tout à la fois à la prohibition intérieure et à la prohibition extérieure définies plus haut ; deuxièmement le propriétaire qui exécute lui-même des recherches de mines dans son propre fonds, ou qui les laisse exécuter par un cessionnaire, n'est pas soumis à la prohibition intérieure, cela est évident; il peut librement, dans ses enclos murés, cours et jardins, faire des sondages, ouvrir des puits et galeries de mines (1), et y établir des machines, ateliers ou magasins ; mais, en ce qui concerne l'ouverture de puits ou galeries entrepris pour la recherche des mines, il est soumis à la prohibition extérieure, et il ne peut pas ouvrir ces puits et galeries de recherches des mines, dans son propre terrain, à moins de 50 mètres des habitations appartenant à des tiers et des terrains compris dans les clôtures murées y attenant; cela résulte des termes formels du deuxième paragraphe de l'article 11 révisé.

D'autre part, un puits, une galerie, « pour la recherche de l'eau ordinaire », peuvent être librement ouverts par le propriétaire, en vertu des prescriptions du code civil (art. 552 et 641): un puits, une galerie pour « recherche d'eau minérale » peuvent être ouverts par le propriétaire, sans qu'il y ait lieu de se préoccuper de l'article 11, mais à la charge de satisfaire à la loi spéciale sur les eaux minérales du 14 juillet 1856; enfin le propriétaire n'est pas soumis aux prescriptions de l'article 11, en ce qui concerne les puits et galeries pour la recherche ou l'exploitation des minières et des carrières, il doit seulement observer les règlements en vigueur sur ces matières. La prohibition spécifiée par l'article 11 s'applique exclusivement aux travaux et établissements pour la recherche et les travaux des mines ; cela résulte surabondamment de ce que l'article 11 appartient « à la loi sur les mines », et de ce qu'il se trouve inséré dans la section Ire du titre III, laquelle porte l'intitulé suivant : « De la recherche et de la découverte des mines » ; cela résulte enfin des premiers mots de l'article 11 lui-même : « Nulle permission de recherches ni concession de mines ne pourra, etc. »

L'article 12 de la loi de 1810 porte que « le propriétaire pourra faire des recherches sans formalité préalable dans les lieux réservés par le précédent article, comme dans les autres parties de sa pro-

---

(1) Excepté si l'ouverture de ces puits et galeries se trouve à moins de 50 mètres de l'habitation d'un tiers et des murs de clôture y attenant.

priété »; « le propriétaire » dont il est question à l'article 12, c'est un propriétaire dans une position exceptionnelle, savoir : celui qui possède à la fois « la maison d'habitation et les terrains environnants » lequel peut librement ouvrir ou laisser ouvrir des puits ou galeries de mines dans les terrains environnant son habitation, et dans la zone de prohibition extérieure de sa propre habitation : cette interprétation de l'article 12, confirmée par un arrêt de la cour de Nancy du 27 juin 1868 (1), se concilie très bien avec les dispositions du nouvel article 11 revisé.

Caution due, en cas de travaux de recherches sous les lieux habités.

Terminons sur les devoirs des explorateurs vis à vis des propriétaires, en disant que tout explorateur est soumis à la caution, en cas de travaux de recherches sous les lieux habités.

Cette obligation résulte de l'article 15 de la loi du 21 avril 1810 ainsi conçu :

Art. 15. — Il doit aussi, le cas arrivant de travaux à faire sous des maisons ou lieux d'habitation, sous d'autres exploitations ou dans leur voisinage immédiat, donner caution de payer toute indemnité en cas d'accident : les demandes ou oppositions des intéressés seront, en ce cas, portées devant les tribunaux et cours.

Le mot *il* se rapportant dans cette phrase au demandeur en concession, peut très naturellement signifier « un explorateur », lequel devra être soumis aux prescriptions de l'article 15, comme les concessionnaires le sont aussi, eux mêmes, l'article s'appliquant aux travaux de mine de toute espèce sous les lieux habités.

Devoirs du permissionnaire de recherches vis-à-vis du gouvernement.

Maintenant occupons-nous des devoirs des permissionnaires de recherches vis-à-vis du gouvernement. Ces devoirs sont les suivants :

1° Les permissionnaires doivent mettre en activité leurs travaux de recherches dans les trois mois de la permission, comme il est dit à

---

(1) *Journal du Palais*, 1869, — 88.

l'instruction ministérielle du 3 août 1810 : à cet égard, il a été décidé que le délai de trois mois ne doit courir qu'à partir du règlement de l'indemnité préalable ;

2° Il leur est interdit de transformer leurs travaux de recherches et de reconnaissance en travaux d'exploitation proprement dits ;

3° Il leur est également interdit d'enlever les produits extraits, et de les vendre ou utiliser, sans avoir demandé et obtenu, à cet égard, une permission de vente émanant de l'administration ;

4° Ils doivent se conformer, pour la direction des recherches et la sûreté des ouvriers, aux instructions données par le préfet, sur le rapport des ingénieurs des mines ;

5° Ils doivent tenir sur le carreau de la mine, en ordre et à jour, un registre d'avancement des travaux et un plan des travaux, pour être communiqués à l'ingénieur des mines et aux garde-mines, lors de leurs visites.

Toutes ces obligations sont insérées dans les permis de recherches ; il y est dit, en outre, qu'en cas d'interruption des travaux sans cause reconnue légitime, ou d'inexécution des conditions prescrites, la permission pourra être retirée, sans préjudice de l'application, s'il y a lieu, des articles 93 à 96 de la loi de 1810, qui spécifient les pénalités pour infractions à ladite loi.

Affiche du permis de recherches.

Les permis de recherches sont généralement affichés, pendant un mois, dans la commune où doivent s'étendre les travaux, par les soins du maire et aux frais du permissionnaire.

Libellé d'un permis de recherches.

En fait de libellé de permis de recherches, nous ne pouvons que renvoyer aux *Annales des Mines*, où l'on peut voir la reproduction, *in extenso*, de divers permis de recherches, parmi lesquels, nous signalons les suivants : permis du 11 décembre 1874 (fer de Champigneulles) ; *id.* du 12 mars 1875 (plomb de Montréal) ; *id.* du 27 août 1875 (galène argentifère de Genolhac) ; *id.* du 27 septembre 1876 (plomb et autres métaux de Langeac).

Droits des permissionnaires de recherches.

Occupons-nous maintenant des droits des permissionnaires de recherches.

Le premier droit du titulaire d'un permis de recherches, c'est d'exécuter toute espèce de travaux de recherches par puits, galeries, tranchées et sondages, dans les terrains dont le périmètre a été spécifié par le permis.

Au sujet de ce périmètre, observons que si les textes des permis en fixent toujours les limites, ils n'en spécifient pas toujours, d'une façon explicite, la contenance en hectares, comme la chose se fait pour les concessions des mines, ladite contenance étant une conséquence indirecte de la délimitation portée au permis, qui se borne souvent à désigner les parcelles cadastrales. En parcourant les textes des divers permis de recherches insérés aux *Annales des Mines*, on voit, pour ceux dont la contenance est explicitement spécifiée, cette contenance varier depuis le faible chiffre de 2 ares (11 décembre 1874 : fer de Champigneulles) jusqu'à celui de 243 hectares (6 mars 1879 : recherches de plomb sur le territoire de la tribu des Beni-Ouarsous (Algérie).

Le permissionnaire a-t-il le droit d'ouvrir des chemins dans son périmètre?

Le permissionnaire de recherches a-t-il le droit d'ouvrir dans le périmètre spécifié par le décret portant permis de recherches des chemins extérieurs pour le service de ses travaux d'exploration?

Oui, répondrons-nous ; mais avec cette réserve, que la chose soit dite explicitement dans le permis de recherches lui-même, comme cela a eu lieu dans les deux permis suivants : permis de recherches de lignite à Sigonce (Basses-Alpes), en date du 29 janvier 1852, et permis de recherches d'anthracite de Mont-de-Lans (Isère), en date du 20 décembre 1854. Il appartient toujours au gouvernement, qui délivre des permis de recherches de mines, en vertu du pouvoir qui lui est conféré par l'article 10, de stipuler, dans le dispositif des permis, une autorisation pareille, lorsque la chose est nécessaire, parce que qui veut la fin, veut les moyens : et, en effet, pour pouvoir autoriser efficacement le permissionnaire à faire des recherches, il faut pouvoir l'autoriser à se rendre au lieu même de ces recherches.

A l'appui de la doctrine précédente, on peut dire que, quoique le paragraphe 1er de l'article 43 revisé de la loi du 21 avril 1810 ne parle pas du permissionnaire de recherches, mais seulement du concessionnaire, néanmoins, comme les paragraphes 2, 3 et 7 du même article 43 assimilent ces deux personnes l'une à l'autre au point de vue de leurs devoirs vis-à-vis de la surface, on est porté à les assimiler aussi, au point de vue de leurs droits, alors surtout que le permis de recherche aura spécifié, en principe, pour le permissionnaire le droit d'ouvrir des chemins extérieurs dans le périmètre réservé aux recherches (1).

Si le permis de recherches mentionne explicitement pour l'explorateur le droit d'opérer « la préparation mécanique des minerais ou le lavage des combustibles », nous sommes porté à penser, d'après l'observation précédente, que le permissionnaire assimilé au concessionnaire pour ces ouvrages pourra obtenir le droit d'occuper, dans le périmètre de son permis, les terrains nécessaires auxdits ouvrages ; mais l'insertion d'une pareille clause dans un permis de recherches, serait chose tout exceptionelle, et en l'absence de cette clause on peut dire qu'*a priori* le permissionnaire de recherches n'a pas le droit d'établir sur son périmètre des bâtiments, lavoirs ou autres ouvrages analogues (*voir*, en ce sens, le décret du 28 juin 1854, portant permis de recherches de plomb dans la commune de Saint-Jacques-d'Ambur (Puy-de-Dôme)) (2).

Comparaison avec la législation belge.

En Belgique, une loi, en date du 2 mai 1837, porte, à son article 12, que « le gouvernement pourra déclarer qu'il y a utilité pu-
« blique à établir des communications dans l'intérêt d'une exploi-
« tation de mines » ; mais cette disposition ne peut être invoquée qu'en faveur d'exploitations de mines concédées : c'est ce qui est

---

(1) Cette assimilation est tellement dans la doctrine de la loi revisée que la circulaire d'envoi de la loi du 29 juillet dit à ce sujet : « ...Il est sti-
« pulé qu'en matière d'occupation le concessionnaire et l'explorateur
« muni du permis de recherches mentionnés à l'article 10 sont placés
« sur la même ligne. »

(2) *Annales des mines,* 5e serie, t. V, p. 131.

établi par la jurisprudence du conseil des mines de Belgique, lequel a été appelé par la loi précitée, du 2 mai 1837, à remplir les attributions conférées au conseil d'état par la loi du 21 avril 1810 sur les mines.

Voir, en ce sens, un avis de ce conseil des mines du 10 octobre 1862 (1).

Durée des permis de recherches.

La durée des permis de recherches est ordinairement de deux ans, (permis du 12 mars 1875, etc.). Nous disons ordinairement, car le permis de recherches des mines de fer de Champigneulles, du 11 décembre 1874, est d'une année seulement; celui de recherches de galène de Genolhac, du 27 août 1875, est aussi d'une année seulement, et l'on pourrait citer d'autres exemples en ce sens.

Lorsque le permis de recherches porte, en même temps, permission de vente des produits extraits, sa durée est fixée à une année seulement, durée ordinaire des permis de vente.

Comparaison avec la législation d'Autriche.

Comme comparaison avec les pays étrangers en ce qui concerne la durée des permis de recherches, nous devons dire qu'en Autriche, d'après le § 16 de la loi du 23 mai 1854, « les permissions de « fouilles ne sont données que pour la durée d'une année. Cependant « elles peuvent, sur la demande de l'intéressé, être prolongées d'an- « née en année, après que l'autorité minière s'est convaincue que le « demandeur a commencé des fouilles sur son territoire ».

Renouvellement des permis de recherches.

En France aussi le renouvellement du permis de recherches peut être accordé, s'il y a lieu, sur l'avis de l'administration des mines : l'instruction ministérielle du 3 août 1810 le dit formellement, et il

---

(1) Cité dans un mémoire très intéressant de M. H.-F. du Pont, greffier du conseil des mines, contenant un résumé de la jurisprudence dudit conseil, inséré aux *Annales des travaux publics de Belgique*, t. XXXII (1874), p. 288.

existe de nombreux exemples de renouvellement, pour des périodes variables, deux ans ou un an : renouvellement pour deux ans, ordonnance du 21 mars 1839, portant permis de recherches de plomb à Urciers (Indre) ; *idem* pour un an, décret du 17 mai 1856 (anthracite de Mont-de-Lans); *idem* pour six mois, décret du 14 septembre 1855 (plomb et mercure de l'Oued-Nouckal).

Expiration, de plein droit, de sa durée.

La durée du permis de recherches expire de plein droit si avant la fin du permis une concession de mines vient à être instituée dans les terrains de son périmètre; cette restriction est insérée d'ordinaire dans les permis de recherches.

Produits extraits à la suite d'un permis de recherches. — Permis double de recherches et de vente.

Rappelons qu'il est pleinement établi que le permissionnaire de recherches ne peut pas vendre ou utiliser les produits extraits avant d'avoir demandé et obtenu un permis de vente à cet effet, et les permis de recherches renferment généralement une clause interdisant au permissionnaire d'opérer aucun enlèvement de minerai, avant d'avoir obtenu un permis de vente.

Comme particularité à l'égard des produits extraits par un explorateur muni d'un permis de recherches, nous pouvons citer un permis, du 27 septembre 1876 (1), relatif à des gîtes de plomb et autres métaux, situés dans des terrains communaux de Langeac ; il contient une disposition au sujet des substances non concessibles extraites des recherches, laquelle mérite d'être remarquée, et qui est conçue dans les termes suivants :

Art. 6. — Les substances non concessibles extraites au jour par ledit sieur Maussier (permissionnaire), resteront la propriété de la commune, qui aura le choix ou de les laisser sans emploi sur le terrain communal, ou de les vendre, moyennant une juste indemnité payée au sieur Maussier, pour frais d'extraction.

Le permissionnaire de recherches peut obtenir un permis de

---

(1) *Annales des mines*, 1876, p. 209.

vente en accomplissant les mêmes formalités que le propriétaire ou l'explorateur cessionnaire du propriétaire, et qu'il n'y a pas lieu d'exposer ici de nouveau.

Ajoutons, du reste, que rien ne s'oppose à ce qu'un explorateur demande tout à la fois, dans la même pétition, un permis de recherche et un permis de vente ; le double permis est alors accordés, sous forme de décret, par le chef du gouvernement. On peut citer comme exemple en ce sens le décret du 10 décembre 1854 (1), accordant au sieur Milanta un permis de recherches d'anthracite dans la commune de Mont-de-Lans (Isère).

Le gouvernement n'use qu'avec réserve du droit d'accorder des permis de vente aux permissionnaires de recherches, car c'est une chose grave que d'autoriser un explorateur à vendre les produits de recherches qu'il exécute, malgré le propriétaire du sol : il faut pour cela qu'il y ait un véritable intérêt général de l'industrie.

On peut citer, à cet égard, des exemples d'autorisation ; mais il y a aussi des exemples de refus ; en ce dernier sens, rappelons qu'en 1839 une pareille permission de vente a été refusée au sieur Durand-Cœur, auquel une ordonnance du 14 septembre 1839 accordait un permis de recherches d'antimoine à Violay (Loire). L'administration a considéré que, le minerai d'antimoine étant de nature à se conserver sans détérioration dans les halles, il n'y avait pas lieu d'autoriser l'explorateur à le vendre avant la concession (2).

Le permis de recherches n'enlève pas au propriétaire du sol son droit de fouilles, mais il le modifie profondément : aussi croyons-nous devoir mentionner la sage mesure prescrite par un permis de recherches du 23 avril 1840, qui autorisait le sieur de la Ribette à faire des recherches, malgré le propriétaire du sol : « Art. 6. — Si
« des recherches viennent à être entreprises dans les mêmes ter-
« rains par les propriétaires ou leurs ayants cause, le préfet, sur le
« rapport des ingénieurs des mines, déterminera les pièces de terre
« dans lesquelles chaque explorateur devra circonscrire ses tra-
« vaux. »

---

(1) *Annales des mines*, 1854, p. 451.
(2) *Ibid*, 3ᵉ série, t. XVI, p. 689.

Le permis de recherches ne préjuge rien sur le choix ultérieur du concessionnaire.

Le permis de recherches ne préjuge rien sur le choix ultérieur du concessionnaire. Cette clause est insérée dans les permis de recherches ; du reste, elle est de plein droit, et elle découle de l'article 16 de la loi du 21 avril 1810 ainsi conçu :

Art. 16. — Le gouvernement juge des motifs ou considérations d'après lesquels la préférence doit être accordée aux divers demandeurs en concession, qu'ils soient propriétaires de la surface, inventeurs ou autres.
En cas que l'inventeur n'obtienne pas la concession d'une mine, il aura droit à une indemnité de la part du concessionnaire ; elle sera réglée par l'acte de concession.

Occupons-nous maintenant des recherches sur les terrains concédés.

Recherches sur les terrains concédés : deux catégories de personnes peuvent faire ces recherches.

Les recherches sur les terrains concédés, en ce qui concerne les substances minérales faisant l'objet de la concession, doivent évidemment être faites par le concessionnaire, à l'exclusion de toute autre personne.
Cette doctrine, pleinement conforme au texte et à l'esprit de la loi de 1810, a été confirmée par un arrêt de la cour de Grenoble, du 19 août 1831 (1), lequel a maintenu un jugement du tribunal correctionnel de Grenoble, condamnant à 100 francs d'amende deux propriétaires qui avaient fait un puits de recherches de houille dans le périmètre d'une concession de mine de houille.
Quant aux subtances minérales non désignées dans l'acte de concession, le propriétaire a le droit de les rechercher dans ses propriétés, à l'intérieur comme à l'extérieur du périmètre concédé.
En effet, c'est seulement en ce qui concerne les substances minérales concédées que les droits du propriétaire de la surface ont

---

(1) Dalloz, 1832, II, XIII.

été purgés par l'acte de concession, comme il est dit à l'article 17 de la loi, ainsi conçu :

> Art. 17. — L'acte de concession, fait après l'accomplissement des formalités prescrites, purge, en faveur du concessionnaire, tous les droits des propriétaires de la surface et des inventeurs ou de leurs ayants droit, chacun dans leur ordre, après qu'ils auront été entendus ou appelés légalement, ainsi qu'il sera ci-après réglé.

Mais pour ce qui est des substances minérales étrangères à la concession, le propriétaire conserve son droit de fouille, droit qui dérive de l'article 552 du Code civil, et qui est reconnu, mais non créé, par l'article 10 de la loi de 1810, et dans l'exercice de ce droit de fouille le propriétaire n'est assujetti, en principe, qu'à la prohibition de distance des maisons et enclos spécifiée par l'article 11.

Ce principe, pleinement conforme à ce fait, qu'il existe des concessions superposées, pour des substances minérales différentes accordées à des titulaires différents, a été appliqué par la cour de Nîmes, dans un arrêt du 21 août 1849 (compagnie de Vialas contre compagnie d'Alais) (1),

Mais un permis de recherches administratif ne peut pas être accordé par le chef du gouvernement, dans un périmètre déjà concédé, pour une substance minérale étrangère à la concession : c'est ce qui résulte de cette dernière phrase de l'article 12 de la loi du 21 avril 1810 :

> Dans aucun cas les recherches ne pourront être autorisées dans un terrain déjà concédé.

Le représentant du droit du gouvernement en matière de recherches, en pareil cas le permissionnaire d'office, si nous osons nous exprimer ainsi, c'est le concessionnaire : c'est lui qui possède le privilège de toutes les permissions administratives de faire des recherches dans le périmètre concédé, aussi bien pour les substances étrangères à la concession que pour celles qui en font l'objet. Cette doctrine est confirmée par les paroles suivantes du rapporteur de la loi de 1810 :

> S'il existait dans un terrain déjà concédé une mine inconnue, tous les motifs se réunissent pour en attribuer exclusivement la recherche au concessionnaire de la première. »

---

(1) Dupont : *Jurisprudence des mines*, t. I, p. 132.

Ainsi donc dans les terrains concédés il y aura, comme dans les terrains non concédés, deux personnes pouvant faire concurremment des recherches, l'une agissant d'après le droit du propriétaire, l'autre agissant d'après le droit d'autorisation du gouvernement. Ces deux personnes sont, dans les terrains non concédés, et pour toute substance minérale concessible, le propriétaire du sol ou son délégué et le permissionnaire de recherches ; pour les terrains concédés, ces deux personnes sont, en ce qui concerne les substances minérales concessibles étrangères à la concesssion, le propriétaire du sol ou son délégué et le concessionnaire.

En cas de concessions superposées, c'est nécessairement le titulaire de la concession la plus ancienne qui aura le droit exclusif de recherches, en tant que délégué du gouvernement, pour les substances étrangères aux concessions instituées.

Comparaison avec la législation étrangère (Italie, Prusse, Bavière).

Il importe de savoir ce qui se pratique dans les pays voisins au sujet des recherches de mines dans les terrains concédés ; disons donc à cet égard qu'en Italie, d'après l'article 33 du décret royal du 20 novembre 1859, aucune recherche n'est permise, même au propriétaire du sol, dans les limites d'un terrain déjà concédé, sans le consentement du concessionnaire, et, à défaut de ce consentement, sans l'autorisation du gouvernement.

D'après la loi prussienne du 24 juin 1865, dans les surfaces comprises par les périmètres d'une concession de mines on peut rechercher les minéraux sur lesquels le propriétaire de ladite mine n'a pas acquis de droit. L'administration supérieure des mines accorde la permission lorsque l'auteur des recherches ne peut s'arranger à l'amiable avec le possesseur du terrain. Si ces travaux de recherches menacent la sécurité de l'exploitation ou le travail régulier de la mine déjà concédée, l'administration des mines doit les interdire. Le propriétaire de la mine peut exiger que l'auteur des recherches dépose avant le commencement des travaux une caution suffisante dont le chiffre est fixé, en cas de désaccord, par l'administration des mines (art. 10, 8, 9).

La loi bavaroise du 20 mars 1869 contient des dispositions analogues.

Y a-t-il lieu à redevance au profit de l'État sur les produits des recherches de mines ?

Les mines concédées sont soumises à une redevance proportionnelle sur leurs produits : en conséquence, et par analogie, on est amené à se demander s'il y a lieu à redevance sur les produits des mines non concédées.

Lorsque la loi de 1810 intervint, il existait un grand nombre de mines non concédées donnant des produits considérables, et le décret du 6 mai 1811 soumit ces mines à la redevance proportionnelle. Mais ce n'était là qu'une mesure transitoire, qui a pris fin aujourd'hui : en général, il n'y a pas lieu à redevance avant la concession, sauf des circonstances exceptionnelles.

L'État s'abstient volontiers de prélever une redevance sur les produits des travaux de recherches, craignant que le payement de cette redevance ne soit regardé, par l'exploratateur qui l'aurait effectué, comme un titre exclusif pour l'obtention de la concession à venir : c'est ainsi qu'une décision ministérielle du 15 décembre 1838 (1) a refusé de prélever une redevance sur les produits des recherches de houille de Fiennes (Pas-de Calais), exécutées par Mme de Laborde, demandeur en concession, qui avait obtenu un permis de vente, et qui offrait spontanément de payer cette redevance à l'état.

Législation étrangère (Autriche, Prusse).

En Autriche, toute fouille libre de mine, aux termes des paragraphes 219 de la loi du 23 mai 1854, et 3 de la loi du 28 avril 1862, paye une redevance annnelle à l'État de 20 florins ; il faut ajouter aussi qu'en Autriche toute fouille libre peut donner droit à la concession d'au moins une mesure de mines, c'est-a-dire, un rectangle de 12.544 klafters carrés (45.093 mètres carrés).

Dans la législation prussienne (art. 11 de la loi du 24 juin 1865), en ce qui concerne les contributions à l'État, on applique aux recherches les prescriptions relatives aux mines, c'est-à-dire qu'on perçoit un droit de 2 p. 100, sur la valeur des produits vendus.

---

(1) De Cheppe. *Annales des mines*, 3e série, t. XIV, p. 521.

La vente des produits extraits des recherches n'est pas sujette à patente.

Terminons sur les recherches de mines en disant que la vente, autorisée par l'administration, des produits extraits des recherches n'est pas sujette à patente.

Cela résulte indirectement de l'article 32 de la loi du 21 avril 1810, qui porte que l'exploitation des mines n'est pas considérée comme un commerce, et n'est pas sujette à patente. D'autre part, ce principe a été consacré par une ordonnance rendue en conseil d'état, le 9 juin 1842, dans l'affaire Ministre des finances contre Bonnet et Martin (1).

---

(1) Devilleneuve, 1842, II, CCCIII.

CHAPITRE III.

OBTENTION DES CONCESSIONS.

Régime des concessions. — Classement des substances minérales.

Les mines sont soumises en France, ainsi qu'il a été dit, au régime des concessions. Avant d'exposer ce qu'il faut faire pour obtenir une concession de mine, il importe de déterminer quelles sont les substances susceptibles d'être concédées.

La loi du 21 avril 1810 fournit la solution de cette question dans les articles 1, 2, 3, 4. ainsi conçus :

Art. 1er. — Les masses de substances minérales ou fossiles renfermées dans le sein de la terre ou existantes à la surface sont classées, relativement aux règles de l'exploitation de chacune d'elles, sous les trois qualifications de mines, minières et carrières.

Art. 2. — Seront considérées comme mines celles connues pour contenir en filons, en couches ou en amas, de l'or, de l'argent, du platine, du mercure, du plomb, du fer en filons ou couches, du cuivre, de l'étain, du zinc, de la calamine, du bismuth, du cobalt, de l'arsenic, du manganèse, de l'antimoine, du molybdène, de la plombagine ou autres matières métalliques, du soufre, du charbon de terre ou de pierre, des bois fossiles, des bitumes, de l'alun et des sulfates à base métallique.

Art. 3. — Les minières comprennent les minerais de fer dits d'alluvion, les terres pyriteuses propres à être converties en sulfate de fer, les terres alumineuses et les tourbes.

Art. 4. — Les carrières renferment les ardoises, les grès, pierres à bâtir et autres, les marbres, granites, pierres à chaux, pierres à plâtre, les pouzzolanes, les strass, les basaltes, les laves, les marnes, craies, sables, pierres à fusil, argiles, kaolins, terres à foulon, terres à poterie, les substances terreuses et les cailloux de toute nature, les terres pyriteuses regardées comme engrais, le tout exploité à ciel ouvert ou avec des galeries souterraines.

Les concessions de mines comprennent généralement la partie superficielle comme la partie souterraine du gîte.

Signalons dans l'article 1ᵉʳ l'importance de ces mots « renfermées dans le sein de la terre ou existantes à la surface »; ils veulent dire que la partie superficielle de la substance minérale ou fossile suit la classe de la partie souterraine et profonde, et qu'ainsi les substances minérales sont classées parmi les mines, minières et carrières, d'après leur nature et non point d'après leur mode d'exploitation, ou leur plus ou moins de profondeur.

Ces mots de l'article 1ᵉʳ « ou existantes à la surface » ont tellement d'importance que dans les discussions préparatoires qui eurent lieu au conseil d'état pour l'élaboration de la loi de 1810 un conseiller, grand partisan du droit des propriétaires, le comte Defermon, demanda, dans la séance du 10 octobre 1809, la suppression desdits mots, et cela afin qu'il ne fût pas besoin de permission pour exploiter à des profondeurs moindres que cent pieds, mais, sur les justes observations de Regnauld-de-Saint-Jean-d'Angély, le conseil d'état vota le maintien de ces expressions, qui conservent d'autant plus leur signification expresse (1).

Classification des substances minérales d'après leur nature.

Cette doctrine de la classification des substances minérales d'après leur nature est confirmée indirectement par l'article 4, lequel, après avoir énuméré les substances renfermées dans la classe des carrières, ajoute les mots suivants : « le tout exploité à ciel ouvert ou avec des galeries souterraines ».

L'article 3, qui énumère les substances classées comme minières, est de son côté formel et limitatif, sauf trois exceptions relatives au fer, aux pyrites de fer et à l'alun, et dont il sera question tout à l'heure. Mais la règle générale, que ces trois exceptions ne font que confirmer, est celle-ci : La nature des substances, et non point leur profondeur, les fait classer comme mines, minières ou carrières.

---

(1) Dupont : *Jurisprudence des mines*, t. I, p. 143.

Ces mots de l'article 1er, « sont classées relativement aux règles de l'exploitation de chacune d'elles », ont pu induire en erreur certaines personnes, qui ont cru voir là des règles techniques de l'exploitation, « des modes divers d'exploitation, soit superficielle, soit souterraine », tandis que l'article entend parler seulement des règles administratives ou législatives afférentes à l'exploitation des trois classes de substances minérales, telles qu'elles résultent des titres suivants de la loi. La chose est pleinement établie par la discussion préparatoire de la loi au conseil d'état.

Ces règles de l'exploitation des trois classes de substances minérales dont parle l'article 1er de la loi, telles que les comprenaient les législateurs de 1810, on peut les résumer en peu de mots :

C'est le régime des concessions pour les mines, le régime des permissions pour les minières, et pour les carrières le régime de la déclaration.

Ces règles administratives de l'exploitation des trois classes de substances minérales ont été modifiées, en ce qui concerne les minières, par la loi du 9 mai 1866, comme nous le verrons plus tard : cette loi a substitué le régime de la simple déclaration à celui de la permission en ce qui concerne les minières à ciel ouvert.

Le principe du classement des substances minérales d'après leur nature, et non point d'après leur profondeur, a de l'importance. Il a été plusieurs fois affirmé, soit par la jurisprudence, soit par des décisions ministérielles, soit par des ordonnances ou décrets, savoir : une décision ministérielle du 13 janvier 1827, relative aux mines de manganèse de la Romanèche (Saône-et-Loire) (1) ; une ordonnance du 20 avril 1825, concédant les schistes bitumineux de Ménat (Puy-de-Dôme), bien qu'ils fussent exploités à ciel ouvert ; deux ordonnances du 10 octobre 1839, portant concession des mines de bitume d'Armentieu et de l'Echalassière, près Bastènes (Landes), malgré l'opposition des propriétaires du sol, qui les réclamaient comme dépendances de la surface, en raison de leur mode d'exploitation à ciel ouvert (2).

Le 19 juillet 1843, une ordonnance au contentieux, relative aux mines d'asphalte de Seyssel, a consacré les mêmes principes, contrairement à l'opinion du ministre des travaux publics de cette

---

(1) De Cheppe : *Annales des mines*, 3ᵉ série, t. XIV, p. 525.
(2) Dupont : *Jurisprudence des mines*, t. I, p. 146 et suiv.

époque (M. Teste) : Le ministre admettait qu'il faut une expropriation du propriétaire de la surface pour concéder la partie superficielle d'une mine, ce qui est en contradiction avec les articles 6, 17 et 42 de la loi de 1810, et avait été formellement nié par la cour de cassation, dans un arrêt du 7 août 1839, relatif à l'affaire Parmentier, où il est dit : « qu'il n'y a pas lieu, à raison de la con-
« cession de la mine, à agir par expropriation contre le propriétaire
« de la surface (1). Le conseil d'état, fidèle à toutes les traditions de la jurisprudence et à l'esprit de la loi des mines, ne partagea point l'avis du ministre.

Plus tard, un autre arrêt du conseil d'état, contenu dans le décret au contentieux du 22 août 1853 (2), et relatif encore aux mines d'asphalte de Pyrimont et Seyssel, a maintenu la même doctrine, qui est désormais hors de doute.

Comparaison avec la jurisprudence belge.

Il est admis en Belgique, comme en France, qu'en général, la concessibilité des substances minérales résulte de leur nature et de leur classement légal, et non de leur mode d'exploitation ou de leur gisement.

Voir en ce sens deux avis du conseil des mines des 20 juillet 1849 et 5-12 octobre 1849 (3).

Trois exceptions au principe précédent, pour les minerais de fer, l'alun et les pyrites ferrugineuses.

Il y a trois exceptions au principe précédent :
La première est relative aux minerais de fer, qui ne sont considérés comme mines, et, par suite, ne sont concessibles, que lorsqu'ils sont exploitables par travaux souterrains réguliers; tandis qu'ils sont généralement des minières, laissées à la disposition des propriétaires du sol, lorsqu'ils sont situés près de la surface et exploitables à ciel ouvert, ou bien par de petits puits et des galeries souterraines provisoires et sans régularité, constituant ce qu'on appelle des minières

---

(1) *Annales des mines*, 3ᵉ série, t. XVI, p. 702.
(2) Sirey-Devilleneuve ; 1854, II, CCLXXXV.
(3) Du Pont : *Annales des travaux publics de Belgique*, t. XXXII, p. 242.

souterraines. Cette exception résulte : premièrement de ce que les minerais de fer dits d'alluvion sont classés dans les minières par l'article 3, alors que le fer en filons ou couches est classé dans les mines par l'article 2; secondement de la teneur explicite des articles 68 et 69 de la loi ainsi conçus :

Art. 68. — Les propriétaires ou maîtres de forges ou d'usines exploitant les minerais de fer d'alluvion ne pourront, dans cette exploitation, pousser des travaux réguliers par des galeries souterraines sans avoir obtenu une concession, avec les formalités et sous les conditions exigées par les articles de la section 1re du titre III et les dispositions du titre IV.

Art. 69. — Il ne pourra être accordé aucune concession pour minerai d'alluvion ou pour des mines en filons ou couches que dans les cas suivants :

1° Si l'exploitation a ciel ouvert cesse d'être possible, et si l'établissement de puits, galeries et travaux d'art est nécessaire;

2° Si l'exploitation, quoique possible encore, doit durer peu d'années, et rendre ensuite impossible l'exploitation avec puits et galeries.

Aussi, lorsque le gouvernement institue des concessions de mines de fer, insère-t-il maintenant la réserve suivante, dont nous prenons le texte dans la concession des mines de fer de Longueville (Meurthe-et-Moselle), instituée par décret du 26 juin 1869 :

La présente concession ne s'applique qu'aux minerais de fer exploitables par travaux souterrains réguliers. A l'égard des minerais en filons ou couches qui seraient situés près de la surface et susceptibles d'être exploités à ciel ouvert, ils demeureront à la disposition des propriétaires du sol, pourvu que leur exploitation à ciel ouvert ne rende pas impossible, dans le présent ou dans l'avenir, l'exploitation par travaux souterrains des gîtes situés dans la profondeur.

L'alun exploitable par puits ou galeries est une mine, tandis que les terres alumineuses exploitables à ciel ouvert sont des minières. C'est ce qui fait la deuxième exception au principe énoncé tout à l'heure. Cette exception résulte de ce que l'alun est classé nominalement parmi les mines par l'article 2, tandis que les terres alumineuses sont désignées à l'article 3 parmi les minières.

Il en est de même des pyrites ferrugineuses, qui forment la troisième exception (1). Les pyrites en filons, couches ou amas, exploitées aujourd'hui en raison de leur teneur en soufre, qui les fait rechercher pour la fabrication de l'acide sulfurique, rentrent,

---

(1) Dupont : *Jurisprudence des mines*, t. I, p. 155.

CHAP. III. — OBTENTION DES CONCESSIONS. 77

d'autre part, à un certain degré, dans la catégorie des sulfates à base métallique, et à ce double titre elles doivent être considérées comme mines, en raison de ce que l'article 2 mentionne le soufre et les sulfates à base métallique parmi les mines. D'autre part, les terres pyriteuses propres à être converties en sulfate de fer sont comprises parmi les minières par l'article 3 de la loi. Disons enfin que les terres pyriteuses regardées comme engrais sont des carrières, aux termes de l'article 4 de la loi de 1810.

On peut citer comme application de la doctrine précédente la clause insérée dans les décrets de concession des mines de pyrite de fer (article 3 du décret du 31 juillet 1865, relatif aux mines de pyrite de fer de Saint-Florent [Gard]), laquelle est ainsi conçue :

La présente concession ne comprend que les pyrites en roche, formant des filons, couches ou amas, à l'exclusion des terres pyriteuses propres à être converties en sulfate de fer ou à servir d'engrais, et qui, aux termes des articles 3 et 4 de la loi du 21 avril 1810, ne sont pas concessibles.

L'article 2, désignant les substances concessibles, est énonciatif et non limitatif : principe admis en France et en Belgique.

L'article 2, qui désigne les substances minérales comme mines, est simplement énonciatif et non point limitatif : ainsi donc, par cela seul qu'une substance minérale ou fossile n'est pas désignée nominalement à l'article 2 de la loi de 1810, il n'en faut pas conclure nécessairement qu'elle n'appartient pas à la classe des mines.

Les mots génériques « ou autres matières métalliques » qui figurent à l'article 2 en sont une preuve, et la commission du corps législatif, qui proposa, dans sa séance du 17 mars 1810, d'insérer les mots ci-dessus, « ou autres matières métalliques », motivait cette addition de la manière suivante :

« On propose les mots ajoutés, afin de comprendre toutes les sub-
« stances métalliques. Plus la nomenclature est étendue, plus on se
« croirait autorisé à prétendre qu'une mine qui n'y serait pas com-
« prise, n'entre pas dans les dispositions de la loi. »

On trouve une application solennelle de ce principe dans les arrêts de la cour de cassation des 8 septembre 1832 et 17 janvier 1835 (1),

---

(1) Dupont : *Jurisprudence des mines*, t. I, p. 157.

qui ont décidé, avant la loi du 17 juin 1840 sur le sel gemme et les sources salées, que le sel gemme doit être considéré comme mine, bien qu'il ne soit pas désigné nominalement à l'article 2 de la loi du 21 avril 1810. Ces mots génériques de l'article 2 « ou autres matières métalliques » expliquent très bien comment il peut être accordé une concession se rapportant à une matière métallique non désignée à l'article 2 de la loi de 1810. On pourrait citer plusieurs exemples à cet égard : citons le décret du 23 novembre 1867, instituant la concession des mines d'étain, wolfram et autres métaux connexes de Vaulry et Cieux (Haute-Vienne); le molybdène est nommé à l'article 2, mais le tungstène, qui entre dans la composition du wolfram, ne l'est pas.

Il est admis en Belgique, comme en France, que les termes de l'article 2 de la loi du 21 avril 1810 sont énonciatifs et non limitatifs, et que les mines de sel gemme doivent être rangées dans la catégorie des substances dont l'exploitation ne peut se faire qu'en vertu d'un acte de concession. *Voir* en ce sens la loi du 11 août 1822 sur l'accise du sel et les deux avis du conseil des mines du 1er décembre 1837 et du 5-12 octobre 1849 (1).

Concessibilité de toutes les variétés de bitume minéral.

L'article 2 de la loi du 21 avril 1810 mentionne parmi les substances minérales concessibles « les bitumes », ainsi que l'article 1er de la loi antérieure, du 28 juillet 1791; il peut donc y avoir, et il y a, en effet, des concessions « de bitume » instituées sous l'empire de la loi de 1810, comme sous celui de la loi de 1791.

L'industrie de l'emploi des bitumes, en ce qui concerne la fabrication des mastics asphaltiques, chaussées bitumées, etc., se développant de jour en jour, la recherche et l'exploitation des mines de bitume éveillent particulièrement l'attention des capitalistes dans le moment actuel. Nous croyons donc devoir mentionner les titres de diverses concessions de bitume instituées en France, sous des dénominations différentes.

Tout d'abord, sous l'empire de la loi du 28 juillet 1791, nous signalerons la concession faite, par arrêté du directoire du 9 fruc-

---

(1) Du Pont : *Annales des travaux publics de Belgique*, t. XXXII, p. 242.

tidor an V, au sieur Secrétan, de la mine d'asphalte de Seyssel, située commune de Surjoux (Ain).

Sous le régime de la loi du 21 avril 1810, on a concédé :

En 1827, les mines de schistes carbo-bitumineux de Ménat (Puy-de-Dôme) ;

Le 10 octobre 1839, les mines de bitume d'Armentieu et de l'Echalassière, près Bastènes (Landes) ;

En 1841, les mines de schistes bitumineux d'Igornay, près Autun (Saône-et-Loire) ;

En 1844, les mines de bitume de Servas, Cauvas, Puech et les Fumades (Gard) ;

Le 30 janvier 1869, les mines de roches bitumineuses et asphaltiques de Gardebois (Haute-Savoie) ;

Le 19 septembre 1874, les mines de calcaire bitumineux de Lelex (Ain), etc.

On voit donc qu'il y a une certaine variété de désignations dans les titres de ces différentes mines de bitume. Cette variété a de l'importance, en ce qu'elle démontre que toutes les diversités de bitumes, quels que soient leur gisement, leur aspect, etc., sont des substances minérales concessibles. C'est ainsi qu'en donnant au pétrole la définition usuelle de bitume liquide, et sans entrer dans les détails de composition chimique des divers **hydro-carbures minéraux**, chose que n'a pas voulu faire, et que n'a pas faite le législateur, nous n'hésiterons pas à dire que, quoique le mot de pétrole ne soit pas prononcé à l'article 2 de la loi du 21 avril 1810, le pétrole est une substance minérale concessible, à titre de variété de bitume ; un produit liquide, « le pétrole », peut donc être concédé comme mine.

Mais cela ne suffit point encore à tout le monde, comme le témoigne le vœu suivant, émis par le conseil général de l'Isère, à l'occasion du gaz naturel de la fontaine ardente de Saint-Barthélemy.

Le Conseil général . . . .
Considérant que les recherches faites par M. Piret à Saint-Barthélemy, au lieu dit la fontaine ardente, ont démontré la présence d'une quantité considérable de gaz hydrogène carboné, qui peut être employé soit à l'éclairage, soit au chauffage des maisons, soit à divers usages naturels, considérant la réponse faite à M. Piret par le ministre des travaux publics, émet le vœu que la loi des mines soit modifiée dans ce sens, que

des concessions de gaz naturel puissent être accordées au même titre que celles de pétrole et autres gisements analogues (1).

Le conseil général des mines, consulté sur la question, a émis l'avis qu'il n'y avait pas lieu de donner suite à ce vœu.

L'autorité administrative, statuant en conseil d'état, tranche toutes les questions de concessibilité.

C'est seulement à l'autorité administrative agissant en conseil d'état qu'il appartient de trancher par décret la question de concessibilité lorsqu'il s'élève une difficulté sur le point de savoir si une substance est concessible comme mine, en raison de sa nature ou de sa position. Cela résulte, d'une part, de ce que c'est l'autorité administrative, agissant en conseil d'état, qui institue les concessions, aux termes de l'article 5 de la loi de 1810, et qu'à cette autorité il appartient de prononcer sur la validité et l'interprétation d'une concession, en vertu de cet axiome de droit romain : « *Ejus est interpretari, cujus condere legem* »; cela résulte, d'autre part, de l'article 28 de la loi de 1810, qui est ainsi conçu :

Art. 28. — Il sera définitivement statué sur la demande en concession par un décret délibéré en conseil d'état.

Jusqu'à l'émission du décret, toute opposition sera admissible devant le ministre de l'intérieur ou le secrétaire général du conseil d'état : dans ce dernier cas elle aura lieu par une requête signée et présentée par un avocat au conseil, comme il est pratiqué pour les affaires contentieuses ; et, dans tous les cas elle sera notifiée aux parties intéressées.

Si l'opposition est motivée sur la propriété de la mine acquise par concession ou autrement, les parties seront renvoyées devant les tribunaux et cours.

Ce point de doctrine déjà établi par un arrêt de la cour de cassation du 28 janvier 1833, relatif aux mines de sel de Gouhenans, a été maintenu par un autre arrêt de la même cour du 24 décembre 1835, relatif encore aux mines de sel de Gouhenans (2). Enfin il a été formellement consacré par la jurisprudence du conseil d'état, dans

---

(1) *Journal des mines* du 22 avril 1880.
(2) Dupont : *Jurisprudence des mines*, t. I, p. 160,

un décret du 24 janvier 1872 (1), relatif à la concessibilité du phosphate de chaux, lequel a annulé, pour excès de pouvoir, une décision du ministre des travaux publics, du 13 janvier 1870, qui avait rejeté une demande en concession de mines de phosphate de chaux, formée par le sieur Astier : ajoutons, au point de vue du fonds et en dehors de la compétence, qu'un autre décret en conseil d'état, daté du 6 février 1874 (2), a déclaré que le phosphate de chaux n'est pas une substance minérale concessible comme mine.

Obtention des concessions. — Personnes aptes à les demander.

Occupons-nous maintenant des formalités à remplir pour obtenir une concession de mine.

Tout d'abord il y a lieu de se poser la question suivante : quelles sont les personnes aptes à demander des concessions de mines ? La réponse à cette question est écrite dans l'article 13 ainsi conçu :

Art. 13. — Tout Français ou tout étranger, naturalisé ou non en France, agissant isolément ou en société, a le droit de demander, et peut obtenir, s'il y a lieu, une concession de mine.

Il n'est pas possible de faire un appel plus large à tout le monde. Rappelons qu'en cas de demandes en concession formées par des étrangers habitant hors de France, ceux-ci doivent faire élection de domicile en France, pour les publications et affiches à opérer, dans la commune de leur domicile, à la diligence des sous-préfets et des maires (3) : c'est une condition de détail, exigée à bon droit par l'administration supérieure, et qui est conforme aux prescriptions de l'instruction ministérielle du 3 août 1810.

Les communes peuvent aussi obtenir des concessions de mines, et on peut citer, à cet égard, l'ordonnance du 31 mai 1833, qui, consacrant des droits acquis, a concédé les mines de fer de Rancié (Ariége) aux huit communes de Vicdessos, Sem, Goulier et Olbier, Auzat, Saleix, Orus, Suc et Sentenac, composant l'ancienne vallée de Vicdessos (4).

---

(1) Dalloz : 1874, III, II, et Lebon : 1872, p. 35.
(2) *Annales des mines*, 1874, p. 17.
(3) Articles 22, 23 et 24 de la loi des mines, et instruction ministérielle du 3 août 1810 (A, § 2).
(4) Dupont : *Jurisprudence des mines*, t. I, p. 165.

Sociétés aptes à obtenir des concessions de mines.

Toutes les formes de sociétés légalement constituées, c'est-à-dire définies par le code civil, ou par le code de commerce, ou par la loi du 24 juillet 1867, concernant les sociétés par actions, peuvent être adoptées par les demandeurs en concession de mines : cela résulte de ce que l'article 13, en admettant les individus, Français ou étrangers, agissant en société, à demander des concessions, n'a imposé aucune forme de société, n'en a exclu aucune. Cela résulte aussi de la discussion de la loi de 1810 au conseil d'état : et, en effet, on lit, dans Locré, que dans la séance du 20 juin 1809, le comte Berlier proposait d'exclure les sociétés anonymes, mais, sur les observations de Regnault de Saint-Jean-d'Angély, la motion du comte Berlier fut rejetée (1).

Ajoutons qu'il existe plusieurs décrets qui ont autorisé les sociétés anonymes et autres associations commerciales, industrielles ou financières, légalement constituées dans des pays étrangers, à exercer leurs droits en France.

Tels sont les décrets des : 30 mai 1857 pour la Belgique, 8 septembre 1860 (royaume de Sardaigne), 11 mai 1861 (Suisse), 9 novembre 1861 (Grèce), 17 mai 1862 (Grande-Bretagne), 22 juillet 1863 (royaume des Pays-Bas), 25 février 1865 (empire de Russie), etc., etc.

Tous ces décrets élargissent considérablement, comme on voit, le cercle des espèces de sociétés aptes à demander et à obtenir, en France, des concessions de mines.

Concession de mines accordée à un syndicat.

Une concession de mines peut être accordée à un syndicat. Comme exemple à l'appui, nous citerons le décret du 10 octobre 1878 (2), portant concession des mines de fer de Godbrange (Meurthe et Moselle) :

1° à la société de Denain et Anzin (Nord);
2° à la société des hauts-fourneaux de Maubeuge (Nord);
3° au sieur d'Adelsward;

---

(1) Dupont : *Jurisprudence des mines*, t. I, p. 165.
(2) *Annales des mines*, 1878, p. 313.

CHAP. III. — OBTENTION DES CONCESSIONS. 83

4° aux sieurs Giraud et C¹ᵉ, propriétaires de l'usine de Longwy-Bas;

5° aux sieurs Roty et C¹ᵉ, propriétaires de l'usine de Saulnes;

Réunis en un syndicat, suivant acte sous seings privés du 15 mai 1878.

Un individu déjà concessionnaire peut obtenir une concession nouvelle.

Un individu déjà concessionnaire peut obtenir une concession nouvelle, de même nature que celle qu'il possède déjà. La loi de 1810, en instituant le régime des concessions, a voulu éviter, tout à la fois, et le monopole qui est l'ennemi naturel de l'industrie, et la divisibilité indéfinie des gîtes minéraux, qui mènerait au gaspillage; mais elle n'a pas voulu empêcher que des actes de concessions successifs puissent mettre entre les mêmes mains des concessions de même nature, soit houille, soit mines métalliques, lorsqu'il doit en résulter, ou bien un bon aménagement de la richesse minérale, ou bien un développement de l'industrie métallurgique. La loi du 21 avril 1810 a atteint ce résultat en donnant au gouvernement, d'une manière générale, le droit absolu de préférence entre les divers demandeurs en concession, par l'article 16, qui est formel, et conçu comme il suit :

Art. 16. — Le gouvernement juge des motifs ou considérations d'après lesquels la préférence doit être accordée aux divers demandeurs en concession, qu'ils soient propriétaires de la surface, inventeurs ou autres.

En cas que l'inventeur n'obtienne pas la concession d'une mine, il aura droit à une indemnité de la part du concessionnaire; elle sera réglée par l'acte de concession.

Cet article suffirait, à lui seul, pour autoriser le gouvernement à donner une concession nouvelle à l'individu, ou à la société, qui en possède déjà une autre de même nature.

Mais cette faculté, pour le gouvernement, d'une part, de donner la concession nouvelle, et pour le demandeur, d'autre part, de la recevoir, dans de pareilles conditions, résulte plus explicitement encore de l'article 31, ainsi conçu :

Art. 31. — Plusieurs concessions pourront être réunies entre les mains du même concessionnaire, soit comme individu, soit comme représentant une compagnie, mais à la charge de tenir en activité l'exploitation de chaque concession.

Ajoutons que les exemples abondent pour témoigner que le gouvernement accorde, lorsqu'il le juge utile et juste, à des individus ou à des sociétés, des concessions de même nature que celles que ces individus ou sociétés possèdent déjà.

Formalités à suivre pour une demande en concession de mines. — Pétition : indications qu'elle doit contenir.

Les formalités à suivre pour une demande en concession de mines sont écrites dans la loi du 21 avril 1810, et dans l'instruction ministérielle du 3 août, publiée pour l'application pratique de la loi des mines.

La pétition doit être adressée au préfet. Cela est dit dans l'article 22 ainsi conçu :

Art. 22. — La demande en concession sera faite par voie de simple pétition adressée au préfet, qui sera tenu de la faire enregistrer à sa date sur un registre particulier, et d'ordonner les publications et affiches dans les dix jours.

Elle doit être faite sur papier timbré.

Dans toute demande en concession, il y a deux choses à considérer : le texte de la pétition et les annexes. Occupons-nous d'abord du texte (1) :

La pétition doit indiquer, dit l'instruction ministérielle du 3 août 1810, les nom, prénoms, qualités et domicile du demandeur, la désignation précise du lieu de la mine, la nature du minerai à exploiter, l'état auquel les produits seront livrés au commerce, les lieux d'où l'on tirera les bois et combustibles qui seront nécessaires, l'étendue de la concession demandée, les indemnités offertes aux propriétaires des terrains, à celui qui aurait découvert la mine, s'il y a lieu ; la soumission de se conformer au mode d'exploitation déterminé par le gouvernement.

Pour ce qui est des noms, prénoms, qualités et domiciles des demandeurs, nous n'avons qu'une chose à observer, c'est que lorsque

---

(1) Dupont : *Jurisprudence des mines*, t. I, p. 175.

le demandeur est une société, il y a lieu de joindre à la demande une copie de l'acte de société, qui établisse parfaitement, aux yeux du gouvernement, la qualité du demandeur. Nous reviendrons là-dessus, à l'occasion des annexes à joindre à la demande.

La désignation précise du lieu de la mine doit être faite dans le texte de la pétition, en indiquant la commune et la section cadastrale de la commune où se trouve la mine : cette désignation est complétée par les plans annexés à la pétition, dont il sera question tout à l'heure.

L'indication des lieux d'où l'on tirera les bois et combustibles qui seront nécessaires se fait ordinairement en disant que l'on tirera ces bois de forêts particulières ou bien du commerce.

L'étendue de la concession doit-être énoncée dans la pétition, qui doit aussi désigner, d'une manière précise, les limites du périmètre sollicité. Au sujet des limites, rappelons ce que dit l'artice 29 de la loi de 1810.

Art. 39. — L'étendue de la concession sera déterminée par l'acte de concession ; elle sera limitée par des points fixes, pris à la surface du sol, et passant par des plans verticaux menés de cette surface dans l'intérieur de la terre, à une profondeur indéfinie, à moins que les circonstances et les localités ne nécessitent un autre mode de limitation.

Il faudra donc prendre des points fixes pour sommets du périmètre demandé.

Les limites, ajoute la circulaire du 15 mai 1839, doivent être déterminées, le plus possible, par des lignes droites menées d'un point à un autre, et dirigées de préférence sur des points immuables.

Il n'est pas indispensable de prendre exclusivement des lignes droites pour limites : les bords d'un canal, la rive d'un fleuve, d'une rivière, d'un ruisseau d'une certaine importance, pourront, suivant les cas, fournir de bonnes limites ; mais il faut éviter de prendre pour limites des lits de ruisseaux insignifiants ou torrentiels, des sentiers de campagne, des limites de communes, etc., etc. Quand on prendra une maison pour point de limite, il sera bon de dire l'angle (nord ou sud, etc.,) de la maison du sieur X... au hameau de..... inscrite sous le n°..... sur le plan cadastral de la commune de.....

Pour ce qui est de l'étendue de la concession à demander, elle doit nécessairement varier suivant l'allure du gîte et les circonstances diverses. Comme précédents en matière d'étendue de périmètres concédés pour mines sous le régime de la loi de 1810 observons que ces étendues varient, en fait, dans les limites les plus éloignées, savoir : depuis 174 kilomètres carrés, 43 hectares, soit 17.443 hectares, étendue énorme, et vraiment exceptionnelle, concédée le 19 novembre 1856, pour les mines d'étain de la Villeder (Morbihan), jusqu'à des contenances extrêmement faibles, telles que 14 à 16 hectares, concédées pour des mines d'anthracite dans l'Isère et les Hautes-Alpes (Mont-de-Lans, le Parc), et même jusqu'à une contenance de 10 hectares, récemment concédée, le 19 juin 1875, pour les mines de fer de Cautebonne (Meurthe-et-Moselle).

Cette variation dans l'étendue des concessions de mines avait été signalée dans le rapport fait à l'Assemblée nationale sur l'enquête houillère par M. Ducarre, et déposé dans la séance du 22 janvier 1874. Ce rapport fait remarquer que pour les concessions houillères de la France la contenance des périmètres varie depuis 79 hectares jusqu'à 12.000 hectares (p. 89 du rapport) (1).

Le rapport de M. Ducarre signale, comme la meilleure au point de vue de l'activité de la production houillère, une étendue modérée pour concessions de mines des houille se maintenant aux environs de 1000 hectares ; ce chiffre de 1.000 hectares, disons-le en passant, se rapproche beaucoup de celui des fermages de houillères des environs de Newcastle, qui varie de 800 à 1.000 hectares. Mais empressons-nous d'ajouter qu'on ne saurait dire, *a priori* et sans tenir compte des épaisseurs, de l'allure des couches et d'autres circonstances diverses, quel est le périmètre le plus convenable dans l'institution de toute concession houillère ; le plus sage est de régler l'étendue des périmètres suivant chaque cas particulier, aussi bien pour la houille que pour les autres mines, comme la chose a lieu, du reste, en conformité de l'article 29 de la loi du 21 avril 1810.

Les redevances et indemnités offertes aux propriétaires de la surface doivent être clairement spécifiées dans la demande en concession. Cette offre est d'ordinaire une redevance annuelle de 10, 20, etc. centimes par hectare, ou bien une rétribution proportionnelle aux produits extraits. Le demandeur dit, en outre, dans sa pétition, qu'il

---

(1) Il y a lieu d'observer, à cet égard, qu'une légère erreur s'est glissée dans le rapport de M. Ducarre, au sujet du minimum de 79 hectares. En effet, il existe dans le département de la Loire des concessions houillères de moindre étendue : Corbeyre, 37 hectares, Ronzy, 28 hectares, etc., etc.

paiera aux propriétaires du sol, pour occupations et dégâts de terrains, les indemnités prévues par les articles 43 et 44 de la loi du 21 avril 1810. Il importe que les offres faites aux propriétaires de la surface soient bien claires, bien explicites, sans quoi le demandeur risque de provoquer de la part des propriétaires des oppositions, dont le moindre désavantage serait de retarder l'instruction de sa demande, sans parler de l'intervention, nécessaire alors, du conseil de préfecture.

Si la mine demandée en concession a été découverte par le demandeur, celui-ci devra le dire expressément dans sa demande, car le titre d'inventeur a de l'importance en pareille matière. Si l'inventeur de la mine est un tiers, le demandeur en concession doit spécifier nettement, dans sa pétition au préfet, la somme d'argent une fois donnée, ou bien la rente annuelle qu'il offre à l'inventeur.

Enfin le demandeur doit affirmer, dans sa pétition, la soumission de se conformer au mode d'exploitation déterminé par le gouvernement. Cette soumission est exigée par l'instruction ministérielle du 3 août 1810, laquelle n'a fait qu'appliquer et développer les principes contenus dans les articles 47 à 50 de la loi de 1810 ; elle est conforme, du reste, au principe de la surveillance du gouvernement sur les mines, écrit à l'article 10 de la loi du 27 avril 1838.

Annexes de la pétition. — Plans.

Parmi les annexes à joindre à la demande en concession des mines, il faut citer d'abord les plans de surface.

L'obligation de fournir ces plans est formulée, dans les termes suivants, à l'article 30 de la loi de 1810.

Art. 30. — Un plan régulier de la surface, en triple expédition, et sur une échelle de 10 millimètres pour 100 mètres, sera joint à la demande.

Ce plan devra être dressé ou vérifié par l'ingénieur des mines, et certifié par le préfet du département.

Au sujet des plans à fournir par les demandeurs en concession, une circulaire du 15 mai 1839 s'exprime dans les termes suivants :

On ne doit admettre que des plans dressés avec soin, qui portent la signature du demandeur ou de son représentant, qui indiquent, au moyen d'une légende, le nom de ce demandeur, celui du département, des communes, et l'étendue de la concession sollicitée. Il faut également que l'on figure sur ces plans le périmètre demandé, la direction et l'inclinaison des couches minérales, les explorations déjà exécutées. »

Le meilleur moyen d'indiquer d'une manière sûre, précise et susceptible de vérification, l'étendue de la concession sollicitée, c'est de faire figurer sur les plans les lignes et opérations de triangulation, comme il a été exigé par une circulaire antérieure, du 26 janvier 1815. Lorsque le périmètre sollicité porte sur plusieurs communes, il est indispensable d'indiquer sur les plans les limites de ces communes. Ajoutons, au sujet de ces plans à produire à l'appui des demandes en concession de mines, que la circulaire ministérielle du 30 mai 1872, signalant les conditions défectueuses de certains plans fournis en pareil cas, et qui sont destinés pourtant à constituer, après la concession, de véritables titres de propriété, fait les recommandations suivantes aux préfet et aux ingénieurs des mines : « Examiner si les plans dont il s'agit sont établis dans de bonnes conditions au point de vue de leur conservation matérielle, et si ces conditions ne sont pas remplies, exiger la production d'autres plans, offrant sous ce rapport les garanties désirables. » La même circulaire du 30 mai 1872 invite à exiger pour ces plans qu'ils soient confectionnés de manière à présenter « une marge suffisante pour pouvoir contenir, en légende, non seulement l'indication du périmètre demandé, mais encore celui qui peut être proposé par les ingénieurs, et celui qui peut être définitivement adopté pour la concession ».

Terminons sur les plans à joindre aux demandes en concession en citant une circulaire du 25 juillet 1874, qui recommande aux préfets et aux ingénieurs de n'accepter désormais que des plans orientés, non d'après le méridien magnétique, mais d'après le méridien vrai, comme la chose était déjà exigée, pour les plans des travaux de mines, par la circulaire ministérielle du 15 avril 1862. La circulaire de 1874 exprime d'ailleurs le désir de voir réaliser, dans la préparation de ces plans, une autre amélioration, qui consisterait à donner à l'orientation une direction toujours uniforme sur le papier, et conforme à celle qui est en usage pour les cartes géographiques.

En Belgique, l'administration est très rigoureuse au point de vue de la vérification des plans joints aux demandes en concession, exigée par l'article 30 de la loi de 1870 : un avis du conseil des mines, du 29 octobre 1873, rappelle l'obligation, pour les ingénieurs principaux des mines, de vérifier l'exactitude de ces plans, et déclare que le défaut d'accomplissement de cette formalité constitue une irrégularité grave, qui rend incomplète l'instruction de la demande : un autre avis du conseil des mines belge, lequel remplit, comme on sait, les fonctions du conseil d'état en matière de mines, en date du 11 octobre 1850, porte que le simple visa, apposé par l'ingénieur en chef des mines, ne peut être considéré comme constatant, de la part de ce fonctionnaire, la vérification ou la rectification du plan (1).

Extraits de rôles des contributions.

Les extraits de rôles des contributions payées par le demandeur sont une annexe importante à joindre à la demande ; ils servent à justifier des facultés pécuniaires du demandeur. La nécessité de les produire, à part les termes formels de l'instruction du 3 août 1810, dérive logiquement de l'article 14 de la loi, ainsi conçu :

Art. 14. — L'individu ou la société doit justifier des facultés nécessaires pour entreprendre et conduire les travaux, et des moyens de satisfaire aux redevances, indemnités, qui lui seront imposées par l'acte de concesssion.

Ces extraits de rôles doivent être dûment certifiés et légalisés.

Traités particuliers pour la redevance tréfoncière.

Si le demandeur en concession a passé des traités particuliers avec les propriétaires pour la redevance tréfoncière, il devra joindre à sa demande une copie de ces traités. Il importe que le gouvernement, lorsqu'il règle cette redevance, quoiqu'il la règle souverainement dans l'acte de concession (article 42), ait connaissance de ces conventions en temps opportun.

Acte de société.

Si la demande en concession est formée par une société, l'instruction ministérielle du 3 avril 1810 porte que

---

(1) Voir la mention de ces deux avis dans la notice de M. du Pont, greffier du conseil des mines belge : *Annales des travaux publics de Belgique*, t. XXXII, p. 249.

La société justifiera, par un acte de notoriété, que les membres réunissent les qualités nécessaires pour exécuter les travaux, et satisfaire aux indemnités et redevances auxquelles la concession devra donner lieu.

Cette obligation, en ce qui concerne l'acte de société, s'applique à toutes les sociétés sans exception, françaises ou étrangères ; les décrets mentionnés précédemment, en ce qui concerne les sociétés étrangères (1) et l'exercice de leurs droits en France, ne sauraient en dispenser celles-ci.

Aucun règlement ne dit textuellement que l'acte de société doive être joint à la demande en concession, mais nous n'hésitons pas à déclarer que cette obligation résulte logiquement, quoique d'une manière implicite, du texte et de l'esprit de l'article 14, lequel est conçu comme il suit :

L'individu ou la société doit justifier des facultés nécessaires pour entreprendre et conduire les travaux, et des moyens de satisfaire aux redevances, indemnités, qui lui seront imposées par l'acte de concession.

En effet, comment une société, française ou étrangère, peut-elle justifier sérieusement de ses facultés, si elle n'établit pas tout d'abord qui elle est ? or cela ne peut se faire que par la production de l'acte de société. D'autre part, l'article 27 de la loi des mines donne mission au préfet de donner son avis, dans le délai d'un mois, après avoir pris des informations sur «les droits et les facultés des demandeurs » : or si le demandeur est une société, comment le préfet pourra-t-il prendre les informations ordonnées par la loi, s'il n'a pas entre les mains l'acte de société ? Tout concourt donc à conclure que le juste intérêt de toute société, française ou étrangère, qui sollicite une concession de mines, c'est de produire cet acte.

Ajoutons enfin qu'en présence des dispositions relativement libérales de la loi du 24 juillet 1867 sur les sociétés par actions, et notamment de celle qui supprime, pour les sociétés anonymes, la nécessité de l'autorisation du gouvernement (article 21 de la loi de 1867), il devient moralement obligatoire, pour toute société qui se fait demandeur en concession de mines, de produire son acte de société.

La production d'actes pareils par des demandeurs en concession est, du reste, tellement en usage que ces actes de société sont

---

(1) Voir p. 82.

CHAP. III. — OBTENTION DES CONCESSIONS. 91

quelquefois explicitement mentionnés, et en quelque sorte visés, par le décret de concession : comme exemple à cet égard, on peut citer le décret du 24 juillet 1870, portant concession des mines de houille de Saint-Laurent-en-Brionnais (Saône-et-Loire).

Dans le cas où la société est une société civile ou bien une société en nom collectif, il y a lieu de joindre à la pétition, en sus de l'acte de société, les extraits des rôles de contributions des associés solidaires et responsables.

Mémoire à l'appui.

S'il arrive que le demandeur en concession ait à faire valoir des titres, des motifs particuliers, nécessitant un exposé détaillé, il pourra le faire dans un mémoire à l'appui, qu'il joindra à sa pétition, et qui ne sera pas soumis aux affiches.

Le demandeur fera bien également d'adresser au préfet, à l'expiration du délai d'affiches, les plans et coupes, à l'échelle ordinaire de un millimètre par mètre, de ses travaux de recherches ; ce sera le meilleur mémoire à l'appui de sa demande.

Enregistrement de la demande à la préfecture. — Certificat d'enregistrement.

Passons maintenant aux formalités de l'instruction des demandes en concession.

La demande en concession adressée au préfet est enregistrée à la préfecture, à sa date, sur un registre particulier, comme le veut l'article 22.

Art. 22. — La demande en concession sera faite par voie de simple pétition adressée au préfet, qui sera tenu de la faire enregistrer à sa date sur un registre particulier, et d'ordonner les publications et affiches dans les dix jours.

Ce registre doit être ouvert à tous ceux qui en demanderont communication : c'est l'article 26 de la loi qui le dit.

D'autre part, en ce qui concerne le requérant, l'article 25 porte que

Le secrétaire général de la préfecture délivrera au requérant un extrait certifié de l'enregistrement de la demande en concession.

Affiche des demandes complètes et régulières.

La demande est transmise ensuite à l'ingénieur ordinaire des mines, qui est chargé de vérifier si elle complète et conforme aux règles de la matière, et, dans le cas où la demande serait incomplète et irrégulière, elle est renvoyée par le préfet à son auteur, pour qu'il y soit pourvu en conséquence, et avant toutes choses.

Autrefois, sous le régime de la circulaire ministérielle du 31 octobre 1837, il ne devait être procédé aux publications et affiches qu'après que les pétitionnaires avaient justifié de l'existence de la mine demandée à concession, et cette circulaire recommandait aux préfets, avant de donner suite à ces demandes, d'attendre que les ingénieurs des mines eussent pu vérifier avec soin si les mines dont elles faisaient l'objet existaient véritablement. Ajoutons, à ce sujet, que deux décisions ministérielles des 16 novembre 1835 (1) et 23 mai 1836, antérieures à cette circulaire, avaient proclamé ce principe, qu'il ne doit être procédé aux affiches que lorsque les indications nécessaires sur l'existence du gîte sont acquises.

Un nouvel esprit, plus libéral, il faut le reconnaître, préside aujourd'hui au mode d'agir de l'administration : il a été inspiré par la circulaire ministérielle du 10 novembre 1863, dont nous croyons devoir citer les passages suivants :

. . . . . Il faut bien le dire, l'expérience a prouvé que le régime de 1837 avait aussi ses inconvénients : à une stipulation nette et précise, celle de l'affichage dans dix jours, il substitue la décision en quelque sorte arbitraire de l'autorité locale. . . . .
. . . .

De ces visites successives des travaux de recherches par l'ingénieur, il résulte des délais, quelquefois très prolongés, dont les intéressés se plaignent, et dont ils ont raison de se plaindre; sans doute, l'administration obtient ainsi la certitude que les demandes en concession ne sont publiées et affichées que lorsqu'il y a réellement un gîte de substance minérale, et que l'attention publique n'est pas appelée sur des entreprises dépourvues de tout fondement réel; mais on tombe alors dans un inconvénient qui n'est pas moins grave, c'est qu'il suffit qu'une demande soit affichée pour que le public croie, à l'instant, que l'existence d'un gîte utilement exploitable est certaine, et que l'octroi de la concession est dès lors assuré. . .
. . . .

Désormais, Monsieur le préfet, vous aurez à communiquer sans délai les

---

(1) *Annales des mines*, 3ᵉ série, t. VIII, p. 588.

demandes en concession à M. l'ingénieur en chef des mines, pour qu'il vérifie si elles sont accompagnées des documents indiqués dans la loi elle-même, et prépare de suite le projet d'affiche; dès que ce projet vous sera transmis, et quelques jours devront suffire à cet égard, vous voudrez bien prescrire immédiatement les publications,

Il sera d'ailleurs bien compris de tous qu'en procédant ainsi l'administration ne garantit en rien, je ne dirai pas la concessibilité, mais même l'existence d'un gîte minéral, et qu'elle devra être d'autant plus sévère sur ce point après, qu'elle l'aura moins été avant les affiches.

La règle actuelle en France est donc de soumettre, en principe, à l'affiche immédiate toutes les demandes en concession de mines, régulières et accompagnées des annexes voulues par la loi.

On peut même citer à cet égard un document de jurisprudence, c'est un avis de la section des travaux publics du conseil d'état, en date du 29 décembre 1874, inséré aux *Annales des mines* (1); cet avis, pris dans une circonstance essentiellement exceptionnelle, puisqu'il s'agissait d'une demande en concession de mines dont le signataire avait été condamné pour abus de confiance, est conçu comme il suit :

Vu la loi du 26 avril 1810;

Vu la circulaire ministérielle du 31 octobre 1837, et celle du 10 décembre 1863;

. . . .

Considérant qu'aux termes de l'article 22 de la loi de 1810, le préfet est tenu d'ordonner, dans les dix jours, les publications et affiches des demandes en concession de mines;

Qu'après avoir imposé au préfet cette obligation absolue, la loi ne fait aucune exception, et n'indique aucun cas d'indignité;

Qu'en prescrivant l'affichage et la publication de la demande, dans un délai très court, elle a voulu que ces formalités ne fussent pas retardées par une instruction préliminaire; que c'est pendant les quatre mois d'affiches que le préfet doit prendre les informations « sur les droits et les facultés des demandeurs », et qu'aux termes de l'article 27 il n'est appelé à donner son avis qu'à l'expiration de ce délai;

Que d'ailleurs, conformément à l'article 28, il ne peut être statué définitivement sur la demande que par un décret délibéré en conseil d'état; d'où il suit que le préfet n'a aucune décision à prendre, et doit se borner à faire remplir les formalités prescrites par la loi;

Considérant enfin que, si la publication de la demande d'une personne qui est regardée par les autorités locales comme indigne d'obtenir une

---

(1) *Annales des mines*, 1876, p. 184.

concession, peut avoir quelques inconvénients, elle a aussi l'avantage de provoquer des réclamations et des renseignements plus complets, et de préparer ainsi la solution à intervenir, en ôtant à l'administration la responsabilité d'une décision trop prompte ;

Est d'avis qu'il y a lieu de rappeler aux préfets qu'ils doivent, dans les dix jours, ordonner les publications et affiches des demandes en concession de mines, même lorsque ces demandes émanent de personnes qui auraient été condamnées pour abus de confiance.

Comme comparaison avec l'étranger, en ce qui concerne les délais pour l'affichage des demandes en concession, disons qu'en Belgique il est admis, en jurisprudence, que les demandes en concession de mines ne doivent être publiées et affichées qu'autant qu'il y a preuve ou, au moins, présomption de l'existence d'un gîte minéral : c'est ce qui résulte d'un avis du conseil des mines belge, en date du 6 mars 1868 (1).

Rédaction du projet d'affiche par l'ingénieur en chef des mines.

La rédaction du projet d'affiche est faite, aux termes de l'article 24 du décret du 18 novembre 1810, par l'ingénieur en chef des mines (2).

Dans l'origine, les projets d'affiches étaient rédigés dans les préfectures, sans l'intervention des ingénieurs ; deux circulaires, des 1ᵉʳ janvier 1812 et 1ᵉʳ janvier 1819, ont rappelé les préfets à l'observation du décret réglementaire du 16 novembre 1810. Jusqu'à ces derniers temps, l'ingénieur en chef des mines se bornait, en même temps qu'il proposait le projet d'affiche au préfet, à en transmettre une copie au ministère. Mais il est intervenu assez récemment une circulaire ministérielle du 29 novembre 1877, laquelle recommande, pour éviter des affiches défectueuses, la communication préalable du projet d'affiche au ministre, avant de livrer ce projet à l'impression. La circulaire s'exprime à cet égard dans les termes suivants :

..... Mon intention est donc qu'à l'avenir les projets d'affiches ne soient

---

(1) Du Pont : *Annales des travaux publics de Belgique*, t. XXXII, p. 24.
(2) Dupont : *Jurisprudence des mines*, t. I, p. 178.

CHAP. III. — OBTENTION DES CONCESSIONS.

livrés à l'impression que lorsque j'aurai reconnu qu'ils peuvent l'être sans inconvénient.

Pour que, d'ailleurs, cette mesure n'entraîne pas de retard dans l'affichage, je vous prie, Monsieur le préfet, dès qu'une demande vous est présentée, de la communiquer immédiatement à l'ingénieur en chef, qui devra rédiger aussitôt son projet d'affiche, et nous l'adresser simultanément.

Je l'examinerai de suite, et, dans le cas où il ne motivera pas d'observations, je vous en informerai directement, afin que vous puissiez le faire imprimer sans délai. Dans le cas seulement où il devra être remanié, je ferai connaître mes observations à l'ingénieur en chef.

Durée des affiches et publications.

La durée et les formalités des affiches et publications sont régies par les articles 23 et 24 de la loi du 21 avril 1810.

Art. 23 (revisé par l'art. 1er de la loi du 27 juillet 1880). — L'affichage aura lieu pendant deux mois, aux chefs-lieux du département et de l'arrondissement où la mine est située, dans la commune où le demandeur est domicilié, et dans toutes les communes sur le territoire desquelles la concession peut s'étendre; les affiches seront insérées deux fois, et à un mois d'intervalle, dans les journaux du département et dans le *Journal officiel*.

Art. 24. — Les publications des demandes en concession de mines auront lieu, devant la porte de la maison commune et des églises paroissiales et consistoriales, à la diligence des maires, à l'issue de l'office, un jour de dimanche, et au moins une fois par mois, pendant la durée des affiches. Les maires seront tenus de certifier ces publications.

Le nouvel article 23 revisé diffère en trois points de l'article 23 primitif; d'une part, la durée de l'affichage a été réduite de quatre mois à deux mois, chiffre qui représente la durée des affiches pour les demandes en concession de sources d'eau salée (1); d'autre part, il stipule l'insertion de l'affiche, non pas seulement dans les journaux du département, comme précédemment, mais dans le *Journal officiel*, conformément à la proposition faite, dès le 22 janvier 1874, par la commission de l'Assemblée nationale. Enfin, une double insertion, à un mois d'intervalle, est exigée dans les journaux susmentionnés, conformément à la proposition faite, le 18 décembre 1878, par la commission du Sénat.

---

(1) Cette réduction de la durée des affiches à deux mois avait été demandée, tout d'abord, par la sous-commission de revision de la loi des mines, à la date du 15 avril 1875.

Cette triple modification aura un double avantage, celui de réduire la durée de l'instruction des demandes en concession, et d'augmenter considérablement la publicité effective de ces demandes, en raison de ce que « les journaux constituent aujourd'hui l'élément le plus puissant de publicité », comme le dit justement la circulaire du 6 août 1880.

La substitution de l'insertion double à l'insertion simple dans les journaux du département et l'obligation nouvelle d'une double insertion au *Journal officiel* augmenteront les frais à la charge des demandeurs en concession, c'est incontestable ; mais cet inconvénient sera largement compensé par l'extension justement donnée à la publicité de ces demandes dans toute la France.

Travaux de recherches à exécuter pendant les deux mois d'affiches.

Une circulaire ministérielle (10 décembre 1863) a bien pu dispenser les demandeurs en concession de travaux de recherches destinés à établir, avant les formalités d'affichage et publications, l'existence du gîte sollicité; mais rien ne peut les dispenser de travaux de recherches à exécuter, pendant la durée des publications et affiches, afin d'établir la réalité d'abord, et puis, la concessibilité du gîte, c'est-à-dire une consistance d'allure suffisante pour qu'il y ait lieu à concession.

Les travaux de recherches seuls peuvent démontrer la concessibilité d'un gîte : c'est dans la nature des choses.

Des travaux de recherches conduits avec persévérance, constituent, quand ils sont suivis de succès, et c'est justice, un des principaux titres à l'obtention des concessions (1). Enfin, un dernier motif concourt à pousser les demandeurs en concession sérieux à faire des travaux de recherches, c'est que si, par suite de la concurrence, ou par le fait de l'insuffisance du gîte pour permettre d'instituer plusieurs concessions, ils viennent à ne pas obtenir la concession, une juste indemnité leur sera réservée par l'article 46 de la loi, indemnité à régler par les conseils de préfecture.

L'absence ou l'insuffisance de travaux de recherches ne doit pas empêcher les ingénieurs des mines d'expédier leurs rapports sur les

---

(1) Dupont : *Jurisprudence des mines*, t. I, p. 182.

demandes en concession, sauf à ce que les rapports concluent, le cas échéant, au rejet de la demande, si les ingénieurs estiment que le gîte n'est pas susceptible d'être concédé. Il a paru, à cet égard, une circulaire ministérielle importante, du 30 avril 1861, au sujet de la durée effective de l'instruction des demandes en concession; on y lit les passages suivants :

..... Je désire donc qu'à l'avenir, et d'une manière générale, MM. les ingénieurs fassent tous leurs efforts, je ne dis pas pour se renfermer dans les délais réglementaires, mais pour s'en rapprocher autant que possible.

Aussitôt après l'expiration des publications, les certificats des maires constatant l'accomplissement de ces formalités doivent leur être transmis avec la demande originaire et les oppositions ou demandes en concurrence qui ont pu surgir dans l'intervalle. Ils doivent s'occuper de suite de l'examen du dossier ; si une visite des lieux est nécessaire, ils doivent, à moins d'impossibilité absolue, y procéder sans délai, et sans attendre l'époque de leurs tournées annuelles. Si quelques documents essentiels à fournir par les demandeurs manquent au dossier, ils doivent les réclamer d'urgence, en fixant un court délai, passé lequel ils termineront leur rapport.

Dans le cas d'ailleurs où, par suite de leur visite des lieux, ils reconnaîtraient que les travaux faits n'établissent pas suffisamment la concessibilité du gîte, ce n'est pas un motif pour eux de suspendre leur travail ; ils ne doivent pas prendre sur eux de donner du temps aux intéressés ; ils doivent arrêter leurs conclusions dans l'état de l'affaire, et les adresser sans retard à MM. les préfets, qui devront, à leur tour, les envoyer au ministre avec leur avis.

Comparaison avec la Belgique.

En Belgique, on admet en principe qu'il est loisible à l'administration d'accorder aux demandeurs en concession de mines qui le réclament, un délai convenable pour continuer leurs travaux de recherches, lorsque les ingénieurs et l'autorité provinciale jugent les travaux effectués insuffisants pour l'institution d'une concession : c'est ce qui résulte d'un avis du conseil des mines belge, du 13 mars 1846 (1). On admet aussi en Belgique « qu'il ne suffit pas que la présence d'une substance concessible soit constatée pour en accorder la concession ; il faut, en outre que son gisement et les principales allures de ses couches soient tellement reconnus qu'il y ait, sinon

---

(1) Du Pont : *Annales des travaux publics de Belgique*, t. XXXII, p. 244.

certitude, au moins présomption d'une exploitation régulière et profitable : » C'est ce qui est dit dans un avis du conseil des mines du 7 novembre 1849 (1).

De simples sondages peuvent suffire comme recherches, suivant les cas.

De simples sondages peuvent suffire, suivant les cas, pour faire **admettre**, et mener à bonne fin une demande en concession de mines. La chose se justifie d'elle-même ; il est telle contrée, en effet, celle, par exemple, du Nord et du Pas-de-Calais, où un puits de recherches aurait à traverser, bien plus dispendieusement que peut le faire un sondage, les terrains aquifères des étages supérieurs, avant d'atteindre la houille. Des sondages bien conçus et exécutés avec soin suffisent alors, en cas de réussite, pour motiver la concessibilité du gîte ; la thèse technique, à cet égard, a été parfaitement établie dans l'ouvrage de M. du Souich, inspecteur général des mines, sur *les recherches de houille dans le nord de la France ;* ajoutons que des instructions officielles, en ce sens, ont été données par une circulaire du directeur général des ponts et chaussées et des mines, en date du 4 septembres 1838, après avis conforme du conseil général des mines.

Certificats d'affiches dressés par les maires. — Avis du préfet.

Les certificats de publications et affiches dressés par les maires des communes, conformément à l'article 24 de la loi, sont transmis au préfet du département par l'entremise ordinaire du sous-préfet.

Les maires délivrent ces certificats sans avoir à donner d'avis, mais ces certificats de publications et affiches délivrés par les maires doivent faire mention des oppositions, s'il en est parvenu à ces magistrats, ainsi qu'il est dit dans l'instruction ministérielle du 3 août 1810 (A § 2). La même instruction ajoute ces mots : « les sous-préfets joignent leur avis » (A § 2) ; et c'est ainsi que les sous-préfets sont

---

(1) Du Pont. *Annales des travaux publics de Belgique*, t. XXXII, p. 246.

CHAP. III. — OBTENTION DES CONCESSIONS.   99

appelés à émettre un avis, en matière de concessions de mines, sans que leur intervention, à cet égard, soit écrite dans la loi de 1810.

Rapport de l'ingénieur des mines. — Avis de l'ingénieur en chef.

Le préfet, après avoir reçu les certificats de publications et affiches et l'avis du sous-préfet, transmet tout le dossier à l'ingénieur ordinaire des mines, qui procède, ainsi qu'il est dit dans la circulaire précitée, du 30 avril 1861, et donne son avis, après avoir fait, s'il est nécessaire, une dernière visite des lieux.

Le rapport de l'ingénieur des mines, qui est, il faut le dire, une pièce fondamentale de l'instruction, embrasse habituellement les points suivants :

1° Exposé de l'instruction locale et analyse des pièces ;

2° Description géologique du gîte minéral et des travaux de recherches ;

3° La consistance du gîte permet-elle d'instituer une ou plusieurs concessions ?

4° Examen comparatif des titres et facultés des demandeurs ;

5° Indemnités à fixer au profit des propriétaires du sol et des inventeurs ;

6° Rédaction du cahier des charges afférent à la concession, avec indication, s'il y a lieu, des travaux d'art à prescrire exceptionnellement au futur concessionnaire.

L'ingénieur en chef des mines doit donner son avis motivé, après l'ingénieur ordinaire, aux termes de l'article 23 du décret du 18 novembre 1840, et il transmet le dossier au préfet.

Avis éventuel du conseil de préfecture.

Le conseil de préfecture est appelé, dans un cas seulement, à donner son avis sur les demandes en concession de mines. L'instruction ministérielle du 3 août 1810 s'exprime en ces termes à cet égard :

S'il y a discussion entre les propriétaires du terrain et le demandeur en concession, relativement aux indemnités autorisées par les articles 6 et 42 de la loi, ou réclamation de sa part, à l'égard des redevances proposées par l'ingénieur des mines (1), ces objets seront soumis à l'avis du conseil de préfecture.

Avis du préfet.

L'avis du préfet doit se donner dans les formes indiquées par l'article 27 de la loi du 21 avril 1810, dans les termes suivants :

Art. 27. — A l'expiration du délai des affiches et publications, et sur la preuve de l'accomplissement des formalités portées aux articles précedents, dans le mois qui suivra au plus tard, le préfet du département, sur l'avis de l'ingénieur des mines, et après avoir pris des informations sur les droits et les facultés des demandeurs, donnera son avis et le transmettra au ministre de l'intérieur.

En fait, il est fort rare que le préfet donne son avis dans le délai d'un mois après l'accomplissement des formalités de publications et affiches. C'est dans le but d'abréger ces délais que la commission de l'enquête houillère instituée auprès de l'Assemblée nationale avait proposé, en 1874, de modifier l'article 27 de la loi de 1810, en y ajoutant le paragraphe suivant.

A défaut de cet avis (l'avis du préfet), le demandeur en concession pourra, le mois expiré, suivre sa demande devant le ministre, sur l'extrait qui lui a été délivré aux termes de l'article 25.

Cette modification, proposée par la commission de l'assemblée nationale, n'a point été insérée dans la loi du 27 juillet 1810. Qu'il nous soit permis d'observer que la modification proposée, outre qu'elle était peu pratique, offrait un vice de principe, en ce sens qu'elle semblait considérer les actes de concession comme des actes de nature contentieuse ce qui n'est point, alors que dans l'esprit général de la loi de 1810, et principalement de l'article 16 de cette loi, ce sont des actes de propre mouvement (*motu proprio*), rendus dans certaines formes. Le demandeur lésé par le retard de l'instruction, lequel provient parfois de causes très diverses, peut se plaindre au ministre, comme dans une foule de cas analogues, mais il est inutile d'insérer dans la loi cette faculté, qui est de droit, et il n'y a pas lieu,

---

(1) Comment le demandeur en concession aura-t-il connaissance des redevances tréfoncières proposées par l'ingénieur des mines ? L'instruction du 3 août ne le dit pas.

ici où il n'y a pas matière contentieuse, à ouvrir une procédure devant le ministre.

Instruction au ministère — Avis du conseil général des mines. — Projet de décret de concession.

L'instruction devant le pouvoir suprême, qui institue les concessions, est régie par l'article 28 de la loi du 21 avril 1810, qui s'exprime dans les termes suivants :

Art. 28. — Il sera définitivement statué sur la demande en concession par un décret impérial délibéré en conseil d'état : jusqu'à l'émission du décret, toute opposition sera admissible devant le ministre de l'intérieur ou le secrétaire général du conseil d'état; dans ce dernier cas, elle aura lieu par une requête signée et présentée par un avocat au conseil, comme il est pratiqué pour les affaires contentieuses, et, dans tous les cas, elle sera notifiée aux parties intéressées.

Si l'opposition est motivée sur la propriété de la mine acquise par concession ou autrement, les parties seront renvoyées devant les tribunaux et cours.

Dans la pratique, les opposants adressent directement leurs oppositions au ministre, avec les mémoires à l'appui ; ils peuvent aussi choisir un avocat au conseil, chargé de présenter ces pièces au conseil d'état. Mais dans ce dernier cas même, comme le fait justement observer M. Cotelle, le comité des travaux publics du conseil d'état renvoie au ministre les mémoires qui lui sont soumis, *omisso medio*, par les avocats ; d'où il suit que c'est devant le ministre lui-même qu'il est opportun de se constituer.

Le ministre, après avoir reçu tous les mémoires des opposants ou demandeurs, les fait joindre au dossier général, qui est examiné dans les bureaux du ministère. Si le dossier est reconnu complet, il est transmis immédiatement à l'inspecteur général des mines, chargé de la division dans laquelle se trouve la concession demandée, lequel fait un examen à fond de l'affaire, et formule ses observations et propositions dans un rapport, lu par lui au conseil général des mines.

Le conseil général des mines délibère et donne son avis, qui est transmis au ministre. L'avis du conseil général des mines n'est pas exigé par la loi de 1810, et la commission de l'enquête houillère instituée par l'Assemblée nationale avait proposé de modifier l'article

28 de la loi, pour y insérer cette clause, que « le décret de concession de mines sera motivé, et fera mention de l'avis du conseil général des mines. » Cette clause additionnelle n'a pas été insérée dans la loi revisée, et nous croyons qu'on a eu raison d'agir ainsi : en effet, d'une part, l'article 46 du décret organique du 18 novembre 1810 exigeant, en matière de concession, l'avis du conseil général des mines, il est inutile de modifier en ce sens l'article 28 de la loi des mines ; d'autre part, un décret de concession ne saurait, par sa nature, être motivé, ainsi que le sont les décrets au contentieux.

Discussion au conseil d'état. — Décision définitive.

Le projet de concession, proposé par le conseil général des mines, est examiné et modifié, s'il y a lieu, par le ministre, puis transmis au conseil d'état, où il est soumis d'abord à l'examen particulier du comité des travaux publics, puis le conseil d'état, réuni en assemblée générale, délibère et statue définitivement sur la demande en concession, soit pour l'accorder, soit pour la refuser, en vertu des articles 5 et 28 de la loi de 1810, et ensuite le décret de concession est rendu par le chef du gouvernement, avec cet en-tête : « le conseil d'état entendu »

Un jurisconsulte belge a demandé comme modification à l'état de choses actuel que « les demandeurs en concession pussent éclairer au grand jour le conseil d'état, par quelques explications verbales, avant la délibération en assemblée générale (1) ». Il ne nous paraît pas qu'il y ait lieu d'admettre l'innovation proposée, et cela, parce que « l'institution d'une concession de mines n'est point un acte en matière contentieuse », ainsi qu'il a été dit précédemment. Ajoutons que la discussion des titres et capacités pécuniaires des demandeurs et celle des motifs de préférence ne sauraient être faites dans une séance publique comme celles du conseil d'état statuant au contentieux.

Refus de concession.

Appelons maintenant l'attention sur ce point de doctrine que, même pour refuser une concession de mines, il ne peut être statué

---

(1) *Revue universelle de Liège*, t. XI, 1876, p. 80.

définitivement que par un décret rendu au conseil d'état, et cela, en vertu de l'article 28 de la loi qui porte : « Il sera statué définitivement par un décret délibéré en conseil d'état... »

En conséquence, le ministre des travaux publics excède ses pouvoirs lorsqu'il rejette une demande en concession : ce point de droit a été formellement proclamé dans un arrêt du conseil d'état, du 10 mars 1876 (Zégut) (1) et dans celui du 23 mars 1877 (Merijot et autres) (2) ; on peut encore citer, dans le même sens, le décret mentionné déjà, du 24 janvier 1872 (Astier) (3).

C'est conformément à cette doctrine qu'ont été rendus bon nombre de décrets insérés aux *Annales des mines*, et portant rejet de demandes en concession : on peut compter dix-huit rejets de ce genre, dans l'intervalle de juillet 1878 à mars 1879.

Lorsque le chef du gouvernement concède une mine, par un décret délibéré en conseil d'état, il use justement du pouvoir qui lui est conféré par l'article 16 de la loi de 1810, ainsi conçu : « Le gouvernement juge des motifs ou considérations d'après lesquels la préférence doit être accordée aux divers demandeurs en concession, qu'ils soient propriétaires de la surface, inventeurs ou autres... »

Au sujet de ce droit absolu du gouvernement pour l'institution des concessions de mines en France, nous devons mentionner une différence grave, avec un pays voisin, la Belgique, régie ordinairement par la loi de 1810. En Belgique, un droit de préférence est réservé par l'article 11 de la loi du 2 mai 1837, en faveur du propriétaire de la surface, ou d'une société de propriétaires de la surface, justifiant des facultés nécessaires pour entreprendre et conduire les travaux : nous reviendrons sur ce point tout à l'heure.

Comparaison avec la législation étrangère en matière de concessions (Prusse, Bavière, Belgique).

Nous avons achevé d'exposer avec détail la marche ordinaire que suivent les demandes en concessions de mines, en France, alors qu'il n'a pas surgi l'incident, assez fréquent cependant, d'une opposition ou bien d'une demande en concurrence. Avant d'aller plus loin, nous

---

(1) *Annales des mines*, 1876, p. 185.
(2) *Ibid.*, 1877, p. 247.
(3) *Ibid.*, 1876, p. 185.

croyons devoir, pour étudier plus complètement le sujet qui nous occupe, sujet important, car c'est l'exposé de la manière dont se constitue chez nous la propriété des mines, nous croyons, disons-nous, devoir dire quelques mots sur la manière dont s'opère en Prusse l'instruction des demandes en concession de mines.

La loi générale des mines, pour les états prussiens, du 24 juin 1865 (1) contient, à cet égard, les principales dispositions suivantes :

La demande en concession d'une propriété minière doit être adressée à l'administration supérieure des mines : cette administration peut charger les fonctionnaires du corps des mines de recevoir les demandes en concession dans leurs districts respectifs... (article 12).

La demande en concession doit être produite en double expédition ; sur chacun des exemplaires sont marqués le jour et l'heure de la présentation, puis l'une des expéditions est restituée au demandeur. Il convient de faire dresser un procès-verbal de la réception par l'autorité qui en est chargée (article 13).

Pour qu'une demande soit valable, il faut qu'il ait été démontré, lors de l'enquête officielle, que le minéral qu'elle désigne a été découvert au lieu indiqué par la pétition, dans son gisement naturel, avant le dépôt de la demande ; il faut de plus qu'il n'y ait pas de droits meilleurs de tiers en opposition avec la demande (article 15).

Le périmètre des demandes en concession est immédiatement, après la remise du plan, reporté, par les soins de l'administration des mines, sur la carte générale des concessions; l'inspection de cette carte est permise à tout le monde (article 20) (2).

D'après la loi prussienne, toute demande en concession remplis-

---

(1) *Annales des mines*, 1868, p. 81.

(2) Cette disposition de la loi prussienne est extrêmement sage, et il semble qu'elle mériterait d'être imitée en France : rappelons, à cet égard, que la sous-commission de revision de la loi des mines, composée de MM. Grüner, président, de Fourcy, Dupont et Heurteau, secrétaire, avait proposé, dès le 15 avril 1875, d'ajouter, en ce sens, à l'article 30 de la loi de 1810, un paragraphe additionnel conçu comme il suit : « Le périmètre des concessions est, immédiatement après le décret d'institution, reporté, par les soins de l'ingénieur des mines, sur une carte générale des concessions à l'échelle de 1/10.000 Cette carte restera déposée dans le bureau de l'ingénieur, et le public pourra en prendre connaissance.

Une véritable carte minière de la France, à l'échelle de 1/10.000, pourrait ainsi être dressée, et maintenue au courant, dans les bureaux des ingénieurs des mines ; et en y indiquant les minières, les carrières et les chaudières à vapeur, tous établissements dont la surveillance officielle appartient à l'administration des mines, on aurait une *carte minière et industrielle*, d'un grand intérêt pour le public et pour l'administration supérieure.

sant les conditions légales établit un titre à la propriété minière définie à l'article 27, c'est-à-dire à l'obtention d'une surface concédée d'au plus 25.000 lachters carrés (10 hectares, 92 ares, 50 centiares) dans certains districts (de Siegen et Olpe, d'Altenkirchen et Neuwied), et, dans le reste du royaume, d'une surface d'au plus 500.000 lachters carrés (2 kilomètres carrés, 18 hectares, 50 ares (articles 22 et 27).

Celui qui découvre un minéral en son gisement naturel, soit dans son terrain propre, soit dans sa mine, soit par des recherches exécutées selon les prescriptions des articles 3 à 10, a, comme inventeur, un droit de préférence, à l'égard des demandes présentées après l'époque de sa découverte.

Cependant ce droit de préférence s'éteint lorsque l'inventeur ne fait pas de demande dans le délai d'une semaine, après la fin du jour de la découverte (article 24).

Dans tous les autres cas, la demande la plus ancienne a le pas sur la plus récente. La priorité des demandes est déterminée, d'après la date de leur réception, par l'autorité chargée de les enregistrer (article 25).

Dans la législation prussienne, l'instruction des demandes en concession est très simplifiée (articles 28 à 32). Dans une séance notifiée aux intéressés, l'administration supérieure des mines statue sur les objections ou oppositions, et dresse, s'il y a lieu, l'acte de concession. Les décisions de l'administration peuvent, en tant qu'elles admettent la voie judiciaire, être attaquées devant les tribunaux, pendant un délai de trois mois. L'acte de concession, dressé par l'administration des mines, doit être publié par les feuilles officielles, dans un délai de six semaines après sa rédaction ; les droits des tiers, qui n'auraient pas été jugés lors de l'instruction de la concession peuvent encore faire l'objet d'une action judiciaire, pendant un délai de six semaines après cette publication. A l'expiration de ce délai, les droits de préférence perdent leur validité. Si le droit de préférence d'un opposant est reconnu par un jugement, l'administration supérieure des mines doit modifier ou annuler l'acte de concession (article 35). Les frais de la procédure de la concession, sauf ceux occasionnés par des oppositions non fondées, sont à la charge des demandeurs (article 38).

En Bavière, d'après la loi des mines du 20 mars 1869 (1), les dis-

---

(1) *Annales des mines*, 1878, p. 17.

positions relatives à l'obtention des concessions sont très peu différentes de celles de la loi prussienne. Parmi ces différences, signalons la suivante : en Bavière, d'après l'article 27 de la loi, la surface de concession peut être quadruple, pour la houille et le lignite, de celle accordée pour les autres substances minérales, soit de 800 hectares, alors qu'elle est de 200 hectares pour celles-ci ; on a vu tout à l'heure qu'en Prusse l'étendue la plus générale est de 218 hectares seulement.

En Belgique, où la plupart des dispositions de la loi du 21 avril 1810 sont en vigueur une modification importante a été faite au régime de cette loi, en ce qui concerne l'institution des concessions, par l'article 1er de la loi du 2 mai 1837 (1) conçu comme il suit :

Art. 1er. — Les attributions conférées au conseil d'état par la loi du 21 avril 1810 sur les mines (à l'exception des demandes en concession de mines de fer), seront exercées par un conseil des mines, composé d'un président et de quatre conseillers nommés par le roi : un greffier, également nommé par le roi, sera attaché à ce conseil.

Le roi pourra, en outre, nommer quatre conseillers honoraires, à l'effet de suppléer les membres effectifs, en cas d'empêchement.

Le conseil pourra réclamer le concours des ingénieurs des mines, lorsqu'il le jugera convenable.

L'article 2 de la même loi contient les dispositions complémentaires suivantes, sur le conseil des mines belge :

Art. 2. — Les membres du conseil des mines cessent de prendre part aux délibérations, si eux ou leurs épouses, ou leurs parents en ligne directe, sont intéressés dans une exploitation de mines.

Ils sont censés démissionnaires, si eux-mêmes, leurs épouses ou leurs parents en ligne directe, conservent, pendant plus de six mois, un intérêt dans une exploitation.

Ils ne peuvent exercer la profession d'avocat ; ils ne peuvent prendre part aux délibérations relatives aux affaires sur lesquelles ils auraient été consultés avant leur nomination.

Les délibérations du conseil des mines belge sont soumises à l'approbation du roi, en vertu de l'article 7 de la loi de 1837, mais le même article porte expressément que « aucune concession, ex-

---

(1) Chicora et Ernest Dupont : *Nouveau Code des mines*, p. 82.

CHAP. III. — OBTENTION DES CONCESSIONS.

tension ou maintenue de concession ne peut être accordée contre l'avis du conseil. »

Ajoutons, en matière d'institution de concessions de mines, qu'un droit considérable est réservé par la loi belge du 2 mai 1837 au propriétaire de la surface. Voici en quels termes l'article 2 de cette loi formule ce droit de préférence :

> Art. 11. — Le propriétaire de la surface dont l'étendue est reconnue suffisante à l'exploitation régulière et profitable de la mine obtiendra la préférence pour les concessions nouvelles, s'il justifie des qualités nécessaires pour entreprendre et conduire les travaux de la manière prescrite par la loi.
> Il en sera de même si cette surface appartient à plusieurs propriétaires réunis en société, et qui offriront les mêmes garanties.
> Néanmoins, le gouvernement pourra, de l'avis du conseil des mines, s'écarter de cette règle, dans les cas où les propriétaires de la surface se trouveraient en concurrence, soit avec l'inventeur, soit avec un demandeur en extension.
> En cas que l'inventeur n'obtienne pas la concession d'une mine, il aura droit à une indemnité de la part du concessionnaire ; elle sera réglée par l'acte de concession.
> Celui qui se trouve aux droits du propriétaire de la surface, quant à la mine, ou qui avait acquis des droits à la mine, par conventions, prescriptions ou usages locaux antérieurs à la publication de la loi du 21 avril 1810, jouira de la préférence réservée, par le présent article, au propriétaire de la superficie.

Oppositions et demandes en concurrence, survenues pendant les deux mois d'affiches.

Revenons maintenant à l'instruction des demandes en concession, telle qu'elle est régie par la loi française.

Nous n'avons pas parlé jusqu'à présent des demandes en concurrence et des oppositions, qui surgissent si fréquemment dans les affaires de demandes en concession, et qui sont, le plus souvent, la principale cause des lenteurs de l'instruction.

Les oppositions et les demandes en concurrence survenues pendant les deux mois d'affiches sont régies par l'article 26 de la loi de 1810, revisé par l'article 1er de la loi du 27 juillet 1880, et conçu comme il suit :

> Art. 26. — Les oppositions et les demandes en concurrence seront admises devant le préfet jusqu'au dernier jour du second mois, à compter de

la date de l'affiche. Elles seront notifiées, par actes extrajudiciaires, à la préfecture du département, où elles seront enregistrées sur le registre indiqué à l'article 22. Elles seront également notifiées aux parties intéressées, et le registre sera ouvert à tous ceux qui en demanderont communication.

L'article 26 primitif portait que « les oppositions seront notifiées aux parties intéressées », mais il se taisait, à cet égard, au sujet des demandes en concurrence : l'article revisé assimile justement les demandes en concurrence aux oppositions, en ce qui concerne l'obligation de la notification aux parties intéressées. Disons, au point de vue historique de la revision opérée, que le conseil général des mines avait été le premier à demander cette assimilation, à la date du 23 février 1877.

Observons, d'autre part, que la rédaction nouvelle de l'article 26 a été mise en harmonie avec les dispositions de l'article 23 révisé, lequel réduit à deux mois la durée des affiches, conformément aux propositions faites, dès le 15 avril 1875, par la sous-commission de revision de la loi des mines.

Les demandes en concurrence formées dans le délai d'affichage, désormais réduit à deux mois, ne sont pas affichées ; elles sont mises à la connaissance du public par l'inscription au registre de la préfecture, et la circulaire du ministre de l'intérieur, du 3 novembre 1812, avait fait justement observer, à cet égard : 1° que, les oppositions n'étant pas affichées, il doit en être de même d'une demande en concurrence, qui n'est qu'une opposition à la demande primitive, le législateur lui ayant imprimé ce caractère, en la mentionnant, dans l'article 26, cumulativement avec les oppositions ; 2° que si l'on affichait les demandes en concurrence, l'affichage de ces demandes, pouvant se reproduire successivement de quatre mois en quatre mois (1), éterniserait l'instruction des demandes en concession, chose que le législateur n'a pas pu vouloir. Il résultait donc de l'assimilation doctrinale, établie par cette circulaire ministérielle, entre les oppositions et les demandes en concurrence, que les unes et les autres devaient être notifiées aux parties : mais, ce qui vaut mieux, la chose a été écrite dans le nouvel article 26 de la loi

Une demande en concurrence faite dans les délais peut ainsi

---

(1) On dirait aujourd'hui, avec autant de raison, de deux mois en deux mois.

amener, s'il y a lieu, la concession, sans qu'il y ait eu affiche (1) ; et en effet, la circulaire précitée, du 3 novembre 1812, dit formellement à cet égard :

> Les demandes en concurrence devront être mises, comme les oppositions, sous les yeux de l'autorité supérieure, examinées par elle et discutées, s'il y a lieu, en conseil d'état; les demandeurs en concurrence ont la certitude d'obtenir justice, sans qu'ils aient droit de réclamer la formalité d'affiche et de publication, formalité inutile en elle-même, non prescrite par la loi, et qui n'aurait d'autre effet que d'éterniser les affaires.

Affiches simultanées et collectives.

Lorsque plusieurs demandes en concession sont formées en même temps, ou bien lorsqu'il survient une demande en concurrence à une demande en concession, non encore affichée, le préfet porte, à la fois, toutes ces demandes à la connaissance du public, par des affiches collectives.

Cette manière d'agir, qui se justifie d'elle-même, a été indiquée par une circulaire du 30 mai 1843, qui s'exprime dans les termes suivants :

> Rien ne fait d'ailleurs obstacle à ce que diverses demandes soient portées à la connaissance du public, par le moyen d'affiches simultanées et collectives, lorsqu'aucune d'elles n'a encore été l'objet d'un arrêté qui en prescrive la publication.

Oppositions et demandes en concurrence tardives.

Les oppositions et demandes en concurrence tardives, c'est-à-dire survenues après les deux mois d'affiches, ne sont pas admises devant le préfet; c'est ce qui résulte des articles 26 et 27 de la loi de 1810, et ce qui est dit, d'une manière formelle, par l'article 1er de l'arrêté du ministre de l'intérieur, du 27 octobre 1812. Le fait de ces oppositions et demandes en concurrence tardives ne doit pas pouvoir empêcher le gouvernement d'accorder la concession au demandeur primitif, lorsque celui-ci a tous les titres voulus, sans quoi l'instruction des demandes serait éternisée, et les demandeurs en concession sérieux seraient découragés. Aussi le conseil d'état a-t-il fait, dans son avis solennel du 3 mai 1837, la déclaration suivante :

---

(1) Dupont : *Jurisprudence des mines*, t. I, p. 192.

1° Que, lorsque les demandes en concession de mines ont été instruites conformément aux règles prescrites par la loi du 21 avril 1810, le gouvernement peut accorder la concession, nonobstant une nouvelle demande qui serait présentée après les délais déterminés par la loi (1).

D'autre part, il importe à l'intérêt général que si le demandeur en concession le plus méritant, celui qui a le plus de titres, et peut le mieux exploiter la mine, forme sa demande tardivement, mais avant l'émission du décret, il puisse obtenir la concession, s'il y a lieu ; c'est, en effet, ce qui arrive : les oppositions tardives sont admises devant le ministre ou le secrétaire général du conseil d'état, cela résulte des termes de l'article 28 de la loi de 1810, mais cet article 28 est muet sur les demandes en concurrence, assimilées plus que jamais aux oppositions dans l'article 26 revisé. Or l'assimilation des demandes en concurrence et des oppositions tardives, admise de tout temps par l'administration, et proclamée par la loi du 27 juillet 1880 qui a revisé l'article 26, avait été affirmée par l'article 2 de l'arrêté ministériel du 27 octobre 1812, qui prescrit au préfet de transmettre au ministre, avec son avis, le dossier séparé des oppositions et demandes en concurrence tardives ; et, pour ce qui se rapporte spécialement aux demandes en concurrence tardives, le conseil d'état, dans son avis sus-mentionné, du 3 mai 1837, a fait la déclaration suivante, **aux articles 2 et 3 dudit avis** :

2° Que le gouvernement peut toujours aussi, si les demandes en concurrence sont présentées après les délais, et s'il le juge convenable, surseoir à la concession ;
3° Que, dans ce cas, avant de statuer sur les nouvelles demandes, il est indispensable de procéder à une instruction complète, conformément aux prescriptions du titre IV de la loi du 21 avril 1810 (c'est-à-dire, de les afficher et publier).

Cet avis est la règle de conduite de l'administration supérieure, et ce mode d'agir sauvegarde, il faut le dire, les justes droits de tout le monde, dans l'importante et délicate question de la concurrence en matière de concession de mines.

Cette admissibilité, devant le ministre, des oppositions et demandes en concurrence tardives, entraîne, c'est incontestable, des lenteurs et des délais. C'est pour abréger ces lenteurs que la commission de

---

(1) *Annales des mines*, 3ᵉ série, t. XI, p. 661.

l'enquête houillère, instituée par l'Assemblée nationale, avait proposé, en 1874, de modifier l'article 28 de la loi de 1810 en y insérant la disposition suivante : « Il (le décret de concession) devra être rendu dans *les six mois à partir* du jour où le ministre aura été saisi de la demande »; mais cette addition n'a pas pris place dans la loi de revision du 27 juillet 1880.

Étendue des concessions de mines, en France, en Autriche, en Prusse, en Bavière.

Nous avons dit dans le premier chapitre que sous le régime de la loi du 28 juillet 1791 il y avait un maximum d'étendue, six lieues carrées, soit 120 kilomètres carrés, fixé pour les concessions de mines (art. 4 et 5 du titre Ier) : rappelons que rien de pareil n'a lieu sous la loi actuelle du 21 avril 1810, où l'étendue est fixée dans chaque cas selon les exigences géologiques ou techniques. Aussi voit-on, en France, les périmètres concédés pour mines varier dans les limites les plus éloignées : nous avons déjà cité des chiffres à cet égard, et nous nous y référons (10 hectares à 17.443 hectares) (1).

En Autriche il y a un maximum d'étendue pour chaque concession, lequel est de quatre mesures doubles pour les mines de houille ou de lignite, et de quatre mesures simples pour tous les autres minéraux. La mesure double se compose de deux mesures de mines juxtaposées par leurs longs côtés, la mesure de mine étant un rectangle de 12.544 klafters carrés (45.108 mètres carrés); c'est ce qui résulte des §§ 47 et 34 de la loi générale sur les mines du 23 mai 1854, pour tout l'empire d'Autriche (2).

D'après la loi prussienne, une concession de mines a une étendue d'au plus 25.000 lachters carrés (10 hectares, 92 ares, 50 centiares) dans les cercles de Siegen, Olpe, Altenkirchen et Neuwied, et d'au plus 500.000 lachters carrés (2 kilomètres carrés, 18 hectares, 50 ares) dans les autres parties du pays. Dans ces limites d'extension, on peut donner à la concession une forme quelconque : cependant deux points quelconques des limites ne doivent jamais être plus

---

(1) *Voir* p. 86.
(2) *Annales des mines*, 1869, p. 258.

éloignés de plus de 500 lachters dans le premier cas, et 2.000 lachters dans le deuxième cas (article 27 de la loi du 24 juin 1865 (1).

Rappelons qu'en Bavière le périmètre de concession est de 800 hectares pour les houilles et lignites, et de 200 hectares pour les autres substances minérales (article 27 de la loi du 20 mars 1869 (2).

Concessions superposées. — Comparaison avec la législation étrangère (Autriche, Prusse, Bavière, Belgique).

Occupons-nous maintenant des concessions superposées : Dans la législation française, il y a des exemples fréquents de concessions superposées, s'appliquant à des substances minérales différentes, et données, soit à des titulaires différents, soit aux mêmes titulaires.

Ce fait est corrélatif, tout d'abord, avec la faculté reconnue au propriétaire du sol de faire des recherches dans un terrain concédé, sur des matières étrangères à l'objet de la concession instituée; d'autre part, il concorde pleinement avec le droit du gouvernement, formulé, par l'article 16, dans les termes les plus généraux.

C'est, en prévision de concessions ainsi superposées, que les cahiers des charges des concessions instituées en France contiennent généralement un article ainsi conçu :

« Si les gîtes de minerai étrangers à... (celui qui est présentement concédé), compris dans l'étendue de la concession de... (présentement instituée) sont exploités légalement par les propriétaires du sol, ou deviennent l'objet d'une concession particulière accordée à des tiers, le concessionnaire sera tenu de souffrir les travaux que l'administration reconnaîtrait utiles à l'exploitation desdits minerais, et même, si cela est nécessaire, le passage dans ses propres travaux; le tout, s'il y a lieu, moyennant indemnité.

En cas de concessions superposées, données aux mêmes titulaires, alors que la concession est faite à plusieurs personnes associées, il arrive souvent que le deuxième décret décide que les personnes titulaires de la dernière concession y auront respectivement les mêmes droits que dans la première. On trouve un exemple de ce fait dans

---

(1) *Annales des mines*, 1868, p. 81.
(2) *Ibid*, 1878, p. 177.

le décret du 28 mai 1873, portant concession des mines de schistes bitumineux et de fer carbonaté de Faymoreau et la Boufferie (Vendée) aux mêmes personnes qui avaient déjà obtenu la mine de houille de ce nom.

En cas de concessions superposées, ayant les mêmes limites, et alors que le titulaire de la concession la plus récente est possesseur de la plus ancienne, il peut arriver que l'acte relatif à la concession la plus récente stipule que les deux concessions ne pourront être vendues, cédées ou transmises séparément, et formeront un tout indivisible : on trouve un exemple de ce cas exceptionnel, motivé par la connexité des gîtes, dans le décret du 10 février 1879, portant concession au sieur Premsel des mines de plomb argentifère de la Caunette (Aude), alors qu'une ordonnance du 28 août 1845 avait concédé au sieur Maximilien Braun les mines de fer de la Caunette, avec le même périmètre.

Comme comparaison avec la législation étrangère, disons qu'il n'y a pas de concessions superposées en Autriche. Le paragraphe 123 de la loi générale sur les mines, du 23 mai 1854, s'exprime à ce sujet dans les termes suivants (1) :

Une concession de mine donne au propriétaire le droit exclusif d'extraire, non-seulement les minéraux réservés pour la découverte desquels il a obtenu la concession, mais encore les minéraux réservés de toute espèce, qui se rencontrent dans le périmètre de sa mesure de mine ou de jour.

L'obligation de délivrer aux offices des monnaies les produits bruts en or et argent est maintenue. Des lois spéciales règlent la manière de délivrer ces produits.

La législation prussienne, qui admet un droit de préférence en faveur du titulaire de la concession ancienne, pour les minéraux connexes, contient les dispositions suivantes, en ce qui concerne les concessions superposées :

A l'égard des minéraux qui se rencontreront dans les limites d'une concession, avec le minéral concédé, en connexité telle que ces minéraux, d'après la décision de l'administration supérieure des mines, et par des raisons d'exploitation ou de police, doivent être exploités ensemble, le propriétaire de la mine a, dans son périmètre, un droit de préférence pour la concession.

---

(1) *Annales des mines*, 1869, p. 279.

Si un tiers demande une concession pour ces minéraux, l'administration en avertit le propriétaire de la mine. Ce dernier a un droit de préférence, s'il présente une demande dans un délai de quatre semaines, après le jour de l'avertissement; au delà de ce délai, le droit de préférence n'existe plus.

Le propriétaire de la mine n'a aucun droit de préférence pour les minéraux qui ne sont pas dans l'état de connexité précitée (article 55 de la loi générale des mines, du 24 juin 1865) (1).

Mêmes prescriptions que dans la loi prussienne, dans la loi des mines du royaume de Bavière, du 20 mars 1869 (2), sauf indication d'un délai de trente jours, au lieu de quatre semaines, pour le délai d'exercice du droit de préférence (article 43 de ladite loi).

En Belgique, le principe des concessions superposées est admis : il est de jurisprudence, au conseil des mines belge, que « l'exten-« sion de concession de mines peut s'appliquer à une substance « minérale d'une autre nature renfermée dans le périmètre de la « mine déjà concédée » (3).

Ce point de doctrine a de l'importance en Belgique, attendu que l'article 11 de la loi du 2 mai 1837, précédemment cité (4) lequel stipule, en matière d'obtention de concession, un droit de préférence pour les propriétaires de la surface, porte que « néanmoins « le gouvernement pourra, de l'avis du conseil des mines, s'écarter « de cette règle, dans le cas où les propriétaires de la surface se « trouveraient en concurrence, soit avec l'inventeur, soit avec un « demandeur en extension. »

Difficultés pendantes sur la propriété de la surface.

Les difficultés pendantes sur la propriété de la surface n'empêchent pas que le gouvernement puisse instituer une concession.

On comprend en effet qu'il doive en être ainsi : le gouvernement qui statue souverainement et définitivement en conseil d'état, sur l'institution des concessions de mines, aux termes des articles 5 et 28 de la loi de 1810, est seul juge du moment où il convient d'insti-

---

(1) *Annales des mines*, 1868, p. 102.
(2) *Idem*, 1878, p. 181.
(3) Avis du conseil des mines du 17 juillet et 7 août 1846, cités par M. du Pont : *Annales des travaux publics de Belgique*, t. XXXII, p. 273, 258, 259.
(4) Voir p. 107.

tuer une concession, après l'accomplissement des formalités légales. (1).

L'ordonnance au contentieux du 24 mai 1833, relative aux mines de lignite de Peirui et la Taurelle (Var), a consacré cette doctrine.

Concession, accordée à un demandeur, d'une portion de terrain demandée, non par lui, mais par son concurrent. — Jurisprudence belge.

Le gouvernement peut accorder à un demandeur en concession un terrain non compris dans sa pétition, et compris dans la pétition affichée de son concurrent; on peut citer, comme exemple à cet égard, l'ordonnance du 8 janvier 1834, qui a accordé au sieur de Castellane une concession de lignite, désignée sous le nom de la Cadière, embrassant, dans ses limites, une portion de terrain qui n'était pas comprise dans la demande affichée dudit de Castellane, mais qui était comprise dans la demande affichée du sieur Bazin, son concurrent. De pareils cas sont très rares, on doit le dire (2).

Observons que la jurisprudence belge est d'acccord, en ce point assez délicat, avec la jurisprudence française; c'est ce qui résulte, en effet, d'un avis du conseil des mines de Belgique du 1er août 1862 (3).

Teneur des actes de concession.

La teneur des actes de concession est réglée, en principe, par l'instruction ministérielle du 3 août 1810, dans les termes suivants :

> Le décret de concession énonce les prénoms, nom, qualités et domicile du concessionnaire ou des concessionnaires, la nature et la situation de l'objet concédé; il désigne les limites de la concession accordée, exprime son étendue en kilomètres carrés, fixe les indemnités à payer envers qui de droit; il détermine le mode d'exploitation qui devra être suivi par le concessionnaire, et notamment les galeries d'écoulement et autres grands moyens d'épuisement, d'aérage ou d'extraction des minerais, qui devront être exécutés pour l'exploitation la plus économique; les autres conditions dépendantes des circonstances locales, et à l'exécution

---

(1) Dupont : *Jurisprudence des mines*, t. I, p. 198.
(2) *Idem*, t. I, p. 200.
(3) Du Pont : *Annales des travaux publics de Belgique*, t. XXXII, p. 260.

desquelles le concessionnaire se serait soumis; enfin l'obligation d'acquitter les redevances générales, aux termes de la loi : il indique l'époque à partir de laquelle la redevance proportionnelle commencera à être percevable pour l'objet concédé, et l'obligation aussi d'acquitter, envers les propriétaires de la surface ou à l'égard des inventeurs, les indemnités qui seront fixées, ou qui seraient dues, aux termes des articles 6, 42, 51, 53, 55 et 43, 44, 45 et 46.

Un plan de la concession reste joint à la minute du décret.

S'il y avait des changements à opérer, en vertu du décret, sur les plans fournis, ces changements seraient exécutés sous la surveillance de l'administration générale des mines, et les plans seraient, à cet égard, certifiés par le chef de l'administration et visés par le ministre de l'intérieur.

Anciens modèles pour projets de décrets de concession de mines et cahiers des charges. — Modèles actuels.

Depuis l'instruction ministérielle du 3 août 1810, il est intervenu une circulaire ministérielle, à la date du 8 octobre 1843, qui est accompagnée d'un modèle général de projets d'actes de concession de mines, avec un modèle général de cahiers des charges : on peut voir ces deux pièces dans les *Annales des mines* (1).

C'est là encore le modèle officiel, en quelque sorte, puisqu'il n'a pas été remplacé officiellement, et par voie de circulaire. Mais en fait, ce modèle est vieilli, et, dans ces dernières années, il a été adopté, pour les décrets de concession et leurs cahiers des charges, un modèle très sensiblement différent, dont voici les formules :

DÉCRET.

Le Président de la République française,
Sur le rapport du ministre des travaux publics,
Vu la demande formée le. . . . .
le plan en triple expédition, etc. . . . .
l'avis au public du. . . . .
les numéros des journaux..... portant insertion de l'affiche, et les certificats d'affiches et publications. . . . .

. . . .
. . . .
. . . .

---

(1) 4ᵉ *série*, t. IV, p. 832.

CHAP. III. — OBTENTION DES CONCESSIONS. 117

Les rapports et avis des ingénieurs des mines en date des. . . . .
l'avis du préfet en date du. . . . .
l'avis du conseil général des mines du . . . .
Vu la loi du 21 avril 1810;
les décrets des 6 mai 1811 et 3 janvier 1813;
La loi du 27 avril 1838;
Le décret du 23 octobre 1852;
La loi du 9 mai 1866;
La loi du 27 juillet 1880;
le conseil d'état entendu;

Décrète :

Art.   — Il est fait concession a
de   mine   d   , comprise   dans les
limites ci-après définies, commune   d
. . . .

Art.   — Ce   concession   , qui prendr   le   nom   de
Concession d   ,   limitée,
conformément au plan annexé au présent décret, ainsi qu'il suit, savoir :
. . . .

Art.   — Il n'est rien préjugé sur l'exploitation des gîtes de tout mine-
ai étranger
                    . La concession de ces gîtes de minerai sera accordée,
s'il y a lieu, après une instruction particulière, soit au concessionnaire
des mines de   , soit à une autre personne.
Les cahiers des charges des deux concessions régleront, dans ce dernier
cas, les rapports des deux concessionnaires entre eux pour la conservation de leurs droits mutuels et pour la bonne exploitation des deux
substances.

Art.   — Les droits attribués aux propriétaires de la surface par les
articles 6 et 42 de la loi du 21 avril 1810, sur le produit des mines concédées, sont réglés à

Art.   — Le concessionnaire payer   , en outre, aux propriétaires de
la surface les indemnités déterminées par les articles 43 et 44 de la loi du
21 avril 1810, pour les dégâts et non-jouissance de terrains occasionnés
par l'exploitation des mines.

Art.   — En exécution de l'article 46 de la loi du 21 avril 1810, toutes
les questions d'indemnités à payer par le   concessionnaire   , à raison de recherches ou travaux antérieurs au présent décret, seront décidées par le conseil de préfecture.

Art.   — Le   concessionnaire   payer   à l'état, entre les mains

du receveur de l'arrondissement d............................
les redevances fixe et proportionnelle établies par la loi du 21 avril 1810, et conformément à ce qui est déterminé par le décret du 6 mai 1811.

Art. — Le concessionnaire se conformer   exactement aux dispositions du cahier des charges annexé au présent décret, qui est considéré comme en faisant partie essentielle.

Art. — En exécution de l'ordonnance du 18 avril 1842, il devr élire un domicile administratif, qu'il fer   connaître par une déclaration adressée au préfet du département

Art. — Conformément au décret du 23 octobre 1852, le concessionnaire   ne pourr   , sans l'autorisation du gouvernement, réunir concession   à d'autres concessions de même nature, par association, acquisition ou de toute autre manière, sous peine du retrait des concessions réunies, et sans préjudice des poursuites qui pourraient être exercées en vertu des articles 414 et 419 du Code pénal.

Art. — Il y aura particulièrement lieu à l'exercice de la surveillance de l'administration des mines, en exécution des articles 47, 49 et 50 de la loi du 21 avril 1810 et du titre II du décret du 3 janvier 1813, si la propriété de la concession vient à être transmise d'une manière quelconque à une
Ce cas arrivant, le   nouveau
propriétaire de la concession ser   tenu de se conformer exactement aux conditions prescrites par le présent décret et par le cahier des charges y annexé.

Art. — Dans le cas prévu par l'article 49 de la loi du 21 avril 1810, où l'exploitation serait restreinte ou suspendue de manière à inquiéter la sûreté publique ou les besoins des consommateurs, le préfet assignera au concessionnaire un délai de rigueur........ Faute par le   concessionnaire   de justifier, dans ce délai, de la reprise d'une exploitation régulière et des moyens de la continuer, il en sera rendu compte, conformément audit article 49, au ministre,
   qui prononcera, s'il y a lieu, le retrait de la concession, en exécution de l'article 10 de la loi du 27 avril 1838, et suivant les formes prescrites par l'article 6 de la même loi.

Art. — Si le concessionnaire   veu   renoncer à la totalité ou à une partie de la concession, il   s'adresser   , par voie de pétition, au préfet, six mois au moins avant l'époque à laquelle il aurai   l'intention d'abandonner les travaux de   mines, et il joindr   à ladite pétition :
   1° Le plan et l'état descriptif des exploitations ;
   2° Un certificat du conservateur des hypothèques, constatant qu'il n'existe point d'inscriptions hypothécaires sur la concession, ou, dans le cas contraire, un état de celles qui pourraient avoir été prises.

CHAP. III. — OBTENTION DES CONCESSIONS.

Lorsque ces pièces auront été fournies, la pétition sera publiée et affichée pendant deux mois, dans les lieux et suivant les formes déterminées par les articles 23 et 24 de la loi du 21 avril 1810, pour les demandes en concession de mines.

Les oppositions, s'il s'en présente, seront reçues et notifiées dans les formes déterminées par l'article 26 de la même loi.

La renonciation ne sera valable que lorsqu'elle aura été acceptée, s'il y a lieu, par un décret délibéré en conseil d'état.

Art.   — Le présent décret sera publié et affiché, aux frais d   concessionnaire dans l   commune sur l   quelle   s'étend la concession.

Art.   — Le ministre des travaux publics et le ministre des finances sont chargés, chacun en ce qui le concerne, de l'exécution du présent décret, qui sera inséré par extrait au *Bulletin des lois* .

CAHIER DES CHARGES

de la concession de   mine de

Art.   — Dans le délai de trois mois à dater de la notification du décret de concession, il sera planté des bornes sur tous les points servant de limites à la concession où cela sera reconnu nécessaire. L'opération aura lieu aux frais d   concessionnaire   , à la diligence du préfet et en présence de l'ingénieur des mines, qui en dressera procès-verbal. Expéditions de ce procès-verbal seront déposées aux archives de la préfecture du département d   et à celles de   commune   d

Art.   — Dans un délai de six mois à dater de la notification du décret de concession, le   concessionnaire adresser   au préfet les plans et coupes des mines et des travaux déjà exécutés, ces plans étant dressés à l'échelle d'un millimètre par mètre et divisés en carreaux de 10 en 10 millimètres. Il y joindr   un mémoire indiquant, avec détails, le mode d'exploitation qu'il   se propose   de suivre. L'indication de ce mode d'exploitation sera aussi tracée sur les plans et coupes.

Les cotes de hauteur ou de dépression des points principaux, tels que les orifices des puits ou galeries, les points de jonction des galeries avec les puits, et les intersections des galeries entre elles, par rapport à un plan horizontal fixe et déterminé, seront inscrites en mètres et centimètres sur les plans.

Art.   — Le préfet renverra ces pièces à l'examen des ingénieurs des mines.

S'il est reconnu que ce projet présente des vices, abus ou dangers, ainsi qu'il est prévu tant dans le titre V de la loi du 21 avril 1810 que dans les titres II et III du décret du 3 janvier 1813, le préfet notifiera au   concessionnaire   son opposition à l'exécution totale ou partielle dudit projet.

Si le préfet n'a pas fait d'opposition dans le délai de deux mois à partir du jour du dépôt des pièces à la préfecture, il sera passé outre, par le concessionnaire , à l'exécution de ces travaux.

Art. — Lorsque le concessionnaire voudr ouvrir un nouveau champ d'exploitation ou établir de nouveaux puits ou galeries partant du jour, il adresser au préfet un plan qui devra se rattacher au plan général de la concession, et un mémoire indiquant projet de travaux, le tout dressé conformément à ce qui est prescrit par l'article ci-dessus. Le préfet, sur le rapport des ingénieurs des mines, donnera suite à ce projet, ainsi qu'il est dit à l'article

Il sera procédé de la même manière dans le cas où, soit par suite de circonstances imprévues, soit par le fait de l'approfondissement des mines, il deviendrait nécessaire de changer le mode d'exploitation précédemment accepté.

Art. — Chaque année, dans le courant de janvier, le concessionnaire adresser au préfet les plans et coupes des travaux exécutés dans le cours de l'année précédente. Ces plans, dressés à l'échelle d'un millimètre par mètre, de manière à pouvoir être rattachés aux plans généraux désignés dans les articles précédents, et renfermant toutes les indications mentionnées auxdits articles, seront vérifiés par l'ingénieur des mines.

Art. — Aucune portion des travaux souterrains ne pourra être abandonnée qu'en vertu d'un arrêté du préfet. La déclaration d'abandon devra être faite à la préfecture par le concessionnaire ; un plan des travaux sera joint à ladite déclaration. L'arrêt, pris sur le rapport de l'ingénieur des mines, prescrira, conformément aux articles 8 et 9 du décret du 3 janvier 1813, les mesures de police de sûreté et de conservation jugées nécessaires.

Les ouvertures au jour des puits ou galeries qui deviendront inutiles seront comblées ou bouchées par le concessionnaire ou à frais, suivant le mode qui sera prescrit par le préfet, sur la proposition de l'ingénieur des mines, et à la diligence des maires des communes sur les territoires desquelles les ouvertures seront situées.

Art. — Dans les cas prévus par l'article 50 de la loi du 21 avril 1810, et généralement lorsque, par une cause quelconque, l'exploitation compromettra la sûreté publique ou celle des ouvriers, la solidité des travaux, la conservation du sol et des habitations de la surface, le concessionnaire ser tenu d'en donner immédiatement avis à l'ingénieur des mines, ou, à son défaut, au garde-mines et au maire de la commune où l'exploitation sera située.

Si le concessionnaire , sur la notification qui l sera faite de l'arrêté que prendra le préfet pour faire cesser la cause du danger, n'obtempère pas à cet arrêté, il y sera pourvu selon ce qui est prescrit par les articles 4 et 5 de l'ordonnance du 26 mars 1843.

CHAP. III. — OBTENTION DES CONCESSIONS. 121

Art. — Le concessionnaire tiendr   constamment en ordre et à jour sur chaque mine :

1° Les plans et coupes des travaux souterrains, dressés sur l'échelle d'un millimètre par mètre ;

2° Un registre constatant l'avancement journalier des travaux et les circonstances de l'exploitation dont il sera utile de conserver le souvenir, telles que l'allure des gîtes, leur épaisseur, la qualité d   , la nature du toit et du mur, le jaugeage des eaux affluant dans la mine, etc. etc. ;

3° Un registre de contrôle journalier des ouvriers employés aux travaux intérieurs et extérieurs ;

4° Un registre d'extraction et de vente.

Le concessionnaire communique ces plans et registres aux ingénieurs des mines toutes les fois qu'ils l   en feront la demande.

Le concessionnaire transmettr   au préfet, dans la forme et aux époques qui l   seront indiquées, l'état des ouvriers, celui des produits extraits dans le cours de l'année précédente et la déclaration du revenu net imposable de l'exploitation.

Art. — Dans le cas où il négligerai , soit d'adresser au préfet, dans les délais fixés, les plans dont il est question dans les articles   et   , soit de tenir sur les exploitations le registre et le plan d'avancement journalier des travaux exigés par l'article   , soit enfin d'entretenir constamment sur les mines les médicaments et autres moyens de secours qui sont prescrits par l'article 15 du décret du 3 janvier 1813, il y sera pourvu par le préfet, conformément aux dispositions de l'ordonnance du 26 mars 1843.

Le préfet pourra également ordonner la levée d'office, et aux frais d   concessionnaire , des plans dont l'inexactitude aurait été constatée par les ingénieurs des mines.

Art. — En cas d'inexécution par le concessionnaire des mesures prescrites par le préfet, en vertu de l'article 50 de la loi du 21 avril 1810, les exploitations seront considérées comme pouvant compromettre la sûreté publique ou la conservation de la mine, et il y sera pourvu en exécution de l'article 50 de la loi du 21 avril 1810. En conséquence, la contravention ayant été constatée par un procès-verbal de l'ingénieur des mines, la mine sera mise en surveillance spéciale, et il y sera placé, aux frais d   concessionnaire , un garde-mines ou tout autre préposé, nommé par le préfet, à l'effet de lui rendre un compte journalier de l'état des travaux et de proposer telle mesure de police dont il reconnaîtra la nécessité.

Art. — Si les gîtes à exploiter dans la concession de   se prolongent hors de cette concession, le préfet pourra ordonner, sur le rapport des ingénieurs des mines, le   concessionnaire ayant été entendu , qu'un massif soit réservé intact sur chaque gîte, près de la limite de la concession, pour éviter que les exploitations soient mises en communication avec celles qui auraient lieu dans une concession voisine, d'une manière préjudiciable à l'une et à l'autre mine. L'épaisseur des massifs sera déterminée par l'arrêté du préfet, qui en ordonnera la réserve.

Les massifs ne pourront être traversés ou entamés par un ouvrage quelconque que dans le cas où le préfet, après avoir entendu les concessionnaires intéressés, et sur le rapport des ingénieurs des mines, aura autorisé cet ouvrage, et prescrit le mode suivant lequel il devra être exécuté. Dans le cas où l'utilité des massifs aurait cessé, un arrêté du préfet autorisera le concessionnaire à exploiter la partie qui l appartiendra.

Art. — Dans le cas où il serait reconnu nécessaire d'exécuter des travaux ayant pour but, soit de mettre en communication les mines des deux concessions pour l'aérage ou pour l'écoulement des eaux, soit d'ouvrir des voies d'aérage, d'écoulement ou de secours destinées au service des mines de la concession voisine, le concessionnaire ser tenu de souffrir l'exécution de ces travaux et d'y participer dans la porportion de intérêt .

Ces ouvrages seront ordonnés par le préfet, sur le rapport des ingénieurs des mines, le concessionnaire ayant été entendu , et sauf recours au ministre des travaux publics.

En cas d'urgence, les travaux pourront être entrepris sur la simple réquisition de l'ingénieur des mines du département, conformément à l'article 14 du décret du 3 janvier 1813.

Art. — Si des gîtes de minerais étrangers , compris dans l'étendue d sont exploités légalement par les propriétaires du sol, ou deviennent l'objet d'une concession particulière accordée à des tiers, le concessionnaire des mines d ser tenu de souffrir les travaux que l'administration reconnaîtrait utiles à l'exploitation desdits minerais, et même, si cela est nécessaire, le passage dans propres travaux ; le tout, s'il y a lieu, moyennant indemnité.

Le point de départ de cette modification des types ou protocoles d'actes de concession de mines et de cahiers des charges, a été le décret du 20 février 1861, portant concession des mines de fer de Pompey (Meurthe). A l'occasion de la concession de ces mines, la section des travaux publics du conseil d'état a émis un avis motivé, à la date du 12 avril 1859, qui contient un exposé de doctrine très important, sur le libellé des actes de concession et cahiers des charges, lequel a été récemment inséré aux

Annales des mines (1), et nous ne pouvons que renvoyer à la lecture de cet avis.

Nous renvoyons également à un avis de la section du contentieux, du 8 juin 1869 inséré aussi aux *Annales des mines* (2), et qui déclare qu'il y a lieu de supprimer, dans les projets de cahiers des charges, les articles H^3 et H^5 de l'ancien modèle, lesquels sont relatifs aux travaux effectués dans les forêts domaniales ou communales.

Ampliations du décret de concession et du cahier des charges données par le ministre et le préfet. — Plans des concessions.

Lorsqu'une concession de mines est instituée, plusieurs ampliations du décret et du cahier des charges sont dressées dans les bureaux du ministre des travaux publics, qui transmet, tout à la fois, une ampliation de ces deux pièces au ministre des finances, au préfet et à l'ingénieur en chef des mines.

L'ampliation adressée au préfet est accompagnée d'une expédition, certifiée conforme, du plan annexé au décret, laquelle doit être déposée dans les archives du département, conformément à la circulaire du 23 mars 1812 (3). Le préfet, après avoir accusé réception au ministre de ces trois pièces, doit faire dresser dans ses bureaux une copie du décret et du cahier des charges, et la faire parvenir au concessionnaire. D'autre part, le préfet est invité par le ministre à communiquer à l'ingénieur ordinaire du sous-arrondissement minéralogique, où se trouve la mine concédée, le plan de concession destiné aux archives de la préfecture, pour que cet ingénieur en

---

(1) 1876, p. 236.
(2) 1877, p. 253.
(3) Cette expédition est l'une des trois qui ont accompagné la demande en concession de mines; quant aux deux autres expéditions, voici ce qu'elles deviennent : l'une est déposée aux archives du secrétariat du ministère des travaux publics, où elle reste annexée à l'original du décret portant les signatures officielles du conseil d'état, et à l'orignal du cahier des charges, pour constituer, avec ces deux pièces, un véritable titre de propriété; quant à la troisième expédition du plan, elle reste aussi au ministère des travaux publics, à la division des mines, où elle est annexée à une ampliation du décret et du cahier des charges, comme pièce du dossier de l'affaire.

fasse une copie spéciale, destinée aux archives de son sous-arrondissement (art. 21 du décret du 18 novmbre 1810).

Le ministre, en envoyant à l'ingénieur en chef des mines une ampliation du décret de concession et du cahier des charges, l'invite à faire déposer ces deux pièces dans le bureau de l'ingénieur ordinaire du sous-arrondissement minéralogique, où elles resteront annexées à la copie du plan que doit dresser cet ingénieur, d'après l'expédition communiquée par la préfecture.

Pour ce qui est du concessionnaire, s'il veut obtenir une copie du plan annexé à son décret de concession, il faut qu'il la fasse exécuter lui-même, soit d'après l'original déposé aux archives de la préfecture, soit d'après la copie déposée aux archives du bureau de l'ingénieur des mines du sous-arrondissement où sa mine est située.

Publicité des décrets de concession.

Une première publication est donnée au décret de concession de mine par l'insertion, au *Bulletin des lois*, d'un extrait dudit décret; mais cela ne suffit pas, et le décret est publié et affiché, aux frais du concessionnaire, dans toutes les communes sur lesquelles s'étend la concession, comme il est dit à l'avant-dernier article du modèle adopté pour projets de décrets de concession.

La publicité à donner aux décrets de concession n'est pas explicitement réglée par la loi du 21 avril 1810, qui est muette à cet égard. Il n'en était pas de même sous le régime de la loi du 28 juillet 1791, où il était dit à l'article 12 :

> Lorsque les concessions ou permissions auront été accordées, elles seront de même rendues publiques par affiches et proclamations, à la diligence du procureur syndic du département.

L'instruction ministérielle, du 3 août 1810, est venue combler la lacune de la loi de 1810, par les dispositions suivantes, qui sont le principe des prescriptions écrites dans les décrets de concession, au sujet de la publicité :

> « Le décret de concession est adressé par le ministre au préfet du dé-
> « partement, qui le notifie sans délai au concessionnaire, et qui en or-
> « donne les publications et les affiches dans les communes sur lesquelles
> « s'étend la concession. »

Observons du reste, au sujet de cette énumération des communes sur lesquelles porte la concession, que l'omission faite, dans un acte de concession, de la désignation de quelques-unes des communes sur lesquelles porte le périmètre concédé, n'invalide pas les droits des concessionnaires. Ce principe a été posé par l'ordonnance du 31 janvier 1845 (1) rejetant le pourvoi du sieur de Foresta contre la concession des mines de lignite de Gardanne (Bouches-du-Rhône).

---

(1) Dupont, *Jurisprudence des mines*, t. I, p. 229.

CHAPITRE IV.

INTERPRÉTATION DES ACTES DE CONCESSION.
— RECOURS.

Interprétation des actes de concession. — Elle appartient au gouvernement statuant en conseil d'état.

L'interprétation des actes de concession appartient exclusivement au gouvernement agissant en conseil d'état, c'est-à-dire à l'autorité qui institue les concessions, au pouvoir concédant, si l'on peut l'exprimer ainsi, en vertu de ce principe de droit « *Ejus est interpretari, cujus condere legem.* »

En conséquence, les cours et tribunaux qui voudraient interpréter des actes de concession de mines, contrairement aux attributions du conseil d'état, porteraient atteinte à la loi du 24 août 1790, qui a interdit (article 13 titre II) aux juges, à peine de forfaiture, de troubler, de quelque manière que ce soit, les opérations des corps administratifs.

Cette doctrine de la compétence exclusive du conseil d'état en cette matière, conséquence logique du grand principe de la séparation des pouvoirs et autorités, a été proclamée, du reste, par la cour de cassation, dans un arrêt du 28 janvier 1833, relatif aux mines de sel de Gouhenans (Haute-Saône), dans l'affaire Parmentier (1).

D'autre part, et dans le même sens, une décision du tribunal des conflits, du 28 février 1880 (2), a proclamé à nouveau cette compétence dans les circonstances suivantes. Un procès était intervenu entre la société des mines de Fillols, propriétaire d'une minière de fer située sur le périmètre de la concession de la mine de fer de Sahorre (Pyrénées-Orientales), et la société Holzer et C⁰, concessionnaire de la-

---

(1) De Cheppe, *Annales des mines*, 3ᵉ série, t. VIII, p. 555.
(2) *Recueil des arrêts du Conseil d'État*, 1880, p. 237.

dite mine de Sahorre, sur la question de savoir si les travaux souterrains des concessionnaires de la mine de fer n'avaient pas empiété sur la minière de fer, c'est-à-dire, sur la partie superposée du gîte ferrifère, exploitable à ciel ouvert ; le tribunal de Prades, se reconnaissant compétent, avait rendu un jugement, à la date du 11 juin 1879, pour ordonner une expertise, à l'effet de reconnaître s'il y avait eu empiétement de la mine sur la minière, et d'évaluer cet empiétement. Le préfet ayant présenté un déclinatoire, le tribunal de Prades a rendu, le 3 décembre 1879, un jugement pour écarter ce déclinatoire, et ordonner l'exécution de son précédent jugement du 11 juin 1879 ; le préfet a alors élevé le conflit, par un arrêté du 19 décembre 1879, et c'est ainsi qu'est intervenue la décision du tribunal des conflits, en date du 28 février 1880. Dans cette décision, le tribunal des conflits a formulé la doctrine suivante :

« ..... La délimitation d'une mine concédée, tant à l'égard des gîtes sou-
« terrains que des gîtes superficiels qui confinent à ladite mine, ne peut
« émaner que de l'autorité administrative, seule compétente pour déli-
« vrer et interpréter l'acte de concession, et pour reconnaître, en cas de
« contestation, le périmètre que ledit acte a entendu assigner à la mine
« concédée.
« Ainsi le tribunal de Prades, en ordonnant qu'il serait procédé devant lui
« à une expertise pour rechercher, avant faire droit, les limites litigieuses,
« a méconnu le principe de la séparation des pouvoirs. »

L'incompétence des tribunaux, en matière d'interprétation de concessions de mines, ne date pas seulement de la loi du 21 avril 1810, elle existait antérieurement à cette loi, pour les concessions instituées sous le régime de la loi du 28 juillet 1791 ; c'est ainsi que par un arrêt du 14 nivôse an XI, relatif aux mines de houille de la Pleau (Corrèze), le tribunal de cassation avait prononcé l'incompétence des tribunaux pour interpréter les actes de concession (1).

La compétence interprétative du conseil d'état s'étend naturellement aux anciens arrêts du conseil antérieur à 1791, et instituant des concessions de mines ; l'ordonnance du 30 décembre 1843 (2), relative à l'interprétation de divers actes relatifs à la concession des mines de houille de Vieux-Condé (Nord) a proclamé ce principe. Comme arrêts, à l'appui de la même doctrine, on pourrait citer le dé-

---

(1) Dupont, *Jurisprudence des mines*, t. I, 206.
(2) *Annales des mines*, 4ᵉ série, t. IV, p. 751.

cret du 15 septembre 1848, relatif aux mêmes mines de Vieux-Condé, et deux décrets des 8 avril 1865 et 10 janvier 1867, se rapportant aux mines de houille de Fresnes (Nord).

Jurisprudence belge, en matière d'interprétation de concessions.

En Belgique, la jurisprudence du conseil des mines tend à déclarer que c'est au pouvoir judiciaire qu'il appartient d'interpréter un acte de concession : ainsi décidé, par un avis du 12-19 janvier 1849 (1).

Dans une autre circonstance et dans le même sens doctrinal, le conseil des mines de Belgique avait décidé, dans un avis du 24 avril 1846, que l'autorité administrative ne doit pas connaître, ni décider à priori si une concession de calamine est une concession de blende, et que cette question, telle qu'elle était présentée dans l'espèce, se rattachant à un droit de propriété à l'extraction de la blende, prétendu d'une part et nié de l'autre, est dans les attributions des tribunaux (2).

Sans prétendre critiquer la jurisprudence belge, nous croyons que la jurisprudence française, qui attribue au pouvoir concédant la compétence en matière d'interprétation de concessions, est préférable.

Oppositions motivées sur la propriété de la mine renvoyées aux tribunaux.

Les exemples d'interprétation d'actes de concession de mines par le conseil d'état sont fort nombreux : il n'y a pas lieu de les citer ici. Nous nous bornerons seulement à mentionner quelques cas présentant de l'intérêt, à titre de précédents ou de principes en ces matières.

En ce qui concerne les oppositions, disons que les oppositions motivées sur la propriété de la mine sont les seules qui soient renvoyées exceptionnellement aux tribunaux, conformément à l'article 28 de la loi de 1810 qui dit :

« Si l'opposition est motivée sur la propriété de la mine acquise par

---

(1) Du Pont, *Annales des travaux publics de Belgique*, t. XXXII, p. 260.
(2) *Idem*, p. 261.

concession ou autrement, les parties seront renvoyées devant les tribunaux et cours. »

Pour ce qui est de la forme du renvoi, il faut distinguer les oppositions aux demandes en concession, et les oppositions à des décrets de concession. Si l'opposition est faite avant la concession, c'est-à-dire, si c'est une opposition à une demande en concession, c'est le ministre qui doit prononcer le renvoi, et un préfet n'est pas compétent pour le prononcer : l'arrêté ministériel du 27 octobre 1812 le dit formellement (1).

Mais il peut arriver telle circonstance où l'opposant à une demande en concession fera très bien de s'adresser à la fois, et au ministre et au conseil d'état, pour obtenir ce renvoi devant les tribunaux. D'autre part, si l'opposition motivée sur la propriété de la mine est faite après l'institution de la concession, c'est au conseil d'état qu'il faut s'adresser : le conseil d'état, qui est l'autorité concédante, étant l'autorité compétente pour interpréter les actes de concession, est seul compétent pour ordonner ce renvoi.

Jurisprudence belge.

En Belgique, il résulte d'un avis du conseil des mines, du 1ᵉʳ septembre 1848, que s'il est du devoir du gouvernement de renvoyer les parties devant les tribunaux, lorsque l'opposition se fonde sur des questions de propriété, il lui appartient nécessairement de reconnaître les cas où l'application de l'article 28 est motivée. Un autre avis du même conseil, en date du 22 octobre 1847, admet que la simple allégation d'un droit de propriété à la mine dont un tiers sollicite la concession, ne suffit pas pour renvoyer les parties intéressées devant les tribunaux ; il faut que l'opposition, motivée sur la propriété de la mine, ait au moins quelque apparence de fondement, et que, fût-elle fondée, elle soit de nature à exercer de l'influence sur la décision administrative à intervenir (2).

---

(1) Dupont, *Jurisprudence des mines*, t. I, p. 208.
(2) Du Pont, *Annales des travaux publics de Belgique*, t. XXXII, p. 253 et 254.

Un décret de concession n'est point un acte de nature contentieuse. — Les concessions instituées dans les formes légales sont inattaquables par la voie contentieuse.

Un décret de concession n'est pas un acte de nature contentieuse, attendu que le gouvernement, lorsqu'il institue une concession en exerçant le droit absolu de préférence que lui reconnaît l'article 16 de la loi de 1810, ne donne pas satisfaction à un véritable droit du demandeur, mais à un simple titre. La concession est donc, de la part du gouvernement, un acte de propre mouvement, un acte administratif, de juridiction gracieuse. Ce principe est important ; la première conséquence à en tirer est la suivante :

Les concessions instituées après l'accomplissement des formalités légales sont inattaquables par la voie contentieuse.

La jurisprudence fournit de nombreuses applications de cette doctrine : ainsi l'impuissance du propriétaire du sol, à attaquer un acte de concession rendu dans les formes légales, avait déjà été proclamée sous le régime de la loi de 1791, par trois décrets, l'un du 11 août 1808, relatif à des mines de houille de Maine-et-Loire, l'autre, du 4 mars 1809, au sujet des mines d'anthracite de La Motte, près La Mure (Isère), et le troisième, du 4 août 1811, au sujet des mines de lignite du pont Saint-Esprit (1).

Sous l'empire de la loi du 21 avril 1810, la question ne saurait faire doute, en présence de l'article 17 de cette loi :

> Art. 17. — L'acte de concession, fait après l'accomplissement des formalités prescrites, purge, en faveur du concessionnaire, tous les droits des propriétaires de la surface et des inventeurs ou de leurs ayants-droit, chacun dans leur ordre, après qu'ils ont été entendus ou appelés légalement, ainsi qu'il sera ci-après réglé.

Un ancien exploitant ne peut pas recourir par la voie contentieuse contre une concession instituée après les formalités légales ; ainsi, l'ordonnance du 26 août 1818 a rejeté un pourvoi au contentieux, formé par le représentant des droits d'un ancien exploitant, contre la concession faite, le 17 septem-

---

(1) Dupont, *Jurisprudence des mines*, t. I, p. 213.

CHAP. IV. — INTERPRÉTATION DES ACTES DE CONCESSION. — RECOURS. 131

bre 1817 (1), des mines de lignite de Gardanne (Bouches-du-Rhône).

Un ancien concessionnaire déchu ne peut pas attaquer au contentieux une concession nouvelle ; cela a été décidé par l'ordonnance du 10 août 1825, relative aux mines de lignite de Tretz et Peyniers (2).

Tiers prétendant avoir été omis, par erreur, dans un acte de concession.

Un tiers qui prétend avoir été omis, par erreur, au nombre des titulaires d'une concession, ne peut pas se pourvoir en rectification, par la voie contentieuse : il a été ainsi décidé par l'ordonnance du 20 juillet 1836, relative aux mines de houille de la Béraudière (Loire) (3).

Impuissance d'un concessionnaire à attaquer par la voie contentieuse une disposition de son cahier des charges.

Un concessionnaire de mines ne peut pas attaquer par la voie contentieuse, une disposition du cahier des charges de sa concession ; cela a été proclamé par un décret du 16 novembre 1850, concernant les mines de fer de Veyras (Ardèche) (4).

Recours au contentieux contre un acte de concession non précédé de toutes les formalités légales.

Le recours au contentieux contre un acte de concession intervenu sans accomplissement de toutes les formalités légales, est possible en principe. Cela résulte implicitement de l'article 17, car cet article portant que « l'acte de concession rendu après accomplissement des formalités prescrites » purge en faveur des concessionnaires les droits des opposants, il s'en suit « a contrario » que ces droits persistent, lorsque les formalités légales n'ont pas été accomplies

---

(1) Dupont, *Jurisprudence des mines*, t. I, p. 214.
(2) *Idem*, t. I, p. 215.
(3) *Idem*, t. I, p. 216.
(4) *Idem*, t. I, p. 216.

L'ordonnance au contentieux, du 13 mai 1818, relative aux mines de lignite de Mimet (Bouches-du-Rhône), peut être citée comme une application de cette doctrine (1).

Recours par la voie gracieuse.

Le recours par la voie gracieuse peut être ouvert, en certains cas, contre un acte de concession rendu après accomplissement des formalités légales, lequel est inattaquable au contentieux.

L'ordonnance du 23 août 1820, relative aux mines de lignite de Gardanne, (Bouches-du-Rhône) en est un exemple : le cas est rare (2).

Ouverture du recours en interprétation de concession, sur une décision administrative ou judiciaire.

Le recours en interprétation d'un acte de concession ne peut s'ouvrir que sur une décision administrative ou judiciaire. Cette doctrine a été proclamée dans une ordonnance du 3 mai 1839, relative aux mines de houille de La Chapelle-sous-Dun (Saône-et-Loire) (3). Le conseil d'état, lorsqu'il statue au contentieux, ne le fait pas en donnant, en quelque sorte, des consultations doctrinales ; il émet, dans les cas divers qui se présentent, des avis qui, de tout temps, ont été, en fait, des arrêts, et qui le sont désormais, en droit, depuis la loi organique du 24 mai 1872 ; mais, pour que ces cas lui soient soumis, il ne suffit pas du désir du premier venu, il faut qu'il y ait une ouverture administrative ou judiciaire.

Les héritiers d'un demandeur décédé avant l'acte de concession n'ont pas un droit absolu à la concession.

Lorsqu'un demandeur décède, avant l'acte de concession, les héritiers n'ont pas un droit absolu à jouir de la concession, attendu qu'en pareille matière, et avant que l'acte de concession soit inter-

---

(1) Dupont, *Jurisprudence des mines*, t. I, p 217.
(2) *Idem*, t. I, p. 220.
(3) *Idem*, t. I, p. 220.

venu, il y a des titres, mais non pas des droits. Ainsi l'ordonnance du 16 janvier 1840, en a rapporté une autre du 15 octobre 1830, qui avait concédé les mines de houille de la Tabarière (Vendée) au sieur Robert de Grandville décédé avant la concession, et une autre ordonnance, de la même date, du 16 janvier 1840, a fait concession de ces mines aux sieurs Mailhos et Cousin (1).

Concession conférée exceptionnellement aux héritiers d'un demandeur.

Le gouvernement peut néanmoins, par exception et suivant les cas, conférer cet avantage aux héritiers de l'un des copétitionnaires d'une demande en concession, décédé avant la concession. Le décret du 14 février 1813, relatif à l'affaire Vitalis, pour une mine de lignite des environs d'Aix, fournit une application de cette doctrine (2)

Concession accordée à une société dont un des membres est décédé avant l'acte de concession.

Le conseil d'état peut aussi décider, par interprétation de concession, qu'une mine a été concédée, collectivement à une société composée de plusieurs membres dénommés, et non pas individuellement auxdites personnes dénommées, dont l'une était décédée avant que le décret ne fut rendu. C'est ce qui a été fait par le décret du 16 juillet 1876 (3), relatif aux mines de manganèse de Germ et Londervielle (Hautes-Pyrénées).

Compétence des tribunaux, en matière de traités d'association du titulaire d'une concession avec des tiers.

Le pouvoir administratif, en interprétant un acte de concession, laisse aux tribunaux le soin de juger l'exécution des traités d'association passés par le titulaire avec des tiers, avant ou après la concession. Ce principe, qui découle de la séparation des attributions

---

(1) Dupont, *Jurisprudence des mines*, t. I, p. 223.
(2) *Idem*, t. I, p. 222.
(3) *Recueil des arrêts du conseil d'état*, 1876, p. 693.

administratives et judiciaires, est justement posé dans une ordonnance du 11 février 1829, relative au mines de houille de Roche-la-Molière et Firminy (Loire) (1).

Recours en interprétation, pour bornage.

Le recours en interprétation, pour bornage, d'une concession de mines ne peut être ouvert que sur une décision administrative ou judiciaire.

Le décret au contentieux du 18 février 1864 (2), relatif aux mines d'Unieux et Fraysse (Loire), l'arrêt du 23 juin 1876 (3) (mines de houille de Prades et Niaigles) et celui du 28 mars 1879 (4) (compagnie des mines de Villefort et Vialas) nous fournissent des exemples d'interprétations pour bornage, données à la suite d'une décision judiciaire.

Les décrets des 19 avril 1860 (5) (compagnie de Mokta), 10 mars 1865 (6) (mines de Faymoreau), 18 août 1856 (7) (mine des Roys), et l'arrêt au contentieux du 21 mai 1875 (8) (mines de fer de Pulventeux et Lexy), fournissent des exemples d'interprétations pour bornage, intervenues après diverses décisions administratives. Citons également le décret du 22 mars 1866 (9) (mines d'Unieux et Fraysse), qui a refusé de donner une interprétation, pour bornage, d'un titre de concession, par ce motif que le requérant ne justifiait d'aucune décision judiciaire déclarant qu'il y avait lieu à interpréter ce titre.

Rappelons, d'autre part, qu'il n'y a pas lieu à un recours par la voie contentieuse contre l'approbation donnée par un ministre au bornage fait par les ingénieurs des mines (décret du 18 août 1856 (mines des Roys); *idem* du 18 février 1864 (mines d'Unieux); *idem* du 21 mai 1875 (mines de fer de Pulventeux). Il n'y a pas lieu non plus à un recours par la voie contentieuse contre une décision ministérielle prescrivant un bornage : c'est ce qui résulte du décret du

---

(1) Dupont, *Jurisprudence des mines*, t. I, p. 224.
(2) *Recueil des arrêts du conseil d'état*, 1864, p. 161.
(3) *Idem*, 1876, p. 598.
(4) *Idem*, 1879, p. 271.
(5) Dupont, *Jurisprudence des mines*, t. I, p. 227.
(6) *Annales des mines*, 1878, p. 330.
(7) Lebon, 1856, p. 543.
(8) *Annales des mines*, 1878, p. 331.
(9) *Idem*, 1878, p. 330.

10 mars 1865 relatif aux mines de Faymoreau. Ces divers décrets ou arrêts, en rejetant le recours, par la voie contentieuse, contre des actes administratifs qui ne lèsent aucun droit, laissent intact le droit des intéressés à se pourvoir régulièrement devant le conseil d'état, pour interprétation d'un acte de concession des mines.

Lorsqu'une contestation s'élève entre les concessionnaires d'une mine et les propriétaires du sol sur les limites du périmètre d'une concession, c'est le conseil d'état, statuant au contentieux, qui doit interpréter l'ordonnance ou le décret de concession qui a fixé ces limites. C'est ce qui a été décidé par un décret du 10 mars 1865, relatif aux mines de houille de Faymoreau (Vendée), cité tout à l'heure.

Dans un autre cas, les opérations préliminaires du bornage de deux concessions de mines ayant soulevé, entre deux concessionnaires, une contestation sur la direction assignée à la limite séparative par les ordonnances de concession, l'administration a reconnu que, pour trancher cette contestation, il était nécessaire de donner l'interprétation desdites ordonnances, et les deux concessionnaires ont été d'ailleurs d'accord pour la demander au conseil d'état. Dans ces circonstances, le conseil d'état a donné ladite interprétation concernant la limite des deux concessions dont il s'agissait, savoir la concession houillère de Roche-la-Molière et Firminy et celle de la Porchère (Loire). Cette interprétation a été donnée par un décret en date du 5 août 1868.

Nous avons cité ces divers exemples, qui montrent l'exercice de la compétence du conseil d'état en matière de bornage de concessions, parce que l'article 56 de la loi du 21 avril 1810 peut soulever parfois quelques difficultés de compétence au sujet de pareils bornages. Cet article est ainsi conçu :

Art. 56. — Les difficultés qui s'élèveraient entre l'administration et les exploitants, relativement à la limitation des mines, seront décidées par l'acte de concession.

A l'égard des contestations qui auraient lieu entre des exploitants voisins, elles seront jugées par les tribunaux et cours.

En conséquence de cet article, lorsqu'il s'agit de juger une question d'empiétement de fait d'un concessionnaire sur la concession voisine, alors que la limite est définie et acceptée, la compétence appartient aux tribunaux. Mais lorsqu'il s'élève une difficulté entre deux concessionnaires voisins au sujet de la fixation de leur limite séparative, par interprétation des actes de concession, c'est au conseil d'état, interprète naturel de pareils actes, émanés de lui, qu'il appartient préalablement de statuer sur la difficulté de bornage.

Nous devons dire, au sujet de l'interprétation pour bornage, que le périmètre d'une concession est défini par les limites énoncées dans l'acte de concession, et non point par les plans erronés oints à cet acte : l'ordonnance du 7 mars 1841, relative aux mines de houille de la Chapelle-sous-Dun (Saône-et-Loire) fournit une application de cette doctrine (1).

D'autres fois, il arrive que le plan joint au décret de concession, loin d'être erroné, peut servir à rectifier une énonciation erronée, dans le texte des limites : l'arrêt du conseil d'état, déjà cité, du 21 mai 1875, portant interprétation, pour limites, du décret de concession des mines de fer de Pulventeux (Meurthe-et-Moselle), nous en fournit un exemple.

Observons enfin que, en matière de délimitation de concession, le conseil d'État ne se borne pas à interpréter le décret de concession de mine, au point de vue des limites : il rectifie, s'il y a lieu, la délimitation énoncée au décret primitif ; on peut citer, en ce sens, le décret du 11 novembre 1875 (2), remplaçant le mot Est par le mot Ouest dans la délimitation des mines de fer de Chaligny-Ouest (Meurthe-et-Moselle). Ajoutons qu'il existe de nombreux exemples d'ordonnances ou décrets, rendus en conseil d'état pour rectification de limites de concessions de mines ; il n'y a pas lieu de les citer ici : on les trouvera aux *Annales des mines*

---

(1) Dupont, *Jurisprudence des mines*, t. I, p. 227.
(2) *Annales des mines*, 1876, p. 184.

CHAPITRE V.

DEVOIRS DES CONCESSIONNAIRES VIS-A-VIS DES PROPRIÉTAIRES.
DROITS DES PROPRIÉTAIRES.

Deux sortes d'indemnités dues par les concessionnaires aux propriétaires du sol.

Les devoirs des concessionnaires de mines, vis-à-vis des propriétaires du sol, sont de diverses natures ; et, tout d'abord, il y a le payement de deux sortes d'indemnités : premièrement, ils leurs doivent une indemnité annuelle, appelée redevance tréfoncière, qui purge les droits attribués aux propriétaires par les articles 6 et 42 de la loi du 21 avril 1810 ; deuxièmement, ils leur doivent une indemnité éventuelle pour les occupations de terrains et les dégâts de surface résultant de l'exploitation des mines, indemnité régie par les articles 43 et 44 de la loi.

Redevance tréfoncière. — Sa nature.

La redevance tréfoncière, ainsi qu'il vient d'être dit, a son principe dans les articles 6 et 42 ainsi conçus :

Art. 6. — Cet acte (l'acte de concession) règle les droits des propriétaires de la surface sur le produit des mines concédées ;

Art. 42. (modifié par l'article 1er de la loi du 27 juillet 1880). — Le droit accordé par l'article 6 de la présente loi au propriétaire de la surface sera réglé sous la forme fixée par l'acte de concession.

La nouvelle rédaction de l'article 42 a les avantages suivants : elle maintient le principe de la redevance tréfoncière, proportionnelle aux produits extraits, posé par l'article 6 ; elle fait cesser l'espèce de contradiction ou tout au moins d'opposition, qui existait entre l'article 6, parlant d'une redevance tréfoncière proportionnelle, et l'ancien article 42, qui semblait viser une redevance fixe en argent ; enfin elle permet au gouvernement, ce qui est conforme aux intérêts généraux, de régler, dans chaque acte de concession, la forme de la redevance tréfoncière (proportionnelle, fixe ou mixte et usagère), en se conformant, dans chaque cas, aux circonstances spéciales de l'affaire, aux usages établis, aux précédents divers, etc. (1).

La redevance tréfoncière n'est pas un prix payé au propriétaire, à titre de solde d'expropriation : ce principe est important (2). En effet, c'est « l'acte de concession lui-même qui donne la propriété de la mine », comme il est dit à l'article 7 de la loi de 1810, et la cour de cassation a justement affirmé, dans un arrêt du 8 août 1839, relatif aux mines de sel de Gouhenans, les principes suivants :

« Que la propriété des mines dérive de la concession qui en est faite par
« l'autorité publique ;
« Que cette matière a pour règle les lois qui la régissent, et non l'ar-
« ticle 552 du Code civil, qui d'ailleurs renvoie lui-même à ces lois ;
« Qu'il n'y a pas lieu, à raison de la concession de la mine, à agir par
« expropriation contre les propriétaires de la surface. »

Ajoutons qu'avant la concession, la propriété de la mine n'existe pas ; nul en effet ne peut exploiter une mine avant la concession : cela est écrit aux articles 5 et 12 de la loi. Tout ce que l'on peut dire de la redevance tréfoncière sur les mines, due au propriétaire de la surface, c'est « qu'elle résulte de l'article 6 de la loi du 21 avril 1816 », ainsi qu'il est rappelé textuellement aux articles 18 et 42 de la même loi. Et maintenant, en s'éclairant de l'exposé des motifs de la loi des mines et du rapport qui fut fait au corps législatif, ainsi que de la discussion préparatoire, qui avait eu lieu au conseil d'état, on peut ajouter que cette redevance desintéresse le propriétaire ; qu'elle consacre et purge tout à la fois le droit du propriétaire de la surface sur les produits du dessous, droits restreints par les « lois et règlements relatifs aux mines », ainsi qu'il résulte de l'article 552 du code civil lui-même.

La redevance tréfoncière n'est pas sujette au droit de mutation

---

(1) Cette rédaction nouvelle de l'article 42 avait été proposée, pour la première fois, dès le 15 avril 1875, par la sous-commission de revision, composée de MM. Grüner, Lefebvre de Fourcy, Dupont et Heurteau, secrétaire.

(2) Dupont, *Jurisprudence des mines*, t. I, p. 234.

de 4 p. 100, comme la chose aurait lieu, si elle était le prix de l'expropriation de la mine : deux arrêts de la cour de cassation, des 26 mai 1844 et 8 novembre 1827, ont consacré ce principe, lequel est conforme à l'arrêt du 8 août 1839, cité tout à l'heure.

Formes variées de la redevance tréfoncière.

Le règlement de la redevance tréfoncière, formulé dans l'acte de concession d'une mine, peut stipuler, ou bien une portion déterminée des produits extraits de la mine, c'est-à-dire, une redevance proportionnelle sur le produit brut, en harmonie avec l'article 6 de la loi, ou bien toute autre forme de redevance, par exemple, une redevance fixe en argent, une redevance mixte, etc. : cela résulte formellement du texte du nouvel article 42. Ajoutons que, en principe, cette latitude, laissée au gouvernement, de régler, dans chaque cas, la redevance tréfoncière suivant les circonstances, était une nécessité pratique, résultant de la nature des choses : c'est ce qu'a proclamé, avec sa haute autorité, le jurisconsulte Proudhon, dans les paroles suivantes :

« Il n'y a pas, et il ne doit pas y avoir sur la question qui nous occupe
« une règle invariable de décision » (1).

En principe, elle doit être peu élevée.

En principe, cette redevance doit être peu élevée, sans quoi l'industrie des mines et toutes celles qui en dérivent, seraient grevées d'une lourde charge, qui pèserait sur l'industrie générale du pays.

Néanmoins, le gouvernement a justement cru devoir tenir compte, dans ce règlement de la redevance tréfoncière, des usages locaux, dont le respect, en ce qui concerne les conventions faites avec les propriétaires de la surface, est ordonné par les articles 51, 53 et 55 de la loi de 1810. Ainsi, par exemple, dans l'ancien Forez, où, en fait, les propriétaires de la surface, malgré les prescriptions de l'arrêt du conseil de 1744, exploitaient eux-mêmes les mines de houille, avant la loi de 1791, ou bien les faisaient exploiter par des tiers, moyennant de lourdes redevances proportionnelles consacrées par la coutume, le gouvernement a tenu compte des usages établis ;

---

(1) *Traité du domaine de propriété*, t. II, p. 472.

et c'est ainsi que dans les concession houillères, instituées par lui dans le département de la Loire depuis la loi de 1810, il a stipulé, en faveur des propriétaires, une redevance tréfoncière, sous la forme d'un droit proportionnel assez élevé.

Mais, hormis ces cas exceptionnels et dans la plupart des cas, le gouvernement se borne à établir une redevance tréfoncière, fixe et en argent, au lieu d'une redevance proportionnelle aux produits. En agissant de la sorte, on doit le dire, le gouvernement interprète la loi dans l'esprit de la commission du corps législatif (1).

Trois modes principaux de redevances tréfoncières.

Les diverses formes de redevances tréfoncières fixées par le gouvernement sont extrêmement variées ; on peut distinguer cependant trois modes principaux, savoir : redevances proportionnelles aux produits extraits, redevances fixes, redevances mixtes (2).

Redevances tréfoncières proportionnelles aux produits extraits.

Comme redevances proportionnelles aux produits extraits, nous citerons celles des vingt-deux concessions houillères, instituées dans la Loire en 1824, sous les noms de Méons, le Treuil, Terre-Noire, etc., etc., qui sont réglées, comme il suit, d'après les clauses générales de ces concessions, lesquelles ont un dispositif commun :

Pour les couches de 2 mètres de puissance et au-dessus, à ciel ouvert, la redevance est du quart du produit brut.

Par puits, jusqu'à 50 mètres inclusivement.	$1/6$
Id. de 50 à 100 mètres	$1/8$
Id. de 100 à 150 —	$1/10$
Id. de 150 à 200 —	$1/12$
Id. de 200 à 250 —	$1/14$
Id. de 250 à 300 —	$1/16$
et au delà de 300 mètres.	$1/20$

C'est ce qu'on appelle, à Saint-Étienne, payer la sixième benne, la huitième benne, etc.

Ces fractions diminueront d'un tiers pour les épaisseurs de couches de

---

(1) Locré, p. 405, et Dupont, *Jurisprudence des mines*, t. I, p. 241.
(2) Voir, pour exemples de redevances, Dupont, *Juriprudences des mines*, t. I, p. 242.

deux à un mètre, de moitié pour les épaisseurs d'un à un demi-mètre, et de trois quarts pour les couches au-dessous d'un demi-mètre.

Enfin, toutes ces fractions seront réduites d'un tiers dans le cas où le concessionnaire emploierait la méthode d'exploitation dite par remblais. Néanmoins, cette réduction n'aura lieu que dans le cas où il sera reconnu que le remblai occupera la huitième partie, au moins, des excavations, opérées, et que la méthode procurera l'enlèvement des cinq sixièmes, au moins, de la houille contenue dans chaque tranche de couche en extraction (1).

Au sujet de la valeur en argent de cette redevance tréfoncière, disons que M. Luyton, ingénieur en chef des mines de Firminy, estimait que, en 1863, « la redevance payée dans le bassin de la Loire va-« riait, suivant la profondeur, entre 0^f,50 et 0^f,70 par tonne » (2). Comme terme de comparaison, cet ingénieur établissait dans le même mémoire, inséré au *Bulletin de l'industrie minérale*, au sujet des houillères anglaises, que le droit de *royalty*, payé en Angleterre aux propriétaires du sol, variait de 0^f,60 à 1 franc par tonne ; d'où l'on voit que la redevance tréfoncière de la Loire se rapproche beaucoup, comme argent, du chiffre de la *royalty* des houillères anglaises.

Rappelons, d'autre part, que la redevance tréfoncière des mines de la Loire est réglée par les actes de concession, et ne peut être modifiée que par des conventions amiables, postérieures à la concession, tandis que la redevance tréfoncière anglaise, dite *royalty*, qui est un véritable droit de fermage, varie, en principe, aux divers renouvellements de l'amodiation des mines de houille. En fait, ce droit de *royalty*, avait une tendance à augmenter en Angleterre, dans ces dernières années ; comme chiffre se rapportant à cette période, disons qu'en 1873, à la houillère de Page Banck, dans le sud du comté de Durham, ce droit était de 10 pence (1^{f}05) par tonne. Dans l'Aveyron, la redevance tréfoncière a été réglée pour les mines de houille d'Aubin, de Cransac, de Négrin et de Rulhes à 1 centime par hectolitre ras de houille, à moins de 50 mètres de profondeur ; à un demi-centime, de 50 à 100 mètres ; à un quart de centime, pour les profondeurs supérieures à 100 mètres. Ces chiffres sont, comme on voit, bien inférieurs à ceux de la Loire.

Pour le fer, on voit la redevance varier de 10 centimes le quintal

---

(1) Dupont, *Jurisprudence des mines*, t. I, p. 243.
(2) *Bulletin de l'industrie minérale*, t. IX, p. 386.

métrique à 8 centimes la tonne, d'autrefois, de 1ᶠ,15 à 0ᶠ,70 le mètre cube (1).

Pour des mines diverses, citons les exemples de redevances tréfoncières suivantes : 2ᶠ,50 par tonne de minerai préparé et vendu, pour les mines de plomb argentifère de la Caunette (Aude), concédées le 10 février 1879 ; 0ᶠ,50 par tonne de minerai trié, pour les mines de pyrite de fer de Saint-Félix (Gard) ; 0ᶠ09, par quintal métrique, pour les mines de bitume des environs de Bastenes (Landes); 1/20 du produit de l'extraction à ciel ouvert et 1/40 du produit de l'exploitation souterraine, pour les mines de lignite d'Orignac (Hautes-Pyrénées), etc. (2).

Disons, comme jurisprudence en matière de redevance tréfoncière proportionnelle, que cette redevance n'est pas prescriptible au bout de cinq ans ; l'article 2277 du Code civil ne s'applique point à ce cas, parce que ces redevances sont incertaines quant à l'époque de leur exigibilité, leur quotité, et même leur existence. La cour de cassation l'a décidé ainsi, dans un arrêt du 11 juin 1877 (Sauzéa).

Redevances tréfoncières fixes.

Occupons-nous maintenant de la redevance tréfoncière fixe.

Les redevances fixes de 0ᶠ,10 et 0ᶠ,05 par hectare sont incomparablement les plus fréquentes.

On peut citer cependant des chiffres exceptionnels beaucoup plus élevés, par exemple :

3 francs par are (soit 300 francs par hectare) pour les propriétaires sous les terrains desquels il sera établi un champ d'exploitation (salines de l'Est : périmètre de la compagnie Thonnelier) ;

50 francs par hectare : manganèse de la Romanèche (8 novembre 1829), pour les deux concessions dites de la Vieille-Cure et du Grand Filon (Saône-et-Loire) ;

5 francs par hectare : sel de Larralde (Basses-Pyrénées) ;

2 francs par hectare : lignite de Creasque (Bouches-du-Rhône) ;

1 franc par hectare : alunite du Mont-Dore ;

0ᶠ,50 par hectare : manganèse du Portez ; id. de Germ et Londervieille (Hautes-Pyrénées) ;

---

(1) Dupont, *Jurisprudence des mines*, t. I, 245 et suiv.
(2) Voir *Idem*, t. I, p. 246.

0ᶠ,25 par hectare : plomb d'Argentella, houille des Plamores (Allier), etc.;

0ᶠ,20 par hectare ; fer d'Aïn-Morka ;

0ᶠ,15 par hectare : zinc de Guerrouma (Algérie).

On peut citer aussi quelques redevances fixes plus faibles :

0ᶠ,04 par hectare : anthracite de Pierre-Becqua (Savoie), etc.;

0ᶠ,03 par hectare : anthracite de la Citadelle (Hautes-Alpes) ;

0ᶠ02 par hectare : fer de Rancié (Ariège).

Redevances tréfoncières mixtes.

La redevance stipulée en faveur des propriétaires du sol, se compose quelquefois de deux parties, l'une fixe, l'autre proportionnelle : elle est alors mixte.

Comme exemples de redevances mixtes, nous pouvons citer :

0ᶠ,20 par hectare et 2 p. 100 des produits extraits : anthracite de Rochebaron (Hautes Alpes) ;

0ᶠ,10 par hectare et 2 p. 100 des produits extraits : anthracite de la Rome (Hautes-Alpes) ;

0ᶠ,10 par hectare et un quarantième de la houille extraite : houille du Soulié (Lot).

0ᶠ,10 par hectare et 0ᶠ,02 par mètre cube de schiste bitumineux prêt à être distillé : concession de Vendes (Cantal).

0ᶠ,10 par hectare et 0ᶠ,10 par mètre cube de minerai exploité et expédié : fer de Navoque (Haute-Loire) ;

0ᶠ,10 par hectare et un vingtième ou un quarantième de la valeur des minerais extraits, suivant que l'extraction est à ciel ouvert ou souterraine : schistes bitumineux de Margennes (Saône-et-Loire) ;

0ᶠ,05 par hectare et 0ᶠ,10 par tonne de minerai extrait, propre au travail des forges : fer et manganèse de Castanviels (Aude) ;

0ᶠ,05 par hectare et 2 p. 100 des produits extraits : anthracite de Chandernier (Savoie);

0ᶠ,05 par hectare et 1 franc par mètre cube d'alunite marchande et chargée (concession d'alunite de Madriat) (Puy-de-Dôme) : 16 juin 1876 (1).

---

(1) Dupont, *Jurisprudence des mines*, t, I, p. 247.

Comparaison avec les redevances tréfoncières belges.

Ces redevances mixtes, dont nous avons cité quelques exemples, ont donné lieu, en France, à des dispositions très variées, comme chiffres. Elles ont de l'analogie avec la redevance tréfoncière établie en Belgique par les articles 9 et 10 de la loi du 2 mai 1837, ainsi conçus :

Art. 9. — L'indemnité réservée aux propriétaires de la surface par les articles 6 et 42 de la loi des 21 avril 1810, sera déterminée au moyen d'une redevance fixe et d'une redevance proportionnelle au produit de la mine.
La redevance fixe sera déterminée par l'acte de concession.
Elle ne sera pas moindre de 25 centimes par hectare de superficie.
La redevance proportionnelle sera fixée de 1 à 3 p. 100 du produit net de la mine, tel que ce produit est arbitré annuellement par le comité d'évaluation, soit sur les renseignements qui sont fournis par les exploitants et les ingénieurs des mines, soit par forme d'imposition ou d'abonnement. Cette indemnité est également répartie entre les propriétaires de la surface, en raison de la contenance en superficie des terrains appartenant à chacun d'eux, telle que cette contenance est indiquée dans le plan de concession.
Le recours des propriétaires de la surface contre l'évaluation du produit net, telle qu'elle a été déterminée par le comité d'évaluation, sera exercé, instruit et jugé conformément aux dispositions existantes pour l'assiette de la redevance proportionnelle due à l'État.
Celui qui se trouve aux droits du propriétaire de la surface, quant à la mine, jouira de l'indemnité réservée à celui-ci par le présent article.
Art. 10. — Dans le cas où la redevance proportionnelle établie sur les mines au profit de l'État, serait supprimée ou modifiée dans son assiette, la redevance proportionnelle accordée aux propriétaires de la surface, en exécution de la présente loi, pourra être modifiée ou remplacée en vertu de dispositions d'une loi nouvelle.

Nous croyons devoir faire remarquer qu'au point de vue de l'équité, les redevances proportionnelles et les redevances mixtes françaises paraissent préférables aux redevances tréfoncières belges, où la partie proportionnelle est la même pour tous les propriétaires indistinctement, que leurs tréfonds soient riches ou stériles, exploités ou inexploités.

D'autre part, il faut reconnaître qu'en principe, la redevance tréfoncière belge, en raison de son élément proportionnel, rendu obligatoire par la loi du 2 mai 1837, assure plus efficacement l'exercice du droit du propriétaire sur les produits de la mine, conformément à l'article 6 de la loi de 1810, que ne fait la législation française, où l'élément proportionnel n'est point obligatoire (article 42 revisé). On ne peut pas reprocher à la redevance belge, comme on l'a fait aux redevances tréfoncières françaises de 5 et 10 centimes par hectare seulement, de n'être qu'un « coup de chapeau » tiré au droit du propriétaire, comme a dit un économiste. A un autre point de vue, la redevance tréfoncière belge, laquelle varie, dans sa partie proportionnelle, de 1 à 3 p. 100 du produit net, compense en quelque sorte, au point de vue des charges de l'exploitant, l'adoucissement relatif de la redevance proportionnelle payée à l'État, laquelle est de 2 1/2 p. 100 seulement en Belgique (loi du 27 décembre 1823), tandis qu'elle est en France de 5 p. 100. En fait, la partie fixe de la redevance tréfoncière belge, qui a un minimum de $0^f,25$ par hectare, mais qui n'a pas de maximum, a varié de $0^f,25$ à $3^f,00$ par hectare (*Revue universelle de Liège*, 1878, p. 181).

En Belgique, il est admis que, dans la fixation de la redevance tréfoncière, il n'est pas permis de tenir compte des dommages que les travaux peuvent causer aux propriétés de la surface, la loi de 1810 garantissant, par des dispositions particulières, la réparation de ces dommages : c'est ce qui résulte d'un avis du conseil des mines belge du 15 janvier 1847 (1). La même doctrine est appliquée en France, où il est de principe que les dommages superficiels provenant des mines, ne sont aucunement soldés par la redevance tréfoncière (arrêts de la cour de cassation, des 3 février 1857 et 4 janvier 1861).

Formes particulières de redevances tréfoncières : droits des usagers.

Revenons maintenant aux diverses formes de redevances tréfoncières établies en France.

Quelquefois, lorsqu'une mine s'étend sur des terrains communaux, la redevance stipulée en faveur de la commune comprend le devoir, pour les concessionnaires, de livrer les produits nécessaires aux habitants de la commune à un prix réduit, qui est stipulé à l'avance.

Plusieurs concessions d'anthracite, dans les Hautes-Alpes, sont

---

(1) Du Pont, *Annales des travaux publics de Belgique*, t. XXXII, p. 264.

dans ce cas ; telles sont les concessions de Pramorel (26 mars 1871), de Queyrières (24 novembre 1871), etc. (1). Il est arrivé cependant que l'acte de concession a annulé explicitement des conventions de ce genre faites par le demandeur en concession avec le conseil municipal ; comme exemple à cet égard, nous citerons le décret du 31 juillet 1865, relatif à la mine d'anthracite de la fontaine Lombarde, située dans la commune de Névache (Hautes-Alpes).

Dans plusieurs cas, cette fixation, dans la redevance tréfoncière, d'une quantité maximum de combustible à livrer aux habitants d'une commune, à prix réduit, purge, tout à la fois, les droits de redevance relatifs aux terrains des communaux et les droits des usagers. Parfois aussi, les droits des communes propriétaires sont confondus, dans la fixation de la redevance tréfoncière, avec ceux des inventeurs et usagers, pour être réglés ensemble : c'est ce qui a été fait dans l'acte de concession du 3 mars 1833, relatif aux mines de lignite du Pin (Gard) (2).

Redevances tréfoncières consacrant les conventions antérieures.

La consécration exclusive des conventions antérieures, concernant des exploitations anciennes, est quelquefois stipulée par l'acte de concession, pour des mines exploitées avant d'être concédées. L'ordonnance de concession des mines de houille de Saint-Gervais (Hérault), en date du 12 février 1833, celle des mines de fer de Puymorens (Pyrénées-Orientales), en date du 22 septembre 1843, et d'autres encore sont dans ce cas.

En pareille circonstance, s'il surgit une difficulté relativement à la redevance ainsi réglée par les conventions antérieures, c'est aux tribunaux ordinaires qu'il appartient de la trancher, comme juges naturels des intérêts et des contrats privés. Cette doctrine a été proclamée par le conseil d'État dans une ordonnance déjà ancienne, en date du 5 avril 1826 (Jovin contre Chol).

---

(1) Dupont, *Jurisprudence des mines*, t. I, p. 254.
(2) *Idem*, t. I, p. 255.

Droit exclusif, pour le gouvernement, de régler la redevance tréfoncière.

Et cependant, c'est au gouvernement seul qu'appartient le droit de régler définivement la redevance due au propriétaire du sol sur les produits de la mine (1). Ce droit résulte, pour le gouvernement, des articles 6, 17 et 42 de la loi de 1810, qui sont formels.

« L'acte de concession, dit l'article 17, fait après l'accomplissement des formalités prescrites, purge, en faveur du concessionnaire, tous les droits des propriétaires de la surface et des inventeurs ou de leur ayants-droit, chacun dans leur ordre, après qu'ils ont été entendus ou appelés légalement, ainsi qu'il sera ci-après réglé. »

Le propriétaire a le droit d'être appelé : il l'est par les publications et affiches, et par le registre ouvert à la préfecture ; il a le droit d'être entendu : il l'est au moyen des oppositions qu'il peut former, au sujet du chiffre de la redevance offerte par le demandeur en concession; et rappelons, à cet égard, qu'il y a lieu alors à un avis spécial et exceptionnel du conseil de préfecture. Mais une fois que le propriétaire a été ainsi appelé et entendu, ce qui arrive dans toute instruction régulière, le gouvernement, dispensateur suprême et unique de la propriété minérale, aux termes des articles 5 et 12 de la loi, règle souverainement, et nonobstant toutes conventions antérieures, le chiffre de la redevance tréfoncière, en vertu des articles 6, 17 et 42. Admettre le contraire, laisser aux conventions antérieures à la concession, le pouvoir de régler cette redevance, ce serait livrer le demandeur désarmé aux exigences du propriétaire, lequel deviendrait tout puissant en cette matière, et traiterait avec le plus offrant des demandeurs ; ce serait violer les articles 6, 17 et 42, ce serait renverser toute l'économie de la loi de 1810, pour attribuer la propriété effective des mines nouvelles aux propriétaires du sol ; ce serait, en un mot, compromettre, tout à la fois, les recherches de mines et le développement de notre industrie minérale.

Pendant longtemps néanmoins, de 1810 à 1842, le gouvernement, usant d'une grande tolérance à cet égard, ne fixait le chiffre de la

---

(1) Dupont, *Jurisprudence des mines*, t. I, p. 256

redevance tréfoncière que d'une manière conditionnelle, et à défaut de conventions antérieures entre les concessionnaires et les propriétaires de la surface (1). Mais le gouvernement a reconnu l'abus de cette tolérance, et voulant désormais restreindre cette redevance dans des limites modérées, de manière à ne pas gêner l'essor de l'industrie minérale, il a repris possession de son droit dès le 13 janvier 1842, dans l'ordonnance de concession des mines de houille de la Péronnière (Loire), qui contient un article ainsi conçu :

Art. 5. — Les dispositions du tarif ci-dessus seront applicables nonobstant les stipulations contraires qui pourraient résulter des conventions antérieures entre les concessionnaires et les propriétaires de la surface, lesdites conventions étant, à cet égard, déclarées nulles et non avenues. »

Depuis lors, le gouvernement règle dans les actes de concession la redevance due au propriétaire du sol, nonobstant toutes conventions antérieures.

Dans un premier procès engagé, au sujet de ces mines de la Péronnière, par les sieurs Fuchiron et consorts, le droit du gouvernement, en pareille matière, fut consacré solennellement par deux ordonnances en date des 1ᵉʳ juin 1843 et 24 janvier 1846. Un second procès a été engagé, pour les mêmes mines, par les sieurs Vincent et consorts, et il a été clos par un jugement du tribunal des conflits du 5 novembre 1851, qui a maintenu le même principe. Enfin, la cour de cassation, dans un arrêt du 15 avril 1868 (Bourret c. Carpentier et Dejean), a formellement décidé que la disposition du décret de concession d'une mine qui fixe les redevances dues aux propriétaires de la surface, a pour effet de purger, en faveur des concessionnaires, tous les droits appartenant à ces propriétaires sur les produits de la mine, tant en cette qualité qu'en celle d'inventeurs, et dès lors, de faire tomber toutes conventions contraires passées entre eux et le concessionnaire ou ses auteurs avant la concession, si tous les intéressés ont été mis en demeure de faire valoir leurs droits, et si la concession a eu lieu en pleine connaissance de ces conventions. Nous croyons devoir faire une réserve, au sujet de cette dernière restriction de la cour de cassation, qui imposerait à l'institution des

---

(1) Cette réserve se retrouve dans un décret récent, en date du 31 décembre 1878 ; mais ce décret ne fait que porter extension d'une concession houillère, pour laquelle ladite réserve était inscrite dans l'acte de concession primitif (Bouquiès) (Aveyron).

concessions une formalité non prescrite par la loi de 1810, et dès lors illégale, à savoir, la connaissance, par le gouvernement, de toutes les conventions survenues entre les propriétaires et les demandeurs en concession : tout ce qu'on peut demander pour l'acte de concession, au sujet de cette disposition relative à la redevance tréfoncière, c'est qu'il ait été rendu après accomplissement des formalités légales, et rien de plus.

Il reste donc désormais établi que le gouvernement a le droit de régler souverainement la redevance tréfoncière, par l'acte de concession, nonobstant toutes conventions antérieures.

Ce principe, qui découle logiquement de la loi de 1810, a été consacré en Belgique où les mines sont régies par cette loi, dans un arrêt de la cour de Liège du 13 mars 1841.

En France, l'acte de concession des mines de houille de la Péronnière, qui date du 13 janvier 1842, a ouvert comme une ère nouvelle pour le règlement de la redevance tréfoncière. Les concesssions instituées depuis cette époque jusqu'en 1857 contiennent un article conçu comme il suit, lequel est inséré dans le modèle généra d'ordonnances de concession, joint à la circulaire du 8 octobre 1843 :

« Ces dispositions seront applicables nonobstant les stipulations con-
« traires qui pourraient résulter des conventions antérieures entre le con-
« cessionnaire et les propriétaires de la surface. »

D'autre part, dès 1857, le conseil d'État a cessé d'insérer cette disposition dans les actes de concession, comme on peut le voir par le modèle de décrets de concession précédemment mentionné. Il faut remarquer d'ailleurs qu'en agissant de la sorte, on n'a point entendu déserter le principe de la souveraineté du gouvernement, en matière de règlement de la redevance tréfoncière. On a admis que le droit du gouvernement, à ce sujet, est tellement hors de conteste qu'il peut se passer d'une consécration nouvelle, et que l'administration pourrait toujours, le cas échéant, intervenir pour régler définitivement la redevance tréfoncière. Il faut bien observer néanmoins que lorsque l'administration est intervenue à cet égard, en 1843 et 1846, pour les mines de la Péronnière, et qu'elle a eu gain de cause, la clause d'annulation des conventions antérieures se trouvait écrite dans l'acte de concession desdites mines de la Péronnière ; nous regrettons, en conséquence, que pareille clause ne soit plus écrite dans les actes de concession, comme elle l'a été de 1842 à 1857, pendant quinze ans. L'insertion de cette clause avertissait clairement tout le monde, et elle était, mieux que le silence, c'est notre opinion, dans l'esprit des articles 6 et 42 de la loi du 21 avril 1810.

A ce sujet, nous devons mentionner cette circonstance, que dans une concession récente, celle des mines de zinc de Hamman-N'baïl (province de Constantine), en date du 8 juin 1872, il est dit à l'article 4, réglant la redevance tréfoncière à 10 centimes par hectare :

« Cette disposition sera applicable nonobstant les stipulations qui pourraient résulter de conventions contraires entre les concessionnaires et les propriétaires de la surface. »

On ne retrouve plus l'insertion de ce paragraphe précis dans les différentes concessions plus récentes, instituées depuis le 8 juin 1872.

Le droit, pour le gouvernement, de fixer dans l'acte de concession la forme et le chiffre de la redevance tréfoncière, nonobstant toutes conventions contraires antérieures à l'acte de concession, lesquelles doivent être tenues pour « non avenues », a été formellement proclamé, dans les termes suivants, par un arrêt récent de la cour de Paris, à la date du 22 mars 1879, au sujet des mines de fer des environs de Segré (1).

« L'application du tarif des redevances, dit l'arrêt, doit être faite nonob« stant toute stipulation contraire qui résulterait des arrangements anté« rieurs des parties ; ces arrangements, à dater de l'acte de concession, le« quel est d'ordre public, doivent être tenus pour non avenus, et tout le « moins pour résolus. »

Cet arrêt a été confirmé le 11 février 1880 (2) par la cour de cassation.

Compétence des tribunaux pour les contestations relatives au payement de cette redevance, alors qu'il n'y a pas lieu à interprétation du décret de concession.

S'il appartient au gouvernement délibérant en conseil d'État de

---

(1) Dalloz, 1879-2-45 : affaire de Condé et Dubreuil de Ponbriant c. Jules Garnier et Cie.
(2) *Annales des mines*, 1880, p. 108.

fixer la redevance tréfoncière, lorsqu'il rend un décret qui institue une concession de mine, c'est aux tribunaux qu'il appartient de statuer sur les contestations de fait, relatives au payement de cette redevance réglée conformément au décret de concession, et alors qu'il n'y aura pas lieu à interprétation dudit décret.

Cette doctrine, appliquée dans la pratique des choses, est conforme aux termes de l'instruction du 3 août 1810 portant que :

« Toutes discussions relatives à la propriété des mines, minières, mines et carrières, toutes celles ayant pour objet l'acquittement des indemnités déterminées par le décret de concession ou de permission, ainsi que les contestations sur les dédommagements pour dégâts occasionnés à la surface sont du ressort des tribunaux ordinaires (§ 1er).

Conventions amiables sur la redevance tréfoncière, postérieures à la concession : compétence des tribunaux.

Les conventions amiables, relatives à la redevance et postérieures à l'acte de concession ne tombent pas sous le coup de nullité qui frappe les conventions antérieures, contraires aux dispositions de l'acte de concession. Dans ce cas, les dispositions de l'acte de concession, en ce qui concerne le tarif des redevances tréfoncières, ont pris, par là, le caractère de conventions privées, comme le reste du contrat, et dès lors, les difficultés qui peuvent survenir à leur sujet, sont soumises au jugement des tribunaux. Ces principes ont été formulés dans un arrêt de la cour de cassation du 21 janvier 1853, rendu dans l'affaire Ravenot c. la compagnie des mines de la Loire.

Les tribunaux peuvent déclarer nulles ces conventions postérieures à la concession, comme entachées d'une nullité absolue et d'ordre public, dans une partie de leur contenu, et, à cet égard, l'arrêt de la cour de cassation du 7 août 1877 (compagnie des houillères de Saint-Étienne c. Praire) fournit un exemple remarquable comme doctrine. Dans cet arrêt, la cour suprême, cassant l'arrêt de la cour de Lyon du 5 août 1874, a, d'une part, déclaré d'une nullité absolue et entachée d'ordre public une convention antérieure à la concession, qui réservait au propriétaire le droit d'exploiter dans sa propriété ; d'autre part, la cour, considérant qu'une convention postérieure à la concession au sujet de la redevance tréfoncière comprenait, dans cette redevance, le prix de la réserve indûment faite avant la concession, a déclaré la redevance tréfoncière ainsi convenue nulle et sans cause, en tant qu'elle excéderait le taux fixé par l'acte de concession (1).

Règlement de la redevance tréfoncière par un décret postérieur à la concession.

Quelquefois un décret de concession ajourne à une époque postérieure le règlement de la redevance tréfoncière. Comme exemple à cet égard, on peut citer le décret de concession des mines de plomb, argent, cuivre, zinc et autres métaux, le fer excepté, de l'Arau (Hautes-Pyrénées), lequel contient un article ainsi conçu :

Art. 4. — Les droits attribués aux propriétaires de la surface par les articles 6 et 12 de la loi du 21 avril 1810 seront ultérieurement, et après l'accomplissement des formalités prescrites par la loi, réglés par un décret délibéré en notre conseil d'État.

Un décret postérieur, du 15 novembre 1857, a réglé définitivement cette redevance tréfoncière à 5 centimes par hectare.

La redevance tréfoncière suit, sauf stipulation contraire, la vente ou l'expropriation du fonds.

La redevance attachée au tréfonds suit la vente ou l'expropriation du fonds, à moins de stipulation contraire. Ce principe découle directement de l'article 18 de la loi du 21 avril 1810, ainsi conçu :

Art. 18. — La valeur des droits résultant en faveur du propriétaire de la surface, en vertu de l'article 6 de la présente loi, demeurera réunie à la valeur de ladite surface, et sera affectée avec elle aux hypothèques prises par les créanciers du propriétaire.

Ce principe a été consacré par deux arrêts de la cour de cassation, l'un, du 14 juillet 1840, dans l'affaire Dubouchet, l'autre, du 18 juillet 1854, dans l'affaire Mercier. Il a été proclamé de même par le conseil d'État, en matière d'expropriation : ainsi un décret du 19 avril 1859, rendu dans l'affaire Marsais, et annulant à la fois un arrêté du préfet de la Loire du 6 novembre 1856, et une décision

---

(1) *Annales des mines*, 1878, p. 218, et Dalloz, 1878-1-25.

ministérielle du 5 mars 1858, a consacré la doctrine suivante : lorsqu'il existe une mine en exploitation sous un terrain à exproprier pour cause d'utilité publique (pour un chemin de fer notamment), le préfet ne peut décider que l'expropriation de ce terrain ne s'étendra pas au droit à la redevance, un tel droit ne pouvant être séparé de la surface qu'avec le gré du propriétaire. Voici en quels termes s'exprime ce décret, qui a de l'importance comme doctrine :

..... Vu les lois des 21 avril 1810 et 3 mai 1841. — Considérant que les articles 18 et 19 de la loi du 21 avril 1810 disposent que la valeur du droit à la redevance établie sur le produit des mines au profit du propriétaire de la surface demeurera réunie à la valeur de ladite surface, et sera affectée avec elle aux hypothèques des créanciers de ce propriétaire ; qu'il résulte de cette disposition que ce droit à la redevance ne peut être séparé de la surface sans le consentement du propriétaire ; que, dès lors, notre ministre des travaux publics a excédé ses pouvoirs en décidant que c'était avec raison que le préfet de la Loire, en désignant la propriété du sieur Marsais comme devant être cédée pour cause d'utilité publique, avait prescrit que l'expropriation ne comprendrait que la surface du terrain et ne s'étendrait pas au droit à la redevance ;

Art. 1er. — Sont annulés, etc.

Expropriation temporaire de la redevance tréfoncière déjà séparée de la propriété de la surface.

On vient de voir qu'en cas d'expropriation, pour cause d'utilité publique, pour un chemin de fer par exemple, d'un terrain concédé pour mine, il est dû au propriétaire une double indemnité, savoir : pour la propriété superficielle et pour la redevance tréfoncière. La même chose aurait lieu évidemment si la redevance tréfoncière était déjà séparée de la propriété du sol par la volonté du propriétaire, auquel cas les deux indemnités, au lieu d'être payées à la même personne, seraient payées à deux personnes différentes.

Or, il peut arriver qu'il y ait expropriation partielle ou temporaire de la mine sans qu'il y ait expropriaton de la surface, par exemple, lorsqu'un arrêté du préfet interdit temporairement l'exploitation d'une mine, dans le voisinage d'un chemin de fer. En ce cas, le possesseur de la redevance tréfoncière séparée par convention amiable de la propriété du sol, a droit, en principe, à une indemnité ; la chose a été décidée par un décret du 14 avril 1864, renvoyant le sieur Marin, possesseur d'une redevance tréfoncière, devant le conseil de préfecture, pour le règlement de son indemnité.

La redevance tréfoncière n'est pas rachetable contre la volonté du propriétaire redevancier.

De ce principe, que le droit à la redevance ne peut être séparé de la surface sans le consentement du propriétaire, lequel découle logiquement des articles 18 et 19, et a été consacré par le décret précité du 19 avril 1859, il résulte forcément, que la redevance tréfoncière n'est pas rachetable par le concessionnaire de mine, contre la volonté du propriétaire redevancier.

M. Edouard Dalloz, qui appuie l'opinion contraire dans son livre *De la propriété des mines* (t. I., p. 246), invoque, à l'appui de son opinion, ce qui fut dit par le comte Treilhard et l'empereur Napoléon, lors de la préparation de la loi, dans la séance du conseil d'État du 13 février 1810. Mais les termes des articles 18 et 19 de la loi sont trop explicites et trop formels pour ne pas prévaloir contre des opinions isolées, émises au conseil d'État, lors de la préparation de la loi. Ajoutons qu'au point de vue pratique, rien n'est difficile à évaluer, comme le capital d'une redevance tréfoncière, alors que le concessionnaire a la faculté d'exploiter à l'époque qu'il veut, ce qui peut faire varier du simple au double, et au delà, le capital de la redevance, suivant les époques de l'exploitation, sous telle ou telle propriété. Les justes intérêts des propriétaires tréfonciers, désarmés vis-à-vis des concessionnaires, au sujet de l'époque de l'extraction dans leurs tréfonds, seraient, à un autre point de vue, complètement sacrifiés, si l'on admettait, avec M. Dalloz, que la redevance est rachetable au gré du concessionnaire.

La redevance tréfoncière, alors même qu'elle a la forme de redevance fixe (tant par hectare), n'est pas rachetable contre le gré du redevancier : M. Splingard dit justement à ce sujet :

« Qu'on rapproche plus ou moins cette redevance des anciennes rentes
« foncières, cela ne change pas le caractère du droit, qui est ainsi établi;
« la redevance fixe ne représente pas le prix d'une vente, elle est due par
« le concessionnaire à raison de la mine; les causes qui ont fait déclarer
« rachetables les rentes foncières n'existent pas ici, le rachat des rentes
« foncières ayant pour but la résiliation d'un contrat qui enchaînait la
« propriété; la redevance sur les mines est la condition organique de
« l'existence d'une propriété que la concession a créée (1). »

---

(1) *Des concessions de mines dans leurs rapports avec les principes du droit civil.* — Bruxelles, 1880, p. 90.

La redevance tréfoncière non séparée de la surface se divise naturellement avec celle-ci.

La redevance se divise naturellement avec la surface du sol, tant qu'elle n'est pas séparée de celle-ci par aliénation. Par suite, les concessionnaires ne peuvent pas contraindre les propriétaires à s'unir, et à déléguer un mandataire unique pour recevoir la redevance. Par suite aussi, les concessionnaires de mines, en achetant les droit des propriétaires de quelques parcelles d'une propriété, ne peuvent pas provoquer la licitation forcée de la redevance afférente à la propriété entière. Cette doctrine, qui résulte logiquement de la réunion de la valeur de la redevance à la valeur de la surface, laquelle est écrite formellement dans l'article 18 de la loi de 1810, et qui, d'autre part, et ainsi qu'il a été dit, est conforme à l'équité vis-à-vis des redevanciers, a été confirmée par un arrêt de la cour de Lyon du 19 février 1841, relatif aux mines de houille de Côte Thiollière (1).

Elle est due solidairement par les concessionnaires.

La redevance tréfoncière est due solidairement par tous les concessionnaires de la mine. Cette solidarité, qui résulte de l'indivisibilité des concessions proclamée par l'article 7 de la loi du 21 avril 1810, a été consacrée, en ce qui concerne le payement de la redevance tréfoncière, par un arrêt de la cour de cassation du 10 décembre 1845, dans l'affaire Albert et Perret.

La redevance tréfoncière unie à la surface est susceptible d'hypothèques.

La redevance tréfoncière, lorsqu'elle est réunie à la surface, formant avec celle-ci un tout indivis, est susceptible d'hypothèques comme chose immobilière; cela résulte textuellement des articles 18 et 19 de la loi :

Art. 18. — La valeur des droits résultant en faveur du propriétaire de la surface, en vertu de l'article 6 de la présente loi, demeurera réunie à la va-

---

(1) Dupont, *Jurisprudence des mines*, t. 1, p. 270.

leur de ladite surface, et sera affectée avec elle aux hypothèques prises par les créanciers du propriétaire.

Art. 19. — Du moment où une mine sera concédée, même au propriétaire de la surface, cette propriété sera distinguée de celle de la surface, et désormais considérée comme une propriété nouvelle, sur laquelle de nouvelles hypothèques pourront être assises, sans préjudice de celles qui auraient été ou seraient prises sur la surface et la redevance, comme il est dit à l'article précédent.

Si la concession est faite au propriétaire de la surface, ladite redevance sera évaluée pour l'exécution dudit article.

Les précédents articles témoignent hautement de quelle sollicitude, on peut dire, le législateur a entouré le droit du propriétaire sur le produit des mines concédées, puisqu'il a fait de ce droit réuni à la propriété de la surface, une propriété assez solide pour supporter des hypothèques.

La redevance tréfoncière séparée de la surface est une rente mobilière.

Mais la redevance tréfoncière, lorsqu'elle a été séparée de la surface après la concession de la mine, par la volonté du propriétaire du sol, rentre dans la catégorie des rentes mobilières. Cette doctrine a été confirmée par plusieurs arrêts de la cour de cassation des 13 novembre 1848 (affaire Chol), 15 janvier 1849 (affaire des mines de la Chazotte) et 24 juillet 1850 (affaire de Rhins-Curnieux (1).

La redevance tréfoncière, qui devient ainsi un droit purement mobilier, lorsqu'elle a été détachée, par convention, de la surface de l'immeuble, n'est plus alors, à elle seule, susceptible d'hypothèques, elle n'est pas susceptible d'être frappée de saisie : en ce cas, si le tréfonds reste inexploité, la prescription, fondée sur la possession de la surface, ne fait acquérir au possesseur aucun droit sur le tréfonds, et ce n'est qu'à dater de l'exploitation de la mine, que la perception des droits tréfonciers par le propriétaire de la surface, si elle est paisible et ininterrompue, conduit à la prescription des droits primitivement réservés sur le tréfonds (ainsi jugé par la cour de Lyon, le 13 février 1872).

---

(1) Dupont, *Jurisprudence des mines*, t. I, p. 268.

Le chômage autorisé par l'administration ne peut pas donner lieu à indemnité au propriétaire redevancier.

Le chômage autorisé par l'administration, dans une certaine portion du périmètre d'une concession, ne peut donner lieu à une indemnité au propriétaire du sol, en raison de la cessation ou de la diminution de sa redevance tréfoncière. Si le chômage affectait la concession de manière à inquiéter sur les besoins des consommateurs, ce serait le cas d'invoquer l'article 49 de la loi ainsi conçu :

Art. 49. — Si l'exploitation est restreinte ou suspendue de manière à inquiéter la sûreté publique ou les besoins des consommateurs, les préfets, après avoir entendu les propriétaires, en rendront compte au ministre de l'intérieur pour y être pourvu ainsi qu'il appartiendra.

Mais ce n'est pas ici le cas : il s'agit du chômage d'un quartier spécial de la concession, autorisé par l'administration, laquelle n'autoriserait pas la violation de l'article 49 ; il s'agit d'un chômage partiel ne compromettant pas les besoins des consommateurs, lequel ne tombe pas sous l'application de l'article 49.

Dans cette circonstance, le gouvernement, organe de l'intérêt public, autorise, en pleine compétence, le concessionnaire à suspendre l'exploitation dans certains quartiers de la mine, comme il l'autorise à ouvrir un nouveau champ d'exploitation dans un autre quartier. Cet exercice régulier de la surveillance administrative ne saurait donc, en cas de chômage partiel, constituer un motif d'indemnité pour le propriétaire redevancier, bien qu'il y ait pour lui préjudice réel, et cela parce qu'il ne possède qu'un droit éventuel sur les produits extraits, au fur et à mesure d'une extraction régulière, conforme aux lois et règlements,

Cette doctrine a été confirmée par un arrêt de la cour de Lyon du 3 juin 1841, dans un débat entre le sieur Michel et les concessionnaires de la mine de houille de Collenon (Loire) (1).

---

(1) Dupont, *Jurisprudence des mines*, t. I, p. 271.

Indemnités dues aux propriétaires du sol, pour occupations de terrains et pour dégâts de mines.

Occupons-nous maintenant de deux autres sortes d'indemnités qui peuvent être dues au propriétaire de la surface, savoir : premièrement des indemnités dues par suite de l'occupation temporaire ou définitive des terrains, pour la recherche ou les travaux des mines ; deuxièmement des indemnités dues pour dommages ou dégâts de surface autres que ceux d'occupation, et résultant des travaux de recherche ou d'exploitation.

Ces deux catégories d'indemnités sont régies aujourd'hui par les nouveaux articles 43 et 44 revisés par l'article 1er de la loi du 27 juillet 1880, lesquels ont une importance pratique très grande, et sont conçus comme il suit :

Art. 3, § 1er — Le concessionnaire peut être autorisé par arrêté préfectoral pris après que les propriétaires auront été mis à même de présenter leurs observations, à occuper, dans le périmètre de sa concession, les terrains nécessaires à l'exploitation de sa mine, à la préparation mécanique des minerais ou au lavage des combustibles, à l'établissement des routes ou à celui des chemins de fer ne modifiant pas le relief du sol.

§ 2. — Si les travaux entrepris par le concessionnaire ou par un explorateur, muni du permis de recherches mentionné à l'article 10, ne sont que passagers, et si le sol où ils ont eu lieu peut être mis en culture au bout d'un an, comme il l'était auparavant, l'indemnité sera réglée à une somme double du produit net du terrain endommagé.

§ 3. — Lorsque l'occupation ainsi faite prive le propriétaire de la jouissance du sol pendant plus d'une année, ou lorsque, après l'exécution des travaux, les terrains occupés ne sont plus propres à la culture, les propriétaires peuvent exiger du concessionnaire ou de l'explorateur l'acquisition du sol.

§ 4. — La pièce de terre trop endommagée ou dégradée sur une trop grande partie de sa surface doit être achetée en totalité, si le propriétaire l'exige.

§ 5. — Le terrain à acquérir ainsi sera toujours estimé au double de la valeur qu'il avait avant l'occupation.

§ 6. — Les contestations relatives aux indemnités réclamées par les propriétaires du sol aux concessionnaires de mines, en vertu du présent article, seront soumises aux tribunaux civils.

§ 7. — Les dispositions des §§ 2 et 3, relatives au mode de calcul de l'indemnité due en cas d'occupation ou d'acquisition des terrains, ne sont pas applicables aux autres dommages causés à la propriété par les travaux de recherche ou d'exploitation ; la réparation de ces dommages reste soumise au droit commun.

« Art. 44. — Un décret rendu en conseil d'état peut déclarer d'utilité publique les canaux et les chemins de fer, modifiant le relief du sol, à exécuter dans l'intérieur du périmètre, ainsi que les canaux, les chemins de fer, les routes nécessaires à la mine, et les travaux de secours, tels que puits ou galeries destinés à faciliter l'aérage et l'écoulement des eaux, à exécuter en dehors du périmètre. Les voies de communication créées en dehors du périmètre pourront être affectées à l'usage du public, dans les conditions établies par le cahier des charges.

Dans le cas prévu par le précédent article, les dispositions de la loi du 3 mai 1841, relatives à la dépossession des terrains et au règlement des indemnités, seront appliquées.

Aperçu sommaire des principes posés, en matière d'indemnités, par l'article 44 revisé.

Avant de passer à l'étude de l'article 43, nous devons dire quelques mots sur l'article 44, quelques mots seulement, quoique cet article ait une grande importance au sujet des droits des concessionnaires, dont nous nous occuperons plus tard : mais, ayant à traiter ici des devoirs des concessionnaires vis-à-vis des propriétaires, nous nous bornerons à dire que cet article 44 contient, au sujet de ces devoirs, les prescriptions suivantes :

1° Il proclame, en fait d'occupations de terrains, le principe de l'indemnité simple, avec fixation par le jury d'expropriation, pour les canaux et les chemins de fer modifiant le relief du sol, à établir à l'intérieur du périmètre, (alors qu'on payerait l'indemnité double, pour un chemin de fer à établir à l'intérieur du périmètre, mais ne modifiant pas le relief du sol, et pouvant être autorisé par arrêté préfectoral);

2° Il proclame, en matière d'occupations de terrains, le principe de l'indemnité simple, avec fixation par le jury d'expropriation, pour les ouvrages déclarés d'utilité publique suivants, à exécuter en dehors du périmètre, canaux, chemins de fer, routes nécessaires à la mine, et travaux de secours tels que puits ou galeries destinés à faciliter l'aérage ou l'écoulement des eaux (alors que des puits ou galeries de ce genre exécutés dans le périmètre auraient entraîné l'application de l'indemnité double).

Le nouvel article 44 a dû opérer de la sorte, afin d'établir une règle uniforme, pour tous les travaux exécutés en vertu d'une déclaration d'utilité publique.

L'article 43 revisé s'applique à la fois aux occupations de terrains et aux dégâts de mines.

Occupons-nous maintenant de l'article 43 : cet article règle, d'une part, les indemnités dues au propriétaire du sol pour occupations de terrains, par un concessionnaire de mines, ou par un explorateur muni du permis de recherches mentionné à l'article 10, et, d'autre part, les indemnités pour dommages autres que ceux d'occupations de terrains, qui seraient causés à la propriété par les travaux de recherche ou d'exploitation.

Indemnités pour occupations de terrains dans le périmètre concédé.

Étudions tout d'abord la première catégorie d'indemnités.

D'une part, dans le cas d'occupations de terrains faites par un concessionnaire de mines, en vertu d'un arrêté préfectoral, dans le périmètre de sa concession, pour l'exploitation de sa mine, pour la préparation mécanique des minerais et le lavage des combustibles, pour l'établissement des routes ou celui des chemins de fer ne modifiant pas le relief du sol ; et, d'autre part, dans le cas d'occupations de terrains, par un permissionnaire de recherches, à l'intérieur du périmètre fixé par le permis qui lui est délivré par le gouvernement, pour les travaux spécifiés par ledit permis, on doit appliquer les dispositions suivantes, au nombre de cinq, savoir :

Première disposition. — Si les travaux entrepris par le concessionnaire ou le permissionnaire de recherches ne sont que passagers, et si le sol où ils ont été faits peut être mis en culture au bout d'un an, comme il l'était auparavant, l'indemnité sera réglée à une somme double du produit net du terrain endommagé. Cette disposition existait déjà dans l'article 43 primitif, mais le nouvel article 43 précise davantage les travaux exécutés par le concessionnaire auxquels elle est applicable, et, d'autre part, il stipule qu'en matière de travaux de recherches, elle s'applique exclusivement aux travaux entrepris par un explorateur muni du permis de recherches mentionné à l'article 10, c'est-à-dire, par un permissionnaire de recherches. Quant aux travaux de recherches exécutés par le cessionnaire du propriétaire du sol, toutes les indemnités dues pour occupation de terrains ou autres dommages, sont réglées d'après les termes du contrat de cession, et les dispositions de l'article 43 ne sauraient s'y appliquer.

Deuxième disposition. — Lorsque l'occupation de terrains faite par le concessionnaire ou par le permissionnnaire de recherches prive le propriétaire de la jouissance du sol pendant plus d'une année, ou lorsque, après l'exécution des travaux, les terrains occupés ne sont plus propres à la culture, les propriétaires peuvent exiger du concessionnaire ou de l'explorateur l'acquisition du sol : cette disposition existait déjà dans l'ancien article 44, mais le nouvel article 43 la formule en termes plus précis.

L'obligation d'acquérir le terrain occupé, dans l'un ou dans l'autre des deux cas prévus par la loi, n'existe que du jour où le propriétaire l'exige, mais elle existe dès ce jour-là; en conséquence, le concessionnaire d'une mine peut être contraint d'acquérir un terrain qui a été occupé pendant plus d'une année pour le service de l'exploitation, bien que le propriétaire se soit contenté pendant longtemps d'exiger l'indemnité double du revenu net : c'est ce qui a été décidé par un arrêt de la cour de Lyon du 14 mars 1877, au sujet des mines de Monthieux (1). Répétons, quoique cela semble superflu, que la disposition dont il est ici question ne s'applique pas aux occupations de terrains pour les recherches exécutées par le cessionnaire du propriétaire du sol, attendu que pour cette nature de recherches, les indemnités d'occupation sont exclusivement réglées par le contrat de cession intervenu entre le propriétaire et l'explorateur.

Troisième disposition. — La pièce de terre trop endommagée, ou dégradée sur une trop grande partie de la surface, par le concessionnaire ou par le permissionnaire de recherches doit être achetée en totalité, si le propriétaire l'exige : c'est la reproduction d'une disposition écrite dans l'article 44 primitif.

Quatrième disposition. — Le terrain à acquérir ainsi, par le concessionnaire de mine ou par le permissionnaire de recherches, sera toujours estimé au double de la valeur qu'il avait « avant l'occupation ».

---

(1) *Bulletin de l'industrie minérale*, 1878, p. 920.

Cette quatrième disposition existait déjà dans l'ancien article 44, mais elle y était formulée dans les termes suivants, qui sont trop vagues « avant l'exploitation de la mine », tandis que ces mots du nouvel article 43 « avant l'occupation » correspondent à une date précise. Sous le régime de l'ancien article 44, un arrêt de la cour de Lyon, cité tout à l'heure, en date du 14 mars 1877, avait posé ce principe qu'en cas d'achat, le terrain doit être estimé au double de la valeur qu'il avait au jour de la demande d'achat par le propriétaire du sol ; nous ne croyons pas qu'une pareille doctrine pût tenir devant les termes du nouvel article 43 ; il appartient, en effet, au propriétaire du sol d'exiger, quand il le veut, l'acquisition d'un terrain occupé depuis plus d'un an, ou rendu impropre à la culture par les travaux de recherches ou d'exploitation, mais le terrain à acquérir ainsi doit être estimé au double de sa valeur, non pas au jour où le propriétaire demande l'achat, mais au jour où les terrains ont été occupés : les prescriptions nouvelles de l'article 43 revisé sont formelles à cet égard.

En principe, ces prescriptions nouvelles sont pleinement d'accord avec ces paroles de Regnault de Saint-Jean d'Angély, prononcées au cours de la discussion de la loi des mines, dans la séance du 26 mars 1810, « avant les travaux » ; elles sont conformes à l'interprétation de la loi primitive donnée par M. Dalloz, qui cite, en ce sens, deux arrêts de Bruxelles, des 25 octobre 1843 et 27 décembre 1843 : mais en fait, et pour faire cesser toutes controverses à venir, il n'en est pas moins très heureux qu'elles aient été formulées dans l'article 43 revisé. Disons, à cette occasion, que le conseil général des mines a été le premier à demander, à la date du 23 février 1877, cette amélioration du texte de la loi.

Cinquième disposition. La cinquième disposition, concernant les occupations de terrain, tranche, dans le sens de la jurisprudence actuelle, une question de compétence ; elle soumet aux tribunaux civils les contestations relatives aux indemnités réclamées par les propriétaires du sol aux concessionnaires de mines, pour occupation de terrains.

Compétence exclusive des tribunaux civils pour régler ces indemnités.

Cette disposition de l'article 43 revisé, qui supprime le renvoi malencontreux à la loi du 16 septembre 1807, que faisait l'ancien article 44, est pleinement motivée à plusieurs point de vue. Elle renvoie aux tribunaux, juges naturels des débats d'intérêt privé, une question d'indemnité pour occupations de terrains, qui est essentiellement chose d'intérêt privé; elle se conforme, à cet égard, aux paroles du rapporteur au Corps législatif, qui s'exprimait ainsi à ce sujet : « Toutes les questions dont il vient d'être parlé sont de la compétence des tribunaux et cours, puisque ce sont des contestations entre des propriétaires voisins, à raison de leurs droits respectifs de propriété. » Elle est en harmonie avec les articles 15, 45, 56 et 87 de la loi de 1810 et avec l'esprit des articles 7, 8 et 19 de la même loi, qui ont eu pour but d'assimiler les mines à la propriété immobilière et de les mettre dans le droit commun, but élevé qui ressort de tout l'ensemble des discussions préparatoires de la loi de 1810.

Sur cette question de compétence, l'administration supérieure avait plusieurs fois changé d'avis (1), mais la compétence des tribunaux avait été admise par le conseil d'état dans deux ordonnances des 18 février 1846 (Lahore) et 3 décembre 1846 (Collard), et dans le décret du 12 août 1854 (Grimaldi), ainsi que par la cour de cassation, dans deux arrêts des 21 avril 1823 (Osmond) et 8 août 1839 (Dulac).

Le principe de compétence écrit au 6° paragraphe du nouvel article 43, qui est un retour à la doctrine posée à l'article 27 de la loi de 1791, fera désormais cesser toutes les controverses sur ce point. Disons que l'insertion, dans le nouvel article 43, de ce principe de compétence a été demandée pour la première fois, à la date du 15 avril 1875, par la sous-commission de revision (2).

L'article 27 de la loi du 27 juillet 1791 disait que ces contestations seraient portées « par-devant les juges de paix ou les tribunaux de district, suivant l'ordre de compétence », tandis que le nouvel article 43 dit seulement que les contestations relatives aux indemnités pour occupation de terrains en matière de mines « seront soumises aux tribunaux civils »; dans ces circonstances, comme d'autre part, l'article 89 de la loi du 21 avril 1810 porte que « procureur de la République sera toujours entendu », et comme l'ar-

---

(1) Dupont, *Jurisprudence des mines*, t. I, p. 273.
(2) Conformément aux propositions autographiées de M. Dupont, membre de la sous-commission, faites le 3 avril 1875.

ticle 87 applique aux expertises en matière de mines des dispositions « des articles 303 à 323 du code de procédure civile », on est induit à penser que les débats en cette matière ne peuvent pas être portés devant les juges de paix, mais seulement devant les tribunaux ; en effet, la cour de cassation, dans deux arrêts en date du 14 janvier 1857 (compagnie d'Anzin et compagnie de Blanzy) (1), a proclamé cette doctrine générale, que les actions en réparation de dommages causés aux champs par les travaux des mines doivent être portées devant les tribunaux d'arrondissement, la règle qui attribue aux juges de paix la connaissance des dommages aux champs étant inapplicable en cette matière.

Possibilité du règlement de ces indemnités par des arbitres.

Le règlement de ces indemnités peut être soumis, par compromis, à des arbitres. Ce principe a été établi dans un arrêt de la cour de cassation du 14 mai 1829, dans l'affaire (Mallez contre Castellane (2).

Les tribunaux doivent-ils régler les indemnités pour les occupations de terrains opérées par un permissionnaire de recherches ?

Les indemnités dont nous venons de nous occuper sont les indemnités pour occupations de terrains par les concessionnaires de mines : c'est la seule catégorie d'indemnités qui soit mentionnée au § 6 du nouvel article 43, et pour laquelle ce paragraphe donne explicitement compétence aux tribunaux civils. A cette occasion, la question suivante se pose naturellement ; à qui appartiendra la compétence lorsqu'il s'agira d'occupations de terrains faites par des explorateurs munis du permis de recherches mentionné à l'article 10, c'est-à-dire par des permissionnaires de recherches ? On dira peut-être qu'elle appartient aux conseils de préfecture, en vertu de l'article 46 ainsi conçu :

Art. 46. — Toutes les questions d'indemnité à payer par les proprié-

---

(1) Sirey, 1857-1, p. 292.
(2) Sirey, t. XXIX-1, p. 223.

taires de mines, à raison des recherches ou travaux antérieurs à l'acte de concession, seront décidées conformément à l'article 4 de la loi du 28 pluviôse an VIII.

Mais les indemnités dont il s'agit à l'article 46 sont celles qui sont dues par un concessionnaire de mines à un explorateur n'ayant pas obtenu la concession, à raison des travaux antérieurs à la concession que cet explorateur a exécutés, travaux qui peuvent être, pour le concessionnaire, d'une certaine utilité, directe ou indirecte, et que le conseil de préfecture apprécie, sauf recours au conseil d'état. Ces travaux antérieurs à la concession ne sont aucunement remboursés par le concessionnaire à l'explorateur, au *prorata* de ce qu'ils ont coûté, mais en raison de leur utilité pratique, directe ou indirecte pour l'exploitation ultérieure, et des indications qu'ils ont pu fournir sur l'allure du gîte. Deux intérêts généraux étant ici en présence, la recherche des mines, d'une part, et l'exploitation des mines concédées, d'autre part, il appartenait, en principe, aux tribunaux administratifs d'en connaître, et l'on comprend que ces indemnités « de concessionnaire à explorateur » aient été soumises à la compétence des conseils de préfecture. Tout autre est la question d'indemnité d'occupation de terrains, pour des travaux de recherche exécutés par un explorateur muni d'un permis administratif : il n'y a ici qu'un litige d'intérêts privés, lequel ressort aux tribunaux civils, d'après les principes généraux du droit ; en effet, il ne s'agit pas ici d'encourager l'intérêt général des recherches de mines aux dépens du propriétaire du sol, attendu que l'explorateur payera au propriétaire son terrain tout ce qu'il vaut, et même le double de ce qu'il vaut, s'il y a acquisition (§ 5 de l'article 43) : c'est une simple question de dommages, ressortissant de plein droit aux juges naturels des intérêts privés, c'est-à-dire aux tribunaux civils. Ajoutons que, l'explorateur muni d'un permis de recherches étant assimilé au concessionnaire, dans le § 2 de l'article 43 pour le taux de l'indemnité d'occupation annuelle, et dans les §§ 3, 4 et 5 pour les cas d'achat du terrain occupé et l'estimation des terrains à acquérir, il y a tout lieu de les assimiler aussi, au point de vue de la juridiction compétente pour régler ces indemnités d'occupation.

Enfin il est une dernière considération qui semble démontrer qu'on ne saurait invoquer l'article 46 de la loi pour faire régler par le conseil de préfecture l'indemnité d'occupation de terrain par un permissionnaire de recherches, c'est cette disposition formelle de l'article 10, qui porte que l'indemnité doit être préalable. Un permissionnaire de recherches se présente devant le propriétaire du sol pour occuper le terrain nécessaire à des explorations autorisées par le gouvernement : le propriétaire exige l'indemnité préalable et demande un chiffre que le permissionnaire de recherches refuse de payer ; en appellera-t-on au conseil de préfecture pour faire appliquer l'article 46 ? mais l'article 46 ne vise que les « indemnités à « payer par les propriétaires de mines... », c'est-à-dire par les concessionnaires, attendu que la propriété des mines résulte et date de l'acte de concession (art. 5 et 19) ; d'où il suit que la compétence attribuée aux conseils de préfecture, par l'article 46, bien qu'elle s'applique à des travaux antérieurs à la concession, ne peut s'exercer qu'à dater de la concession, elle ne commence qu'au moment de la concession ; il faudrait donc que le propriétaire du sol, qui a droit à une indemnité préalable, attendît que la concession fût instituée, pour réclamer le règlement de cette indemnité par le conseil de préfecture : c'est assez dire qu'on ne saurait invoquer l'article 46 de la loi de 1810 pour attribuer aux conseils de préfecture la compétence pour le règlement des indemnités d'occupation de terrains par les permissionnaires de recherches.

Cette compétence doit donc appartenir aux tribunaux, et nous partageons, à cet égard, la doctrine de la cour de Montpellier, formulée dans un arrêt du 4 janvier 1841 (1) et l'opinion exprimée par l'administration supérieure dans un permis de recherches du 19 décembre 1848 (2). Nous devons ajouter néanmoins que la jurisprudence du conseil d'état, telle qu'elle résulte de l'ordonnance du 18 février 1846, rendue dans l'affaire Ponelle contre Lahore et consorts (3), est favorable à la compétence des conseils de préfecture, mais, par les motifs ci-dessus développés, nous croyons devoir maintenir, comme doctrine, le principe de la compétence des tribunaux civils (4).

---

(1) Dalloz, 41-2, p. 139.
(2) Permis de recherches d'anthracite dans la commune de Poillé (Sarthe) accordé aux sieurs Mathieu et Triger, M. Vivien étant ministre des travaux publics. (*Annales des mines*, 4ᵉ série, t. XIV, p. 607.)
(3) *Annales des mines*, 4ᵉ série, t. IX, p. 645.
(4) L'assimilation entre les permissionnaires de recherches et les concessionnaires, au point de vue de la compétence pour le règlement des indemnités d'occupation de terrains, était écrite explicitement dans le projet de la sous-commission de revision du 15 avril 1875, dans le projet déposé

L'indemnité pour occupation de terrains par un concessionnaire doit-elle être préalable?

L'indemnité pour occupation de terrains, en matière de mines, doit-elle être préalable? Si l'occupation est faite par un explorateur muni du permis de recherches mentionné à l'article 10, c'est-à-dire par un permissionnaire de recherches, l'indemnité doit être préalable : cela résulte des termes formels de l'article 10. Mais en sera-t-il de même, si l'occupation est faite par un concessionnaire de mines? Les §§ 2 et 3 du nouvel article 43 assimilent complètement, il faut le dire, le concessionnaire et l'explorateur muni du permis de recherches mentionné à l'article 10, à l'égard du mode de calcul de l'indemnité due au cas d'occupation ou d'acquisition de terrains; or l'article 10 disant que l'indemnité pour occupation de terrains par le permissionnaire de recherches doit être préalable, on est porté à conclure de l'assimilation sus mentionnée, et formulée par les §§ 2 et 3 de l'article 43, que cette indemnité doit aussi être préalable, en cas d'occupation de terrains par un concessionnaire de mines.

Ajoutons, dans le sens de l'assimilation, qu'au regard du propriétaire de la surface, le concessionnaire occupe tout comme le permissionnaire de recherches; le concessionnaire agit, dans cette occupation, en vertu d'un arrêté préfectoral (1), l'explorateur agit en vertu d'un décret portant permis de recherches, mais tous les deux opèrent en vertu d'un pouvoir supérieur, qu'ils tiennent du gouvernement ou de l'administration préfectorale : tout semble donc concourir à assimiler le concessionnaire à l'explorateur, au point de vue de l'indemnité préalable, laquelle est, dans un cas comme dans l'autre, un juste hommage rendu aux droits primordiaux de la propriété foncière.

Nous devons dire, d'autre part, que les jurisconsultes sont très divisés au sujet de cette question de l'indemnité préalable, qui a une grande importance pratique.

Pour ce qui est de la jurisprudence des tribunaux en Belgique, elle est contraire à l'indemnité préalable.

En France, il y a un arrêt de la cour de Bourges du 20 avril 1831,

---

le 5 février 1877 par M. Brossard, député, dans les propositions du conseil général des mines, en date du 23 février 1877, et dans le projet préparé par la section du conseil d'état, distribué le 9 mars 1878.

(1) § 1ᵉʳ du nouvel article, 43.

relatif aux mines de Decize, qui est pour l'indemnité préalable, et un arrêt plus récent de la cour de Douai, du 16 mai 1857, qui est contraire à l'indemnité préalable. La cour de Douai invoque surtout les difficultés de fixer, en fait, l'indemnité d'occupation avant les travaux, en raison de l'incertitude où l'on est sur la durée de ceux-ci ; à cela on peut répondre que le propriétaire peut toujours faire l'offre, ou d'une rente équivalant au double du revenu du terrain, ou d'une somme une fois payée, équivalant au double de la valeur du terrain avant les travaux, le tribunal pouvant ordonner, avant les travaux, telle consignation qu'il jugera nécessaire pour satisfaire à l'une où à l'autre de ces deux offres (1).

A l'appui de ces dernières observations, et en ce qui concerne la pratique de l'indemnité préalable, nous pouvons indiquer ce qui ce passe en Prusse, où l'indemnité pour occupation de terrains, en matière de mines, est réglée, par un paragraphe de la loi du 24 juin 1865, conçu comme il suit :

§ 137. — Le concessionnaire de mine est tenu de payer à l'avance, chaque année, le dommage causé par la privation de l'usage au possesseur du terrain, et de restituer le terrain dès qu'il ne lui est plus nécessaire. Si le terrain a perdu de sa valeur par l'occupation, le concessionnaire de mine doit rembourser la moins-value lors de la restitution. Le possesseur du terrain peut demander, lors de la cession, une caution convenable comme garantie de l'accomplissement de cette obligation.

La loi bavaroise du 20 mars 1869 (art. 126 et 127) contient, sur ce point, des dispositions pareilles à la loi prussienne.

Règlement des indemnités d'occupation de terrains pour travaux de mines, à l'étranger (Autriche, Prusse, Bavière, Italie).

Procédons maintenant par voie de comparaison, et étudions comment s'opère à l'étranger le règlement des indemnités pour occupation de terrains par les travaux des mines.

En Autriche, d'après la loi du 23 mai 1854, lorsque l'exploitant de mine et le propriétaire du sol sont en désaccord sur la nécessité d'une cession de terrain, temporaire ou définitive, ou sur le chiffre

---

(1) Dupont, *Jurisprudence des mines*, t. I, p. 295.

de l'indemnité, l'autorité politique, assistée de l'autorité minière, tranche la question, après estimation des experts; mais cette fixation d'indemnité est provisoire, et susceptible d'un recours par la voie judiciaire. Malgré ce recours, l'entrepreneur de mines peut exiger une cession immédiate du terrain, en consignant le montant de l'indemnité (§§ 101, 102 et 103).

En Prusse, quand une entente amiable ne peut être obtenue, l'administration supérieure des mines et le gouvernement provincial interviennent ensemble. Des commissaires délégués par les deux autorités fixent l'indemnité ou la caution, avec le concours d'experts. La décision de l'administration supérieure des mines et du gouvernement provincial admet le recours des parties intéressées aux ministres respectifs, mais ce recours ne s'applique pas à l'évaluation du dommage ou de la caution ; il y a aussi possibilité de recours par la voie judiciaire, à propos de l'obligation de la cession d'un terrain (art. 142 à 145). Le système prussien du règlement de ces indemnités a de l'analogie avec le système autrichien, et l'on peut critiquer sa complication.

En Bavière, d'après la loi du 20 mars 1869, l'autorité minière et l'autorité de police du district interviennent, en ces matières, d'une manière assez analogue à ce qui se passe en Prusse, mais la loi bavaroise contient beaucoup plus de complications de détail (art. 136 à 145).

Dans la législation italienne, si les travaux ne sont que passagers, l'indemnité annuelle est réglée au double du revenu, mais en cas d'occupation prolongée et d'acquisition des terrains par le concessionnaire, l'achat au double de la valeur n'est point spécifié, comme à l'article 43 de la loi française : c'est ce qui résulte des articles 79 et 80 du décret royal du 20 novembre 1859. La législation italienne a adopté, comme on voit, un moyen terme entre l'indemnité double et l'indemnité simple, pour occupation de terrains.

En Autriche et en Prusse l'indemnité pour occupation de terrains nécessaires aux travaux des mines n'est jamais double du revenu, ou double de la valeur d'achat, comme l'exige l'article 43 de la loi française.

En France, d'après l'article 43 revisé de la loi de 1810, le propriétaire de la surface peut exiger l'acquisition, au double de la valeur, des pièces de terre occupées pendant plus d'un an par les travaux des mines.

En Prusse, d'après l'article 138 de la loi de 1865, le propriétaire de la surface ne peut exiger l'acquisition (au simple droit) de ces pièces de terre que lorsqu'il est certain que l'occupation du terrain durera plus de trois ans, ou lorsque l'occupation se prolonge au delà de ce temps. (Même disposition, à l'art. 128 de la loi bavaroise). A cet égard, la loi prussienne est moins rigoureuse que la loi française pour les concessionnaires de mines.

D'autre part, le § 141 de la loi prussienne consacre, pour les parties de terrain vendues en vue de l'exploitation des mines, un privilége de rachat, en faveur du propriétaire primitif, lorsque, par la suite, le terrain n'est plus nécessaire à l'exploitation. La loi française ne fait rien de pareil en faveur du propriétaire de la surface.

La loi prussienne a étudié tous les détails des occupations de terrains, en matière de mines, avec une telle sollicitude minutieuse qu'elle dit explicitement au § 140 :

Lors des cessions ou acquisitions forcées d'un terrain pour un établissement d'exploitation de mines, on ne s'occupera pas, dans l'estimation des dommages, de la plus-value que le terrain pourra acquérir par le fait même de cette installation nouvelle. (Même disposition, à l'art. 130 de la loi bavaroise.)

Cette sollicitude de la loi prussienne, sur ce point important dans la pratique des occupations de terrains, est de nature à être appréciée par les exploitants, mais nous estimons, à un point de vue général, que c'est ici chose à laisser à la prudence des tribunaux, comme cela se fait en France.

Moins-value, privation ou diminution de jouissances, en matières d'occupation de terrains pour travaux de mines. — Dépréciation.

En cas d'occupation d'un terrain par des travaux de mines, est-il dû au propriétaire de la surface une indemnité fixe et définitive pour moins-value, ou pour privation, ou diminution de jouissance, en dehors des deux chefs d'indemnité suivants :

1° Payement du double produit du terrain occupé dans le cas d'occupation temporaire, ou du double du prix d'achat dans le cas d'occupation prolongée;

2° Indemnité pour dommages directs et matériels occasionnés par l'exploitation?

Le tribunal de Fontenay, dans un jugement du 20 juillet 1866, confirmé par la cour de Poitiers le 27 mai 1867, avait décidé qu'il ne pouvait pas être dû une indemnité actuelle et définitive pour un préjudice éventuel et temporaire; mais la cour de cassation, dans un arrêt du 14 juillet 1875, confirmatif d'un arrêt de Poitiers du 18 août 1873, a décidé qu'il pouvait y avoir lieu, pour ce troisième chef d'indemnité (dépréciation de valeur, diminution, ou privation de jouissance), à une indemnité annuelle, représentative du préjudice. Il s'agissait ici d'un parc voisin d'une mine de houille et traversé par les ouvriers de celle-ci.

De même, par un arrêt du 3 août 1877, la cour d'appel de Nancy a accordé, en sus de l'indemnité d'occupation une fois payée par le passé, une autre indemnité annuelle, devant durer autant que les faits dommageables, pour troubles occasionnés dans la jouissance du surplus de l'héritage (un parc).

Citons un jugement du 23 juillet 1872, rendu par le tribunal d'Angers, lequel, tout en déniant un droit à une moins-value générale de l'immeuble, en sus de l'indemnité double pour occupation de terrains, reconnaît le droit à une indemnité représentative des dommages causés aux parties voisines du terrain occupé pour obstacles au libre écoulement des eaux, gêne d'exploitation, etc.

En matière de dépréciation, il y a lieu de citer aussi un arrêt du 10 février 1857 (1) (mines de Vialas) : cet arrêt admet, en sus de l'indemnité directe, afférente au dommage causé (diminution d'une source), une indemnité supplémentaire pour dépréciation générale de la propriété.

Règlement possible de l'indemnité d'occupation par des conventions particulières.

Nous avons achevé d'exposer quelles sont les dispositions de la loi revisée du 21 avril 1810, au point de vue des indemnités dues aux propriétaires de la surface par les concessionnaires de mines et les permissionnaires de recherches, pour occupation de terrains : disons en terminant sur cette question, quoique ce soit chose presque inutile, que les concessionnaires de mines, comme les permissionnaires de recherches pourront, par des conventions particulières avec

---

(1) *Annales des mines*, 1879, p. 108.

les propriétaires de la surface, déroger d'un commun accord aux prescriptions de l'article 43 : c'est alors la convention qui se substitue, d'après le gré des parties, aux prescriptions légales pour le règlement de ces indemnités.

Droits, pour les propriétaires du sol, d'être préalablement entendus, en matière d'occupation de terrains pour les travaux des mines.

Rappelons enfin qu'un double droit est formellement attribué au propriétaire de la surface, en cas d'occupation de terrains pour la recherche ou les travaux des mines : c'est celui d'être préalablement entendu. L'article 10 formule ce droit en matière de recherches; le § 1ᵉʳ du nouvel article 43 le formule également dans le cas de toute occupation de terrains opérée, en vertu d'un arrêté préfectoral, par un concessionnaire de mines.

Indemnités pour dégâts de mines.

Passons maintenant à l'étude d'une des questions les plus délicates et les plus controversées de la législation des mines, celle des indemnités dues aux propriétaires de la surface pour dommages ou dégâts autres que ceux d'occupation de terrains, et provenant des travaux exécutés pour la recherche ou l'exploitation des mines. Reportons-nous tout d'abord aux prescriptions du § 7 du nouvel article 43 qui s'exprime ainsi sur ce sujet :

§ 7. — Les dispositions des §§ 2 et 3 (1) relatives au mode de calcul de l'indemnité, due au cas d'occupation ou d'acquisition des terrains, ne sont pas applicables aux autres dommages causés à la propriété par les

---

(1) Le texte de la loi nouvelle, inséré au *Journal officiel* du 28 juillet 1880 et au *Bulletin des lois* (n° 546), et celui qui accompagne la circulaire ministérielle du 6 août 1880, envoyée directement aux ingénieurs et insérée aux *Annales des mines*, portent : « les dispositions des §§ 2 et 3 », tandis que le texte accompagnant la même circulaire ministérielle insérée dans le *Bulletin du ministère des travaux publics* (août, p. 80), dit : « les dispositions des §§ 2 et 5 »; est-ce une erreur du *Bulletin*? Ce qui est certain, c'est qu'il y a quatre paragraphes de l'article 43, les §§ 2, 3, 4 et 5 qui s'occupent directement ou indirectement du mode de calcul de l'indemnité due en cas d'occupation ou d'acquisition des terrains, et qu'il aurait été mieux de dire dans la loi : « les dispositions des §§ 2, 3, 4 et 5 ».

travaux de recherche ou d'exploitation : la réparation de ces dommages reste soumise au droit commun. »

Observons tout d'abord que cette réparation des dégâts de mines, autres que ceux d'occupation de terrains, sur le pied du droit commun en ce qui concerne le mode de calcul de l'indemnité, laquelle consacre la jurisprudence de la cour de cassation (1), avait été réclamée, dès le 22 janvier 1874, par la commission parlementaire de l'Assemblée nationale, pour être écrite dans l'article 43 revisé.

Le mot « droit commun » du § 7 de l'article 43 revisé s'applique seulement au « mode de calcul » de l'indemnité due pour dégâts de mines, laquelle est assimilée, pour le reste, à l'indemnité pour occupation de terrains.

Étudions de près le texte du nouvel article 43. Le dernier membre de phrase du § 7, lequel est ainsi conçu : « La réparation de ces dommages reste soumise au droit commun », venant immédiatement après ce membre de phrase « Les dispositions des §§ 2 et 3 relatives au mode de calcul de l'indemnité due au cas d'occupation ou d'acquisition des terrains (lesquelles sont contraires au droit commun) ne sont pas applicables aux autres dommages causés à la propriété par les travaux de recherche ou d'exploitation », on est logiquement et naturellement conduit à interpréter ce § 7 comme s'il était libellé ainsi qu'il suit :

Les dispositions des §§ 2 et 3 relatives au mode de calcul de l'indemnité due au cas d'occupation ou d'acquisition des terrains ne sont pas applicables aux autres dommages causés à la propriété par les travaux de recherche ou d'exploitation : la réparation de ces dommages reste soumise au droit commun *pour ce qui concerne le mode de calcul de l'indemnité due.*

Or le droit commun en ce qui concerne le mode de calcul de l'indemnité due pour un dommage, c'est le système de l'indemnité simple, tel qu'il résulte de l'article 1149 du code civil ainsi conçu :

Art. 1149. — Les dommages et intérêts dus aux créanciers sont, en gé-

---

(1) Arrêt du 23 juillet 1862, chambres réunies (affaire Pras).

néral, de la perte qu'il a faite et du gain dont il a été privé, sauf les exceptions et modifications ci-après.

En conséquence, contrairement à ce qui est stipulé pour les dommages d'occupation de terrains, lesquels sont réglés sur le pied de l'indemnité double en vertu des §§ 2 et 3 de l'article 43 revisé, les autres dommages causés à la propriété par les travaux de recherche et d'exploitation seront réglés sur le pied de l'indemnité simple, en vertu de l'exception formulée au § 7 ; mais comme cette exception ne porte que sur le mode de calcul de l'indemnité due, il s'ensuit que, hormis le mode de calcul de l'indemnité, tout sera identique dans la réparation des deux catégories de dommages. Or, comme les dommages pour occupation de terrains sont toujours dus en principe, il doit s'en suivre que les dommages faits à la propriété autres que ceux d'occupation, lorsqu'ils auront été réellement causés par les travaux de recherche ou d'exploitation des mines, seront aussi toujours dus en principe.

Telle est la conséquence indirecte, mais logique, du texte du nouvel article 43 de la loi des mines, et cette conséquence a une grande importance doctrinale.

On pourra dire qu'il est facile, en fait, de constater l'occupation, tandis qu'il est bien difficile souvent de constater en fait si un dommage autre que ceux d'occupation, et qui a été causé à la surface, provient véritablement de travaux de recherche ou d'exploitation de mines : mais à cela il est facile de répondre, d'une part, que la difficulté du fait n'entame pas la question de principe ; et, d'autre part, que cette difficulté n'est pas une impossibilité, attendu qu'on sait justement, dans les pays de mines, que les juges, en s'éclairant de rapports d'experts sur la partie technique et géologique, et des circonstance de lieu, de temps et autres, arrivent très bien à reconnaître quand des dommages autres que ceux d'occupation sont réellement causés par des travaux de recherche ou d'exploitation de mines.

Système mixte résultant de l'article 43 revisé : responsabilité spéciale pour le principe de la dette de l'indemnité, et responsabilité de droit commun pour le calcul de l'indemnité.

En nous bornant du reste aux dommages autres que ceux d'occupation de terrains causés à la propriété par les travaux de recherche ou d'exploitation des mines, nous formulerons l'opinion suivante, savoir, qu'il résulte directement et indirectement du texte du nouvel article 43 que la doctrine applicable à la réparation de ces dommages est un système mixte : c'est le système de la responsabilité spéciale au point de vue du principe de la dette (l'indemnité étant toujours due par le fait seul d'un dégât causé par les mines) combiné avec le système de la responsabilité de droit commun pour le mode de calcul de l'indemnité réparatrice, c'est-à-dire le système de l'indemnité simple, tel qu'il résulte de l'article 1149 du Code civil.

En s'en tenant au texte de l'article 43, on trouve que l'article 1382 du code civil, portant que « tout fait quelconque de l'homme qui cause à autrui un dommage, oblige celui par la faute duquel il est arrivé à la réparer » interprété dans son sens habituel et littéral, n'est pas applicable au cas présent ; en effet cet article 1382 ne règle pas la mode de calcul de l'indemnité due, dont s'occupe le § 7 de l'article 43, mais il définit et limite le principe même de la dette d'une indemnité réparatrice ; or c'est uniquement pour le mode de calcul de l'indemnité que l'article 43 distingue les dommages pour occupation de terrains des autres dommages causés à la propriété par la recherche et l'exploitation des mines ; il les assimile indirectement pour tout le reste, et conséquemment il admet implicitement, mais forcément, que les uns comme les autres sont également dus en principe. Il suit de là que le seul texte de l'article 43 conduit à cette conséquence que l'article 1382 interprété dans son sens habituel n'est pas applicable ici, ou que, si l'on veut l'appliquer, il faut lui donner une interprétation exceptionnelle et spéciale, à savoir qu'en matière de dégâts de mines le seul fait entraîne la faute et, par suite, la responsabilité de l'auteur.

Comparaison générale des deux théories de la responsabilité de droit commun et de la responsabilité de droit spécial, pour dégâts de mines.

Après avoir étudié cette grosse question des dégâts de mines à la seule lumière de l'article 43 revisé, examinons-la en nous appuyant sur les principes généraux du droit et sur l'ensemble de la loi du 21 avril 1810.

Deux théories sur les dégâts de mines sont aujourd'hui en présence : l'une, celle de la responsabilité de droit commun, admet que la concession de la mine et la propriété du sol sont comme deux héritages voisins égaux en droit, et que les dommages autres que ceux d'occupation de terrains causés à la propriété superficiaire par les travaux de mines ne peuvent donner lieu à indemnité, que s'il y a faute de la part du concessionnaire ; l'autre théorie, celle de la responsabilité de droit spécial, maintient que les deux propriétés ne sont pas égales en droit, et qu'il résulte de la nature des choses, et de l'ensemble de nos lois, que le fait seul d'un dégât de mines causé à la propriété superficiaire entraîne la responsabilité de l'auteur et l'oblige à le réparer.

Discutons ces deux théories.

Les deux propriétés de la surface et de la mine ne sont pas égales comme ancienneté, elles ne sont pas égales en droit, et il n'y a pas entre elles la réciprocité de deux héritages superficiaires voisins. La propriété de la mine est une propriété nouvelle, qui date seulement de l'acte de concession (art. 5 et 19) ; le propriétaire du sol, qui est maître, en principe, du dessus et du dessous, en vertu de l'article 552 du code civil, n'est limité que dans un seul de ses droits par la concession de la mine, celui de rechercher et d'exploiter la substance minérale concédée ; cela est si vrai que, même en ce qui concerne les substances minérales concessibles, il a le droit de rechercher, après comme avant la concession, les substances minérales autres que celle qui a fait l'objet de la concession (1).

La propriété de la mine ne donne au concessionnaire que le droit d'exploiter les substances minérales désignées dans son titre de concession, et laisse intacts tous les autres droits qui appartiennent au propriétaire de la surface, tels que ceux de jouir de ses terres, prés, sources, maisons, murs de clôture, etc. « Le concessionnaire, comme a dit Dupin, est un nouveau venu, il doit respecter tout ce qui continue d'appartenir au propriétaire » (2), et s'il ne le fait point il doit réparation du dommage causé à la surface, par cela seul qu'il en est l'auteur. Le concessionnaire de mines, en acceptant la concession, prend donc l'engagement tacite de respecter tous les droits antérieurs du propriétaire de la surface : c'est là un de ces engagements

---

(1) Arrêt de la cour de Nîmes du 21 août 1849 (compagnie de Vialas contre compagnie des forges d'Alais).

(2) Opinion rappelée devant la cour de cassation de Belgique par M. le procureur général Faider. — Arrêt du 30 mai 1872 ; Dalloz, 1874-2-241.

mentionnés à l'article 1370 du code civil, « qui se forment sans qu'il intervienne aucune convention ni de la part de celui qui s'oblige ni de la part de celui envers qui il est obligé » (1) ; en conséquence la cour de cassation a pu dire à bon droit, au point de vue des dommages autres que ceux d'occupation causés à la surface par l'exploitant de mines travaillant dans sa mine, c'est-à-dire chez lui-même, « qu'il agit à ses risques et périls et sous sa responsabilité (2). »

On ne saurait arguer, en faveur du système de la responsabilité de droit commun, de ce que l'article 7 de la loi du 21 avril 1810 met la propriété des mines sur le même pied que la propriété du sol : et en effet, lorsque l'article 7 déclare que « l'acte de concession donne la propriété perpétuelle de la mine, laquelle est dès lors disponible et transmissible comme tous autres biens », cet article veut dire principalement que les concessions de mines sont désormais perpétuelles, par opposition avec ce qui avait lieu sous le régime de la loi de 1791, où elles n'avaient que 50 ans de durée ; qu'elles sont disponibles et transmissibles comme tous autres biens, ce qui annule les prescriptions de l'arrêté du 3 nivôse an VI, portant défense de vendre des mines sans l'autorisation du gouvernement (3). Mais l'article 7 de la loi du 21 avril 1810 n'a pas voulu et n'a pas pu dire que le propriétaire de la mine a le droit, surtout en ce qui concerne les rapports avec la propriété du sol, d'user avec liberté entière de sa propriété, et la preuve en est dans les articles 10, 11, 15, 47 et 50 de la loi du 21 avril 1810. L'article 10 crée des rapports spéciaux entre le permissionnaire de recherches et le propriétaire de la surface chez lequel le premier opère, moyennant une indemnité préalable ; l'article 11 crée une servitude spéciale au profit des propriétaires de maisons d'habitation, dans un rayon de 50 mètres, contre les concessionnaires de mines et permissionnaires de recherches ; les articles 47 et 50 enjoignent à l'autorité de veiller,

---

(1) Voir de Cheppe : *Annales des mines*, 1843, p. 858 et Splingard : *les Concessions de mines dans leurs rapports avec les principes du droit civil*, p. 130.

(2) Arrêt, chambres réunies, du 23 juillet 1862 (affaire Pras).

(3) On ne saurait exciper non plus de ces paroles de l'exposé des motifs de Regnault de Saint-Jean d'Angely, « la loi sur les mines renvoyant au droit commun sur toutes les règles des intérêts particuliers », parce que leur sens restreint est expliqué par ces autres paroles qui les précèdent immédiatement, « la vente, la donation, la succession de cette partie considérable de la richesse territoriale et commerciale à la fois devient soumise à des règles communes à toutes les propriétés ».

en ce qui concerne les travaux des mines, à la conservation des édifices et à la sûreté du sol (art. 47), à la sécurité publique, à la conservation des voies de communication, à celle des eaux minérales, à la solidité des habitations et à l'usage des sources qui alimentent les villes, villages, hameaux ou établissements publics (art. 50 revisé), ce qui édicte une responsabilité spéciale des exploitants de mines sur tous ces chefs; d'autre part, la doctrine de la responsabilité spéciale est proclamée par l'article 45 pour le cas particulier où les eaux d'une mine pénètrent plus ou moins dans une mine voisine, sans qu'il y ait faute de la part de l'exploitant de la première mine, et le seul fait du dommage causé entraîne ici une indemnité réparatrice obligatoire; mais il y a surtout l'article 15 qui proclame hautement la doctrine de la responsabilité spéciale dans les rapports de la mine avec la surface, et à cet égard il est nécessaire d'entrer dans certains développements, en raison de l'importance du principe en discussion.

Aux termes de l'article 15, l'explorateur ou l'exploitant de mines doit, « le cas arrivant de travaux à faire sous des maisons ou lieux d'habitation, sous d'autres exploitations ou dans leur voisinage immédiat, donner caution de payer toute indemnité en cas d'accident ». Cette expression « en cas d'accident » a une très grande importance, elle veut dire que la caution devra servir à payer l'indemnité pour dégâts aux maisons, non pas seulement s'il y a faute, ce qui est le droit commun écrit à l'article 1382 du code civil, mais s'il y a accident, c'est-à-dire s'il arrive qu'il y ait dégât, ce qui est la doctrine du droit spécial pour dégâts de mines. M. Chevalier dit très justement à cet égard : « Cette expression dénote bien que la pensée
« du législateur a été d'engager la responsabilité par cela seul que
« les travaux de la mine ont occasionné le dommage; ce qui devient
« alors la cause génératrice de la responsabilité, c'est l'accident (1). »
Nous estimons donc que la cour de cassation a méconnu l'importance et le sens de ces mots de l'article 15, lorsqu'elle a déclaré dans son arrêt du 12 août 1872 (2) que cet article « n'établit le
« droit à l'indemnité qu'à l'égard des dommages dont la responsa-
« bilité incomberait également à toute personne, pour les mêmes

---

(1) *De la propriété des mines et de ses rapports avec la propriété superficiaire*, par M. Chevalier, avocat, 141.

(2) Dalloz, 1872-1-369 (affaire Maurice contre Forges de Tamaris).

CHAP. V. — DEVOIRS DES CONCESSIONNAIRES, ETC. 179

« faits, en vertu de l'article 1382 du code civil ». Nous estimons également que la cour de Nîmes a fait erreur lorsqu'elle a formulé la même déclaration textuelle, dans son arrêt du 27 avril 1878, rendu dans l'affaire Compagnie de Mokta contre Nicolas (1).

Mais ce n'est pas tout encore : l'obligation de donner caution, imposée par l'article 15. conduit, comme l'expression « en cas d'accident », à cette conséquence que l'article 15 admet, pour les dégâts de mines à la propriété bâtie, la doctrine du droit spécial, c'est-à-dire la doctrine de l'indemnité due par le fait seul du dégât. Le législateur, en stipulant le devoir de donner caution pour payer toute indemnité en cas d'accident, présuppose et admet, comme principe, que l'exploitant de mines a le devoir absolu, devoir de droit spécial, de payer toute indemnité en cas d'accident survenu à des maisons par le fait des travaux qu'il exécute dans sa mine : c'est comme conséquence de ce principe, et pour assurer le payement d'une indemnité parfois considérable envers la propriété bâtie, que le législateur a stipulé le dépôt préalable de la caution, laquelle a un autre avantage indirect, celui d'aider à la sécurité des habitations. Au sujet de l'importance doctrinale de cette caution, un jurisconsulte belge, M. Splingard, a dit justement : « L'article 15 introduit en faveur du proprié-
« taire du sol un système exceptionnel, celui de la caution pour le
« dommage à venir. L'obligation de donner caution pour l'usage qu'on
« fera de sa propre chose est exceptionnelle ; la loi civile consacre
« l'obligation de la caution pour l'usage d'une chose qui appartient
« à autrui, ainsi l'usufruitier doit donner caution : mais la position
« du propriétaire du sol a dû particulièrement intéresser le législateur
« pour qu'il astreignît le concessionnaire à semblable obligation.
« Ajoutons que l'idée même de la caution doit s'entendre de l'obliga-
« tion imposée au concessionnaire de répondre du fait même et des
« conséquences de son exploitation. Obliger à donner caution qu'on
« répondra de ses fautes, cela était complètement inutile... (2). » Nous croyons donc être fondé à repousser, par le motif seul de la caution, la doctrine mentionnée tout à l'heure, et proclamée dans les deux arrêts des 12 août 1872 et 27 avril 1878.

Le texte de l'article 15 ne s'applique qu'à la propriété bâtie, mais

---

(1) Dalloz, 1879-2-61, et *Annales des mines*, 1879, p. 150.
(2) *Des concessions de mines dans leurs rapports avec les principes du droit civil*, p. 130.

on peut en tirer des conséquences indirectes en ce qui concerne la propriété non bâtie : si l'exploitant de mines est absolument libre dans sa mine, et s'il peut y faire tels travaux qu'il voudra sans avoir à payer, en cas de dégâts produits par les travaux, aucune indemnité au propriétaire de la propriété non bâtie, il semble qu'il doive jouir de la même liberté vis-à-vis de la propriété bâtie : or l'article 15 nous démontre qu'il n'en est rien. Il suit de cet article que les dégâts causés par les mines à la propriété bâtie entraînent une responsabilité et obligent, par leur seul fait, l'exploitant de mines à payer une indemnité, pour la sûreté de laquelle une caution est stipulée ; d'où il résulte logiquement, *similia similibus*, que l'article 15 conduit indirectement à la conséquence suivante, que tous les dégâts de mines faits à la propriété non bâtie exigent une indemnité réparatrice, comme ceux qui affectent la propriété bâtie, mais avec cette seule différence qu'il n'y a pas lieu à caution, comme dans le cas des maisons d'habitation dont la sécurité doit être plus spécialement garantie. Qu'on ne s'étonne pas, du reste, de voir invoquer l'article 15 en matière de dégâts de mines, attendu qu'il résulte de la discussion préparatoire de la loi de 1810 (1), comme l'a fait observer la cour de cassation belge, dans son arrêt du 30 mai 1872 (2), que le législateur a eu en vue dans cet article 15 tous les dommages à craindre de fouilles qui viendraient ébranler les fondements des édifices d'un propriétaire voisin, tarir les eaux dont il fait usage, ou lui causer quelque tort ; d'où il suit que la généralité de la rédaction de l'article 15, qui se sert de ces mots « donner caution de payer toute indemnité en cas d'accident », permet de conclure de l'historique dudit article que si la propriété non bâtie n'a pas droit à une caution, elle a toujours droit à une indemnité en cas d'accident venant du fait de l'exploitant de mines.

Et maintenant, faisons appel, non plus à des textes de loi seulement, mais à la nature des choses : la propriété de la mine et la propriété superficiaire peuvent-elles être assimilées, au point de vue, d'une part, de leurs positions respectives, et, d'autre part, de la nature de leurs œuvres, à deux héritages voisins, à deux terrains contigus, auxquels s'appliquent textuellement et l'article 1382 et l'article 641 du code civil?

---

(1) Séances du conseil d'État des 13 et 24 février 1810.
(2) Dalloz, 1874-2-241.

Poser ainsi la question, c'est la résoudre, car, dans un cas, l'une des propriétés est au-dessous de l'autre, elle supporte l'autre au point de vue statique, tandis que, dans l'autre cas, l'on est en présence de deux terrains l'un à côté de l'autre ; d'où il suit que cette expression de « propriétaire du fonds inférieur » employée à l'article 641 du code civil ne saurait avoir ici son application, puisque la mine est toujours située, comme niveau, au-dessous de la propriété superficiaire. Conséquemment le voisinage de la mine et du sol, d'une part, et le voisinage de deux propriétés superficiaires, d'autre part, sont deux choses essentiellement différentes, malgré leur dénomination identique.

Passons à une autre considération, celle de la nature des œuvres : les propriétaires de deux héritages voisins font, on peut le dire, la même œuvre, ou des œuvres analogues, malgré les variétés de culture, tandis que rien ne ressemble moins à l'agriculture, pour les effets produits à la surface, que l'exploitation d'une mine : il y a réciprocité dans le premier cas, elle ne saurait exister dans le second. L'œuvre essentielle de toute exploitation de mines, c'est de créer des vides souterrains plus ou moins étendus, plus ou moins rapprochés de la surface, et nous devons donner à cet égard quelques détails techniques. En fait, lorsque l'exploitation des mines produit un vide souterrain, il se produit avec le temps, et par suite de l'affaissement successif des roches, de proche en proche, une sorte d'entonnoir, dont le fond est formé par les travaux de la mine, et dont l'ouverture, plus ou moins déprimée et plus ou moins évasée, arrive parfois jusqu'à atteindre la surface, qui est alors modifiée et dégradée. Cet entonnoir d'affaissement est plus ou moins prononcé et plus ou moins évasé suivant l'épaisseur de la couche exploitée, son inclinaison, la consistance, l'inclinaison, l'allure des roches supérieures situées entre le sol et la couche exploitée, et les failles qui les affectent ; il est aussi en relation avec l'introduction, la disposition, la nature des remblais et les circonstances locales diverses. Une chose certaine, c'est que cet entonnoir d'affaissement, dont les travaux de mines forment le fonds, n'est pas toujours symétrique et régulier ; il peut se dévier et se dévie réellement en obliquant vers la droite ou vers la gauche, vers l'avant ou vers l'arrière, dans le voisinage des terrains superficiaires, supérieurs aux travaux, suivant l'inclinaison de la couche exploitée, l'allure et la consistance des couches supérieures au gîte, les failles qui peuvent affecter ces couches et les autres circonstances locales ; mais le fait incontestable de cet entonnoir d'affaissement démontre qu'il peut y avoir des dégâts de surface sur les bords de l'ouverture dudit entonnoir et en dedans de ses bords comme dans la partie plus ou moins centrale de cette ouverture, située au-dessus des travaux de mines qui forment le fond de l'entonnoir : or ne semble-t-il pas que ces dégâts sur les bords, lesquels peuvent se trouver en dehors du périmètre concédé (1), ou en dedans de celui-ci (2), doivent être réparés par une indemnité, si les dégâts au-dessus du fond de l'entonnoir entraînent réparation? Les uns aussi bien que les autres sont, en effet, des dégâts causés par les mines.

Si l'on admettait, en matière de dégâts causés à la surface par un exploitant de mines, le principe posé par la cour de Nîmes, dans son arrêt du 27 avril 1878 (3), que « l'exercice d'un droit ne constitue « pas une faute », il faudrait, pour être logique, refuser absolument la réparation de ces deux catégories de dégâts ; il faudrait dire, avec M. Jacomy, que « dans tous les cas, que les travaux se trou- « vent ou non sons la surface endommagée, le concessionnaire ne « sera pas tenu ici à indemnité parce qu'il n'encourt que la respon- « sabilité ordinaire entre propriétaires voisins (4) ». Sans doute, nous combattons cette doctrine de toutes nos forces, mais nous devons reconnaître qu'elle serait la conséquence rigoureuse d'un principe que nous trouvons mauvais ; la conclusion de M. Jacomy que nous repoussons, nous ne saurions assez le répéter, serait plus logique, à notre avis, que la doctrine admise dans plusieurs arrêts, et qui consiste à n'accorder la réparation qu'aux dégâts de mines situées sur les travaux, au centre de l'entonnoir d'affaissement mentionné tout à l'heure, pour la refuser aux dégâts du voisinage, c'est-à-dire à ceux qui sont situés sur les bords et en dedans de cet entonnoir d'affaissement.

Après ces développements donnés pour établir les relations spéciales de voisinage, au point de vue statique, qui existent entre la mine et la propriété superficielle, relations aussi différentes de celles

---

(1) Là où n'a point été fait le démembrement des deux propriétés de la mine et de la surface, mentionné à l'arrêt de la cour de cassation du 12 août 1872 (Maurin).
(2) Là où le démembrement susmentionné a été opéré.
(3) Dalloz, 1879-2-61 (affaire Cie de Mokta contre N.colas).
(4) *Étude sur la législation des mines*, par M. Jacomy, avocat.

de deux héritages voisins que le sont, d'autre part, l'œuvre d'exploiter les mines et l'œuvre de cultiver la surface, il nous reste à rappeler que la propriété de la mine, étant postérieure en date à la propriété superficiaire (art. 5 et 19 de la loi de 1810), il résulte de la nature des choses que le concessionnaire de mines, en acceptant la concession, a accepté l'engagement tacite de supporter le sol sur lequel est assis la propriété superficiaire, ou de réparer le dommage provenant de cet affaissement et dû à ses travaux : c'est là un de ces engagements mentionnés à l'article 1370 du code civil, qui se forment sans convention. Les motifs tirés de la nature des choses vous ont ainsi fourni un deuxième moyen d'invoquer l'article 1370 : nous aurions invoqué les principes de droit naturel, dans cette question délicate pour compléter la loi positive, comme M. le professeur Labbé a proposé de le faire (1), et nous n'hésiterions pas à procéder de la sorte si nous jugions la chose indispensable, mais nous croyons avoir suffisamment établi, d'une autre manière, les principes suivants proclamés par la cour de cassation, dans son arrêt du 20 juillet 1842 (2) :

Attendu que la propriété de la mine est sans doute la propriété du concessionnaire, mais c'est une propriété modifiée par sa relation immédiate avec la surface, dont la propriété a elle-même reçu une modification grave par la concession de la mine ;

Attendu que l'obligation première et principale du concessionnaire de la mine envers le propriétaire du sol est de supporter et de maintenir le toit de la mine ; c'est une condition naturelle, absolue, perpétuelle qu'il est inutile d'imposer, et lorsque les moyens ordinaires ne suffisent pas pour soutenir le sol, le concessionnaire doit en employer d'extraordinaires, même faire une voûte si c'est indispensable ; d'où il résulte en fait et en droit que, dans l'espèce, la faute est présumée d'après l'événement.

Disons-le donc en finissant : système de la responsabilité spéciale pour dégâts de mines, avec règlement au taux du droit commun, c'est-à-dire sur le pied de l'indemnité simple : tel est, croyons-nous, le régime qui résulte, en France, et de nos lois et de la nature des choses, et qui est aussi le plus conforme à l'équité.

---

(1) Sirey, 1872-1, p. 353 et 1874-2, p. 129.
(2) *Annales des mines*, 4ᵉ série, t. III, p. 862.

Règlement des dégâts de mines dans la législation étrangère (Italie, Prusse).

Que si nous regardons autour de nous, à l'étranger, comme il convient de le faire dans une matière aussi grave, nous constatons, comme l'a justement fait remarquer M. Aguillon dans un article de doctrine inséré aux *Annales des mines* (1), que le système de la responsabilité spéciale est écrit dans la loi italienne et dans la loi prussienne.

Dans la loi italienne, cette doctrine est formellement posée à l'article 78, conçu comme il suit (loi du 20 novembre 1859) :

> Les concessionnaires de mines doivent réparer tout dommage causé par les travaux.

Dans la loi prussienne du 24 juin 1865, l'article 148 s'exprime dans les termes suivants :

> Le concessionnaire de mine est tenu de payer en entier les dommages causés à la propriété foncière et ses dépendances, par l'exploitation de la mine souterraine, sans considérer si l'exploitation est faite ou non sous la propriété endommagée; si le dommage provient ou non de la faute du concessionnaire, et s'il pouvait être ou n'être pas prévu.

Rappelons à cette occasion que la production de la Prusse en combustibles minéraux s'est élevée depuis 1865 (année de la loi des mines) jusqu'à 1875, de 18.592.115 tonnes à 40.335.741 tonnes, ce qui représente une période de doublement de 8,94 ans seulement, alors qu'en France, de 1860 à 1875, pour des productions respectives de 8.309.622 et 16.956.840 tonnes, la période analogue de doublement est de 14,58 ans (2) ; ceci est une réponse anticipée à l'objection économique qu'on pourrait faire contre la doctrine de la responsabilité spéciale, en invoquant les intérêts de la production houillère.

L'économie politique démontre donc, par l'exemple de la Prusse, que la doctrine de la responsabilité spéciale, en matière de dégâts de mines, ne saurait, par son application en France, être un obstacle.

---

(1) 1879, p. 165.
(2) Ces deux périodes de doublement, 8,94 ans et 14,58 ans, ont été obtenues, en admettant que, de part et d'autre, les chiffres de production annuelle forment sensiblement des termes de deux progressions géométriques.

au développement de nos houillères, et l'on peut dire une fois de plus que le juste ne fait point échec à l'utile.

Conventions particulières en matière de dégâts de mines.

Avant d'exposer sommairement quelle est la jurisprudence des tribunaux, en matière de dégâts de mines, disons qu'un concessionnaire de mines peut valablement stipuler, par une convention particulière avec le propriétaire de la surface, qu'il ne sera pas responsable des dommages ou dégâts causés par l'exploitation régulière de la mine aux terrains superficiaires, et qui ne pourraient pas être imputés à une faute de son exploitation : c'est ce que la cour de cassation a décidé dans un arrêt du 18 avril 1879, rendu dans l'affaire Avril c. Schneider (1).

Jurisprudence des tribunaux, en matière d'indemnités, pour dégâts de mines.

Pour ce qui concerne la jurisprudence des tribunaux sur cette grave et délicate question des dégâts de mines, elle est un peu confuse.

La responsabilité spéciale des exploitants de mines, pour dégâts superficiels, est admise par l'arrêt de la cour de cassation, chambres réunies, du 23 juillet 1862 (Pras), lequel proclame en termes généraux cette doctrine, que l'exploitant (qui travaille dans sa mine, agit à ses risques et périls, sous sa responsabilité.

La responsabilité spéciale avait été admise auparavant :

Par un arrêt de la cour de cassation du 4 janvier 1841 (de Lavernède : eaux d'arrosage) ;

Par un arrêt de la cour de cassation du 23 avril 1850 (Blanzy : terrains fissurés) ;

Par un arrêt de la cour de cassation du 16 novembre 1852 (rupture des tuyaux de gaz de Rive-de-Gier) ;

Par un arrêt de la cour de cassation du 22 décembre 1852 (Rambourg : affaissements du sol).

Elle l'a été depuis lors :

---

(1) Dalloz, 1879-1-237.

Par un arrêt de la cour de cassation du 15 novembre 1869 (de Lépineray),

Et par un jugement du tribunal civil d'Alais du 7 juillet 1876 (Polze c. compagnie de Mokta).

La responsabilité spéciale de l'exploitant pour les dégâts survenus dans les terrains superposés à la mine a été admise :

Par un arrêt de la cour de cassation du 20 juillet 1842 (Guillemin : eaux d'arrosage d'un pré) ;

Par un arrêt de la cour de cassation du 16 janvier 1861 (Bonnal: dégâts de maison) ;

Par un arrêt de la cour de cassation du 8 juin 1869 (compagnie de Bessèges : deux puits taris) ;

Par un arrêt de la cour de cassation du 8 juin 1869 (compagnie de Saint-Jean du Pin : sources taries) ;

Par un arrêt de la cour de cassation du 12 août 1872 (Maurin : eaux de puits);

Et par un arrêt de la cour de Nîmes du 27 février 1878 (compagnie de Mokta : puits tari).

Enfin rappelons que, hors de France et sous le régime de la loi de 1810, la doctrine de la responsabilité spéciale a été proclamée pour les terrains du voisinage des mines, par un arrêt de la cour de cassation belge du 30 mai 1872 (perte de sources), confirmant un arrêt de la cour de Bruxelles du 30 juin 1870.

D'autre part, nous devons dire qu'en France la responsabilité de droit commun, en matière de dégâts de mines, a été admise dans les cas suivants :

Par un arrêt de la cour de Douai du 13 janvier 1863, pour dégâts généraux : l'arrêt invoque l'article 1382 du code civil, tout en accordant, conformément à l'offre de l'exploitant (compagnie d'Anzin), une indemnité proportionnelle au dégât simple ;

Par un jugement du tribunal de Béziers du 22 mai 1871 (Granier c. compagnie de Graissessac) ;

Par un arrêt de la cour de cassation du 12 août 1872 (Maurin);

Par un arrêt de la cour de cassation du 14 janvier 1873 (forges d'Alais : source tarie) ;

Par un jugement du tribunal de Montpellier du 25 août 1876 (compagnie de Graissessac);

Et par un arrêt de la cour de Nîmes du 27 février 1878 (compa-

CHAP. V. — DEVOIRS DES CONCESSIONNAIRES, ETC.

gnie de Mokta c. Nicolas : sources ou puits taris dans des terrains non superposés à la mine et simplement voisins).

Hors de France, la responsabilité de droit commun avait été admise pour tarissements de sources causés par les mines dans des terrains non superposés aux travaux de mines, par un arrêt de la cour de Berlin du 22 mai 1853 et un autre de la cour de Cologne du 20 juillet 1853 (ces deux arrêts se rapportant aux provinces rhénanes, où la loi du 21 avril 1810 était alors en vigueur). Cette doctrine de la responsabilité de droit commun avait été aussi admise par un arrêt de la cour de Liège du 10 janvier 1867 (1).

Comparaison avec les dégâts causés au voisinage par un propriétaire qui fait des recherches de mines, ou bien qui exploite une minière ou une carrière.

Terminons sur la doctrine de la responsabilité en matière de dégâts de mines, en rappelant expressément que, dans l'analyse qui précède, il n'a été question que des travaux exécutés par un concessionnaire ou par un explorateur muni de permis de recherches mentionné à l'article 10, lesquelles personnes opèrent, toutes deux en dehors et à l'encontre des droits primordiaux du propriétaire de la surface en vertu d'un acte du gouvernement, et sans réciprocité vis-à-vis de ce propriétaire : c'est exclusivement aux dégâts de mines résultant de ces travaux que doit s'appliquer la doctrine de la responsabilité spéciale.

Pour ce qui est des dommages superficiels provenant des trois catégories de travaux suivantes, savoir : recherches de mines exécutées par un propriétaire dans son fonds, exploitations de minières et de carrières, et dont nous devons dire quelques mots en matière de comparaison avec les dégâts de mines : il y a tout d'abord une première distinction à établir entre les dommages causés aux terrains superposés aux travaux et les dommages causés aux terrains voisins.

Si les dégâts ont été faits à des terrains situés au-dessus des travaux exécutés par le propriétaire lui-même, ils sont dans les propres terrains du propriétaire, et il n'y a pas à s'en occuper; dans

---

(1) La jurisprudence relative aux dégâts de mines a été exposée avec beaucoup de soin aux *Annales des mines* par M. Aguillon, ingénieur des mines (1879 pages 129 et 287).

le cas particulier où les travaux auraient été exécutés par un cessionnaire du propriétaire, la réparation des dommages causés aux terrains superposés sera faite conformément au contrat de cession, ce qui est tout à fait du droit commun.

Si les dégâts causés par les travaux de l'une ou de l'autre des trois catégories précitées affectent des héritages voisins, il y aurait lieu, croyons-nous, de faire les quatre observations suivantes.

Première observation. — Le propriétaire opérant des recherches de mines dans son fonds, qui a agi en vertu des droits primordiaux de l'article 552 du code civil, est dans le cas de réprocité absolue vis-à-vis du propriétaire voisin, lequel peut, lui aussi, faire des recherches de mines chez lui même, en vertu de l'article 552. Si donc le propriétaire explorateur a observé les lois et règlements sur les mines, et en particulier les articles 47 et 50 qui garantissent la sûreté du sol, la sécurité publique, la conservation des voies de communication, la solidité des habitations et l'usage des sources qui alimentent les villes, villages, hameaux ou établissements publics, il n'est tenu en principe, ce semble, pour les dommages causés par les travaux de recherches aux propriétés voisines qu'à la responsabilité de droit commun, dans laquelle on doit comprendre la coutume locale.

Deuxième observation. — Si le propriétaire de minières cause des dégâts dans les propriétés voisines, il n'est tenu, lui non plus, qu'à la responsabilité de droit commun, y compris la coutume, alors, d'autre part, qu'il aura observé les lois et règlements sur la matière, et en particulier les articles 3, 57, 58, 68, 69, et 70, de la loi de 1810.

Troisième observation. — Si le propriétaire de carrières cause des dégâts dans les propriétés voisines, il n'est tenu de même qu'à la responsabilité de droit commun, y compris la coutume, alors que d'autre part, il aura observé les lois et règlements sur la matière, et, en particulier, les articles 4 et 81 de la loi de 1810, pour les carrières à ciel ouvert, et 4, 47, 48, 50 et 82, pour les carrières souterraines.

Quatrième observation. — En matière de travaux opérés par un propriétaire du sol, soit pour recherches de mines, soi pour minières ou pour carrières, comme dans les trois cas, il y a « excavation », on se trouve, tout en restant dans le droit commun, pour les dégâts causés aux propriétés voisines, on se trouve, disons-nous dans une position un peu particulière, au point de vue de la réparation de ces dégâts. C'est ce qui paraît résulter de deux documents judiciaires assez récents, un jugement du tribunal civil d'Angers du 13 août 1877 et un arrêt confirmatif rendu par la cour d'Angers le 3 juin 1878 (1), lesquels sont intervenus dans les circonstances suivantes. Un éboulement produit par les travaux de la carrière d'ardoise des Grands-Carreaux, avait entraîné, avec la carrière des Grands-Carreaux, les constructions, les machines et une partie du sol de la carrière de Grand-Maison. Une indemnité considérable a été allouée au propriétaire de la carrière de Grand-Maison par le tribunal et par la cour. Le tribunal civil s'était exprimé comme il suit à cet égard :

Si absolu que soit le droit de propriété, il est limité dans son exercice par l'obligation non moins absolue de ne pas nuire à autrui. En matière d'excavation, le fait et la faute se confondent, la faute étant le fait de créer sur son héritage un danger, cause future mais nécessaire de ruine totale ou partielle pour le fonds voisin.

De son côté, la cour d'Angers a proclamé la doctrine suivante :

Le propriétaire, si étendu que soit son droit, est tenu, en l'exerçant, de respecter la propriété d'autrui ; il lui est interdit de se servir de sa chose de manière à occasionner à l'héritage contigu un dommage excédant la mesure des inconvénients ordinaires et obligés du voisinage. Ainsi s'il pratique des fouilles dans son sol, il doit veiller à ce que ces fouilles ne deviennent pas pour le terrain limitrophe et pour les constructions qui le recouvrent une cause de ruine.
S'il continue ses travaux d'excavation, alors surtout que l'état des lieux l'a averti du danger qu'ils peuvent présenter pour le voisin, il dépasse la limite de son droit et commet une imprudence qui, si elle aboutit à un désastre, l'oblige à réparer le préjudice arrivé par sa faute (articles 544 et 1382 code civil).

Si l'on considère que, dans l'exemple cité, il s'agissait de deux propriétaires du sol, voisins, possédant chacun une carrière, c'est-à-dire ayant des droits égaux en étendue et dérivant du même principe et de la même origine, qu'il s'agissait de deux personnes situées l'une

---

(1) *Annales des mines*, 1880, p. 283.

vis-à-vis l'autre dans le cas de parfaite réciprocité, on reconnaîtra que la doctrine qui ressort des décisions judiciaires relatives aux carrières d'ardoises des environs d'Angers n'infirme en rien le système de la responsabilité spéciale pour dégâts de mines, alors qu'entre les droits d'un propriétaire du sol et ceux d'un concessionnaire de mines il n'y a point parité de date, parité d'origine, parité d'étendue, et qu'il n'y a point réciprocité entre les deux personnes.

Responsabilité d'un concessionnaire, dans le cas où les travaux de mines sont situés au-dessous d'un terrain lui appartenant.

La doctrine de la responsabilité de droit commun, qui s'applique, comme on vient de le voir, au cas des recherches de mines qu'un propriétaire exécute dans son fonds, ne saurait être étendue aux travaux d'exploitation opérés par un concessionnaire de mines, pour des dégâts causés à des terrains situés au-dessus des travaux, et dont le concessionnaire se trouverait, par circonstance, être le propriétaire. En effet, alors même que le concessionnaire et le propriétaire du sol se trouvent être accidentellement la même personne, les droits et les devoirs du concessionnaire sont nécessairement et formellement distincts, en vertu de l'article 19 de la loi du 21 avril 1810. Dans le cas présent, ce n'est pas, à proprement parler, le propriétaire qui a causé les dégâts en faisant œuvre de propriétaire, car il ne peut ni exploiter dans un terrain concédé ni même y faire des recherches de la substance minérale concédée ; celui qui peut seul faire l'une ou l'autre de ces œuvres, c'est le concessionnaire agissant en vertu d'un acte de concession constituant pour lui une propriété nouvelle, distincte de celle de la surface (art. 19) ; la réunion accidentelle des deux titres de propriétaire et de concessionnaire entre les mêmes mains n'entraîne pas de confusion dans leurs droits, et en conséquence le concessionnaire est soumis, ici comme toujours, au régime de la responsabilité spéciale pour les dégâts de mines résultant de son œuvre de concessionnaire. Nous croyons donc devoir critiquer, comme ayant méconnu les termes et l'esprit de l'article 19 de la loi à cet égard, deux arrêts de la cour de Nîmes des 2 août 1871 et 14 janvier 1873 (1).

---

(1) Arrêts *commentés par* M. *Aguillon; Annales des mines*, 1879, p. 308.

Indemnités pour déversement d'eaux de mines nuisibles à la surface.

Parmi les dommages divers résultant du fait des mines, pour lesquels il est dû indemnité, il en est un qui mérite d'être signalé; c'est le déversement d'eaux des mines, nuisibles à l'agriculture, pour lequel un arrêt de la cour de cassation du 3 août 1843 (Prades) a posé, le principe de l'indemnité due (1).

Ue autre arrêt de la cour de Dijon, du 2 juillet 1874 (Boucaud contre Mangini, Avril et Schneider) admet le principe de l'indemnité pour inondation par les eaux d'épuisement, en sus de l'indemnité pour occupation de terrains.

Durée de la responsabilité du concessionnaire en matière de dégâts de mines.

Pendant combien de temps le concessionnaire est-il responsable, vis-à-vis du propriétaire de la surface, des dégâts de ses travaux de mines? Il est impossible de répondre à cette question d'une manière générale. Les dégâts de mines se produisent quelquefois très peu de temps après les travaux, mais souvent aussi, après un laps de temps très considérable; cela dépend de la profondeur des travaux, de la nature et de l'allure des roches, des remblais, etc., etc., en un mot, d'une foule de circonstances spéciales à chaque cas. La prescription ne peut courir qu'à dater du jour où le dégât est constaté : le tribunal, sur la plainte du propriétaire et après avoir ordonné une expertise, s'il le juge convenable, décide si réellement les dégâts proviennent de travaux plus ou moins anciens ou même abandonnés depuis longtemps ; il dit qui est responsable en cas de cession de la mine, et il statue aussi sur la question de prescription.

Dans le cas de cession de la mine, le tribunal désigne le responsable, et il statue également sur la prescription : c'est tout ce qu'on peut dire en cette matière.

Particularité de la loi prussienne, pour prescription des dégâts de mines.

Signalons, au sujet de la prescription pour dégâts de mines, une

---

(1) Dupont, *Jurisprudence des mines*, t. 1, p. 283.

particularité remarquable de la loi prussienne, c'est qu'elle fixe un délai de trois ans, à partir du moment où le dommage de mine et son auteur sont connus de la partie lésée; après ce délai, l'action en justice n'est plus recevable (art. 151 de la loi du 24 juin 1865).

Cela vaut infiniment mieux, dit M. del Mermol (1) que de laisser pendant trente ans l'exploitant de mines dans une incertitude d'autant plus grande que, durant cette longue suspension, la preuve des faits ou des éléments peut aisément se perdre.

Les dégâts de mines ne sont pas soldés par la redevance tréfoncière.

Les dommages superficiels causés par les mines ne sont aucunement soldés par la redevance tréfoncière. Cette redevance dérive des articles 6, 17 et 42 de la loi de 1810; elle purge les droits du propriétaire sur les produits de la mine, elle est due annuellement et indépendamment de l'existence des dégâts superficiels. D'autre part, l'indemnité pour dommages superficiels dérive des droits primordiaux de la propriété foncière et des articles 552, 1370, 1382, 1383 et 1149 du code civil; elle n'est due évidemment que d'une manière éventuelle et lorsqu'il y a dégâts de surface. Il suit de là que la redevance et l'indemnité pour dégâts sont choses tout à fait différentes, dérivant de principes divers, et que la première ne saurait compenser ou solder la seconde.

Ce principe, de haute justice, a été proclamé par la cour de cassation dans un arrêt du 3 février 1857 rendu dans l'affaire Coste et Clavel contre Petin (2); il l'avait été auparavant par un arrêt de la même cour, du 4 janvier 1841 (Lavernède).

« La redevance tréfoncière établie par la loi du 21 avril 1810 ne
« représente que les droits du propriétaire de la surface dans les
« produits de la mine, et ne saurait être un forfait dispensant
« l'exploitant de l'indemniser du dommage que lui causerait l'in-
« dustrie établie sur le tréfonds. » Cette doctrine, nettement formulée par la cour de cassation dans un arrêt du 8 juin 1869 (Cie houillère de Robiac et Bessèges contre Thomas-Dalloz, 1870, I,147) est conforme à celle que la cour avait précédemment émise (4 janvier 1841,

---

(1) *Revue universelle des mines et de la métallurgie*, 1870, p. 169.
(2) Dupont, *Jurisprudence des mines*, t. I, p. 286.

Lavernède, et 3 février 1857 : Petin). Elle est justement contraire à celle qu'avait posée la cour de Lyon dans un arrêt du 21 août 1828 (Chol), et d'après laquelle, le propriétaire qui a perçu une redevance pour l'exploitation d'une mine, au-dessous de son terrain, n'a pas d'action en indemnité contre les exploitants, pour les dommages survenus à des bâtiments élevés, sur son terrain, postérieurement à l'exploitation. Elle est contraire, et justement encore, selon nous, à une doctrine émise par la cour de Poitiers (17 mai 1867 : de Lepineray), d'après laquelle c'est partie, en compensation des servitudes dont est « grevée la surface, que la loi du 21 avril 1810 accorde au propriétaire de celle-ci un droit sur la propriété de la mine à fixer par l'acte de concession. » — La redevance tréfoncière purge les droits du propriétaire de la surface sur les produits de la mine, droits proclamés par les articles 6 et 42 de la loi de 1810, mais elle ne solde aucunement, par compensation, les servitudes grevant la surface au profit de la mine.

Bien qu'en droit et en principe la redevance tréfoncière ne solde pas les dégâts et occupations de surface, cependant, en fait, et par convention privée entre le concessionnaire et le propriétaire du sol, celui-ci peut consentir à ce que cette indemnité pour dégâts et occupations de terrains soit réglée sous la forme d'une redevance tréfoncière. Dans ce cas particulier, la convention par laquelle le concessionnaire d'une mine s'est engagé à payer une redevance en nature au propriétaire de la surface pour l'indemniser des dommages que lui cause l'exploitation, n'est applicable qu'à l'occupation dommageable, qui est la conséquence de l'exploitation. Ainsi la redevance stipulée cesse d'être due dès que l'extraction a cessé, alors d'ailleurs que cette extraction n'a pas été capricieuse et contraire aux règles d'une bonne exploitation, mais qu'elle a été approuvée par l'autorité administrative, et l'occupation continuée après cette époque ne peut plus donner lieu qu'à des dommages-intérêts autres que ceux de la convention. Mais bien que l'extraction ait cessé, la redevance stipulée est due, si la surface a continué d'être, pour divers travaux et notamment pour l'épuisement des eaux, l'objet d'une occupation dommageable. Cette doctrine a été proclamée par un arrêt de la cour de Lyon du 2 décembre 1865 dans l'affaire consorts Girard contre Compagnie des mines de Rive-de-Gier. (Dalloz, 1866-2-154.)

Les dégâts de mines sont dus pour les constructions postérieures à la concession.

Des dommages sont dus au propriétaire du sol pour les dégâts de mines causés aux constructions élevées après la concession, aussi bien que pour les dégâts aux constructions antérieures. Ce principe dérive des droits primordiaux de la propriété foncière et de l'esprit général de la loi de 1810 : il découle également de ce que l'article 50 ne fait pas de distinction entre les habitations postérieures ou antérieures à l'acte de concession, et de ce que l'article 43 revisé, qui mentionne explicitement la réparation des dommages autres que ceux d'occupation causés à la propriété par les travaux des mines, ne stipule aucune exception pour les dégâts causés aux constructions postérieures à la concession. Il a été proclamé par deux arrêts de la cour de cassation des 3 février 1857 (affaire Coste Flavel) et 17 juin 1857 (affaire Compagnie de Blanzy).

Jurisprudence en matière de dégâts aux constructions.

Au sujet des dégâts occasionnés par les mines à des constructions, nous croyons devoir citer la doctrine suivante, consacrée par la cour de cassation dans un arrêt du 7 avril 1868 (affaire Sauzéa contre Mines de Baubrun). L'indemnité due par le concessionnaire d'une mine au propriétaire d'une maison que les travaux de la mine ont rendue inhabitable et qu'il a fallu démolir, doit être fixée d'après la valeur de cette maison au moment où se sont produits les faits qui en ont nécessité la démolition, sans avoir égard à ce que la construction a pu coûter, la réparation du préjudice ne pouvant excéder l'importance de ce préjudice calculé à l'époque où il a été causé. Ce qui est laissé en France à décider par la sagesse des tribunaux, est précisé à l'avance, en Prusse, par la loi générale des mines elle-même (loi du 24 juin 1865, article 150).

En France, le concessionnaire d'une mine est tenu, en principe, de consolider les terrains de la surface destinée à être bâtis, ou, au moins, de prévenir le propriétaire du défaut de solidité du sol, et, si la consolidation est impossible, il est tenu d'acheter l'interdiction de bâtir. A défaut d'avoir pris ces précautions, le concessionnaire est responsable des dégradations causées par son exploitation aux constructions élevées à la surface, même postérieurement à la concession de la mine (code civil, 1382; 43, 21 avril 1810). Ces principes, dont le dernier, comme le fait observer M. Dalloz, est de jurisprudence constante, ont été posés par la cour de Lyon, dans un arrêt du 4 mai 1871 dans l'affaire houillères de Saint-Étienne contre Vaganay.

D'autre part, citons au sujet des dégâts à une maison construite sur un terrain lézardé par les mines, un arrêt de la cour de Nîmes, du 23 février 1867 (Romajou contre Compagnie de Robiac), cassant un arrêt du tribunal civil d'Alais du 24 juillet 1866. L'arrêt de la cour refuse toute indemnité : 1° parce que lorsque le propriétaire de la maison a acquis le terrain sur lequel il voulait construire, ce terrain était déjà lézardé ; 2° parce que celui-ci avait été averti par les agents de la compagnie concessionnaire que ce terrain ne pourrait pas soutenir une construction. Citons sur la même matière un arrêt de la cour de Nîmes, du 18 juillet 1877, confirmant un jugement du tribunal d'Alais du 26 juillet 1876, et accordant une indemnité représentative de la perte éprouvée par un propriétaire auquel il est fait défense de bâtir sur son terrain, par suite de travaux de mines (Castanier, contre Compagnie de Bessèges). La doctrine posée par la cour de Nîmes, qui accorde au propriétaire une indemnité représentative de la prohibition de bâtir signifiée par le concessionnaire, nous paraît donner une juste satisfaction aux intérêts de tous.

Compétence pour ordonner des travaux destinés à empêcher des dégâts de mines.

Terminons sur la question des dégâts de mines par l'observation suivante au sujet de la compétence des tribunaux sur ces matières ; disons qu'ils sont compétents, lorsqu'ils sont saisis d'une réparation de dommages causés par les mines, pour ordonner des travaux destinés à empêcher que le dommage invoqué ne se reproduise, à la condition que ceux-ci ne soient pas contraires aux mesures générales réglant la police de la mine, et prises par l'autorité administrative. Ce principe a été posé par la cour de cassation dans un arrêt du 2 avril 1879 (mines de Provençal), dans un arrêt antérieur du 15 mai 1861 (compagnie houillère de Saint-Eugène) et un autre du 23 avril 1850 (Chagot).

Résumé général des droits des propriétaires vis-à-vis des concessionnaires de mines.

En résumé, les droits des propriétaires de la surface vis-à-vis des propriétaires de mines sont de quatre sortes :

Il y a le droit à la redevance tréfoncière ;

Il y a le droit aux indemnités pour occupations de terrains et pour dommages autres que ceux d'occupation causés à la surface par les travaux des mines ;

Il y a le droit de caution, en cas de travaux sous les lieux habités ;

Enfin il y a le droit de prohibition spécifié par l'article 11.

Les deux premières sortes de droits viennent d'être étudiées : il reste à nous occuper des deux autres.

Caution due en cas de travaux sous les lieux habités.

Une caution est due par le concessionnaire de mines, en cas de travaux sous les lieux habités, cela résulte de l'article 15 ainsi conçu :

Art. 15. — Il doit aussi, le cas arrivant de travaux à faire sous des maisons ou lieux d'habitation, sous d'autres exploitations ou dans leur voisinage immédiat, donner caution de payer toute indemnité en cas d'accident : les demandes ou oppositions des intéressés seront, en ce cas, portées devant nos tribunaux et cours.

Les droits du propriétaire en cas de travaux sous les lieux habités sont de deux sortes. D'une part, si les travaux lui paraissent compromettre nécessairement « la solidité des habitations », il a la faculté d'en appeler au préfet qui, en vertu de l'article 50 de la loi du 21 avril 1810 et de l'article 8 de la loi du 27 juillet 1838, doit pouvoir et peut interdire ces travaux selon les cas : ajoutons subsidiairement qu'au cas où le préfet viendrait à autoriser ces travaux, le propriétaire peut encore recourir au ministre, qui annule, s'il y a lieu, l'arrêté préfectoral, comme il a été fait par une décision ministérielle du 15 mai 1843, relative aux mines de manganèse de la Romanèche. D'autre part, si l'administration autorise les travaux, le propriétaire peut recourir aux tribunaux pour obtenir une caution.

Il résulte de ce qui précède que les tribunaux n'ont à s'occuper que des deux choses suivantes : décider s'il y a lieu à caution et, en cas d'affirmative, fixer le chiffre de la caution et sa durée. L'administration seule est compétente, en vertu des articles 47 et 50 de la loi du 21 avril 1810, de l'article 8 de la loi du 27 avril 1838, et en raison de la surveillance de police générale qu'elle a à exercer sur les mines en vertu du décret du 3 janvier 1813, du décret du 18 novembre 1810, et de l'ordonnance du 26 mars 1843, soit pour autoriser, soit pour interdire les travaux sous les lieux habités.

L'article 15 s'applique aux travaux des mines dans le voisinage immédiat des habitations, comme à ceux qui sont situés « sous ces habitations » : c'est l'esprit de la loi. Il appartiendra, d'une part, à l'administration d'interdire des travaux au voisinage immédiat des habitations, lorsqu'ils compromettront la sûreté publique et celle des habitations de la surface, et, d'autre part, il appartiendra aux tribunaux de décider s'il est dû une caution, et quelle caution, en cas de travaux de mines au voisinage immédiat des lieux habités.

Comparaison avec la législation étrangère (Italie).

Comme comparaison avec l'étranger disons que l'obligation de la caution, en cas de travaux de mines sous les lieux habités, est posée en principe, dans des termes assez analogues à ceux de la loi de 1810, dans la législation italienne, à l'article 81 du décret royal du 20 novembre 1859. Il faut signaler seulement, dans la loi italienne, une disposition particulière portée à l'article 82, lequel est ainsi conçu :

Le concessionnaire qui aura fourni caution pourra successivement en obtenir décharge en justifiant, contradictoirement avec les intéressés, qu'il a fait les travaux nécessaires pour prévenir tout dommage.

Droits résultant pour le propriétaire de la surface des prescriptions de l'article 11.

Passons maintenant à la prohibition résultant de l'article 11, revisé par la loi du 27 juillet 1880, et sur lequel nous avons déjà donné, à l'occasion des recherches de mines, des développements auxquels nous devons renvoyer. Rappelons que le nouvel article 11 est ainsi conçu :

Art. 11. — Nulle permission de recherches ni concession de mines ne pourra, sans le consentement du propriétaire de la surface, donner le droit de faire des sondages, d'ouvrir des puits ou galeries, ni d'établir des machines, ateliers ou magasins dans les enclos murés, cours et jardins.

Les puits et galeries ne peuvent être ouverts dans un rayon de 50 mètres des habitations et des terrains compris dans les clôtures murées y attenant, sans le consentement des propriétaires de ces habitations.

Compétence des tribunaux pour l'exécution de l'article 11.

Les tribunaux sont chargés de faire exécuter la prohibition spécifiée à l'article 11, d'après les règles générales de la matière, et conformément à l'esprit de l'article 15 de la loi de 1810. Cette doctrine a été plusieurs fois posée par le conseil d'état, notamment le 5 avril 1826 dans l'affaire Jovin, et le 18 février 1846, dans l'affaire Ponelle. La compétence des tribunaux ne saurait donc faire doute.

Au sujet de la prohibition de l'article 11, disons que le conseil d'état, dans un décret du 17 janvier 1867, relatif au puits du Gagne-Petit, près Saint-Etienne, a émis la doctrine suivante : Une décision par laquelle le ministre des travaux publics a autorisé un concessionnaire à exécuter des travaux de puits et galeries, ne peut être attaquée, pour excès de pouvoir, devant le conseil d'état statuant au contentieux, par des propriétaires de la surface, à raison de ce que l'autorisation aurait été accordée en violation des dispositions de l'article 11, qui prohibent l'ouverture des puits et galeries à une certaine distance des habitations ; lorsque les propriétaires de la surface se croient en droit de former opposition aux travaux de mines, en se fondant sur les dispositions de l'article 11, cette opposition doit, par application de l'article 15, être portée devant l'autorité judiciaire : l'autorisation donnée par le ministre ne fait pas obstacle à cette action.

La prohibition intérieure de l'article 11 s'étend aux magasins.

L'article 11 comprend deux prohibitions distinctes, l'une la prohibition intérieure, l'autre la prohibition extérieure, et nous nous référons sur ce sujet à ce qui a été dit précédemment à l'occasion des recherches de mines (chap. II). Le nouvel article 11, spécifie explicitement la

CHAP. V. — DEVOIRS DES CONCESSIONNAIRES, ETC.   199

prohibition intérieure des « machines, ateliers ou magasins », dans les enclos murés, cours et jardins sans le consentement du propriétaire de la surface, tandis que l'ancien article 11, qui mentionnait « les machines ou magasins », ne parlait pas des ateliers : néanmoins la cour de Nancy, dans un arrêt du 27 juin 1868 (1) (compagnie Vezin-Aulnoy c. Thierry), avait décidé que la prohibition de l'art. 11 primitif s'appliquait aux forges de mines, ateliers de charpente et de taillanderie dépendants de l'exploitation, qui peuvent être assimilés aux machines et magasins, mentionnés dans ledit article.

Application de l'article 11 aux établissements fondés après la concession.

L'article 11 de la loi de 1810 peut-il être appliqué aux établissements fondés après la concession ?

La jurisprudence la plus récente de la cour de cassation, telle qu'elle résulte d'un arrêt du 31 mai 1859 (2), dans l'affaire Guittard, doit faire répondre affirmativement à cette question. La cour de cassation a décidé que la loi, d'après la généralité de ses termes, ne permet pas de distinguer entre les constructions antérieures et celles postérieures soit à la concession, soit à l'exploitation de la mine, la situation des parties étant la même, quant au devoir du concessionnaire de la mine de respecter le droit du propriétaire du sol d'y asseoir des bâtiments. Cette jurisprudence a été rappelée dans le rapport de M. le sénateur Paris, au sujet de la revision de la loi de 1810 (séance du 18 décembre 1878).

Le droit du propriétaire ne s'étend pas à vendre la mine non concédée existant dans son fonds.

Les devoirs des concessionnaires vis-à-vis des propriétaires de la surface, qui viennent d'être exposés, constituent pour ceux-ci des droits réels ; mais les propriétaires de la surface possèdent encore, en matière de mines, quelques autres droits divers, dont nous devons dire quelques mots, soit pour les affirmer, soit pour les restreindre à leurs justes limites. Le droit du propriétaire ne s'étend pas à vendre

---

(1) *Journal du Palais*, 1869, p. 881.
(2) Dalloz, 1859-1-413.

la mine non concédée qui existe dans son fonds : et cela, parce qu'avant la concession de la mine la propriété n'existe pas (art. 5 de la loi); parce que le propriétaire lui-même ne peut pas exploiter dans sa propriété sans concession (art. 12) ; parce que c'est le décret de concession qui donne la propriété de la mine (art. 7) ; enfin, parce que la mine concédée, même au propriétaire de la surface, est une propriété nouvelle (art. 19). Cotelle, dans son *Cours de droit administratif* (t. III, p. 217) a donc raison de dire que les mines proprement dites sont hors du commerce, tant qu'elles ne sont pas concédées.

En conséquence, avant la concession le propriétaire du sol ne peut pas valablement faire avec un demandeur en concession une convention qui accorderait au propriétaire du sol une partie de la mine, celle sise sous sa propriété, par exemple, par suite d'un fractionnement entre lui et le concessionnaire : une pareille convention serait nulle, d'une nullité d'ordre public, en vertu de l'article 5 de la loi de 1810 et de l'article 1128 du code civil portant que « il n'y a que les choses qui sont dans le commerce qui puissent être l'objet de conventions ». Cette doctrine a été proclamée par la cour de Lyon, dans un arrêt du 5 août 1874 (consorts Praire contre compagnie houillère de Saint-Étienne).

Le propriétaire ne peut pas vendre un droit de préférence à la concession.

Sous le régime de la loi actuelle, le propriétaire ne peut pas vendre non plus son droit de préférence à l'obtention de la concession, comme il pouvait le faire sous le régime de la loi de 1791 (cour de cassation, 5 août 1849), attendu que la loi de 1810 a formellement supprimé, par l'article 16, le droit de préférence qui lui était attribué par la loi de 1791.

Il peut vendre son droit à la redevance tréfoncière.

Le propriétaire peut vendre son droit à la redevance tréfoncière avant la concession de la mine. Cela résulte de ce que les articles 6, 42 et 17 de la loi de 1810 lui assurent un droit sur le produit des mines concédées, lequel est réglé par l'acte de concession.

Comparaison, pour divers droits des propriétaires, avec la législation étrangère (Prusse, Bavière, Autriche, Belgique).

Terminons sur les droits des propriétaires du sol, en ce qui touche l'exploitation et la propriété des mines, par quelques comparaisons avec la législation étrangère.

Observons d'abord que la loi française est muette, et nous croyons que c'est un tort, sur les matières non concessibles extraites de la mine (matériaux de construction, argile, chaux fluatée, baryte sulfatée, etc.), au point de vue des droits respectifs des concessionnaires et des propriétaires du sol sur ces matières : il n'en est pas de même en Prusse, en Bavière et en Autriche.

Dans la loi prussienne du 24 juin 1865, le propriétaire de la mine a le droit d'employer, pour les besoins de son exploitation, les matériaux non concessibles obtenus par ladite exploitation, sans payer aucune indemnité au propriétaire du sol. La partie de ces minéraux qui n'est pas employée aux besoins de l'exploitation doit être délivrée au propriétaire du sol, sur sa demande, contre remboursement des frais d'exploitation et d'extraction (art. 57).

La loi bavaroise, du 20 mars 1869, contient (art. 45) les mêmes dispositions que la loi prussienne.

La loi autrichienne, du 23 mai 1854, présente les dispositions suivantes :

§ 123. — Une concession de mine donne au concessionnaire d'une mine le droit exclusif d'extraire non seulement les minéraux réservés pour la découverte desquels il a obtenu la concession, mais encore les minéraux de toute espèce qui se rencontrent dans sa mesure de nuit ou de jour.

L'obligation de délivrer aux offices des monnaies les produits bruts en or et argent est maintenue. Des lois spéciales règlent la manière de délivrer ces produits.

§ 124. — Les minéraux non réservés, extraits par l'exploitation d'une mine n'appartiennent au propriétaire de cette mine qu'autant qu'ils lui sont nécessaires pour son industrie minière ou minéralurgique. En dehors de là, il doit les mettre à la disposition du propriétaire du sol sous le terrain duquel ils ont été extraits. Celui-ci peut les acquérir contre remboursement des frais d'exploitation et d'extraction. Lorsqu'il ne les accepte pas dans un délai de quatre semaines, ils appartiennent au propriétaire de la mine.

§ 125. — Le propriétaire du sol peut extraire les minéraux non réservés de son terrain, en tant que cela ne gêne point l'exploitation de la mine.

En cas de désaccord, les autorités politiques décident, en commun avec les autorités minières, l'admissiblité d'une pareille extraction par des travaux à ciel ouvert.

Enfin, comme particularité remarquable des droits des propriétaires, dans un pays voisin, nous devons citer ce qui se passe en Belgique, où les principales dispositions de la loi française du 21 avril 1810 sont encore en vigueur. En Belgique, la loi sur les mines, du 2 mai 1837, a modifié, comme il suit, les dispositions générales de la loi de 1810, sur les droits des propriétaires de la surface, en matière de concessions de mines :

« Art. 11. — Le propriétaire de la surface dont l'étendue est reconnue suffisante à l'exploitation régulière et profitable de la mine, obtiendra la préférence pour les concessions nouvelles, s'il justifie des facultés nécessaires pour entreprendre et conduire les travaux de la manière prescrite par la loi.

Il en sera de même si cette surface appartient à plusieurs propriétaires réunis en société, et qui offriraient les mêmes garanties.

Néanmoins, le gouvernement pourra, de l'avis du conseil des mines, s'écarter de cette règle dans le cas où les propriétaires de la surface se trouveraient en concurrence, soit avec l'inventeur, soit avec un demandeur en extension.

En cas que l'inventeur n'obtienne pas la concession d'une mine, il aura droit à une indemnité de la part du concessionnaire; elle sera réglée par l'acte de concession.

Celui qui se trouve aux droits du propriétaire de la surface quant à la mine, ou qui avait acquis des droits à la mine par conventions, prescriptions ou usages locaux antérieurs à la publication de la loi du 21 avril 1810, jouira de la préférence réservée par le présent article au propriétaire de la superficie (1).

En présence de cet article spécial à la Belgique, on doit dire qu'en ce pays, contrairement à ce qui se passe en France, le propriétaire de la surface peut céder efficacement à des tiers le droit à la préférence pour l'obtention de la concession d'une mine existant dans son fonds : c'est aussi la doctrine émise par le conseil des mines belge, dans deux avis des 17 mars 1848 et 24 mars 1854 (2).

---

(1) Voir les articles 16 et 55 de la loi du 21 avril 1810.
(2) Du Pont, *Annales des travaux publics de Belgique*, t. XXXII, p. 256.

CHAPITRE VI.

DEVOIRS DES CONCESSIONNAIRES VIS-A-VIS DES INVENTEURS ET DES EXPLORATEURS.

Définition légale de l'inventeur, en matière de mines.

Occupons-nous maintenant des indemnités dues par le concessionnaire de mines aux inventeurs et aux explorateurs. Et tout d'abord, quand y a-t-il un inventeur, dans le sens de l'article 16 de la loi de 1810 ? Dans quel cas les découvertes de mines constituent-elles, aux yeux de l'administration, un véritable droit d'invention ?

La réponse à cette question se trouve dans l'instruction ministérielle du 3 août 1810 qui dit :

« On ne doit considérer comme découvertes en fait de mines, que
« celles qui font connaître non seulement le lieu où se trouve une
« substance minérale, mais aussi la disposition des amas, couches
« ou filons, de manière à démontrer la possibilité de leur utile
« exploitation » (A § 1er).

Auparavant, l'instruction du ministre de l'intérieur du 18 messidor an IX, relative à l'exécution des lois concernant les mines, usines et salines, avait dit presque dans les mêmes termes :

...Mais il faut observer qu'on ne doit considérer comme découvertes, en fait de mines, que celles qui font connaître non seulement l'existence de la substance minérale, mais aussi la disposition des amas, couches ou filons, de manière à démontrer l'utilité de leur exploitation.

Les citations qui précèdent contiennent la définition légale de l'inventeur, si l'on peut s'exprimer de la sorte.

Deux sortes d'indemnités accordées à l'inventeur : droit d'inventeur, droit d'explorateur.

Deux sortes d'indemnités sont accordées à l'inventeur, lorsqu'il n'obtient pas la concession de la mine. La première est une récompense pour service rendu à l'industrie minérale, une sorte de compensation des profits qu'il aurait pu retirer de la concession. C'est le droit d'inventeur proprement dit, lequel est consacré dans les termes suivants par l'article 16 de la loi de 1810 :

> Art. 16.— Le gouvernement juge des motifs ou considérations d'après lesquels la préférence doit être accordée aux divers demandeurs en concession, qu'ils soient propriétaires de la surface, inventeurs ou autres.
> En cas que l'inventeur n'obtienne par la concession d'une mine, il aura droit à une indemnité de la part du concessionnaire ; elle sera réglée par l'acte de concession.

Cette première indemnité, constituant le droit d'inventeur proprement dit, est réglée par l'acte de concession : mais, antérieurement à l'acte de concession, « la cession, moyennant un certain prix, par l'inventeur, de ses droits sur la mine qu'il a découverte, n'est pas dépourvue de cause légale ». C'est ce qui a été décidé par la cour de cassation, dans un arrêt du 3 mars 1879 (1), rendu dans l'affaire de Geloes contre Degeilh.

La seconde indemnité se rapporte aux travaux antérieurs à la concession : c'est en quelque sorte le solde de tout ou partie d'une dépense faite; cette deuxième indemnité est réglée par le conseil de préfecture, comme il résulte de l'article 46 ainsi conçu :

> Art. 46. — Toutes les questions d'indemnités à payer par les propriétaires de mines, à raison de recherches ou travaux antérieurs à l'acte de concession, seront décidées conformément à l'article 4 de la loi du 28 pluviôse an VIII.

L'inventeur peut n'être pas seul à avoir à réclamer cette dernière indemnité pour travaux antérieurs à l'acte de concession : d'autres explorateurs ou anciens exploitants, non inventeurs, peuvent avoir à réclamer une indemnité pour travaux antérieurs à l'acte de concession, et le conseil de préfecture est le juge compétent à cet égard.

Il y a donc, nous le répétons, deux sortes d'indemnités bien distinctes, savoir : premièrement l'indemnité d'inventeur réglée par l'acte de concession ; deuxièmement l'indemnité d'explorateur, ou ancien exploitant réglée par le conseil de préfecture.

---

(1) Dalloz, 1879, I, 430.

CHAP. VI. — DEVOIRS DES CONCESSIONNAIRES, ETC.   205

Exemples de droits d'inventeur.

Comme exemples de droits d'inventeur réglés par les actes de concession, nous croyons devoir citer les quelques chiffres qui suivent.

Le plus remarquable de tous est celui de 2 millions de francs accordés par la loi du 24 août 1825 aux inventeurs des mines de sel gemme des départements de l'Est (1).

45,000 francs sont accordés à l'inventeur des mines de zinc de Guerrouma (province d'Alger) : décret du 2 avril 1880.

40,000 francs, à l'inventeur des sources salées de Camarade (Ariège).

30,000 francs, à l'inventeur des mines de plomb et zinc de Sentein (Ariège).

20,000 francs, à l'inventeur des mines d'anthracite de Bully et Fragny (Loire).

19,000 francs, pour l'inventeur des mines de houille de Saint-Hilaire (Allier).

12,000 francs de droits d'inventeur sont spécifiés dans le décret du 20 août 1870, portant extension de la concession de houille des Ferrières (Allier).

12,000 francs, pour l'inventeur des mines de mercure, plomb et autres métaux connexes de Taghit (province de Constantine), concédées le 23 février 1878, etc.

Comme exemples de chiffres moindres, citons les suivants :

1,000 francs accordés à l'inventeur des mines de houille de Bordezac (Gard).

800 francs, pour l'inventeur d'un filon des mines de plomb et cuivre de Pelvoz (Savoie).

600 francs, à l'inventeur des mines d'antimoine de Cassagnas (Lozère).

500 francs, à l'inventeur des mines d'anthracite de Saint-Pancrace (Hautes-Alpes).

400 francs, à l'inventeur des mines de plomb de Saint-Martin-Coutalès (Cantal).

---

(1) Voir pour les exemples de droits d'inventeur, Dupont : *Jurisprudence des mines*, t. I, p. 316.

200 francs, à l'inventeur des mines de fer de Navogue (Haute-Loire) : 18 août 1876.

Quelquefois les droits d'inventeur sont réglés à une rente annuelle; ainsi pour les mines de lignite de Connaux, le droit d'indemnité reconnu à la commune de Connaux a été réglé à une rente annuelle de 500 francs.

Conventions particulières au sujet des droits d'inventeur.

Quelquefois l'acte de concession ne fait que consacrer les conventions particulières passées entre l'inventeur et le concessionnaire, pour le règlement des droits d'inventeur : c'est ce qui a été fait par le décret de concession du 25 juillet 1864, relatif aux mines de manganèse d'Alban (Tarn). Il faut supposer que, dans ce cas d'approbation d'une pareille convention antérieure, le gouvernement avait reconnu, en fait, que le chiffre accepté pour droits d'inventeur dans la convention amiable était raisonnable, car on ne comprendrait pas autrement que le gouvernement eût abdiqué le droit formel que lui a donné l'article 16 pour la fixation des droits d'inventeur, et qu'il a le devoir d'exercer dans l'intérêt de l'industrie minérale.

Lorsque l'acte de concession est muet sur les droits d'inventeur, et que, d'autre part, l'inventeur a traité amiablement avec le concessionnaire pour la fixation de ces droits, une pareille convention est exécutable : c'est ce qui a été jugé par un arrêt de la cour de Lyon du 14 juin 1865, dans l'affaire Berthenod.

Recours contre un acte de concession par un inventeur qui n'a pas été entendu.

Le recours contre un acte de concession, par un inventeur qui n'a pas été entendu, est ouvert au contentieux, alors que cet inventeur était le demandeur en concession primitif, et que la demande ultérieure de celui qui a obtenu la concession ne lui a pas été notifiée. Cette doctrine, qui résulte des articles 17 et 26 de la loi de 1810, a été confirmée par une ordonnance au contentieux du 18 mars 1843, relative aux mines d'antimoine de la Bouzole (Aude) (1).

---

(1) Dupont : *Jurisprudence des mines*, t. I, p. 319.

Observons, à cette occasion, que les mots « entendus ou appelés légalement » de l'article 17 ne veulent pas dire « prévenus individuellement », mais appelés, c'est-à-dire avertis par des affiches et publications, et ayant pu se faire entendre en déposant aux mairies des communes ou à la préfecture leurs oppositions ou réclamations. Celui qui se prétend inventeur n'a donc pas à exiger qu'il ait été prévenu autrement. Tel a été l'avis du ministre, visé par un décret du 11 mai 1872, sur les mines de houille de Jaujac (Ardèche).

Incompétence d'un ministre pour statuer sur les droits d'inventeur.

Le ministre est incompétent pour statuer définitivement sur les droits d'inventeur; cela résulte : premièrement, de ce qu'aux termes de l'article 16, ces droits ne peuvent être réglés que par l'acte de concession ; deuxièmement, de ce que cet acte de concession, aux termes de l'article 5, doit être délibéré en conseil d'état ; troisièmement, de ce qu'en vertu de l'article 28, il n'est statué définitivement sur la demande en concession que par un décret délibéré en conseil d'état. Ce principe a été appliqué par l'ordonnance du 23 novembre 1847, laquelle a annulé pour excès de pouvoir une décision du ministre des travaux publics, du 6 juin 1844, qui avait rejeté la réclamation du sieur Fabre, prétendant à des droits d'inventeur sur les mines d'antimoine de la Bouzole (Aude).

Compétence du conseil d'état pour définir, par interprétation, les droits d'inventeur spécifiés dans un acte de concession.

Le conseil d'état, seul compétent pour interpréter les actes de concession, est naturellement compétent pour définir, par interprétation, les droits d'inventeur spécifiés par un acte de concession. Ainsi par un décret du 11 mai 1872, relatif aux mines de cuivre de Cabrières (Hérault), le conseil a décidé que, les droits d'inventeur étant fixés, dans l'acte de concession du 13 septembre 1862, au tiers des bénéfices nets de l'entreprise, ces derniers mots peuvent s'entendre aussi bien des bénéfices résultant de la vente de la mine que des produits de l'exploitation, qui serait poursuivie par le concessionnaire lui-même.

Indemnités aux explorateurs, réglées par le conseil de préfecture.

Les indemnités dues aux explorateurs ou anciens exploitants pour travaux antérieurs à la concession, qui étaient réglées par les tribunaux sous l'empire de la loi de 1791, sont désormais réglées par les conseils de préfecture, d'après l'article 46 de la loi du 21 avril 1810, sauf le recours de droit au conseil d'état (1). Le principe de compétence posé par la loi de 1810 est le plus rationnel, car deux intérêts généraux sont ici en présence : d'une part, l'industrie des recherches de mines, qu'il s'agit d'encourager, par une indemnité équitable, pour ses travaux utiles ; d'autre part, l'industrie de l'exploitation des mines, qu'il ne faut pas grever de l'obligation de solder des travaux inutiles, antérieurs à la concession. La conciliation de ces deux intérêts généraux incombait naturellement aux tribunaux administratifs, conformément à nos principes de droit public.

Principes et usages admis pour la fixation de ces indemnités.

Tous les travaux d'exploration aits par des tiers, avant la concession, ne doivent pas être soldés indistinctement par les concessionnaires. Le conseil général des mines, dans un avis qu'il a eu à donner en 1832 au sujet des mines de Bert (2) a émis ce principe, qu'on ne doit pas comprendre dans les travaux à estimer
« des ouvrages qui auraient été entrepris avec une inexpérience
« manifeste de l'art des mines, et qui n'auraient absolument servi à
« rien, mais qu'on ne doit pas non plus n'y faire entrer que ceux qui
« sont d'une utilité directe pour l'exploitation. Il en est qui, sans
« pouvoir y servir directement, ont eu cependant pour résultat de
« fournir des renseignements sur l'allure et la disposition des gîtes.
« Quand on ne les considérerait que comme des travaux de recher-
« ches, les travaux de cette nature doivent être, aux termes de l'ar-
« ticle 46 de la loi, aussi bien que les travaux propres à l'extraction,
« l'objet d'une indemnité ; c'est aux conseils de préfecture à appré-

---

(1) Dupont : *Jurisprudence des mines*, t. I, p. 323.
(2) De Cheppe : *Annales des mines*, t. XIII, p. 732.

« cier les faits et les circonstances dans chaque espèce, et à statuer
« en conséquence ».

D'autre part, une autre opinion a été émise à ce sujet, à savoir,
que, lorsque les travaux antérieurs à la concession ne servent en rien
à l'exploitant et ont seulement fourni des indications utiles sur
l'allure et la consistance du gîte, de pareilles indications, si elles
sont réelles, sont plutôt des inventions, des découvertes minérales,
qui devraient, aux termes de la loi, être soldées comme droits d'inventeur et réglées, dans l'acte de concession, par l'autorité constitutive des concessions; et que, donner une pareille compétence aux
conseils de préfecture ce serait, en droit, déroger implicitement à
l'article 16, et, en fait, ouvrir la porte à des abus. A ce sujet, il y
aurait, ce semble, plusieurs observations à faire; et tout d'abord, si
les droits d'inventeur ont été réglés par l'acte de concession, il est
évident que le conseil de préfecture n'a pas à les solder une deuxième
fois; quant aux abus qu'on paraît craindre, ils seront toujours arrêtés
par le conseil d'état, juge d'appel des conseils de préfecture, qui
est précisément le pouvoir concédant, lequel a réglé les droits d'inventeur en instituant les concessions.

Enfin il convient d'observer que, dans la pratique, il arrive fréquemment que deux ou plusieurs concurrents, ayant fait des travaux
de recherches sérieux, demandent une concession de mines; aucun
n'invoque des droits d'inventeur, tous veulent obtenir la concession : il faut donc, si une seule concession est instituée sans qu'il
y ait eu lieu à fixation de droits d'inventeur, que les explorateurs
déboutés puissent obtenir une indemnité équitable en raison de l'utilité directe ou indirecte de leurs travaux : c'est ce qui se passe au
moyen de la juridiction du conseil de préfecture, devant laquelle,
après l'institution de la concession, les parties intéressées exposent
et discutent leurs droits, sauf recours au conseil d'état. Nous croyons
donc devoir nous ranger de préférence, sur cette matière, à l'opinion du conseil des mines de 1832, qui semble être la doctrine du
conseil d'état. En effet, dans un décret du 13 mars 1856, relatif aux
mines de houille de la Calaminière, le conseil d'état a décidé que :

S'il n'y a pas lieu de comprendre dans le règlement de ces indemnités
tous les ouvrages qui ont pu être exécutés par les..... (explorateurs), il est
juste d'admettre ceux de ces travaux qui ont fourni des indications utiles
sur les allures et les dispositions des gîtes exploitables, et ceux qui seront
reconnus applicables à la poursuite d'une bonne exploitation.

Le conseil d'état a décidé de même, le 11 mai 1872, qu'une indemnité est due par le concessionnaire d'une mine aux explorateurs de cette mine, non seulement pour ceux de leurs travaux qui peuvent être utilisés en vue de l'exploitation ultérieure, mais aussi pour ceux qui ont fourni des indications utiles sur la constitution du sol, la direction et les allures des couches exploitables ; mais si les travaux ont été mal dirigés, l'explorateur n'a pas le droit au remboursement de la totalité de ses dépenses (décret du 11 mai 1872 : forges d'Aubenas contre André et de Montravel).

Si les travaux antérieurs à la concession n'ont présenté aux concessionnaires aucune utilité directe ou indirecte, le conseil d'état refuse toute indemnité : c'est ainsi qu'un décret du 27 avril 1877 a annulé un arrêté du conseil de préfecture du Gard, qui avait accordé 1.340 francs au sieur Brouzet, pour les mines de plomb et cuivre de Saint-Sauveur des Pourcils. Les mêmes principes avaient été posés dans deux autres décrets du 3 février 1859, dans les affaires Saint-Ours et Collot (1).

Sondages d'exploration. — Distinction à faire.

Pour ce qui est des sondages par exemple, le conseil d'état, dans un décret du 10 janvier 1867, relatif aux mines de Meurchin, a refusé, conformément à l'avis du conseil de préfecture, l'attribution d'une indemnité pour des travaux de ce genre qui n'avaient fourni aucune indication utile sur la direction et les dispositions des couches exploitables dans la concession. Dans un deuxième décret du 13 août 1868, relatif encore aux mines de Meurchin, le conseil d'état, contrairement à l'avis du conseil de préfecture, a refusé toute indemnité pour un sondage ayant donné des résultats négatifs, et ne présentant aucune utilité ni au point de vue de la recherche des couches exploitables ni au point de vue de leur exploitation.

D'autre part, dans deux décrets du 26 décembre 1867 (compagnie d'Aix-Noulette) (2) et du 13 août 1868 (Meurchin) (3), le conseil d'état a décidé qu'une indemnité était due pour d'autres sondages ayant fourni des indications utiles sur la direction et l'étendue du

---

(1) Dupont : *Jurisprudence des mines*, t. I, p. 324.
(2) Lebon : *Recueil des arrêts du conseil d'état*, 1867, p. 957.
(3) *Idem*, 1868, p. 925.

terrain houiller, ou ayant donné des résultats positifs dans une partie de la concession où il n'en existait aucun autre.

Prix à attribuer aux travaux utiles.

Les travaux antérieurs à la concession, alors même qu'ils sont reconnus utiles, ne sont pas toujours payés au prix réel qu'ils ont coûté.

Ce principe a été posé par le conseil d'état dans un décret du 26 décembre 1867, relatif à la compagnie d'Aix-Noulette, conformément à l'avis du conseil de préfecture : dans ce décret, une partie utilisable de galerie au rocher, de 158 mètres de long qui avait coûté 75^f,63 le mètre courant, n'est comptée qu'à 67^f,48, le conseil de préfecture ayant reconnu en fait que le prix du mètre courant aurait été de 67^f,48 seulement si le travail avait été bien dirigé. Un pareil motif a une importance pratique, qui mérite d'être signalée. D'autre part, quand un travail antérieur à la concession a été reconnu utilisable par le concessionnaire, il n'y a pas lieu, par le conseil de préfecture, dans l'évaluation de l'indemnité à accorder à l'explorateur, par exécution de l'article 46, de déduire de l'indemnité spéciale à ces travaux le bénéfice que l'explorateur a pu en retirer par le fait d'extractions minérales, autorisées ou tolérées par l'administration des mines. C'est ce qui a été décidé, en fait, par un arrêt du conseil d'état du 6 mars 1872, relatif aux mines de lignite de la Tour-du-Pin (Isère). Au sujet de ce dernier arrêt, M. Aguillon fait justement observer qu'il ne faut y voir qu'une décision d'espèce (1), ne portant pas atteinte au principe posé par le conseil d'état dans un décret antérieur, du 26 décembre 1867 (2), où il est dit que, dans le calcul de l'indemnité à payer à l'explorateur, « on doit déduire les bénéfices « que l'explorateur a réalisés par la vente des produits extraits avant « la concession. »

Indemnités pour travaux antérieurs à une concession ancienne. — Compétence du conseil de préfecture.

La compétence du conseil de préfecture s'étend aussi aux indem-

---

(1) *Annales des mines*, 1879, p. 340.
(2) Lebon : *Recueil des arrêts du conseil d'état*, 1867, p. 957.

nités à régler pour travaux antérieurs à une concession ancienne, faite avant 1810, bien que, sous la loi de 1791, les tribunaux fussent juges de ces indemnités. Cette doctrine a été affirmée par l'ordonnance du 17 avril 1822 (1) dans l'affaire Boizet ; mais cette compétence ne s'étend pas jusqu'à régler les indemnités dues, ou plutôt les droits tréfonciers dus, par un explorateur au propriétaire de la surface, pour des extractions antérieures à la concession ; le jugement du litige appartient, en ce cas, aux tribunaux ordinaires, attendu qu'il ne s'agit plus ici d'indemnités « de concessionnaire à explorateur, » les seules dont s'occupe l'article 46 : ce principe a été confirmé par un arrêt du tribunal des conflits du 15 mars 1873, relatif aux mines de houille de Comberigol (Loire).

Appel, en conseil d'état, des décisions du conseil de préfecture.

Les concessionnaires, comme les explorateurs, peuvent faire appel, en conseil d'état, des arrêtés des conseils de préfecture portant règlement de ces indemnités pour travaux antérieurs à la concession.

Le conseil d'état réduit parfois cette indemnité dans de très larges proportions : comme exemple, nous citerons le décret du 6 août 1860 qui a réduit à 2.000 francs l'indemnité de 18.000 francs que le sieur Agostini avait été condamné à payer au sieur Pierraggi, par le conseil de préfecture de la Corse, pour travaux antérieurs à la concession de la mine d'Argentella. Parfois même le conseil d'état supprime tout à fait cette indemnité : c'est ainsi que l'arrêt déjà cité du 27 avril 1877 a annulé un arrêté du conseil de préfecture du Gard, qui accordait au sieur Brouzet une indemnité de 1.340 francs pour des travaux antérieurs qui n'avaient présenté aucune utilité directe ou indirecte aux concessionnaires des mines de plomb et cuivre de Saint-Sauveur des Pourcils. Par contre, on peut citer le décret au contentieux du 11 mai 1872, relatif aux mines de houille de Jaujac (Ardèche), qui a porté de 3.450 francs à 6.200 francs l'indemnité allouée par le conseil de préfecture aux auteurs de travaux antérieurs à l'acte de concession (2).

---

(1) Dupont : *Jurisprudence des mines*, t. I, p. 326.
(2) *Recueil des arrêts du conseil d'état*, 1872, p. 270.

Mention, dans les actes de concession, du règlement éventuel de cette indemnité.

Le règlement de l'indemnité due aux explorateurs est spécifié par prévoyance dans les actes de concession, par un article du modèle des clauses à insérer dans les actes de ce genre, qui est joint à la circulaire du 8 octobre 1843, article F (1). Cet article a été reproduit dans le modèle des décrets de concession, plus récent, déjà mentionné au chapitre III ; il est ainsi conçu :

En exécution de l'article 46 de la loi du 21 avril 1810, toutes les questions d'indemnités à payer par le concessionnaire, à raison de recherches ou travaux antérieurs au présent décret, seront décidées par le conseil de préfecture.

Considérations générales sur les indemnités à accorder aux explorateurs.

Terminons, au sujet des indemnités attribuées aux explorateurs, par quelques considérations générales. L'article 46 de la loi de 1810, combiné, d'une part, avec cette règle admise par la jurisprudence, qu'une indemnité est due à l'explorateur pour tout travail d'une utilité directe ou indirecte au concessionnaire, et, d'autre part, avec la faculté d'appel en conseil d'état contre les décisions du conseil de préfecture, donne, comme il faut le faire, un juste et fécond encouragement à l'industrie générale de la recherche des mines, sans porter atteinte aux intérêts généraux de l'exploitation. Cet article 46 complète les encouragements donnés aux inventeurs par l'article 16, et l'on peut dire que l'ensemble des deux articles 16 et 46 fait participer la législation de 1810 à tous les avantages qu'aurait pu offrir le système déjà cité de Turgot, pour la constitution de la propriété des mines, sans pouvoir encourir les reproches adressés au système anarchique et peu praticable de Turgot.

Tous les explorateurs ne peuvent pas obtenir la concession, car il y a une limite pratique à l'exiguïté des périmètres à concéder ; tous les explorateurs ne sont pas des inventeurs, et cependant ils peuvent avoir exécuté des travaux, des sondages utiles, etc. L'arti-

---

(5) Dupont : *Jurisprudence des mines*, t. III, p. 363.

cle 46 de la loi permet de les indemniser dans une certaine mesure : c'est équitable et c'est utile aussi comme un puissant encouragement aux recherches des mines. L'article 46 touche en quelque sorte à une lutte, à un conflit entre deux intérêts généraux à respecter et à défendre : d'abord, l'industrie générale des recherches de mines, à encourager, par motif d'intérêt public dans la personne des explorateurs déboutés comme demandeurs en concession ; et puis, l'industrie générale de l'exploitation des mines à défendre dans la personne des concessionnaires. La juridiction administrative des conseils de préfecture, avec appel au conseil d'état, est naturellement et nécessairement indiquée pour vider un pareil litige. La juridiction administrative s'éclaire des avis officiels et techniques des ingénieurs des mines, et le conseil d'état, arbitre souverain des droits d'inventeur, est là, en appel, pour empêcher, le cas échéant, qu'il y ait un cumul abusif entre des indemnités d'explorateur et des droits d'inventeur déjà réglés. Or plusieurs exemples cités tout à l'heure établissent ce fait, que le conseil d'état sait réduire, quand il le juge convenable, les indemnités d'explorateur qu'il trouve exagérées.

Rappelons enfin, au sujet de l'article 46, les considérations précédemment exposées pour établir que cet article ne s'applique point aux indemnités d'occupations de terrains, à payer par les permissionnaires de recherches : ces indemnités préalables, mentionnées à l'article 10 de la loi de 1810, doivent être réglées par les tribunaux civils, l'article 46 se rapportant exclusivement aux indemnités de concessionnaire à explorateur ou bien à ancien exploitant.

CHAPITRE VII.

REDEVANCES DES MINES.

Deuxième attribut du droit régalien : droit à une redevance sur les produits des mines.

Il a été établi, dans le premier chapitre, que les mines sont régies en France par le droit régalien, lequel comprend la triple attribution suivante pour le chef de l'état : droit de concession ou permission, droit à un tribut sur les produits des mines et droit de surveillance.

Nous avons vu comment le premier attribut est exercé par le gouvernement, pour l'exploration des richesses minérales, par les permis des recherches et les permissions de vente des produits de recherches, et, pour l'exploitation de ces richesses, par l'institution des concessions de mines. Nous avons à nous occuper maintenant de la deuxième branche du droit régalien, c'est-à-dire du tribut sur les produits des mines dû au gouvernement, question d'une grande importance pratique.

Redevances fixe et proportionnelle dues à l'état.

L'impôt sur les mines en France comprend une redevance fixe et une redevance proportionnelle, qui dérivent des articles 33 et 34 de la loi du 21 avril, ainsi conçus :

Art. 33. — Les propriétaires de mines sont tenus de payer à l'état une redevance fixe et une redevance proportionnée aux produits de l'extraction.

Art. 34. — La redevance fixe sera annuelle, et réglée d'après l'étendue de celle-ci : elle sera de 10 francs par kilomètre carré.

La redevance proportionnelle sera une contribution annuelle, à laquelle les mines seront assujetties sur leurs produits.

Redevance fixe.

Occupons-nous d'abord de la redevance fixe ; le chiffre de cette redevance est réglé par l'article 34 ; il est de 10 francs par kilomètre carré, soit de 0ᶠ,10 par hectare.

Il est imposé en sus un décime par franc sur la redevance fixe comme sur la redevance proportionnelle, en vertu de l'article 36, ainsi conçu :

Art. 36. — Il sera imposé en sus un décime pour franc, lequel formera un fonds de non-valeur, à la disposition du ministre de l'intérieur, pour dégrèvement en faveur des propriétaires de mines qui éprouveront des pertes ou accidents.

La redevance fixe est « évaluée sur le plan même de la concession accordée, qui fera connaître l'étendue de la surface » : cette règle est prescrite par l'instruction ministérielle du 3 août 1810 (§ 12).

Dans le régime ordinaire des mines en France, les concessions sont limitées par des plans verticaux, comme il est dit à l'article 29 de la loi ainsi conçu :

Art. 29. — L'étendue de la concession sera déterminée par l'acte de concession : elle sera limitée par des points fixes, pris à la surface du sol, et passant par des plans verticaux menés de cette surface dans l'intérieur de la terre à une profondeur indéfinie ; à moins que les circonstances et les localités ne nécessitent un autre mode de limitation.

Cette dernière restriction se rapporte à ce qui se passait dans les départements de la Belgique réunis à la France en 1810, et où il existait plusieurs exemples de concessions par couches. Il y avait lieu de se demander comment la redevance fixe serait établie dans ce cas exceptionnel ; c'est à cela que l'instruction ministérielle du 3 août 1810 répondait dans les termes suivants :

Il est évident que la redevance fixe porte sur l'étendue de la concession rapportée à un plan horizontal, soit que la concession ait été accordée par limites verticales ou par couches.

Redevance fixe, dans le cas de concessions superposées.

En conséquence, dans le cas de concessions par couches la redevance fixe devait être payée deux fois, ou trois fois s'il y avait deux ou trois concessions par couches superposées. Nous n'avons plus en France de concessions par couches, mais il y a de nombreux exemples de concessions de matières différentes superposées : ainsi, concession de fer de Trelys et Palmesalade (Gard) sur concession houillère du même nom; concession de zinc de la Croix-de-Palières (Gard) sur concession de couperose de Palières, etc., etc.

En cas de concessions superposées, la redevance fixe est exigible séparément pour chaque concession (1). Cela résulte du principe posé par l'instruction ministérielle du 3 août 1810, pour les concessions par couches. Ajoutons qu'en cas de concessions ainsi superposées, quel que soit le titulaire de la nouvelle, que ce soit celui de la concession la plus ancienne ou une autre personne, l'acte relatif à la concession la plus récente stipule expressément, pour le titulaire, l'obligation d'acquitter la redevance fixe, comme s'il n'existait pas de mine antérieurement concédée sur le périmètre.

Assiette de la redevance fixe sur les mines concédées.

La perception de la redevance fixe et de la redevance proportionnelle a été réglementée par le décret du 6 mai 1811, qui a force de loi, et par le décret du 11 février 1874.

L'assiette de la redevance fixe sur les mines concédées s'établit, à l'aide d'états ou tableaux dressés par le soin des ingénieurs des mines, sous les ordres des préfets. Les mêmes états servent à la fois pour la redevance fixe et la redevance proportionnelle.

Il y en a de deux sortes, savoir : les états d'exploitation, spéciaux, chacun à une concession déterminée; les états récapitulatifs, se rapportant chacun à un département, ou à une fraction de département. Les uns et les autres portent l'étendue de chaque concession et le montant de la redevance qui y correspond. Chaque état d'exploitation porte un numéro particulier, et contient les désignations suivantes, qui satisfont aux articles 1 et 2 du décret du 6 mai 1811 :

1° Titre de la concession de la mine;
2° Étendue de la concession en hectares;
3° Quotité de la redevance fixe annuelle, résultant de cette étendue;

---

(1) Dupont : *Jurisprudence des mines*, t. I, p. 335.

4° Communes sur lesquelles portent la concession et les travaux d'exploitation ;

5° Nom, profession et demeure du concessionnaire ;

6° Nom, profession et demeure de l'exploitant.

Le décret de 1811 avait stipulé des conditions particulières pour les concessions anciennes dont le titre ne portait pas énonciation d'étendue, ou qui n'étaient pas délimitées. Comme il n'existe plus de concessions dans ce cas, il n'y a plus à s'occuper de ces conditions particulières.

Assiette de la redevance fixe sur les mines non concédées.

L'établissement de la redevance fixe sur les mines non concédées avait sa raison d'être à l'époque où fut promulguée la loi du 21 avril 1810, parce qu'il existait alors, en France, un grand nombre de mines exploitées sans concession régulière, ou même sans aucune concession. La double redevance était établie par les articles 33 et 34 de la loi de 1810 sur « les propriétaires de mines », sans distinction aucune ; l'administration était donc fondée en principe, et sans invoquer l'équité, à percevoir les deux redevances sur les mines non concédées, avec d'autant plus de raison que, d'une part, les anciennes redevances dues à l'état étaient abolies par l'article 40 de la loi, et que, d'autre part, l'article 53 de la loi de 1810 assurait la concession aux exploitants des mines non encore concédées. D'autre part, en fait, l'importance, à cette époque, des mines non concédées, commandait de percevoir ces redevances, dans le juste intérêt du trésor, et les articles 11 à 15 du décret du 6 mai 1811 vinrent réglementer cette perception, qui n'a plus d'intérêt aujourd'hui.

Réclamations pour dégrèvement ou décharge de la redevance fixe.

Les réclamations pour décharge ou dégrèvement de la redevance fixe sont régies par les articles 44, 45 et 46 du décret du 6 mai 1811 (1) ; elles doivent toutes être adressées au préfet, qui prend l'avis de l'ingénieur des mines. S'il ne s'agit que de statuer sur

---

(1) Dupont : *Jurisprudence des mines*, t. I, p. 338.

une réduction, le préfet transmet le dossier au conseil de préfecture, qui prononce la quotité de la réduction, sauf le pourvoi selon les lois (art. 46). Si le réclamant demande une décharge complète de la redevance fixe, le préfet doit transmettre le dossier avec son avis motivé à l'administration supérieure, seule compétente.

Ces principes de compétence ont été posés dans la circulaire du ministre de l'intérieur du 1er septembre 1812. La compétence effective des conseils de préfecture en matière de redevance fixe est peu étendue, en fait, bien qu'elle soit de droit. En effet, l'étendue de la concession étant déterminée par le décret de concession, la redevance fixe afférente à cette concession est due sur l'étendue portée au décret, jusqu'à ce qu'un décret ultérieur détermine de nouvelles limites : c'est ce que dit la circulaire du directeur général des ponts et chaussées et des mines du 19 mai 1813, et ce qui résulte formellement de l'article 34 de la loi de 1810.

Le conseil de préfecture est incompétent pour assigner de nouvelles limites à un concessionnaire qui demande une réduction de périmètre, et, par suite, une réduction de redevance : le gouvernement agissant en conseil d'état est seul compétent à cet égard. Ce principe a été posé par l'ordonnance du 5 décembre 1833, annulant un arrêté du conseil de préfecture de la Loire relatif aux mines de plomb de Saint-Julien-Molin-Molettes (Loire).

Lorsqu'il y a erreur, au décret de concession, dans l'énonciation de l'étendue du périmètre concédé, c'est un nouveau décret rendu en conseil d'état qui peut seul rectifier l'erreur commise. Il existe plusieurs exemples de ce genre ; nous n'en citerons qu'un seul : l'ordonnance du 19 mars 1834 fixe à 6 kilomètres carrés 10 hectares l'étendue de la concession de lignite de Martigues (Bouches-du-Rhône), qui avait été portée à 12 kilomètres carrés, 81 hectares dans l'ordonnance de concession du 26 décembre 1814.

Un concessionnaire de mines ne peut pas obtenir décharge de la redevance fixe par ce motif que le rôle des redevances n'aurait été mis en recouvrement que dans le courant de l'année suivante : ce principe a été consacré par un décret en conseil d'état du 15 juillet 1853 (Giraud).

Un arrêt du conseil d'état du 29 mai 1874 (1), rendu dans l'affaire Bousquet et Fajol, a établi le principe suivant : Le concession-

---

(1) Dalloz, 1875, 3, 44.

naire d'une mine, qui en a transmis la propriété à un tiers, avant le 1ᵉʳ janvier, a le droit d'obtenir décharge de la redevance fixe, par mutation de rôle, et le conseil de préfecture ne peut pas refuser d'accorder décharge au concessionnaire vendeur en se fondant sur ce que l'acquéreur n'aurait pas fait connaître le domicile élu par lui.

Redevance fixe pour la première année.

Pour la première année d'institution d'une concession de mines, la redevance fixe est due à dater du jour de l'institution de la concession, et non pas à dater du 1ᵉʳ janvier de l'année de l'institution. Cette doctrine a été formulée dans la circulaire ministérielle du 1ᵉʳ juillet 1877.

On doit, ce semble, entendre par là que le chiffre de la redevance fixe à payer pour la première année de la concession, calculé, d'après la contenance de la concession, au taux fixé par l'article 34 de la loi de 1810, c'est-à-dire 10 francs par mètre carré, doit être réduit de moitié, d'un tiers, etc., suivant que la concession aura été instituée au milieu de l'année, ou bien au tiers, etc.

La redevance fixe est due jusqu'au retrait de la concession.

La redevance fixe est due sur toutes les mines concédées, qu'elles soient exploitées ou inexploitées, jusqu'au moment où intervient un décret accordant la renonciation à la concession. Cela résulte des articles 33 et 34 de la loi du 21 avril 1810, et aussi du décret du 6 mai 1811, ayant force de loi. L'instruction ministérielle du 29 décembre 1838 a rappelé ce principe, qui a été confirmé par le conseil d'état à des reprises diverses :

Par l'ordonnance du 8 janvier 1817 (mines de plomb de Saint-Sauveur (Lozère) ;

Par le décret du 15 juillet 1853 (Giraud) ;

Par le décret du 6 février 1854, relatif aux mines de fer d'Ainhoa (Basses-Pyrénées).

La redevance fixe frappant sur la propriété et non sur les produits, est due jusqu'à ce qu'il y ait eu renonciation formelle au titre, de la part des concessionnaires, avec les formalités exigées par la loi. Ce principe, posé dans une circulaire ministérielle du 26 mai

1812, a été appliqué dans une décision ministérielle du 19 décembre 1876, portant rejet de la demande formée par le syndic de la faillite des concessionnaires de la mine de houille des Touches (Loire-Inférieure), à l'effet d'être dégrevé de la redevance fixe (1).

Nature de la redevance fixe : est-elle une contribution?

En ce qui concerne la nature de la redevance fixe payée à l'état, il y a lieu de se demander si cette redevance fixe est, à proprement parler, une contribution. Un arrêt de la cour de cassation du 14 juin 1830, relatif à une question de cens électoral, a décidé que la redevance fixe, n'étant pas, comme la redevance proportionnelle, une contribution directe, ne pouvait pas concourir à la formation du cens électoral, en vigueur à cette époque. On serait néanmoins autorisé à maintenir que la redevance fixe est une contribution, comme la redevance proportionnelle, en invoquant l'article 52 de la loi du 21 avril 1810, lequel est ainsi conçu :

Les anciens concessionnaires seront, en conséquence, soumis au payement des contributions, comme il est dit à la section II du titre IV, articles 33 et 34, à compter de l'année 1811.

Or comme les articles 33 et 34 se rapportent tout à la fois, et tous les deux, à la redevance fixe et à la redevance proportionnelle, il s'ensuit que l'article 52 considère ces deux redevances comme étant toutes les deux des contributions. A l'appui de cette doctrine, on pourrait citer un arrêt du conseil d'état du 29 mai 1874 (Bousquet et Fajol), lequel proclame que « la redevance fixe sur les mines est assimilée pour la perception et pour le jugement des réclamations à la contribution foncière » (loi du 21 avril 1810, art. 37 ; loi du 2 messidor an VII, art. 5).

Comparaison avec l'étranger pour la redevance fixe (Autriche, Bavière, Italie, Belgique).

La redevance fixe payée à l'état, qui est de 10 francs par kilomètre carré, est sans doute, pour les exploitants, une charge légère, et pour

---

(1) *Annales des mines*, 1876, p. 278.

l'état un mince revenu, puisque pendant l'année 1878 le total des redevances fixes a été seulement de 104.349ʳ,37, pour toute la France. Le taux de la redevance est peu élevé, il est vrai, mais tel qu'il est, il est dû, car il résulte tout à la fois de la loi des mines (art. 34) et de l'acte de concession.

Comme comparaison avec l'étranger, disons qu'en Autriche, où il n'y a plus de redevance proportionnelle, mais où les mines sont soumises à l'impôt du revenu, il y a une redevance fixe de 6 florins par mesure souterraine, soit environ 332 francs par kilomètre carré (loi du 28 avril 1862). — En Bavière, les mines payent en sus de l'impôt sur le revenu une redevance fixe de 0ʳ,315 par hectare (art. 5 de la loi sur l'impôt des mines du 6 avril 1869).

En Italie, où les mines payent une redevance proportionnelle de 5 p. 100 du produit net, comme en France, elles payent, en outre, une redevance fixe de 0ʳ,50 par hectare, soit cinq fois plus forte qu'en France, et qui ne peut, dans aucun cas, être moindre que 20 livres (décret du 20 novembre 1859, art. 59 à 61).

En Belgique, la redevance fixe est perçue comme en France. En cas de concessions superposées, elle est due, comme en France, sur chacune des concessions de mines instituées dans une même étendue de terrain : c'est ce qui a été décidé par un avis du conseil des mines belge du 12 août 1854 (1). Mentionnons, au sujet de la redevance fixe, qu'il est de jurisprudence en Belgique qu'aucune disposition de la loi de 1810 ne permet de dégrever le concessionnaire de la redevance fixe, pour cause d'insolvabilité, aussi longtemps qu'il reste propriétaire de la mine : c'est ce qui résulte d'un avis du Conseil des mines belge du 21 décembre 1849 (2).

Il n'y a pas lieu d'élever, en France, le chiffre de la redevance fixe.

Quelques personnes ont proposé d'élever le chiffre de la redevance fixe, pour les concessions de mines en général.

Nous pensons qu'une pareille proposition doit être repoussée par les raisons suivantes :

Vis-à-vis des titulaires des concessions de mines déjà instituées,

---

(1) Du Pont : *Annales des travaux publics de Belgique*, t. XXXII, p. 292.
(2) *Idem*, p. 263.

l'élévation de la redevance fixe violerait l'article commun à ces diverses concessions, article inséré dans le modèle officiel adopté pour le libellé des actes de concession, et qui vise explicitement l'obligation, pour le concessionnaire, de payer à l'état les redevances fixe et proportionnelle établies par la loi du 21 avril 1810. Une semblable mesure serait donc de la rétroactivité vis-à-vis de l'acte de concession, lequel est une sorte de contrat : elle serait contraire à la justice.

En ce qui concerne les concessions futures, la commission d'enquête houillère à l'Assemblée nationale avait proposé, à la date du 22 janvier 1874, de modifier l'article 34 de la loi des mines de la manière suivante :

> La redevance fixe sera annuelle et réglée d'après l'étendue de la concession ; elle sera fixée dans le décret de concession à une somme déterminée par kilomètre carré.

Une pareille disposition législative aurait permis d'élever au-dessus de 10 francs, par kilomètre carré, la redevance fixe pour les concessions futures, cela est certain, mais elle aurait consacré entre les concessionnaires des mines, ceux du passé et ceux de l'avenir, une inégalité d'autant plus choquante qu'en fait, les concessions de mines à instituer seront probablement les moins riches et les plus dispendieuses à mettre en exploitation. La modification proposée était donc contraire aux justes intentions des législateurs de 1810, qui ont voulu uniformiser les charges des anciens et des nouveaux concessionnaires en matière d'impôt, comme cela résulte des articles 40 et 52 de la loi de 1810, et l'on doit se féliciter qu'elle n'ait pas pris place dans la loi de revision du 27 juillet 1880.

Redevance proportionnelle. — Sa nature.

Occupons-nous maintenant de la redevance proportionnelle. Cette redevance, ordonnée en principe par les articles 33 et 34 de la loi du 21 avril 1810, est régie par les articles 35 et 37 de la même loi, conçus comme il suit :

> Art. 35. — La redevance proportionnelle sera réglée chaque année, par le budget de l'état, comme les autres contributions publiques : toutefois, elle ne pourra jamais s'élever au-dessus de 5 p. 100 du produit net.

Il pourra être fait un abonnement pour ceux des propriétaires de mines qui le demanderont.

Art. 37. — La redevance proportionnelle sera imposée et perçue comme la contribution foncière.

Les réclamations à fin de dégrèvement ou de rappel à l'égalité proportionnelle seront jugées par les conseils de préfecture. Le dégrèvement sera de droit quand l'exploitant justifiera que sa redevance excède 5 p. 100 du produit net de son exploitation.

La redevance proportionnelle sur les mines est une contribution directe, parce qu'elle frappe directement sur les personnes au moyen d'un titre nominatif et exécutoire, qu'on appelle rôle, à l'opposé des contribution indirectes, lesquelles sont anonymes, et attaquent les richesses par la consommation et conformément à un tarif, sans acception de personnes.

La classification de la redevance proportionnelle des mines comme impôt, a une certaine importance, et mérite quelques éclaircissements généraux. On sait que, au sujet du vote et de l'assiette des impôts directs, ceux-ci se divisent en deux catégories, savoir : les impôts de répartition, les impôts de quotité. A l'égard des impôts de répartition, le pouvoir compétent détermine, par avance, la somme totale qu'ils devront produire, et l'on répartit ensuite cette somme entre les départements, les arrondissements, les communes et les individus. Dans l'impôt de répartition le produit net, pour tout le pays, est certain (1), mais la cote de chaque individu est incertaine jusqu'après la répartition : la contribution foncière, la contribution personnelle et mobilière, celle des portes et fenêtres sont des impôts de répartition. A l'égard des impôts de quotité, on fixe seulement le taux de la taxation qui devra être payée par chaque contribuable : dans l'impôt de quotité, le taux de la taxation pour chaque individu est certain, mais le total du rendement de l'impôt pour le pays est incertain jusqu'après la taxation et la perception : ainsi les patentes sont un impôt de quotité.

Dans quelle catégorie doit-on classer les redevances proportionnelles sur les mines? Sont-elles un impôt de répartition? Sont-elles un impôt de quotité? Si l'on se reporte aux termes de l'article 35 de la loi du 21 avril 1810, « la redevance proportionnelle sera réglée chaque année comme les autres contributions publiques, etc. »,

---

(1) Sauf la perte afférente aux cotes irrecouvrables

on sera conduit à admettre que cette redevance est un impôt de répartition, soumis à la restriction de ne pas dépasser un certain maximum, savoir le cinq pour cent du produit net. Cette conclusion est d'autant plus rationnelle, que lorsque la loi du 21 avril 1810 est intervenue, la contribution foncière à laquelle la redevance proportionnelle est assimilée pour le mode d'imposition était régie par la loi du 3 frimaire an VII, où il est dit :

Art. 1er. — Le corps législatif établit chaque année une contribution foncière. Il en détermine annuellement le montant en principal et centimes additionnels : elle est perçue en argent.

Art. 2. — La répartition de l'imposition (ou contribution) foncière est faite par égalité proportionnelle sur toutes les propriétés foncières, à raison de leur revenu net imposable, etc.

Observons encore que l'article 7 de la loi du 3 frimaire an VII posait le principe d'un maximum pour la contribution foncière, comme la loi de 1810 l'a fait pour les mines :

Art. 7. — Pour rassurer les contribuables contre les abus de la répartition, il sera déterminé chaque année, par le corps législatif, une proportion générale de la contribution foncière avec les revenus territoriaux au delà de laquelle la cote de chaque individu ne pourra être élevée.

Ce sont bien là les caractères de l'impôt de répartition, tel qu'il a été défini tout à l'heure. Il est donc vrai de dire que la loi de 1810, par ses articles 35 et 37, avait fait de la redevance proportionnelle sur les mines un impôt de répartition. Mais il a été dérogé à cet égard par un décret postérieur, ayant force de loi, le décret du 6 mai 1811, qui contient un article ainsi conçu :

Art. 39. — A cet effet, le directeur des contributions imposera sur chaque exploitant non abonné une somme égale au vingtième du produit net de son exploitation.....

Par le fait de cette disposition de l'article 39 du décret de 1811, ce qui était un maximum, d'après l'article 35 de la loi de 1810, est devenu la règle, pour fixer le chiffre de la redevance proportionnelle sur les mines. Dès lors, cette redevance proportionnelle ne peut plus « être réglée chaque année par le budget de l'État » au point de vue de son total pour toute la France « comme les autres contribu-
« tions publiques » (art. 35) ; elle n'est plus, au point de vue de la

quotité, « imposée comme les contributions foncières » (art. 37) ; elle est variable de sa nature, comme le produit net imposable de chaque mine, dont elle est le vingtième ; cette redevance proportionnelle sur les mines est donc, en fait, au point de vue de son chiffre pour chaque contribuable, un véritable impôt de quotité. Le décret du 6 mai 1811 a conséquemment dérogé à la loi du 21 avril 1810, en ce qu'il a transformé la redevance proportionnelle sur les mines, d'impôt de répartition qu'elle était, en impôt de quotité. C'est là une dérogation importante, comme principe, et que nous devions signaler ; mais, à part cette dérogation qui n'a trait qu'au chiffre de la redevance, les autres dispositions des articles 35 et 37 de la loi de 1810, qui assimilent cette redevance à un impôt de répartition, n'ont nullement été atteintes par le décret du 6 mai 1811, et elles continuent à être en vigueur, comme il sera expliqué ultérieurement. C'est ce qui sera dit lorsqu'il sera question des abonnements à la redevance proportionnelle, et des réclamations pour dégrèvement.

L'assimilation établie en principe par l'article 37 de la loi de 1810, entre la redevance proportionnelle sur les mines et la contribution foncière, est ainsi une doctrine qui doit être respectée, malgré la dérogation que le décret du 6 mai 1811 y a apportée, en transformant cette redevance en impôt de quotité.

Nous croyons, si l'on voulait établir une comparaison satisfaisant à la fois à la loi de 1810 et au décret de 1811, qu'il faudrait comparer la redevance proportionnelle sur les mines à la contribution foncière des maisons nouvellement bâties, lorsqu'elles deviennent imposables, c'est-à-dire dès la troisième année inclusivement après leur construction (art. 88 de la loi du 3 frimaire an VII). Et en effet, cette contribution foncière pour les maisons accroît d'autant le contingent foncier de la commune, de l'arrondissement et du département, comme il est dit à l'article 2 de la loi du 17 août 1835 : elle est donc un impôt de quotité, comme la redevance des mines, tout en restant contribution foncière ; enfin elle est établie d'après une estimation des propriétés bâties faite par des commissaires répartiteurs, assistés par le contrôleur des contributions directes, de même que la redevance proportionnelle est fixée d'après une estimation du revenu net de chaque année faite par un comité d'évaluation, ainsi qu'il sera dit tout à l'heure. Nous pensons donc que cette comparaison de la redevance proportionnelle à la contribution foncière sur les maisons nouvellement bâties satisferait mieux à la lettre et à l'esprit de la loi de 1810 que celle qui a été faite, de cette redevance à l'impôt des patentes, alors que, d'une part, la patente n'est pas une contribution foncière (art. 37) et que, d'autre part, l'article 32 de la loi de 1810 dit que l'exploitation des mines n'est pas sujette à patente.

Il n'y a pas lieu d'élever, en France, le taux de la redevance proportionnelle.

Quelques personnes ont proposé d'élever le taux de la redevance proportionnelle sur les mines; à cette proposition concernant la redevance proportionnelle, nous ferons la même objection que tout à l'heure, au sujet de la redevance fixe (1) : si la mesure devait s'appliquer aux mines déjà concédées, qui sont soumises seulement à une redevance de 5 p. 100 du produit net par les actes de concession, ce serait injuste, ce serait de la rétroactivité contre un quasi-contrat; si la mesure n'était applicable qu'aux mines à concéder dans l'avenir, elle constituerait une inégalité choquante et monstrueuse entre les concessionnaires, au point de vue des charges envers l'état qui doivent être égales pour tous, d'après les principes de notre droit public et d'après l'esprit de la loi de 1810 (art. 40, 32, 33, 34 et 35).

Assiette de la redevance proportionnelle.

Occupons-nous maintenant de l'établissement de la redevance proportionnelle, tel qu'il résulte des lois et décrets en vigueur actuellement. L'assiette de la redevance proportionnelle ne peut être établie qu'après qu'on a fixé le produit net imposable de la mine. Cela ressort des termes de l'article 35; or l'établissement du produit net imposable comprend trois opérations successives, savoir : la déclaration des concessionnaires, le travail du comité de proposition et le travail du comité d'évaluation.

Déclaration des concessionnaires.

La déclaration des concessionnaires doit être adressée à la pré-

---

(1) Voir ce qui a été dit précédemment page 222, pour le maintien du taux de la redevance fixe.

fecture avant le 1ᵉʳ mai de chaque année, comme il est dit à l'article 27 du décret du 6 mai 1811, très formel à cet égard :

Art. 27. — Les exploitants, concessionnaires ou usufruitiers, ou leurs ayants cause, seront tenus de remettre au secrétariat de la préfecture, le plus tôt possible, pour cette année, et, pour les années suivantes, avant le 1ᵉʳ mai, la déclaration détaillée du produit net imposable de leurs exploitations; faute de quoi l'appréciation aura lieu d'office.

Cette déclaration doit comprendre deux chapitres distincts : d'une part, celui des recettes indiquant premièrement les quantités extraites dans l'année écoulée, avec mention de la quantité restant sur le carreau à la fin de l'année, et deuxièmement les quantités vendues et les prix de vente avec indication du produit brut de ces ventes; d'autre part, la déclaration doit contenir un chapitre des dépenses relatives à l'exploitation et faites dans l'année précédente. Bref, cette déclaration détaillée, qui doit parvenir au secrétariat de la préfecture avant le 1ᵉʳ mai de chaque année, doit être faite selon qu'il est ordonné par la circulaire du 12 avril 1849 « dans la forme que le préfet aura déterminée selon la nature des exploitations. » Il appartiendra donc, dans chaque département, à l'ingénieur des mines, de soumettre au préfet un modèle convenable et unique pour ces déclarations, afin que la préfecture les réclame directement aux exploitants en cette forme, chaque année, par une sorte de circulaire. Cette manière d'agir sera en parfaite conformité avec les dispositions suivantes écrites dans le modèle des cahiers des charges des concessions de mines :

..... Le concessionnaire transmettr au préfet, dans la forme et aux époques qui l seront indiquées, l'état des ouvriers, celui des produits extraits dans le cours de l'année précédente, et la déclaration du revenu net imposable de l'exploitation.

Registres d'extraction et de vente.

L'ingénieur des mines, qui est naturellement appelé à discuter cette déclaration des exploitants, a-t-il le droit, lors de ses tournées, d'obliger les exploitants à lui montrer leurs registres d'extraction et de vente ? — Oui, y a-t-il lieu de répondre, pour les concessionnaires de houille du département de la Loire, parce que cette obligation est écrite à l'article 32 du cahier des charges, joint aux concessions de mines instituées dans ce département en 1824. Oui, disons-nous encore, pour toutes les concessions où cette obligation est insérée au cahier des charges, comme la chose existe à l'article Q du modèle général de cahier des charges joint à la circulaire du 8 octobre 1843, et dans les concessions instituées depuis celle de Pompey (20 février 1861) avec le nouveau modèle de cahier des charges où un article analogue est reproduit. D'autre part, le décret du 18 novembre 1810 oblige les exploitants à donner par l'intermédiaire des préfets, « l'état des produits bruts de leur exploitation » (art. 36), il ne parle point de registres d'extraction ou de vente; le décret du 3 janvier 1813 oblige (art. 27) les exploitants à produire le registre de contrôle journalier des ouvriers, sans parler de registres d'extraction et de vente; enfin, on peut être amené à se poser la question suivante : l'exécution sérieuse de l'article 49 n'entraînerait-elle pas, pour les ingénieurs, la faculté de voir les registre d'extraction et de vente? Il semble qu'on doive répondre oui.

Quoi qu'il en soit, ce qu'on est porté à conclure, d'après le texte explicite des lois et règlements existants, c'est qu'en matière de redevance proportionnelle, un concessionnaire n'est pas contraint *à priori* à montrer à l'administration ses livres d'extraction et de vente, si cette obligation n'est pas écrite dans son cahier des charges, à moins qu'il n'ait formé une demande en dégrèvement. Dans ce dernier cas, en effet, il appartiendra aux conseils de préfecture de donner pour mission aux experts nommés en conformité de l'article 49 du décret du 6 mai 1811, et qui opèrent en présence du contrôleur des contributions directes et de l'ingénieur des mines, de voir et vérifier les registres d'extraction et de vente.

Préparation des états de redevances.

Voici comment s'exprime le décret du 6 mai 1811 sur la préparation des états de redevances :

Art. 16. — La matrice du rôle pour la redevance proportionnelle sur les mines concédées, qui sont en extraction, sera dressée d'après des états d'exploitation conformes au modèle n° IV.

Art. 17. — Il y aura un état d'exploitation pour chaque mine concédée; la confection en sera divisée en deux parties, savoir : 1° la partie descriptive; 2° la proposition de l'évaluation du produit net imposable.

Art. 18. — La partie descriptive des états d'exploitation sera faite par l'ingénieur des mines du département, après avoir appelé et entendu les concessionnaires ou leurs agents, conjointement avec les maires et adjoints de la commune ou des communes sur lesquelles s'étendent les concessions, et les deux répartiteurs communaux qui seront les plus forts imposés.

Elle comprendra le nom et la nature des mines, le numéro des articles, les noms des communes ; les noms, professions et demeures des concessionnaires, possesseurs ou usufruitiers ; la désignation sommaire des ouvrages souterrains entretenus et exploités, ainsi que celle des machines ; enfin, la désignation des bâtiments et usines servant à l'exploitation.

En fait, voici comment les choses se passent (1).

Les états de redevances dressés par les ingénieurs des mines sont de deux sortes, ainsi qu'il a été dit :

1° Les états d'exploitation, par concession de mines, qui portent la déclaration du concessionnaire, l'estimation du comité de propositions, les propositions de l'ingénieur des mines, l'avis du directeur des contributions directes, et la décision du comité d'évaluation ;

2° L'état récapitulatif par mine, qui est rempli entièrement par l'ingénieur des mines, après la réunion du comité d'évaluation.

Les derniers modèles d'états de redevances ont été joints à la circulaire du 28 avril 1874 (2) : ils sont semblables à ceux qui étaient en usage depuis 1849 (3), sauf quelques annotations se rapportant au décret du 11 février 1874.

Nous devons observer que, dans la pratique, la partie descriptive, qui figure sur la première page de l'état d'exploitation, n'est point remplie, comme l'indique l'article 18 du décret de 1811, par le comité de proposition ; cette œuvre toute technique est faite par l'ingénieur des mines dans ses tournées, sur le vu des plans et registres d'avancement, et après vérification de l'état des lieux.

L'ingénieur transcrit également sur l'état d'exploitation, à la place indiquée, la déclaration du concessionnaire, qui doit être soumise à l'examen du comité de proposition ou de répartition, composé conformément à l'article 18 susmentionné du décret du 6 mai 1811.

---

(1) Dupont: *Jurisprudence des mines*, t. 1, p. 345.
(2) *Annales des mines*, 1874, p. 119.
(3) Dupont.: *Jurisprudence des mines*, t. I, p. 349 : voir des modèles d'états de redevances.

Estimation du comité de proposition ou de répartition.

L'ingénieur des mines, dont le projet d'itinéraire, pour les tournées de chaque année, a été préalablement approuvé par le ministre, fait prévenir, par l'intermédiaire de la préfecture, les maires, adjoints et répartiteurs, de l'époque où il sera rendu sur les lieux, pour concourir avec eux à l'œuvre du comité de proposition. Ceux-ci donnent des renseignements sur les ventes locales, les prix de la main-d'œuvre, des matériaux, etc., pendant que l'ingénieur donne des détails techniques. Le comité de proposition établit ainsi, sur le vu de la déclaration des concessionnaires, son estimation du produit net de la mine, et la consigne à la place marquée sur l'état, en la faisant suivre des signatures des membres. Ces signatures sont importantes, et il doit y figurer au moins celle du maire ou d'un adjoint ou répartiteur.

Proposition de l'ingénieur des mines.

L'ingénieur des mines, quoiqu'il fasse partie du comité de proposition, doit formuler avec détail son avis personnel et motivé, lequel peut être très différent de celui du comité de répartition, et a une place marquée sur les états d'exploitation.

Aux termes de la circulaire du 12 avril 1849, l'ingénieur doit joindre à chaque état d'exploitation un rapport sur chaque mine, renfermant tous les renseignements propres à éclairer le comité d'évaluation, dont il sera parlé tout à l'heure, au sujet de l'appréciation du revenu net imposable qui aura été faite par le comité de proposition. L'ingénieur consigne dans la partie de l'état qui est spécialement réservée pour ses propositions, les chiffres correspondants, extraits du rapport qu'il aura rédigé, lequel rapport est transcrit à la quatrième page de l'état, sous ce titre « débouchés et observations. »

Intervention de l'ingénieur en chef des mines.

Ajoutons que dans ces derniers temps, et ainsi qu'il est constaté par la circulaire ministérielle du 13 janvier 1880, une intervention régulière des ingénieurs en chef des mines, dans la préparation du travail des redevances, a paru indispensable à l'administration supérieure. Cette circulaire invite tous les ingénieurs des mines à soumettre leurs propositions à l'examen de leurs chefs de service, avant la réunion du comité d'évaluation, laquelle ne doit en aucun cas être retardée au delà du mois de juin. Il y a lieu de penser en conséquence que, pour satisfaire à cette triple circulaire adressée aux préfets, aux ingénieurs en chef et aux ingénieurs des mines, les propositions, en forme de rapport, des ingénieurs des mines, mentionnées tout à l'heure, et qui sont inscrites à la quatrième page de l'état d'exploitation, doivent être accompagnées du visa ou des observations de l'ingénieur en chef.

Avis du directeur des contributions directes.

Les états d'exploitation ainsi préparés pour les mines exploitées sont dressés en triple expédition par l'ingénieur des mines, qui en transmet deux exemplaires au préfet avec ses rapports, en conservant le troisième exemplaire pour son bureau (une quatrième expédition étant dressée dans les bureaux des préfectures pour le ministre des finances (circulaire du 12 mars 1878); et cela, aux termes suivants de la circulaire du 12 avril 1849 :

Les états d'exploitation et les rapports de l'ingénieur seront, avant le travail du comité d'évaluation, communiqués par le préfet au directeur des contributions directes, qui donnera son avis motivé sur les chiffres du produit brut et du revenu net adoptés par les comités de proposition.

Décision du comité d'évaluation. — Décret du 11 février 1874.

L'avis du directeur étant fourni et transcrit par ce fonctionnaire sur les deux exemplaires d'états d'exploitation qu'on lui a communiqués, le préfet, au reçu de ces états, doit convoquer dans le courant du mois de juin (circulaires des 12 avril 1849, etc.), le comité d'évaluation des redevances, dont la composition et les attributions sont réglées par les articles 24, 25 et 26 du décret du 6 mai 1811, ainsi conçus :

Art. 24. — Ce comité sera composé du préfet, de deux membres du conseil général nommés par le préfet, du directeur des contributions, et

CHAP. VII. — REDEVANCES DES MINES.

de l'ingénieur des mines, et de deux des principaux propriétaires de mines, dans les départements où il y a un nombre d'exploitations suffisant.

Art. 25. — Le comité est chargé de déterminer les évaluations définitives du produit net imposable de chaque mine, d'en faire porter l'expression au bas de chaque état d'exploitation, à l'avant-dernière colonne de la matrice du rôle, et d'arrêter les états et matrices.

Art. 26. — Le comité d'évaluation procédera aux appréciations du produit net imposable, soit d'office, soit en ayant égard aux déclarations des exploitants qui les auront fournies.

On doit remarquer l'importance de ces mots de l'article 25 du décret du 6 mai 1811 :

Le comité d'évaluation est chargé de déterminer les évaluations du produit net imposable de chaque mine.

Le rôle ainsi attribué au comité d'évaluation par l'article 25 du décret de 1811 était, il faut le dire, le rôle dominant, d'autant plus que ces mots « d'évaluation définitive du revenu net imposable » se trouvent aussi mentionnés dans l'article 23 du même décret. Il suivait de là que, hormis l'exception spécifiée par le décret de 1811, pour réclamation en réduction ou décharge de la part des exploitants, l'évaluation du produit net imposable restait définitive, dans tous les autres cas, et particulièrement vis-à-vis de l'état qui n'était pas admis à réclamer contre une évaluation trop faible du revenu net imposable, le décret de 1811 ne lui donnant pas cette faculté. Il résultait de cet état de choses que, d'après les termes du décret de 1811, interprétés par le conseil d'état (arrêts de 1853 et 1865), le gouvernement n'avait aucun moyen de faire redresser celles de ces évaluations qui lui paraissaient irrégulières ; il ne pouvait même pas se pourvoir devant la juridiction administrative, pour en provoquer la réformation, tandis que les concessionnaires de mines ont toujours le droit d'attaquer les décisions des comités d'évaluation devant le conseil de préfecture, et en appel, devant le conseil d'état. Cette inégalité choquante qui blessait l'équité, qui portait un préjudice réel aux justes intérêts du trésor, qui était en contradiction avec les règles qui régissent toutes les autres contributions, a cessé d'exister depuis le décret du 11 février 1874 (1), dont, nous devons le dire, les dispositions ont obtenu l'approbation de la commission de

---

(1) *Annales des mines*, 1874, p. 20.

l'enquête houillère instituée à l'Assemblée nationale (page 110 du rapport déposé le 22 janvier 1874).

Voici comment s'exprime ce nouveau décret :

> En cas de désaccord sur l'appréciation du produit net imposable entre le comité d'évaluation, institué par le décret du 6 mai 1811, et l'ingénieur des mines ou le directeur des contributions directes, il est statué par le préfet, sur avis motivé du directeur des contributions directes.
>
> Si le préfet n'adopte pas les conclusions du directeur des contributions directes, il en est référé au ministre des travaux publics, qui statue, après s'être concerté avec le ministre des finances.
>
> Le préfet arrête ensuite les rôles et les rend exécutoires, sauf le recours des contribuables, (§§ 2, 3 et 4 de l'art. 1er du décret.)

Les dispositions du décret du 6 mai 1811, relatif à l'établissement de la redevance proportionnelle, doivent continuer d'être appliquées, sauf les modifications qui précèdent (§ 1er de l'art. 1er du décret du 11 février 1874).

La circulaire ministérielle du 28 février 1874 (1), relative à l'application du décret, expose que :

> Dans tous les cas où les préfets auront à statuer pour désaccord entre le comité d'évaluation et l'ingénieur des mines, ou entre le comité d'évaluation et le directeur des contributions, ils devront se référer à tous les éléments de l'instruction, et spécialement aux propositions et rapports des ingénieurs des mines.

La circulaire ajoute que :

> Aux termes du décret de 1811, c'est à ces ingénieurs qu'il appartient de préparer les documents qui doivent éclairer la solution des questions de redevances, et c'est par ce motif spécialement qu'il était bon que le directeur des contributions directes, qui n'intervient en quelque sorte qu'à la fin des opérations, fût plus spécialement appelé à donner au préfet son avis motivé sur le chiffre de produit net à adopter.

Des difficultés se sont présentées sur l'interprétation de ces mots, « l'ingénieur des mines », du § 2 de l'article 1er précité, conçu comme il suit :

> En cas de désaccord sur l'appréciation du produit net imposable entre le comité d'évaluation... et l'ingénieur des mines...

---

(1) *Annales des mines*, 1874, p. 24.

Ces mots veulent-ils dire : l'ingénieur ordinaire des mines, tout seul, ou bien l'ingénieur ordinaire des mines et l'ingénieur en chef ?

La question a été tranchée par un arrêt du conseil d'état en date du 15 novembre 1878, rendu dans l'affaire, ministre des finances contre compagnie de Mokta : l'arrêt décide que « l'ingénieur des nes »dont il est question à l'article 1er, c'est l'ingénieur présent à la délibération du comité : à l'occasion de cet arrêt, une circulaire ministérielle du 3 mars 1879 (1), adressée aux ingénieurs leur recommande, « à la moindre hésitation sur un point intéressant réellement les droits du trésor, d'en référer à leur chef de service, et assez à temps pour que la réunion du comité d'évaluation ne soit pas reculée au delà des délais prescrits par la circulaire du 12 avril 1849. »

Une autre circulaire du 13 janvier 1880, déjà mentionnée (2), ordonne aux ingénieurs de soumettre désormais toutes leurs propositions à l'examen des ingénieurs en chef avant la réunion du comité d'évaluation, sans que cette réunion soit retardée au delà du mois de juin, délai réglementaire.

Au sujet du comité d'évaluation des redevances, il est juste de faire remarquer l'esprit libéral du décret de 1811, en ce qui concerne la constitution de ce comité où, en outre de deux membres du conseil général, il entre deux représentants des concessionnaires (deux des principaux propriétaires de mines du département), avec voix délibérative, et chargés de défendre leurs propres intérêts.

Les délibérations du comité d'évaluation sont consignées, aux termes de la circulaire du 12 avril 1849, dans un procès-verbal détaillé, dressé par un de ses membres.

Nous avons déjà rappelé que le comité de proposition devait, aux termes de l'article 20 du décret du 6 mai 1811, se réunir avant le 15 mai de chaque année. Quant au comité d'évaluation, il doit, d'après la circulaire ministérielle du 12 avril 1849, être réuni dans le courant du mois de juin.

Une circulaire du 1er avril 1876 rappelle ces deux prescriptions par ce motif nouveau que, les décisions du comité d'évaluation étant désormais susceptibles d'être réformées, il importe que l'administration connaisse aussitôt que possible leurs délibérations.

---

(1) *Annales des mines*, 1879, p. 122.
(2) *Idem*, 1880, p. 10.

Les décisions du comité sont transcrites sur les trois expéditions des états, et l'ingénieur des mines s'occupe ensuite à dresser l'état récapitulatif par mine.

Concessions quasi-abandonnées dont les titulaires sont insolvables.

Avant de parler en détail de l'état récapitulatif par mine, nous devons dire un mot des concessions en quelque sorte abandonnées, et dont les titulaires ou leurs ayants cause sont insolvables : une circulaire du directeur général des contributions directes aux directeurs des contributions directes des départements, en date du 1er août 1879, et insérée aux *Annales des mines* (1), s'exprime au sujet de ces concessions, dans les termes suivants :

> Ces mines ne donnant plus aucun produit, ne sont plus soumises à la redevance proportionnelle; mais elles continuent à être imposées chaque année à la redevance fixe, laquelle doit, en principe, être perçue tant que le retrait de la concession n'a pas été prononcé. Il en résulte qu'on ouvre chaque année, dans les rôles des redevances, un certain nombre de cotisations dont l'irrécouvrabilité est connue d'avance, et dont le montant doit nécessairement tomber en non valeurs. Cette situation a appelé l'attention du ministère des travaux publics et de celui des finances, qui, d'un commun d'accord, ont reconnu qu'il conviendrait de cesser de faire figurer, dans les rôles comme dans les autres documents officiels servant à l'assiette des redevances, les mines se trouvant dans la situation indiquée ci-dessus.

État récapitulatif par mine.

L'état récapitulatif par mine (2) ou tableau par mine est dressé en triple expédition par l'ingénieur, qui y fait figurer les chiffres de produits bruts et produits nets admis par le comité d'évaluation, ainsi que la redevance proportionnelle, afférente à chaque mine, calculée à 5 p. 100 du produit net. La redevance fixe y est aussi consignée, ainsi que le décime additionnel sur les deux redevances, exigé en raison de l'article 36 de la loi du 21 avril 1810, ainsi conçu :

Art. 36. — Il sera imposé en sus un décime pour franc, lequel formera

---

(1) *Annales des mines*, 1879, p. 324.
(2) Voir un modèle de cet état : Dupont : *Jurisprudence des mines*, t. I, p. 352.

un fonds de non valeur à la disposition du ministre de l'intérieur, pour dégrèvement en faveur des propriétaires des mines qui éprouveront des pertes ou accidents.

L'ingénieur compose ainsi la redevance totale, et, dans la colonne des observations, il fait un rapprochement des redevances de l'année courante avec celle de l'exercice ou des exercices précédents. Une expédition de tout le travail, états d'exploitation et état récapitulatif, est transmise au préfet, pour être communiquée au directeur des contributions directes qui établit en conséquence la matrice des rôles de chaque mine. La deuxième expédition est transmise à l'ingénieur en chef qui y consigne ses dernières observations, et la fait ensuite parvenir au ministre des travaux publics. La troisième expédition reste dans les bureaux de l'ingénieur ordinaire ; rappelons que la quatrième expédition, destinée au ministre des finances, est dressée dans les bureaux des préfectures (circulaire du 12 mars 1878).

Outre ces états de redevances, on doit transmettre au ministre le procès-verbal détaillé des délibérations du comité d'évaluation, dont il a été question précédemment. Tout le travail relatif aux redevances, doit parvenir au ministre des travaux publics avant le 1er août : ce délai fixé par la circulaire ministérielle du 12 avril 1849, a été rappelé avec insistance par la circulaire du 1er avril 1876 (1), qui fait observer qu'avec le régime, en matière de redevances, inauguré par le décret du 11 février 1874, alors que les décisions du comité d'évaluation sont désormais susceptibles d'être réformées, il importe que l'administration soit saisie le plus tôt possible de ces délibérations.

La circulaire conclut en demandant premièrement, la réunion des comités de répartition avant le 15 mai (2) ; deuxièmement, la réunion du comité d'évaluation avant la fin de juin ; troisièmement, la remise du travail tout entier par les ingénieurs avant le 1er août.

Recouvrement de la redevance.

La redevance proportionnelle devant être imposée et perçue comme

---

(1) *Annales des mines*, 1876, p. 141.
(2) Cette date du 15 mai concorde avec celle qui est spécifiée à l'article 20 du décret du 6 mai 1811.

la contribution foncière, selon qu'il est dit à l'article 37 de la loi, une fois que le rôle des redevances fixe et proportionnelle a été dressé par le directeur des contributions directes, le recouvrement est opéré par le percepteur des contributions de la commune où est située la mine. Lorsque le terrain concédé embrasse plusieurs communes, le percepteur de la commune où seront situés les bâtiments, usines et maisons de direction, sera seul chargé du recouvrement : cela est spécifié à l'article 40 du décret du 6 mai 1811. Cette désignation méritait d'être faite avec précision, en raison de la remise accordée au percepteur chargé du recouvrement.

Mines inexploitées.

Disons quelques mots sur les mines inexploitées, pour lesquelles la redevance fixe est due, tant qu'il n'y a pas eu retrait de concession. La circulaire ministérielle du 28 avril 1874 a apporté une simplification, en ce qui concerne les états de redevance relatifs aux mines inexploitées :

> En ce qui concerne les mines inexploitées, dit la circulaire, il a paru inutile de continuer à dresser pour chacune d'elles un état distinct : elles devront être toutes réunies, pour un même département, dans un tableau spécial que j'ai fait préparer à cet effet, qui renfermera les renseignements nécessaires à l'établissement de la redevance fixe.

Ajoutons que, depuis la circulaire susmentionnée comme auparavant, l'état récapitulatif par mine doit contenir les indications sommaires concernant toutes les mines concédées sans exception, exploitées ou non exploitées.

Réception du travail des redevances au ministère.

Lorsque le travail des redevances est terminé dans un département, le ministre, après avoir reçu du préfet toutes les pièces relatives à ce travail, en accuse réception en annonçant qu'il donnera ultérieurement connaissance des observations suggérées par l'examen de ces documents. D'autre part, et en même temps, le ministre soumet le travail des redevances à l'inspecteur général des mines dans la division duquel le département est situé, et l'invite à l'examiner, pour le lui renvoyer ensuite avec ses observations.

Abonnement à la redevance proportionnelle.

Les abonnements à la redevance proportionnelle ont leur principe dans la partie finale de l'article 35 de la loi du 21 avril 1810, ainsi conçue :

..... Il pourra être fait un abonnement pour ceux des propriétaires de mines qui le demanderont.

Remarquons ces mots importants « il pourra », lesquels démontrent que, d'après le texte de la loi de 1810, l'abonnement à la redevance ne constitue pas, pour l'exploitant de mines, un droit absolu ; aussi le décret du 6 mai 1811, restant conforme, en cela, à la loi organique des mines, s'exprime-t-il clairement sur ce sujet, dans les termes suivants :

Art. 33. — Pour les années 1813 et suivantes, les soumissions d'abonnement seront acceptées, modifiées ou rejetées, après avoir pris l'avis du comité d'évaluation, lorsque les opérations prescrites au titre II auront eu lieu.

Ces opérations sont la déclaration des exploitants et l'avis du comité de proposition (1). Il est donc incontestable, comme le dit la circulaire ministérielle du 28 février 1874, que :

Le décret du 6 mai 1811 avait stipulé que l'administration aurait la faculté de discuter le taux de l'abonnement, en tenant compte des chances de l'avenir de l'entreprise, et de rejeter la demande si le taux qu'il lui apparaissait équitable d'adopter n'était pas accepté par les concessionnaires.

Il est non moins incontestable que l'administration a joui de la liberté de décision, en matière d'abonnements, pendant un demi-siècle. Le régime établi par le décret du 6 mai 1811 a d'abord été modifié par le décret du 30 juin 1860 (2) ; puis il l'a été encore par le décret du 27 juin 1866 (3), abrogeant celui du 30 juin 1860, et portant : d'une part, que l'abonnement ne pourra plus être refusé que dans le cas où il sera constaté que l'exploitation a été dirigée en vue

---

(1) Dupont : *Jurisprudence de mines*, t. I, p. 354 et suiv.
(2) *Annales des mines*, 1860, p. 222.
(3) *Idem*, 1866, p. 164.

d'en altérer les bases (art. 2) et, d'autre part, que le taux de l'abonnement sera réglé sur la moyenne du revenu de celles des cinq dernières années qui ont donné un produit net (art. 1er). Or cette double disposition du décret du 27 juin 1866, causait un préjudice grave au trésor, ainsi qu'il est résulté d'un grand nombre de faits recueillis par l'administration des mines et par celle des contributions directes; aussi le conseil général des mines, invoquant tout à la fois l'article 35 de la loi du 21 avril 1810 et les intérêts généraux de l'état, avait demandé l'abrogation du décret de 1866 et le retour au décret du 6 mai 1811. Il a été fait droit aux demandes du conseil général des mines par le décret déjà mentionné, du 11 février 1874 (1), qui maintient les dispositions générales du décret de 1811, et qui formule les compétences respectives, en matière d'abonnement, du préfet, du ministre des travaux publics, et du président de la République statuant en conseil d'état.

Les dispositions du décret de 1874, en ce qui concerne la redevance proportionnelle, sont contenues dans les articles 2 et 3 conçus comme il suit :

Art. 2. — Les soumissions d'abonnement sont présentées, acceptées ou rejetées dans les formes tracées par le décret du 6 mai 1811;

Les abonnements sont approuvés par le préfet, sur l'avis de l'ingénieur des mines, du directeur des contributions directes et du comité d'évaluation, quand le taux de l'abonnement ne dépasse pas 1.000 francs;

Dans le cas de désaccord entre le comité d'évaluation et l'ingénieur des mines ou le directeur des contributions directes, il en est référé au ministre des travaux publics, qui statue, après s'être concerté avec le ministre des finances.

Au-dessus de 1.000 francs jusqu'à 3.000 francs, les abonnements sont approuvés par le ministre des travaux publics, qui se concerte préalablement avec le ministre des finances.

Les abonnements au-dessus de 3.000 francs et ceux pour lesquels un accord ne se serait pas établi entre les deux ministres, dans les cas prévus par les paragraphes précédents, sont approuvés par un décret rendu en conseil d'état.

L'abonnement peut toujours être refusé par l'administration : toutefois le refus d'une soumission d'abonnement ne peut, en aucun cas, être prononcé que par une décision du ministre des travaux publics, prise de concert avec le ministre des finances, après avis du conseil général des mines et des sections réunies des travaux publics et des finances du conseil d'état.

---

(1) *Annales des mines*, 1874, p. 20.

Art 3. — Sont et demeurent abrogées toutes les dispositions des décrets antérieurs qui sont contraires au présent décret.

Tel est le texte du nouveau décret qui régit la matière des abonnements à la redevance proportionnelle, et qui a été approuvé depuis lors, ainsi qu'il a été déjà dit, par le rapport de la commission de l'enquête houillère à l'Assemblée nationale instituée en 1874 (p. 110 du rapport). Le décret du 11 février 1874 a maintenu, à son article 2, les garanties qu'avait données aux concessionnaires de mines l'article 2 du décret du 27 juin 1866, en décidant que le refus d'une soumission d'abonnement ne pourrait être prononcé que par une décision ministérielle, rendue après avis du conseil général des mines et des sections réunies des travaux publics et des finances du conseil d'état.

Le nouveau décret du 11 février 1874 a reçu de fréquentes applications dans l'intérêt du trésor public ; ainsi l'on peut citer, comme insérés aux *Annales des Mines* : un arrêté ministériel du 23 juillet 1874 portant rejet de l'abonnement demandé pour les mines de houille de la Péronnière (Loire) ; cinq arrêtés ministériels du 13 août 1874 rejetant les demandes d'abonnement formées pour les mines de houille de Doyet et Bezenet, celles de Commentry (Allier), celles de la Faverge (Loire), celles de l'Escarpelle (Nord), et celles de Blanzy (Saône-et-Loire), etc.

Rappelons aussi, au point de vue de la doctrine, qu'un arrêt au contentieux du 2 juin 1876, concernant la Compagnie de Commentry-Fourchambault, a déclaré que les demandes d'abonnement pendantes au moment où a été rendu le décret du 11 février 1874, étaient soumises aux dispositions dudit décret (arrêts identiques du 23 juin 1876, etc., etc.).

Les demandes d'abonnement doivent être adressées à la préfecture avant le 15 avril de chaque année, aux termes de l'article 31 du décret du 6 mai 1811. Ce délai est de prescription rigoureuse ; le conseil d'état, par un décret du 29 novembre 1872, a décidé que c'est à bon droit que le ministre de l'intérieur et le gouverneur général de l'Algérie avaient rejeté comme tardive une soumission d'abonnement du 9 novembre 1863, pour cinq années devant courir à dater de 1863.

Lorsqu'une mine est soumise à l'abonnement, comme il importe de suivre les progrès de l'exploitation, afin de régler convenablement l'imposition d'office lorsque l'abonnement sera terminé, ou de statuer équitablement sur une demande d'abonnement ultérieure, l'état d'exploitation de la mine soumise à l'abonnement devra être rempli, chaque année, comme pour les autres mines, sauf la partie réservée au comité d'évaluation, qui reste en blanc. Le comité d'évaluation ne s'occupe pas des mines abonnées à la redevance, mais les quatre documents suivants, savoir : la partie descriptive des travaux, la déclaration des concessionnaires, l'avis du comité de proposition à titre de renseignement, et l'avis de l'ingénieur des mines, doivent, aux termes de la circulaire du 12 avril 1849, figurer sur les états des mines abonnées, comme sur les autres mines.

Durée des abonnements à la redevance proportionnelle.

Le nombre des abonnements à la redevance proportionnelle a été fort considérable en ces derniers temps ; ainsi l'on en compte soixante-quinze dans l'intervalle de 1832 à 1868.

La plupart de ces abonnements sont de cinq ans, ce qui était la durée normale fixée par l'article 1er du décret du 27 juin 1866. Il y a pourtant des abonnements pour une durée moindre dans la période antérieure audit décret de 1866 ; il y en a de trois ans (Carmaux, 10 octobre 1842; Decize, 12 février 1846) ; il y en a de de deux ans (Carmeaux, 31 mars 1836). Depuis le nouveau décret du 14 février 1874, l'administration pourra désormais discuter tout aussi bien la durée que le taux de l'abonnement ; elle n'est plus liée par le décret du 27 juin 1866 qui réglait cette durée à cinq ans, et elle pourra accorder des abonnements pour une durée moindre : comme exemple à l'appui de cette doctrine, on peut citer l'arrêté du ministre des travaux publics du 12 octobre 1874 (1) accordant un abonnement de trois ans pour les mines de houille de Fercé (Sarthe).

Demandes en réduction ou décharge de la redevance proportionnelle.

Les demandes en réduction ou décharge de la redevance propor-

---

(1) *Annales des mines*, 1874, p. 172.

tionnelle sont jugées par le conseil de préfecture, ainsi qu'il résulte de l'article 37 de la loi du 21 avril 1810, ainsi conçu :

Art. 37. — La redevance proportionnelle sera imposée et perçue comme la contribution foncière.

Les réclamations à fin de dégrèvement ou de rappel à l'égalité proportionnelle seront jugées par le conseil de préfecture. Le dégrèvement sera de droit quand l'exploitant justifiera que sa redevance excède 5 p. 100 du produit net de son exploitation.

Toute demande en dégrèvement doit être accompagnée, à peine d'être déclarée non recevable, de la quittance du douzième échu; cela résulte de l'assimilation de la perception de la redevance à celle de la contribution foncière et de l'application de l'article 146 de la loi du 3 frimaire an VII. Le décret du 26 janvier 1854 (1) rendu dans l'affaire de Wendel offre une application de ce principe.

D'autre part, les demandes en dégrèvement doivent, aux termes de l'article 45 du décret du 6 mai 1811, être accompagnées de pièces justificatives; mais cette dernière formalité n'est pas indispensable pour qu'elles soient recevables.

En ce qui concerne le délai dans lequel ces réclamations peuvent être formées, un décret du 5 décembre 1879 (2) concernant la mine d'Aïn-Arko (province de Constantine), appartenant à la Société de la Vieille-Montagne, a posé le principe suivant : dans le cas où le rôle d'une taxe assimilée pour le recouvrement aux contributions directes, comme la redevance proportionnelle sur les mines, n'a pas été publié dans la commune où la mine est située, le délai pour réclamer contre cette taxe court du jour où il est établi que le représentant des concessionnaires a eu connaissance de son imposition.

Les demandes en réduction ou décharge de la redevance proportionnelle pour trop imposé, pour surcharge, sont instruites conformément aux articles suivants du décret du 6 mai 1811 (3) :

Art. 47. — Les exploitants, concessionnaires, ou non concessionnaires, qui se croiront trop imposés à la redevance proportionnelle, se pourvoiront également devant le préfet.

Art. 48. — Le préfet enverra les réclamations au sous-préfet de l'arrondissement, au directeur des contributions directes et à l'ingénieur des

---

(1) Lebon, 1854, p. 59.
(2) Dalloz, 1880, 3, 53, et *Annales des mines*, 1879, p. 789.
(3) Dupont : *Jurisprudence des mines*, t. I, p. 358.

mines, pour avoir leur avis; il enverra aussi au maire de la commune, pour avoir l'avis des répartiteurs qui auront été entendus selon l'article 18, et il soumettra le tout au conseil de préfecture, qui prononcera sur la réduction de la côte.

Art. 49. — Si les sous-préfets, directeur des contributions et ingénieur des mines ne conviennent pas de la surtaxe, deux experts seront nommés, l'un par le préfet et l'autre par le réclamant (1). A l'époque fixée par le préfet, ces experts se rendront sur les lieux avec le contrôleur des contributions (comme à l'arrêté de floréal an VIII); et, en présence de l'ingénieur des mines et du réclamant ou de son fondé de pouvoir, ils vérifieront les faits exposés dans la réclamation, (comme à l'arrêté de floréal) [art. 5] et rectifieront, s'il y a lieu, l'appréciation du revenu net de l'exploitation.

Art. 50. — Le contrôleur des contributions rédigera un procès-verbal des dires des experts et des parties intéressées; il y joindra son avis, ainsi que celui de l'ingénieur des mines, et adressera le tout au sous-préfet, qui le transmettra au préfet. Le conseil de préfecture, après avoir vu l'avis du directeur des contributions, prononcera sur la réclamation, sauf sur le pourvoi, comme il est dit à l'article 46 (2).

Disons, au sujet de ce pourvoi contre la décision du conseil de préfecture jugeant en matière de demande en décharge ou réduction de la redevance proportionnelle, qu'il doit être formé devant le conseil d'état, « selon les lois » ainsi qu'il est dit à l'article 46. Il peut être formé soit par le concessionnaire, soit par le représentant du gouvernement. Dans ce dernier cas, le seul représentant du gouvernement qui puisse former le pourvoi, c'est le ministre des finances; le ministre des travaux publics serait incompétent pour cela : ainsi décidé par un arrêt au contentieux du 8 juin 1877 (affaire Schneider et Cie). Quant au délai de pourvoi, il est de trois mois, conformément au décret du 22 juillet 1806 (même arrêt du 8 juin 1877).

Pour ce qui est des frais d'expertise devant le conseil de préfecture, le décret du 6 mai 1811 s'exprime comme il suit :

Art. 51. — Les frais d'expertise, de présence et de vérification, seront réglés par le préfet.

Art. 52. — Quand la réclamation aura été reconnue non fondée, les frais seront supportés par le réclamant.

Art. 53. — Si elle est reconnue fondée, les frais seront pris sur la por-

---

(1) La disposition relative aux deux experts est imitée de l'article 5 de l'arrêté du 24 floréal an VIII, concernant les réclamations relatives à la contribution foncière.

(2) Ces dispositions de l'artile 50 sont imitées de l'article 6 de l'arrêté de floréal an VIII sur la contribution foncière.

tion du fonds de non-valeur mise à la disposition du préfet, ainsi qu'il sera dit ci-après.

Les formes de l'expertise ordonnée sur demande en dégrèvement de la redevance proportionnelle « doivent être les mêmes que celles de l'expertise en matière de contribution foncière telles qu'elles sont réglées par l'arrêté du 24 floréal an VIII » (1). Cela est conforme à l'esprit de l'article 37 de la loi du 21 avril 1810, et cela a été proclamé, comme doctrine, par un décret au contentieux du 13 avril 1877 (2) (Chagot) ; ce décret a annulé, sur le pourvoi du ministre des finances, un arrêté du conseil de préfecture de Saône-et-Loire, lequel avait prescrit qu'une expertise en dégrèvement de redevance aurait lieu sans l'assistance du contrôleur des contributions directes et après prestation de serment par les experts, alors que l'arrêté du 24 floréal an VIII prescrit que l'expertise doit avoir lieu en présence du contrôleur chargé d'enregistrer le procès-verbal, et sans que les experts soient tenus de prêter serment.

Un arrêt du conseil d'état, du 26 août 1858, relatif à la compagnie des houillères de l'Aveyron porte qu'aucune disposition de loi ou de règlement n'oblige les concessionnaires de mines à présenter, pour chaque concession, une réclamation séparée, en dégrèvement de redevance. Un concessionnaire qui possède plusieurs concessions, peut donc former une demande en dégrèvement collective, mais il n'en est pas moins vrai que le conseil de préfecture statuera séparément pour chaque concession : en effet, d'après les principes fondamentaux de la loi de 1810, la concession forme une unité distincte, et la redevance proportionnelle s'établit séparément sur chaque concession d'après les articles 33, 34 et 35 de la loi de 1810, et d'après l'article 17 du décret du 6 mai 1811 qui porte que, pour l'assiette de la redevance, il y aura un état d'exploitation pour chaque mine concédée ; cela est conforme du reste à l'article 37 de la loi de 1810 qui dit que « la redevance proportionnelle sera imposée et perçue comme la contribution foncière », laquelle est due pour chaque immeuble pris séparément (circulaire du 1ᵉʳ juillet 1877).

Le conseil de préfecture ne prononce pas définitivement sur les demandes en dégrèvement de la redevance proportionnelle pour

---

(1) Voir cet arrêté, *Code général* (*Durand et Paultre*), t. II, v, p. 85.
(2) *Recueil des arrêts du conseil d'état*, 1877, p. 343

motif de surcharge. Le réclamant peut recourir au conseil d'état par une requête au contentieux. Ce pourvoi désigné par l'article 46 du décret du 6 mai 1811 a lieu sans frais, comme pour les contributions directes, en vertu de l'article 30 de la loi du 21 avril 1832; il n'est soumis qu'au droit de timbre, et peut être transmis au gouvernement par l'intermédiaire du préfet. Comme exemple à l'appui, on pourrait citer un décret du 13 décembre 1855, relatif à la compagnie des mines de Carmeaux et bon nombre d'autres décrets analogues.

Ce recours d'un concessionnaire de mines contre un arrêté du conseil de préfecture en matière de réclamation pour redevances est encore admissible devant le conseil d'état, alors que le concessionnaire n'a pas fourni les déclarations du produit net et les justifications prévues aux articles 27 et 45 du décret du 6 mai 1811, et qu'il n'a pas réclamé l'expertise aux termes de l'article 37 de la loi du 21 avril 1810 et de l'article 49 du décret précité du 6 mai 1811. Aucune disposition législative ne s'oppose à ce qu'un concessionnaire de mines conteste, en pareille circonstance, devant le conseil d'état, le taux des redevances proportionnelles auxquelles il aura été imposé. Ce principe a été posé par le conseil d'état dans un décret du 10 septembre 1864, relatif aux mines de fer de Bou-Hamra et des Karesas (J. Talabot).

Demandes en remise de tout ou partie de la redevance proportionnelle.

Les demandes en dégrèvement dont il vient d'être question sont celles qui sont fondées sur un droit, sur le droit résultant, pour l'exploitant de mines, aux termes des articles 35 et 37 de la loi du 21 avril 1810, de n'être imposé qu'aux 5 p. 100 du produit net de son exploitation; mais il est un autre genre de demandes relatives à la redevance proportionnnelle, c'est la demande de la remise en tout ou partie de ladite redevance, à titre d'encouragement ou de dédommagement. Celle-ci n'est plus fondée sur un droit, mais elle s'adresse à la bienveillance du gouvernement, qui statue ici par la voie gracieuse, ayant plein pouvoir pour accorder ou pour refuser.

Les demandes de ce genre sont régies par l'article 38 de la loi du 21 avril 1810, ainsi conçu :

Art. 38. — Le gouvernement accordera, s'il y a lieu, pour les exploitations qu'il en jugera susceptibles, et par un article de l'acte de concession ou par un décret spécial délibéré en conseil d'état pour les mines déjà concédées, la remise en tout ou partie du payement de la redevance proportionnelle, pour le temps qui sera jugé convenable; et ce, comme encouragement, en raison de la difficulté des travaux: semblable remise pourra aussi être accordée comme dédommagement, en cas d'accident de force majeure qui surviendrait pendant l'exploitation.

Les conseils de préfecture n'ont pas à s'occuper de ces demandes en remise de tout ou partie de la redevance proportionnelle, formées en vertu de l'article 38 de la loi de 1810.

On pourrait citer de nombreux exemples de remises de la redevance proportionnelle accordées conformément à l'article 38 de la loi du 21 avril 1810. On en compte vingt-cinq de 1828 à 1868. Citons par exemple: une ordonnance du 13 avril 1828 faisant remise de la redevance proportionnelle pendant 15 ans à la compagnie des mines de plomb argentifère de Vialas (Lozère); une remise de dix ans faite, le 30 juin 1830, aux mines de houille de Cavaillac (Gard); une remise de dix ans, à Poullaouen le 31 mai 1837; une remise de cinq ans à Pont-Gibaud, le 12 février 1846; une remise de trois ans, à la compagnie des mines de fer de Mokta, le 29 avril 1868, etc., etc.

La décision du ministre des finances qui repousse une demande en remise de tout ou partie de la redevance proportionnelle n'est pas susceptible d'être attaquée par la voie contentieuse : c'est ce qui a été décidé par un décret en conseil d'état du 29 avril 1848, concernant la compagnie d'Anzin.

Destination du produit des deux redevances.

La destination du produit des deux redevances était primitivement réglée par l'article 39 de la loi du 21 avril 1811, ainsi conçu :

Art. 39. — Le produit de la redevance fixe et de la redevance proportionnelle formera un fonds spécial, dont il sera tenu un compte particulier au trésor public, et qui sera appliqué aux dépenses de l'administration des mines, et à celles des recherches, ouvertures et mises en activité des mines nouvelles ou rétablissement de mines anciennes.

L'article 39 a été implicitement abrogé par la loi de finances du 23 septembre 1814. L'article 20 de cette loi a supprimé les fonds spéciaux, et confondu ainsi les redevances des mines avec les produits généraux de l'état (1). Cette suppression des fonds spéciaux et la conséquence qui en résulte, pour les redevances des mines, ont été rappelées par une circulaire du directeur général des ponts et chaussées et des mines, en date du 16 septembre 1815.

Établissement de la redevance proportionnelle pour la première année de l'exploitation.

Occupons-nous maintenant de quelques détails pratiques sur l'établissement de l'assiette de la redevance proportionnelle.

En règle ordinaire, la redevance proportionnelle, pour chaque exercice, s'établit sur le revenu net de l'exploitation pendant l'année précédente.

La circulaire du 12 avril 1849 a posé deux exceptions à cette manière d'opérer, dans les termes suivants :

..... Pour la première année de l'exploitation, l'imposition sera réglée d'après le revenu net présumé de cette même année, sans avoir égard aux dépenses faites avant l'institution de la concession.

De même, si une mine dont l'exploitation était suspendue, vient à être exploitée de nouveau, l'imposition aura lieu d'après le rendement présumé de l'année de la reprise de travaux.

La circulaire du 1er juillet 1877 s'exprime comme il suit :

Les comités d'évaluation avaient plusieurs fois imposé à la redevance fixe, pour l'année entière, des mines dont la concession datait du courant de ladite année (2). Il a été décidé que pour la première année de son existence, une mine ne devait être imposée à la redevance fixe qu'à dater du jour de l'institution de la concession.

Quant à la redevance proportionnelle, elle doit, dans le même cas, être calculée d'après le revenu net présumé de la première année, sans avoir égard aux dépenses faites avant l'institution de la concession.

Lorsqu'une mine est concédée dans le courant de l'année, par exemple au premier tiers de l'exercice, au 1er mai, on ne doit pas tenir compte, pour l'établissement de la redevance proportionnelle,

---

(1) *Traité théorique et pratique de la législation et de la jurisprudence des mines*, par M. Naudier, p. 220.

(2) Il semble que les comités d'évaluation, en imposant des mines à la redevance fixe, étaient sortis des attributions qui leur sont conférées par les titres II et III du décret du 6 mai 1811, lesquelles se rapportent exclusivement à la redevance proportionnelle.

des dépenses faites entre le 1ᵉʳ janvier et le 1ᵉʳ mai de ladite année, qui sont antérieures à l'institution de la concession (1), mais par contre, on ne doit pas tenir compte des produits bruts du même intervalle, d'où il résulte que la redevance proportionnelle pour la première année doit être établie, en ce cas, sur les deux derniers tiers du revenu présumé de la première année, c'est-à-dire du revenu présumé pour la période du 1ᵉʳ mai au 31 décembre.

Il n'est pas tenu compte des déficits des exercices antérieurs à celui qui sert de base à la redevance proportionnelle.

La redevance proportionnelle s'établit sur le revenu net de la mine pendant un exercice distinct, et il n'est pas tenu compte, dans l'évaluation du produit net imposable à la redevance proportionnelle, des déficits des exercices antérieurs.

Ce principe découle des termes mêmes de l'article 34 de la loi, qui dit que « la redevance proportionnelle sera une contribution annuelle à laquelle les mines seront assujetties sur leurs produits. » Il est clair que, dans l'esprit du législateur, les produits dont il est question ici sont les produits annuels. Le doute ne saurait exister en présence de l'article 35, qui dit que « la redevance sera réglée chaque année... toutefois elle ne pourra jamais s'élever au-dessus de 5 p. 100 du produit net ». Il est encore évident que le « produit net » dont il est question ici, c'est le produit net d'une année. D'autre part, ce principe est conforme aux règles générales admises pour les contributions foncières auxquelles la redevance proportionnelle est assimilée par l'article 37 de la loi de 1810; il est conforme aux dispositions du décret de 6 mai 1811, qui porte que les états d'exploitation, états essentiellement annuels, forment la base du travail pour l'assiette de la redevance proportionnelle (art. 16 et 17). Il a été appliqué par une décision du ministre des travaux publics du 28 février 1835, relative aux mines de Chessy et Sainbel (2).

De ce principe important il découle plusieurs conséquences, savoir : premièrement, que les dépenses des mines en général, et particulièrement celles de premier établissement, doivent être comptées intégralement dans le travail de la redevance proportionnelle, pour

---

(1) Circulaires des 12 avril 1849 et 1ᵉʳ juillet 1877.
(2) Dupont, *Jurisprudence des mines*, t. I, p. 366.

l'année véritable dans laquelle elles ont été faites, et non point par annuités, comme cela se pratique souvent dans l'industrie ; deuxièmement, pour la première année de l'exploitation, on ne doit pas tenir compte des dépenses antérieures à la concession ainsi qu'il a été dit déjà ; troisièmement, en matière de redevance proportionnelle, on ne doit pas tenir compte, au chapitre des dépenses, des intérêts de la dette d'une société de mines ni de l'amortissement, etc.

Lorsqu'un concessionnaire a éprouvé des pertes ou accidents pendant un exercice, la demande en remise de la redevance, dont il a été précédemment question, est la voie qui lui est offerte ; mais il ne peut pas reporter, en ce cas, les pertes accidentelles d'un exercice sur un exercice ultérieur, pour amoindrir le chiffre de sa redevance.

On trouve dans le décret du 23 mai 1870 (affaire Brunier et Leborgne) une application de ce principe, que la redevance proportionnelle doit être établie à raison des produits et des frais d'exploitation pendant l'année qui a précédé celle pour laquelle on arrête le rôle ; d'autre part, il a été spécialement reconnu par le conseil d'état, dans ce même arrêt, que lorsqu'un procès soutenu par le concessionnaire a duré plusieurs années, il n'y a lieu de déduire du revenu brut de la mine, pour déterminer le revenu net servant de base à la redevance pendant une année, que les frais nécessités par ledit procès pendant l'année précédente (1).

Mode d'établissement de la redevance proportionnelle sur deux mines appartenant au même propriétaire.

La redevance proportionnelle s'établit séparément sur deux mines formant deux concessions distinctes, alors même qu'elles appartiennent au même propriétaire.

Cette doctrine résulte logiquement, d'une part, de ce que, d'après les principes fondamentaux de la loi de 1810, les concessions forment des unités distinctes, l'article 31 notamment proclamant cette distinction, en ce qui concerne l'obligation d'exploiter ; d'autre part, des articles 33, 34 et 35 de la loi de 1810, qui entraînent nécessairement cette distinction des concessions, en ce qui concerne la re-

---

(1) *Recueil des arrêts du conseil d'état*, 1870, p. 628.

devance; elle décou'e enfin de l'article 17 du décret du 6 mai 1811 ayant force de loi et portant qu'il y aura « un état d'exploitation pour chaque mine concédée », et des articles 16 et 25 du même décret.

Ce principe a été appliqué dans deux décisions du ministre des finances des 8 mars et 8 mai 1835, au sujet des mines de cuivre de Chessy et de Sainbel (1) ; il a été proclamé, d'autre part, dans un décret au contentieux du 21 décembre 1861, concernant la Compagnie des houillères de l'Aveyron (2). Il suit de cette doctrine qu'alors même que plusieurs concessions de même nature, et mêmes contiguës appartiennent au même titulaire, on ne peut pas, dans l'établissement de l'assiette de la redevance proportionnelle, compenser, en tout ou en partie, les bénéfices d'une de ces concessions par les pertes de l'autre. Le comité d'évaluation lui-même, qui est chargé d'établir le revenu net imposable, est obligé, aux termes de l'art. 25 du décret du 6 mai 1811, « de faire porter l'expression du produit net imposable au bas de chaque état d'exploitation », chacun de ces états correspondant à une seule mine concédée. Le comité d'évaluation des redevances ne saurait donc violer la doctrine de la séparation des concessions ; si, par impossible, un comité ne s'y conformait pas, il est hors de doute que le décret du 11 février 1874 fournirait à l'administration un moyen certain de redresser cet abus.

C'est en vertu de ce principe de la distinction séparative des concessions possédées par le même individu ou la même compagnie, en ce qui concerne la redevance, que nous croyons devoir critiquer : d'une part, l'ordonnance du 6 octobre 1832 qui a réglé, collectivement et en bloc, à 45.000 francs l'abonnement à la redevance proportionnelle des quatre concessions houillères de Vieux-Condé, Fresnes, Anzin et Raismes appartenant à la compagnie d'Anzin ; et, d'autre part, une ordonnance du même genre, en date du 20 avril 1836, qui a aussi réglé en bloc à 53.000 francs l'abonnement à la redevance des quatre mêmes concessions. L'administration a donc à se reprocher, elle aussi, d'avoir violé cette doctrine de la séparation distinctive des concessions, en matière de redevance.

Ajoutons que plus tard l'administration a rendu justice à ce prin-

---

(1) De Cheppe : *Annales des mines*, 3ᵉ série, t. XIII, p, 736.
(2) *Annales des mines*, 1878, p. 41.

cipe de la distinction des concessions, en matière de redevance, comme on peut le voir dans quatre ordonnances, à la date du 16 avril 1843, réglant l'abonnement à la redevance pour chacune des quatre concessions houillères mentionnées tout à l'heure, qui appartiennent toutes à la compagnie d'Anzin. Depuis cette époque, le principe a été respecté dans tous les abonnements à la redevance proportionnelle.

En Belgique, il est admis de même que bien que deux mines soient possédées et exploitées par le même individu ou la même société, elles doivent être considérées comme des exploitations distinctes, sous le rapport de l'assiette de la redevance proportionnelle : c'est ce qui résulte d'un avis du conseil des mines belge, en date du 27 juin 1857 (1).

Redevance sur les mines affermées.

Le prix de fermage d'une mine ne doit pas être considéré nécessairement comme le revenu net imposable. Cela résulte de ce qu'aux termes de l'article 33 de la loi du 21 avril 1810, la redevance doit être « proportionnée au produit de l'extraction » ; cela résulte encore du dispositif de l'article 35, lequel porte que cette redevance est réglée d'après le produit net de l'extraction sans pouvoir s'élever au-dessus de 5 p. 100 de celui-ci : or, en fait et pour chaque année de l'exploitation de la mine affermée, le produit net de l'extraction n'est pas nécessairement égal au prix de fermage, il peut le dépasser comme il peut lui être inférieur dans des proportions notables.

Établissement du produit brut, d'après les quantités extraites, pendant un exercice unique. — Stocks de fin d'année.

L'établissement de la redevance proportionnelle sur les mines comprend deux opérations distinctes, savoir : premièrement, la détermination du produit brut, ou revenu brut, pendant un exercice ; deuxièmement, la détermination totale des dépenses pendant le même exercice. C'est par la comparaison de ces deux chiffres qu'on

---

(1) Du Pont : *Annales des travaux publics de Belgique*, t. XXXII, p. 263.

obtient le produit net, sur lequel la redevance proportionnelle est réglée au tarif de 5 p. 100, ou bien qu'on constate qu'il y a déficit, auquel cas la redevance proportionnelle est nulle.

La redevance proportionnelle doit être, aux termes de l'article 33 de la loi de 1810, « proportionnée aux produits de l'extraction », et, en 1852, le ministre des travaux publics et le ministre des finances décidèrent, d'un commun accord, que le revenu brut devait être calculé uniquement d'après les produits extraits (1), ce qui est, il faut le dire, l'application exacte de l'article 33.

Plus tard, une circulaire ministérielle du 6 décembre 1860 (2) a prescrit, sur la demande des concessionnaires, qu'à l'avenir la redevance proportionnelle fût établie sur les produits vendus.

La jurisprudence de la circulaire ministérielle de 1860 n'obtint pas la sanction du conseil d'état; et, en effet, un arrêt au contentieux du 29 juin 1866 (3), relatif aux mines de Saint-George d'Hurtières, accueillit le recours du concessionnaire et proclama ce principe, « que la redevance doit être établie chaque année, à raison du produit de l'exploitation pendant l'année qui a précédé celle pour laquelle la redevance est imposée. » La circulaire ministérielle du 7 février 1877 (4) rappelle à ce sujet que dans un cas récent, à l'occasion de deux arrêtés d'un conseil de préfecture qui avait accueilli les réclamations des concessionnaires contre une évaluation du produit brut faite au moyen de la quantité de l'extraction, le conseil général des mines a partagé l'opinion du conseil d'état : en conséquence, le ministre des travaux publics, constatant qu'il s'est préalablement entendu avec le ministre des finances, clôt sa circulaire du 7 février 1877 en déclarant qu'à l'avenir, le revenu brut de l'exploitation devra être établi d'après la totalité des produits extraits pendant l'année précédente. La même doctrine a été maintenue par la circulaire ministérielle du 1er juillet 1877.

Depuis lors, dans un arrêt du 26 décembre 1879 (5) concernant les mines d'Aniche (Nord), le conseil d'état a maintenu à nouveau

---

(1) Décision formulée dans la circulaire du 14 juin 1852 : *Annales des mines*, 1852, p. 71.
(2) *Annales des mines*, 1860, p. 505.
(3) Cité par la circulaire ministérielle du 7 février 1877 et publié en extrait aux *Annales des mines*, vol. 1878, p. 44.
(4) *Annales des mines*, 1877, p. 25.
(5) Dalloz, 1880 — 3 — 53, et *Recueil du conseil d'état*, 1879, p. 867.

sa doctrine, que la redevance doit être calculée à raison des quantités de produits extraites pendant l'année précédente, ce qui est pleinement d'accord avec la circulaire ministérielle du 7 février 1877, et confirme la règle posée par ladite circulaire.

Voici comment est conçu le dispositif de cet arrêt, qui contient une doctrine importante, en ce qui concerne le stock de matières minérales extraites antérieurement et existant encore, au 1er janvier, sur le carreau des mines :

Considérant qu'en exécution de la loi et du décret susvisés (loi du 21 avril 1810 et décret du 6 mai 1811), la redevance proportionnelle est établie, année par année, à raison du produit net de l'exploitation pendant l'année qui a précédé celle pour laquelle la redevance est imposée ; que le produit de la mine d'Aniche pendant l'année 1876 devant servir de base à l'établisment de la redevance proportionnelle de l'année 1877 doit, aux termes de l'article 33 de la loi du 21 avril 1810, être calculé à raison de la valeur de la quantité de charbon extrait pendant ladite année par la compagnie concessionnaire ; que, dès lors, le ministre des finances n'est pas fondé à soutenir que c'est à tort que le conseil de préfecture du département du Nord a accordé à la compagnie des mines d'Aniche la décharge de la part de la redevance de l'année 1877 établie à raison des quantités extraites en 1875, et formant le stock existant sur le carreau de la mine, au 1er janvier 1876, etc.

Rejette, etc.

La même doctrine en ce qui concerne les stocks a été maintenue par le conseil d'état, dans un arrêt du 9 juillet 1880 (1) concernant les mines métalliques de Sainbel (Rhône).

Au sujet de l'assiette de la redevance proportionnelle, rappelons qu'en Belgique, une loi du 20 février 1833 a déclaré, par interprétation législative de l'article 35 de la loi du 21 avril 1810 et du décret du 6 mai 1811, que l'assiette de cette redevance doit être fixée d'après les produits de l'année précédente (2), ce qui est pleinement conforme à la doctrine exposée tout à l'heure pour la France.

Prix à attribuer aux produits extraits. — Cas de chemins de fer extérieurs.

En ce qui concerne le prix à appliquer aux produits extraits, pour

---

(1) *Annales des mines*, 1880, p. 221.
(2) Dalloz. 1880 — 3 — 53.

l'établissement du revenu brut, le conseil d'état avait avoir plusieurs fois établi ce principe, que le produit brut doit être évalué exclusivement d'après le prix réel et moyen des matières sur le carreau de la mine, sans qu'il y ait lieu d'en déduire les frais de transport et d'entrepôt des ventes du dehors.

Les exploitants de mine ayant émis le vœu que la valeur du produit brut fût calculée d'après les prix sur les lieux où les ventes sont effectuées, la circulaire ministérielle du 6 décembre 1860 (1) avait admis la disposition suivante, à savoir que :

Conformément au vœu des exploitants, l'on prendrait dorénavant, pour calculer le produit brut, non pas exclusivement les prix sur le carreau de la mine, mais les prix sur les lieux mêmes où les ventes se seront opérées, sauf toutefois le cas où il s'agirait de ventes à l'étranger ; comme dans ce cas il serait impossible de contrôler le prix de vente, on devra nécessairement s'en référer au prix sur le carreau.

C'est en conformité avec cette doctrine qu'un décret au contentieux du 10 septembre 1864 (2) relatif aux mines de fer des Karesas (province de Constantine) reliées aux bords de la Seybouse par un chemin de fer, admettait, d'une part, que le produit brut devait être calculé d'après « le prix moyen de la tonne rendue sur le bord de la Seybouse », et, d'autre part, qu'il y avait lieu de déduire du produit brut « les dépenses faites chaque année pour transporter le minerai du carreau de la mine aux bords de la Seybouse, notamment les dépenses du chemin de fer construit par le sieur Talabot ». L'article 2 du décret en question est ainsi conçu :

Il sera, par l'ingénieur en chef des mines de la province d'Alger, procédé, en présence du sieur Talabot, ou lui dûment appelé, à une vérification sur les lieux, à l'effet de constater la valeur du produit brut de la mine des Karesas, pendant les années 1858, 1859, 1860, d'après le prix moyen du minerai aux bords de la Seybouse, et le chiffre auquel se sont élevées, pendant lesdites années, les dépenses d'exploitation, notamment la partie des dépenses du chemin de fer, qui doit être considérée comme dépendant de l'exploitation de la mine des Karesas et des dépenses de la partie du matériel réuni sur les bords de la Seybouse, qui devait être employée, soit pour l'extraction de la mine des Karesas, soit pour le transport de ces minerais aux bords de la Seybouse. Sur le vu du procès-verbal de cette vérification et autres pièces produites, il sera par nous statué ce qu'il appartiendra.

---

(1) *Annales des mines*, 1860, p. 505.
(2) *Recueil des arrêts du conseil d'état*, 1864, p. 890.

Au sujet de ces chemins de fer destinés au service des mines, nous devons mentionner un arrêt du conseil d'état du 15 novembre 1878 (1) concernant le chemin de fer des mines d'Aïn-Morka appartenant à la Compagnie de Mokta, concessionnaire desdites mines. La Compagnie soutenait la thèse suivante : « que le chemin de fer qui réunit les mines d'Aïn-Morka au port de Bône doit être considéré comme une entreprise distincte de la concession minière; qu'en effet, ce chemin de fer, d'une longueur de 35 kilomètres, a été concédé pour quatre-vingt-dix-neuf ans à la Société de Mokta el-Hadid; qu'il constitue une propriété publique qui fera retour à l'état à l'expiration de la concession; que, dans ces conditions, il est juste que la Société de Mokta-el-Hadid perçoive sur ce chemin de fer, pour le transport de ses minerais, un tarif rémunérateur, et que les bénéfices résultant de l'exploitation dudit chemin de fer ne doivent pas être confondus avec ceux de la concession minière et ne doivent pas être soumis à la redevance proportionnelle sur les mines. » Ajoutons que le conseil d'état n'a pas résolu explicitement la question soulevée par la Compagnie de Mokta, mais que la thèse soutenue par cette Compagnie avait été approuvée par le comité d'évaluation des redevances dont la décision a été tenue pour définitive.

Nous avons donné avec intention quelques détails sur les deux arrêts des 10 septembre 1864 et 15 novembre 1878, qui se rapportent à des questions mixtes de redevances proportionnelles et de chemins de fer. Des questions analogues pourront surgir désormais, à l'occasion des chemins de fer extérieurs aux mines qui seront construits par application des articles 43 et 44 revisés de la loi de 1810.

Ajoutons, au sujet du prix à attribuer aux produits extraits, en matière de redevances proportionnelles, que, postérieurement à la circulaire du 6 décembre 1860, une autre circulaire, à la date du 1er juillet 1877 (2), a posé le principe suivant, lequel diffère notablement de la doctrine admise par la circulaire du 6 décembre 1860, en étant plus rigoureux que celle-ci :

La valeur des produits extraits doit être déterminée, suivant les prescriptions de la circulaire du 12 avril 1849, soit d'après le prix de vente de

---

(1) *Recueil des arrêts du conseil d'état*, 1878, p. 887, et Dalloz, 1879 — 3 — 25.

(2) *Annales des mines*, 1877, p. 344.

la substance minérale sur le carreau de la mine, soit, lorsque cette substance n'est pas vendue, d'après l'estimation qui en est faite eu égard à divers renseignements comparatifs.

Au sujet du prix à admettre pour les produits extraits, nous devons mentionner un arrêt du 19 juillet 1878 (Schneider), qui a décidé que lorsque les produits d'une mine ont été vendus à un tiers, propriétaire du sol, à un prix de faveur résultant d'une convention par laquelle celui-ci renonce à toute indemnité pour dégâts de surface, ce prix doit servir de base à l'établissement de la redevance proportionnelle. On peut dire, à l'appui de la doctrine de l'arrêt, que l'abaissement consenti ici dans le prix de vente est une forme convenue pour le payement des dommages à la propriété du sol, lesquels constituent une dépense admise en défalcation du produit brut, en matière de redevances.

Prix à attribuer aux produits des mines métalliques.

Pour les mines métalliques, le revenu brut doit s'établir sur les minerais livrés aux usines, et non pas sur les minerais élaborés dans ces usines. Agir autrement, ce serait faire payer à la mine un impôt sur le bénéfice de l'usine, qui paye déjà un droit de patente. Ce principe a été consacré par l'ordonnance du 4 juin 1839, annulant un arrêté du conseil de préfecture du Haut-Rhin relatif à la mine de fer de Massevaux. Quant au prix estimatif du minerai livré aux usines, il sera parfois difficile de le fixer si les minerais ne sont pas dans le commerce, et si l'on n'a pas de données comparatives; on devra alors s'aider, pour apprécier leur valeur, de celle des produits marchands qui en résultent, sans admettre, comme le dit justement la circulaire du 12 avril 1839, que l'exploitant perde sur l'extraction des minerais et gagne sur leur traitement métallurgique; mais il faudra, avant toutes choses, rechercher, autant que faire se pourra, « les divers renseignements comparatifs » mentionnés par la circulaire précitée du 1er juillet 1877.

Le lavage des produits extraits est un accessoire de l'exploitation, non sujet à patente.

Le lavage des minerais, lorsqu'il est opéré par un concessionnaire de mines, est un accessoire de l'exploitation non sujet à patente, en vertu de l'article 32 de la loi de 1810, ainsi conçu :

L'exploitation des mines n'est pas considérée comme un commerce, et n'est pas sujette à patente.

Ce principe a été appliqué dans un décret du 24 novembre 1858, rendu, au contentieux, sur les mines de plomb et argent de Largentière. (Voir, dans le même sens, un décret du 11 février 1870 (1). Il suit de là que le revenu brut, ou produit brut, d'une mine métallique doit être établi sur la quantité et la valeur du minerai lavé, prêt à être livré aux usines, sauf à en déduire plus tard les frais de lavage inscrits dans le chapitre des dépenses. Ce principe a été appliqué par un décret du 27 décembre 1865, au sujet de la mine de cuivre de Presles (Savoie), dont les produits ne peuvent être vendus qu'à l'état de schlichs.

D'autre part, il peut arriver que le concessionnaire de plusieurs mines se livre, pour l'écoulement de ses produits, à de véritables opérations commerciales ; la doctrine du conseil d'état est qu'en pareil cas, il est sujet à patente, ainsi qu'il résulte de deux décrets concernant la Compagnie des mines de la Loire, en date des 14 décembre 1853 et 24 avril 1854 (2).

La fabrication des agglomérés et celle du coke sont des opérations distinctes de l'exploitation des mines, et sujettes à patente.

Terminons sur le produit brut, en disant que désormais, en cas de fabrication de coke ou d'agglomérés par des exploitants de mines de houille, on ne doit plus faire figurer le coke ni les agglomérés parmi les produits bruts de la mine, mais seulement, les éléments relatifs à la houille dans l'une ou l'autre de ces deux fabrications, ce qui conduira nécessairement à l'établissement d'un prix fictif, pour les houilles agglomérées ou carbonisées par l'exploitant.

La circulaire du 22 juillet 1880 (3) s'exprime dans les termes suivants à ce sujet :

---

(1) *Annales des mines*, 1878, p. 55.
(2) *Idem*, 1878, p. 53.
(3) *Idem*, 1880, p. 266.

Conformément à la jurisprudence résultant de plusieurs décisions contentieuses du conseil d'état, la conversion, par un concessionnaire de mines de houille, de ses charbons en coke ou de ses menus charbons en agglomérés était jusqu'à présent considérée comme un mode d'exploitation desdites mines. L'opération échappait alors à la patente, et les dépenses et les recettes en résultant figuraient nécessairement dans le calcul de la redevance proportionnelle.

Un arrêt au contentieux du 7 mai dernier a décidé que la fabrication du coke et des agglomérés par l'exploitant de gîtes houillers constituait une industrie distincte, devant être assujettie à la patente. En vertu de cet arrêt, pour calculer le produit net imposable à la redevance proportionnelle, il y a lieu de faire entrer en ligne de compte, tant dans le produit brut que dans les dépenses de l'exploitation, uniquement les éléments relatifs à la houille, abstraction faite des éléments relatifs à la transformation de cette houille en coke ou en briquettes agglomérées.

L'arrêt au contentieux dont il est ici question se rapporte aux mines de houille de la Grand-Combe (1). Au point de vue rétrospectif, il y a lieu d'observer que la fabrication du coke et celle des agglomérés opérées par les exploitants de mines de houille avaient été considérées, jusqu'à ces derniers temps, comme une dépendance de l'exploitation des mines. (Voir, pour le coke, l'ordonnance du 21 janvier 1847, la décision de la section du contentieux du 30 novembre 1850 citée par la circulaire du 9 avril 1851, sept décrets du 7 décembre 1850 et un décret du 22 février 1851; voir, pour les agglomérés, un décret du 30 avril 1863 et un autre du 17 février 1865). Dans ces ces conditions, la fabrication du coke et celle des agglomérés opérées par le concessionnaire n'étaient pas assujetties à la patente, mais, d'une part, on portait au produit brut les cokes et agglomérés fabriqués par le concessionnaire, pendant qu'on portait aux dépenses les doubles frais de cette fabrication, dans l'établissement de la redevance proportionnelle. Depuis l'arrêt au contentieux déjà mentionné, du 7 mai 1880 (2) rendu au sujet des mines de la Grand-Combe, lequel a proclamé ce principe, que la fabrication des agglomérés et des cokes par le concessionnaire constitue une industrie distincte, devant être assujettie à la patente, les choses ne doivent plus se passer de la sorte : d'une part, on ne porte plus au produit brut les cokes ni les agglomérés mais seulement les houilles pour cokes ou agglomérés, et d'autre part, on ne

---

(1) *Annales des mines*, 1880, p. 218.
(2) *Idem, idem.*

doit plus porter en dépense les frais de carbonisation ou d'agglomération.

En revanche, la fabrication du coke et celle des agglomérés opérées par les concessionnaires de houille doivent être désormais soumises à la patente, en vertu de l'article 17, § 3, de la loi du 15 juillet 1880 sur les patentes, laquelle porte que « les concessionnaires de mines ne sont pas assujettis à la patente pour le seul fait de l'extraction et de la vente des matières par eux extraites, l'exemption ne pouvant, en aucun cas, être étendue à la transformation des matières extraites. » (*Annales des mines*, 1880, p. 233).

La circulaire du 22 juillet 1880 (1), en rappelant ces dispositions, a ordonné leur mise à exécution immédiate, pour l'établissement des redevances proportionnelles de l'exercice 1880 (produits de 1879).

Dépenses à admettre pour la fixation du revenu net.

Le produit brut ou revenu une fois établi, il reste à procéder à la seconde partie du travail des redevances, savoir, celle qui consiste à déterminer quelles sont les dépenses à défalquer de ce produit brut, pour fixer le produit net, le revenu net imposable.

La circulaire du 12 avril 1849, complétée par celle du 1er décembre 1850, puis profondément modifiée, dans un sens favorable aux exploitants, par celle du 6 décembre 1860, et modifiée de nouveau par la circulaire du 1er juillet 1877, a classé, comme il suit, en douze catégories, les dépenses qu'il y a lieu d'admettre en défalcation du produit brut (2).

Catégorie A. Salaire d'ouvriers.

Dans ce chapitre, entrent les dépenses en journées ou prix faits pour l'abatage, le roulage, le sortage et les salaires des manœuvres divers.

B. Achat et entretien de chevaux servant à l'exploitation.
C. Entretien de tous les travaux souterrains de la mine, puits, galeries et travaux d'art.

---

(1) *Annales des mines*, 1880, p. 266.
(2) Dupont : *Jurisprudence des mines*, t. I, p. 371.

D. Mise en action et entretien de moteurs, machines et appareils, machines d'extraction, appareils pour la descente et la remonte des ouvriers, machines d'épuisement, appareils d'aérage, y compris les consommations de charbon pour machines, bureaux et magasins (circulaire du 1er juillet 1877).

E. Entretien des bâtiments d'exploitation et de direction (circulaire du 1er juillet 1877).

F. Entretien et renouvellement de l'outillage proprement dit.

G. Entretien, par les concessionnaires de mines, des voies de communication propres à faciliter des débouchés aux exploitations, lorsqu'elles feront partie intégrante de la mine, c'est-à-dire lorsqu'elles appartiendront au concessionnaire ou auront été établies à ses frais.

H. Premier établissement de puits, galeries et autres travaux d'art.

Observons, au sujet de cette catégorie de dépenses, qu'on devra y faire figurer les prix d'acquisition des terrains occupés par les travaux d'art ; mais tous ces frais, ainsi qu'il a été dit, devront être comptés, une fois pour toutes, dans l'année dans laquelle ils auront été faits, sans reports par annuités sur les exercices suivants.

I. Premier établissement de machines et appareils moteurs.

K. Premier établissement de bâtiments d'exploitation.

L. Établissement, par les concessionnaires, des voies de communication propres à faciliter des débouchés aux exploitations, lorsqu'elles feront partie intégrante de la mine, c'est-à-dire lorsqu'elles appartiendront au concesssionnaire ou auront été établies à se frais (chemins de fer et canaux destinés au service d'une mine.) (Circulaire du 1er juillet 1877).

Rappelons que, pour les dépenses I, K et L, il y a la même observation à faire que pour les dépenses de la catégorie K, savoir, compter les dépenses dans l'année où elles ont été faites, sans reports par annuités.

M. Frais de bureau divers.

Dans cette catégorie on doit comprendre les frais de direction, les frais généraux, les appointements des maîtres mineurs, placiers et autres employés.

Les frais de gérance doivent y être compris à leur chiffre réel ; à ce sujet, nous devons dire qu'un arrêt, au contentieux, du 3 août

1877 a annulé un arrêt du conseil de préfecture de Saône-et-Loire, qui avait réduit à 150.000 francs les frais de gérance des mines de Blanzy en 1873, alors qu'il était établi qu'aux termes des statuts de la société, les frais de gérance de ces mines se composant d'un traitement fixe de 20.000 francs et d'une prime variable de 8 p. 100 sur le premier million des produits disponibles de l'année, et 12 p. 100 sur les sommes dépassant un million, ces frais de gérance ont pu régulièrement atteindre en 1873 le chiffre de 291.818 francs (1). Observons d'autre part, au sujet des frais de gérance, qu'un autre arrêt du conseil d'état du 4 juin 1880 (2), concernant les mêmes mines de Blanzy, a réduit à 100.000 francs les frais de gérance à admettre en déduction du produit brut.

Dans cette catégorie M, on doit comprendre, en outre, conformément à la circulaire du 6 décembre 1860 et à celle du 1er juillet 1877, les dépenses suivantes, qui n'étaient pas admises autrefois pour l'établissement du revenu net imposable :

1° Les secours donnés aux ouvriers infirmes et à leurs familles, qu'il s'agisse ou non de secours fournis à raison d'accidents arrivés dans les travaux ;

2° Les rémunérations accordées en certaines occasions aux mineurs ;

3° Les frais des écoles destinées aux enfants des ouvriers ;

4° Les indemnités tréfoncières, soit en argent, soit en nature, que les actes de concession obligent les concessionnaires à payer aux propriétaires de la surface, en vertu des articles 6 et 42 de la loi du 21 avril 1810 ;

5° Les frais d'établissement et d'entretien des maisons ouvrières ;

6° Le charbon de chauffage distribué gratuitement aux ouvriers ;

7° Le traitement des instituteurs primaires dans les écoles destinées aux enfants des ouvriers.

Ajoutons à ce sujet qu'un décret au contentieux du 9 janvier 1874, relatif aux mines de Blanzy, a décidé qu'il y a lieu de déduire du produit brut, en matière de redevance :

1° Les frais de construction de maisons d'ouvriers, en raison de ce que les avantages procurés aux ouvriers par l'usage de ces maisons doivent être considérés comme faisant partie de leur salaire ;

2° Les frais concernant une chapelle annexée à l'école et la maison

---

(1) Dalloz, 1878 — 3-10.
(2) *Annales des mines*, 1880, p. 219.

du ministre du culte chargé d'enseigner les principes religieux aux enfants des ouvriers, par le motif que cette dépense rentre dans les dépenses faites pour la construction d'écoles, admises par la circulaire ministérielle du 6 décembre 1860.

Terminons la nomenclature des dépenses à admettre en déduction du revenu brut, pour l'assiette de la redevance proportionnelle, en rappelant que les concessionnaires doivent remettre à la préfecture avant le 1er mai de chaque année, la déclaration du produit net de leurs mines, « dans la forme que le préfet aura déterminée selon la nature des exploitations » (circulaire du 12 avril 1849). Il appartient donc à l'ingénieur de chaque département de soumettre au préfet une circulaire, pour les déclarations que les exploitants auront à remplir, où les dépenses à admettre pourront être séparées et classées dans les douze catégories A à M, dont il vient d'être parlé tout à l'heure.

Dépenses qu'il n'y a pas lieu d'admettre pour la fixation du revenu net imposable.

Nous allons citer maintenant quelques-unes des dépenses qu'il n'y a pas lieu d'admettre en défalcation du produit brut, pour l'établissement du produit net imposable, savoir :

1° Les frais d'établissement ou d'entretien, par les concessionnaires, des voies de communication propres à faciliter des débouchés, lorsqu'elles ne feront pas partie intégrante de la mine, c'est-à-dire, lorsqu'elles n'appartiendront pas au concessionnaire, ou n'auront pas été établies à ses frais (circulaire du 1er juillet 1877) (1). Notons à cet égard qu'un arrêt du 9 juillet 1880 (2) a décidé, dans un sens analogue, que les salaires de cantonniers et les dépenses de matériaux de route ne devront pas être défalquées du produit brut, attendu que la compagnie des mines ne justifie pas que ces dépenses soient relatives à l'exploitation de la mine (mines de Sainbel) ;

2° Les subventions pour chemins vicinaux : (circulaire du 1er juillet 1877) (3) ;

---

(1) Ces dépenses avaient été admises précédemment par la circulaire du 6 décembre 1860.
(2) *Annales des mines*, 1880, p. 221.
(3) Ces dépenses avaient été admises autrefois par la circulaire du 6 décembre 1860.

3° Les frais de transports d'entrepôt et de vente, lorsque le lieu où s'opère la vente n'est pas relié à la mine par des voies qui en dépendent immédiatement (circulaire du 1ᵉʳ juillet 1877) (1);

4° Les pertes de place et les frais de voyage (circulaires du 1ᵉʳ décembre 1850 et du 1ᵉʳ juillet 1877);

5° Les impôts fonciers sur les bâtiments d'exploitation (circulaire du 1ᵉʳ juillet 1877); citons, contre l'admission de cette dépense, un arrêt du 9 juillet 1880 (2), concernant les mines de Saimbel, qui a refusé de défalquer « les contributions » par ce motif que « les contributions que les concessionnaires de mines sont tenus de payer à l'état, ne sont point des dépenses d'exploitation »;

6° Les impositions aux redevances fixe et proportionnelle (circulaire du 1ᵉʳ juillet 1877). Observons à ce sujet qu'un arrêt au contentieux du 4 juin 1880 (3), concernant les mines de Blanzy, fait justement remarquer, d'une part, qu'aux termes de la loi du 21 avril 1810 et du décret du 6 mai 1811, la redevance proportionnelle due à l'état par les concessionnaires de mines est établie sur le produit net de l'extraction, et que, pour obtenir ce produit net, les dépenses d'exploitation doivent être seules déduites du produit brut de l'extraction; d'autre part, que la redevance fixe que les concessionnaires de Blanzy sont tenus de payer à l'état en vertu de l'article 33 de la loi du 21 avril 1810, n'est pas une dépense d'exploitation, et que dès lors les concessionnaires ne sont pas fondés à demander que, pour déterminer le produit net imposable de la mine de Blanzy, le montant de la redevance fixe soit déduit du produit brut de l'extraction;

7° Les contributions sur les voitures et les chevaux (circulaire du 1ᵉʳ juillet 1877);

8° Les intérêts d'emprunts, d'actions, de mises de fonds ou de capitaux quelconques engagés dans l'entreprise (circulaire du 12 avril 1849);

9° Les primes d'assurance, l'abonnement au timbre des actions et les frais de procès (circulaire du 1ᵉʳ juillet 1877). Observons, à ce sujet, que par un arrêt du 9 juillet 1880 (4), concernant les mines

---

(1) Ces dépenses avaient été admises autrefois par la circulaire du 6 décembre 1860.
(2) *Annales des mines*, 1880, p. 221.
(3) *Idem*, 1880, p. 219.
(4) *Idem*, 1880, p. 221.

de Saimbel, le conseil d'état a refusé de déduire les frais de procès du produit brut, par ce motif que le concessionnaire ne justifiait pas que ces dépenses fussent relatives à l'exploitation de la mine.

Dépenses faites d'une manière plus ou moins judicieuse.

Un principe très important, en matière de redevances, a été posé par le conseil d'état, dans un décret du 27 décembre 1865, relatif aux mines de cuivre de Presles (Savoie) (1). Il s'agissait, dans l'espèce, de dépenses faites par un concessionnaire pour l'établissement de nouveaux appareils de préparation mécanique qui s'étaient trouvés défectueux, et au sujet desquels les concessionnaires avaient montré peu de prudence en les établissant. Le conseil d'état, conformément à l'avis du ministre et du conseil général des mines, a déclaré que ces dépenses devaient être admises, contrairement à l'avis du conseil de préfecture, et il a ainsi posé ce principe, que l'administration, pour l'assiette de la redevance proportionnelle, doit envisager seulement l'objet et le fait même des dépenses, sans en apprécier le mérite, et sans rechercher si les dépenses ont été faites d'une manière plus ou moins judicieuse.

Terminons, sur le mode d'établissement de la redevance proportionnelle, par l'observation suivante : on a pu remarquer, dans l'analyse précédente, plusieurs dissidences dans les diverses instructions ministérielles successives concernant l'établissement de l'assiette de la redevance proportionnelle. Il y a été question, dans ces dernières années, de constituer une commission mixte, composée de membres du conseil d'état et de représentants des deux ministères des travaux publics et des finances, à l'effet d'étudier les réformes à introduire dans ces instructions diverses, pour y apporter de l'homogénéité.

Contribution foncière : portes et fenêtres.

Le payement des redevances fixe et proportionnelle ne dispense pas le concessionnaire de payer l'impôt foncier et la contribution des portes et fenêtres pour les bâtiments d'exploitation. C'est ce qui a

---

(1) *Recueil des arrêts du conseil d'état*, 1865, p. 1026.

été décidé par un décret, rendu en conseil d'état le 21 juillet 1858, au sujet de la compagnie des mines de Rive-de-Gier. Un autre décret, du 28 septembre 1871, relatif aux mines de Charbonnier (Puy-du-Dôme), a consacré le même principe, en ce qui concerne la contribution foncière sur les bâtiments placés au-dessus des puits de mine, mais il a déclaré que les machines à vapeur servant à l'exploitation des mines ne doivent pas être évaluées et imposées d'une façon spéciale, et en sus des bâtiments de la mine, à la contribution foncière. Décidé de même, par un arrêt du 7 mai 1878 (Anzin).

Associations de concessionnaires. — Sociétés de mines étrangères.

L'exploitation des mines ne devient pas sujette à patente par le fait de l'association de plusieurs concessionnaires.

C'est ce qui a été justement décidé par l'ordonnance du 7 juin 1836, relative aux mines de houille de Boussagues et de Saint-Gervais (Hérault), et ce qui est pleinement conforme à l'article 32 de la loi du 21 avril 1810 :

Art. 32. L'exploitation des mines n'est pas considérée comme un commerce, et n'est pas sujette à patente.

Les concessionnaires de mines situées en France sont seuls exempts de la patente, mais une compagnie concessionnaire de mines de houille à l'étranger, par exemple en Belgique, et qui vend de la houille en France dans un établissement fixe, est justement imposée à la patente ; c'est ce qui a été décidé par un décret en conseil d'état du 24 juillet 1872 (compagnie des mines du Bois-du-Luc) (1).

Entrepôts de vente.

Un concessionnaire de mines ne devient pas sujet à patente par ce fait qu'il a établi des entrepôts de vente hors du carreau de la mine. Cette doctrine, adoptée implicitement par la circulaire du 6 décembre 1860 qui admet, comme dépenses à déduire du produit brut,

---

(1) On pourrait citer dans le même sens une ordonnance du 23 décembre 1842, concernant le représentant à Paris d'une société houillère belge. (*Annales des mines*, 1878, p. 52.)

les frais d'entrepôt et de vente hors du carreau de la mine, a été proclamée dans deux décrets, l'un du 6 mai 1857 (affaire Bretonnière), l'autre du 31 mai 1859 (affaire Charray).

Les redevances des mines sont, en réalité, une charge relativement légère pour l'exploitant.

Au sujet de cette question des redevances, nous devons répondre d'avance par quelques faits économiques aux personnes qui arguent fréquemment de la lourde charge que ces redevances feraient peser, disent-elles, sur les mines en général, et sur les houillères en particulier.

Or, examinons la réalité des choses : en 1878, le total des redevances fixe et proportionnelle sur les mines s'est élevé au chiffre de 2.277.481ᶠ,16 (1) composé comme il suit :

	francs
Redevance fixe.	104.349,37
Redevance proportionnelle.	1.966.088,16
10 centimes additionnels.	207.043,63
Total. . . . . , ...	2.277.481,16
En 1877, le total des redevances avait été de. .	2.794.463,42
En 1876, il avait été de.	2.379.120,07

Au point de vue des revenus publics, point de vue qui nous touche et intéresse tous, ces chiffres représentent, pour l'état, une ressource d'une importance réelle ; d'autre part, ils ne constituent, pour les exploitants, qu'un impôt relativement peu considérable.

En effet, occupons-nous spécialement des houillères, qui constituent les mines les plus importantes de la France. En 1878, le total des redevances fixe et proportionnelle (décime compris) sur les mines de combustibles minéraux de la France s'est élevé à 2.068.215ᶠ,99 ; ces redevances ayant été établies sur l'extraction de 1877 qui s'est élevée à 16.804.529 tonnes, représentent ainsi la modeste rétribution de *douze centimes trois dixièmes par tonne de houille extraite*. L'exiguïté de ce chiffre fait son éloquence : l'état, qui a donné la concession houillère, perçoit une rétribution minime équivalente à peine au pourboire que recevrait le charretier conduisant

---

(1) *Statistique de l'industrie minérale ; résumé des travaux statistiques de l'administration des mines*, pour 1876-1877-1878, p. 48.

une voiture de charbon chez le consommateur ; nous le demandons, a-t-on raisonnablement le droit de se plaindre, dans ces circonstances ?

Poursuivons cette étude économique, et comparons le total des redevances sur les mines de combustibles minéraux à la valeur totale des charbons extraits.

La valeur des combustibles minéraux extraits en France pendant l'année 1877, résultant de la statistique officielle, a été de 236.236.161 francs (pour une extraction de 16.804.529 tonnes); le total des redevances des mines payées en 1878, pour les combustibles minéraux, ayant été de 2.068.215^r,99, on voit que ce total rapporté à la valeur des matières extraites, représente 0,87 p. 100 seulement, soit moins de 1 p. 100. Or, comparons cet impôt à la contribution foncière : d'après les résultats officiels de 1862, avec 307 millions d'impôt foncier, et un revenu agricole de la France estimé alors à 19.649.430.000 francs, et sans tenir compte de la dette hypothécaire évaluée alors à 16 milliards environ, on voit que l'impôt foncier s'élevait à 1,96 p. 100 du revenu brut, c'est-à-dire qu'il était plus que double de l'impôt des mines, lequel est seulement de 0,87 p. 100 du revenu brut.

Observons, d'autre part, qu'il est admis par les statisticiens et les économistes que l'impôt foncier en France prélève en moyenne le dixième du revenu net (1), tandis que la redevance sur les mines prélève seulement le vingtième du produit net, ce qui confirme le chiffre obtenu tout à l'heure par une autre voie.

Nous sommes donc doublement fondés à le dire en terminant : l'impôt sur les mines en France est moitié moins lourd que l'impôt foncier.

Comparaison avec l'impôt des mines à l'étranger (Autriche, Italie, Prusse, Bavière, Belgique).

En Autriche, les mines ne sont plus soumises qu'à la redevance de mesure (redevance fixe) et à l'impôt général du revenu. La redevance proportionnelle, qui était de 5 p. 100 sur les produits extraits, a été abolie à dater du 1er mai 1862 (loi du 28 avril 1862). La redevance de mesure (redevance fixe) y est de 6 florins, soit

---

(1) M. Leroy-Beaulieu : *Journal des économistes*, juillet, 1871.

15 francs, pour chaque mesure de mine de 45,108 mètres carrés (3ᶠ,33 par hectare), ou pour chaque mesure de jour de 115,091 mètres carrés (1ᶠ,30 par hectare) (§ 215 de la loi du 23 mai 1854) (1).

Dans la législation italienne, l'impôt sur les mines comprend une taxe fixe de 50 centimes par hectare qui ne pourra, dans aucun cas, être moindre de 20 livres, et une taxe proportionnelle de 5 p. 100 sur le produit net de la mine (art. 60 et 61 du décret royal du 20 novembre 1859 (2).

Les mines payent en Prusse une seule espèce d'impôts, la redevance proportionnelle, laquelle est de 2 p. 100 des produits vendus (3), soit supérieure au double de la redevance effectivement payée en France par les exploitants de houille, laquelle s'est élevée, comme il vient d'être dit, en 1878, à 0,87 p. 100 seulement de la valeur des produits.

En Bavière, il y a une redevance fixe de 0ᶠ,315 par hectare et un impôt sur le revenu, perçu sur les mines comme sur les autres valeurs industrielles (art. 1 et 5 de la loi du 6 avril 1869) (4).

En Belgique, les mines sont soumises, ainsi qu'il a été dit précédemment, à une redevance fixe de 10 francs par kilomètre carré : pour ce qui est de la redevance proportionnelle, le taux du vingtième ou de 5 p. 100, stipulé par le décret du 6 mai 1811, décret rendu exécutoire, en principe, dans l'ensemble de ses dispositions par la loi du 20 février 1833, a été abaissé à 2 1/2 p. 100 du produit net, depuis la loi de finances de 1823 (Loi belge du 27 décembre 1823).

Taxe des biens de main-morte.

Passons maintenant à l'examen des diverses obligations fiscales auxquelles les exploitants de mines peuvent se trouver soumis, en dehors de la redevance fixe et de la redevance proportionnelle.

Les compagnies d'exploitation de mines, non constituées en sociétés anonymes ne sont pas passibles de la taxe des biens de main-morte, stipulée par la loi du 20 février 1849. Cette doctrine, qui résulte de ce que les mines ne sont pas des établissements publics,

---

(1) *Annales des mines*, 1869, p. 296.
(2) *Idem*, 1859, p. 317.
(3) *Idem*, 1868, p. 90 — § 245 de la loi prussienne du 24 juin 1865.
(4) Loi bavaroise, sur l'impôt des mines, du 6 avril 1869, distincte de la loi des mines du 20 mars 1869 : *Annales des mines*, 1878, p. 202 et 181.

et de ce qu'une fois concédées, elles rentrent dans la classe des propriétés privées, a été proclamée, une première fois, par un décret du 7 juin 1851 relatif à la compagnie des mines d'Anzin, une deuxième fois, par un décret du 29 mai 1852 relatif à la compagnie des mines de la Loire (1).

Subventions pour l'entretien des chemins extérieurs.

L'obligation, pour les concessionnaires de mines, de payer des subventions pour l'entretien des chemins extérieurs dont ils font un fréquent usage, résulte des lois de la simple équité (2).

On trouve de fréquentes applications de ce principe dans des décrets ou actes spéciaux du gouvernement. Ainsi, le 9 prairial an VII, les concessionnaires de Poullaouen sont taxés par un arrêté du Directoire exécutif à un cinquième de la dépense totale d'entretien des routes servant au transport de ces mines. Le décret du 1er juillet 1809, portant concession des mines de lignite de Fuveau, a astreint les concessionnaires à contribuer aux frais d'entretien et de réparation de la route de Marseille à Draguignan, etc., etc.

Comme loi générale, citons la loi sur le desséchement des marais, du 16 septembre 1807, dont l'article 38 est ainsi conçu :

> Lorsqu'il y aura lieu d'ouvrir ou de perfectionner une route ou des moyens de navigation dont l'objet sera d'exploiter des forêts ou bois, des mines ou minières, ou de leur fournir un débouché, toutes les propriétés de cette espèce, générales, communales ou privées, qui devront en profiter, seront appelées à contribuer, pour la totalité de la dépense, dans les proportions variées des avantages qu'elles devront en recueillir. Le gouvernement pourra néanmoins accorder, sur les fonds publics, les secours qu'il croira nécessaires.

Le principe de la subvention aux routes et voies navigables par les exploitants de mines et minières, formulé ainsi d'une manière générale par la loi du 16 septembre 1807, méritait d'être signalé.

La loi du 28 juillet 1824, en ce qui concerne les chemins vicinaux, avait généralisé, par son article 7, l'obligation des exploitants de mines, carrières, forêts et entreprises industrielles, de subvenir à l'entretien de ces chemins. Cette subvention, sous le régime

---

(1) Dupont : *Jurisprudence des mines*, t. I, p. 379.
(2) *Idem*, t. I., p. 381 et suiv.

de la loi de 1824, n'était pas restreinte au cas de l'insuffisance des ressources de la commune; elle ne pouvait pas non plus être réglée, une fois pour toutes, par le conseil de préfecture en une redevance fixe et annuelle, mais elle devait être réglée chaque année, suivant le dommage causé. Ce principe avait été établi par l'ordonnance du 25 août 1833 rendue dans l'affaire Wautier.

Le mode de subvention des concessionnaires de mines, pour l'entretien des chemins vicinaux, est réglé aujourd'hui par l'article 14 de la loi du 21 mai 1836 sur lesdits chemins, lequel est ainsi conçu :

> Toutes les fois qu'un chemin vicinal entretenu à l'état de viabilité par une commune sera habituellement ou temporairement dégradé par des exploitations de mines, de carrières, de forêts, ou de toute entreprise industrielle appartenant à des particuliers, à des établissements publics, à la couronne ou à l'état, il pourra y avoir lieu à imposer aux entrepreneurs ou propriétaires, suivant que l'exploitation ou les transports auront lieu pour les uns et pour les autres, des subventions spéciales, dont la quotité sera proportionnée à la dégradation extraordinaire, qui devra être attribuée aux exploitations.
>
> Ces subventions pourront, au choix des subventionnaires, être acquittées en argent ou en prestations en nature, et seront exclusivement affectées à ceux des chemins qui y auront donné lieu.
>
> Elles seront réglées annuellement, sur la demande des communes, par les conseils de préfecture, après des expertises contradictoires, et recouvrées comme en matière de contributions directes.
>
> Les experts seront nommés suivant le mode déterminé par l'article 17 ci-après.
>
> Ces subventions pourront aussi être déterminées par abonnement; elles seront réglées dans ce cas par le préfet, en conseil de préfecture.

Cette subvention des concessionnaires de mines, à l'entretien des chemins vicinaux, est bien souvent une cause de difficultés entre les exploitants de mines et les maires et conseils municipaux.

On doit recommander l'étude attentive des obligations susmentionnées à toutes les personnes qui entrent dans l'industrie des mines.

Terminons sur cette question en observant qu'il a été décidé par le conseil d'état :

D'une part, que la subvention est due par l'exploitant de mines, pour l'entretien du chemin dégradé par lui, alors même que l'état de viabilité du chemin n'aurait pas été constaté avant l'exploitation (ordonnances des 26 novembre et 10 décembre 1846);

D'autre part, que l'expertise spécifiée par l'article 14 de la loi du 21 mai 1836 doit être contradictoire, et ne saurait être faite par l'expert unique d'une des parties (décret du 28 juin 1855).

Ajoutons qu'aux termes de l'article 86 de la loi sur les conseils généraux du 10 août 1871, c'est la commission départementale, et non plus le préfet en conseil de préfecture (art. 14 de la loi du 21 mai 1836), qui approuve les abonnements relatifs aux subventions spéciales pour la dégradation des chemins vicinaux.

Taxe pour la vérification des poids et mesures, non applicable aux exploitants.

Les exploitants de mines, bien qu'ils usent de bascules pour la vente des houilles, n'exercent pas une profession comprise dans les tableaux des professions assujeties à la vérification des poids et mesures, dressés en exécution des articles 13 et 15 de l'ordonnance du 19 avril 1839 ; ils ne doivent donc pas être soumis à la taxe pour la vérification des poids et mesures : c'est ce qui a été décidé par le conseil d'état dans un arrêt du 24 janvier 1872, concernant les mines de houille de Charbonnier (Puy-de-Dôme).

Impôt de 3 p. 100 sur les valeurs mobilières.

La loi du 29 juin 1872 (art. 1 et 5) a établi une taxe annuelle et obligatoire de 3 p. 100 : « 1° sur les intérêts, dividendes, revenus
« et tous autres produits des actions de toute nature des sociétés,
« compagnies ou entreprises quelconques, financières, industrielles,
« commerciales ou civiles, quelle que soit l'époque de leur création;
« 2° sur les arrérages et intérêts annuels des emprunts et obliga-
« tions des départements, communes et établissements publics,
« ainsi que des sociétés, compagnies et entreprises ci-dessus dési-
« gnées; 3° sur les intérêts, produits et bénéfices annuels des parts
« d'intérêt et commandites dans les sociétés, compagnies et entre-
« prises dont le capital n'est pas divisé en actions. »

La loi du 21 juin 1875 a assujetti à la taxe de 3 p. 100 établie par la loi du 29 juin 1872 « les lots et primes de remboursement payés
« aux créanciers et aux porteurs d'obligation, effets publics et tous
« autres titres d'emprunt (art. 5). »

L'impôt de 3 p. 100 spécifié par la loi du 29 juin 1872, s'établit sur l'exploitation des mines comme sur les autres entreprises industrielles, en venant se superposer à la redevance, comme il s'ajoute à la patente payée par les autres industries, et dont l'exploitation des mines est exonérée. Mentionnons, au sujet de cet impôt, la circulaire ministérielle du 27 juillet 1878 (1) : cette circulaire a invité les ingénieurs en chef des mines à adresser à l'administration centrale des renseignements statistiques sur les sociétés minières qui, depuis l'origine de l'impôt direct sur les valeurs mobilières, y ont été assujetties, avec indication des sommes sur lesquelles la taxe de 3 p. 100 a été exigée.

---

(1) *Annales des mines*, 1878, p. 27.

CHAPITRE VIII.

SURVEILLANCE ADMINISTRATIVE DES MINES.

Troisième attribut du droit régalien : surveillance administrative des mines.

Dans le précédent chapitre, nous nous sommes occupés des redevances à percevoir par l'état sur les mines, redevances qui constituent le deuxième attribut du droit régalien; il y a lieu d'exposer maintenant la surveillance administrative des mines, laquelle forme, pour le gouvernement, le troisième attribut du droit régalien, tel qu'il a été précédemment défini, et comprend, en ce qui concerne les concessionnaires de mines, tout un ensemble de devoirs vis-à-vis du gouvernement.

Le premier de ces devoirs à remplir, dans l'ordre chronologique, est celui qui a trait au bornage des concessions.

Bornage des concessions de mines.

Le modèle général des cahiers des charges à annexer aux actes de concession de mines contient un premier article, ordonnant le bornage de la concession et conçu comme il suit :

> Dans le délai de trois mois, à dater de la notification du décret de concession, il sera planté des bornes sur tous les points servant de limites à la concession où cela sera reconnu nécessaire. L'opération aura lieu aux frais d concessionnaire , à la diligence du préfet et en présence de l'ingénieur des mines, qui en dressera procès-verbal. Expéditions de ce procès-verbal seront déposées aux archives de la préfecture du département d et à celles de commune d

Dès qu'une concession nouvelle est instituée, le ministre, en transmettant à l'ingénieur en chef des mines ampliation du décret de concession et du cahier des charges qui y est annexé, appelle son attention particulière sur l'article 1er du cahier des charges, prescrivant de procéder au bornage de la concession dans le délai de trois mois à dater de la notification du décret institutif; le ministre recommande à l'ingénieur en chef de veiller à ce que cette opération soit ponctuellement exécutée, et de lui en transmettre le procès-verbal aussitôt après, par l'intermédiaire du préfet.

En dehors de ces prescriptions du cahier des charges, nous devons observer que le bornage des concessions est ordonné, d'une manière générale, par les articles 5 et 6 du décret du 6 mai 1811, dont les prescriptions obligent tous les concessionnaires de mines sans exception (1).

Cette obligation du bornage a été rappelée par une circulaire ministérielle du 16 novembre 1852 (2), intervenue conformément à un avis du conseil général des mines du 16 juillet précédent (3), appelant l'attention du ministre sur la triple nécessité :

1° De faire procéder immédiatement au bornage de toutes les concessions de mine actuellement existantes, pour lesquelles cette opération aurait été remise;

2° De recommander aux préfets de veiller à ce que le bornage des concessions qui seront instituées à l'avenir soit effectué dans les formes et dans les délais prescrits par les cahiers des charges;

3° De compléter l'article 1er du cahier des charges, à annexer à chaque concession, par une disposition prescrivant l'envoi, au ministère des travaux publics, d'une expédition du procès-verbal de bornage dressé par les ingénieurs.

Une autre circulaire du 18 août 1874 prescrit aux ingénieurs des mines, lorsqu'ils font parvenir au ministre les procès-verbaux de bornage des concessions de mines, de les accompagner d'un plan indiquant graphiquement l'emplacement des points de repère mentionnés dans ces procès-verbaux. Lorsque le procès-verbal de bornage est arrivé au ministère des travaux publics, le ministre le communique à l'inspecteur général chargé de la division, avec le plan annexé, en lui demandant ses observations.

---

(1) Dupont : *Jurisprudence des mines*, t. I, p. 448.
(2) *Annales des mines*, 1852, p. 295.
(3) *Idem*, 1878, p. 327.

Difficultés pour bornage.

Quant aux difficultés qui pourraient naître du bornage, elles sont prévues et régies par l'article 56 de la loi du 21 avril 1810, ainsi conçu :

> Les difficultés qui s'élèveraient entre l'administration et les exploitants, relativement à la limitation des mines, seront décidées par l'acte de concession.
>
> A l'égard des contestations qui auraient lieu entre des exploitants voisins, elles seront jugées par les tribunaux et cours.

Rappelons ici que le bornage administratif, même approuvé par le ministre, n'empêche pas le concessionnaire qui se croit lésé, de recourir au conseil d'état, par la voie contentieuse, pour l'interprétation de l'acte de concession. Si les opérations de bornage et les contestations survenues entre deux concessionnaires voisins et portées devant les tribunaux ont fait naître, sur la limite des concessions, une difficulté qui rende nécessaire de déterminer le sens et la portée des actes de concession, comme il appartient aux tribunaux de le reconnaître, c'est directement, au conseil d'état, par la voie contentieuse, que cette interprétation doit être demandée. Cette doctrine a été proclamée par le conseil d'état dans deux arrêts des 18 août 1856 (mine des Roys) et 18 février 1864 (mine d'Unieux et Fraysse).

On ne peut pas déférer au conseil d'état, par la voie contentieuse, une décision ministérielle se bornant à prescrire le bornage d'une concession de mines, laquelle n'est qu'un acte d'administration, qui réserve tous les droits. Cette dernière doctrine a été proclamée par le conseil d'état, dans un décret du 10 mars 1865 (1), relatif aux mines de houille de Faymoreau.

On pourrait citer de nombreux arrêts du conseil d'état, statuant ainsi sur le bornage des concessions, en interprétant les dispositions de l'acte de concession qui définissent les limites du périmètre concédé : bornons-nous à mentionner à cet égard, un arrêt assez récent, du 28 mars 1879 (2), relatif au bornage de la concession houillère de l'Affenadou (Gard).

---

(1) *Recueil des arrêts du conseil d'état*, 1865, p. 271, et *Annales des mines* 1878, p. 330.
(2) *Recueil idem*, 1879, p. 271.

Terminons sur le contentieux en matière de bornage, en renvoyant à ce qui a été dit précédemment au chapitre IV, sur le recours en interprétation de concession pour bornage (1).

Indivisibilité des concessions sans l'autorisation du gouvernement.

Un des premiers devoirs des concessionnaires de mines, vis-à-vis du gouvernement, a trait à l'indivisibilité des concessions. Cette indivisibilité sans l'autorisation du gouvernement est textuellement écrite dans l'article 7 de la loi du 21 avril 1810 :

Il (l'acte de concession) donne la propriété perpétuelle de la mine, laquelle est dès lors disponible et transmissible comme tous autres biens, et dont on ne peut être exproprié que dans les cas et selon les formes prescrites pour les autres propriétés, conformément au code civil et au code de procédure civile.
Toutefois une mine ne peut être vendue par lots ou partagée sans une autorisation préalable du gouvernement, donnée dans la même forme que la concession.

Le principe de l'indivisibilité des concessions tient à l'essence même de la loi de 1810 (2). C'est principalement parce que la propriété de la surface est très morcelée en France, et qu'elle tend à se morceler de jour en jour davantage par les effets du code civil, qu'on a fait de la mine une propriété distincte de la propriété du sol, attendu que les mines ne se prêtent point à un semblable morcellement, et qu'elles doivent généralement rester des unités indivisibles.
Cette indivisibilité des concessions n'interdit pas le partage des intérêts dans une mine, lorsqu'il persiste toujours une association organisée avec unité pour exploiter et administrer la concession ; aussi la loi de 1810 prévoit-elle « les actions ou intérêts dans une société ou entreprise pour l'exploitation des mines », puisqu'elle les déclare « meubles » par son article 8, et d'autre part, la loi dit, à l'article 13, que les individus « agissant en société » peuvent obtenir une concession de mines. Ce qui est interdit, c'est le partage de l'exploitation de la concession : en conséquence, qu'il y ait vente ou

---

(1) Voir p. 134.
(2) Dupont : *Jurisprudence des mines*, t. I, p. 385.

amodiation ou cession quelconque, pour savoir si ces actes sont licites, il faut se demander s'ils respectent l'indivisibilité de l'exploitation de la concession.

S'il pouvait y avoir des doutes à cet égard, ils seraient levés par l'article 7 de la loi du 27 avril 1838, et par les paroles suivantes que prononçait M. d'Argoult, rapporteur à la chambre des pairs :

> Son but (de l'art. 7 de la nouvelle loi) est de donner une sanction efficace à l'article 7 de la loi de 1810, qui veut que les concessions demeurent indivisibles, disposition capitale et trop souvent éludée.

Cessions du droit d'exploiter. — Amodiations partielles. — Conventions de partage. — Cas exceptionnels.

La cession du droit d'exploiter une partie de la concession, faite par un concessionnaire à un propriétaire du sol, est interdite sans l'autorisation du gouvernement (1). Ce principe, qui découle de la doctrine de l'indivisibilité, a été proclamé par un arrêt de la cour de cassation du 26 novembre 1845, relatif aux mines de houille du Gros (Loire). Le même principe est admis en Belgique, où il résulte d'un avis du conseil des mines du 23 juillet 1841 (2) que « les conventions connues sous la dénomination de *remises à forfait*, par lesquelles le concessionnaire d'une mine cède à des tiers le droit d'exploiter certaines portions de cette mine, dans une étendue déterminée, sont illicites comme constituant de véritables partages ou aliénations partielles de mines. »

L'amodiation partielle d'une mine est prohibée par l'article 7 de la loi de 1810 : ainsi décidé, par un arrêt de la cour de cassation du 4 juin 1844, rendu dans l'affaire de Castellane contre Michel et consorts (3) ; la même doctrine a été consacrée en Belgique par un arrêt du 8 août 1851 (4) ».

Les conventions par lesquelles les copropriétaires d'une concession se concerteraient pour exploiter chacun dans sa propriété, sont nulles de plein droit, comme constituant un partage de la mine :

---

(1) Dupont : *Jurisprudence des mines*, t. I, p. 391.
(2) Du Pont : *Annales des travaux publics de Belgique*, t. XXXII, p. 272.
(3) De Cheppe. *Annales des mines*, 4ᵉ série, t. VIII, p. 782.
(4) Splingard : *Des concessions de mines dans leurs rapports avec les principes du droit civil*, p. 219.

CHAP. VIII. — SURVEILLANCE ADMINISTRATIVE DES MINES. 279

la cour de Dijon l'a justement décidé dans un arrêt du 27 janvier 1844, relatif aux mines de la Romanèche.

Enfin, c'est conformément au principe de l'indivisibilité des concessions que la doctrine suivante a été posée par la cour de Colmar, dans un arrêt du 23 mars 1863, relatif aux mines d'asphalte de Peschelbronn :

> Sont frappées de nullité, comme ayant opéré sans l'autorisation préalable du gouvernement un véritable partage de leurs concessions, les conventions par lesquelles deux concessionnaires voisins s'autorisent mutuellement à extraire, dans leurs concessions respectives, certaines substances à eux concédées.

Le principe de l'indivisibilité des concessions peut donner lieu, dans la pratique, à la solution de questions délicates : ainsi, par exemple, lorsque deux concessions contiguës sont exploitées par la même société, l'administration a pu tolérer, pour un avantage technique et économique, que l'exploitation de l'une de ces concessions se fît par un puits ouvert dans la concession voisine ; si les deux concessions viennent à être vendues séparément, comment se fera le partage? Le principe de l'indivisibilité des concessions défend-il de comprendre, dans l'adjudication de la première concession, le puits qui sert à l'exploiter, et qui est ouvert sur le périmètre de la concession voisine ? La cour de cassation a tranché cette difficulté dans un arrêt du 29 janvier 1866, relatif aux mines de houille de la Baralière et du grand Rouzy (Loire) : la cour admet qu'en cas d'adjudication de deux concessions de mines simultanément exploitées par une seule compagnie, un puits d'extraction dépendant du périmètre de l'une de ces concessions a pu être déclaré compris dans l'adjudication de l'autre concession, sans qu'il en résulte, pour celle-là un démembrement ou fractionnement prohibé par l'article 7 de la loi de 1810.

Demandes en partage de concessions. — Instruction de ces demandes.

La demande en partage d'une concession doit être adressée au préfet dans la même forme et avec les mêmes annexes qu'une demande en concession, et de plus, on doit y joindre les plans des travaux souterrains à l'échelle d'un millimètre par mètre, comme il est exigé par l'instruction ministérielle du 3 août 1810 (1).

La première condition à remplir, c'est que cette demande soit signée par tous les copropriétaires de la concession.

La demande est ensuite soumise aux publications et affiches, et l'instruction se poursuit comme pour une demande en concession.

Les demandes de ce genre ont une solution favorable lorsque le gouvernement juge la concession de mine susceptible de division ; l'on pourrait citer, comme exemples à cet égard, cinq ordonnances intervenues du 12 février 1832 au 7 juillet 1847, et insérées aux *Annales des mines* ; bornons-nous à mentionner le décret du 10 mars 1858, partageant en deux lots la concession de fer des Envers (Isère), instituée par ordonnance du 15 janvier 1817. D'autre part, le gouvernement refuse d'accéder à ces demandes lorsque la consistance du gîte ne permet pas la division : c'est par un motif de ce genre que l'ordonnance du 21 août 1835 a rejeté la demande en partage de la concession des mines de houille de Gourd-Marin (Loire).

Comparaison avec la législation étrangère (Belgique, Prusse, Bavière).

Au sujet du partage des concessions de mines, disons que, en Belgique, il est de jurisprudence que les demandes en autorisation de vendre par lots ou de partager une mine ne doivent pas être soumises aux formalités de publications et affiches : c'est ce qui résulte d'un avis du conseil des mines belge, du 12 août 1854 (2) : la jurisprudence française nous semble, sur ce point, plus conforme à l'esprit de l'article 7 de la loi du 21 avril 1810.

Dans la législation prussienne, le partage réel du périmètre d'une mine en périmètres indépendants, ainsi que l'échange de parties de concession entre des mines voisines, sont subordonnés à l'approbation de l'administration supérieure des mines : celle-ci ne peut être refusée que si des raisons majeures d'intérêt public s'y opposent (art. 54 de la loi du 24 juin 1865). La loi bavaroise du 20 mars 1869 a reproduit les mêmes dispositions que la loi prussienne (art. 62).

---

(1) Dupont : *Jurisprudence des mines*, t. I, p. 392.
(2) Du Pont : *Annales des travaux publics de Belgique*, t. XXXII, p. 271.

Direction unique. — Représentant vis-à-vis de l'administration. — Comparaison avec la législation étrangère (Prusse, Bavière).

La prohibition du partage des concessions sans une autorisation du gouvernement, est corrélative avec l'obligation, pour les concessionnaires, de justifier d'une direction unique des travaux et d'un représentant vis-à-vis de l'administration. Cette double obligation dérive de l'article 7 de la loi du 27 avril 1838, ainsi conçu :

Lorsqu'une concession de mines appartiendra à plusieurs personnes ou à une société, les concessionnaires ou la société devront, quand ils en seront requis par le préfet, justifier qu'il est pourvu, par une convention spéciale, à ce que les travaux d'exploitation soient soumis à une direction unique et coordonnés dans un intérêt commun.

Ils seront pareillement tenus de désigner, par une déclaration authentique faite au secrétariat de la préfecture, celui des concessionnaires ou tout autre individu qu'ils auront pourvu des pouvoirs nécessaires pour assister aux assemblées générales, pour recevoir toutes notifications et significations, et, en général, pour les représenter vis-à-vis de l'administration, tant en demandant qu'en défendant.

Faute par les concessionnaires d'avoir fait, dans le délai qui leur aura été assigné, la justification requise par le § 1er du présent article, ou d'exécuter les clauses de leurs conventions qui auraient pour objet d'assurer l'unité de la concession, la suspension de tout ou partie des travaux pourra être prononcée par un arrêté du préfet, sauf recours au ministre, et, s'il y a lieu, au conseil d'état, par la voie contentieuse, sans préjudice d'ailleurs de l'application des articles 93 et suivants de la loi du 21 avril 1810.

L'instruction ministérielle du 29 décembre 1838 est venue diriger les ingénieurs dans le mode d'exécution de la loi du 27 avril 1838; on ne peut que renvoyer à ce document important (1).

L'article 7 de cette loi de 1838 exigeant une direction unique, entraîne, comme conséquence, le fait d'un directeur unique des travaux de la concession. D'autre part, le même article exige qu'il y ait un représentant désigné par les concessionnaires, vis-à-vis de l'administration ; dans ces circonstances, le directeur des travaux et le représentant des concessionnaires pourront, ou bien être la même

---

(1) *Annales des mines*, 3e série, t. XIV, p. 594.

personne, ou bien deux personnes différentes, la loi de 1838 n'ayant rien spécifié à cet égard.

Si les concessionnaires ne s'entendent pas pour le choix de ce représentant, les tribunaux sont compétents pour le désigner : c'est ce qui a été décidé par un arrêt de la cour de Lyon, du 17 juin 1835, relatif aux mines de la Béraudière. La compétence attribuée à cet égard aux tribunaux, en France, appartient, en Prusse, à l'administration des mines. Ainsi, dans la loi prussienne, l'administration des mines a le droit d'inviter une société de mines à nommer un représentant ou un comité directeur, dans le délai de trois mois : lorsqu'il n'est pas obtempéré à cette invitation, l'administration des mines peut, jusqu'à exécution de la mesure, commissionner un représentant et lui assurer une rémunération convenable, payable par la société et perçue, en cas de besoin, par la voie administrative (art. 127 de la loi du 24 juin 1865).

Des dispositions analogues sont insérées dans la loi bavaroise du 20 mars 1869 (art. 116).

Responsabilité collective des concessionnaires en l'absence d'un représentant.

En l'absence d'un représentant désigné, la solidarité des titulaires d'une concession de mines, avec responsabilité collective vis-à-vis du gouvernement est un principe de droit commun, dérivant de ce que la chose mise en société est indivisible d'après l'article 7 de la loi du 21 avril 1810.

Cette doctrine avait été proclamée, antérieurement à la loi du 27 avril 1838, dans un arrêté ministériel du 25 janvier 1835, relatif à l'exécution des cahiers des charges des concessions houillères du département de la Loire.

Domicile administratif.

Les concessionnaires étant obligés par l'article 7 de la loi du 27 avril 1838 de déléguer un représentant vis-à-vis de l'administration, il importait que ce représentant fût astreint à élire un domicile administratif; c'est ce qui a été fait par l'ordonnance du 18 avril 1842, ainsi conçue :

CHAP. VIII. — SURVEILLANCE ADMINISTRATIVE DES MINES. 283

Art. 1er. — Tout concessionnaire de mines devra élire en un domicile administratif, qu'il fera connaître par une déclaration adressée au préfet du département où la mine est située.

Art. 2. — En cas de transfert de la propriété de la mine, à quelque titre que ce soit, l'obligation énoncée en l'article précédent est également imposée au nouveau propriétaire.

Disons ici qu'une société de mines peut être valablement assignée devant le tribunal du lieu ou est son principal établissement, alors même que, d'après les statuts, le siège social est établi dans un autre lieu. Ce juste principe a été posé par la cour de Dijon dans un arrêt du 20 novembre 1855, sur un litige entre le sieur Lariepe, ouvrier mineur blessé, et la compagnie des mines de Blanzy (Saône-et-Loire), alors que la compagnie de Blanzy plaidait l'incompétence du tribunal de Chalon, et invoquait le fait de son siège social à Paris pour forcer le sieur Lariepe à venir plaider à Paris : la compagnie de Blanzy a été déboutée de sa prétention. (Arrêt maintenu le 17 avril 1866 par la cour de cassation.)

Liberté de transmission des concessions, sauf deux restrictions.

Les obligations des propriétaires de mines en cas de mutation de propriété ne sont plus, avec le régime de la loi du 21 avril 1810, ce qu'elles étaient antérieurement sous le régime de l'arrêté du directoire exécutif du 3 nivôse an VI. Cet arrêté portait que les ventes, cessions ou autres actes translatifs des mines ne pourraient avoir lieu qu'en vertu d'une autorisation spéciale du gouvernement. Une semblable contrainte serait en contradiction formelle avec l'article 7 de la loi du 21 avril 1810 qui porte que « l'acte de concession donne la propriété perpétuelle de la mine, disponible et transmissible comme tous autres biens. » Cette contrainte n'existe plus.

En cas de transfert de la propriété de la mine, les nouveaux propriétaires de la concession doivent, aux termes de l'article 2 de l'ordonnance du 18 avril 1842, faire connaître le domicile administratif de leur nouveau représentant; mais cette mesure d'ordre ne porte aucune atteinte au droit de transmission.

A ce sujet, nous devons observer que la commission d'enquête houillère à l'assemblée nationale avait demandé, le 22 janvier 1874, que l'autorisation du gouvernement fût nécessaire non seulement pour les ventes de mine par lots ou partages, mais encore pour les transmissions par vente totale de la mine ; à cet effet, elle proposait de modifier comme il suit la dernière phrase de l'article 7 :

> Toutefois une mine ne peut être vendue par lots ou partagée ou transmise de toute autre manière autrement que par héritage, sans une autorisation préalable du gouvernement donnée dans les mêmes formes que la concession.

Pour motiver un pareil régime, qui est presque le retour à l'arrêté du 3 nivôse an VI, le rapporteur de la commission disait que « les garanties dont le législateur a entendu entourer la concession des mines peuvent devenir vaines, s'il est permis au concessionnaire de céder la mine à un acquéreur qui n'aura pas les facultés que la loi exige, qui manque des garanties désirables, qui peut-être aura été évincé dans sa demande en concurrence par des raisons d'ordre public » (p. 99 du rapport).

Sans nier les inconvénients signalés par le rapport, nous devons dire que le remède nous eût semblé pire que le mal : au point de vue économique, il ébranlerait la propriété des mines, en lui enlevant un de ses attributs importants qui est le droit de cession en bloc, et l'on ne verrait plus les capitaux affluer aussi librement pour l'acquisition de cette espèce de propriété ; or cette affluence des capitaux pour les achats de mines, affluence nécessaire à un bon régime économique en matière de mines, comme au régime de toute autre propriété, exige nécessairement la liberté de transmission. Rappelons d'autre part que cette liberté de transmission est écrite, en principe, à l'article 7 de la loi organique du 21 avril 1810, et qu'elle est pleinement conforme à l'esprit général de cette loi, qui a voulu constituer la propriété des mines de manière à en faire une propriété aussi sûre, aussi solide que toutes les propriétés immobilières. Si le concessionnaire d'une mine, qui a acquis cette mine par vente, n'exploite pas ou exploite mal, il appartient au gouvernement d'y pourvoir par les moyens que le titre V de la loi de 1810 a mis entre ses mains : c'est l'affaire de l'administration. En conséquence, nous croyons pouvoir dire qu'il est heureux, dans l'intérêt général, que la loi du 27 juillet 1880, portant revision de la loi du 21 avril 1810, n'ait pas modifié l'article 7, au point de vue de la vente totale d'une mine, dans le sens indiqué par la commission de l'assemblée nationale.

Réunion des concessions de même nature, interdite sans l'autorisation du gouvernement : décret du 23 octobre 1852.

Il est pourtant une restriction importante imposée aux transactions et cessions en matière de propriété des mines, mais cette restriction est conforme à l'esprit de la loi de 1810, et elle était commandée par l'intérêt public ; c'est celle qui a été officiellement formulée dans les termes suivants par le décret du 23 octobre 1852 :

Louis-Napoléon, président de la République française,

Vu les nombreuses réclamations adressées au gouvernement contre la réunion de mines opérées sans autorisation administrative sur divers points du territoire ;

Considérant que, dans certains cas, ces réunions sont de nature à porter un grave préjudice aux intérêts du commerce et de l'industrie ;

Considérant dès lors qu'il est du devoir de l'autorité publique de s'y opposer ;

Vu la loi du 21 avril 1810 sur les mines ;

Vu l'article 6 de la constitution ;

Sur le rapport du ministre des travaux publics et de l'avis du conseil des ministres ;

Décrète :

Art. 1er. — Défense est faite à tout concessionnaire de mines, de quelque nature qu'elles soient, de réunir sa ou ses concessions à d'autres concessions de même nature, par association ou acquisition ou de toute autre manière, sans l'autorisation du gouvernement.

Art. 2. — Tous actes de réunion opérés en opposition à l'article précédent, seront en conséquence considérés comme nuls et non avenus, et pourront donner lieu au retrait des concessions, sans préjudice des poursuites que les concessionnaires des mines réunies pourraient avoir encourues en vertu des articles 414 et 419 du code pénal.

Tel est ce décret, critiqué par quelques-uns, accueilli avec reconnaissance par les consommateurs, et que nous croyons être dans la logique même de l'esprit de la loi de 1810 et pleinement conforme à l'intérêt général (1).

Le décret du 23 octobre 1852 a été rendu en fait, ce n'est un mystère pour personne, à l'occasion d'un projet annoncé, lequel aurait mis les importantes mines de houille de la Grand-Combe (Gard) entre les mains de la compagnie générale des mines de la Loire, qui

---

(1) Dupont : *Jurisprudence des mines*, t. 1, p. 398.

possédait déjà une grande partie des houillères de ce département. On a objecté contre le décret de 1852 que « le monopole n'était pas à craindre dans le département de la Loire, même au point de vue de la consommation locale, parce que le bassin de la Loire n'est pas isolé, mais entouré de bassins concurrents ». L'objection ainsi formulée, nous devons le dire, nous semble vraiment assez faible; elle équivaudrait, en effet, à tenir le langage suivant aux propriétaires des forges de Terrenoire, Saint-Chamond, Rive-de-Gier, Saint-Étienne, etc., et autres établissements de premier ordre du département de la Loire : vous vous êtes installés en plein bassin houiller, afin d'avoir sur place, dans de bonnes conditions de prix, des charbons d'une qualité supérieure, mais vous pourrez aller acheter d'autres charbons d'une qualité inférieure dans les bassins houillers voisins. Puisque la discussion a été portée sur le terrain des faits, en ce qui concerne le bassin houiller de la Loire, il y a lieu de citer un fait économique, irréfragable, en réponse aux détracteurs du décret du 23 octobre 1852 : c'est que ce décret, intervenu pour empêcher le monopole des houilles dans le bassin de Saint-Étienne, et qui a conduit à couper en quatre l'ancienne compagnie des mines de la Loire, est loin d'avoir fait obstacle au développement de la production houillère de l'ensemble des quatre groupes fractionnés, qui formaient l'ancienne compagnie des mines de la Loire, savoir, des quatre sociétés actuelles de Saint-Étienne, de la Loire, de Montrambert et de Rive-de-Gier. En effet, en 1852, l'ancienne compagnie des mines de la Loire produisait, avant son fractionnement, 1.128.074 tonnes de houille, ci . . . . .

tonnes.
1.128.874
en 1865, treize ans après le fractionnement obligé, les quatre groupes fractionnés ont produit. 1.708.315

Différence en plus. . 579.441

soit, 51 p. 100 de la production avant le décret, et cela, malgré une diminution de 201.336 tonnes à Rive-de-Gier, diminution de force majeure, résultant de l'épuisement relatif de cette partie du bassin : ces chiffres sont significatifs. D'autre part, si l'on considère l'ensemble de la production du département de la Loire, on voit que de 1853 à 1868, dans un espace de quinze ans, elle a passé de 1.925.114 tonnes à 3.332.381 tonnes avec une augmentation de 73 p. 100. Enfin, s'il fallait faire intervenir une comparaison financière, nous observerions qu'au 8 septembre 1852, avant le décret en question, les actions de la compagnie des mines de la Loire valaient 550 francs, comme il est dit au *Moniteur*, et que seize ans après la fusion, les valeurs réunies des quatre groupes valaient 714 francs, au 1er novembre 1868, comme il est dit au *Journal officiel*.

On a objecté encore contre le décret de 1852 qu'il est, en droit, une véritable prohibition, car le concessionnaire qui traite une affaire de fusion avec le désir sincère de la faire autoriser plus tard par le gouvernement, commet, par ce traité même, une contravention punissable : un mot suffit pour détruire cette objection, c'est qu'il n'y a pas contravention commise si le concessionnaire, faisant ce qu'il doit faire pour obéir au décret, traite toute affaire de fusion « sous la réserve de l'approbation du gouvernement », c'est-à-dire conditionnellement.

Le décret est dans l'esprit intime de la loi de 1810 qui, en séparant la propriété des mines de celle de la surface, a créé des propriétés nouvelles dont les concessions sont les unités. Le législateur n'a pas voulu que les concessions fussent divisibles : l'article 7 le dit nettement, il n'a pas voulu non plus qu'elles fussent trop vastes ; cela est dit dans l'exposé des motifs de Regnaud de Saint-Jean-d'Angély ; or la libre réunion des concessions arriverait à faire « des concessions sans limites » ; le législateur a voulu éviter précisément les réunions de concessions menaçantes pour les intérêts des consommateurs ; cela fut dit par le rapporteur, comte de Girardin, au sujet des compagnies houillères du département de Jemmapes, dans les termes suivants :

> Réunir ces compagnies en une seule, ce serait nuire à l'intérêt public... Un grand inconvénient serait que cette compagnie pût hausser à sa volonté le prix du charbon, et faire peser tous les inconvénients du monopole sur les consommateurs, au nombre desquels les manufactures se placent au premier rang.

Passons à une objection plus sérieuse : on a objecté contre le décret du 23 octobre 1852, le texte même de l'article 31 de la loi du 21 avril 1810, qui est ainsi conçu :

> Plusieurs concessions pourront être réunies entre les mains du même concessionnaire, soit comme individu, soit comme représentant une compagnie, mais à la charge de tenir en activité l'exploitation de chaque concession.

Remarquons d'abord que le mot « pourront » ne paraît pas devoir

désigner un droit absolu : d'autre part, comme l'article 31 est inséré dans une section de loi portant ce titre *De l'obtention des concessions*, nous en concluons que l'article veut dire : qu'un concessionnaire de houille, par exemple, pourra obtenir du gouvernement la concession d'une autre mine de houille à cette première condition que le gouvernement le veuille, puisque c'est lui qui instituera la concession demandée, et puis à cette autre condition, de tenir en activité l'exploitation de chacune des deux concessions. L'article 31 ainsi interprété, et nous croyons que c'est son sens véritable, est en pleine et parfaite harmonie avec le décret de 1852, qui soumet à l'autorisation du gouvernement la réunion des concessions déjà instituées par lui.

La commission d'enquête houillère instituée à l'Assemblée nationale s'exprimait comme il suit, en ce qui concerne les réunions de concession, dans son rapport déposé le 22 janvier 1874 (1) :

L'autorisation préalable du gouvernement est une garantie suffisante contre les dangers d'un monopole improductif et nuisible à l'intérêt public ; mais il serait nécessaire que les demandes en autorisation, prévues par le décret de 1852, fussent soumises à des règles fixes, notamment en ce qui concerne les délais. C'est ce point de vue que le comité des houillères recommande spécialement à l'attention de la commission. Nous avons tenu compte de son observation, et nous avons cru accroître les garanties que l'on doit rechercher contre les entraînements auxquels le gouvernement peut être exposé dans cet ordre de faits, en stipulant que toutes les formalités exigées pour les demandes en concession seraient également remplies pour les demandes en réunion.

La commission de l'assemblée nationale adoptait pleinement, on le voit, le principe du décret de 1852 : elle se bornait à demander que l'instruction des demandes fût opérée dans les mêmes formes que celle des demandes en concession ; or c'est véritablement ainsi, on doit le dire, que les choses se passent, dans la réalité des faits. Les demandes en réunion de concessions de mines sont soumises par l'administration aux mêmes formalités de publications et affiches que les demandes en concession, et les décrets relatifs à des réunions de concessions visent l'accomplissement de ces formalités dans les mêmes termes que les décrets de concession.

---

(1) Page 108 du rapport.

Fermage de plusieurs concessions de même nature, interdit sans l'autorisation du gouvernement.

Le fermage de plusieurs concessions de même nature, ou bien le fermage d'une mine par le concessionnaire d'une mine de même nature tombent sous le coup de l'application du décret du 23 octobre 1852.

Comme exemple à l'appui de cette doctrine, on peut citer le décret du 5 août 1857, autorisant l'amodiation, pour quinze ans, des houillères de Marsanges (Haute-Loire), par la compagnie houillère de la Chalède; le décret du 3 janvier 1875, autorisant la réunion, pour une période de quarante années, des mines de houille de Comberedonde entre les mains de la compagnie propriétaire des mines de houille de Cessous et Trébiau, des salles de Ganières et de Monlalet (Gard), etc., etc., etc.

Nombreux exemples de réunions de concessions autorisées par le gouvernement.

Terminons sur le décret du 23 octobre 1852 par cette observation, que les exemples abondent pour démontrer que ce décret n'a pas empêché, en fait, les concessionnaires de demander des réunions de concessions, ni le gouvernement de les autoriser lorsqu'il les a cru compatibles avec l'intérêt général. On compterait aisément aux *Annales des mines* plus de quarante décrets autorisant des réunions de ce genre, lesquels démontrent victorieusement que la prétendue prohibition reprochée au décret de 1852 est sans aucun fondement réel.

Parmi les décrets d'autorisation, signalons celui du 13 janvier 1873, autorisant la compagnie du Creusot à réunir à sa concession houillère du Creusot celles de Montchanin, Longpendu (Saône-et-Loire) et Decize (Nièvre), lequel contient une disposition particulière ainsi conçue :

Art. 3. — La Société du Creusot devra maintenir au port de Sept-Écluses, sur le canal du centre, un dépôt de charbon suffisamment approvisionné pour subvenir aux besoins des habitants de la commune d'Écuisses.

En dehors des dispositions spéciales à chaque cas, comme la précédente, les décrets de réunion de concessions contiennent une disposition générale ainsi conçue :

L'exploitation de chacune des concessions ci-dessus devra, conformément aux prescriptions de l'article 31 de la loi du 21 avril 1810, être tenue en activité.

Réunion de concessions contiguës en une seule concession avec périmètre unique.

Outre les réunions proprement dites de concessions, il y a les réunions de plusieurs concessions contiguës en un périmètre unique, ce qui est un cas spécial des réunions de ce genre.

Dans le cas ordinaire, le concessionnaire autorisé à concentrer entre ses mains plusieurs concessions de même nature est astreint à exploiter dans chaque concession (art. 31), et chacune de ces concessions possède son individualité distincte au point de vue des redevances et autres obligations diverses. Il n'en est pas de même dans le cas particulier de réunion de concessions contiguës en un seul périmètre : aussi le gouvernement refuse-t-il souvent ces réunions spéciales.

Comme exemples à cet égard nous devons citer :

1° Une décision ministérielle, antérieure au décret du 23 octobre 1852, et en date du 15 mai 1843, laquelle a refusé à la compagnie de Blanzy l'autorisation de réunir en une seule concession la concession de Blanzy d'une étendue de 43 kilomètres carrés, 73 hectares et les trois concessions contiguës dites des Porrots, des Badeaux et de la Theurée-Maillot, ayant une étendue totale de 29 kilomètres carrés, 39 hectares ;

2° Le décret du 15 février 1879 portant rejet de la demande du propriétaire des concessions houillères contiguës de Bouquiès et Cahuac et de Latapie et Saint-Martin (Aveyron) tendant à obtenir l'autorisation de réunir ces concessions en un seul périmètre ;

3° Le décret du 21 juillet 1879 portant rejet de la demande de la compagnie de Saint-Éloy en fusion, de ses deux concessions houillères de La Roche et de La Vernade, en une seule.

Comparaison avec la législation étrangère en matière de réunion de concessions (Belgique, Prusse, Bavière).

Le rapport de la commission d'enquête à l'assemblée nationale de 22 janvier 1874 dit « qu'en Belgique, la liberté de réunion de plusieurs concessions est entière » (p. 107 du rapport). Il y aurait lieu, à cet égard, de mentionner les dispositions suivantes qui font partie de la jurisprudence belge :

« Il n'y a pas lieu de soumettre aux formalités de publications et affiches pendant quatre mois les demandes en réunion de plusieurs concessions de mines, avec faculté ou non d'exploiter les *espontes* (1) (avis du conseil des mines du 12 août 1854) ;

Les demandes en réunion de plusieurs concessions de mines dans les mains d'un seul individu ou d'une société ne sont pas assujetties aux formalités de publications et d'affiches (avis du conseil des mines du 28 janvier 1853) ;

Lorsqu'il s'agit de supprimer ou d'exploiter les *espontes* ou massifs réservés, par le cahier des charges, le long des limites d'une concession de mines, il doit être statué, comme en matière de concession, c'est-à-dire par arrêté royal (avis du conseil des mines du 8 juin 1838);

La faculté de faire disparaître les *espontes* séparant diverses concessions réunies en une seule main doit être subordonnée, dans l'intérêt des consommateurs, à la condition que chacune de ces concessions sera tenue en activité d'exploitation (avis du conseil des mines du 19 mars 1869). »

Ces documents de la jurisprudence belge, quoiqu'ils se rapportent pour la plupart à des concessions contiguës, ont une certaine importance : ils sont extraits d'un mémoire très intéressant inséré par Pont, greffier du conseil des mines belge aux *Annales des travaux publics de Belgique* (2).

Dans la législation prussienne, la réunion en une seule de deux ou plusieurs mines, appelée par la loi *consolidation*, est subordonnée à l'approbation de l'administration supérieure des mines (art. 41 de la loi du 24 juin 1865). L'acte de consolidation doit indiquer dans

---

(1) Massifs réservés le long des limites.
(2) T. XXXII, p. 271.

quelle proportion chacune de ces mines entre dans *la mine consolidée*, et régler par une convention l'ordre des hypothèques et des autres charges réelles ou privilèges conformes au droit rhénan, qui pèsent sur la mine consolidée (art. 41 et 49 de la loi de 1865). L'approbation administrative des réunions de concessions ne peut être refusée que si les différents périmètres ne sont pas limitrophes, ou si des motifs d'intérêt public s'y opposent.

La loi de Bavière, du 20 mars 1869, contient (art. 53) des dispositions analogues.

Surveillance des mines par le gouvernement.

La surveillance des mines par le gouvernement est organisée d'une manière générale par le titre V de la loi du 21 avril 1810, qui contient les articles 47, 48, 49 et 50 ainsi conçus :

Art. 47. Les ingénieurs des mines exerceront, sous les ordres du ministre de l'intérieur et des préfets, une surveillance de police pour la conservation des édifices et de la sûreté du sol.

Art. 48. Ils observeront la manière dont l'exploitation sera faite, soit pour éclairer les propriétaires sur ses inconvénients ou son amélioration, soit pour avertir l'administration des vices, abus ou dangers qui s'y trouveraient.

Art. 49. Si l'exploitation est restreinte ou suspendue, de manière à inquiéter sur la sûreté publique ou les besoins des consommateurs, les préfets, après avoir entendu les propriétaires, en rendront compte au ministre de l'intérieur pour y être pourvu ainsi qu'il appartiendra.

Art. 50, modifié par l'article 1er de la loi du 27 juillet 1880. Si les travaux de recherche ou d'exploitation d'une mine sont de nature à compromettre la sécurité publique, la conservation de la mine, la sûreté des ouvriers mineurs, la conservation des voies de communication, celle des eaux minérales, la solidité des habitations, l'usage des sources qui alimentent des villes, villages, hameaux et établissements publics, il y sera pourvu par le préfet.

Dispositions du nouvel article 50, en matière de surveillance administrative.

L'article 50 a une importance capitale en matière de surveillance des mines : il importe donc de signaler, avec détails, les diverses modifications qui ont été apportées à l'ancien article 50 par la loi du 27 juillet 1880.

CHAP. VIII. — SURVEILLANCE ADMINISTRATIVE DES MINES.   293

Première modification. L'ancien article 50 ne parlait pas des travaux de recherches, qui peuvent être souvent très dangereux, aussi dangereux que les travaux d'exploitation. Le nouvel article 50 comble cette lacune, et disons que la première proposition à ce sujet a été faite par le conseil d'état, à la date du 2 mai 1878 (1).

Deuxième modification. L'article 50 primitif disait « Si l'exploitation compromet la sûreté publique », ce qui visait seulement le fait, tandis que le nouvel article 50 qui dit « Si les travaux de recherches ou d'exploitation d'une mine sont de nature à compromettre la sûreté publique », vise la nature même des travaux, et accroît, dans une juste mesure, l'action préventive de l'administration, au mieux de l'intérêt général. Cette deuxième modification émane aussi de l'initiative du conseil d'état, et figure dans le projet adopté par lui le 2 mai 1878.

Troisième modification. « La conservation des voies de communication » est encore une prescription nouvelle insérée dans l'article 50 revisé, sur la demande du conseil d'état. Les cahiers des charges des concessions de mines contiennent généralement des prescriptions générales ou spéciales aux travaux à faire dans le voisinage des canaux, des routes ou des chemins de fer; mais on ne saurait nier, au point de vue de l'autorité et de l'efficacité, l'avantage d'une prescription législative pour la conservation des voies de communication. D'autre part, l'application de ces clauses des cahiers des charges, concernant la conservation des voies de communication, pouvait donner lieu à des lenteurs résultant de l'interprétation de ces clauses par le conseil d'état lui-même, tandis qu'il n'en sera plus de même désormais : en vertu du nouvel article 50, dès qu'un travail de recherches ou d'exploitation d'une mine (2) sera de nature à compromettre la conservation des voies de communication (routes, canaux, chemins de fer, chemins vicinaux) le préfet aura compé-

---

(1) Le premier projet de loi, déposé au Sénat par le gouvernement, à la date du 17 novembre 1877, contenait, en remplacement de l'ancien article 50, un nouvel article (36), lequel disait : « Si les travaux compromettent... » au lieu de : « si l'exploitation compromet... » (expression de l'ancien article 50), mais le mot de « recherches » ne s'y trouvait pas explicitement prononcé comme dans le nouvel article 50.

(2) Quelle que soit la nature de la mine, houillère, mine de sel, mine métallique, etc. (Voir à ce sujet ce qui est dit au chapitre des mines de sel sur un arrêt du conseil d'état du 4 mars 1881.)

tence pour y pourvoir, et le concessionnaire n'aura contre l'arrêté préfectoral rendu à cette occasion que les facultés de recours ordinaires contre les arrêtés préfectoraux en général (1).

Quatrième modification. La disposition relative à la conservation des eaux minérales a été demandée pour la première fois par le conseil des mines, à la date du 23 février 1877 : quoiqu'il existe sur les eaux minérales une loi spéciale, celle du 14 juillet 1856, laquelle contient diverses prescriptions préservatrices, néanmoins, en raison des graves perturbations qui sont parfois amenées dans le régime des eaux minérales par les mines du voisinage, comme la Bohême nous en a fourni un récent exemple (2), on ne peut qu'approuver l'insertion dans le nouvel article 50 de la disposition concernant les eaux minérales, qui sera d'autant plus efficace, vis-à-vis des concessionnaires et explorateurs, qu'elle figure dans la loi des mines.

Cinquième modification. L'insertion dans le nouvel article 50 d'une disposition préservatrice, en ce qui concerne l'usage des sources qui alimentent des villes, villages, hameaux et établissement publics, et qui est due aussi à l'initiative du conseil général des mines (23 février 1877), offre une importance spéciale : le rapporteur du projet de loi au sénat, M. Paris, disait très justement à cet égard :

On doit craindre de voir couper par les travaux d'exploitation des mines les sources destinés à un usage public. L'administration, touchée des vœux formulés à ce sujet, avait essayé d'y donner satisfaction en insérant dans les cahiers des charges une disposition qui obligeât les concessionnaires à veiller à la conservation des sources communales; mais la section des travaux publics du conseil d'état n'a point admis que l'on trouvât dans la loi de 1810 le droit de régler les relations des concessionnaires des mines avec les propriétaires de sources, ces propriétaires fussent-ils des communes. C'était là, suivant la section, un conflit d'intérêts privés, soumis aux règles du droit commun et ressortissant à l'autorité judiciaire.... Une addition spéciale à l'article 50 donnera désormais toute garantie à un intérêt public digne de protection.

Sixième modification. La disposition finale de l'article 50 : « Il y sera pourvu par le préfet » ne reproduit plus ces mots de l'ancien

---

(1) C'est-à-dire, sauf recours au ministre, et, s'il y a lieu, au conseil d'état, par la voie contentieuse (art. 7 de la loi du 27 avril 1838).
(2) Accident survenu aux sources de Tœplitz et attribué aux mines de lignite de Dux-Osseg (*Journal officiel* du 16 mars 1879).

article 50 : « ainsi qu'il est pratiqué en matière de grande voirie », et nous estimons que c'est une bonne chose, pour deux motifs : d'abord ces mots tendaient à limiter la forme de l'action des préfets, dans des matières parfois très différentes de la grande voirie, ce qui pouvait avoir des inconvénients pratiques, et puis ces mots de « grande voirie » pouvaient induire en erreur, en certains cas, au point de vue de la compétence qu'on aurait été tenté d'attribuer aux conseils de préfecture ; ces mots « il y sera pourvu par le préfet » constituent donc une amélioration de rédaction ; ils existent dans le texte adopté, le 2 mai 1878, par le conseil d'état, mais ils avaient été proposés antérieurement, car on les trouve à l'article 36 du premier projet de loi présenté au sénat, le 17 novembre 1877, par le ministre des travaux publics.

Lois, ordonnances et décrets intervenus, depuis 1810, en matière de surveillance des mines.

Depuis la promulgation de la loi du 21 avril 1810, il est survenu huit lois, décrets ou ordonnances, au sujet de la surveillance administrative des mines, savoir :

1° Le décret de 18 novembre 1810 (organisation du corps des ingénieurs des mines, fonctions des ingénieurs) ;

2° Le décret du 3 janvier 1813 (police des mines, accidents) ;

3° La loi du 27 avril 1838 (mines menacées d'inondation) ;

4° L'ordonnance du 23 mai 1841 (mines menacées d'inondation) ;

5° L'ordonnance du 18 avril 1842 (domicile administratif) ;

6° L'ordonnance du 26 mars 1843 (police des mines, travaux à exécuter d'office) ;

7° Décret du 23 octobre 1852 (réunion de concessions) ;

8° La loi du 27 juillet 1880 (revision de la loi de 1810) (1).

La surveillance administrative des mines doit être répressive et préventive.

Tous les actes susmentionnés, lois, décrets ou ordonnances éta-

---

(1) On ne mentionne ici ni la loi sur le sel du 17 juin 1840, ni la loi sur les minières de fer et usines métallurgiques du 9 mai 1866, qui trouveront leur place ailleurs,

blissent que la surveillance sur les mines doit être à la fois répressive et préventive : répressive vis-à-vis des travaux existants, préventive vis-à-vis des travaux à ouvrir (1).

La partie répressive de cette surveillance administrative n'a jamais été contestée. Cette action répressive doit varier nécessairement suivant les circonstances, suivant les circonstances techniques principalement, et c'est pour cela que les ingénieurs des mines seront consultés par les préfets qui sont les autorités réellement chargées d'exercer cette surveillance répressive, alors que les ingénieurs des mines n'ont à donner que des avis en cette occasion. Dans certains cas, il y aura lieu d'interdire tout ou partie d'une exploitation reconnue dangereuse, et les préfets alors, sur l'avis des ingénieurs des mines, pourront prendre des arrêtés d'interdiction en vertu des dispositions générales des articles 47 et 50 de la loi du 21 avril 1810, ou bien en vertu des dispositions spéciales des articles 7 et 9 des décrets du 3 janvier 1813, des articles 7 et 8 de la loi du 27 avril 1838, et de l'article 3 de l'ordonnance du 26 mars 1843. D'autrefois, il y aura des mesures matérielles à prendre, des ouvrages à exécuter pour garantir la conservation des édifices, la sûreté du sol, la sécurité publique, la conservation de la mine, la sûreté des ouvriers mineurs, la conservation des voies de communication, celle des eaux minérales, la solidité des habitations et l'usage des sources qui alimentent les villes, villages, hameaux ou établissements publics; l'administration aura le droit d'exécuter, au besoin et d'office, de pareils travaux aux frais des concessionnaires, comme il est formellement spécifié par les articles 3, 4, 5, 9 et 10 du décret du 3 janvier 1813, par la loi du 27 avril 1838, et par l'ordonnance du 26 mars 1843.

Mode d'action de l'administration en matière d'ouvertures nouvelles de travaux de mines.

Il est un point que nous tenons à établir, c'est qu'aux termes mêmes de la loi du 21 avril 1810, et en interprétant cette loi, par es actes qui l'ont précédée et préparée, on est conduit à formuler ce principe, que la surveillance de l'administration sur les mines doit être préventive pour les travaux à entreprendre : quelques développements seront nécessaires sur ce sujet important.

---

(1) Dupont : *Jurisprudence des mines*, t. I, p. 403 et suiv.

CHAP. VIII. — SURVEILLANCE ADMINISTRATIVE DES MINES. 297

L'article 47 porte que « les ingénieurs des mines exerceront une surveillance de police pour la conservation des édifices et la sûreté du sol ». L'article 50, tel qu'il a été modifié par la loi du 27 juillet 1880, est bien plus formel encore, car il dit expressément :

> Si les travaux de recherche ou d'exploitation d'une mine sont de nature à compromettre la sécurité publique, la conservation de la mine, la sûreté des ouvriers mineurs, la conservation des voies de communication, celle des eaux minérales, la solidité des habitations, l'usage des sources qui alimentent des villes, villages, hameaux et établissements publics, il y sera pourvu par le préfet.

Or, si des puits et galeries projetés par un exploitant de mine ou un explorateur doivent nécessairement, ou tout au moins très probablement, par suite de circonstances locales et techniques de la compétence de l'administration des mines, menacer ou compromettre la conservation des édifices, la sûreté du sol, la sécurité publique, la conservation de la mine, la sûreté des ouvriers mineurs, la conservation des voies de communication, celle des eaux minérales, la solidité des habitations, ou bien l'usage des sources qui alimentent des villes, villages, hameaux ou établissements publics, faudra-t-il attendre que le mal soit accompli pour le réprimer? Les hypothèses que nous faisons ici ne sont pas gratuites : en effet, l'ouverture d'un puits ou d'une galerie au voisinage d'un canal, d'une rivière, peut amener, dans de certaines circonstances locales, une inondation des travaux et des malheurs pareils à la catastrophe douloureuse des mines de Lalle, du 11 octobre 1861, où 106 ouvriers périrent par inondation. Dans d'autres circonstances, des ouvrages projetés peuvent pénétrer dans des quartiers incendiés, dans d'anciens travaux remplis de grisou, ou envahis par les eaux de manière à établir des communications désastreuses pour la solidité des travaux, pour la sûreté des ouvriers mineurs, etc., toutes choses confiées à la garde expresse de l'administration par l'article 50 ; ces ouvrages projetés peuvent ainsi donner lieu aux « vices ou dangers » sur lesquels l'administration doit veiller, aux termes formels de l'article 48 de la loi de 1810. Il faut donc nécessairement et formellement, pour l'exécution des articles 47, 48 et 50 de la loi du 21 avril 1810 :

Premièrement, que l'administration soit prévenue en temps opportun des puits et galeries dont l'ouverture est projetée par le concessionnaire, afin qu'elle fasse reconnaître par les ingénieurs des mines si ces travaux présentent des vices ou dangers menaçant la sûreté publique, la solidité des travaux, la sûreté des ouvriers et autres intérêts confiés à sa garde par les articles 47 et 50 de la loi de 1810;

Deuxièmement, que l'administration puisse s'opposer à ces travaux s'ils présentent les vices et dangers susmentionnés, conformément à son droit et à son devoir;

Troisièmement, enfin, qu'elle ait un moyen de notifier au concessionnaire qu'elle ne s'oppose pas à l'ouverture des travaux projetés.

Voilà ce que nous appelons l'action préventive de l'administration : pour les nouveaux travaux, on peut être en dissidence sur la forme, sur les moyens à employer pour que l'administration soit prévenue, pour qu'elle puisse s'opposer aux travaux reconnus dangereux, pour qu'elle puisse avertir le concessionnaire qu'elle ne s'oppose pas aux travaux projetés ; mais on ne saurait contester le principe de cette action préventive sans violer expressément les articles 47, 48 et 50 de la loi de 1810 : or c'est là le point important. Cette action préventive de l'administration ressort non seulement du texte de la loi mais de son esprit et des discussions qui l'ont précédée au conseil d'état : dans la séance du 3 février 1810, le comte Regnaud de Saint-Jean-d'Angély lutta contre Napoléon lui-même, qui paraissait craindre que l'intervention des ingénieurs du gouvernement n'enlevât aux exploitants leur liberté, et les principes exposés avec vigueur et logique par le comte Regnaud sont restés debout et écrits dans la loi.

Il n'est pas douteux que lorsque le concessionnaire voudra occuper, malgré le propriétaire de la surface, et dans le périmètre de sa concession, « les terrains nécessaires à l'exploitation », il invoquera l'article 43 revisé de la loi de 1810 pour obtenir un arrêté préfectoral qui lui donne le droit d'occupation d'office, mais il s'agit ici de tout autre chose : un concessionnaire qui veut établir des ouvrages de mines dans son terrain, ou dans le terrain d'autrui avec l'assentiment du propriétaire, est astreint à l'observation des articles 47 et 50 de la loi du 21 avril 1810 dans une mesure aussi rigoureuse que le concessionnaire qui se propose d'établir les mêmes ouvrages chez autrui malgré le propriétaire du sol et moyennant une autorisation préfectorale ; la chose ne saurait être contestée.

Il faudra donc depuis la revision de l'article 43 comme il le fallait auparavant, que le concessionnaire qui veut entreprendre des ouvrages de mines dans des terrains qui lui appartiennent, ou bien qui appartiennent à des tiers avec lesquels il a traité, obtienne un arrêté préfectoral d'autorisation, ou qu'il fasse en temps opportun une déclaration à la préfecture, qui permette à l'administration des mines d'exercer en temps utile l'action préventive formulée dans les articles 47, 48 et 50 de la loi de 1810.

Cette nécessité de l'action préventive de l'administration ressort, nous le répétons, non seulement du texte de la loi des mines, mais encore de son esprit et des divers documents qui l'ont précédée.

Dans l'exposé des motifs de la loi des mines, le comte Regnaud de Saint-Jean-d'Angely disait en parlant des ingénieurs des mines :

Ils n'auront d'action que pour prévenir les dangers, pourvoir à la conservation des édifices, à la sûreté des individus.

Ils éclaireront les propriétaires et l'administration, ils rechercheront les faits, les constateront et ne statueront jamais.

Ce droit est réservé aux tribunaux ou à l'administration.

Il est réservé aux tribunaux, dans tous les cas de contravention aux lois : eux seuls peuvent prononcer des condamnations.....

Ce droit est réservé à l'administration si la sûreté publique est compromise, ou si les exploitations restreintes, mal dirigées, suspendues, laissent des craintes sur les besoins des consommateurs.

Nous devons signaler le mot « prévenir » dans le passage précédent : sa place dans l'exposé des motifs de la loi démontre que les législateurs de 1810 ont voulu que la surveillance de l'administration fût préventive. C'est donc un principe qui demeure désormais établi. Voyons-en maintenant l'application, qui a varié suivant les temps et les pays.

Régime de la Belgique.

En Belgique où la loi du 21 avril 1810 est en vigueur, l'occupation des terrains pour les travaux mentionnés à l'article 43, c'est-à-dire, pour la recherche et les travaux des mines, ne peut avoir lieu d'après l'article 2 de la loi du 18 juillet 1865 « qu'avec le consentement du propriétaire, ou avec l'autorisation du gouvernement, donnée après avoir consulté le conseil des mines, le propriétaire entendu. » Cette loi de 1865 met implicitement à néant une circulaire ministérielle belge du 18 avril 1850, laquelle portait que les « propriétaires de mines peuvent ouvrir des puits de mines, contre le gré du propriétaire foncier, et sans le concours de l'autorité administrative, moyennant indemnité ». Cette circulaire du 18 avril 1850 désormais sans valeur, avait refusé d'homologuer un arrêté de la députation de Namur, accordant à un concessionnaire de mines le droit d'occuper certains terrains ; elle invoquait l'autorité de la cour de cassation de Belgique, qui avait décidé par deux arrêts du 21 novembre 1845 et du 8 janvier 1848 (1) que l'intervention de l'autorité administrative n'est pas requise en ce cas ; la doctrine résultant de ces arrêts, en proclamant la compétence judiciaire pour les autorisations de puits de mines et les occupations de terrains qui s'y rapportent, aurait conduit forcément les tribunaux à faire de l'administration à dire d'experts, ce qui serait, croyons-nous, la pire des administrations : la loi du 18 juillet 1865 a fait justice de cette théorie.

La même loi belge du 18 juillet 1865 a mis à néant une circulaire du ministre des travaux publics de Belgique, du 1ᵉʳ mai 1839 qui avait attribué aux conseils de préfecture le droit d'autoriser les occupations de terrains pour travaux de mines.

Régime de la France en matière d'ouvertures de mines : prescriptions des cahiers des charges : jurisprudence.

En France, il y a deux choses à considérer à cet égard : les mesures particulières et les mesures générales. Ce que nous appelons les mesures particulières sont celles qui dérivent des cahiers des charges annexés aux concessions et auxquelles les concessionnaires sont respectivement soumis.

Les cahiers des charges des nombreuses concessions houillères instituées dans le département de la Loire, en 1824, contiennent trois articles ainsi conçus :

Art. 16. — Il ne pourra être procédé à l'ouverture d'un nouveau puits vertical ou incliné (fendue) partant du jour pour être mis en communication avec des travaux existants, sans que le concessionnaire en ait fait la déclaration au préfet trois mois au moins à l'avance.

Art. 17. — Lorsque le concessionnaire voudra ouvrir un nouveau champ d'exploitation, dont les ouvertures à pratiquer au jour ne devraient pas être mises en relation, au moins prochaine, avec des travaux déjà existants, il en fera la déclaration au préfet six mois à l'avance.

Cette déclaration sera accompagnée :

1° De la désignation des propriétés territoriales que le nouveau champ d'exploitation devra embrasser;

---

(1) Cités par M. Dalloz : *De la propriété des mines*, p. 388 et 389.

2° Du tracé des travaux que le concessionnaire se proposera d'exécuter, accompagné d'un mémoire explicatif.

Un extrait de la déclaration, rédigé par l'ingénieur, sera affiché pendant un mois à la porte de chacune des mairies que renferme le périmètre de la concession.

Art. 18. — A l'expiration du terme exigé pour la publication de la déclaration du concessionnaire, le préfet, sur le rapport des ingénieurs qui constaterait dans le projet d'exploitation des vices susceptibles de compromettre la sûreté et la conservation, soit de la mine concédée, soit des concessions voisines, pourra modifier, suspendre ou interdire l'exécution de tout ou partie des ouvrages projetés qu'il reconnaîtrait avoir ce résultat, sauf à rendre compte immédiatement à notre ministre de l'intérieur.

Il y a lieu de remarquer, parmi ces prescriptions, celle qui ordonne l'affichage à la mairie, pendant un mois, de la déclaration indicative des propriétés que tout nouveau champ doit embrasser. Cet affichage, qui a sa raison d'être pour des mines soumises à une redevance tréfoncière proportionnelle, comme c'est le cas dans la Loire, a été aussi ordonné, comme on peut le voir dans un décret de concession assez récent, du 7 juillet 1869, relatif aux mines d'anthracite du grand Vallon (Hautes-Alpes), qui sont soumises à une redevance mixte. Les prescriptions de ce genre, comme toutes celles insérées dans les cahiers des charges, sont obligatoires, car l'acte de concession qui intervient gratuitement (il ne faut pas l'oublier), est de la part du gouvernement un acte purement gracieux, qui ne peut donner lieu à un recours au contentieux, de la part des demandeurs évincés : cela résulte des termes formels de l'article 16 de la loi de 1810 ; à plus forte raison, le demandeur favorisé, c'est-à-dire le concessionnaire, ne peut pas recourir au contentieux contre une disposition de son cahier des charges. La chose a été décidée en ce sens, ainsi qu'il a été dit déjà, par le décret du 16 novembre 1850, relatif aux mines de fer de Veyras ; elle résulte, en droit commun, de ce que le concessionnaire qui a reçu du gouvernement le don de la concession, et qui l'a accepté en faisant acte de concessionnaire, est lié par l'acte de concession accompagné de son cahier des charges, lequel constitue un vrai contrat.

Le modèle général des cahiers des charges, joint à la circulaire du 8 octobre 1843, contient un article ainsi conçu :

Art. 6. — Il ne pourra être procédé à l'ouverture de puits ou galeries partant du jour pour être mis en communication avec des travaux existants, sans une autorisation du préfet, accordée sur la demande du concessionnaire et sur le rapport des ingénieurs des mines.

Un très grand nombre de concessionnaires ont cette clause dans leurs cahiers des charges, et ils restent soumis à l'obligation qui en dérive : c'est un point hors de conteste, après ce qui vient d'être dit.

D'autre part, quoique le modèle général des cahiers des charges n'ait pas été officiellement retiré ou remplacé ; en fait, les cahiers des charges des dernières concessions instituées depuis 1861, ne contiennent plus l'article G du modèle général cité tout à l'heure ; ils contiennent à la place trois articles renfermant en substance les dispositions suivantes :

Lorsque le concessionnaire voudra ouvrir un nouveau champ d'exploitation, ou établir de nouveaux puits ou galeries partant du jour, il adressera au préfet un plan, qui devra se rattacher au plan général de la concession, et un mémoire indiquant le projet des travaux, le plan étant dressé à l'échelle de 1 millimètre par mètre et divisé en carreaux de 10 en 10 millimètres, et le mémoire indiquant avec détails le mode d'exploitation, l'indication de ce mode d'exploitation étant aussi tracée sur les plans. . . . .
. . . . . Le préfet renverra ces pièces à l'examen de l'ingénieur des mines.

S'il est reconnu que ce projet présente des vices, abus ou dangers, ainsi qu'il est prévu, tant dans le titre v de la loi du 21 avril 1810 que dans les titres II et III du décret du 3 janvier 1813, le préfet notifiera au concessionnaire son opposition à l'exécution totale ou partielle dudit projet.

Si le préfet n'a pas fait d'opposition dans le délai de deux mois à partir du jour du dépôt des pièces à la préfecture, il sera passé outre par le concessionnaire à l'exécution des travaux.

Le système qui résulte des dispositions précédentes est le système de la déclaration, substitué à celui de l'autorisation : il borne le droit de l'administration à celui d'un *veto* suspensif pendant deux mois : et, qu'il nous soit permis de le dire, il y a lieu de regretter que, dans l'article qui précède, après les mots « Le préfet notifiera au concessionnaire son opposition à l'exécution totale ou partielle dudit projet », on n'ait pas ajouté ceux-ci « Et cette opposition sera suspensive de tout travail, sauf recours au ministre des travaux publics » : mais on peut croire que cette disposition est sous-entendue.

Cette question du mode d'action de l'administration en matière d'ouvertures nouvelles de travaux de mines a encore de l'importance quoique le nouvel article 3 revisé ait tranché, dans son premier paragraphe, la question de compétence en matière d'occupation de terrains pour ces travaux. Or, écoutons sur cette dernière ques-

CHAP. VIII. — SURVEILLANCE ADMINISTRATIVE DES MINES.

tion, quoiqu'elle n'ait plus qu'un intérêt rétrospectif, un concessionnaire lui-même, M. Édouard Dalloz, administrateur des mines de la Loire ; voici ce qu'on lit sur ce sujet, dans son livre *De la propriété des mines* (t. I, p. 386) :

Si l'initiative, relativement aux travaux à entreprendre à la surface, appartient exclusivement aux concessionnaires, encore faut-il, du moins suivant nous, qu'il fasse constater cette nécessité, cette utilité au nom de laquelle il prétend occuper la surface, et obtienne de l'administration l'autorisation de porter une aussi grave atteinte au droit du propriétaire du sol. En France, telle est la doctrine qui a toujours été suivie, il fallait anciennement au concessionnaire une ordonnance de juge, comme M. Lamé-Fleury l'a établi en citant l'édit de 1739 : on n'a jamais admis et l'on ne pouvait admettre qu'un concessionnaire, bien qu'il eût en vertu même de son acte de concession et par la seule force de la loi le droit d'occupation, fût pour cela investi *de plano* du droit d'une prise de possession sur les terrains de la surface, qu'il lui plairait de déclarer nécessaires aux travaux d'exploitation de la mine. On sent à combien d'abus pourrait donner lieu une semblable mise en pratique du droit d'occupation.

Voilà donc l'administrateur d'une puissante compagnie houillère, jurisconsulte très compétent en matière de législation des mines, qui reconnaît juste et indispensable l'intervention de l'administration afin d'autoriser les occupations de terrains pour travaux de mines, qui appelle cette intervention, alors qu'il repousse implicitement la compétence des tribunaux pour cette autorisation. Ces paroles, dans la bouche d'un auteur très au courant de la pratique des choses et qui n'est pas favorable, en principe, à une extension exagérée du pouvoir administratif en matière de mines, ont une importance qui mérite d'être signalée.

Passons maintenant aux faits de jurisprudence.

Le 11 août 1808, un décret relatif aux mines de Boussu déclarait qu'à l'autorité administrative seule il appartenait d'autoriser les travaux nécessaires à l'exploitation des mines. Depuis la loi de 1810, une ordonnance du 5 avril 1826, concernant les mines de houille du Treuil a reconnu la compétence d'un arrêté préfectoral, relatif à la direction des travaux ; un arrêt de la cour de cassation du 5 juin 1828, relatif aux mines de manganèse de la Romanèche a admis que l'administration est seule compétente pour autoriser les travaux de mines.

Pour ce qui est du mode de l'intervention administrative, un arrêté ministériel du 7 octobre 1837 avait considéré la question d'occupation de terrains comme étant de la compétence des conseils de préfecture; ajoutons que cette erreur fut reconnue par le ministère lui-même, puisque le cahier des charges joint à la circulaire ministérielle du 8 octobre 1843 attribuait cette compétence aux préfets. Cette compétence des préfets pour autoriser l'ouverture des travaux de mines et les occupations de terrains qui s'y rapportent, a été formellement confirmée par le conseil d'état, savoir, dans l'ordonnance du 3 décembre 1846, relative aux mines de Giromagny et dans le décret du 22 août 1853, relatif aux mines d'asphalte de Seyssel. La même compétence avait été proclamée par la cour de cassation dans un arrêt du 8 novembre 1854, relatif aux mines de Blanzy, et enfin dans un décret relatif aux mines de Charbonnier, en date du 14 avril 1864.

Hâtons-nous d'observer, du reste, qu'en présence du nouvel article 43 revisé par la loi du 27 juillet 1880, ces discussions sur la compétence au point de vue de l'occupation des terrains nécessaires à l'exploitation des mines à l'intérieur du périmètre concédé n'ont plus qu'un intérêt rétrospectif, puisque cet article porte que les occupations de ce genre se feront en vertu d'arrêtés préfectoraux.

La seule question qu'on pourrait se poser comme doctrine est la suivante : Un concessionnaire a-t-il besoin d'un arrêté préfectoral d'autorisation pour faire un puits de mine dans son propre terrain, ou bien dans le terrain d'un tiers consentant? Que, dans ce cas spécial et pour simplifier l'action administrative, on supprime l'arrêté préfectoral d'autorisation, proprement dit, pour y substituer, dans un esprit libéral, la déclaration préalable du concessionnaire faite en temps opportun à la préfecture, et suivie, s'il y a lieu, de la notification d'opposition du préfet dans le délai de deux mois, ainsi qu'il est dit dans certains cahiers des charges récents, il n'y a, ce semble, aucune objection à élever contre ce mode d'exercice de l'action préventive de l'administration; nous ferions seulement la réserve suivante, c'est que dans ce cas spécial, en présence du dispositif de l'article 50 revisé, le consentement du préfet devrait être notifié explicitement au concessionnaire, aussi bien que son opposition, s'il y a lieu. Le consentement du préfet pourra servir en effet de titre au concessionnaire, en cas de difficultés à venir, alors que son opposition contre des travaux « de nature à compromettre la sécurité publique, etc., » serait une application juste et directe de l'article 50 revisé.

Et maintenant, le conseil d'état modifiera-t-il désormais les cahiers des charges des concessions de mines, en ce qui concerne les formalités à remplir par les concessionnaires futurs en matière d'ouverture de travaux de mines, depuis que le nouvel article 43 a donné compétence explicite aux préfets pour autoriser les occupations de terrains nécessaires à ces travaux à l'intérieur du périmètre concédé ? La chose est possible : tout ce qu'on peut dire, en l'état actuel des choses, c'est que les concessionnaires futurs seront tenus à observer, le cas échéant, cette prescription de leur cahier des charges, comme toutes les autres.

Comparaison avec la législation étrangère (Prusse, Bavière, Angleterre).

Comme comparaison avec les législations étrangères, en matière d'ouverture de travaux de mines, disons que, dans la loi prussienne, l'exploitation des mines ne peut avoir lieu que d'après un plan. Ce plan est soumis à l'examen de l'administration des mines, avant le commencement de l'exécution. L'examen ne doit porter que sur les questions de police (sûreté de l'exploitation, sécurité des ouvriers, protection de la surface, etc., art. 67 et 196 de la loi du 24 juin 1865). Si l'administration des mines ne fait pas d'objections au plan présenté, dans un délai de quatorze jours, le concessionnaire a le droit de le mettre à exécution (art. 68) : la loi bavaroise dit quinze jours au lieu de quatorze (art. 66 de la loi du 20 mars 1869). Si une exploitation est conduite contrairement aux prescriptions réglementaires, l'administration des mines peut, au besoin, la faire suspendre (art. 70 de la loi prussienne) : même prescription à l'article 68 de la loi bavaroise. Dans la loi prussienne, le concessionnaire est tenu d'avertir l'administration des mines du commencement de l'exploitation, au moins quatre semaines à l'avance (art. 66) : la loi bavaroise dit trente jours (art. 64).

On doit remarquer cette différence entre les deux délais, l'un de quatorze jours, fixé par la loi prussienne, l'autre de deux mois fixé par les cahiers des charges des concessions de mines les plus récemment instituées en France, pour donner le droit aux concessionnaires d'ouvrir leurs travaux de mines en cas de silence de l'autorité après leur déclaration faite. La loi prussienne est plus prompte, à cet égard, et partant plus favorable aux exploitants de mines que la loi française ; l'on peut dire que la raison de cette différence est facile à trouver : en France, l'autorité qui reçoit la déclaration des exploitants et qui peut y faire opposition, c'est le préfet qui n'agit qu'après avoir consulté l'administration des mines, tandis qu'en Prusse l'autorité qui reçoit la déclaration des exploitants, dans le cas de nouveaux travaux de mines, et qui peut y faire opposition, c'est l'administration des mines elle-même.

Disons enfin qu'en Angleterre, dans ce pays réputé si rebelle à toute réglementation, l'ouverture ou la reprise d'un puits de mines doit être déclarée, dans le délai de deux mois, à l'inspecteur des mines : c'est ce qui résulte de l'article 40 de la loi sur les mines de houille du 10 août 1872 et de l'article 12 de la loi sur les mines métalliques de la même date (1).

Recours contre les arrêtés préfectoraux en matière d'ouverture de travaux de mines et de surveillance administrative.

En France, le recours contre les arrêtés préfectoraux ou autres actes de la préfecture, en matière d'occupation de terrain et de surveillance des mines est naturellement ouvert devant le ministre, soit qu'il ait lieu par le concessionnaire, soit qu'il ait lieu par des tiers, propriétaires de la surface ou autres (2).

Ce principe a été plusieurs fois consacré par le conseil d'état, et notamment par le décret du 22 août 1853, relatif aux mines d'asphalte de Seyssel. Mais un tiers ne peut pas recourir au conseil d'état contre une décision ministérielle autorisant la reprise et l'approfondissement d'un puits de mines, en invoquant la prohibition de distance spécifiée par l'article 11 : c'est devant les tribunaux que le tiers doit faire valoir ses droits à cet égard : cela a été décidé par un décret du 17 janvier 1867, relatif au puits du Gagne-Petit (Loire).

Les préfets ont le droit, « sur la demande des concessionnaires, et en vertu des pouvoirs de surveillance qu'il appartient à l'autorité administrative d'exercer sur les travaux des mines, de prendre les

---

(1) *Annales des mines*, 1873, p. 11 et suivantes ; traduction et commentaires par M. Amiot, ingénieur des mines.

(2) Dupont : *Jurisprudence des mines*, t. I, p. 417 (loi du 27 avril 1838, art. 7).

CHAP. VIII. — SURVEILLANCE ADMINISTRATIVE DES MINES. 307

arrêtés pour autoriser les concessionnaires à occuper les terrains nécessaires à l'exploitation. » Telle est la doctrine qui a été proclamée par le conseil d'état dans un décret du 14 avril 1864, relatif aux mines de Charbonnier (Puy-de-Dôme), c'est-à-dire bien avant la révision de l'article 43 de la loi de 1810. Mais le même décret ajoute qu'un pareil arrêté ne fait pas obstacle à ce que le propriétaire de la surface, opposant à l'arrêté, fasse valoir s'il s'y croit fondé, devant l'autorité judiciaire, tous les droits qui peuvent résulter pour lui des dispositions de la loi du 21 avril 1810.

Obligations des concessionnaires en cas de travaux sous les lieux habités.

L'obligation des concessionnaires d'obtenir l'assentiment de l'administration est plus que jamais nécessaire, en cas de travaux projetés sous les lieux habités. Cette obligation, qui ne les dispense pas de fournir la caution exigée par l'article 15 de la loi, a été consacrée plusieurs fois, et notamment par une décision ministérielle du 21 avril 1843, relative aux houillères de Verchères-Féloin, près Rive-de-Gier (1).

Abandon des travaux : obligations des concessionnaires.

Il est nécessaire aussi pour le concessionnaire d'obtenir une autorisation administrative avant d'abandonner un champ d'exploitation (2). Cela résulte textuellement des articles 8 et 9 du décret du 3 janvier 1813, ainsi conçus :

Art. 8. — Il est défendu à tout propriétaire d'abandonner, en totalité, une exploitation si auparavant elle n'a pas été visitée par l'ingénieur des mines.
Les plans intérieurs seront vérifiés par lui ; il en dressera procès-verbal, par lequel il fera connaître les causes qui peuvent nécessiter l'abandon.
Le tout sera transmis par lui, ainsi que son avis, au préfet du département.
Art. 9. — Lorsque l'exploitation sera de nature à être abandonnée par portions ou étages, et à des époques différentes, il y sera procédé successivement et de la manière susindiquée.

---

(1) Dupont : *Jurisprudence des mines*, t, I, p. 417.
(2) *Idem*, t. I, p. 418.

Dans les deux cas, le préfet ordonnera les dispositions de police, de sûreté et de conservation qu'il jugera convenables, d'après l'avis de l'ingénieur des mines.

C'est en conformité avec les dispositions générales de ce décret du 3 janvier 1813, ayant force de loi en matière de police des mines, que les dispositions suivantes sont insérées dans le modèle de cahiers des charges pour concessions de mines.

Art. — Aucune portion des travaux souterrains ne pourra être abandonnée qu'en vertu d'un arrêté du préfet. La déclaration d'abandon devra être faite à la préfecture par le concessionnaire; un plan des travaux sera joint à ladite déclaration. L'arrêté du préfet, pris sur le rapport de l'ingénieur des mines, prescrira, conformément aux articles 8 et 9 du décret du 3 janvier 1813, les mesures de police, de sûreté et de conservation jugées nécessaires.

Les ouvertures au jour des puits ou galeries qui deviendront inutiles, seront comblées ou bouchées par le concessionnaire ou à ses frais, suivant le mode qui sera prescrit par le préfet, sur les propositions de l'ingénieur des mines, et à la diligence des maires des communes sur les territoires desquelles les ouvertures seront situées.

A l'autorité administrative seule il appartient de décider si tel ou tel quartier peut ou doit être abandonné. L'ordonnance du 5 juin 1826 relative aux mines de Treuil, et un arrêt de la cour de Lyon du 3 juin 1841, dans l'affaire Michel, ont également consacré ce principe.

Comme exemple d'autorisation administrative, pour l'abandon partiel, et même l'abandon complet d'une concession, nous pouvons citer l'arrêté ministériel du 3 mai 1854, qui a autorisé la compagnie de Vicoigne, propriétaire des deux concessions houillères de Bruille et de Château-l'Abbaye (Nord), à *sermonter* le puits de Pont-Pery ouvert dans la concession de Château-l'Abbaye, et à abandonner les travaux de la concession de Château-l'Abbaye (1). On peut mentionner aussi, en ce sens, l'arrêté ministériel du 24 août 1845, autorisant la compagnie de Blanzy à suspendre l'exploitation des trois concessions houillères de la Theurée-Maillot, des Porrots et des Badeaux, tant que l'administration jugera que l'intérêt public ne réclame pas la reprise des travaux, et à certaines conditions prescrites dans la décision (2).

---

(1) Arrêté cité, dans une séance du conseil général du Nord du 28 avril 1876, par M. de Marsilly.
(2) De Cheppe : *Annales des mines*, 4ᵉ série, t. VIII, p. 777.

Les devoirs des concessionnaires en cas d'abandon complet de la mine sont tracés par les articles 8 et 9 du décret de 1813, cités tout à l'heure. Nous devons ajouter que l'instruction ministérielle du 3 août 1810, la circulaire du 30 novembre 1834 et une autre circulaire du 1er décembre 1852 ont réglementé cette question (1). Cette dernière circulaire porte expressément qu'en cas de mines définitivement abandonnées, les plans des travaux doivent être conservés dans les bureaux de l'ingénieur ordinaire, avec des notes sur les causes de l'abandon.

Comparaison avec la législation étrangère (Prusse, Bavière, Angleterre).

Dans la loi prussienne, lorsqu'un concessionnaire veut arrêter son exploitation, il doit en avertir l'administration des mines, au moins quatre semaines à l'avance (art. 71) : même prescription dans la loi bavaroise, sauf indication de trente jours au lieu de quatre semaines (art. 66).

En Angleterre, d'après les deux lois récentes du 10 août 1872 sur les mines de houille et les mines métalliques, l'abandon d'un puits de mine doit être déclaré dans le délai de deux mois à l'inspecteur des mines (art. 40 de la loi sur les mines de houille : art. 12 de la loi sur les mines métalliques).

Devoirs des concessionnaires en cas de danger : décret du 3 janvier 1813.

Les devoirs des concessionnaires de mines en cas de danger dans les exploitations, sont tracés par les articles suivants du décret du 3 janvier 1813 :

Art. 3. — Lorsque la sûreté des exploitations ou celle des ouvriers sera compromise, par quelque cause que ce soit, les propriétaires seront tenus d'avertir l'autorité locale de l'état de la mine qui serait menacée, et l'ingénieur des mines, aussitôt qu'il en aura connaissance, fera son rapport au préfet, et proposera la mesure qu'il croira propre à faire cesser la cause du danger.

Art. 4. — Le préfet, après avoir entendu l'exploitant ou ses ayants cause dûment appelés, prescrira les dispositions convenables, par un ar-

---

(1) Dupont : *Jurisprudence des mines*, t. I, p. 420.

rêté qui sera envoyé au directeur général des mines, pour être approuvé, s'il y a lieu, par le ministre de l'intérieur.

En cas d'urgence, l'ingénieur en fera mention spéciale dans son rapport, et le préfet pourra ordonner que son arrêté soit provisoirement exécuté.

On voit que dans le système du décret du 3 janvier 1813, il y avait nécessité d'une autorisation ministérielle, sauf le cas d'urgence, pour que les arrêtés préfectoraux pris en cas de danger dans les mines fussent exécutoires (art. 4 du décret). Cela avait été confirmé par un arrêt de la cour de cassation du 28 juillet 1854 : ce système a été modifié, comme il sera dit tout à l'heure, par l'ordonnance du 26 mars 1843.

Droit de réquisition pour les ingénieurs des mines, en cas de danger imminent.

Le décret de 1813 distingue et prévoit trois cas, en matière de dangers dans les mines, savoir : premier cas, sûreté compromise (art. 3) ; deuxième cas, urgence (art. 4) ; troisième cas, danger imminent (art. 5). Lorsqu'il y a danger imminent, l'ingénieur des mines a le droit de réquisition aux autorités locales, comme il est dit à l'article 5 dans les termes suivants :

Art. 5. — Lorsqu'un ingénieur, en visitant une exploitation, reconnaîtra une cause de danger imminent, il fera, sous sa responsabilité, les réquisitions nécessaires aux autorités locales, pour qu'il y soit pourvu sur-le-champ, ainsi qu'il est pratiqué en matière de grande voirie lors du péril imminent de la chute d'un édifice.

Ce droit de réquisition pour les ingénieurs des mines, en cas de danger imminent, est un pouvoir considérable, qui était commandé par la nature des choses ; il engage la responsabilité de l'ingénieur qui en use : cela devait être.

Insuffisance du décret de 1813 : obligations résultant de l'ordonnance du 26 mars 1843.

Le décret du 3 janvier 1813 a été reconnu insuffisant en deux points principaux : premièrement, en ce qui se rapporte au payement des travaux exécutés d'office ; deuxièmement, en ce qui concerne le recours au ministre énoncé à l'article 4 du décret, et qui entraînait de fâcheuses lenteurs.

C'est pour combler cette lacune qu'est intervenue l'ordonnance du 26 mars 1843, qui contient les articles 1, 2, 3, 4, 5 et 7 conçus comme il suit :

Art. 1er. — Dans les cas prévus par l'article 50 de la loi du 21 avril 1810, et généralement lorsque, par une cause quelconque, l'exploitation d'une mine compromettra la sûreté publique ou celle des ouvriers, la solidité des travaux, la conservation du sol et des habitations de la surface, les concessionnaires seront tenus d'en donner immédiatement avis à l'ingénieur des mines et au maire de la commune où la mine est située.

Art. 2. — L'ingénieur des mines, ou à son défaut le garde-mines, se rendra sur les lieux, dressera procès-verbal et le transmettra au préfet, en y joignant l'indication des mesures qu'il jugera propres à faire cesser la cause du danger.

Le maire adressera aussi au préfet ses observations et ses propositions sur ce qui pourra concerner la sûreté des personnes et celle des propriétés.

En cas de péril imminent, l'ingénieur des mines du département fera, sous sa responsabilité, les réquisitions nécessaires pour qu'il y soit pourvu sur-le-champ ; le tout conformément aux dispositions de l'article 5 du décret du 3 janvier 1813.

Art. 3. — Le préfet, après avoir entendu le concessionnaire, ordonnera telles dispositions qu'il appartiendra.

Art. 4. — Si le concessionnaire, sur la notification qui lui sera faite de l'arrêté du préfet, n'obtempère pas à cet arrêté, il y sera pourvu d'office, à ses frais, et par les soins des ingénieurs des mines.

Art. 5. — Quand les travaux auront été exécutés d'office par l'administration, tous les travaux de confection et tous autres frais seront réglés par le préfet. Le recouvrement en sera opéré par les préposés de l'administration de l'enregistrement et des domaines, comme en matière d'amende, frais et autres objets se rattachant à la grande voirie.

Les réclamations contre le règlement de ces frais seront portées devant le conseil de préfecture, sauf recours au conseil d'état.

Art. 7. — Les dispositions ci-dessus seront exécutées sans préjudice de l'application, s'il y a lieu, des articles 93 et suivants de la loi du 21 avril 1810.

L'ordonnance de 1843 ne distingue que deux cas, comme on voit, pour les mesures à prendre en cas de danger dans les mines, savoir, danger ordinaire et danger imminent ; dans le premier cas, ordre au concessionnaire d'exécuter certaines mesures, après qu'il a été entendu, et exécution d'office et à ses frais de ces mesures s'il ne s'y conforme pas ; dans le second cas, réquisitions aux autorités locales, par l'ingénieur des mines.

Compétence en matière de travaux prescrits à des concessionnaires.

Disons, au sujet des travaux ordonnés à des concessionnaires de mines, et en ce qui concerne la compétence en cette matière, que la cour de cassation a décidé, dans un arrêt du 9 août 1876, relatif aux mines de pyrite de Saint-Jean du Pin, que l'autorité judiciaire empiète sur les attributions de l'autorité administrative, en ordonnant à un exploitant de mines des travaux différents de ceux qui ont été prescrits par celle-ci.

Comparaison avec l'Angleterre.

Comme comparaison avec la surveillance des mines en Angleterre en matière de mesures ordonnées, disons que, dans la loi anglaise du 10 août 1872, lorsqu'un inspecteur des mines constate dans une exploitation un vice dangereux et non prévu, il fait injonction d'y remédier (art. 46) ; mais les prescriptions de l'inspecteur ne deviennent obligatoires, en cas d'opposition de l'exploitant, qu'après une sentence arbitrale : les délais accordés pour le recours, le choix des arbitres, l'arbitrage et l'exécution de la sentence s'élèvent en tout à 82 jours (au minimum), sans qu'il y ait aucune exception pour les cas de danger imminent. Au sujet de cette disposition, M. Amiot dit avec raison dans les *Annales des mines* (1re livraison, 1873, p. 19) : « c'est une concession bien grave faite au respect de la liberté individuelle, et il est à craindre qu'elle n'annule souvent les bons effets que le législateur attend de l'intervention de l'inspecteur ».

Il ne saurait entrer dans le cadre du présent ouvrage d'exposer le mode de surveillance administrative des mines organisé en Angleterre : mentionnons seulement, à cette occasion, qu'aux termes de l'article 20 de la loi anglaise sur les houillères, du 10 août 1872 (1), toute mine doit communiquer avec l'extérieur par deux puits ou deux issues au moins, séparés par une masse de roche en place de 10 pieds (3 mètres) d'épaisseur au moins; le pouvoir judiciaire peut interdire le travail dans toute mine où cette prescription n'est pas

---

(1) *Annales des mines*, 1873, p. 26.

observée. Les conventions contraires à cet article sont nulles (article 21).

Obligations des concessionnaires de mines menacées d'inondation. — Retrait de concession : trois cas spécifiés par la loi du 27 avril 1838.

Une loi spéciale est venue régler les obligations particulières des concessionnaires de mines inondées ou menacées d'inondation : c'est la loi du 27 avril 1838, qui fut rendue à l'occasion de l'inondation de plusieurs mines du bassin de Rive-de-Gier (1).

L'article 1ᵉʳ de cette loi formule le droit du gouvernement et le devoir des concessionnaires en cette matière, en même temps qu'il mentionne une enquête administrative. Cette enquête, qui ne peut être ordonnée que par le ministre des travaux publics, est régie dans ses détails par l'ordonnance du 23 mai 1841 portant règlement d'administration publique.

L'article 2 de la loi dit que le ministre décide, après l'enquête, quelles sont les mines qui doivent supporter les frais communs du dessèchement, et il organise les concessionnaires en syndicat.

L'article 3 annonce qu'un arrêté ministériel fixera le mode d'exécution et le mode de payement des travaux.

L'article 4 donne au ministre le pouvoir de nommer des commissaires pour exécuter d'office les travaux d'assèchement, en cas d'inertie des syndics.

L'article 5 règle le mode de recouvrement des taxes.

L'article 6 est de la plus haute importance, comme principe, en ce qu'il proclame, dans un cas défini, le principe du retrait de la concession, qui était tenu en germe dans l'article 49 de la loi du 21 avril 1810. D'après cet article, à défaut de payement de la taxe dans le délai de deux mois, la mine est réputée abandonnée, et le ministre peut prononcer le retrait de la concession sauf le recours en conseil d'état, par la voie contentieuse; puis la mine est mise en adjudication ; le concessionnaire peut arrêter les effets de la dépossession, jusqu'au jour même de l'adjudication, en payant sa taxe : et s'il y a adjudication, le prix de la concession est soldé à l'ancien concessionnaire après le prélèvement des taxes.

---

(1) Dupont. *Jurisprudence des mines*, t. I, p. 426 et suiv.

On peut donc dire que la loi du 27 avril 1858, quoiqu'elle soit venue apporter à la surveillance des mines une sanction nécessaire, ne prononce pas une déchéance pure et simple qui aurait été en contradiction avec la sûreté donnée à la propriété des mines par l'article 7 de la loi du 21 avril 1810, et qu'elle ne fait qu'organiser une expropriation pour cause d'intérêt public. C'est là, le premier cas de retrait de concession.

Un autre cas de retrait est formulé par l'article 9 de la loi du 27 août 1838. Cet article d'une grande importance est ainsi conçu :

Art. 9. — Dans tous les cas où les lois et règlements sur les mines autorisent l'administration à faire exécuter des travaux dans les mines aux frais des concessionnaires, le défaut de payement de la part de ceux-ci donnera lieu contre eux à l'application des dispositions de l'article 6 de la présente loi.

Cela fait ainsi un deuxième cas de retrait de concession, en dehors de celui qui est spécifié à l'article 6 pour refus de contribuer à l'assèchement en commun des mines menacées d'inondation. Ce deuxième cas de retrait, c'est, à vrai dire, la sanction nécessaire de l'article 50 de la loi du 21 avril 1810 : il était nécessaire de le formuler en principe. Ce retrait de concession a pour but de rendre efficace la surveillance administrative des mines : d'autre part, les faits sont là pour prouver que le gouvernement n'abuse point de pareils moyens coercitifs.

Mines inexploitées : troisième cas de retrait de concession. — Précédents en cette matière.

Un troisième cas de retrait de concession se rapporte aux mines inexploitées, alors que cette inexploitation est de nature à inquiéter sur les besoins des consommateurs (1); il est posé par l'article 10 de la loi de 1838 pour l'application efficace de l'article 49 de la loi du 21 avril 1810, conçu comme il suit :

Art. 49. — Si l'exploitation est restreinte ou suspendue, de manière à inquiéter sur la sûreté publique ou les besoins des consommateurs, les préfets, après avoir entendu les propriétaires, en rendront compte au ministre de l'intérieur pour y être pourvu ainsi qu'il appartiendra.

---

(1) Dupont : *Jurisprudence des mines*, t. I, p. 435.

Disons tout d'abord, au sujet de cet article 49, que si, en droit, il donne pouvoir à l'administration d'empêcher les concessionnaires de restreindre ou suspendre leur exploitation de manière à inquiéter sur les besoins des consommateurs, il ne lui confère aucun pouvoir pour intervenir dans le commerce et la vente des produits extraits des mines : c'est ce qui a été justement décidé par un arrêt de la cour de Lyon du 3 juillet 1873, confirmé le 24 novembre 1874 par la cour de cassation. Cet arrêt a déclaré illégal et contraire au principe de la liberté de commerce un arrêté du préfet de la Loire du 31 octobre 1853, lequel ordonnait que la livraison des houilles extraites serait faite par les concessionnaires sur le carreau des mines, à tous les acheteurs, sans tour de faveur, et à des conditions égales.

Mais d'autre part, en fait, l'article 49 manquait de sanction avant la loi de 1838. L'article 10 de cette loi est venu apporter cette sanction dans les termes suivants :

Art. 10. — Dans tous les cas prévus par l'article 49 de la loi du 21 avril 1810, le retrait de la concession et l'adjudication de la mine ne pourront avoir lieu que suivant les formes prescrites par le même article 6 de la présente loi.

L'application de ce pouvoir formidable, on pourrait dire, du retrait de concession, dans le cas d'inexploitation d'une mine, semble exiger qu'il soit bien établi que les besoins des consommateurs sont réellement inquiétés par ce fait que la mine reste inexploitée. Il y a ici lutte entre l'intérêt général et l'intérêt particulier : or il convient de ne sacrifier l'intérêt particulier à l'intérêt général que s'il y a nécessité de le faire ; c'est donc un acte essentiellement administratif, un acte de haute administration qui doit intervenir dans ce cas, d'après les principes généraux de notre droit public. Nous croyons ainsi devoir combattre la proposition faite par M. Dalloz, dans son livre *De la propriété des mines* (t. I, p. 294), de placer le droit de retrait de concession dans le domaine de l'autorité judiciaire, alors que cette autorité a pour mission exclusive de régir les intérêts privés, la gestion des intérêts généraux devant rester essentiellement dévolue à l'autorité administrative.

Observons, d'autre part, que le gouvernement n'a usé jusqu'à présent qu'avec une extrême douceur de ce droit de retrait en ce qui concerne les concessions inexploitées.

Comme précédents à cet égard, nous citerons les actes administratifs suivants :

1° L'arrêté ministériel du 17 novembre 1846, prononçant la déchéance des concessionnaires de la mine de lignite d'*Estavar* (Pyrénées-Orientales), laquelle mine a été vendue par adjudication le 21 mai 1849 ;

2° Les trois arrêtés du ministre de la guerre, en date du 14 septembre 1849, prononçant le retrait pour inexploitation des trois mines de fer des *Karésas* appartenant au sieur Girert, de *Bou-Hamra* appartenant au sieur Peron, d'*Aïn-Morka* appartenant au sieur Talabot, arrêtés qui ont été annulés par un arrêt du conseil d'état du 24 juillet 1852 ;

3° L'arrêté du ministre de la guerre du 28 mars 1851, prononçant le retrait de la concession des mines de fer de la *Méboudja* appartenant au sieur de Bassano, vendue par adjudication, le 30 octobre 1851, au sieur Ogier ;

4° Le rapport du directeur des mines, approuvé le 28 décembre 1853 par le ministre des travaux publics, et concluant (d'accord avec le concessionnaire) au retrait de la concession inexploitée de plomb de la *Manère* (Pyrénées-Orientales), vendue ensuite par adjudication ;

5° L'arrêté du ministre des travaux publics du 21 janvier 1874 portant déchéance des mines de houille de *Ferques* (Pas-de-Calais), alors que les propriétaires de la mine ne payaient pas les redevances et laissaient la mine inexploitée, arrêté ministériel qui a été confirmé par un arrêt, au contentieux, du conseil d'état, en date du 26 mai 1876 (contre la requête du sieur Lebreton) ;

6° L'arrêté ministériel du 6 septembre 1876, déclarant déchus de leur concession les concessionnaires des mines de cuivre et plomb de Giromagny (territoire de Belfort) qui avaient laissé leurs mines inexploitées depuis plus de vingt ans, et qui n'avaient pas obéi à la sommation, faite le 5 août 1875, de reprendre l'exploitation dans un délai de six mois ;

7° L'arrêté ministériel du 16 décembre 1876, portant déchéance des concessionnaires des mines de plomb de Chazelles (Haute-Loire).

La conciliation du principe de la propriété des mines, proclamé par l'article 7 de la loi du 21 avril 1810, avec le droit, pour le gouvernement, de prononcer le retrait des concessions de mines inexploitées, est chose délicate et difficile en fait et en droit ; on ne saurait en disconvenir. Il faut pourtant résoudre cette question des mines inexploitées, qui prend en France une importance très grande en raison du nombre considérable et croissant de ces mines.

En effet, il résulte d'une statistique insérée aux *Annales des mines* (1877, p. 54 et suiv.) qu'en 1875, il y avait en France :

> 264 mines de combustibles inexploitées, sur 615, soit 47 p. 100
> 197 — de fer, — sur 297, soit 66 p. 100
> 170 mines de métaux, autres que le fer, sur 225, soit 75 p. 100
> 61 mines de substances diverses, sur 91, soit 67 p. 100

Soit, en tout, 692 mines inexploitées sur 1228 mines concédées, faisant plus de 56 p. 100 du nombre total.

En 1865, il y avait 627 mines inexploitées, faisant 54 p. 100 de l'ensemble.

En 1855, il y avait 358 mines inexploitées, faisant seulement 42 p. 100 du tout (*Ann. min.*, 1877, p. 244).

Dans cette période de 1855 à 1875, l'accroissement progressif du nombre des mines inexploitées est donc incontestable.

Exposons maintenant les mesures diverses qui ont été prises pour arrêter l'accroissement, en France, du nombre de ces mines.

Une circulaire du directeur général des ponts et chaussées et des mines du 29 décembre 1838 recommandait aux ingénieurs de ne poursuivre l'application rigoureuse de l'article 10 de la loi du 27 avril 1838, en ce qui concerne le retrait de concession des mines inexploitées, qu'avec la plus grande réserve.

Une circulaire ministérielle du 30 novembre 1873 demandait aux ingénieurs des mines une statistique exacte des mines inexploitées, avec l'indication des mesures à prendre à leur égard.

D'autre part, la commission parlementaire instituée par l'Assemblée nationale pour procéder à une enquête sur l'état de l'industrie houillère en France, laquelle a déposé son rapport dans la séance du 22 janvier 1874, après avoir constaté que sur 612 concessions de mines de combustible, 277 étaient inexploitées, concluait dans les termes suivants qui sont formels : « La commission insiste pour que l'administration applique avec fermeté les dispositions que la loi a mises dans ses mains » (page 87 du rapport).

Le 10 février 1877, une circulaire ministérielle, inspirée peut-être par les conclusions de la commission parlementaire, invitait les préfets à assigner aux concessionnaires de mines inexploitées un délai de deux mois (délai un peu rigoureux) pour opérer la reprise sérieuse de l'exploitation, et annonçait l'intention du ministre de prononcer le retrait des concessions non remises en exploitation après cette mise en demeure.

Plus tard, une circulaire ministérielle du 15 juin 1877 a annoncé aux préfets : premièrement, que le ministre, tout en reconnaissant les excellentes intentions de la circulaire du 10 février précédent, n'entendait pas en poursuivre l'application ; deuxièmement, que le ministre comptait soumettre prochainement au conseil d'état un projet de loi préparé par l'administration, conformément au vœu de la commission parlementaire, et laisser aussi au pouvoir législatif le rôle qui lui appartient en cette matière.

Ajoutons enfin et en fait que la loi du 27 juillet 1880, portant revision de divers articles de la loi de 1810, n'a pas touché à l'article 49, et n'a rien changé à l'état de choses antérieur, en ce qui concerne les mines inexploitées.

Observons, au sujet de la compétence en ces matières, que dans tous les cas où une mine est réputée abandonnée ou cesse d'être exploitée, c'est à l'autorité administrative qu'il appartient de prononcer le retrait de la concession. Cette doctrine, qui résulte de la loi de 1810 (art. 49) et de la loi du 27 avril 1838 (art. 10), a été proclamée par un arrêt de la cour de cassation du 17 mars 1873, relatif à des mines d'asphalte de Savoie.

Terminons sur la question des mines inexploitées en France en rappelant que d'après la loi du 28 juillet 1791 (art. 14), tout concessionnaire devait commencer son exploitation, au plus tard, six mois après avoir obtenu sa concession, et qu'aux termes de l'article 15 de la même loi, une concession devait être annulée par une cessation de travaux pendant un an, à moins de cessation pour cause légitime, approuvée par le directoire du département.

Comparaison avec l'étranger, en ce qui concerne les mines inexploitées (Italie, Belgique, Prusse, Bavière).

Voici quelques documents comparatifs sur la manière dont la question délicate des mines inexploitées est résolue à l'étranger.

Dans la législation italienne, le principe de la déchéance des mines est posé explicitement : après un abandon de plus de deux ans, un décret fixe au concessionnaire un délai pour reprendre les travaux, et, au cas où l'injonction reste sans effet, le retrait de la concession est décrété (art. 111 et 112 de la loi du 20 novembre 1859).

En Belgique, la loi sur les mines du 21 avril 1810 est en vigueur, mais il n'en est pas de même de la loi du 27 avril 1838 : or voici comment s'exprime, sur la question de déchéance des concessionnaires dans ce pays, un auteur belge, M. Splingard (1) :

> La question a été soulevée deux fois au cours de la discussion de la loi de 1837 (aux séances du 25 avril 1836 et du 12 avril 1837). Chaque fois, le gouvernement déclara que l'interprétation de la loi de 1810 ne lui donnait aucun moyen de prononcer ni provoquer la déchéance d'un concessionnaire qui ne remplirait pas ses obligations; il prenait l'engagement d'étudier la difficulté et de présenter un projet de loi sur les déchéances.
>
> La question, depuis cette époque, n'a fait l'objet d'aucun travail législatif.

Ajoutons sur ce sujet que le conseil des mines de Belgique a formulé la doctrine suivante dans un avis du 12 janvier 1838 (2) :

> Le gouvernement peut efficacement stipuler, dans l'acte de concession, qu'à défaut par le titulaire de se conformer aux règles d'exploitation ou d'exécuter les travaux qui lui sont spécialement prescrits, la concession pourra être révoquée. Cette clause n'est pas en opposition de principe avec le caractère de perpétuité que l'article 7 de la loi d'avril 1810 imprime à la concession. — En l'absence même d'une semblable disposition dans l'acte de concession, la contravention au cahier des charges, *la cessation ou l'abandon des travaux peuvent donner lieu à la révocation de la concession*. — L'action en révocation doit être poursuivie devant les tribunaux, à la diligence du gouvernement, conformément aux règles de procédure de droit commun.

Dans la loi prussienne, l'administration supérieure des mines a le droit, en cas de mine inexploitée, après avoir entendu le concessionnaire, d'inviter celui-ci à commencer ou à reprendre son exploitation dans un délai de six mois, et de le menacer du retrait de la concession dans le cas où il n'obtempérerait pas à cette demande (art. 65 de la loi du 24 juin 1865).

---

(1) *Des concessions de mines dans leurs rapports avec les principes du droit civil*, Bruxelles, 1880 p. 61.
(2) Du Pont : *Annales des travaux publics de Belgique*, t. XXXII, p. 270.

Même prescription dans la loi bavaroise du 20 mars 1869 (art. 63).

Dans la même loi prussienne, la déchéance de la propriété des mines est formellement prévue pour le cas où le concessionnaire n'a pas obéi à l'invitation à lui faite par l'administration des mines pour la mise en exploitation de sa mine, ou pour la reprise de l'exploitation interrompue (art. 56). On trouve de semblables dispositions dans la loi bavaroise (art. 159).

Obligations des concessionnaires de mines en cas d'accidents. — Mesures préventives.

Il est une question d'une haute importance dans la pratique des mines, c'est celle qui concerne les obligations des concessionnaires, en cas d'accidents (1). Les devoirs des concessionnaires à cet égard sont de trois sortes : ou bien ils ont pour but de prévenir, d'empêcher les accidents, et se rapportent aux mesures préventives; ou bien ils se rapportent aux mesures à prendre en prévision des accidents, en vue de leur possibilité; ou enfin ils sont relatifs aux mesures à prendre, au moment où un accident vient d'arriver.

Les mesures préventives, c'est-à-dire celles qui ont pour but d'empêcher les accidents des mines, et dont l'application dérive de l'article 50 de la loi du 21 avril 1810, ont été déjà mentionnées à l'occasion des dangers à craindre dans les exploitations.

L'exposé technique de ces mesures est chose étrangère à un cours de législation; tout ce qu'on doit dire, comme doctrine administrative, c'est que, en France, il appartient aux ingénieurs des mines de proposer, dans chaque cas particulier, qu'il soit pris des arrêtés préfectoraux prescrivant les mesures techniques qui conviennent : citons, par exemple, la suppression des épinglettes et bourroirs en fer dans le tirage à la poudre, les précautions spéciales à l'emploi de la dynamite, l'usage des lampes de sûreté dans les mines à grisou, etc., etc.

Lorsque les préfets ont pris des arrêtés pour ordonner l'application de ces mesures, il est du devoir des exploitants de s'y conformer, par obéissance à l'article 50 de la loi du 21 avril 1810.

La collection de ces arrêtés préfectoraux, pris dans tous les départements sur les divers points concernant les dangers à éviter

---

(1) Dupont, *Jurisprudence des mines*, t. 1, p. 439 et suiv.

CHAP. VIII. — SURVEILLANCE ADMINISTRATIVE DES MINES.

dans les mines mériterait certainement d'être recueillie à l'administration centrale, pour y être classée par matières, et peut-être y aurait-il lieu de faire à cet égard une publication spéciale, par exemple, en ce qui concerne les mesures préventives contre les accidents de grisou.

Une circulaire du 14 juin 1878 (1) a demandé aux ingénieurs en chef de recueillir, pour la commission instituée par la loi du 26 mars 1877 (2), deux exemplaires de chacun des règlements intérieurs des mines à grisou : c'est une excellente mesure, mais il y aurait lieu, croyons-nous, de la compléter par la collection de tous les arrêtés préfectoraux pris à différentes époques en matière de grisou (3).

Actes administratifs généraux, se rapportant aux accidents de grisou.

Voici, au sujet du grisou et des accidents qu'il cause, la nomenclature des principaux actes administratifs généraux qui s'y rapportent plus ou moins directement :

1° Circulaire du 17 février 1813, accompagnée de l'instruction médicale du 9 février 1813 sur les secours à donner aux ouvriers blessés dans les mines, approuvée par le ministre de l'intérieur (4);

2° Circulaire du 10 mai 1824 sur l'emploi des lampes de sûreté dans les mines, accompagnée d'une instruction détaillée (5);

3° Circulaire du 10 mai 1843 (6) sur la police des mines;

4° Circulaire du 30 septembre 1869 (7) demandant aux ingénieurs

---

(1) *Annales des mines*, 1878, p. 261.
(2) *Idem*, 1877, p. 133.
(3) Nous devons signaler à cet égard le dépouillement méthodique, entrepris par M. l'ingénieur des mines Petit-Didier et continué par M. l'ingénieur des mines Lallemand, des causes et circonstances de quatre cent vingt accidents de grisou survenus en France à différentes époques. Cet important travail, en cours d'exécution, a été signalé dans le rapport de M. le président de la commission du grisou du 22 juin 1880 inséré au *Journal officiel* du 17 juillet suivant et aux *Annales des mines*, 1880, p. 225.
(4) Dupont, *Jurisprudence des mines*, t. III, p. 177.
(5) *Idem*, t. III, p. 225.
(6) *Idem*, t. III, p. 348.
(7) *Annales des mines*, 1869, p. 322 (circulaire mentionnée dans l'exposé de la situation de l'empire, de janvier 1870).

des mines de se livrer à une enquête sur les accidents de grisou et les moyens propres à les prévenir, et de faire une étude approfondie de la question, pour être consignée dans un rapport d'ensemble ;

5° Circulaire du 31 mai 1872, exigeant que les mines où peut se présenter le danger du mauvais air, soient munies d'un appareil permettant de pénétrer dans les lieux où manque l'air respirable (1);

6° Circulaire du 6 décembre 1872 accompagnée d'une *instruction sur les mesures de sûreté à prendre dans les mines à grisou et spécialement sur l'aérage de ces mines* (2) : disons à l'occasion de cette instruction vraiment magistrale, rédigée par le conseil général des mines comme une sorte de conclusion de l'enquête ouverte par la circulaire du 30 septembre 1869, qu'elle a eu l'honneur de la traduction en pays étranger, pour y être considérée presque à l'égal d'un document administratif ;

7° Circulaire du 10 janvier 1874 (3) sur l'emploi des lampes de sûreté à enveloppes de cristal;

8° Circulaire du 27 juillet 1877 (4), concernant la revision de l'instruction médicale de 1813 sur les soins à donner aux ouvriers mineurs en cas d'accidents ;

9° Circulaire du 14 juin 1878, mentionnée ci dessus, demandant deux exemplaires des règlements intérieurs des différentes mines à grisou ;

10° Citons enfin la circulaire du 29 juillet 1880 (5) qui invite les préfets à réclamer aux concessionnaires de mines grisouteuses, dans un délai de trois mois, des projets de règlements intérieurs : ces projets doivent être accompagnés des rapports du service des mines et des avis des préfets, puis transmis au ministre qui fera connaître la suite qu'il y aura lieu de leur donner, et, par exemple, s'il y a lieu de les faire homologuer par l'administration préfectorale.

Mentionnons aussi, non plus comme actes administratifs, mais comme documents du plus grand intérêt sur la question du grisou :

1° Le rapport de M. du Souich, inspecteur général des mines, à la commission d'étude des moyens propres à prévenir les explosions de

---

(1) *Annales des mines*, 1872, p. 32.
(2) *Idem*, 1872, p. 138.
(3) *Idem*, 1874, p. 23.
(4) *Idem*, 1877, p. 274.
(5) *Idem*, 1880, p. 267.

grisou (instituée par la loi du 26 mars 1877), sur la réglementation de l'exploitation dans les mines à grisou (1);

2° Le rapport de M. Haton de la Goupilière, ingénieur en chef des mines, professeur d'exploitation des mines à l'École des mines, au nom de la commission d'étude des moyens propres à prévenir les explosions de grisou (2).

Exemple du mode d'opérer de l'administration des mines, en matière de mesures préventives.

Comme exemple de la manière dont l'administration des mines opère en France pour l'application des mesures préventives, nous pouvons citer le fait suivant qui se rapporte précisément à une mine à grisou. Le conseil général des mines ayant à s'occuper des moyens de prévenir les dangers de l'abatage à la poudre dans la mine de houille de Ronchamp (Haute-Saône), a émis l'avis suivant, à la date du 28 mai 1879 : « Le conseil a été d'avis, en la forme, qu'il y avait lieu, par l'administration supérieure, tout d'abord de mettre en demeure la compagnie houillère de Ronchamp de lui soumettre, dans un délai de quinzaine, un projet indiquant l'ensemble des travaux nécessaires pour garantir l'aérage de toutes les parties de l'exploitation et réglant notamment l'emploi de la poudre dans l'abatage des roches, sauf à agir d'office si ce projet ne lui était pas soumis dans le délai imposé, ou s'il ne renfermait pas les diverses dispositions que réclame la sécurité des ouvriers.

Nous avons cité cet exemple à dessein : il démontre péremptoirement que l'administration des mines en France n'abuse pas de la réglementation autoritaire.

Mesures préventives contre les accidents, autres que ceux de grisou.

Mentionnons enfin, en ce qui concerne les mesures préventives contre les accidents de mines autres que ceux de grisou, la circulaire du 16 août 1878 (3) accompagnée d'un questionnaire, et pres-

---

(1) *Annales des mines*, 1881.
(2) *Idem*, 1880, p. 193.
(3) *Idem*, 1878, p. 282.

crivant une enquête sur les câbles employés par l'industrie minière.

Mentionnons également la circulaire ministérielle du 9 août 1880 (1) accompagnée d'une note sur les précautions relatives à l'emmagasinement et à l'emploi de la dynamite dans les mines et carrières. On pourrait citer d'autres documents analogues.

Comparaison sommaire avec la surveillance administrative des mines à l'étranger (Angleterre, Belgique, Prusse).

En Angleterre, la loi relativement récente du 10 août 1872 sur les mines de houille contient, à l'article 51, un règlement général, fort détaillé contenant 34 divisions et prescrivant d'une façon très précise des mesures techniques sur l'aérage, les lampes de sûreté, le service des plans inclinés, le service des puits, etc. Ce règlement général anglais, qui a été traduit par M. l'ingénieur des mines Amiot, et qui a été inséré aux *Annales des mines* (2), est très intéressant à divers égards. On peut y remarquer d'une part une disposition toute nouvelle qui autorise les ouvriers à déléguer deux d'entre eux pour faire à leurs frais, une fois par mois, une visite de la mine, les exploitants étant tenus de donner à ces délégués toutes facilités à cet égard : les visites faites par les délégués des ouvriers sont constatées par un rapport revêtu de leur signature, et ces rapports sont inscrits dans des registres spéciaux qui sont communiqués à l'inspecteur et aux ouvriers, à toute réquisition (§ 30 et 31 de l'article 51). D'autre part, on peut y voir (§ 26), qu'une fois la présence de gaz dangereux constatée dans une mine, un baromètre et un thermomètre doivent être placés au jour dans un endroit apparent, près de l'entrée de la mine, etc., etc.

Ce règlement général, incorporé à la loi anglaise sur les mines de houille et sanctionné par ladite loi, contient, il faut le dire, des dispositions aussi précises, aussi impératives qu'aucun arrêté préfectoral rendu en France pour une mine particulière ou pour celles d'un département. Le fait de ce règlement légal et sa généralité témoignent hautement de ce fait, que la législation anglaise, sous la

---

(1) *Annales des mines,* 1880, p. 272.
(2) *Idem,* 1873, p. 55.

pression de l'opinion publique, a fait passer le régime des mines d'une très grande liberté à une réglementation minutieuse.

En outre du règlement incorporé à l'article 51 de la loi anglaise, il y a les règlements particuliers prévus par l'article 52, proposés par les propriétaires des mines, communiqués à l'inspecteur des mines de la circonscription pour être soumis à l'approbation du secrétaire d'état, après affichage pendant quinze jours au moins. Les infractions aux règlements particuliers définitivement adoptés et affichés sur la mine sont réputées infractions à la loi elle-même (1).

En Belgique on pourrait citer comme documents de surveillance administrative des mines :

1° L'arrêté royal du 1er mai 1850 portant règlement général sur l'aérage, l'éclairage et le tirage à la poudre ;

2° L'arrêté ministériel du 29 avril 1864 qui a rendu la lampe Mueseler obligatoire dans les mines à grisou ;

3° L'arrêté royal du 17 juin 1876 portant règlement pour l'éclairage des mines à grisou (2).

La Belgique, citée à juste titre comme pays de liberté, n'en a pas moins adopté pour la surveillance des mines un régime plus minutieux et plus rigoureux que celui de la France, laquelle est régie par la même loi organique des mines.

En Prusse, il y a les règlements généraux et les règlements particuliers : en ce qui concerne les règlements généraux, le paragraphe 197 de la loi du 24 juin 1865 arme les administrations supérieures des mines du droit de publier dans tout ou partie de leur circonscription des ordonnances de police sur la sûreté des exploitations, la préservation de la vie et de la santé des ouvriers, etc. (3).

En France, il résulte de ce qui vient d'être dit que l'administration supérieure a agi avec plus de réserve, et qu'elle a plutôt opéré en employant la forme de conseils : rappelons, à cet égard, la circulaire déjà citée du 6 décembre 1872, accompagnée d'une instruction importante, rédigée par le conseil général des mines, et qui a été insérée

---

(1) Voir le rapport de M. du Souich à la commission du grisou, *régime anglais*, p. 2 et suiv.

(2) Voir dans le rapport de M. du Souich l'exposé des principales dispositions des arrêtés royaux belges des 1er mai 1850 et 17 juin 1876, p. 32 et suiv.

(3) Voir dans le rapport de M. du Souich, p. 23 et suiv., l'exposé des principales dispositions des règlements généraux et particuliers de la Prusse.

aux *Annales des mines* (1), ainsi qu'il a été dit précédemment. En ce qui concerne la France, nous devons mentionner cette circonstance que, dès le 29 décembre 1860, la section des travaux publics du conseil d'état concluait à l'utilité d'un règlement d'administration publique, contenant les obligations générales des concessionnaires. Rappelons enfin ce fait important, déjà signalé, de l'institution par voie législative (loi du 26 mars 1877) d'une commission pour étudier les moyens propres à combattre les explosions de grisou : quoique cette commission, nommée moitié par le ministère de l'instruction publique et moitié par le ministère des travaux publics, soit essentiellement scientifique et ne possède pas d'attributions administratives, il n'en est pas moins incontestable que ses travaux exerceront une influence directe ou indirecte, sur les autorités compétentes, pour faire préparer et promulguer des règlements généraux ou locaux en matière de surveillance des mines grisouteuses. A ce sujet encore, nous devons mentionner, comme comparaison avec l'étranger, quoique dans un but un peu différent, l'arrêt royal belge, du 7 juillet 1879, lequel a institué une commission chargée de préparer la revision des règlements de police sur les mines.

Mesures en prévision des accidents : Médicaments — Chirurgiens — Boîte de secours.

Occupons-nous maintenant de la deuxième catégorie des mesures en matière d'accidents de mines, savoir, des mesures à prendre en prévision de ces accidents, en prévision d'accidents possibles.

Les mesures générales prescrites à tous les concessionnaires, en prévision des accidents, c'est-à-dire en vue de leur possibilité, sont contenues dans les articles 15 et 16 du décret du 3 janvier 1813, ainsi conçus :

Art. 15. — Les exploitants seront tenus d'entretenir sur leurs établissements, dans la proportion du nombre des ouvriers et de l'étendue de l'exploitation, les médicaments et les moyens de secours qui leur seront indiqués par le ministre l'intérieur, et de se conformer à l'instruction réglementaire qui sera approuvée par lui à cet effet.

Art. 16. — Le ministre de l'intérieur, sur la proposition des préfets et le rapport du directeur général des mines, indiquera celles des exploitations qui, par leur importance et le nombre des ouvriers qu'elles emploient,

---

(1) 1872, p. 138.

devront avoir et entretenir, à leurs frais, un chirurgien spécialement attaché au service de l'établissement.

Un seul chirurgien pourra être attaché à plusieurs établissements à la fois, si ces établissements se trouvent dans un rapprochement convenable; son traitement sera à la charge des propriétaires, proportionnellement à leurs intérêts.

L'instruction réglementaire annoncée par l'article 15 du décret a été jointe à une circulaire du directeur général des mines du 17 février 1813 (1). Cette instruction, quoiqu'un peu vieillie, contient des détails, précieux à connaître pour les ingénieurs et directeurs de mines, sur les premiers soins à donner aux ouvriers blessés, brûlés, asphyxiés, noyés dans les travaux. Elle indique la composition de la boîte de secours à tenir au service du chirurgien. Une circulaire ministérielle du 27 juillet 1877 (2), déjà mentionnée, annonce que l'administration supérieure a fait appel aux lumières de l'académie de médecine pour la revision de l'instruction médicale de 1813, et invite les préfets à réclamer des exploitants de mines certains renseignements préalables que l'académie demande aux médecins attachés aux exploitations souterraines ; mais, en attendant que cette revision soit accomplie, c'est à l'instruction réglementaire de 1813 qu'il y a lieu pour les exploitants de se conformer, par application de l'article 15 du décret précité.

Cette obligation, pour les concessionnaires, de tenir sur leurs établissements les médicaments et moyens de secours indiqués par l'administration, qui est spécifiée par le décret de 1813, a été souvent négligée ; elle est positive et formelle cependant, et elle a été rappelée par l'article 6 de l'ordonnance du 26 mars 1843 qui donne aux préfets les moyens d'y pourvoir d'office et aux frais des concessionnaires. Ajoutons qu'en cas d'accidents, l'absence de cette boîte de secours peut donner lieu, suivant les cas, à une poursuite en police correctionnelle du concessionnaire ou du directeur de la mine, et à l'application des peines portées à l'article 96 de la loi de 1810.

---

(1) Dupont : *Jurisprudence des mines*, t. III, p. 177.
(2) *Annales des mines*, 1877, p. 274.

Mesures en cas d'accidents arrivés : Avis. — Procès-verbal. — Sauvetage. — Réquisitions. — Devoirs réciproques. — Pénalités.

Les mesures à prendre au moment où un accident vient d'arriver sont formulées dans les articles suivants du décret du 3 janvier 1813.

Titre III. — *Mesures à prendre, en cas d'accidents arrivés dans les mines, minières, usines et ateliers.*

Art. 11. — En cas d'accidents survenus dans une mine, minière, usine et ateliers qui en dépendent, soit par éboulement, par inondation, par le feu, par asphyxie, par rupture des machines, engins, câbles, chaînes, paniers, soit par émanations nuisibles, soit par toute autre cause, et qui auraient occasionné la mort ou des blessures graves à un ou plusieurs ouvriers, les exploitants, directeurs, maîtres-mineurs et autres préposés sont tenus d'en donner connaissance aussitôt au maire de la commune et à l'ingénieur des mines, et, en cas d'absence, au conducteur (1).

Art. 12. — La même obligation leur est imposée dans le cas où l'accident compromettrait la sûreté des travaux, celle des mines ou des propriétés de la surface, et l'approvisionnement des consommateurs.

Art. 13. — Dans tous les cas, l'ingénieur des mines se transportera sur les lieux ; il dressera procès-verbal de l'accident, séparément, ou concurremment avec les maires et autres officiers de police ; il en constatera les causes, et transmettra le tout au préfet du département.

En cas d'absence, les ingénieurs seront remplacés par les élèves, conducteurs et gardes-mines assermentés devant les tribunaux. Si les uns et les autres sont absents, les maires ou autres officiers de police nommeront les experts à ce connaissant, pour visiter l'exploitation et mentionner leurs dires dans un procès-verbal.

Art. 14. — Dès que le maire et autres officiers de police auront été avertis, soit par les exploitants, soit par la voix publique, d'un accident arrivé dans une mine ou usine, ils en préviendront immédiatement les autorités supérieures. Ils prendront, conjointement avec l'ingénieur des mines, toutes les mesures convenables pour faire cesser le danger et en prévenir la suite. Ils pourront, comme dans le cas de péril imminent, faire des réquisitions d'outils, chevaux, hommes, et donneront les ordres nécessaires.

---

(1) Observons, à titre de comparaison, que dans la loi anglaise du 10 août 1872, l'inspecteur des mines doit être informé des accidents de mines dans les vingt-quatre par le propriétaire, gérant ou directeur de la mine (art. 39).

CHAP. VIII. — SURVEILLANCE ADMINISTRATIVE DES MINES.

L'exécution des travaux aura lieu sous la direction de l'ingénieur et des conducteurs, ou, en cas d'absence, sous la direction des experts désignés à cet effet par l'autorité locale.

Art. 17. — Les exploitants et directeurs des mines voisines de celle où il serait arrivé un accident, fourniront tous les moyens de secours dont ils pourront disposer, soit en hommes, soit de toute autre manière, sauf le recours, pour leur indemnité, s'il y a lieu, contre qui de droit.

Art. 18. — Il est expressément prescrit aux maires et autres officiers de police de se faire représenter les corps des ouvriers qui auraient péri par accident dans une exploitation, et de ne permettre leur inhumation qu'après que le procès-verbal de l'accident aura été dressé, conformément à l'article 81 du code civil, et sous les peines portées dans les articles 358 et 359 du code pénal.

Art. 19. — Lorsqu'il y aura impossibilité de parvenir jusqu'aux lieux où se trouvent les corps des ouvriers qui auraient péri dans les travaux, les exploitants, directeurs et autres ayants cause seront tenus de faire constater cette circonstance par le maire ou autre officier public, qui en dressera procès-verbal et le transmettra au procureur impérial, à la diligence duquel, et sur l'autorisation du tribunal, cet acte sera annexé au registre de l'état civil.

Art. 20. — Les dépenses qu'exigeront les secours donnés aux blessés, noyés ou asphyxiés, et la réparation des travaux seront à la charge des exploitants.

Art. 21. — De quelque manière que soit arrivé un accident, les ingénieurs des mines, maires et autres officiers de police transmettront immédiatement leurs procès-verbaux aux sous-préfets (1) et aux procureurs impériaux. Les procès-verbaux devront être signés et déposés dans les délais prescrits.

Art. 22. — En cas d'accidents qui auraient occasionné la perte ou la mutilation d'un ou plusieurs ouvriers, faute de s'être conformés à ce qui est prescrit par le présent règlement, les exploitants, propriétaires et directeurs pourront être traduits devant les tribunaux pour l'application, s'il y a lieu, des dispositions des articles 319 et 320 du code pénal, indépendamment des dommages-intérêts qui pourraient être alloués au profit de qui de droit.

Rappelons que les articles du code pénal ici mentionnés sont ainsi conçus :

Art. 319. — Quiconque, par maladresse, imprudence, inattention, négligence ou inobservation des règlements aura commis involontairement un homicide, ou en aura involontairement été la cause, sera puni d'un emprisonnement de trois mois à deux ans, et d'une amende de 50 francs à 600 francs.

---

(1) En désaccord avec l'article 13, qui dit : « au préfet du département ».

Art. 320. — S'il n'est résulté du défaut d'adresse ou de précaution que des blessures ou coups, l'emprisonnement sera de six jours à deux mois, et l'amende sera de 16 francs à 100 francs.

Avis à donner des accidents au maire et à l'ingénieur des mines.

Les articles du décret de 1813, qu'on vient de citer, sont très clairs, très précis. Nous n'y ajouterons qu'un mot pour porter l'attention des personnes intéressées sur la nécessité de se conformer très rigoureusement, en cas d'accidents, aux dispositions de l'article 11, lesquelles font un devoir aux exploitants et directeurs, en cas d'accidents, de prévenir aussitôt le maire et l'ingénieur des mines. Il y a de nombreux exemples de directeurs ou autres préposés traduits devant les tribunaux et condamnés pour avoir manqué à cette prescription.

Procès-verbaux d'accidents.

Les procès-verbaux d'accidents constituent une œuvre importante de l'administration des mines : la franchise télégraphique est accordée, par l'administration des finances, pour les dépêches échangées entre les ingénieurs des mines et les gardes-mines à l'occasion des accidents qui peuvent survenir dans l'étendue de leur circonscription (circulaire du 16 décembre 1878) (1). Citons au sujet de ces procès-verbaux une circulaire du 23 septembre 1872, laquelle rappelant que les ingénieurs des mines doivent envoyer tout procès-verbal d'accident de mines à l'administration supérieure, en même temps qu'à l'autorité judiciaire, recommande aux ingénieurs, en cas de poursuites pour accidents ou contraventions de mines, de faire parvenir à l'administration supérieure copie des jugements ou arrêts intervenus.

Lorsque l'administration supérieure reçoit un procès-verbal d'accident de mines, il est d'usage que le ministre en accuse réception au préfet.

---

(1) *Annales des mines*, 1878, p. 347.

Surveillance exercée par les exploitants de mines : règlements intérieurs ; homologation administrative.

Nous n'avons parlé, jusqu'à présent, en matière de surveillance des mines, que de l'action officielle de l'administration des mines exercée sur les exploitants ou les directeurs responsables ; mais il est une autre surveillance de toute heure qui doit être exercée par l'exploitant lui-même, par le directeur responsable sur les maîtres mineurs, les ouvriers mineurs, lampistes, etc., au point de vue de la police des exploitations souterraines, et dans le but d'éviter les accidents.

Cette dernière surveillance, qui constitue en quelque sorte la police intérieure des mines, se traduit par les règlements particuliers de chaque exploitation : on peut voir plusieurs types de ces règlements intérieurs dans le *Rapport de M. du Souich, inspecteur général des mines à la commission du grisou*, précédemment cité (p.322 et suiv.). Quelques-uns de ces règlements ont reçu l'approbation administrative : M. du Souich mentionne, à cet égard, le règlement des quatre mines réunies de Graisessac (Hérault), approuvé par un arrêté préfectoral du 27 juin 1874, et revêtu lui-même d'une approbation ministérielle ; le règlement de la Société des charbonnages des Bouches-du-Rhône, approuvé par arrêtés préfectoraux des 5 juillet 1877 et 11 septembre 1877 ; et, dans le Pas-de-Calais, les règlements des Compagnies de Lens (arrêté du 13 juin 1877), de Bruay (arrêté du 16 avril 1878), d'Ames et Ferfay (arrêté du 9 mai 1878) et d'Auchy-aux-Bois (arrêtés des 30 mai 1876 et 25 mai 1878).

Cette approbation administrative des règlements intérieurs, dans la partie qui intéresse le plus particulièrement la sûreté des ouvriers, a été recommandée, dans les termes suivants, par l'instruction sur les mesures de sûreté à prendre dans les mines à grisou, jointe à la circulaire déjà citée du 6 décembre 1872 :

> ...Il importerait, pour assurer une répression efficace, même en l'absence d'accidents, que les dispositions des règlements intérieurs intéressant le plus particulièrement la sûreté des ouvriers fussent soumises à l'approbation préfectorale et revêtues ainsi d'une sanction qui permît l'application de la loi pénale.

Cette homologation administrative, en la supposant préalablement demandée par chaque exploitant pour la portion des règlements intérieurs la plus essentielle au point de vue de la sûreté des ouvriers, donnerait, même en l'absence d'accidents de personnes, une autorité et une sanction très précieuses à cette partie importante des règlements.

Comme comparaison avec l'étranger, M. du Souich fait observer que cette approbation administrative à donner aux règlements intérieurs ou particuliers de mines est prévue par la législation anglaise elle-même (1), et qu'en Prusse bon nombre de règlements particuliers ont été homologués (2).

Plans de mines et registres d'avancement des travaux.

L'obligation relative à la tenue des plans et registres d'avancement des travaux dérive, pour les concessionnaires, de la nature des choses (3). Quant aux devoirs pour eux de fournir à l'administration un plan complet des travaux souterrains, il résulte logiquement de l'article 50 de la loi du 21 avril 1810.

Le registre d'avancement des travaux est, de son côté, le complément historique des plans; c'est un mémorial de l'exploitation souterraine qui en relate les principaux faits.

Voici maintenant ce que les règlements exigent explicitement à ce sujet : l'instruction ministérielle du 3 août 1810 précise l'obligation, pour le concessionnaire, de tenir ces plans et d'envoyer tous les ans dans le mois de janvier ou de février, au plus tard, les plans et coupes sur une échelle de 1 millimètre par mètre des travaux faits dans l'année précédente ; ces plans sont transmis à l'ingénieur en chef du département.

L'article 36 du décret du 18 novembre 1810 mentionne le devoir, pour les exploitants, de faire parvenir aux ingénieurs des mines le plan des travaux souterrains faits dans l'année précédente.

L'obligation, pour l'exploitant, de tenir sur chaque mine (ces derniers mots sont importants) un plan et un registre d'avancement des travaux est expressément stipulée, dans les termes suivants, par l'article 6 du décret du 3 janvier 1813 :

---

(1) *Rapport à la commission du grisou*, p. 2 et 89.
(2) *Idem*, p. 27 et 89.
(3) Dupont, *Jurisprudence des mines*, t. I, p. 444.

CHAP. VIII. — SURVEILLANCE ADMINISTRATIVE DES MINES. 333

Art. 6. — Il sera tenu, sur chaque mine, un registre et un plan constatant l'avancement journalier des travaux et les circonstances de l'exploitation dont il sera utile de conserver le souvenir. L'ingénieur des mines devra, à chacune de ses tournées, se faire représenter ce registre et ce plan; il y insérera le procès-verbal de visite et ses observations sur la conduite des travaux. Il laissera à l'exploitant, dans tous les cas où il le jugera utile, une instruction écrite sur le registre, contenant les mesures à prendre pour la sûreté des hommes et celle des choses.

Ce n'est pas tout, et l'administration a le droit de faire lever d'office et aux frais du concessionnaire les plans des travaux souterrains, lorsque celui-ci ne les tient pas à jour sur les mines ou n'en envoie pas copie au préfet du département.

Ce droit, pour l'administration, résulte des termes suivants de l'article 6 de l'ordonnance du 26 mars 1843.

Art. 6. — Il sera procédé, ainsi qu'il est dit aux articles 3, 4 et 5 ci-dessus, à l'égard de tout concessionnaire qui négligerait, soit d'adresser au préfet, dans les délais fixés, les plans de ses travaux souterrains, soit de tenir, sur les exploitations, le registre et le plan d'avancement journalier des travaux, soit d'entretenir constamment sur les établissements les médicaments et autres moyens de secours.

Que si nous sortons des prescriptions générales en ce qui concerne les plans et registres d'avancement des travaux, nous trouvons, dans le modèle des cahiers des charges adopté pour les concessions de mines, les articles suivants, qui dérivent de l'instruction ministérielle du 3 août 1810 et du décret du 3 janvier 1843.

Art. . — Chaque année, dans le courant de janvier, le concessionnaire adresse au préfet les plans et coupes des travaux exécutés dans le cours de l'année précédente. Ces plans, dressés à l'échelle de 1 millimètre par mètre, de manière à pouvoir être rattachés aux plans généraux désignés dans les articles précédents, et renfermant toutes les indications mentionnées auxdits articles, seront vérifiés par l'ingénieur des mines.

Art. . — Le concessionnaire tiendr constamment en ordre et à jour sur chaque mine :

1° Les plans et coupes des travaux souterrains, dressés sur l'échelle de 1 millimètre par mètre;

2° Un registre constatant l'avancement journalier des travaux et les circonstances de l'exploitation dont il sera utile de conserver le souvenir, telles que l'allure des gîtes, leur épaisseur, la quantité d   , la nature du toit et du mur, le jaugeage des eaux affluant dans la mine, etc., etc.

. . . .

Le concessionnaire communique ces plans et registres aux ingénieurs des mines toutes les fois qu'ils l en feront la demande.

Art. .—Dans le cas où il négligerai , soit d'adresser au préfet, dans les délais fixés, les plans dont il est question dans les articles et , soit de tenir sur les exploitations le registre et le plan d'avancement journalier des travaux exigés par l'article , soit enfin d'entretenir constamment sur les mines les médicaments et autres moyens de secours qui sont prescrits par l'article 15 du décret du 3 janvier 1813, il y sera pourvu par le préfet, conformément aux dispositions de l'ordonnance du 26 mars 1843.

Le préfet pourra également ordonner la levée d'office, et aux frais d concessionnaire , des plans dont l'inexactitude aurait été constatée par les ingénieurs des mines.

Au sujet des plans de mines nous devons signaler la circulaire ministérielle du 29 décembre 1838 (1) qui porte que :

> Le concessionnaire de mines doit instituer, au chef-lieu de son établissement, un bureau spécial, pour la réunion de tous les plans et coupes des travaux pratiqués dans les mines et des registres d'avancement des travaux.

Mentionnons, d'autre part, la circulaire du 15 avril 1862, suivie d'une instruction rédigée par feu M. Combes sur les moyens de tracer une ligne méridienne et de déterminer la déclinaison de l'aiguille aimantée, en faisant usage des instruments habituellement employés pour les levés de plans de mines et de surface (2). Cette instruction contient des détails techniques extrêmement précieux à connaître dans la pratique de la géodésie souterraine. Rappelons enfin que la circulaire du 25 juillet 1874 (3) insiste à nouveau sur l'obligation que les plans des travaux des mines soient toujours orientés d'après le méridien vrai, et le nord en haut.

Comparaison avec l'étranger, pour les plans de mines (Prusse, Angleterre).

D'après la législation prussienne le concessionnaire est tenu de faire dresser à ses frais et tenir au courant, par un géomètre commissionné, un plan de la mine en double exécution. L'un des exemplaires du plan doit être remis à l'administration des mines pour son usage propre, l'autre doit être gardé sur la mine, ou, s'il

---

(1) Dupont : *Jurisprudence des mines*, t. III, p. 306.
(2) *Annales des mines*, 1862, p. 115.
(3) *Idem*, 1874, p. 157.

CHAP. VIII. — SURVEILLANCE ADMINISTRATIVE DES MINES. 335

n'y a pas de localité convenable, chez le directeur de l'exploitation. L'administration supérieure des mines prescrit les intervalles de temps au bout desquels le plan doit être remis au courant (art. 72 de la loi du 24 juin 1865).

En Angleterre, il est exigé des plans de mines indiquant l'état du travail, au moins jusqu'aux six derniers mois : l'inspecteur des mines peut examiner ces plans, mais non pas en prendre copie (art. 47 de la loi des mines de houille du 10 août 1872). Le plan des mines abandonnées, dressé à $\frac{1}{1000}$, doit être envoyé au secrétaire d'état, mais personne, sauf un inspecteur, ne peut, pendant un délai de dix ans, examiner ce plan sans le consentement du propriétaire de la mine (art. 42).

Résumé des attributions principales des ingénieurs des mines, en matière de surveillance administrative. — Visite des mines.

L'étude des devoirs à remplir par les concessionnaires vis-à-vis du gouvernement, au point de vue de la surveillance administrative, nous amène naturellement à faire un exposé sommaire des principales attributions des ingénieurs des mines, en ce qui concerne cette surveillance.

La visite des mines par les ingénieurs, prévue et ordonnée par l'article 48 de la loi du 21 avril 1810, est le premier élément de cette surveillance administrative. Les ingénieurs sont tenus de visiter les mines de leur circonscription : les concessionnaires sont obligés, de leur côté, de se prêter à ces visites. Cette double obligation est formulée dans les termes suivants par les articles 23 et 24 du décret du 3 janvier 1813 :

Art. 23. — Indépendemment de leurs tournées annuelles, les ingénieurs des mines visiteront fréquemment les exploitations dans lesquelles il serait arrivé un accident, ou qui exigeraient une surveillance particulière.

Les procès-verbaux seront transcrits sur un registre ouvert à cet effet dans les bureaux des ingénieurs ; ils seront en outre transmis aux préfets des départements.

Art. 24. — Les propriétaires de mines, exploitants et autres préposés, fourniront aux ingénieurs et aux conducteurs tous les moyens de parcourir les travaux, et notamment de pénétrer sur tous les points qui pourraient exiger une surveillance spéciale. Ils exhiberont le plan tant intérieur qu'extérieur, et les registres de l'avancement des travaux, ainsi que du contrôle des ouvriers ; ils leur fourniront tous les renseignements sur l'état d'exploitation, la police des mineurs et autres employés ; ils les feront accompagner par les directeurs et maîtres-mineurs, afin que ceux-ci puissent satisfaire à toutes les informations qu'il serait utile de prendre sous les rapports de sûreté et de salubrité.

Procès-verbaux de visite.

Au sujet des procès-verbaux de visites de mines à dresser par les ingénieurs, la circulaire du 1er décembre 1852 (1) contient des instructions pratiques sur la manière de les dresser ; elle porte :

1° Qu'il faut un procès-verbal pour chaque visite de mine ;

2° Qu'il faut des procès verbaux de visite pour les mines inexploitées (en tant que la chose est possible) ;

3° Qu'il faut joindre aux procès-verbaux de chaque département un rapport général ;

4° Que les procès-verbaux doivent être soumis à l'examen des ingénieurs en chef ;

5° Que le travail relatif aux procès-verbaux de visite doit être transmis aux ingénieurs en chef à la fin de décembre au plus tard (2).

Une autre circulaire, en date du 2 janvier 1878 (3) contient les principales dispositions suivantes au sujet de la rédaction des procès-verbaux de visite par les ingénieurs :

1° Autorisation, pour les ingénieurs des mines, de rédiger dans leur bureau à tête reposée et avec réflexion, mais dans un bref délai, leurs procès-verbaux de visite, d'après les notes prises sur place ;

2° Rédaction d'un procès-verbal résumé en double expédition, dont une est destinée à l'exploitant, et l'autre accompagnée d'une note supplémentaire est destinée au ministère ;

3° Envoi de ces deux expéditions à l'ingénieur en chef, qui est chargé de faire transcrire le procès-verbal destiné à l'exploitant sur le registre d'avancement des travaux, devant être présenté à l'ingénieur ordinaire ;

4° Délai jusqu'au 15 janvier pour les procès-verbaux de décembre à transmettre, par l'ingénieur ordinaire, à l'ingénieur en chef, avec

---

(1) Dupont : *Jurisprudence des mines*, t. III, p. 464.
(2) Voir aussi la circulaire du 30 janvier 1837 : Dupont : *Jurisprudence des mines*, t. III, p. 274.
(3) *Annales des mines*, 1878, p. 22.

CHAP. VIII. — SURVEILLANCE ADMINISTRATIVE DES MINES.

son rapport d'ensemble sur la situation de l'industrie minérale dans les départements de sa circonscription ;

5° Délai jusqu'au 31 janvier, pour les procès-verbaux de toute l'année, à transmettre par l'ingénieur en chef à l'administration supérieure, avec le rapport d'ensemble des ingénieurs ordinaires, demandé pour la première fois par la circulaire du 28 novembre 1844.

Les dispositions de la circulaire du 2 janvier 1878 ont été rappelées dans celle du 15 janvier 1879 (1)

L'ensemble des procès-verbaux de visite de mines dressés chaque année, dans le même département, est transmis par le ministre à l'inspecteur général chargé de la division, qui est appelé à l'examiner et à le faire suivre de ses observations en le renvoyant à l'administration centrale.

Comparaison avec la Prusse et l'Angleterre, pour la visite des mines.

En ce qui concerne la visite des mines, nous devons signaler une particularité de la législation prussienne, c'est que, aux termes de l'article 78 de la loi du 24 juin 1865, « le concessionnaire doit permettre la visite de son exploitation aux personnes qui sont munies d'un laisser-passer de l'administration supérieure des mines, et qui sont vouées à la profession des mines » : cette disposition profite aux élèves des différentes écoles spéciales.

La loi anglaise dit que « tout propriétaire, gérant ou directeur de mine qui refusera ou négligera de fournir à l'inspecteur les moyens nécessaires pour ses visites, inspections ou enquêtes sera coupable d'une infraction à ladite loi, art. 45 § 4 de la loi du 10 août 1872. »

Au sujet de la surveillance des mines en Angleterre, nous devons dire deux mots de la statistique minérale, telle qu'elle est organisée dans ce pays.

Organisation de la statistique minérale en Angleterre.

Tout le monde sait, avec quel soin et avec quelle promptitude

---

(1) *Annales des mines*, 1879, p. 20.

l'administration anglaise prépare et publie la statistique minérale du Royaume-Uni. En Angleterre pourtant il n'y a pas de redevances proportionnelles, comme en France, nécessitant une déclaration, mais il y a l'obligation du compte rendu, obligation rigoureuse. Aux termes de l'article 38 de la loi du 10 août 1872, le 1er février de chaque année, les exploitants doivent envoyer à l'inspecteur du district, pour être transmise au secrétaire d'état, une déclaration du chiffre de l'extraction et du personnel employé, mais il ne peut être donné de publicité qu'aux totaux par district. Un compte rendu isolé ne peut pas être publié sans le consentement du propriétaire de la mine. La loi anglaise porte en outre que tout propriétaire, gérant ou directeur qui manquera de faire cette déclaration, ou qui fera sciemment un compte rendu contenant une déclaration fausse, sera coupable d'une infraction à la loi.

Suite du résumé des principales attributions des ingénieurs des mines.

Reprenons la suite de l'exposé sommaire des principales attributions et fonctions des ingénieurs des mines en France, en matière de surveillance des mines.

Comme mode d'exercice de leurs fonctions diverses, disons qu'en principe, « les ingénieurs des mines exercent leurs attributions sous les ordres du ministre de l'intérieur (aujourd'hui le ministre des travaux publics) et des préfets » : cela résulte des termes formels de l'article 47 de la loi du 21 avril 1810.

Parmi les actes organiques se rapportant à la constitution du corps des mines, nous devons mentionner le décret du 18 novembre 1810 (1) contenant organisation du corps des ingénieurs des mines, celui du 24 décembre 1851 (2) portant règlement sur le service des mines et celui du 30 octobre 1879 (3).

Conseil général des mines.

Au sommet du corps des mines, sous les ordres immédiats du

---

(1) Dupont : *Jurisprudence des mines*, t. III, p. 128.
(2) *Annales des mines*, 1851, p. 726.
(3) *Idem*, 1879, p. 348.

ministre des travaux publics, se trouve le conseil général des mines.

Le conseil général est présidé par le ministre et, en son absence, par un vice-président nommé pour une année par le ministre et pris parmi les inspecteurs généraux (art. 45 du décret du 18 novembre 1810). Aux termes de l'article 4 du décret du 15 septembre 1869, « le conseil général des mines est composé : des inspecteurs généraux de première classe, des inspecteurs généraux de deuxième classe, d'un inspecteur général de deuxième classe ou d'un ingénieur en chef secrétaire, ayant voix délibérative. Le secrétaire général du ministère est membre permanent du conseil. Le directeur général des ponts et chaussées et des chemins de fer siège dans le conseil général des mines avec voix délibérative pour les travaux concernant le service des chemins de fer. » D'autre part, l'article 8 du décret du 21 octobre 1876 porte que « le directeur des mines fera partie du conseil général des mines ». Enfin, d'après le décret du 21 mai 1879, « l'inspecteur général des mines chargé d'un contrôle d'exploitation (de chemins de fer) est membre du conseil général des mines, au même titre que ses collègues, de la même classe appelés à faire partie de cette assemblée », et l'inspecteur général des ponts et chaussées chargé d'un contrôle d'exploitation (de chemins de fer) siège, pour « les affaires concernant son propre service, avec voix consultative dans le conseil général des mines » (art. 4 et 3).

Les inspecteurs généraux des mines, au point de vue de leur mission individuelle en matière de surveillance des mines, font des tournées annuelles, comme il est dit à la circulaire du 26 mai 1864 (1).

Aux termes de l'article 46 du décret du 18 novembre 1810 le conseil général des mines doit donner son avis sur les demandes en concession, sur les partages de concession, sur les travaux d'art auxquels il conviendra d'assujétir le concessionnaire comme conditions de la concession, sur les reprises des travaux, sur les perfectionnements des procédés de l'art, et sur les autres objets pour lesquels il sera jugé utile au service de connaître son opinion. Le même article porte que le conseil doit être nécessairement consulté sur les questions contentieuses déférées au ministre des travaux publics ou portées au conseil d'état, et que, dans ce dernier cas, son avis signé de la majorité des membres sera joint au

---

(1) *Annales des mines*, 1864, p. 181.

rapport qui sera soumis au chef du gouvernement sur ces questions.

Ingénieurs en chef.

Les ingénieurs en chef rendent compte aux préfets des travaux relatifs aux exploitations, reçoivent et exécutent leurs ordres pour la surveillance administrative (art. 16 du décret du 18 novembre 1810).

Ils dénoncent au directeur général, aux préfets et aux procureurs de la république les infractions aux lois et règlements sur les mines (art. 18).

Ils inspectent les mines de leur arrondissement dans des tournées réglées par le directeur général (art. 19).

« Ils pourront consulter les plans de toutes les concessions anciennes de mines, qui doivent être déposés dans les préfectures; ils en prendront des copies qui resteront dans leurs bureaux, ainsi que des minutes de tous les plans et cartes relatifs aux concessions nouvelles qui auront été demandées ou obtenues » (art. 21) (1).

Ils proposent aux préfets les projets d'affiches et les cahiers des charges pour concessions de mines (art. 24)

Ils donnent leur avis motivé à la suite des rapports des ingénieurs ordinaires (art. 23).

Ils doivent, à défaut d'ingénieurs ordinaires, en remplir les fonctions (art. 26).

Ingénieurs ordinaires.

Les ingénieurs doivent visiter, au moins une fois par année, les exploitations de leur sous-arrondissement (art. 28 du décret du 18 novembre 1810), et chaque année, avant le 15 janvier, ils soumettent à l'approbation du ministre leurs projets de tournées.

En cas d'infraction aux lois, d'abus, de danger ou d'accident signalés dans une exploitation, ils se rendent sur les lieux, et dressent un procès-verbal qu'ils transmettent à l'ingénieur en chef avec un rapport, le cas échéant, pour y porter remède (art. 29, 30 et 31).

---

(1) Voir ce qui a été dit précédemment, à la note 2 de la page 104, sur l'utilité d'une carte minière, à l'échelle de 1/10.000, à dresser et tenir au courant dans les bureaux des ingénieurs des mines.

Ils préviennent les exploitants des défectuosités qu'ils remarquent dans les mines, et leur proposent, à titre de conseil, les améliorations qu'ils conçoivent (art. 32).

Ils vérifient et visent les plans joints aux demandes en concession (art. 33 et 34).

Ils donnent leur avis motivé sur les demandes en concession (instruction du 3 août 1810, A § 2).

Ils donnent aussi leur avis aux préfets sur toutes les affaires administratives concernant les mines, minières et carrières (instruction du 3 août 1870, A § 13).

Ils préparent les états de redevances des mines et prennent part aux comités de répartition et d'évaluation de ces redevances, et donnent leur avis sur les demandes en dégrèvement (décret du 6 mai 1811).

Dans les cas prévus par l'article 50 de la loi de 1810, lorsqu'une exploitation compromet la sûreté publique, ils proposent au préfet les mesures de circonstance, et les font exécuter d'office sur le refus des concessionnaires, en vertu d'arrêtés préfectoraux (ordonnance du 26 mars 1843, art. 1 à 5).

En cas de péril imminent dans les exploitations, ils font, sous leur responsabilité, les réquisitions aux autorités locales, pour qu'il y soit pourvu sur-le-champ (décret du 3 janvier 1813, art 5 et art. 2 de l'ord. du 26 mars 1843).

Ils peuvent se charger d'expertises en fait de mines, conformément à l'article 88 de la loi du 21 avril 1810 (décret de 1810, art. 42).

Ils peuvent, avec l'autorisation de l'administration supérieure, se charger de travaux pour le compte des départements, des communes et des particuliers (décret du 18 mai 1864 et circulaire du 15 octobre 1864).

Ils peuvent, avec l'autorisation du directeur général, suivre des travaux d'exploitation ou des constructions d'usines, sans pouvoir s'immiscer dans les affaires judiciaires ou administratives relatives à ces exploitations (décret du 18 novembre 1810, art. 43).

Tel est le résumé succinct des principales attributions de l'administration des mines en ce qui concerne la surveillance des mines : il ne saurait être question ici des attributions spéciales des ingénieurs des mines, en ce qui le rapporte aux appareils à vapeur, aux chemins de fer et à la statistique, toutes matières étrangères au présent ouvrage ; quant à leurs attributions en matière de minières, carrières et tourbières, elles trouveront leur exposé naturel dans les chapitres suivants.

Terminons sur les attributions des ingénieurs des mines, en citant une circulaire du 20 décembre 1876 (1) qui a soulevé la question suivante, savoir : ne conviendrait-il pas de décider que, pour les affaires contentieuses en matière de mines ressortissant au conseil de préfecture et d'une certaine importance, les ingénieurs en chef des mines, soit en personne, soit représentés par un de leurs ingénieurs ordinaires, devront assister aux séances publiques du conseil de préfecture pour donner des explications de fait et de droit, comme la chose a lieu pour les ingénieurs des ponts et chaussées dans les affaires de leur compétence, depuis la circulaire du 10 novembre 1864 ? Cette question a été mise à l'étude, mais aucune solution ne lui a été officiellement donnée jusqu'à ce jour, à notre connaissance.

Gardes-mines.

Les gardes-mines ont été institués par un arrêté ministériel du 18 février 1840, en remplacement des conducteurs de mines, qui se trouvaient déjà institués auprès des ingénieurs en 1813 et 1814 (2).

Le décret du 24 décembre 1851 (3), portant organisation du corps des mines, a réglé tout ce qui concerne l'admission à l'emploi de garde-mines (art. 30 à 42). Les gardes-mines ont pour fonctions de seconder les ingénieurs des mines en ce qui concerne la surveillance de police des exploitations de mines, minières, carrières et tourbières, les levés et copies de plans superficiels et souterrains, la surveillance de police des appareils à vapeur et du matériel des chemins de fer, etc. (art. 30 du décret du 24 décembre 1851).

Obligations spéciales résultant, pour les concessionnaires, de leurs cahiers des charges.

Et maintenant, revenant à l'exposé des obligations des concessionnaires de mines vis-à-vis du gouvernement, nous rappellerons, en

---

(1) *Annales des mines*, 1876, p. 290.
(2) Instruction pour les ingénieurs en chef, du 1ᵉʳ septembre 1814 : Dupont, *Jurisprudence des mines*, t. III, p. 202.
(3) *Annales des mines*, 1851, p. 726.

terminant ce qui concerne la surveillance administrative, que chaque concessionnaire est spécialement obligé de se conformer aux prescriptions insérées dans son acte de concession et dans le cahier des charges qui l'accompagne. Le principe de cette obligation a été déjà établi (1), et nous avons cité à cet égard un décret au contentieux, du 16 novembre 1850, relatif aux mines de Veyras (Ardèche). Notre rôle doit se borner ici à affirmer ce principe en mentionnant sommairement, à titre d'exemples, quelques-unes de ces prescriptions des cahiers de charges (2).

Choix des directeurs de mines.

Disons tout d'abord, au sujet du choix des directeurs de mines, que le projet de cahier des charges joint à la circulaire du 8 octobre 1843, lequel a été adopté pour un grand nombre de concessions instituées depuis cette époque, contient la prescription suivante :

Art. P. — Conformément à l'article 14 de la loi du 21 avril 1810, et à l'article 25 du décret du 3 janvier 1813, le concessionnaire ne pourra confier la direction de ses mines qu'à une personne qui aura justifié de la capacité suffisante pour conduire les travaux. Il ne pourra employer en qualité de maîtres-mineurs ou de chefs d'ateliers souterrains que des personnes qui auront travaillé au moins pendant trois ans dans les mines comme mineurs, boiseurs ou charpentiers, ou des élèves de l'école des mineurs de Saint-Étienne ou de l'école des maîtres-mineurs d'Alais, ayant achevé leurs cours d'études et pourvus d'un brevet.

Nous devons observer que les cahiers des charges des concessions de mines instituées dans ces dernières années ne contiennent plus cet article P ; mais ce qu'il est important de dire, c'est que tous les concessionnaires de mines sans exception sont soumis, pour le choix des maîtres-mineurs ou chefs de travaux, aux prescriptions de l'article 25 du décret du 3 janvier 1813, qui est ainsi conçu :

Art. 25. — A l'avenir, ne pourront être employés en qualité de maîtres-mineurs ou chefs particuliers de travaux des mines et minières, sous quelque dénomination que ce soit, que des individus qui auront travaillé comme mineurs, charpentiers, boiseurs ou mécaniciens, depuis au moins trois années consécutives.

---

(1) Page 301 du présent chapitre.
(2) Dupont : *Jurisprudence des mines*, t. I, p. 455 et suiv.

Comparaison avec la législation étrangère (Prusse, Bavière, Angleterre).

On a souvent accusé l'administration des mines en France de gêner les exploitants de mines par une règlementation excessive : or c'est ici le cas de comparer ce qui se pratique chez nous, au point de vue du choix des directeurs de mines, à ce qui a lieu dans un pays voisin souvent cité comme modèle.

Dans la législation prussienne, l'exploitation des mines ne peut avoir lieu que sous la direction, la surveillance et la responsabilité des personnes dont l'aptitude a été constatée (article 73 de la loi du 24 juin 1865). Le concessionnaire doit donner à l'administration des mines les noms des personnes chargées de la surveillance de l'exploitation, savoir, des directeurs, des maîtres-ouvriers, des surveillants techniques, etc. Ces personnes sont tenues de justifier de leur capacité, et elles doivent se soumettre à un examen de l'administration des mines si elles en sont requises : ce n'est que lorsque cette administration a constaté leur capacité, qu'elles peuvent s'occuper des affaires dont on les charge (art. 74). L'administration a le droit d'exiger le renvoi immédiat d'un surveillant incapable, et d'arrêter au besoin l'exploitation, jusqu'après l'installation d'une autre personne reconnue capable (art. 75).

On retrouve les mêmes prescriptions dans les articles 71, 72 et 75 de la loi bavaroise du 20 mars 1869.

Nous nous empressons de le dire : Nous n'envions point pour l'administration des mines de France les attributions et la responsabilité que les articles précédents donnent à l'administration des mines en Prusse et en Bavière.

D'autre part, pour achever de caractériser la surveillance exercée en Prusse par l'administration des mines, nous devons ajouter que si cette surveillance est gênante en principe, comme les articles précédents en témoignent, on ne peut pas se refuser à dire qu'elle est sérieusement constituée ; la disposition suivante en fait foi : d'après la loi prusienne sur les mines, du 24 juin 1865, lorsque les concessionnaires publient des règlements de travail pour leurs mines, ces règlements doivent être portés à la connaissance de l'administration des mines en même temps qu'ils sont affichés sur le carreau de l'exploitation (article 20). On trouve les mêmes dispositions dans l'art. 78 de la loi bavaroise.

Ajoutons enfin, à titre de comparaison, qu'en Angleterre, aux termes de la loi du 10 août 1872, tout directeur de mines doit être pourvu d'un certificat de capacité délivré après examen, portant témoignage de l'instruction, l'expérience, la moralité, etc. Les examinateurs sont élus par des commissions composées de 10 membres désignés par le ministre, un parmi les inspecteurs, trois parmi les propriétaires de mines, trois parmi les employés ou ouvriers, trois parmi les ingénieurs, gérants ou directeurs, (art. 27 à 30 de la loi du 10 août 1872).

Suite des obligations résultant des cahiers des charges.

Reprenons la suite de l'examen sommaire des obligations qui résultent en France, pour les concessionnaires de mines, des prescriptions de leurs cahiers des charges respectifs. Il ne saurait entrer dans notre but de donner ici un exposé des prescriptions de ce genre, prescriptions très variées et nécessairement variables par leur nature même.

Nous signalerons seulement, à titre d'exemple, le cahier des charges des 22 concessions instituées dans le bassin houiller de Saint-Étienne par ordonnance du 27 octobre 1824 (1), lequel contient sur les redevances tréfoncières et sur l'ouverture des nouveaux champs d'exploitation des obligations spéciales, que nous avons déjà mentionnées.

Citons également, parmi les concessions plus récentes, celle des mines de zinc et autres métaux connexes de Hammam-N'Baïl (province de Constantine), instituée par décret du 8 juin 1872 (2), où l'on remarque la disposition suivante :

Art. 8. — Dans le délai de deux ans, à partir de la date du présent décret, la compagnie (concessionnaire) établira une route carrossable reliant la concession d'Hammam-N'Baïl à la route de Bone à Soukarras, et construira deux fours de calcination à cuve et un four à réverbère.

---

(1) Dupont : *Jurisprudence des mines*, t. I, p. 459.
(2) *Annales des mines*, 1873, p. 1.

Prescriptions des cahiers des charges, en cas de travaux sous des maisons ou dans le voisinage de routes, canaux, chemins de fer, etc.

En ce qui concerne les prescriptions spéciales des cahiers des charges dans le cas où les travaux de mines doivent s'étendre sous une ville, sous des maisons d'habitation ou des édifices, ou bien dans le voisinage d'un canal, d'un bassin, d'un cours d'eau, d'une route ou d'un chemin de fer, le modèle général de cahier des charges joint à la circulaire du 8 octobre 1843 contient les deux articles suivants H^1 et H^2.

Art. H^1. — Dans le cas où les travaux projetés par le concessionnaire devraient s'étendre sous   , ces travaux ne pourront être exécutés qu'en vertu d'une autorisation spéciale du préfet, donnée sur le rapport des ingénieurs des mines, après que le conseil municipal et les propriétaires intéressés auront été entendus, et après que le concessionnaire aura donné caution de payer l'indemnité exigée par l'article 15 de la loi du 21 avril 1810. Les contestations relatives soit à la caution, soit à l'indemnité seront portées devant les tribunaux et cours, conformément audit article.

L'autorisation d'exécuter les travaux sera refusée par le préfet, s'il est reconnu que l'exploitation peut compromettre la sûreté du sol, celle des habitations ou la conservation des édifices.

Art. H^2. — Dans le cas où les travaux projetés par le concessionnaire devraient s'étendre sous   , ou à une distance de ses bords moindre de   mètres, ces travaux ne pourront être exécutés qu'en vertu d'une autorisation du préfet, donnée sur le rapport des ingénieurs des mines, après que les propriétaires et les ingénieurs d   (des ponts et chaussées, etc.) auront été entendus, et après que le concessionnaire aura donné caution de payer l'indemnité exigée par l'article 15 de la loi du 21 avril 1810. Les contestations relatives soit à la caution, soit à l'indemnité, seront portées devant les tribunaux et cours, conformément audit article.

S'il est reconnu que l'autorisation peut être accordée, l'arrêté du préfet prescrira toutes les mesures de conservation et de sûreté qui seront jugées nécessaires.

Quant à la zone préservatrice des voies de communication dans laquelle les travaux des mines ne peuvent s'étendre que moyennant certaines formalités et avec l'autorisation ou l'assentiment du préfet, les cahiers des charges assignent des chiffres variables pour sa largeur. Le chiffre de 10 mètres est très fréquemment indiqué à cet égard (fer de mont Saint-Martin, 17 septembre 1864), (fer d'Escarosud, 9 avril 1874, etc.); on peut même citer le chiffre de 50 mètres, en ce qui concerne un chemin de fer (schiste bitumineux et fer carbonaté de Faymoreau et la Boufferie, 28 mai 1873); d'autres fois, la largeur est beaucoup moindre : 5 mètres pour une route, 4 mars 1862 (bitume de Servas, etc.); il va sans dire que ces prescriptions de distance sont obligatoires pour toutes les concessions de mines auxquelles elles se rapportent.

Au sujet des articles H^1 et H^2 cités tout à l'heure, la section des travaux publics du conseil d'état, dans un avis du 3 mars 1875, inséré aux *Annales des mines* (1), a proposé d'y apporter les modifications suivantes dans les nouveaux cahiers des charges à intervenir :

1° Substituer à l'obligation d'obtenir l'autorisation préalable du préfet, pour les travaux mentionnés dans ces articles, la formalité de la déclaration préalable au préfet, dans les conditions prescrites par les articles H^1 et H^2;
2° Retrancher la disposition relative à la caution de payer l'indemnité;
3° Enfin réunir les deux articles ainsi modifiés et réduits en une seule disposition.
. . . .
En ce qui concerne l'obligation de fournir caution, la section a pensé qu'il est inutile de rappeler les dispositions de l'article 15 de la loi du 21 avril 1810, en ce qui concerne les travaux qui doivent s'étendre sous des habitations particulières, et qu'on pouvait la considérer comme une extension contestable de cet article, quand il s'agit de travaux se prolongeant sous des dépendances du domaine public.

Pour ce qui est des travaux de mines au voisinage des chemins de fer, le conseil d'état, par un avis du 7 juin 1877 (2), est revenu sur l'avis du 3 mars 1875, comme n'offrant pas assez de garanties de sécurité, et il a exigé que les travaux de mines ne pussent être faits dans le voisinage d'un chemin de fer, à une distance de... (variable suivant les cas), sans une autorisation préalable du préfet, donnée sur le rapport des ingénieurs des mines, la compagnie et le service du contrôle entendus. Or, il faut le reconnaître, c'est, de la part du conseil d'état, pour les travaux de mines au voisinage des chemins de fer, le retour à la doctrine de l'autorisation préfectorale préalable, écrite dans le modèle des cahiers des charges de 1843.

Le modèle des cahiers des charges de 1843 a été remplacée en fait

---

(1) *Annales des mines*, 1877, p. 288.
(2) *Idem, idem*, p. 289.

par un modèle nouveau, dont nous avons donné le texte au chapitre III (1). Ce modèle ne contient point d'article spécial aux travaux de mines dans le voisinage des voies de communication ; mais, il faut le dire bien haut, tous les concessionnaires sans exception sont soumis administrativement aux prescriptions nouvelles de l'article 50 revisé, dans le cas de « travaux de recherche ou d'exploitation de mines de nature à compromettre la conservation des voies de communication » ; ces prescriptions donnent au préfet toute autorité pour y pourvoir, ainsi qu'il a été dit précédemment (2) : le silence d'un cahier des charges de concession de mines ne saurait soustraire le concessionnaire à l'obligation qui lui incombe expressément, au point de vue de la conservation des voies de communication en général, par suite de l'article 50 revisé par la loi du 27 juillet 1880.

Prescriptions au sujet de l'usage des sources qui alimentent des villes, villages, hameaux et établissements publics.

Si l'on rapproche le fait administratif cité tout à l'heure, savoir l'avis du conseil d'état du 7 juin 1877, exigeant une autorisation préalable du préfet pour les travaux de mines dans le voisinage des chemins de fer, de cet autre fait législatif plus important savoir, la loi du 27 juillet 1880, qui a revisé l'article 50 de la loi de 1810 en y insérant des prescriptions nouvelles sur la conservation des voies de communication, celle des eaux minérales et l'usage des sources qui alimentent des villes, villages, hameaux et établissements publics, on est porté à faire la présomption suivante : c'est que, dans les prochains cahiers des charges à intervenir, le conseil d'état, visant les nouvelles prescriptions de l'article 50, exigera peut-être l'autorisation préalable du préfet pour les travaux de mines avoisinant certaines voies de communication importantes, les établissements d'eaux minérales, et les sources usagères qui alimentent des villes, villages, hameaux et établissements publics, à moins qu'il ne trouve que le texte du nouvel article 50 est suffisant à lui seul en ces différentes matières.

Au sujet des prescriptions des cahiers des charges, nous devons

---

(1) Page 119.
(2) Page 293 du présent chapitre.

CHAP. VIII. — SURVEILLANCE ADMINISTRATIVE DES MINES.

citer un avis de la section des travaux publics du conseil d'état du 10 décembre 1873, déclarant qu'il n'y a pas lieu d'imposer, dans un cahier des charges, l'exécution des travaux nécessaires pour la conservation de sources alimentant des fontaines communales (*Annales des mines* 1879, p. 296) ; mais nous devons aussi nous empresser d'ajouter que le nouvel article 50 enlève à cet avis toute influence doctrinale pour l'avenir.

L'insertion, dans les cahiers des charges, de clauses concernant les salaires serait illégale et violerait le principe de la propriété des mines.

Terminons sur les clauses des cahiers des charges des concessions de mines en citant, pour la combattre, l'opinion de M. Splingard (1) qui déclare « qu'il lui paraît aujourd'hui indispensable d'imposer à tous les concessionnaires l'obligation de faire participer les ouvriers qu'ils emploient aux bénéfices de l'exploitation ». « Je pense, ajoute l'auteur, que l'état n'excéderait pas la limite de ses attributions en arrêtant dans les cahiers des charges le taux maximun de la part constante du capital et la proportion minima de la part variable du travail dans l'excédent des bénéfices à partager. » Pour les concessions déjà instituées, l'application du système proposé par M. Splingard serait la violation du contrat de concession ; pour les concessions anciennes et futures, ce serait la violation la plus formelle du principe de la propriété des mines, tel qu'il résulte : premièrement, des articles 5, 7, 19, 20 et 21 de la loi de 1810 ; deuxièmement, de ces paroles de l'exposé des motifs... « à compter d'aujourd'hui, les mines deviennent des biens patrimoniaux héréditaires, protégés par la loi commune » ; troisièmement, de ces autres paroles du rapporteur « ...les capitaux se porteront avec abondance dans ces établissements, parce qu'ils offriront plus d'avantages aux capitalistes ». Disons enfin que la proposition que nous combattons serait en contradiction avec l'esprit général de la loi de 1810, qui a voulu constituer la propriété des mines de manière à en faire une propriété aussi sûre, aussi solide que toutes les propriétés immobilières.

---

(1) *Des concessions de mines dans leurs rapports avec les principes du droit civil.* Bruxelles, 1880, p. 298 et 299.

Ajoutons que cette proposition a été indirectement condamnée d'avance par un arrêt de la cour de cassation du 24 novembre 1874, rendu dans l'affaire Méjasson (1), lequel rappelle, dans une question différente, que « le droit résultant de la concession d'une mine est un droit de propriété dont l'exercice ne peut être soumis qu'aux restrictions établies par la loi ou conformément à ses dispositions ». Terminons sur la proposition de M. Splingard en disant qu'il n'est pas plus permis à l'état, par nos lois et par les principes de notre droit public, « d'imposer aux concessionnaires de mines l'obligation de faire participer les ouvriers qu'ils emploient aux bénéfices de l'exploitation... et de limiter pour les mines le taux maximum de la part constante du capital et la proportion minima de la part variable du travail », que d'imposer des obligations analogues aux agriculteurs, aux fabricants, aux commerçants et à tous les propriétaires ou capitalistes qui emploient des ouvriers.

---

(1) Dalloz, 1874-1-135.

CHAPITRE IX.

DROITS DES CONCESSIONNAIRES.

De la propriété des mines.

Tous les droits des concessionnaires dérivent de la propriété des mines telle qu'elle a été constituée par la loi organique du 21 avril 1810 ; conséquemment, ils dérivent aussi de l'acte de concession de la mine, puisque l'article 5 de la loi organique déclare que « les mines ne peuvent être exploitées qu'en vertu d'un acte de concession délibéré en conseil d'état. » Ajoutons que ce principe doctrinal a été formulé d'une manière explicite par la cour de cassation dans un arrêt du 8 août 1839, où il est dit que : « la propriété des mines dérive de la concession qui en est faite par l'autorité publique ».

« Avant la concession, les mines ne sont pas des propriétés, mais des biens » : c'est ce qui fut dit, pendant l'élaboration de la loi des mines, dans la séance du conseil d'état du 18 novembre 1809, par l'empereur Napoléon (1). La propriété des mines, dans le droit français, est donc une propriété nouvelle, datant de la concession.

Cette doctrine « de la propriété nouvelle », en ce qui concerne les mines, avait été posée pendant l'élaboration de la loi dans la séance du 8 avril 1809, par ces paroles de l'empereur Napoléon : « Une mine est une propriété nouvelle, susceptible d'être concédée. » Mais ce qui est plus décisif encore que toute déclaration antérieure, c'est que cette doctrine se trouve formulée expressément dans l'article 19 de la loi organique du 21 avril 1810 ainsi conçu :

Art. 19. — Du moment où une mine sera concédée, même au propriétaire

---

(1) Locré, p. 236.

de la surface, cette propriété sera distinguée de celle de la surface et désormais considérée comme *propriété nouvelle*, sur laquelle de nouvelles hypothèques pourront être assises, sans préjudice de celles qui auraient été ou seraient prises sur la surface et sur la redevance, comme il est dit à l'article précédent.

Si la concession est faite au propriétaire de la surface, ladite redevance sera évaluée pour l'exécution dudit article.

La propriété des mines, bien qu'elle soit une propriété nouvelle, dérivant de l'acte de concession, et dérivant ainsi de la loi civile, n'en est pas moins une propriété aussi sûre, aussi respectable, aussi sacrée, en principe, que la propriété immobilière, quoique le droit de propriété, en général, soit un droit naturel, antérieur à la loi civile, ainsi qu'il a été exposé dans le chapitre premier. La sûreté de la propriété des mines résulte en droit écrit, en droit civil de l'article 7 de la loi de 1810, lequel forme, avec l'article 5, la base des droits de propriété des concessionnaires. Cet article 7 est ainsi conçu :

Art. 7. — Il (l'acte de concession) donne la propriété perpétuelle de la mine, laquelle est dès lors disponible et transmissible comme tous autres biens, et dont on ne peut être exproprié que dans les cas et selon les formes prescrites pour les autres propriétés, conformément au code civil et au code de procédure civile.

Toutefois une mine ne peut être vendue par lots ou partagée sans autorisation préalable du gouvernement, donnée dans les mêmes formes que la concession.

Les mines sont immeubles; les produits extraits, les actions sont meubles.

Au point de vue de la propriété proprement dite, deux choses distinctes sont à considérer dans une mine, savoir : la mine ou la concession de la mine et les produits de celle-ci : la première propriété est immobilière, la seconde est mobilière, ainsi qu'il est dit aux articles 8 et 9 ainsi conçus :

Art. 8. — Les mines sont immeubles.

Sont aussi immeubles les bâtiments, machines, puits, galeries et autres travaux établis à demeure, conformément à l'article 524 du code civil.

Sont aussi immeubles par destination les chevaux, agrès, outils et ustensiles servant à l'exploitation.

Ne sont considérés comme chevaux attachés à l'exploitation que ceux qui sont exclusivement attachés aux travaux intérieurs des mines.

Néanmoins les actions ou intérêts dans une société ou entreprise pour l'exploitation des mines seront réputées meubles, conformément à l'article 529 du code civil.

Art. 9. — Sont meubles les matières extraites, les approvisionnements et autres objets mobiliers.

Les actions et intérêts dans une société ou entreprise pour l'exploitation des mines sont toujours meubles, sans qu'il y ait à distinguer à cet égard entre les sociétés qui ont la propriété du sol et celles qui n'ont qu'une simple concession. Cette doctrine a été établie par un arrêt de la cour de Paris du 8 janvier 1878, concernant les parts dans la société des mines d'Anzin, connues sous le nom de deniers d'Anzin.

Restrictions apportées à l'exercice du droit de propriété des mines.

La propriété des mines n'est pourtant pas une propriété aussi parfaite que celle des fonds ordinaires; c'est ce qu'a fait justement observer Proudhon (1), attendu que le propriétaire de la mine est atteint dans les deux droits qui forment les attributions de toute propriété parfaite, savoir : le droit de jouir et le droit de disposer. Le droit de jouir est limité, dans l'intérêt général, par la surveillance administrative, telle qu'elle est constituée par le titre V de la loi de 1810, le décret du 3 janvier 1813, la loi du 27 avril 1838 et l'ordonnance du 26 mars 1843. Le droit de disposer est limité par l'article 7 de la loi de 1810, au point de vue de l'indivisibilité des concessions, et par le décret du 23 octobre 1852, au point de vue de la réunion des concessions, ces deux choses étant interdites sans l'autorisation du gouvernement, gardien à cet égard des intérêts généraux de l'industrie minérale.

Liberté du concessionnaire de mine, dans la vente de ses produits.

En dehors de ces deux restrictions légales, l'exploitant de mines, doit être libre dans la vente des produits extraits de sa concession : Ce principe important a été proclamé par un arrêt de la cour de cas-

---

(1) *Traité du domaine de propriété*, t. II, n° 767.

sation déjà cité du 24 novembre 1874 (1) (Méjasson) ; cet arrêt, conforme à celui de la cour de Lyon du 3 juillet 1873 (2), et à un jugement du tribunal de Saint-Étienne, du 6 décembre 1872, établit que les lois relatives aux mines, et notamment l'article 49 de la loi de 1810, t l'article 10 de la loi du 27 avril 1838, qui ont donné à l'administration le droit de retrait de concession dans certaines formes, n'autorisent pas l'administration à contraindre un concessionnaire à livrer aux acheteurs les houilles extraites de sa mine à des conditions égales et sans tour de faveur ; en conséquence, ledit arrêt a déclaré contraire au principe de la liberté de commerce, et dépourvu de toute force légale, un arrêté du préfet de la Loire, en date du 31 octobre 1853, qui imposait aux exploitants de mines les obligations susmentionnées.

La cour de cassation, en proclamant cette juste liberté des concessionnaires, au point de vue de la vente des produits extraits, a affirmé ainsi (chose précieuse !) que, quoique la propriété des mines dérive de la loi civile, elle a tous les droits de la propriété en général au point de vue capital de cette liberté de vente des produits qui est le premier de ses attributs : espérons que la doctrine de la cour suprême sera une vraie barrière contre les utopies qui demandent que les concessionnaires soient contraints de vendre la houille à un prix fixé par le gouvernement.

Hypothèques sur les mines.

Du principe que les mines sont immeubles, il devait suivre que les hypothèques et privilèges pourront atteindre cette propriété, comme les autres propriétés immobilières, c'est ce qui est spécifié par les articles 19, 20 et 21 de la loi du 21 avril 1810.

Art. 19. — Du moment où une mine sera concédée, même au propriétaire de la surface, cette propriété sera distinguée de celle de la surface, et désormais considérée comme propriété nouvelle, sur laquelle de nouvelles hypothèques pourront être assises, sans préjudice de celles qui auraient

---

1) Dalloz, 1874, 1-135.
(2) Cet arrêt, signalé au rapport de la commission d'enquête houillère déposé le 22 janvier 1874 à l'assemblée nationale (p. 117), proclame la doctrine suivante : « si les lois relatives aux mines ont donné à l'administration un pouvoir de surveillance et de règlementation en ce qui concerne l'exploitation des mines de houille, elles ne lui en ont confié aucun sur le commerce et la vente de la houille extraite ».

été ou seraient prises sur la surface et la redevance, comme il est dit à l'article précédent.

Si la concession est faite au propriétaire de la surface, ladite redevance sera évaluée pour l'exécution dudit article.

Art. 20. — Une mine concédée pourra être affectée, par privilège, en faveur de ceux qui, par acte public et sans fraude, justifieraient avoir fourni des fonds pour les recherches de la mine, ainsi que pour les travaux de construction ou confection de machines nécessaires à son exploitation, à la charge de se conformer aux articles 2103 et autres du code civil, relatifs aux privilèges.

Art. 21. — Les autres droits de privilège et d'hypothèque pourront être acquis sur la propriété de la mine, aux termes et en conformité du code civil, comme sur les autres propriétés immobilières.

Nous n'avons pas besoin de faire remarquer combien les articles qui précèdent, lesquels assimilent les prêts sur mines aux prêts sur propriétés territoriales, au point de vue des droits de privilège et d'hypothèque, ont donné de confiance aux capitaux que l'industrie des mines a dû appeler à son aide, pour se développer. Dans notre pays de France, il faut le reconnaître, les capitaux sont méfiants, et pour assurer aux concessionnaires de mines le crédit dont ils ont besoin dans certaines circonstances graves ou exceptionnelles mais décisives pour le développement de leur industrie, il était nécessaire que les mines fussent rendues susceptibles d'hypothèques comme la propriété foncière : c'est ce qu'a justement fait la loi du 21 avril 1810 par les articles 19, 20 et 21, qui ont ajouté beaucoup à la solidité de la propriété des mines dans l'opinion publique.

Droit d'exploiter. — Partie superficielle des gîtes. — Anciennes haldes.

Le premier droit du concessionnaire, c'est d'exploiter la substance minérale qui lui est concédée dans toute l'étendue de son périmètre, depuis les affleurements de la surface jusqu'à une profondeur indéfinie (1); la faculté d'exploiter à 100 pieds de profondeur, que la loi du 28 juillet 1791 avait attribuée au propriétaire du sol, n'a pas été maintenue par la loi du 21 avril 1810. Il y a seulement trois exceptions à cet égard, pour les minerais de fer,

---

(1) Dupont, *Jurisprudence des mines*, t. II, p. 52.

l'alun et les pyrites ferrugineuses, comme il a été dit dans le chapitre III : ces trois substances constituent des minières à la disposition des propriétaires lorsqu'elles sont exploitables à ciel ouvert ou bien des mines concessibles en cas d'exploitation par travaux souterrains réguliers.

Le concessionnaire d'une mine métallique a-t-il droit aux haldes d'anciennes exploitations qui peuvent être comprises dans le périmètre de sa concession ? A cette question (1), la loi française ne répond pas d'une manière explicite comme la loi prussienne qui la tranche affirmativement au § 54 de la loi des mines du 24 juin 1865 (2). Nous devons dire cependant que les articles 1 et 2 de la loi du 21 avril 1810 classant comme mines certaines « substances minérales ou fossiles renfermées dans le sein de la terre ou existantes à la surface », il en résulte que, sous la réserve des trois exceptions mentionnées tout à l'heure (fer, alun, pyrite), on est induit à penser que le concessionnaire d'une mine métallique aurait le droit d'extraire le minerai concédé, aussi bien des haldes comprises dans sa concession que de tous les autres points de son périmètre. En tout cas, son droit d'extraction ne pourrait s'exercer sur les haldes qu'à la double condition suivante : premièrement, d'indemniser, suivant les cas, le propriétaire de la surface, pour l'occupation des terrains correspondants à ces haldes, conformément à l'article 43 de la loi du 21 avril 1810 ; deuxièmement, d'indemniser, s'il y avait lieu, les anciens explorateurs auteurs de ces haldes, conformément à l'article 46 de la loi de 1810, mais il n'existe pas, à notre connaissance, de décision administrative ou judiciaire à cet égard.

Droit de recherches sur les substances minérales concessibles, étrangères à la concession.

Le droit de recherches du concessionnaire sur les substances non concédées situées dans son périmètre lui est dévolu, concurremment avec le propriétaire de la surface (3). Ce point a été établi à l'occasion des recherches de mines : nous ne faisons que le rappeler. Le concessionnaire est en quelque sorte le permissionnaire administratif de

---

(1) La question a été soulevée en Grèce à l'occasion des célèbres mines du Laurium.
(2) *Annales des mines*, 1868, p. 81.
(3) Dupont, *Jurisprudence des mines*, t. II, p. 53.

CHAP. IX. — DROITS DES CONCESSIONNAIRES. 357

recherches, en permanence et par autorisation implicite du gouvernement, pour toutes les substances étrangères à son titre de concession situées dans son périmètre. Qu'arriverait-il en cas de deux concessions superposées de houille et de fer, par exemple, et appartenant à des titulaires différents ? Quel est celui des deux concessionnaires qui aurait le droit administratif de recherches sur les substances étrangères aux deux concessions ? le cas ne s'est pas présenté à notre connaissance, mais nous estimons *à priori* que ce devrait être le titulaire de la concession la plus ancienne en date (chap. II, p. 69).

Droit d'occupation de terrains : dispositions nouvelles des articles 43 et 44 revisés.

Le droit d'occupation de terrains est l'un des plus importants pour les concessionnaires, droit indispensable pour qu'ils puissent jouir de leur propriété souterraine. La loi du 27 juillet 1880, qui a révisé un certain nombre d'articles de la loi de 1880, a affirmé le droit d'occupation ; elle l'a défini, limité et elle a réglé le mode d'exercice de ce droit par les premiers paragraphes des articles 43 et 44, lesquels sont ainsi conçus :

Art. 43, § 1er. — Le concessionnaire peut être autorisé par arrêté préfectoral, pris après que les propriétaires auront été mis à même de présenter leurs observations, à occuper, dans le périmètre de sa concession, les terrains nécessaires à l'exploitation de sa mine, à la préparation mécanique des minerais et au lavage des combustibles, à l'établissement des routes ou à celui des chemins de fer ne modifiant pas le relief du sol.

Art. 44, § 1er. — Un décret rendu en conseil d'état peut déclarer d'utilité publique les canaux et les chemins de fer modifiant le relief du sol, à exécuter dans l'intérieur du périmètre, ainsi que les canaux, les chemins de fer, les routes nécessaires à la mine et les travaux de secours, tels que puits ou galeries destinés à faciliter l'aérage ou l'écoulement des eaux, à exécuter en dehors du périmètre. Les voies de communication créés en dehors du périmètre pourront être affectées à l'usage du public, dans les conditions établies par le cahier des charges.

Les deux premiers paragraphes des articles 43 et 44 revisés ont une importance capitale au point de vue des droits des concessionnaires, et ils méritent, à cet égard, une étude attentive et spéciale. Ces deux paragraphes autorisent les concessionnaires de mines à occuper les terrains nécessaires à certains travaux, non pas seulement en dedans du périmètre, mais encore en dehors de celui-ci.

Occupons-nous d'abord des occupations à l'intérieur du périmètre. Les anciens articles 43 et 44 formulaient expressément, pour le concessionnaire de mines, l'obligation de payer, suivant les cas, une indemnité double du revenu du terrain occupé par leurs travaux, ou du double de la valeur de celui-ci : quant au droit d'occupation ces articles n'en disaient pas un seul mot, de telle sorte qu'il avait fallu admettre, comme l'a justement fait observer M. Aguillon (1), que le droit résultait implicitement de l'occupation.

Le décret au contentieux du 22 août 1855 relatif aux mines d'asphalte de Seyssel (2) avait, il est vrai, posé ce principe, que « le droit d'occuper les terrains nécessaires à un concessionnaire de mines résulte virtuellement de l'acte de concession, et que le préfet peut, sans excéder ses droits et à l'exclusion soit du conseil de préfecture, soit des tribunaux, autoriser l'occupation desdits terrains sur la demande du concessionnaire, dans les limites de sa concession, sauf au propriétaire à faire valoir ses droits devant l'autorité compétente ». Sans doute, cette doctrine du conseil d'état était fort logique et fort sage, mais elle n'était pas écrite dans le texte de la loi de 1810, et l'opinion doctrinale du conseil d'état n'avait pas pour les concessionnaires la valeur pratique d'une disposition législative formelle. La loi du 27 juillet 1880 est venue combler, à cet égard, la lacune de notre législation minérale, en libellant, comme il vient d'être dit, le premier paragraphe de l'article 43 revisé. Cette revision a donc été, on peut le dire, un véritable et juste bienfait pour les concessionnaires de mines, attendu que le nouvel article proclame explicitement leur droit d'occupation de terrains dans le périmètre concédé et le mode d'exercice de ce droit. Ainsi c'est avec raison que la circulaire ministérielle du 6 août 1880, portant envoi de la loi du 27 juillet 1880, dit à cet égard :

...Le droit d'occupation, par un concessionnaire, de terrains situés dans le périmètre de sa concession ne découlait qu'implicitement de la rédaction primitive. La nouvelle proclame explicitement le principe et précise les formes de l'instruction devant précéder l'autorisation à obtenir.

L'ancien article 44 parlait « d'occupation de terrains pour les

---

(1) *Annales des mines*, 1878, p. 167.
(2) Lebon, 1853, p. 855.

travaux des mines », mais qui décidera qu'un travail qui n'est ni un puits ni une galerie, un chantier à remblais, par exemple, est véritablement un travail de mines? qui déterminera quelle juste superficie il est nécessaire d'occuper d'office pour tel ou tel travail de mines? Le propriétaire peut prétendre, par exemple, que l'extraction des remblais est une carrière et non pas un travail de mines; il peut objecter que la contenance demandée par l'exploitant, pour tel ou tel travail de mines, est supérieure aux besoins réels de l'exploitation : il y a ici à concilier les intérêts généraux et techniques de l'industrie minérale avec les justes droits de la propriété du sol; la logique conduisait donc à dire que c'est l'administration, aidée des conseils techniques des ingénieurs des mines, qui était seule compétente pour autoriser et limiter les occupations de terrains, comme l'a proclamé le conseil d'état dans son arrêt précité, alors surtout que le chiffre de l'indemnité d'occupation était laissée à fixer aux tribunaux, défenseurs naturels des intérêts privés. Mais quelque juste autorité qu'ait la jurisprudence du conseil d'état, elle ne pouvait pas combler la lacune de la loi primitive du 21 avril 1810 en matière d'occupation de terrains, pas plus que ne pouvaient le faire les dispositions particulières des cahiers des charges, lesquelles n'ont pas la même autorité et la même efficacité vis-à-vis des tiers, propriétaires de la surface, que des prescriptions législatives.

Combler cette lacune était chose si nécessaire qu'en Belgique, où l'ensemble de la loi du 21 avril 1810 est en vigueur, un arrêt de la cour de cassation, déjà cité, du 21 novembre 1845 attribuait aux tribunaux la compétence en matière d'occupations de terrains pour les travaux de mines : or il résultait de cette doctrine qu'un tribunal, étranger à l'art des mines, devait le plus souvent faire appel à des experts pour décider, en cas de contestation, si tel ou tel travail était réellement un travail de mines, et quelle contenance il fallait attribuer à l'occupation, ce qui aurait conduit, dans la pratique, à faire de l'administration à dire d'experts. Hâtons-nous de rappeler que la Belgique a échappé aux conséquences de l'arrêt de la cour de cassation du 21 novembre 1845 en comblant la lacune de la loi primitive du 21 avril 1810, en ce qui concerne les occupations de terrains. En effet, d'après l'article 2 de la loi belge du 18 juillet 1865, un troisième paragraphe conçu comme il suit est ajouté à l'article 43 primitif de la loi du 21 avril 1810 :

Les travaux mentionnés dans ces deux paragraphes ne pourront être entrepris qu'avec le consentement du propriétaire ou avec l'autorisation du gouvernement, donnée après avoir consulté le conseil des mines, le propriétaire entendu.

Un arrêté préfectoral autorise l'occupation de terrain par le concessionnaire à l'intérieur du périmètre, pour certaines catégories de travaux.

La lacune comblée par la loi belge du 18 juillet 1865 vient de l'être récemment en France par la loi du 27 juillet 1880, qui porte explicitement, au premier paragraphe de l'article 43 revisé, que « le concessionnaire peut être autorisé par arrêté préfectoral, pris après que les propriétaires auront été mis à même de présenter leurs observations, à occuper, dans le périmètre de sa concession, les terrains nécessaires à l'exploitation de sa mine ». Ainsi donc, à l'avenir, c'est le préfet qui, sur l'avis des ingénieurs des mines et après avoir entendu les observations des propriétaires, décidera, par arrêté, premièrement, si l'occupation de terrains demandée par le concessionnaire pour tel ou tel ouvrage est vraiment nécessaire à l'exploitation de la mine ; deuxièmement, en cas d'affirmative, quelles sont la contenance et la forme du terrain à occuper.

La commission de l'Assemblée nationale, qui avait proposé, dès le 22 janvier 1874, certaines modifications aux articles 43 et 44 de la loi de 1810, n'avait rien proposé au point de vue de l'autorité compétente en matière d'occupations de terrains pour travaux de mines dans le périmètre concédé : la double proposition d'affirmer le droit d'occupation du concessionnaire et de faire exercer ce droit sous la forme d'arrêtés préfectoraux, comme il est dit dans l'article 43 revisé, a été faite, pour la première fois, à la date du 15 avril 1875, par la sous-commission de revision (1).

Énumération des œuvres pour lesquelles un arrêté préfectoral peut autoriser l'occupation de terrain par un concessionnaire de mines.

Mais le premier paragraphe du nouvel article 43 ne s'est pas

---

(1) Cette commission était composée de MM. Grüner, Lefebure de Fourcy, inspecteurs généraux des mines, Dupont, ingénieur en chef des mines, et Heurteau, ingénieur des mines, secrétaire.

borné à affirmer le droit d'occupation de terrain et à régler la forme de son exercice, il a énuméré les différentes œuvres pour lesquelles ce droit peut être exercé par arrêté préfectoral ; après avoir dit « Les terrains nécessaires à l'exploitation de la mine », le paragraphe en question ajoute les mots suivants, qui ont une grande importance pratique, et qui auront l'influence la plus heureuse pour l'industrie de l'exploitation des mines : « à la préparation mécanique des minerais et au lavage des combustibles, à l'établissement des routes ou à celui des chemins de fer ne modifiant pas le relief du sol. »

Préparation mécanique des minerais et lavage des combustibles.

On ne pourrait pas dire absolument et strictement qu'un atelier de préparation mécanique de minerais ou de combustibles est un travail de mines, quoique cette œuvre soit un auxiliaire, une dépendance indispensable de l'exploitation pratique : il en est de même des chemins de fer extérieurs aux mines. Voilà donc deux catégories d'œuvres pour lesquelles le concessionnaire aura le droit d'occupation de terrains : c'est un véritable bienfait de la loi nouvelle.

Le lavage, c'est chose certaine au point de vue technique, fait partie intégrante de la préparation mécanique des minerais et de combustibles aussi bien que le triage, le broyage et les classements divers : néanmoins, au point de vue du public, et en raison du grand développement qu'a pris le lavage des houilles opéré par les concessionnaires, nous estimons qu'il est bon que le mot lavage figure dans la loi nouvelle ; nous ajouterons seulement que l'article doit être compris comme s'il y avait « Les terrains nécessaires à la préparation mécanique et au lavage des minerais et des combustibles », parce que, nous le répétons, le lavage fait aussi bien partie de la préparation mécanique des minerais extraits d'une mine de plomb, de zinc, de fer, etc., que de la préparation mécanique des combustibles extraits d'une houillère. La prescription relative à « la préparation mécanique des produits extraits » pour tous les concessionnaires de mines en général a été demandée, pour la première fois, par la sous-commission de revision, à la date du 15 avril 1875 : la prescription relative au lavage des combustibles a été énoncée, pour la première fois, dans le projet de revision de la loi des mines présenté au sénat le 9 novembre 1877.

Routes et chemins de fer à l'intérieur du périmètre de concession. — Canaux.

Pour ce qui est des routes et des chemins de fer à exécuter à l'intérieur du périmètre, il y avait, avant la révision opérée par la loi du 27 juillet 1880, une réelle obscurité dans la jurisprudence administrative, comme il résulte des documents suivants :

Le 8 décembre 1828, un avis du conseil général des mines relatif à la mine du Soleil (Loire) concluait à dire que la législation des mines ne donne point à un concessionnaire le droit d'établir sur les terrains des tiers des chemins pour le transport des produits de ses exploitations (1);

Le 30 avril 1838, une décision ministérielle avait reconnu aux concessionnaires de la mine de Chaney (Loire) le droit d'ouvrir, en vertu d'un arrêté préfectoral, les chemins de charroi nécessaires à l'exploitation (2);

Le 8 mars 1851, le conseil d'état, dans un décret au contentieux, relatif à un chemin de fer demandé par les concessionnaires de la mine de houille de la Vernade (Puy-de-Dôme), avait déclaré qu'aucun chemin de fer ne peut être exécuté qu'en vertu d'une autorisation émanée, soit du pouvoir législatif, soit du chef du pouvoir exécutif, conformément à la loi du 3 mai 1841 (3);

Le 28 mars 1862, un décret au contentieux, relatif aux mines de Littry, avait reconnu la compétence des préfets pour autoriser des concessionnaires à occuper temporairement des terrains situés dans leur périmètre, afin d'y établir un chemin d'exploitation (4);

Le 20 février 1868, un décret au contentieux, relatif aux mines de Longpendu, avait proclamé cette doctrine, qu'un préfet excède ses pouvoirs en autorisant un concessionnaire à occuper une portion de propriété pour y construire un chemin de fer à voie normale, destiné à relier un des puits de sa concession à une ligne de chemin de fer (5);

Le 23 février 1870, un décret au contentieux, relatif aux mines du

---

(1) *Annales des mines*, 1877 p. 278.
(2) De Cheppe. *Annales des mines*, 3ᵉ série, t. XIV, p. 534.
(3) Lebon et Gouté, 1851, p. 170.
(4) Lebon, 1862, p. 270.
(5) *Annales des mines*, 1877, p. 279.

Desert (Maine-et-Loire) reconnaissait aux préfets le droit d'autoriser un concessionnaire à exécuter dans son périmètre des chemins de fer avec rails à faible écartement, servant à la circulation de wagons traînés par des chevaux (1);

Le même principe, en ce qui concerne les chemins de fer à voie étroite, avec traction de chevaux, avait été posé dans un décret au contentieux, du 9 juillet 1875 (2), rendu au sujet des mines de fer du Montet (Meurthe-et-Moselle);

Un décret au contentieux, du 15 juin 1877 (3), relatif aux mines de l'Escarpelle (Nord), avait admis la compétence du préfet pour autoriser le concessionnaire à occuper, dans son périmètre, les terrains nécessaires à l'établissement d'une voie ferrée à chevaux, sans qu'il fût fait mention ici du faible écartement des rails;

Enfin, un décret du 16 novembre 1877 (4), concernant les mines de lignite de Tretz (Bouches-du-Rhône), avait reconnu au préfet le droit d'autoriser un concessionnaire à occuper, dans son périmètre, les terrains nécessaires à l'établissement d'un chemin de fer à voie étroite pour le passage des wagons sortant de la mine.

Après la longue énumération qui précède, on est certainement fondé à dire, en se reportant au texte des articles 43 et 44 revisés, que les premiers paragraphes de ces deux articles ont apporté une clarté bien nécessaire dans la question des droits des concessionnaires en matière de voies de communication à établir dans leur périmètre, en même temps qu'ils donnent un juste et puissant encouragement à l'industrie minérale.

Pour les chemins de fer ne sortant pas du périmètre, il n'y a qu'une seule distinction à faire, suivant qu'ils ne modifient pas le relief du sol ou qu'ils le modifient : dans le premier cas, ils peuvent être autorisés par un arrêté préfectoral, tandis que dans le second cas, il faut un décret, rendu en conseil d'état, les déclarant d'utilité publique.

Pour les routes, un arrêté préfectoral suffit pour les autoriser à l'intérieur du périmètre, soit qu'elles modifient ou ne modifient point le relief du sol : cela semble résulter grammaticalement de ce que dans ces mots du premier paragraphe de l'article 43 « à l'établis-

---

(1) Lebon, 1870, p. 144.
(2) Dalloz, 1876-3-24.
(3) Conseil d'état, 1878, p. 608.
(4) *Idem, idem,* p. 874.

sement des routes ou à celui des chemins de fer ne modifiant pas le relief du sol », la qualification « ne modifiant pas le relief du sol » se rapporte seulement à l'expression « chemins de fer. »

Enfin, en ce qui concerne les canaux à l'usage des mines à établir à l'intérieur du périmètre, ils ne peuvent être autorisés par un arrêté préfectoral, n'étant pas mentionnés à l'article 43 qui énumère les œuvres auxquelles s'applique la compétence du préfet; mais ils peuvent être déclarés d'utilité publique, sur la demande du concessionnaire, par un décret rendu en conseil d'état, comme il est dit au premier paragraphe de l'article 44.

En ce qui concerne les chemins de fer, il est une particularité résultant de l'article 44 qui mérite d'être signalée ; les chemins de fer modifiant le relief du sol et ne sortant pas du périmètre concédé ne peuvent être exécutés, comme ceux qui sortent du périmètre, que moyennant un décret de déclaration d'utilité publique, rendu en conseil d'état; mais la loi ne stipule pas que les premiers pourront être affectés à l'usage du public, tandis qu'elle le dit formellement pour les derniers; cette distinction peut avoir, dans la pratique, une certaine importance pour les concessionnaires de mines.

Rappelons, au sujet des voies de communication à l'usage des mines, que la commission de l'assemblée nationale a été la première à demander, à la date du 22 janvier 1874, que le gouvernement ou le préfet pût, suivant les cas, déclarer l'utilité publique de toute voie de communication, route, canal ou chemin de fer destinée à relier un siège d'exploration houillère avec les routes, canaux ou chemins de fer existants.

La sous-commission de revision, à la date du 15 avril 1875, demandait qu'un simple arrêté préfectoral pût autoriser le concessionnaire à occuper dans le périmètre de sa concession les terrains nécessaires à l'établissement de... canaux, routes et chemins de fer, sans distinguer entre les chemins de fer modifiant ou ne modifiant pas le relief du sol : cette dernière distinction, qui a été écrite dans la loi, avait été demandée par le conseil d'état, à la date du 3 mai 1878.

Occupations de terrains en dehors du périmètre de concession : déclaration d'utilité publique.

Passons maintenant à l'étude des occupations de terrains que le nouvel article 44 permet, aux concessionnaires de mines, pour certaines œuvres, en dehors de leur périmètre ; disons tout d'abord que les articles 43 et 44 primitifs de la loi de 1810 ne prévoyaient pas d'occupations de terrains hors du périmètre concédé, et qu'ils s'appliquaient exclusivement aux occupations de terrains dans le périmètre ; c'est ce qui avait été proclamé dans le décret précité du 8 mars 1851, concernant les mines de la Vernade (1). Or c'était là une lacune fâcheuse ; à cet égard, l'on peut dire que la loi de 1810 était moins favorable à l'industrie des mines, moins avancée que la loi du 28 juillet 1791, dont l'article 25 affirmait, pour les exploitants de mines, la faculté de demander au directoire du département la permission « d'ouvrir des travaux de secours dans un canton ou exploitation du voisinage », tels que galerie d'écoulement, chemins, prise d'eau ou passage des eaux, et autres travaux de ce genre.

Dans le silence de la loi primitive du 21 avril 1810, l'expropriation pour cause d'utilité publique avait été indiquée comme un moyen d'occuper, en dehors du périmètre de concession, les terrains nécessaires pour des voies de communication ou pour des ouvrages indispensables à l'exploitation des mines. En ce qui concerne les voies de communication, on invoquait l'exemple de la Belgique régie, comme la France, par la loi de 1810, et où l'article 12 de la loi du 2 mai 1837 porte que « le gouvernement, sur la proposition du conseil des mines, pourra déclarer qu'il y a utilité publique à établir des communications dans l'intérêt d'une exploitation de mines. »

Néanmoins une objection de principe était faite : « Peut-on logiquement, disaient quelques personnes, demander l'expropriation pour cause d'utilité publique, alors qu'il s'agit d'une mine, qui n'est autre chose qu'une propriété privée? » Mais à cela il y avait lieu de répondre que quoique les mines soient des propriétés privées, les concessions de mines ont été instituées sous le régime de la loi de 1810, par motif d'intérêt général, pour cause d'utilité publique ; cela ne saurait faire doute quand on se reporte aux documents préparatoires de la loi du 21 avril 1810 : l'exposé des motifs de Regnault de Saint-Jean d'Angely invoque les motifs de « l'intérêt de la société... de grands avantages en économie administrative... d'immenses avantages politiques, la possibilité d'un grand accroisse-

---

(1) Lebon et Gouté, 1851, p. 170.

ment de jouissance pour l'état »; le rapport du comte de Girardin mentionne, de son côté, « l'intérêt de tous, l'intérêt général, etc. ». Dans ces conditions, on pouvait donc dire qu'il n'y avait rien d'illogique et d'irrationnel à ce qu'une loi nouvelle, ou bien une modification à la loi actuelle, vînt permettre de déclarer qu'il y « a utilité publique » à exécuter certains ouvrages reconnus indispensables à l'exploitation des mines : tout au contraire, on pouvait affirmer que ces nouvelles dispositions législatives ne feraient que développer un germe existant dans la loi de 1810, et qu'elles seraient pleinement conformes au motif d'utilité publique qui a plané originellement sur le berceau de la propriété minière (1).

Cette doctrine a été admise par la loi du 27 juillet 1880, qui proclame au premier paragraphe de l'article 44 la faculté, pour le gouvernement, de faire déclarer d'utilité publique trois catégories d'œuvres distinctes, dans l'intérêt de l'exploitation des mines, savoir :

1° Dans l'intérieur du périmètre, certaines voies de communication (les canaux et les chemins de fer modifiant le relief du sol);

2° A l'extérieur du périmètre, les diverses voies de communication (canaux, chemins de fer, routes);

3° A l'extérieur du périmètre, certains travaux de secours.

Voies de communication en dehors du périmètre (canaux, chemins de fer, routes).

Nous avons étudié ce qui concerne les voies de communication, qu'on peut déclarer d'utilité publique, dans le périmètre : disons quelques mots des divers ouvrages qu'on peut déclarer d'utilité publique en dehors de celui-ci.

Les voies de communication qu'on peut déclarer d'utilité publique en dehors du périmètre de concession sont, aux termes de l'article 44, « les canaux, les chemins de fer, les routes nécessaires à la mine ». Observons qu'il n'est fait ici aucune réserve au point de vue des canaux ni des chemins de fer : en ce qui concerne ce dernier genre de voies de communication, il n'y aura pas à distinguer si c'est un chemin de fer à chevaux ou à locomotives, à voie étroite

---

(1) Page 82 de la brochure autographiée, intitulée : *Développements à l'appui des propositions de modifications à la loi de* 1810, par M. Dupont, ingénieur en chef des mines, membre de la commission d'études de la loi des mines, instituée par M. le ministre des travaux publics (avril 1875).

ou bien à large voie, s'il constitue une voie d'embranchement ou une voie isolée, s'il modifie ou ne modifie pas le relief du sol, etc., etc. Tout chemin de fer destiné au service des mines peut être déclaré d'utilité publique : c'est là un point important, et qui offrira désormais de grands avantages pour le développement de notre industrie minérale.

Il est une particularité spéciale que nous devons rappeler, en ce qui concerne les voies de communication (canaux, chemins de fer et routes) établies en dehors du périmètre, en vertu d'un décret rendu en conseil d'état portant déclaration d'utilité publique, c'est qu'elles pourront être affectées à l'usage du public dans les conditions des cahiers des charges (art. 44, § 1er). Au contraire, pour toutes les voies de communication (routes, canaux ou chemins de fer) établies à l'intérieur du périmètre par le concessionnaire, soit en vertu d'un arrêté préfectoral (art. 43), soit en vertu d'un décret portant déclaration d'utilité publique (art. 44), la même servitude n'existe pas, elle n'est pas spécifiée par les articles révisés.

En ce qui concerne les origines de la revision de la loi des mines au sujet des voies de communication, on doit rappeler que la commission de l'assemblée nationale avait été la première à demander, dès le 22 janvier 1874, que le gouvernement ou le préfet, suivant les cas, pût déclarer l'utilité publique de toute voie de communication, route, canal ou chemin de fer, desservant des sièges d'exploitation houillère. Cette proposition avait un défaut, c'est de ne rien faire pour les mines autres que les mines de houille. D'autre part, à la date du 15 avril 1875, la sous-commission de revision (1) demandait que « le concessionnaire de mines pût être autorisée par arrêté préfectoral à occuper dans le périmètre de sa concession les terrains nécessaires... à l'établissement des... canaux, routes et chemins de fer » (art. 43) ; et la même sous-commission demandait que « les canaux, routes et chemins de fer, sortant du périmètre concédé et destinés au service d'une mine pussent être déclarés d'utilité publique par le gouvernement (art. 44) ». Les modifications faites à ces dernières propositions et écrites dans la loi du 27 juillet 1880 ont été accomplies sur l'avis du conseil d'état du 2 mai 1878.

---

(1) Composée de MM. Grüner, de Fourcy, Dupont et Heurteau.

Travaux de secours en dehors du périmètre.

Une innovation très importante a été écrite dans le nouvel article révisé, c'est celle qui concerne les travaux de recours à exécuter en dehors du périmètre d'une concession de mines. Le mot « innovation » est juste vis-à-vis de la loi primitive du 21 avril 1810, qui avait tenu en un fâcheux oubli ces travaux de secours; il ne le serait pas vis-à-vis de la loi antérieure du 28 juillet 1791, qui contenait à cet égard un article ainsi conçu :

> Art. 25. — Lorsqu'il sera nécessaire à une exploitation d'ouvrir des travaux de secours dans un canton ou exploitation du voisinage, l'entrepreneur en demandera la permission au directoire du département, pourvu que ce ne soit pas pour extraire des minéraux provenant de ce nouveau canton, mais pour y étendre des travaux nécessaires, tels que galerie d'écoulement, chemins, prise d'eau au passage des eaux, et autres de ce genre, à charge de ne point gêner les exploitations y existant, et d'indemniser les propriétaires de la surface.

Cette lacune de la loi du 21 avril 1810, au point de vue des travaux de secours à entreprendre en dehors du périmètre d'une concession de mines, créait une grande gêne pour la bonne exploitation des mines; en effet, l'emplacement de ces travaux tels que galerie d'écoulement, puits d'aérage, etc., est parfois commandé en dehors du périmètre concédé par des nécessités techniques : on pouvait citer, il est vrai, en faveur du système de la loi primitive de 1810, le décret du 9 janvier 1852 (1) portant permis de recherches, qui autorisait le concessionnaire des mines de houille de Meisseix (Puy-de-Dôme) à pratiquer, en dehors du périmètre de sa concession, une galerie de recherches et d'écoulement; mais, il faut bien le dire, il s'agit ici d'un cas exceptionnel où l'on avait employé une sorte d'expédient qui ne faisait que démontrer à nouveau la lacune de la loi de 1810.

Cette lacune avait été particulièrement démontrée par le fait suivant qui mérite d'être signalé : Les concessionnaires des mines de lignite des Bouches-du-Rhône, mines importantes puisque leur production en 1878 et en 1879 a dépassé 420.000 tonnes, projettent, depuis près de huit années, l'exécution d'une galerie souterraine

---

(1) *Annales des mines*, 1852, p. 1.

CHAP. IX. — DROITS DES CONCESSIONNAIRES. 369

destinée tout à la fois à assécher ces mines et à conduire leurs produits sur les bords de la mer, aux portes de Marseille. Cette galerie, qui doit avoir 14,859 mètres de long, dont 12,345 mètres en dehors des périmètres concédés, et dont la dépense est évaluée à 2 millions environ, serait tout à la fois, pour les concessions de lignite des Bouches-du-Rhône, « une galerie d'écoulement et un chemin de fer sortant du périmètre concédé » : à ce double point de vue, elle pourra désormais être déclarée d'utilité publique en vertu du nouvel article 44. Avant la revision opérée par la loi du 27 juillet 1880, les concessionnaires des mines de lignite des Bouches-du-Rhône avaient été impuissants à obtenir l'autorisation administrative nécessaire pour l'exécution de cette galerie, et le conseil général des ponts et chaussées, consulté à cet égard, avait émis l'avis que, dans l'état présent de la législation, il n'était pas possible de faire déclarer d'utilité publique le chemin de fer souterrain demandé par ces exploitants de mines. Désormais, nous le répétons, il ne saurait plus y avoir obstacle administratif ou législatif à l'exécution de la grande galerie des mines des Bouches-du-Rhône : cette galerie s'exécutera, nous l'espérons, et elle sera un bienfait vivant de la loi de revision du 27 juillet 1880.

Il semble que la commission d'enquête houillère à l'assemblée nationale, qui avait proposé dès le 22 janvier 1874 de joindre à l'article 44 un article nouveau (44 bis) pour permettre aux exploitants de mines de faire les routes, chemins de fer et canaux nécessaires à l'exploitation des mines, aurait dû combler la lacune de la loi de 1810, en ce qui concerne les travaux de secours extérieurs au périmètre de concession, mais la chose fut sans doute oubliée (1).

Avantage du nouvel article 44.

Le nouvel article 44, au double point de vue des voies de communications nécessaires aux mines et des travaux de secours extérieurs au périmètre concédé, constituera désormais une modification

---

(1) Malgré notre répugnance à mettre notre personne en jeu, nous croyons pouvoir dire que nous avons été des premiers à demander la modification de l'article 44 tendant à permettre ces travaux de secours, alors que nous faisions partie de la sous-commission de revision de la loi des mines, et nous avons consigné notre proposition avec les motifs à l'appui, à la date du 3 avril 1875, dans un mémoire qui fut publié en autogra-

24

importante de la loi organique des mines, et sera un bienfait inestimable pour notre industrie minérale : c'est dont à bon droit que la circulaire ministérielle du 6 août 1880 s'exprime dans les termes suivants, au sujet de cet article :

> L'article suivant (44) contient une innovation dont l'importance ne vous échappera pas. Il permet de déclarer d'utilité publique et de faire profiter du bénéfice de l'expropriation certains travaux indispensables à l'exploitation des mines, et dont le nouveau texte donne la nomenclature. Cette disposition, empruntée à plusieurs législations étrangères, comble une lacune que de nombreuses réclamations avaient mise en relief.

Comparaison avec la législation étrangère (Autriche, Prusse, Angleterre, Belgique, Italie, Bavière).

La législation étrangère, sur cette question importante des occupations de terrains par les concessionnaires pour voies de communication et travaux de secours, mérite d'être mentionnée sommairement.

Pour ce qui est des voies de communication, nous dirons qu'en Autriche, les paragraphes 131, 132 et 133 de la loi du 23 mai 1854 portent que la concession de mine donne au titulaire le droit de « faire des chemins, des sentiers, des ponts et des chemins de fer..... » moyennant le consentement réglementaire de l'autorité politique, l'autorité minière devant être avertie de l'exécution des travaux.

En Prusse, l'article 135 de la loi du 24 juin 1865 comprend « les routes, chemins de fer et canaux » parmi les ouvrages pour lesquels la cession du terrain au concessionnaire de mines est obligatoire, moyennant indemnité simple à payer au propriétaire sous la réserve des terrains couverts d'habitations et enclos y attenants (articles 136 et 137).

---

phie par ordre de M. le ministre des travaux publics, sous le titre suivant: *Développements à l'appui des propositions de modifications à la loi de* 1810, *faites par* M. Dupont, ingénieur en chef des mines, membre de la commission d'études de la loi des mines, instituée par M. le ministre des travaux publics (p. 75). Ajoutons que la disposition relative « aux travaux de secours » en dehors du périmètre qui a passé dans la loi revisée, fut faite dès le 15 avril 1875 par la sous-commission de revision, composée de MM. Grüner, président; de Fourcy, Dupont et Heurteau, secrétaire.

En Angleterre, d'après M. de Ruoltz (1), « c'est toujours par voie amiable et sans intervention de l'administration publique que se règlent les difficultés entre l'exploitant et le propriétaire en matière de chemins d'exploitation... Par une sorte d'usage, on a établi dans chaque district houiller un taux habituel pour cette redevance spéciale, qui se paye sous forme soit d'un droit de passage de tant par tonne (généralement 10 à 15 cent.) soit d'un droit proportionnel à la surface des terrains occupés, (généralement 275 francs par hectare)... Au cas où le propriétaire refuse de s'entendre, l'exploitant de la mine a le droit de solliciter un acte du Parlement l'autorisant à « ouvrir les passages dont il a besoin pour exporter ses produits », mais il est presque sans exemple qu'on ait eu recours à ce moyen, dont l'emploi entraîne à des frais trop considérables ».

En Belgique il existe ainsi qu'il a été dit, une loi des mines postérieure à celle de 1810, la loi du 2 mai 1837, qui donne aux concessionnaires le droit explicite d'établir des communications dans l'intérêt d'une exploitation de mines, moyennant le payement des terrains au double de leur valeur. L'article 12 de la loi du 2 mai 1837, contenant cette disposition, est ainsi conçu :

Art. 12. — Le gouvernement, sur la proposition du conseil des mines, pourra déclarer qu'il y a utilité publique à établir des communications dans l'intérêt d'une exploitation de mines. La déclaration d'utilité publique sera précédée d'une enquête. Les dispositions de la loi du 17 avril 1835, sur l'expropriation pour cause d'utilité publique, et autres lois sur la matière, seront observées ; l'indemnité due au propriétaire sera fixée au double.

Lorsque les lieux et leurs dépendances seront occupés par leurs propriétaires, les tribunaux pourront prendre cette circonstance en considération pour la fixation des indemnités.

Comme différence avec la France, on remarquera qu'en Belgique, l'indemnité à payer aux propriétaires en cas de voies de communication déclarées d'utilité publique pour mines, doit être fixée au double ; d'autre part, il est de jurisprudence en Belgique que le gouvernement ne peut pas insérer d'office, dans les arrêtés déclarant qu'il y a utilité publique à établir une voie de communication dans l'intérêt d'une exploitation de mines, une clause conférant aux exploitants d'établissements industriels autres que des mines le

---

(1) Cité page 112 du rapport de M. de Marcère à la commission parlementaire de 1874.

droit de se servir de ladite communication à des conditions à règler amiablement ou par experts : ainsi décidé par un avis du conseil des mines belge, du 8 juin 1860 (1).

Pour ce qui est des travaux de secours à entreprendre en dehors du périmètre concédé, la loi autrichienne du 23 mai 1854 dit à son § 85 que :

> Les puits ou galeries situés en dehors du périmètre d'une concession et servant à son exploitation avantageuse (puits ou galeries de secours), ne peuvent être entrepris et exécutés qu'avec le consentement de l'autorité minière.

D'autre part, la loi italienne du 20 novembre 1859 contient un article ainsi conçu (art. 83) :

> Les ouvrages qui, même en dehors des limites du terrain concédé, doivent être entrepris pour l'aérage ou pour l'écoulement des eaux des mines, peuvent donner lieu à la déclaration d'utilité publique, en vertu des lois sur la matière.

Disons enfin, comme comparaison avec la législation étrangère, que, dans la loi prussienne du 24 juin 1865, le propriétaire de la mine a le droit de faire des ouvrages de secours dans les terrains non concédés; il a le même droit dans des concessions étrangères, en tant que les travaux de secours ont pour but l'écoulement des eaux ou l'aérage, ou encore l'exploitation plus avantageuse de la mine, en tant qu'ils ne dérangent ni mettent en danger les travaux des autres concessionnaires : en cas d'opposition de ceux-ci, l'administration des mines statue, sans possibilité de recours devant l'autorité judiciaire (art. 60 et 61). Mêmes dispositions, dans la loi bavaroise du 10 mars 1869 (art. 48 et 49). La loi prussienne, toujours très précise, contient les dispositions suivantes au sujet des minerais qui peuvent être extraits par des travaux de secours en dehors du périmètre :

> Art. 63. — Les minerais extraits dans le cours d'un ouvrage de secours en terrain libre sont considérés comme produits de la mine au profit de laquelle ce travail est effectué.
>
> Lorsque, cet ouvrage étant fait dans le périmètre d'une autre concessionnaire, il est extrait des substances minérales auxquelles celui-ci a droit, ces substances doivent lui être remises gratuitement sur sa réclamation.

---

(1) Du Pont, *Annales des travaux publics de Belgique*, t. XXXII, p. 287.

Droits restreints des concessionnaires, en matière de travaux sous les lieux habités.

Poursuivant l'étude des droits des concessionnaires de mines, nous devons mentionner un droit réel, quoique restreint et conditionnel, c'est celui qui concerne les travaux sous les lieux habités.

Le concessionnaire a le droit de poursuivre les travaux sous les lieux habités après une autorisation administrative, et moyennant la caution spécifiée par l'article 15 de la loi du 21 avril 1810 ; cela a été consacré par deux décisions ministérielles déjà citées des 21 octobre 1838 (mines de Baubrun) et 21 avril 1843 (mines de Verchères-Féloin) (1).

A cet égard, le modèle des cahiers des charges de concessions de mines joint à la circulaire du 8 octobre 1843 contient un article conçu comme il suit :

Art. H^1. — Dans le cas où les travaux projetés devraient s'étendre sous (la ville de , les habitations de   ou les édifices de), ces travaux ne pourront être exécutés qu'en vertu d'une autorisation spéciale du préfet, donnée sur le rapport des ingénieurs des mines, après que le conseil municipal et les propriétaires intéressés auront été entendus, et après que le concessionnaire aura donné caution de payer l'indemnité exigée par l'article 15 de la loi du 21 avril 1810. Les contestations relatives, soit à la caution, soit à l'indemnité, seront portées devant les tribunaux et cours, conformément audit article.

L'autorisation d'exécuter les travaux sera refusée par le préfet s'il est reconnu que l'exploitation peut compromettre la sûreté du sol, celle des habitants ou la conservation des édifices.

Le modèle des cahiers de charges de 1843 est vieilli, ainsi qu'il a été dit précédemment (chap. III) ; le modèle des cahiers de charges actuellement en usage ne contient aucun article spécial aux travaux sous les lieux habités.

D'autre part, en fait, on peut observer que le cahier des charges, joint au décret du 31 juillet 1867 (2) concédant les mines de houille de Sincey (Côte-d'Or), contient un article (art. 5), concernant les travaux « sous des bâtiments et habitations », qui est identique à l'article H^1 du modèle de 1843 ; en fait encore, nous croyons

---

(1) Dupont, *Jurisprudence des mines*, t. II, p. 56, et t. I, p. 417.
(2) *Annales des mines*, 1867, p. 323.

devoir citer, comme nuance, la clause relative au même sujet, laquelle est tirée d'un cahier des charges joint au décret du 20 juillet 1867 (1), presque de la même date que le précédent, et portant concession des mines de Lancevard (Savoie).

Art. 5. — Dans le cas où les travaux projetés par le concessionnaire devraient s'étendre sous des habitations, chalets et bâtiments de montagnes, ils ne pourront être exécutés qu'après qu'il en aura été donné avis au préfet et aux ingénieurs des mines et des ponts et chaussées, et après que les concessionnaires auront donné caution de payer l'indemnité exigée par l'article 15 de la loi du 21 avril 1810. Le préfet prescrira toutes les mesures de conservation et de sûreté qui seront jugées nécessaires.

Il va sans dire que, dans les conditions de ce dernier cahier des charges, le préfet, lorsque le concessionnaire lui aura donné avis de son intention d'exécuter des travaux destinés à s'étendre sous des habitations, doit pouvoir les empêcher préventivement s'il reconnaît qu'il y a danger pour la solidité de ces habitations, sans quoi la surveillance administrative cesserait d'exister, en violation formelle du titre V de la loi du 21 avril 1810 : observons, du reste, que le droit de *veto* pour le préfet résulte formellement, en pareil cas, du nouvel article 50. D'autre part, le préfet devra donner son assentiment à ces travaux, lorsqu'il le jugera opportun, en déclarant qu'il ne s'y oppose point, ce qui est, en fait, une sorte d'autorisation administrative abrégée.

Néanmoins la comparaison des dispositifs des cahiers des charges susmentionnés conduit à émettre le désir que, désormais, en présence des articles 43 et 50 revisés, les nouveaux cahiers de charges des concessions de mines contiennent des dispositifs analogues, en ce qui concerne les travaux sous les lieux habités.

Comme comparaison avec la législation étrangère en pareille matière, rappelons que, dans la loi italienne du 20 novembre 1859, l'article 82 s'exprime comme il suit, au sujet de la caution exigée en cas de travaux sous des habitations ou lieux clos :

Le concessionnaire pourra obtenir successivement d'être libéré de sa caution s'il justifie, contradictoirement avec les intéressés, qu'il a fait les travaux reconnus nécessaires pour prévenir tout dommage.

---

(1) *Annales des mines*, 1867, p. 289.

Droits restreints des concessionnaires, en matière d'abandon des travaux.

De même que pour les travaux sous les lieux habités, les concessionnaires de mines ont un droit véritable, quoique conditionnel et restreint, en ce qui concerne l'abandon des travaux.

Le droit des concessionnaires d'abandonner un quartier de leur exploitation après une autorisation administrative est corrélatif avec leur devoir, vis-à-vis de l'administration, sur ce point : l'un entraîne l'autre. Ce double principe a été confirmé par l'ordonnance au contentieux, du 5 avril 1826 relative aux mines du Treuil, et par un arrêt de la cour de Lyon du 3 juin 1841, rendu dans l'affaire Michel.

Le concessionnaire a le droit de suspendre tout travail dans une concession entière alors qu'il ne doit pas y avoir préjudice pour les consommateurs, et qu'il a préalablement reçu, à cet égard, une autorisation administrative. L'article 49 de la loi de 1810 s'oppose à ce qu'une exploitation soit restreinte ou suspendue de manière à inquiéter sur les besoins des consommateurs, mais cette prescription elle-même semble confirmer indirectement le droit précité du concessionnaire alors que le ministre, qui est chargé par l'article 49 de veiller à l'exécution dudit article, aura reconnu que les besoins des consommateurs ne sont pas menacés.

Ce dernier principe a été appliqué par une décision ministérielle du 21 août 1845, relative au chômage des concessions de la Theurée-Maillot, des Porrots et des Badeaux, appartenant à la Compagnie des houillères de Blanzy, décision mentionnée aux *Annales des mines* (1).

Dans le même sens, on peut citer un arrêté ministériel du 3 mai 1854 qui a autorisé la Compagnie de Vicoigne à abandonner les travaux de la concession houillère de Château-l'Abbaye.

Extension de concession. — Comparaison avec la Belgique.

Le concessionnaire a le droit de solliciter une extension de concession, dans les formes spécifiées pour les demandes en conces-

---

(1) 3ᵉ série, t. XIV, p. 594 (de Cheppe).

sion (2). Quarante-cinq ordonnances ou décrets intervenus en cette matière, dans la période de 1835 à 1866, démontrent, en fait, non pas seulement le droit des concessionnaires mais un large exercice de ce droit : le gouvernement, comme on voit, ne se refuse point à accroître le périmètre primitif d'un concessionnaire, lorsque les circonstances le demandent.

Citons, comme exemple d'extension considérable, un décret du 2 juillet 1872 qui accorde à la concession de plomb et argent de Vialas une extension de 18 kilomètres carrés, 14 hectares, 41 ares, laquelle porte le périmètre total à 115 kilomètres carrés, 86 hectares 41 ares. Citons, à l'extrême opposé, un décret du 23 juin 1880 qui accorde une ajoutée de 8 hectares seulement à la concession de fer d'Escaro (Pyrénées-Orientales), de manière à porter la superficie totale à 175 hectares.

Il y a aussi des exemples de refus d'extension de concession : on peut citer, à cet égard, un décret du 21 juin 1877, relatif aux demandes concurrentes des deux compagnies de Crespin-lès-Anzin et Marly-lès-Valenciennes, etc.

Rappelons, au sujet des demandes en extension de concession, qu'une circulaire ministérielle du 7 février 1877 a prescrit aux demandeurs d'indiquer sur les plans joints à l'appui de leur demande en extension, le périmètre déjà concédé et sa délimitation.

Comme comparaison avec la Belgique, en ce qui concerne l'extension des concessions, disons que la jurisprudence du conseil des mines belge a posé les principes suivants en cette matière : « Pour être recevable dans une demande en extension de concession de mines, il faut être titulaire d'une concession régulière et en activité d'exploitation » (avis du 23 mars 1860). — « Une demande en extension d'une concession de mines est inadmissible lorsque les terrains auxquels elle s'applique ne sont pas contigus aux limites de cette concession » (avis du 11 juillet 1845). — « L'extension de concession de mines peut s'appliquer à une substance minérale d'une autre nature renfermée dans le périmètre de la mine déjà concédée » (avis du 7 août 1846). — « Un demandeur en concession de concession dans un périmètre où il est déjà concessionnaire d'une substance minérale n'est pas fondé à prétendre qu'il ne doit plus être

---

(2) Dupont, *Jurisprudence des mines*, t. II, p. 65.

assujetti à des indemnités en faveur des propriétaires du sol pour l'extraction des autres substances qu'il sollicite dans le même périmètre (avis du 25 avril 1851) (1).

Réduction de périmètre. — Renonciation à des concessions de mines.

Le concessionnaire, lorsqu'il reconnaît qu'une partie de son périmètre est stérile, a le droit de demander une réduction de périmètre, afin de se débarrasser des redevances fixe et tréfoncière afférentes à cette partie de la concession.

Il peut aussi demander une renonciation à la concession, lorsqu'il reconnaît que la surface entière du périmètre est stérile, et que la concession ne peut que lui être une charge onéreuse (2).

Ces demandes en renonciation à tout ou partie du périmètre concédé sont soumises aux mêmes formalités que les demandes en concession, car il importe qu'en pareille matière le public soit prévenu, comme il l'a été pour l'institution de la concession. Observons qu'il y a ici une prescription de plus à remplir, et la circulaire du 30 novembre 1834 s'exprime à cet égard dans les termes suivants :

> Indépendemment de cette publicité donnée à la demande, il faut, pour que la renonciation à la totalité ou à une partie de la concession puisse être acceptée par le gouvernement, que le concessionnaire justifie que la mine n'est pas devenue le gage d'autrui, et qu'à cet effet il produise un certificat du conservateur des hypothèques constatant qu'aucune inscription n'existe sur cette mine, ou du moins le consentement des personnes inscrites à lever leurs hypothèques ou à les restreindre à la portion du gîte qu'il entend conserver.

On peut voir aux *Annales des mines* de nombreux décrets accordant des réductions de concession, ou acceptant des renonciations à des concessions : de 1831 à 1853, on compte 12 ordonnances ou décrets accordant des réductions de concession, etc., etc. On compte également 44 ordonnances ou décrets portant renonciation à des concessions diverses, depuis 1831 à 1868.

Les décrets relatifs aux renonciations de concession mentionnent

---

(1) Du Pont, *Annales des travaux publics de Belgique*, t. XXXII, p. 273 et 274.
(2) Dupont, *Jurisprudence des mines*, t. II, p. 67.

habituellement la réserve des droits des propriétaires de la surface pour les dommages qui auraient été causés, ou qui pourraient survenir encore, par le fait des travaux antérieurs des anciens concessionnaires. Cette réserve, qui est de droit, n'en est pas moins importante à formuler attendu qu'en matière de dégâts de mines, il y en a qui se font sentir à la surface du sol, très longtemps après la cessation des travaux qui en sont le principe ; les décrets portant renonciation de concession contiennent souvent un article général ainsi conçu : « les droits des tiers sont et demeurent réservés ».

Modifications de périmètre par extension et réduction.

Il suit naturellement de ce qui précède que le concessionnaire peut demander tout à la fois une modification de son périmètre par extention et par réduction. Les *Annales des mines* nous fournissent onze exemples de modifications pareilles, accordées par ordonnances ou décrets, de 1839 à 1860.

Droits des concessionnaires, en cas de retrait de concession.

Les concessionnaires sont passibles du retrait de la concession dans les trois cas prévus par les articles 6, 9 et 10 de la loi du 27 avril 1838 : c'est ce qui a été expliqué déjà. Lorsque le retrait de la concession a été prononcé par le ministre, le concessionnaire déchu a encore un triple droit à exercer :

Premièrement, il peut recourir au chef du gouvernement, en conseil d'état, par la voie contentieuse ;

Deuxièmement, il peut jusqu'au jour de l'adjudication arrêter les effets de la dépossession, en acquittant les taxes arriérées ;

Troisièmement enfin, après l'adjudication, le prix de cette adjudication lui appartient, déduction faite des sommes avancées par l'état; cela démontre bien, ainsi qu'il a été dit déjà, qu'il y a ici une expropriation pour cause d'utilité publique, mais non pas une déchéance proprement dite, laquelle serait « incompatible avec le système de la propriété des mines », comme disait Regnaud de Saint-Jean-d'Angely, dans son exposé des motifs.

Droit de cession en matière de mines.

Le droit de cession en matière de mines, ne pouvait pas être exercé avant la loi de 1810 sans l'autorisation du gouvernement (1) : telle était la prescription de l'arrêté du 3 nivôse an VI. Mais cette prescription a été virtuellement abolie par l'article 7 de la loi du 21 avril 1810, qui a fait de la propriété des mines, une propriété « disponible et transmissible comme tous autres biens ». Cette doctrine est établie depuis longtemps, et notamment depuis un avis du conseil d'état, du 21 août 1810, relatif aux mines de plomb d'Erlenbach (Haut-Rhin).

Cette suppression des entraves de l'arrêté du 3 nivôse an VI, qui étaient si gênantes, si arbitraires, si opposées aux véritables principes économiques, est un des plus grands bienfaits de la loi de 1810.

Cette suppression chez nous a été une question vitale pour la libre économie des richesses minérales ; elle a facilité beaucoup l'entrée des capitaux dans les affaires de mines. On peut donc s'étonner que M. Edouard Dalloz exprime dans son livre de la *Propriété des mines* (t. I, p. 142) quelques regrets sur la suppression de ces entraves. La loi de 1810, en les supprimant, a donc été plus libérale, plus en harmonie avec les vrais principes économiques que beaucoup de personnes ne le pensent ; aussi devons-nous répéter ici que nous ne saurions approuver les modifications qu'avait proposées en 1874 la commission de l'assemblée nationale à l'art. 7 de la loi de 1810 (p. 99 et 123 du rapport), modifications qui exigeaient l'autorisation du gouvernement pour la transmission des mines de toute autre manière autrement que par héritage, aussi bien que pour la vente par lots ou le partage des mines. Rappelons, du reste, que cette modification n'a point été adoptée elle n'a pas été écrite dans la loi du 27 juillet 1880, portant revision de la loi des mines.

Deux restrictions apportées au droit de cession.

Deux restrictions seulement sont apportées au droit de transmission, ainsi qu'il a été dit précédemment : l'une, résultant de l'ar-

---

(1) Dupont, *Jurisprudence des mines*, t, II, p. 73.

ticle 7 de la loi du 21 avril 1810, interdit les partages de concessions sans l'autorisation du gouvernement; l'autre, résultant du décret du 23 octobre 1852, interdit les réunions de concessions, à quelque titre que ce soit, sans une autorisation analogue. Dans les deux cas, l'autorisation du gouvernement est donnée après les mêmes formalités que pour l'obtention des concessions. Rappelons ce qui a été dit déjà, que ces deux restrictions ne sont pas absolues, puisqu'on peut compter cinq exemples de partages de concessions autorisés par le gouvernement de 1832 à 1858, et plus de quarante décrets autorisant des réunions de concessions, depuis 1852 jusqu'à ce jour.

Droit, pour les concessionnaires, de louer leurs mines.

Lorsqu'il n'y a pas partage, lorsqu'il n'y a pas réunion de concessions de même nature, le concessionnaire a pleine liberté pour louer sa mine. Cela tient d'une part à ce que l'arrêté du 3 nivôse an VI qui prohibait le bail des mines sans l'autorisation du gouvernement, n'est plus en vigueur aujourd'hui; d'autre part, à ce que, hors des deux restrictions susmentionnées, la propriété des mines est, aux termes de l'article 7 de la loi de 1810, « disponible et transmissible comme tous autres biens ». Mais l'amodiation partielle d'une mine sans autorisation du gouvernement est interdite comme violant l'article 7 de la loi : ce principe a été posé par un arrêt de la cour de cassation du 4 janvier 1844.

Un concessionnaire ne peut pas prendre en fermage une autre concession de même nature sans l'autorisation du gouvernement. Il faut, en pareil cas, une autorisation, comme pour la réunion de deux concessions par voie d'achat. Comme application de ce principe, on peut citer le décret du 20 août 1864, autorisant la Compagnie Hubert à réunir à sa concession de schistes bitumineux d'Hauterive, celle de Millery, tenue en location par le sieur Hubert, et une foule de décrets analogues.

Réunion de deux concessions voisines en une seule.

Le concessionnaire de deux mines voisines peut encore demander de les réunir en une seule concession. Comme exemple à cet égard, on peut citer le décret du 26 octobre 1876, réunissant les deux concessions d'anthracite du Pont de la Saussaz et de Saussaz-Reisseret en une seule concession dite du Pont de la Saussaz (Savoie), etc., etc. En pareil cas, le cahier des charges peut stipuler qu'il sera tenu un centre d'exploitation en activité, ou une place d'entrepôt, en tel ou tel quartier de la concession fusionnée : c'est ce qui a été fait dans le cas présentement cité.

Droits des cotitulaires d'une concession, pour régler leurs parts de propriété.

Au point de vue des droits des concessionnaires d'une mine en matière de constitution de la propriété de la concession, on est appelé à se demander si les cotitulaires d'une concession peuvent mesurer, à l'étendue de leurs propriétés, leurs parts dans les produits de l'exploitation et l'importance de leurs droits de copropriété. La cour de cassation a répondu par l'affirmative à cette question dans deux arrêts, l'un du 18 avril 1853, l'autre du 10 avril 1854, tous les deux relatifs à la Compagnie des mines de la Loire.

Nous devons dire néanmoins que ces arrêts nous paraissent déroger, en fait et d'une manière indirecte, à l'indivisibilité de la concession et de l'exploitation de la concession, proclamée par l'article 7 de la loi du 21 avril 1810 : les propriétaires du sol sont ici syndiqués, mais non pas fusionnés dans l'intérêt général de l'entreprise, comme le veulent l'esprit de la loi de 1810 et leur acte de concession. Il n'y a plus ici de chose commune, mais des intérêts divergents et qui s'opposent à ce que des travaux soient « coordonnés dans un intérêt commun », ainsi que l'ordonne l'article 7 de la loi du 27 avril 1838 : on transforme la concession en une sorte de confédération de concessions, ce qui ne semble pas légal.

Cession du droit d'exploiter.

La cession du droit d'exploiter une mine, quelle que soit la durée de la convention, est considérée par la cour de cassation comme une vente mobilière, les produits extraits des mines étant meubles d'après l'article 9 de la loi de 1810 : elle n'est pas considérée comme un bail à loyer. En conséquence, au point de vue fiscal, cette cession est passible du droit d'enregistrement de 2 p. 100, et non pas du droit de 20 centimes pour 100 francs. La chose a plusieurs fois été jugée de la sorte par la cour de cassation, et notamment dans un arrêt du

31 décembre 1856, dans l'affaire Maccarthy. Les choses dont on ne peut user ou se servir sans les consommer (et les mines sont dans ce cas), ne peuvent faire l'objet d'un bail ; la cession du droit d'exploiter une mine n'est donc pas un contrat de louage, malgré l'avis contraire de Troplong : elle est une vente mobilière.

Droit du concessionnaire à une indemnité dans le cas d'un massif réservé pour la sécurité d'un chemin de fer postérieur à la mine. — Compétence.

Un concessionnaire de mines a-t-il droit à une indemnité dans le cas où un arrêté préfectoral lui interdit d'exploiter, dans son périmètre, à une certaine distance d'un chemin de fer postérieur à la mine, à l'effet de ménager un massif pour la sécurité ou la conservation de cette voie de communication ?

Cette question a été posée et résolue, il y a bien des années, à l'occasion d'un long débat entre les exploitants de la mine de houille de Couzon (Loire) concédée par ordonnance du 17 août 1825, d'une part, et les sieurs Seguin frères et consorts autorisés à construire un chemin de fer de Saint-Étienne à Lyon par ordonnance du 17 juin 1826, d'autre part. Observons tout d'abord que l'ordonnance de concession du chemin de fer ne contenait aucune disposition préventive analogue à celle de l'article 24 du modèle actuel du cahier des charges, en ce qui concerne la traversée des terrains concédés pour mines. Le 25 novembre 1829, un arrêté du préfet de la Loire, invoquant l'article 50 de la loi du 21 avril 1810, avait interdit aux concessionnaires de la mine de houille de Couzon d'exploiter au-delà de deux plans verticaux parallèles à l'axe du chemin de fer de Saint-Étienne à Lyon et distants dudit axe, l'un au nord de 30 mètres, l'autre au sud de 20 mètres ; c'est cet arrêté qui devint l'origine du débat (1).

La cour de cassation dans un arrêt rendu, chambres réunies, à la date du 3 mars 1841, a proclamé, avec autorité souveraine, ce principe, qu'une indemnité est due à des concessionnaires de mines quand, par suite de l'établissement d'un chemin de fer, ils sont privés, pour cause d'utilité publique, d'une portion quelconque de leur concession.

---

(1) De Cheppe, *Annales des mines*, 3ᵉ série, t. XV, p. 672, et t. XX, p. 657.

L'arrêt de la cour suprême invoquait l'article 545 du code civil, lequel porte que « nul ne peut être contraint de céder sa propriété, si ce n'est pour cause d'utilité publique et moyennant une juste et préalable indemnité » : or cet article 545 est toujours vivant ;

L'arrêt invoquait l'article 9 de la charte constitutionnelle de 1830 portant que « l'état peut exiger le sacrifice d'une propriété pour cause d'intérêt public légalement constaté, mais avec une indemnité préalable » : or cette disposition reproduite dans l'article 11 de la constitution du 4 novembre 1848 fait partie essentielle, on peut le dire, du droit public français ;

L'arrêt invoquait l'article 7 de la loi du 21 avril 1810 : cet article est toujours debout ;

L'arrêt disait que « la concession d'une mine a pour objet l'exploitation de la matière minérale qu'elle renferme, que le concessionnaire auquel cette exploitation est interdite, pour un fait à lui étranger, sur une partie du périmètre de la mine pour un temps indéterminé, est privé des produits de sa propriété, et éprouve une *éviction* véritable doit il doit être indemnisé » : or cela est vrai aujourd'hui comme en 1841 ;

L'arrêt disait qu'à la vérité l'article 50 de la loi du 21 avril 1810 confère à l'autorité administrative le droit de pourvoir, par des mesures de sûreté publique, à la conservation des puits, à la solidité des travaux de la concession et à la sûreté des habitations de la surface, mais que cette disposition n'altère en rien le droit de propriété du concessionnaire, et ne lui impose pas l'obligation de subir la perte d'une partie de sa concession, sans une juste indemnité, à raison de la création d'un établissement nouveau, comme c'est le cas d'un chemin de fer dont la concession est postérieure à l'établissement de la mine : or cette doctrine subsiste malgré les modifications apportées à l'article 50 par la loi du 27 juillet 1880.

En effet, mettons en regard les deux articles 50.

Art. 50 (primitif). — Si l'exploitation compromet la sécurité publique, la conservation des puits, la solidité des travaux, la sûreté des ouvriers mineurs ou des habitations de la surface, il y sera pourvu par le préfet, ainsi qu'il est pratiqué en matière de grande voirie et selon les lois.

Art. 50 (revisé). — Si les travaux de recherche ou d'exploitation d'une mine sont de nature à compromettre la sécurité publique, la conservation de la mine, la sûreté des ouvriers mineurs, *la conservation des voies de communication*, celle des eaux minérales, la solidité des habitations, l'usage des sources qui alimentent des villes, villages, hameaux et établissements publics, il y sera pourvu par le préfet.

En présence du nouvel article 50, on doit déclarer hautement que le préfet a le droit de pourvoir, par arrêté, à la conservation de toute voie de communication sillonnant un périmètre de concession de mines : la chose a été dite au chapitre de la surveillance administrative des mines (1). Parmi ces voies de communication, il faut comprendre nominativement *les chemins de fer*, en raison de l'article 3 de la loi sur la police des chemins de fer du 15 juin 1845, qui porte que les servitudes imposées par les lois et règlements sur la grande voirie et qui concernent le mode d'exploitation des mines sont applicables aux propriétés riveraines des chemins de fer. En conséquence, le préfet a le droit de prendre un arrêté ordonnant à un concessionnaire de mines de réserver un massif pour la conservation d'un chemin de fer traversant la concession ; mais ce droit incontestable et incontesté, que le préfet possède plus que jamais par suite des termes précis du nouvel article 50, est un droit de police qui ne porte pas atteinte aux conséquences de droit civil que peut entraîner l'éviction ainsi prononcée administrativement. Le nouvel article 50, comme l'article 50 primitif, se tait absolument sur le droit à indemnité qu'un concessionnaire de mines peut exiger d'une éviction pareille; le nouvel article 50, pas plus que l'article 50 primitif, ne dit pas que les mesures ordonnées par le préfet, qui sont essentiellement des mesures d'utilité publique, ne pourront pas entraîner un droit à indemnité pour le concessionnaire s'il y a éviction réelle, au préjudice de ce dernier, d'une partie de sa propriété, éviction opérée pour la conservation d'une voie de communication créée postérieurement à la concession de la mine (2).

Nous estimons donc que la doctrine posée par la cour de cassation dans son arrêt du 3 mars 1841 subsiste toujours, malgré les modifications apportées par la loi du 27 juillet 1880 à l'article 50 de la loi du 21 avril 1810.

Dans tout ce qui précède, nous avons supposé que le cahier des charges de la concession du chemin de fer ne contenait aucune ré-

---

(1) Voir pages 293 et 348.
(2) « L'arrêté du préfet, dit M. Splingard, loin d'exonérer de l'obligation de réparer le préjudice, en est au contraire la constatation ». (*Des concessions de mines dans leurs rapports avec les principes du droit civil*, p. 56.)

CHAP. IX. — DROITS DES CONCESSIONNAIRES.

serve concernant les mines ; or le modèle des cahiers des charges d'une concession de chemin de fer (1), contient, en ce qui concerne les mines, un article ainsi conçu :

Art. 24. — Si la ligne du chemin de fer traverse un sol déjà concédé pour l'exploitation d'une mine, l'administration déterminera les mesures à prendre pour que l'établissement du chemin de fer ne nuise pas à l'exploitation de la mine, et réciproquement pour que, le cas échéant, l'exploitation de la mine ne compromette pas l'existence du chemin de fer.

Les travaux de consolidation à faire dans l'intérieur de la mine, à raison de la traversée du chemin de fer, et tous les dommages résultant de cette traversée, pour les concessionnaires de la mine, seront à la charge de la compagnie.

Cette réserve est introduite depuis de longues années déjà dans les cahiers des charges des concessions de chemins de fer, car, dès 1839, de Cheppe disait à cet égard dans un article inséré aux *Annales des mines* (2).

...Les cahiers des charges relatifs aux chemins de fer contiennent *maintenant* une clause ainsi conçue : « Si la ligne... (comme ci-dessus à l'article 24 précité) ». Les lois adoptées dans les sessions dernières ont consacré cette disposition, qui sans doute préviendra, pour l'avenir, des difficultés semblables à celles que l'exécution du chemin de fer de Lyon à Saint-Étienne a fait naître.

Lorsque le cahier des charges d'une concession de chemin de fer contient la réserve ci-dessus mentionnée, l'indemnité pour massif réservé dans le cas d'un chemin de fer postérieur à la mine est due, on peut dire, *a fortiori*; en effet, en sus des motifs précédemment exposés et consacrés par l'arrêt de la cour de cassation du 3 mars 1841, il a le motif même qu'on peut tirer du cahier des charges du chemin de fer. Ce dernier motif a été consacré par le conseil d'état dans un décret du 15 juin 1864 (3) relatif à un litige entre les concessionnaires de la mine de houille des Combes et Égarande (Loire) et la Compagnie du chemin de fer Paris à Lyon à la Méditerranée, la concession de la mine en question datant du 3 août 1825 et le cahier des charges de la Compagnie du chemin de fer, annexé au

---

(1) Lamé-Fleury, *Code annoté des chemins de fer en exploitation*, p. 91 et suiv.
(2) 3ᵉ série, t. XV, p. 705.
(3) Dalloz, 1864-3-82.

décret postérieur, du 19 juin 1857, contenant la réserve susmentionnée. Le conseil d'état a motivé comme il suit sa décision :

Considérant que s'il appartenait à l'administration, dans un intérêt de sûreté publique aussi bien que dans l'intérêt de l'exploitation du chemin de fer, d'imposer à la compagnie requérante l'interdiction prononcée dans la décision précitée (décision du ministre des travaux publics du 11 juin 1844), cette mesure, qui est est la conséquence directe de l'établissement du chemin de fer, ne rentre pas dans le cas de l'article 50 de la loi du 21 avril 1810, qui prescrit au préfet de pourvoir à ce que la sûreté des habitations de la surface ne soit pas compromise par l'exploitation de la mine, et qui est exclusif du droit du concessionnaire à une indemnité; — que de cette interdiction résulte pour la compagnie des mines des Combes un dommage direct et matériel, qui doit être rangé parmi les dommages mis par l'article 24 ci-dessus visé du cahier des charges de la compagnie du chemin de fer de Paris à la Méditerrannée à la charge de cette dernière compagnie.

Considérant dès lors que c'est à tort que l'arrêté attaqué a décidé que ce dommage n'ouvrait à la société requérante aucun droit à l'indemnité.

Art. 1er. — L'arrêté du conseil de préfecture de la Loire, en date du 10 mai 1862, est annulé.

Malgré les termes de cet arrêt du conseil d'état en ce qui concerne les conséquences civiles de l'article 50, termes que nous avons dû citer, nous croyons devoir persister, par les motifs précédemment développés, et pour le cas d'un chemin de fer postérieur à l'institution d'une concession de mine, dans la doctrine posée par la cour de cassation dans son arrêt solennel du 3 mars 1841, doctrine qu'elle a maintenue dans un arrêt du 3 janvier 1853 (1) concernant l'affaire chemin de fer de Saint-Étienne contre Fleur de Lix et autres.

Terminons, sur cette question des indemnités pour massifs minéraux réservés le long d'un chemin de fer, par quelques mots sur la compétence en ces matières. L'ordonnance du 8 avril 1831 relative à la mine de Couzon (Loire) (2), ainsi que l'arrêt susmentionné de la cour de cassation du 3 janvier 1853, admettaient la compétence des tribunaux; le décret du 15 juin 1864, cité tout à l'heure, concernant la mine des Combes (Loire) donne la compétence aux conseils de préfecture; enfin le tribunal des conflits, dans une décision du 5 mai 1877 (3), relative à la Compagnie des houillères de Saint-Étienne, dé-

---

(1) *Journal du Palais*, 1854-1-9.
(2) Dupont, *Jurisprudence des mines*, t. II, p. 84.
(3) *Annales des mines*, 1877, p. 248.

clare, très justement, selon nous, que c'est à l'autorité judiciaire qu'il appartient de statuer sur la demande en indemnité formée par un concessionnaire de mine contre une compagnie de chemin de fer, dans le cas où un arrêté préfectoral interdit l'exploitation à une certaine distance du chemin de fer, lorsque la situation faite au concessionnaire de mine par cet arrêté est équivalente à une dépossession définitive.

Droit éventuel à indemnité pouvant résulter, pour un concessionnaire, de l'application générale de l'article 50.

L'application des dispositions diverses du nouvel article 50 de la loi de 1810 peut entraîner en certains cas une interdiction partielle, par arrêté préfectoral, du périmètre d'une concession de mine : quels sont, en pareil cas, les droits éventuels du concessionnaire ? Tout ce qu'on peut dire d'une manière générale, en cette matière difficile et délicate, doit se formuler, croyons-nous, dans les termes suivants :

Tout d'abord, le concessionnaire a le droit d'être entendu par le préfet avant l'arrêté d'interdiction (art. 3 de l'ordonnance du 26 mars 1843) ;

Deuxièmement, il peut exercer contre l'arrêté préfectoral un recours au ministre, et, s'il y a lieu, au conseil d'état, par la voie contentieuse (ar. 7, § 3 de la loi du 27 avril 1838) ;

Troisièmement enfin, le concessionnaire tout en exécutant, comme c'est son devoir, l'arrêté préfectoral d'interdiction partielle, a la faculté de porter sa revendication en indemnité d'éviction, contre qui de droit, devant les tribunaux, lesquels apprécieront.

Comparaison avec la législation étrangère (Prusse, Bavière, Belgique).

Dans la loi prussienne du 24 juin 1865, le principe de l'indemnité due au concessionnaire de mines est explicitement spécifié par l'article 154 conçu comme il suit :

Art. 154. — Lorsque la mine est en exploitation en vertu d'un acte antérieur à la concession de l'une ou l'autre des voies publiques mentionnées à l'article 153 (chaussées, chemin de fer, canaux), le concessionnaire de la mine a droit à une indemnité s'il se trouve dans l'obligation, soit d'exécuter des travaux rendus nécessaires par l'établissement de ces voies, soit de détruire ou de modifier des travaux existants.

Si les intéressés ne peuvent régler l'indemnité à l'amiable, la fixation en a lieu, les deux parties entendues et sous réserve de la voie judiciaire, par une décision de l'administration supérieure des mines, laquelle est provisoirement exécutoire.

Mêmes dispositions dans la loi bavaroise du 20 mars 1869 (art. 157).

Mentionnons, au sujet des droits qui pourraient résulter pour un concessionnaire de mines de l'application de l'article 50 de la loi de 1810, un avis du conseil des mines belge du 31 décembre 1851 (1), qui contient la doctrine suivante :

L'état qui, pour cause de sûreté publique, interdit l'exploitation d'une mine ou d'une portion de mines, n'est pas tenu à indemniser le propriétaire de la mine, si l'interdiction est prononcée à raison de dangers immédiats ou imminents, résultant directement des travaux même du concessionnaire, c'est-à-dire de son propre fait.

Au contraire, le concessionnaire doit être indemnisé dans le cas où l'interdiction est prononcée à raison d'un fait étranger au concessionnaire et indépendant de la direction prudente et irréprochable des travaux d'exploitation.

Le même avis reconnaît le droit à indemnité, lorsque l'interdiction est prononcée pour un fait étranger au concessionnaire, par exemple, la réserve d'un rayon autour d'une forteresse (2) ; observons, à cet égard, qu'en France, la jurisprudence a consacré ce principe, que, pour les servitudes militaires qui sont d'utilité publique, l'établissement de pareilles servitudes ne donne lieu à aucune indemnité, ni contre l'état, ni contre les particuliers, à moins d'une disposition légale, formelle (3).

Cas d'indemnités dues aux concessionnaires de mines par les propriétaires de la surface.

Les concessionnaires de mines et les propriétaires de la surface peuvent se devoir des indemnités réciproques.

---

(1) Du Pont, *Annales des travaux publics de Belgique*, t. XXXII, p. 297.
(2) *Revue universelle de Liège*, 1878, p. 642.
(3) Cour de cassation, 27 décembre 1869. — Voir Dalloz, 1870-1-419.

Ce principe, en ce qui concerne les indemnités dues par le propriétaire de la surface au propriétaire de la mine dans des circonstances exceptionnelles, a été admis par la cour de cassation dans l'arrêt déjà mentionné du 3 mars 1841 et un autre du 3 janvier 1853 : ces arrêts formulent cette doctrine, qu'une compagnie de chemin de fer mise au lieu et place du propriétaire du sol, peut devoir indemnité, en certains cas, au concessionnaire d'une mine antérieure au chemin de fer.

Le principe de réciprocité a été proclamé directement dans un arrêt de la cour d'Angers, du 5 mars 1847, lequel a ordonné, dans le cas d'une carrière de sable exploitée par le propriétaire du sol et menaçant d'inonder la mine de Maupertuis, des mesures réparatrices à la charge du propriétaire de la carrière (1).

Citons, au sujet des droits que les concessionnaires de mines peuvent avoir à exercer vis-à-vis des propriétaires du sol, l'arrêt de la cour de Liège du 5 mai 1841 (affaire Lamine contre Cie de Corphalie), qui a décidé que :

> S'il est prouvé qu'un étang formé par les eaux pluviales dans un affaissement de terrain est pour les ouvriers d'une mine et son exploitation une cause incessante de danger, la société concessionnaire a le droit, sous la condition de payer au propriétaire une juste indemnité, de pratiquer dans ce terrain une galerie et un trou de sonde pour en faire disparaître les eaux. (Dalloz, *Jurisprudence générale*, v° mines, n° 315, 2° édit.)

Indemnités réciproques entre concessionnaires voisins. — Secours en cas d'accidents.

Occupons-nous maintenant des circonstances où il peut y avoir lieu à des obligations ou indemnités réciproques entre des concessionnaires de mines voisines (2).

Il y a, tout d'abord, le cas de concessions superposées. Dans ce cas, ces obligations et indemnités sont régies par les cahiers des charges respectifs des deux concessions, auxquels il faut se reporter dans chaque circonstance particulière; les indemnités réciproques que se doivent les concessionnaires de mines, en ce qui concerne l'épuisement des eaux, sont régies par l'article 45 de la loi du 21 avril 1810, ainsi conçu :

---

(1) Dupont, *Jurisprudence des mines*, t. II, p. 86.
(2) *Idem, idem,* t. II, p. 87.

Art. 45.—Lorsque par l'effet du voisinage ou pour toute autre cause, les travaux d'exploitation d'une mine occasionnent des dommages à l'exploitation d'une autre mine, à raison des eaux qui pénètrent dans cette dernière en plus grande quantité; lorsque, d'un autre côté, ces mêmes travaux produisent un effet contraire et tendent à évacuer tout ou partie des eaux d'une autre mine, il y aura lieu à indemnité d'une mine en faveur de l'autre : le règlement s'en fera par experts.

Le principe de solidarité entre concessionnaires voisins, en ce qui concerne l'épuisement des eaux, qui est tenu en germe dans l'article 45, a été développé et explicitement formulé, ainsi qu'il a été dit précédemment, par la loi du 27 avril 1838 sur les mines menacées d'inondation.

Enfin, il peut naître des contestations entre exploitants voisins, à raison de la délimitation de leurs concessions ou d'empiétements réciproques : ces matières sont régies par l'article 56 de la loi de 1810, ainsi conçu :

Art. 56. — Les difficultés qui s'élèveraient entre l'administration et les exploitants seront décidées par l'acte de concession.

A l'égard des contestations qui auraient lieu entre des exploitants voisins, relativement à la limitation des mines, elles seront jugées par les tribunaux et cours.

Il suit de là qu'en matière de bornage, un concessionnaire de mines a un double droit à exercer : premièrement, s'il trouve que ses droits sont lésés par l'interprétation donnée aux limites stipulées par l'acte de concession, il peut recourir, selon les formes, au conseil d'état, pour obtenir soit une interprétation, soit une rectification de l'acte de concession, en ce qui concerne les limites de son périmètre; deuxièmement, s'il croit qu'un concessionnaire voisin a empiété sur la limite séparative de sa concession, il peut en appeler aux tribunaux pour obtenir l'indemnité qui lui est due en raison de cet empiétement. Toutes les indemnités dues, en pareille circonstance, de concessionnaire à concessionnaire, sont jugées par les tribunaux ordinaires : c'est là une affaire de droit commun, et le texte de l'article 56 ne peut laisser aucun doute à cet égard.

Terminons sur les obligations de concessionnaire à concessionnaire, en mentionnant les secours réciproques que se doivent les concessionnaires de mines en cas d'accidents. Leurs obligations à cet égard sont formulées dans l'article 17 du décret du 3 janvier 1813, ainsi conçu :

Art. 17. — Les exploitants et directeurs des mines voisines de celle où il serait arrivé un accident fourniront tous les moyens de recours dont ils pourront disposer, soit en hommes, soit de toute autre manière, sauf le recours pour leur indemnité, s'il y a lieu, contre qui de droit.

Exemption de patente des exploitants de mines.

Les exploitants de mines, soit individus, soit sociétés, qui sont assujettis à payer les redevances fixe et proportionnelle sur les mines, ont le droit, en vertu de l'article 32 de la loi du 21 avril 1810, de ne pas payer patente. Ce principe a été établi à l'occasion des redevances : nous ne faisons que le rappeler ici.

Droits résultant, pour les concessionnaires de mines, de leurs cahiers des charges.

Les concessionnaires de mines sont tenus obligatoirement d'exécuter toutes les prescriptions de leurs cahiers des charges : la chose est de droit commun, et cette doctrine a été proclamée par un décret du 16 novembre 1850 relatif aux mines de fer de Veyras; par contre, ils ont le droit d'user, à leur profit, de toutes les dispositions de ces cahiers des charges.

Sociétés de mines : sont-elles civiles ou commerciales?

Terminons sur les droits des concessionnaires en disant quelques mots sur les sociétés de mines (1).

Les concessionnaires ou exploitants de mines ont le droit de se constituer en société. L'article 8 de la loi de 1810 prévoit le cas de société de mines par actions; d'autre part, l'article 13 parlant d'un demandeur agissant isolément ou en société comme pouvant obtenir une concession de mines sans imposer aucune forme de société, on est porté à conclure que les exploitants de mines qui se constituent en société, sont libres de choisir la forme de société qui leur convient.

En principe et *a priori*, la société formée pour l'exploitation des mines est par elle-même et virtuellement une société civile et non pas une société commerciale; cela a été plusieurs fois décidé par les

---

(1) Dupont, *Jurisprudence des mines*, t. II, p. 88.

tribunaux, et cela résulte de l'article 32 de la loi de 1810, qui dit que :

L'exploitation des mines n'est pas considérée comme un commerce, et n'est pas sujette à patente.

A ce sujet, rappelons qu'il a été décidé par la cour de Nancy (arrêt du 18 mai 1872) qu'une société formée par l'exploitation d'une mine, étant ainsi une société civile, ne peut être valablement assignée que dans la personne de tous ses membres, et que le jugement rendu contre son directeur seul n'a point, à cet égard, l'autorité de la chose jugée ; mais une société formée pour l'exploitation des mines peut revêtir le caractère commercial, soit par la volonté de ses associés, soit à raison de circonstances particulières : c'est ce qui a été fréquemment jugé par les tribunaux, et notamment pour le cas où à l'exploitation des mines se joindrait une autre industrie, consistant à transformer les produits de la mine en objets fabriqués, par leur combinaison avec des matières étrangères. (Colmar, 4 juin 1862. D. P., 62-2-163.)

Disons du reste que la question de savoir si les sociétés d'exploitation de mines sont civiles ou commerciales divise depuis longtemps les cours et tribunaux ; aucune question de jurisprudence n'est plus controversée.

Ainsi la cour de cassation, dans un arrêt du 26 mars 1855 rendu dans l'affaire Campbell contre Pallu et autres, reconnaît qu'une société formée pour l'exploitation des mines peut, suivant les circonstances, être considérée comme une société commerciale.

La cour de cassation a décidé, d'autre part, dans un arrêt du 31 janvier 1865, dans l'affaire Dardenne et Platard contre Diacoff, que la vente des produits d'une mine par une société formée pour l'exploitation de cette mine ne constitue pas un acte de commerce, quand rien n'établit que la société dont il s'agit a pris ou voulu prendre un caractère commercial, et lorsqu'au contraire elle a toujours été considérée comme une société civile.

Cette question de la nature des sociétés de mines continue à être controversée en France, et la preuve en est dans deux décisions judiciaires relatives à la compagnie des mines de cuivre de Huelva. Cette société ne se borne pas à exploiter des minerais de cuivre, mais 1° elle fabrique du cuivre ; 2° elle vend des minerais ; 3° elle vend du cuivre fabriqué ; 4° elle a pris la forme commerciale d'une société en commandite par actions. Dans ces circonstances, le tribunal civil de la Seine, dans un jugement du 31 mai 1876, a proclamé cette doctrine, que si l'exploitation des mines n'est pas un commerce (art. 32 de la loi de 1810), une partie des opérations spécifiées dans les statuts de la compagnie des mines de Huelva est commerciale, et qu'en conséquence la société est commerciale et justiciable des tribunaux de commerce, et le tribunal civil s'est déclaré incompétent. La cour d'appel de Paris, saisie de la même affaire (1), a proclamé la doctrine suivante, opposée à celle du tribunal civil de la Seine :

... La nature commerciale ou civile d'une société résulte de l'objet qui en fait la matière.

D'une part, les mines sont immeubles.

D'un autre côté, l'exploitation des mines n'étant pas considérée comme un commerce, aux termes de l'article 32 de la loi de 1810, les travaux qu'elle entraîne ne peuvent en altérer le caractère.

D'après ses statuts, l'objet de la Société des mines de cuivre de Huelva n'est pas d'acheter des minerais pour les traiter et revendre ensuite les produits obtenus, mais d'exploiter les mines dont elle est concessionnaire.

La fabrication du métal de cuivre, la vente, soit du minerai, soit du métal, aussi bien que la fabrication et la vente de tous autres métaux qu'on pourrait rencontrer dans les mines appartenant à la Société, sont des actes d'exploitation, et, comme tel, sont essentiellement civils......

Il n'est pas établi que la Société des mines de cuivre de Huelva se soit écartée de son objet.

Dès lors la dénomination qu'elle a reçue, la forme sous laquelle elle fonctionne, et même l'intention de ses fondateurs, n'ont pu lui imprimer un caractère commercial que la loi dénie expressément......

.... Dit que le tribunal civil de la Seine était seul compétent, renvoie en conséquence les parties devant le tribunal, composé d'autres juges, etc.

D'autre part et dans un autre sens, la cour de Nîmes, par un arrêt du 14 novembre 1879 relatif aux mines de Mondragon, a posé cette doctrine, qu'une société créée pour l'exploitation d'une mine devient une entreprise commerciale si l'acte d'autorisation est déposé et publié conformément au code de commerce; s'il est déclaré par les concessionnaires, dans l'acte de société, qu'ils joindront à l'exploitation de la mine les autres industries qui s'y rattachent, et si ces derniers se sont toujours servis de formules commerciales dans la rédaction des statuts sociaux.

Terminons sur la question des sociétés de mines en France, en

---

(1) *Annales des mines,* 1880, p. 223.

rappelant ce fait, que la commission d'enquête houillère à l'assemblée nationale a repoussé la demande, formée par les chambres de commerce d'Arras et de Saint-Omer, d'autoriser dans la loi la transformation en sociétés commerciales de toutes les compagnies de mines constituées en sociétés civiles, pour favoriser l'affluence des capitaux dans les affaires de mines. La commission a observé que :

> Transformer les sociétés de mines en sociétés commerciales serait une première atteinte portée à la nature de cette propriété, qui est essentiellement foncière, et doit rester telle. Les inconvénients sérieux que peut entraîner le caractère civil d'une société, au point de vue des engagements des sociétaires, sont d'ailleurs évités dans la plupart des cas, puisque presque toutes les sociétés affectent la forme de sociétés anonymes ou de sociétés en commandite..... (1)

Comparaison avec la Belgique.

En Belgique, il existe une loi du 18 mai 1873 (Code de commerce revisé, livre I, titre IX, des sociétés), où l'on voit un article ainsi conçu :

Dispositions additionnelles.

Art. 136. — Les sociétés dont l'objet est l'exploitation des mines peuvent, sans perdre leur caractère civil, emprunter les formes des sociétés commerciales en se soumettant aux dispositions du présent titre (2).

---

(1) Page 119 du rapport déposé dans la séance du 22 janvier 1874.
(2) Splingard, *Des Concessions de mines dans leurs rapports avec les principes du droit civil*, p. 340.

CHAPITRE X.

ANCIENNES CONCESSIONS.

Concessions antérieures à la loi de 1810.

Lorsque la loi du 21 avril 1810 a été promulguée, il existait, en France, un grand nombre de mines en activité. Pour la houille seule, ce nombre de mines s'élevait, d'après un mémoire de M. Cordier, inséré au tome 36 du *Journal des mines*, à 261. Parmi les exploitants, les uns étaient munis d'un titre régulier et avaient fait délimiter leurs concessions conformément aux prescriptions de la loi de 1791 ; les autres, munis d'un titre régulier, n'avaient pas fait délimiter leurs concessions ; d'autres enfin exploitaient sans titre de concession : pour la houille seule, il y avait ainsi 195 mines exploitées sans concession sur un total de 261. C'est assez dire, qu'en ce qui concerne la houille, la loi organique des mines devait forcément et expressément s'occuper des exploitations qui étaient en activité au moment de la promulgation de la loi, sans concession antérieure régularisée.

Il y avait donc opportunité, nécessité même, pour le législateur de 1810, de s'occuper « des concessions ou jouissances des mines, antérieures à la présente loi » : c'est ce qui a été fait dans le titre VI, qui comprend les articles 51 à 56, conçus comme il suit :

§ 1er. — *Des anciennes concessions en général.*

Art. 51. — Les concessionnaires antérieurs à la présente loi deviendront, du jour de sa publication, propriétaires incommutables, sans aucune formalité préalable d'affiches, vérifications de terrain ou autres préliminaires, à la charge seulement d'exécuter, s'il y en a, les conventions faites avec les propriétaires de la surface, et sans que ceux-ci puissent se prévaloir des articles 6 et 42.

Art. 52. — Les anciens concessionnaires seront, en conséquence, soumis au payement des contributions, comme il est dit à la section II du titre IV, articles 33 et 34, à compter de l'année 1811.

§ 2. — *Des exploitations pour lesquelles on n'a pas exécuté la loi de 1791.*

Art. 53. — Quant aux exploitants de mines qui n'ont pas exécuté la loi de 1791, et qui n'ont pas fait fixer, conformément à cette loi, les limites de de leurs concessions, ils obtiendront les concessions de leurs exploitations actuelles, conformément à la présente loi; à l'effet de quoi les limites de leurs concessions seront fixées sur leurs demandes ou à la diligence des préfets, à la charge seulement d'exécuter les conventions faites avec les propriétaires de la surface, et sans que ceux-ci puissent se prévaloir des articles 6 et 42 de la présente loi.

Art. 54. — Ils payeront, en conséquence, les redevances, comme il est dit à l'article 52.

Art. 55. — En cas d'usages locaux ou d'anciennes lois, qui donneraient lieu à la décision de cas extraordinaires, les cas qui se présenteront seront décidés par les actes de concession ou par les jugements de nos cours et tribunaux, selon les droits résultant, pour les parties, des usages établis, des prescriptions légalement acquises, ou des conventions réciproques.

Art. 56. — Les difficultés qui s'élèveraient entre l'administration et les exploitants, relativement à la limitation des mines, seront décidées par l'acte de concession.

A l'égard des contestations qui auraient lieu entre des exploitants voisins, elles seront jugées par les tribunaux et cours.

Importance, en France, de la question, toujours actuelle, des anciennes concessions.

Au sujet des anciennes concessions, il y a lieu de signaler le fait économique suivant : un grand nombre de mines de houille, qu'on peut classer parmi les plus importantes de la France (Anzin, la Grand-Combe, Bessèges, Graissessac, etc.), appartiennent à des concessions antérieures à la loi du 21 avril 1810, c'est-à-dire à d'anciennes concessions. Toutes ces mines sont donc régies par les articles 51 à 56 de la loi de 1810, qui les dispensent, comme on voit, de payer la redevance tréfoncière, laquelle est une charge très réelle, par exemple, pour les houillères de la Loire (0^f,60 par tonne environ), charge bien autrement lourde que celle des redevances à l'état (0^f,10 au plus).

C'est assez dire que ces articles du titre VI de la loi de 1810, sur les concessions et exploitations anciennes, présentent un intérêt toujours persistant pour un grand nombre de mines importantes de la France. Cet intérêt est si actuel qu'on peut citer un arrêt au contentieux assez récent, celui du 4 août 1876 (1), qui a maintenu, contre la réclamation des sieurs Dupuis et consorts, l'application des articles 51 et 53 aux mines de houille de Commentry, concédées par ordonnance du 13 janvier 1815, ; ceux-ci demandaient au conseil d'état, statuant sur l'interprétation de l'ordonnance de concession du 13 janvier 1815, de réparer l'omission de ladite ordonnance au point de vue de la redevance tréfoncière, et de fixer le taux de la redevance due aux requérants en qualité de propriétaires de la surface Cet exemple suffirait pour démontrer que les articles 51 à 56, relatifs aux concessions dites anciennes, sont loin d'être surannés, et sont très bons à conserver dans l'intérêt de l'industrie minérale. On pourrait citer encore un décret plus récent, statuant sur l'interprétation de concessions anciennes en Savoie, le décret du 24 novembre 1877 (Grange et consorts c. Balman frères, Jean Roux et Cie).

De ce qui précède il résulte qu'il y a nécessité, dans un cours de législation des mines, d'exposer les principaux points de doctrine établis par la jurisprudence en matière d'anciennes concessions ou d'anciennes exploitations : c'est ce que nous allons entreprendre.

Personnes qui peuvent réclamer le bénéfice de l'article 51.

Nous avons fait ressortir, dans le premier chapitre (2), cette libéralité, cette hauteur de vues qui ont présidé à l'élaboration de l'article 51, lequel met les anciennes concessions de mines sur le pied des nouvelles, et transforme en concessions perpétuelles les concessions temporaires, de cinquante années seulement, organisées par la loi de 1791. Nous ne reviendrons plus sur ce point ; mais au sujet de cet article 51, il y a lieu de se demander : quelles sont les personnes qui peuvent réclamer le bénéfice dudit article ?

La réponse à cette question doit être la suivante : l'article 51 de la loi du 21 avril 1810 s'applique exclusivement aux titulaires des concessions faites sous le régime de la loi du 28 juillet 1791, ou bien

---

(1) *Annales des mines*, 1876, p. 189.
(2) Page 22.

instituées antérieurement, mais régularisées et limitées conformément à ladite loi de 1791 (1). Ce principe a été appliqué aux mines de houille de Saint-Chamond (Loire) par une décision ministérielle du 26 mai 1835, et par l'ordonnance du 10 mai 1838, qui a réglé définitivement la délimitation de cette concession houillère, après l'accomplissement des formalités d'affiches spécifié à l'article 53 (2).

A l'appui de la même doctrine, nous pouvons citer l'exemple suivant : l'article 51 n'a pas été appliqué aux mines de houille du Creuzot et de Blanzy, lesquelles constituaient pourtant les mines de l'ancienne baronnie de Montcenis concédées à M. de la Chaise par arrêt du conseil du 29 mars 1769, et cela, parce que ces mines n'avaient pas été délimitées conformément à la loi de 1791 ; c'est l'article 53 de la loi de 1810 qui seul était ici applicable, et qui a été, en effet, appliqué. Rappelons à ce sujet qu'une ordonnance du 21 novembre 1830 a été rendue pour délimiter, conformément à l'article 53, la concession des anciennes mines de Montcenis, et que le 12 février 1832 une autre ordonnance a partagé en deux l'ancienne concession de Montcenis, pour constituer la concession du Creuzot et la concession de Blanzy.

L'article 51 ne s'applique pas aux concessions antérieures à 1791, qui n'étaient pas exploitées à cette époque (3). Ce principe a été proclamé par un arrêt de la cour de cassation du 1er pluviôse an IX (affaire Godard et Defrise), et par arrêt de la cour de Bruxelles du 21 novembre 1812. Le conseil d'état a maintenu la même doctrine dans l'ordonnance du 9 juin 1841 relative aux mines de plomb de Bahours (Lozère).

L'article 51 ne s'applique pas aux anciennes concessions dont le terme était expiré à l'époque de la promulgation de la loi de 1810 : c'est ce qui a été proclamé par l'ordonnance du 10 août 1825, relative aux mines de lignite de Tretz (Bouches-du-Rhône) (4).

Comparaison avec la Belgique pour l'application de l'article 51.

En Belgique, la jurisprudence suivante, assez analogue à celle de

---

(1) Dupont : *Jurisprudence des mines*, t. II, p. 101 et suiv.
(2) De Cheppe : *Annales des mines*, 3e série, t. XIII, p. 749.
(3) Dupont : *Jurisprudence des mines*, t. II, p. 106.
(4) *Idem, idem*, t. II, p. 111.

la France, est établie pour l'application de l'article 51, c'est-à-dire pour les *maintenues de concession* (1).

L'article 51 de la loi du 21 avril 1810 n'est applicable qu'aux anciens concessionnaires munis de titres réguliers ou qui avaient été régularisés conformément à la loi du 28 juillet 1791. (Avis du conseil des mines belge du 3 octobre 1845).

L'article 51 n'est applicable qu'à ceux qui ont obtenu une concession sous le régime de la loi de 1791, et aux concessionnaires ou anciens exploitants de mines qui étaient en état d'exploitation à l'époque de la promulgation de cette dernière loi en Belgique, et qui en ont exécuté les prescriptions. (Avis du conseil des mines belge du 2 mai 1856).

Les titulaires d'une concession de mines, faite sous le régime de la loi du 28 juillet 1791, qui n'avaient pas commencé les travaux dans les six mois du décret de concession et qui n'avaient entrepris aucun travail avant la publication de la loi de 1810, ne sont pas fondés à se prévaloir de la disposition de l'article 51 de cette dernière loi. Dans ce cas, la déchéance était encourue de plein droit. (Avis du conseil des mines belge du 23 mars 1860.)

Substances minérales classées comme mines par la loi de 1791, et comme minières par la loi de 1810.

L'article 51 de la loi de 1810 n'est applicable qu'aux substances minérales classées par cette loi comme mines (2). Les terres pyriteuses, classées comme minières par l'article 3 de la loi du 21 avril 1810, étaient auparavant considérées comme mines, soumises au régime des concessions, et deux décrets du 11 mai 1807 avaient ainsi concédé, pour cinquante ans, les terres pyriteuses d'Urcel et de Chaillevet (Aisne). Les titulaires ont voulu plus tard profiter du bénéfice de l'article 51, et obtenir des concessions perpétuelles, mais cette prétention a été justement repoussée par deux arrêtés ministériels des 28 janvier 1812 et 25 novembre 1847 : seulement, pour ne pas faire de rétroactivité, on a maintenu les concessionnaires dans la jouissance de leur titres jusqu'à la fin de la période de cinquante ans, spécifiée par les deux décrets de 1807.

---

(1) Du Pont, *Annales des travaux publics de Belgique*, t. XXXII, p. 274.
(2) Dupont : *Jurisprudence des mines*, t. II, p. 110.

Effets de l'article 51 sur les conventions concernant les concessions anciennes.

L'article 51 de la loi de 1810, qui a transformé en concessions perpétuelles les anciennes concessions temporaires, a dû par cela même perpétuer les conventions antérieures faites par les concessionnaires, soit entre eux, soit avec des tiers propriétaires de la surface ou autres : les deux choses sont corrélatives. Cette doctrine, qui résulte du respect pour les conventions antérieures mentionnées dans l'article 51 lui-même, a été établie par un arrêt de la cour de cassation du 7 juillet 1852, relatif à la compagnie Usquin (1).

Impuissance des propriétaires du sol à attaquer l'article 51, en invoquant un droit de préférence.

Les propriétaires de la surface ne sauraient valablement s'opposer à l'exécution de l'article 51 pour invoquer un droit de préférence. Cette doctrine formelle résulte de ce que la loi de 1810 n'a pas conservé aux propriétaires le droit de préférence qu'ils avaient sous la loi de 1791 : l'article 17 de la loi de 1810 ne laisse pas de doute à cet égard. Ce principe a été appliqué dans un décret du 4 août 1811, relatif aux mines de Bleyberg, qui appartenaient alors à la France (2).

Délimitations de concessions anciennes, opérées conformément à la loi de 1791 : effets de ces délimitations.

Les concessionnaires antérieurs à la loi du 28 juillet 1791 étaient tenus, aux termes des articles 4 et 5 de cette loi, de faire régler et délimiter leurs concessions par les directoires des départements. Or il a été décidé par le conseil d'état, dans un décret du 10 janvier 1857, relatif aux mines de houille de Fresnes possédées par la compagnie d'Anzin, qu'un arrêté du directoire exécutif du 29 ventôse an VII, qui avait ainsi réglé l'étendue de la concession de Fresnes, devait être entendu en ce sens, qu'il constitue, au profit de la compagnie d'Anzin, un titre nouveau qui établit ses droits sur la concession

---

(1) Dalloz, 1852-1-236.
(2) upont : *Jurisprudence des mines*, t. II, p. 113.

de Fresnes, dans les limites qu'il détermine. La date relativement récente de ce décret démontre une fois de plus qu'il peut surgir incessamment des litiges nouveaux et importants au sujet des concessions anciennes, et qu'il importe, à cet égard, de conserver dans notre loi organique des mines les articles 51 à 56, comme on le fait en Belgique : la jurisprudence belge en fait foi.

Application de l'article 53.

Quelles sont les personnes auxquelles s'applique l'article 53 de la loi de 1810 ? A cette question, il y a lieu de répondre que cet article, qui assurait aux exploitants les concessions de leurs exploitations d'alors, est applicable, premièrement, aux anciens concessionnaires dont les concessions n'avaient pas été délimitées avant 1810, soit que leurs exploitations fussent, ou non, en activité en 1810; deuxièmement, aux exploitants non munis de titres de concession qui avaient ouvert des mines dans leurs propriétés ou bien chez des tiers avec le consentement de ceux-ci, et dont les travaux étaient en activité en 1810 (1).

Ces derniers furent soumis aux prescriptions de l'article 1er du décret du 3 janvier 1813, ainsi conçu :

Art. 1er. — Les exploitants de mines qui, conformément à la loi du 21 avril 1810, ont le droit d'obtenir les concessions de leurs exploitations actuelles, seront tenus d'en former la demande dans le délai d'un an à dater de la publication du présent décret.

Prohibition de l'article 11, en ce qui concerne les concessions anciennes.

Disons au sujet des exploitations anciennes, c'est-à-dire antérieures à 1810, qu'il a été décidé qu'un propriétaire de maisons ou enclos est impuissant à faire interdire une exploitation ancienne, maintenue par l'article 53, en invoquant la prohibition de l'article 11 relative à la distance des ouvertures de mines. La prohibition de distance de l'article 11 s'applique évidemment aux puits et galeries ouverts depuis la promulgation de la loi de 1810 et non pas aux mines antérieures à ladite loi : admettre le contraire serait faire de la rétroactivité. Ce juste principe a été consacré par une ordon-

---

(1) Dupont : *Jurisprudence des mines*, t. II, p. 113 et suiv.

nance du 18 juillet 1827 (1) relative aux mines de manganèse de la Romanèche ; il est conforme à l'article 2 du code civil portant que « la loi ne dispose que pour l'avenir ; elle n'a pas d'effet rétroactif. »

Au sujet de cette ordonnance du 18 juillet 1827, nous ferons une seule remarque, c'est qu'avant la loi de 1810, la loi du 28 juillet 1791 interdisait par son article 23 l'ouverture des fouilles par les concessionnaires, « à moins de 200 toises des habitations, sans le consentement des propriétaires des fonds » : l'exploitation ancienne, visée par l'ordonnance de 1827, tombait-elle sous le coup de cet article 23 ? C'est ce que l'ordonnance ne dit point.

La notification d'une concession ancienne au propriétaire du sol n'était pas obligatoire.

Un propriétaire est impuissant à faire annuler une ancienne concession par ce motif, qu'elle ne lui aurait pas été notifiée ; cette doctrine, qui résulte de ce qu'aucune disposition légale n'assujettissait les concessionnaires à notifier leurs actes de concessions aux propriétaires du sol, a été proclamée par un décret au contentieux du 22 août 1853, relatif aux mines d'asphalte de Seyssel.

Délimitation des concessions anciennes : compétence.

L'instruction des demandes en délimitation de concession mentionnées à l'article 53 de la loi doit se faire, comme l'instruction des demandes en concession ; cela résulte des termes formels de l'article 53, où il est dit : « Ils obtiendront les concessions de leurs exploitations actuelles conformément à la présente loi. »

Comme application de ce principe, on pourrait citer les ordonnances des 21 novembre 1830 et 10 mai 1838, relatives à la délimitation des mines de houille du Creuzot et de Blanzy, et de celles de Saint-Chamond, et une foule d'autres dans le même cas.

Dans cette délimitation des concessions anciennes, pour les réduire au maximum de six lieues carrées prescrit par la loi de 1791, soit 120 kilomètres carrés environ, il y a deux droits en présence à concilier : le droit du concessionnaire, de proposer la circonscription sur laquelle il veut faire porter les six lieues carrées ; le droit du

---

(1) Macarel, t. IX, p. 397.

gouvernement, de modifier la délimitation proposée par le concessionnaire suivant l'intérêt général de l'industrie des mines (1).

La compétence en matière de délimitation d'anciennes concessions appartient nécessairement au pouvoir qui institue les concessions, c'est-à-dire au chef du gouvernement, en conseil d'état. Il en est ainsi parce que cette délimitation est, ou bien une interprétation de concession, ou bien un acte de haute administration, du même ordre que l'institution des concessions (2). L'ordonnance du 19 juillet 1826, relative aux mines de houille de Rouchamp, qui a annulé une décision du conseil de préfecture de la Haute-Saône, nous fournit une application de ce principe : on pourrait citer d'autres exemples à cet égard, et toujours dans le même sens.

Droits des propriétaires de la surface, en matière de concessions anciennes.

Les droits des propriétaires de la surface, sur les produits des mines antérieures à la loi de 1810 sont réglés par les conventions antérieures faites par les anciens concessionnaires ou anciens exploitants avec lesdits propriétaires de la surface (3). S'il n'y a pas de conventions de ce genre, la redevance tréfoncière spécifiée par les articles 6 et 42 n'est pas due ; cela résulte des termes mêmes des articles 51 et 53 de la loi ; cela résulte aussi de ces paroles de l'exposé des motifs par Regnaud de Saint-Jean-d'Angely :

Ils ne payeront aucune redevance aux particuliers propriétaires de la surface, parce que la jouissance sans le payement de ce droit est établie, et qu'il n'est pas juste de donner à la loi un effet retroactif.

On pourrait citer plusieurs applications de ce principe ; nous nous bornerons à citer les ordonnances du 21 novembre 1830 et du 12 février 1832, portant délimitation des concessions houillères du Creuzot et de Blanzy, comprises dans la concession antérieure dite de Montcenis, et qui n'imposent aux concessionnaires aucune redevance tréfoncière ; cet exemple démontre l'importance du classement d'une mine parmi les anciennes concessions. L'arrêt au contentieux du

---

(1) Dupont : *Jurisprudence des mines*, t. II, p. 119.
(2) *Idem*, t. II, p. 121.
(3) *Idem*, t. II, p. 123 et suiv.

4 août 1876, relatif aux mines de Commentry, concédées par ordonnance du 13 janvier 1815, pourrait aussi être cité dans le même sens.

Redevances à l'état.

Les redevances à l'État, redevance fixe et redevance proportionnelle sont dues pour les anciennes concessions ou anciennes exploitations, régies par les articles 51 et 53 de la loi de 1810, comme pour les concessions nouvelles ; cela est formellement stipulé aux articles 52 et 54 de la loi ; cela avait été dit dans l'exposé des motifs de Regnaud de Saint-Jean-d'Angely, qui s'exprime, comme il suit, à ce sujet :

> Les uns et les autres (anciens concessionnaires et exploitants) payeront à l'état, en devenant ainsi propriétaires, les nouvelles redevances dont nous venons de parler.

Ajoutons que les articles 11 à 15 du décret du 6 mai 1811 ont particulièrement réglé, dans la pratique, l'établissement de la redevance sur les anciennes mines exploitées sans concession régularisée, ou bien sans aucune concession.

En revanche du payement des redevances fixe et proportionnelle, les anciens concessionnaires sont dispensés désormais de payer à l'état non seulement toutes les redevances dues à titre d'impôts, et qui se percevaient avant 1810, en vertu des lois, ordonnances et règlements, mais aussi les anciennes redevances qui avaient été imposées par les propriétaires auxquels l'état s'est trouvé substitué. Cela résulte des articles 40 et 41 de la loi du 21 avril 1810, ainsi conçus :

> Art. 40. — Les anciennes redevances dues à l'état, soit en vertu des lois, ordonnances ou règlements, soit d'après les conditions énoncées en l'acte de concession, soit d'après des baux et adjudications au profit de la régie du domaine, cesseront d'avoir cours à compter du jour où les redevances nouvelles seront établies.
>
> Art. 41. — Ne sont point comprises, dans l'abrogation des anciennes redevances, celles dues à titre de rentes, droits et prestations quelconques pour cession de fonds ou autres semblables, sans déroger toutefois à l'application des lois qui ont supprimé les droits féodaux.

Ce principe a été confirmé comme doctrine par un arrêt de la cour de cassation de Belgique, du 2 février 1865 (1), relatif à un procès entre la Société des mines de Sclessin et le bureau de bienfaisance de Liège.

Anciens usages, prescriptions légalement établies, conventions réciproques.

Terminons, sur les anciennes concessions, en disant que les anciens usages, les prescriptions légalement établies, les conventions réciproques sont consacrés par l'article 55 de la loi, où le législateur s'est montré fidèle à son but d'éviter tout effet rétroactif (2).

La décision des cas extraordinaires résultant de ces usages locaux ou d'anciennes lois appartiendra aux tribunaux ; c'est l'article 55 qui le dit. Quant à la forme du renvoi devant les tribunaux, il y a lieu de penser que ce renvoi doit être prononcé par le gouvernement, comme dans le cas mentionné à l'article 28, « des oppositions motivées sur la propriété de la mine ». Comme application de ce principe, on peut citer un décret du 15 octobre 1810, relatif à des mines de houille du département de l'Ourthe.

A titre d'application spéciale de l'article 55 en matière d'usages locaux, il faut citer aussi le décret de concession des mines de fer des Fosses (Savoie), en date du 11 novembre 1875 (3), qui oblige les sieurs Grange et consorts, concessionnaires, à payer aux sieurs Brunier et Leborgne qui exploitent dans le périmètre de la concession la fosse dite Sainte-Barbe conformément à des usages locaux, une indemnité qui sera ultérieurement liquidée par un décret rendu en conseil d'état (art. 7 du décret). Un autre décret du 7 janvier 1878 (4), rendu en conformité du précédent, a réglé à 40.000 francs l'indemnité à payer par les sieurs Grange et consorts.

---

(1) Dalloz, 1865-2-79.
(2) Dupont, *Jurisprudence des mines*, t. II, p. 129.
(3) *Annales des mines*, 1875, p. 183.
(4) *Idem*, 1878, p. 5.

CHAPITRE XI.

MINES DE SEL, SOURCES ET PUITS D'EAU SALÉE.

Préliminaires.

Une mine de sel est une mine, bien que le mot sel ne soit pas prononcé dans l'article 2 de la loi des mines, qui est énonciatif et non limitatif; deux arrêts de la cour de cassation des 8 septembre 1832 et 17 janvier 1835 avaient établi ce principe, comme il a été dit à l'occasion de l'obtention des demandes en concession (1).

Néanmoins des doutes subsistaient dans les esprits, sur le point de savoir si les sources salées pouvaient rigoureusement être classées comme mines. D'un autre côté la compagnie des salines de l'Est qui avait affermé à l'état, moyennant 1.800.000 par an et 59 p. 100 dans les bénéfices, l'exploitation des salines de dix départements de l'Est, exerçait un monopole auquel on voulait faire succéder le régime de la liberté (2). La chose devenait d'autant plus facile que la compagnie des salines de l'Est, qui n'avait pas trouvé dans son fermage le bénéfice qu'elle attendait, avait obtenu de l'état, à la suite de négociations, que son bail fût réduit à 300.000 francs. C'était bien peu, en considération du mécontentement que le monopole de la compagnie des salines suscitait dans dix départements.

Loi du 17 juin 1840 : les mines de sel, les sources et puits d'eau salée sont soumis au régime des concessions.

C'est dans ces circonstances qu'est intervenue la loi du 17 juin

---

(1) Dupont, *Jurisprudence des mines*, t. II, p. 131.
(2) Rappelons, comme comparaison, qu'en Belgique il est admis que le sel gemme doit être rangé dans la catégorie des substances dont l'exploitation ne peut se faire qu'en vertu d'un acte de concession comme mines, et conformément au régime de la loi du 21 avril 1810. (Voir chapitre III, page 78.)

1840 qui porte que les mines de sel, les exploitations de sources et puits d'eau salée sont soumises au régime des concessions.

Les articles 1 et 2 de la loi s'expriment à ce sujet dans des termes formels.

Art. 1ᵉʳ. — Nulle exploitation de mines de sel, de sources ou de puits d'eau salée naturellement ou artificiellement, ne peut avoir lieu qu'en vertu d'une concession consentie par ordonnance royale, délibérée en conseil d'état.

Art. 2. — Les lois et règlements généraux sur les mines sont applicables aux exploitations des mines de sel.

Un règlement d'administration publique déterminera, selon la nature de la concession, les conditions auxquelles l'exploitation sera soumise.

Le même règlement déterminera aussi les formes des enquêtes qui devront précéder les concessions de sources ou de puits d'eau salée.

Seront applicables à ces concessions les dispositions des titres v et x de la loi du 21 avril 1810.

Ainsi donc la surveillance administrative, définie dans le titre v de la loi de 1810, et la sanction formulée dans le titre x de la même loi s'étendent sur les mines de sel, sources et puits d'eau salée, comme sur les mines.

Ordonnance du 7 mars 1841.

Un règlement d'administration publique avait été annoncé par la loi du 17 juin 1840 pour déterminer les conditions auxquelles l'exploitation des mines de sel, sources et puits d'eau salée serait soumise. Ce règlement est intervenu : c'est l'ordonnance du 7 mars 1841 (1).

Recherches de mines de sel. — Obtention des concessions de mines de sel.

Les lois et règlements sur les mines s'appliquent aux mines de sel; il en résulte que tout ce qui a été dit sur les recherches de mines, et sur l'obtention des concessions de mines, s'applique aux mines de sel et sources salées.

Une seule restriction, au point de vue fiscal, est apportée aux recherches de mines de sel par l'article 19 de l'ordonnance du 7 mars 1841 qui s'exprime dans les termes suivants:

---

(1) Dupont, *Jurisprudence des mines*, t. II, p. 135 et t. III, p. 330.

Art. 9. — Aucune recherche de mine de sel ou d'eau salée, soit par les propriétaires de la surface, soit par des tiers autorisés en vertu de l'article 10 de la loi du 21 avril 1810, ne pourra être commencée qu'un mois après la déclaration faite à la préfecture. Le préfet en donnera avis immédiatement au directeur des contributions indirectes ou au directeur des douanes, suivant les cas.

Dans les formalités de l'instruction des demandes en concession, il y a cette double particularité à signaler, que le directeur des contributions indirectes ou des douanes doit être consulté par le préfet, et que le dossier, une fois parvenu à l'administration centrale, doit être communiqué au ministre des finances.

Il ne peut être accordé de concession de mine de sel sans que l'existance du dépôt de sel ait été constatée par des puits, des galeries ou des trous de sonde : c'est ce qui est dit formellement à l'article 1er de l'ordonnance du 7 mars 1841.

Maximum d'étendue des concessions de mines de sel.

Une disposition exceptionnelle caractérise les concessions de mines de sel, c'est que le maximum d'étendue des concessions est fixé, chose qui n'a pas lieu pour les autres mines.

Ce maximun, réglé par l'article 4 de la loi du 17 juin 1840 est de 20 kilomètres carrés (le sixième du maximum qui avait été fixé par la loi de 1791 pour toutes les concessions de mines en général).

Comme exemples de contenances concédées pour mines de sel, nous pouvons citer les suivantes qui se rapportent à des concessions assez récentes :

7 kilomètres carrés, 9 hectares ; sel gemme et sources salées de Flainval (Meurthe-et-Moselle) : 5 juillet 1879 ;

5 kilomètres carrés, 57 hectares ; sel gemme de Châtillon-le-Duc (Doubs) : 24 juillet 1875 ;

2 kilomètres carrés, 24 hectares, 85 ares ; sel gemme de Lescourre (Landes) : 8 janvier 1876, etc.

Devoirs des concessionnaires vis-à-vis des propriétaires du sol.

Les devoirs des concessionnaires vis-à-vis des propriétaires du sol, en ce qui concerne la redevance tréfoncière et les indemnités pour dégâts ou occupations de terrains sont les mêmes pour les mines de sel que pour les autres mines.

Rappelons seulement que ces redevances tréfoncières ont atteint, pour quelques mines de sel, des chiffres très élevés, par exemple, 3 fr. par are ou 300 fr. par hectare (salines de la compagnie Thonnelier); 5 fr. par hectare (mine de sel de Laralde (Basses-Pyrénées). Ajoutons cependant que dans un très grand nombre de concessions de mines de sel, cette redevance est de dix centimes par hectare seulement, comme pour la plus part des mines, et même de 5 centimes par hectare. On peut mentionner pour la redevance de 5 centimes les mines de sel de Châtillon-le-Duc (Doubs) concédées le 24 juillet 1875, celles de Lescourre (Landes) concédées le 8 janvier 1876, etc.

Devoirs vis-à-vis des inventeurs et explorateurs.

Il en est de même des devoirs des concessionnaires vis-à-vis des inventeurs et explorateurs.

Rappelons seulement l'énorme et exceptionnel droit d'invention de deux millions, relatif aux mines de sel des départements de l'Est concédées à l'état, qui a été accordé par l'ordonnance du 21 août 1825.

Devoirs vis-à-vis du gouvernement. — Pas de redevance proportionnelle. — Redevance fixe. — Surveillance administrative.

Les devoirs vis-à-vis du gouvernement offrent plusieurs particularités importantes à signaler, au nombre de six, savoir : (1)

Premièrement, l'exploitation du sel supportant un impôt spécial, les mines de sel ne payent pas la redevance proportionnelle sur les mines: cela est dit à l'article 4 de la loi du 17 juin 1840, mais elles payent la redevance fixe;

Deuxièmement, les exploitants sont tenus de faire, avant toute exploitation, la déclaration prescrite au point de vue fiscal par l'article 51 de la loi du 24 avril 1806. Cette loi porte qu'il ne pourra

---

(1) Dupont, *Jurisprudence des mines*, t. II, p. 138 et suiv.

être établi aucune fabrique, chaudière à sel, sans une déclaration préalable de la part du fabricant à peine de confiscation des ustensiles propres à la fabrication et de 100 francs d'amende ;

Troisièmement, ils sont tenus d'extraire annuellement une quantité de 500.000 kilogrammes de sel, sauf autorisation spéciale donnée par décret ;

Quatrièmement, l'exploitation du sel, en particulier lorsqu'elle a lieu par dissolution, créant au-dessous du sol des vides dangereux, il y avait des dispositions spéciales à prescrire dans l'organisation de la surveillance administrative ; c'est ce qui a été fait dans les termes suivants par l'article 3 de l'ordonnance du 7 mars 1841, pour toutes les mines de sel sans exception :

Art. 3. — L'exploitation d'une mine de sel, soit à l'état solide, par puits et galeries, soit par dissolution, au moyen de trous de sonde ou autrement, ne pourra être commencée qu'après que le projet des travaux aura été approuvé par l'administration.

A cet effet, le concessionnaire soumettra au préfet un mémoire indiquant la manière dont il entend procéder à l'exploitation, la disposition générale des travaux qu'il se propose d'exécuter, et la situation des puits, galeries et trous de sonde, par rapport aux habitations, routes et chemins. Il y joindra les plans et coupes nécessaires à l'intelligence de son projet.

Lorsque le projet d'exploitation aura été approuvé, il ne pourra être changé sans une nouvelle autorisation.

L'approbation de l'administration sera également nécessaire pour l'ouverture de tout nouveau champ d'exploitation.

Les projets de travaux énoncés aux paragraphes précédents devront être, ainsi que les plans à l'appui, portés, avant toute décision, à la connaissance du public. A cet effet, des affiches seront apposées, pendant un mois, dans les communes comprises dans lesdits projets, et une copie des plans sera déposée dans chaque mairie.

Cinquièmement, une obligation spéciale est imposée aux concessionnaires de mines de sel, c'est, en cas de chômage, d'en faire la déclaration au moins un mois à l'avance ;

Sixièmement enfin, l'enlèvement, le transport et l'emploi des matières salifères sont soumis, au point de vue de la perception de l'impôt sur le sel, à des règles particulières, spécifiées par les articles 9 et 12 de la loi de 1840, et par l'ordonnance du 26 juin 1841 portant règlement d'administration publique.

De tout ce qui précède il résulte que s'il a pu y avoir doute sur la nécessité d'une autorisation administrative pour ouvrir un puits ou une galerie de mine ordinaire, le même doute ne saurait exister lorsqu'il s'agit d'un puits ou d'une galerie pour mine de sel.

Devoirs vis-à-vis du gouvernement, dérivant des cahiers des charges.

Les cahiers des charges des concessions de mines de sel renferment généralement, et d'une façon explicite, les dispositions suivantes qui dérivent de l'ordonnance spéciale du 7 mai 1841, et des lois et décrets de police en matière de mines.

Nous pouvons citer, comme exemple à cet égard, le cahier des charges joint au décret du 5 juillet 1879, portant concession des mines de sel de Flainval (Meurthe-et-Moselle).

Art. 1er. — Dans le délai de trois mois à dater de la notification du décret de concession, il sera planté des bornes sur tous les points servant de limites à la concession où cela sera reconnu nécessaire. L'opération aura lieu aux frais des concessionnaires, à la diligence du préfet, et en présence de l'ingénieur des mines qui en dressera procès-verbal. Expéditions de ce procès-verbal seront déposées aux archives de la préfecture du département de Meurthe-et-Moselle et à celles des communes sur lesquelles s'étend la concession.

Art. 2. — Dans le délai de six mois, les concessionnaires adresseront au préfet un mémoire indiquant la manière dont ils entendent procéder à l'exploitation, les dispositions générales des travaux qu'ils se proposent d'exécuter et la situation des puits, galeries et trous de sonde par rapport aux habitations, routes, canaux et voies diverses de transport; ils y joindront les plans et coupes des travaux existants et de ceux à entreprendre. Ces plans seront dressés à l'échelle de 1 millimètre par mètre et divisés en carreaux de 10 en 10 millimètres.

Les côtes de hauteur ou de dépression des points principaux, tels que les orifices des puits, galeries ou trous de sonde, les points de jonction des galeries avec les puits, et les intersections des galeries entre elles, par rapport à un plan horizontal fixe et déterminé, seront inscrites en mètres et centimètres sur les plans.

Ils seront orientés sur le nord vrai, le nord en haut de la feuille, comme sur les cartes géographiques.

Art. 3. — Le projet ci-dessus mentionné, ainsi que les plans à l'appui, seront portés à la connaissance du public. A cet effet, des affiches seront apposées pendant un mois dans les communes comprises dans ledit projet, et une copie du plan sera déposée dans chaque mairie.

Art. 4. — L'exécution du projet des travaux sera autorisée, s'il y a lieu, par le préfet, dans le cas où il ne s'est élevé aucune réclamation pendant l'enquête précitée. Dans le cas contraire, il sera statué par le ministre des travaux publics.

S'il est reconnu que les travaux projetés peuvent occasionner quelques-uns des vices ou abus prévus par les titres v de la loi du 21 avril 1810, ii et iii du décret du 3 janvier 1813, ou compromettre la conservation des diverses voies de transport, l'autorisation ne sera donnée qu'après avoir introduit dans le projet les modifications nécessaires.

En cas de réclamation des concessionnaires, il sera définitivement statué par le ministre des travaux publics.

Art. 5. — Lorsque les concessionnaires voudront ouvrir un nouveau champ d'exploitation, ou établir de nouveaux puits, trous de sonde ou galeries partant du jour, ils adresseront au préfet un plan qui devra se rattacher au plan général de la concession, et une mémoire indiquant leur projet de travaux, le tout dressé conformément à ce qui est prescrit à l'article 2 ci-dessus. Il sera donné suite au projet, ainsi qu'il est dit aux articles 3 et 4.

Il sera procédé de la même manière dans le cas où, soit par suite de circonstances imprévues, soit par fait de l'approfondissement des mines, il deviendrait nécessaire de changer le mode d'exploitation précédemment accepté.

Art. 6. — Les concessionnaires devront, ainsi qu'il est prescrit par l'article 2 de l'ordonnance du 16 juin 1841, entourer les puits d'extraction, galeries, trous de sonde d'une enceinte en bois ou en maçonnerie de 3 mètres d'élévation, ayant à l'intérieur et à l'extérieur un chemin de ronde de 2 mètres au moins de largeur, avec accès sur la voie publique par une seule porte d'entrée.

Art. 7. — Dans le cas où l'exploitation par galeries devrait s'étendre sous des maisons d'exploitation ou des édifices, sous des routes nationales ou départementales, sous des cours d'eau, des canaux ou des chemins de fer, ou à une distance moindre de 10 mètres de leurs bords, le projet de travaux devra être préalablement soumis au préfet, pour y être donné suite, ainsi qu'il est dit aux articles précédents. Le conseil municipal et les propriétaires intéressés seront entendus en ce qui concerne les habitations de la surface; la compagnie concessionnaire et les ingénieurs du contrôle, en ce qui touche les chemins de fer.

Art. 8. — Chaque année, dans le courant de janvier, les concessionnaires adresseront au préfet les plans et coupes des travaux exécutés dans le cours de l'année précédente. Ces plans, dressés à l'échelle de 1 millimètre par mètre, de manière à pouvoir être rattachés aux plans généraux désignés dans les articles précédents, et renfermant toutes les indications mentionnés auxdits articles, seront vérifiés par l'ingénieur des mines.

Art. 9. — Aucune portion des travaux souterrains ne pourra être abandonnée qu'en vertu d'un arrêté du préfet. La déclaration d'abandon devra être faite par les concessionnaires; un plan des travaux sera joint à ladite déclaration. L'arrêté du préfet, pris sur le rapport de l'ingénieur des mines,

CHAP. XI. — MINES DE SEL, SOURCES ET PUITS D'EAU SALÉE. 413

prescrira, conformément aux articles 8 et 9 du décret du 3 janvier 1813, les mesures de police, de sûreté et de conservation jugées nécessaires.

Les ouvertures au jour des puits ou galeries qui deviendront inutiles, seront comblées ou bouchées par les concessionnaires ou à leurs frais, suivant le mode qui sera prescrit par le préfet, sur la proposition de l'ingénieur des mines, et à la diligence des maires des communes sur les territoires desquelles les ouvertures seront situées.

Art. 10. — Dans les cas prévus par l'article 50 de la loi du 21 avril 1810, et généralement, lorsque par une cause quelconque l'exploitation compromettra la sûreté publique ou celle des ouvriers, la solidité des travaux, la conservation du sol et des habitations de la surface, les concessionnaires seront tenus d'en donner avis à l'ingénieur des mines, ou, à son défaut, au garde-mines et au maire de la commune où l'exploitation sera située.

Si les concessionnaires, sur la notification qui leur sera faite de l'arrêté que prendra le préfet pour faire cesser la cause du danger, n'obtempèrent pas à cet arrêté, il y sera pourvu selon qu'il est prescrit par les articles 4 et 5 de l'ordonnance du 26 mars 1843.

Art. 11. — Dans le cas où l'exploitation du sel aurait lieu par dissolution, les concessionnaires seront tenus d'exécuter tous les travaux qui seront prescrits par le préfet, sur le rapport des ingénieurs des mines, à l'effet de déterminer la situation et l'étendue des excavations souterraines produites par l'action des eaux.

S'il est reconnu que ce mode d'exploitation compromet la sûreté publique ou celle des habitations de la surface, il y sera pourvu par le préfet, selon ce qui est prescrit par l'article 50 de la loi du 21 avril 1810.

En cas de péril imminent, le préfet pourra ordonner, conformément à l'article 4 du décret du 3 janvier 1813, que son arrêté sera provisoirement exécuté.

Si les concessionnaires n'exécutent par les travaux prescrits, il sera procédé d'office, à leurs frais, à l'exécution de ces travaux, ainsi qu'il est prescrit aux articles 4 et 5 de l'ordonnance du 26 mars 1843.

Art. 12. — Les concessionnaires tiendront constamment en ordre et à jour sur chaque mine :

1° Les plans et coupes des travaux souterrains dressés sur l'échelle de 1 millimètre par mètre ;

2° Un registre constatant l'avancement journalier des travaux et les circonstances de l'exploitation dont il sera utile de conserver le souvenir, telles que l'allure des gîtes, leur épaisseur, la qualité des produits, la nature du toit et du mur, le jaugeage des eaux affluant dans la mine, etc.;

3° Un registre de contrôle journalier des ouvriers employés aux travaux intérieurs ou extérieurs;

4° Un registre d'extraction et de vente.

Les concessionnaires communiqueront ces plans et registres aux ingénieurs des mines toutes les fois qu'ils leur en feront la demande.

Les concessionnaires transmettront au préfet, dans la forme et aux époques qui leur seront indiqués, l'état des ouvriers et celui des produits extraits dans le cours de l'année précédente.

Art. 13. — Dans le cas où ils négligeraient soit d'adresser au préfet, dans les délais fixés, les plans dont il est question dans les articles 2 et 8, soit de tenir sur les exploitations le registre et le plan d'avancement journalier des travaux exigés par l'article 12, soit enfin d'entretenir constamment sur les mines les médicaments et autres moyens de secours qui sont prescrits par l'article 15 du décret du 3 janvier 1813, il y sera pourvu par le préfet, conformément aux dispositions de l'ordonnance du 26 mars 1843.

Le préfet pourra également ordonner le levé, d'office et aux frais des concessionnaires, des plans dont l'inexactitude aurait été constatée par les ingénieurs des mines.

Art. 14. — En cas d'inexécution, par les concessionnaires, des mesures prescrites par le préfet en vertu de l'article 50 de la loi du 21 avril 1810, les exploitations seront considérées comme pouvant compromettre la sûreté publique ou la conservation de la mine, et il y sera pourvu en exécution dudit article. En conséquence, la contravention ayant été constatée par un procès-verbal de l'ingénieur des mines, la mine sera mise en surveillance spéciale, et il y sera placé, aux frais des concessionnaires, un garde-mines ou tout autre préposé, nommé par le préfet, à l'effet de lui rendre un compte journalier de l'état des travaux et de proposer telle mesure de police dont il reconnaîtra la nécessité.

Art. 15. — Si les gîtes à exploiter dans la concession de Flainval se prolongent hors de cette concession, le préfet pourra ordonner, sur le rapport des ingénieurs des mines, les concessionnaires ayant été entendus, qu'un massif soit réservé intact sur chaque gîte, près de la limite de concession, pour éviter que les exploitations soient mises en communication avec celles qui auraient lieu dans une concession voisine d'une manière préjudiciable à l'une ou à l'autre mine. L'épaisseur des massifs sera déterminée par l'arrêté du préfet qui en ordonnera la réserve.

Les massifs ne pourront être traversés ou entamés par un ouvrage quelconque que dans le cas où le préfet, après avoir entendu les concessionnaires intéressés et sur le rapport des ingénieurs des mines, aura autorisé cet ouvrage, et prescrit le mode suivant lequel il devra être exécuté. Dans le cas où l'utilité des massifs aurait cessé, un arrêté du préfet autorisera les concessionnaires à exploiter la partie qui leur appartiendra.

Art. 16. — Dans le cas où il serait reconnu nécessaire d'exécuter des travaux ayant pour but, soit de mettre en communication les mines des deux concessions pour l'aérage ou pour l'écoulement des eaux, soit d'ouvrir des voies d'aérage, d'écoulement ou de secours destinées au service des mines de la concession voisine, les concessionnaires seront tenus de souffrir l'exécution de ces travaux et d'y participer dans la proportion de leur intérêt.

Les ouvrages seront ordonnés par le préfet, sur le rapport des ingénieurs des mines, les concessionnaires ayant été entendus, et sauf recours au ministre des travaux publics.

En cas d'urgence, les travaux pourront être entrepris sur la simple réquisition de l'ingénieur des mines du département, conformément à l'article 14 du décret du 3 janvier 1873.

Art. 17. — Si des gîtes de minerais étrangers au sel, compris dans l'étendue de la concession de Flainval, sont exploités légalement par les propriétaires du sol ou deviennent l'objet d'une concession particulière accordée à des tiers, les concessionnaires de mines de Flainval seront tenus de souffrir les travaux que l'administration reconnaîtrait utiles à l'exploitation desdits minerais, et même, si cela est nécessaire, le passage dans leurs propres travaux; le tout, s'il y a lieu, moyennant indemnité.

Devoirs particuliers au cas de l'exploitation du sel gemme par dissolution.

Parmi les dispositions des cahiers des charges des concessions de mines de sel qui viennent d'être mentionnées, il en est une qui mérite d'être signalée tout particulièrement; c'est celle qui concerne les devoirs des concessionnaires, dans le cas d'exploitation par dissolution : cette disposition est écrite à l'article 11 du cahier des charges précité.

Ces exploitations de mines de sel gemme par dissolution, présentent parfois des dangers réels pour les exploitations voisines, de la même substance, opérées par les méthodes ordinaires d'abatage; on comprend donc que le voisinage de ces deux modes d'exploitation donne lieu fréquemment à des difficultés administratives graves et ardues. On peut rappeler à cet égard l'accident arrivé en novembre 1873 aux salines de Varangeville (1), lequel justifie pleinement toutes les mesures de surveillance exercées par l'administration des mines sur l'exploitation du sel gemme par dissolution. Rappelons enfin qu'à la suite d'effondrements survenus sur la ligne ferrée de Paris à Avricourt, dans le département de Meurthe-et-Moselle, au voisinage de mines de sel gemme exploitées par dissolution, une commission spéciale, dite « commission mixte des salines de l'Est » a été instituée par un arrêté ministériel du 18 août 1877.

Devoirs au sujet de la conservation des voies de communication.

Les concessionnaires de mines de sel, comme tous les conces-

---

(1) Voir le *Journal officiel* du 10 novembre 1873.

sionnaires de mines en général, sont soumis aux prescriptions nouvelles, au point de vue des voies de communication, qui résultent de l'article 50 revisé par la loi du 27 juillet 1880 (1). Cet article porte que : « Si les travaux de recherche ou d'exploitation d'une mine sont de nature à compromettre la sécurité publique..... la conservation des voies de communication..... il y sera pourvu par le préfet » ; en conséquence, si le préfet reconnaît qu'une mine de sel (plus dangereuse, par nature, que les autres, lorsque l'exploitation s'y fait par dissolution) compromet, en fait, la conservation d'une voie de communication, d'un chemin de fer par exemple, il aura le devoir et le droit d'y pourvoir. Si donc le préfet juge nécessaire d'interdire à une certaine distance de la voie de communication un puits menaçant la conservation de celle-ci, quoiqu'en étant éloigné de plus de 10 mètres (2), il aura plein pouvoir pour agir de la sorte, après avoir entendu les concessionnaires conformément à l'article 3 de l'ordonnance du 26 mars 1843, et sur l'avis des ingénieurs des mines, sauf le recours ordinaire contre les arrêtés préfectoraux en général.

A ce sujet, nous devons mentionner un arrêt très récent du conseil d'état, statuant au contentieux, qui a été rendu le 4 mars 1881 sur une requête de la Société anonyme des salines de Laneuveville devant Nancy, concessionnaire des mines de sel et des sources salées du pont de Saint-Phlin (Meurthe-et-Moselle), qui lui ont été accordées par décret du 5 août 1872. L'arrêt du conseil d'état a annulé, pour excès de pouvoir, une décision du ministre des travaux publics du 12 février 1878 « faisant application à ladite société d'un précédent arrêté, lequel avait décidé que tous les exploitants par dissolution des mines de sel gemme voisines de la ligne du chemin de fer de Paris à Avricourt dans le département de Meurthe-et-Moselle, seraient tenus de reporter le siège de leurs travaux à une distance de 500 mètres au moins de la voie ferrée, et d'abandonner ceux de leurs trous de sonde qui se trouveraient à une distance moindre. » L'arrêt au contentieux est motivé comme il suit :

Considérant que cet arrêté avait un caractère général ; qu'il tendait à modifier à l'égard de tous les concessionnaires de mines de sel d'un même département les conditions d'exploitation desdites mines telles qu'elles ont

---

(1) Cela a été annoncé déjà à la page 293 du chapitre VIII.
(2) Chiffre spécifié dans certains cahiers des charges de concessions de mines de sel (art. 7).

été fixées par l'ordonnance du 7 mars 1841 et par leurs cahiers des charges ;

Considérant que ces mesures rentraient dans l'exercice du pouvoir réglementaire qui, en principe, appartient au gouvernement, et dont le ministre des travaux publics n'a reçu aucune délégation à cet égard ; qu'ainsi ledit ministre, en prenant la décision attaquée, a excédé la limite de ses pouvoirs... etc.

Au sujet de cet arrêt, nous croyons devoir faire les observations suivantes : d'une part, lorsque la décision ministérielle annulée a été rendue (12 février 1878), la révision de l'article 50 qui donne au préfet le droit de pourvoir au cas où « les travaux de recherche ou d'exploitation *d'une mine* sont de nature à compromettre... la *conservation des voies de communication* », n'avait pas été opérée, comme la chose a eu lieu depuis lors, par la loi du 27 juillet 1880 ; d'autre part, si un arrêté préfectoral postérieur à ladite loi du 27 juillet 1880 avait été rendu, dans les circonstances et formes indiquées ci-dessus, pour pourvoir par interdiction à ce que les travaux *d'une concession de mines* ne vinssent pas compromettre la conservation d'une voie de communication, nous estimons qu'un pareil arrêté préfectoral échapperait complètement aux motifs d'annulation formulés dans l'arrêt au contentieux du 4 mars 1881.

Comparaison avec l'étranger (Angleterre).

Comme comparaison avec l'étranger, citons ce fait qu'une demande d'enquête assez récente a été provoquée en Angleterre, au sujet des dangers d'effondrement des terrains par le fait de l'exploitation de mines de sel par dissolution : la chose a eu lieu dans le comté de Chester, où l'enquête a été demandée par une députation des villes de Northwich et de Winsford, venue à Londres pour solliciter l'intervention du gouvernement (1).

Droits des concessionnaires de mines de sel.

Les droits des concessionnaires de mines de sel résultent de leurs actes de concession ; ils sont les mêmes que ceux des concessionnaires de mines en général. C'est une conséquence de l'assimilation établie

---

(1) Voir le *Journal officiel* du 21 décembre 1878.

en principe par l'article 2 de la loi du 17 juin 1840 ; nous n'avons donc rien de particulier à ajouter à ce qui a été dit précédemment sur les droits des concessionnaires de mines. Ainsi l'on peut obtenir l'autorisation du gouvernement pour des réunions de concessions de mines de sel, comme pour d'autres concessions de mines ; citons, comme exemple, le décret du 14 mars 1879 autorisant la Compagnie de Gouhenans à réunir ses deux concessions de mines de sel des Époisses et de Gouhenans (Haute-Saône), etc., etc.

Sources et puits d'eau salée. — Recherches.

Les sources et puits d'eau salée sont soumis, en ce qui concerne les recherches, aux mêmes prescriptions que les mines en général ; c'est ce qui résulte de l'article 4 de l'ordonnance du 7 mars 1841, conçu comme il suit :

Art. 4. — Les articles 10, 11 et 12 de la loi du 21 avril 1810 sont applicables aux recherches d'eau salée.

Nous ne pouvons donc que renvoyer à ce qui a été dit précédemment au chapitre II sur les recherches de mines en général, au sujet des articles 10, 11 et 12 susmentionnés, et particulièrement au sujet des modifications apportées à l'article 11 par la loi du 27 juillet 1880.

Obtention des concessions de sources ou de puits d'eau salée.

L'obtention des concessions de sources ou de puits d'eau salée est soumise à des prescriptions spéciales par les articles 5 à 11 de l'ordonnance du 7 mars 1841, conçus comme il suit :

Art. 5. — Tout demandeur en concession d'une source ou d'un puits d'eau salée devra justifier que la source ou le puits peut fournir des eaux salées en quantité suffisante pour une fabrication annuelle de 500,000 kilogrammes de sel au moins.

Art. 6. — Il devra justifier des facultés nécessaires pour entreprendre et conduire les travaux, et des moyens de satisfaire aux indemnités et charges qui seront imposées par l'acte de concession.

Art. 7. — La demande en concession sera adressée au préfet et enregistrée à sa date sur un registre spécial, conformément à l'article 22 de la loi du 21 avril 1810; le secrétaire général de la préfecture délivrera au requérant un extrait certifié de cet enregistrement.

La demande contiendra l'indication exigée par l'article 2 ci-dessus (1).

Le pétitionnaire y joindra le plan en quadruple expédition, et à l'échelle de 5 millimètres pour 10 mètres, des terrains désignés dans sa demande. Ce plan devra indiquer l'emplacement de la source ou du puits salé et sa situation par rapport aux habitations, routes et chemins; il ne sera admis qu'après vérification par l'ingénieur des mines. Il sera visé par le préfet.

Art. 8. — Les publications et affiches de la demande auront lieu à la diligence du préfet et conformément aux articles 23 et 24 de la loi du 21 avril 1810. Leur durée sera de deux mois, à compter du jour de l'apposition des affiches dans chaque localité. La demande sera insérée dans l'un des journaux du département.

Les frais d'affiches, publications et inscriptions dans les journaux seront à la charge du demandeur.

Art. 9. — Les demandes en concurrence ne seront admises que jusqu'au dernier jour de la durée des affiches.

Elles seront notifiées par actes extrajudiciaires au demandeur, ainsi qu'au préfet, qui les fera transcrire à leur date sur le registre mentionné en l'article 7 ci-dessus. Il sera donné communication de ce registre à toutes les personnes qui voudront prendre connaissance desdites demandes.

Art. 10. — Les oppositions à la demande en concession, les réclamations relatives à la quotité des offres faites aux propriétaires de la surface, les demandes en indemnité d'invention, seront notifiées au demandeur et au préfet par actes extrajudiciaires.

Art. 11. — Jusqu'à ce qu'il ait été statué définitivement sur la demande en concession, les oppositions, réclamations et demandes mentionnées en l'article 10 ci-dessus seront admissibles devant notre ministre des travaux publics. Elles seront notifiées par leurs auteurs aux parties intéressées.

Il résulte de ces articles que toute demande en concession d'une source ou d'un puits d'eau salée doit être conçue comme une demande en concession de mine, et, de plus, elle doit fournir la justification que la source ou le puits peut fournir un minimum de 500,000 kilogrammes de sel par année (2); d'autre part, les plans joints à la demande doivent être remis en quadruple expédition, et leur échelle doit être de 5 millimètres pour 10 mètres, soit, cinq fois plus grande que pour les concessions de mines.

La durée des publications et affiches est de deux mois; cette dis-

---

(1) Cette indication vise « les propositions du demandeur dans le but de satisfaire aux droits attribués aux propriétaires de la surface par les articles 6 et 42 de la loi du 21 avril 1810. »

(2) Dupont, *Jurisprudence des mines*, t. II, p. 145.

position résultant de l'article 8 de l'ordonnance du 7 mars 1841 était autrefois une exception spéciale ; elle est devenue, comme on sait, la règle générale pour toutes les demandes en concession de mines, depuis que l'article 23 de la loi de 1810 a été révisé par la loi du 27 juillet 1880. Ce qui reste toujours exceptionnel et spécial pour les demandes en concession de sources et de puits d'eau salée, c'est qu'aux termes de l'article 9 de l'ordonnance du 7 mars 1841, les demandes ne sont admises que jusqu'au dernier jour de la durée des affiches ; ainsi donc, il n'y a pas ici, comme pour les mines, le cas des demandes tardives.

Les dispositions de l'article 23 révisé par la loi du 27 juillet 1880 sont applicables à l'instruction des demandes en concession de sources ou de puits d'eau salée. Ainsi les affiches devront être insérées deux fois et à un mois d'intervalle, dans les journaux du département et dans le *Journal officiel*, ainsi qu'il est dit à l'article 23 révisé : cela résulte, d'une part, de ce que l'article 8 susmentionné de l'ordonnance du 7 mars 1841 renvoie, pour les formalités d'affiches, à l'article 23 de la loi de 1810, et, d'autre part, de ce que l'insertion « dans l'un des journaux du département », spécifiée par ledit article 8, n'est aucunement contradictoire avec la double insertion, à un mois d'intervalle, ordonnée par l'article 23 révisé.

Il est une disposition commune aux demandes en concession de sources ou de puits d'eau salée et à celles qui se rapportent aux mines de sel, c'est celle qui est écrite à l'article 24 de l'ordonnance du 7 mars 1841, conçu comme il suit :

Art. 24. — Le directeur des contributions indirectes ou des douanes, selon les cas, sera consulté par le préfet sur toute demande en concession de mine de sel, de source ou de puits d'eau salée.

Le préfet consultera ensuite les ingénieurs des mines, et transmettra les pièces à notre ministre des travaux publics, avec leurs rapports et son avis.

Les pièces relatives à chaque demande seront communiquées par notre ministre des travaux publics à notre ministre des finances.

Maximum d'étendue des concessions de sources ou de puits d'eau salée.

Il y a pour les sources et les puits d'eau salée un maximum d'étendue des concessions qui est fixé à 1 kilomètre carré, d'après l'article 4 de la loi du 17 juin 1840, c'est le vingtième du maximun fixé pour les mines de sel par le même article.

Concessions superposées de mines de sel et de sources ou de puits d'eau salée.

Les concessions de mines de sel et celles de sources ou de puits d'eau salée peuvent être superposées, mais dans le cas seulement du même titulaire, et la chose se motive d'elle même. L'article 20 de l'ordonnance du 7 mars 1841 s'exprime à cet égard dans les termes suivants :

Art. 20. — Il ne pourra être fait, dans le même périmètre, à deux personnes différentes, une concession de mine de sel et une concession de source ou de puits d'eau salée.

Mais tout concessionnaire de source ou de puits d'eau salée qui aura justifié de l'existence d'un dépôt de sel dans le périmètre à lui concédé, pourra obtenir une nouvelle concession, conformément au titre 1er de la nouvelle ordonnance.

Jusque-là, tout puits, toute galerie ou tout autre ouvrage d'exploitation de mine, est interdit au concessionnaire de la source ou du puits d'eau salée.

Devoirs des concessionnaires vis-à-vis des propriétaires du sol et des inventeurs ou explorateurs.

Les concessionnaires de sources ou de puits d'eau salée sont soumis, comme les concessionnaires de mines en général, à la redevance tréfoncière stipulée en principe par les articles 6 et 42 de la loi de 1810, et réglée en fait par les actes de concession : cela résulte du texte de l'article 4 de la loi sur le sel du 17 juin 1840. Comme exemple de redevance tréfoncière pour concession de source salée, citons celle de un franc par hectare, spécifiée par l'arrêté du président du conseil, chargé du pouvoir exécutif, en date du 25 septembre 1849, pour la concession des sources salées de Camarade (Ariège), laquelle a un périmètre de 42 hectares.

Nous ne pouvons donc que renvoyer à ce qui a été dit au chapitre V, au sujet des devoirs des concessionnaires de mines en général vis-à-vis des propriétaires du sol pour la redevance tréfoncière, les dégâts de mines, et la prohibition de l'article 11.

Pour ce qui est du droit d'inventeur, l'article 13 de l'ordonnance du 7 mai 1841 porte que l'acte de concession d'une source ou d'un puits d'eau salée « purgera, en faveur des concessionnaires, tous les droits des propriétaires de la surface et des inventeurs ou de leurs ayants cause». Nous renvoyons donc à ce qui a été dit, au chapitre VI, sur les devoirs des concessionnaires vis-à-vis des inventeurs et explorateurs.

Devoirs vis-à-vis du gouvernement. — Pas de redevance proportionnelle. — Redevance fixe.

Comme devoirs vis-à-vis du gouvernement, observons que les concessionnaires de sources ou de puits d'eau salée, qui sont assujettis à l'impôt du sel, sont affranchis de la redevance proportionnelle (article 4 de la loi du 17 juin 1840) ; mais ils sont soumis à la redevance fixe. Ils sont, à ce sujet, exactement traités comme les concessionnaires de mines de sel.

Les concessionnaires de sources ou de puits d'eau salée sont dispensés de payer patente ; cela résulte de l'article 32 de la loi du 21 avril 1810, et de l'assimilation des exploitations de sources et puits d'eau salée aux exploitations de mines ; ce principe a été plusieurs fois consacré, et notamment par un décret du 3 janvier 1848 qui a déchargé de la patente le sieur Noël, fabricant et raffineur de sel à Briscous (Basses-Pyrénées) (1).

Surveillance administrative : obligations spéciales.

Quelques obligations spéciales sont imposées aux exploitants de de sources ou de puits d'eau salée (2) ; elles sont analogues à celles qui atteignent les exploitants de mines de sel. Il y a seulement à noter la particularité suivante, relative à l'emplacement des ouvertures par où se fait l'exploitation de l'eau salée, qui est spécifiée à l'article 15 de l'ordonnance du 7 mars 1841, conçu comme il suit :

Art. 15. — Lorsque, dans l'étendue du périmètre qui lui est concédé, le concessionnaire voudra pratiquer, pour l'exploitation de l'eau salée, une ouverture autre que celle désignée par l'acte de concession, il adressera au préfet, avec un plan à l'appui, une demande qui sera affichée, pendant

---

(1) Dupont, *Jurisprudence des mines*, t. I, p. 149.
(2) *Idem, idem*, t. II, p. 150.

CHAP. XI. — MINES DE SEL, SOURCES ET PUITS D'EAU SALÉE. 423

un mois, dans chacune des communes sur lesquelles s'étend la concession. Une copie de ce plan sera déposée dans chaque mairie.

S'il ne s'élève aucune réclamation contre la demande, l'autorisation sera accordée par le préfet. Dans le cas contraire, il sera statué par notre ministre des travaux publics.

Anciens usages concernant des sources d'eau salée.

Enfin il existe certaines sources d'eau salée exploitées en France depuis un temps immémorial, pour lesquelles il existe d'anciens usages qui ont nécessité une réglementation spéciale.

Tel est le cas de la source de Salies (Basses-Pyrénées), au sujet de laquelle il est intervenu un décret du 18 décembre 1876, portant règlement administratif pour l'usage de cette fontaine d'eau salée.

La 6ᵉ livraison des *Annales des mines* de 1876 (p. 297) contient, au sujet de la réglementation de la fontaine de Salies, des documents intéressants dont les plus anciens remontent à 1587.

Usines pour la fabrication du sel.

Occupons-nous maintenant des usines pour la fabrication du sel et, tout d'abord, faisons-nous la question suivante : les usines pour la fabrication du sel sont-elles soumises au régime de l'autorisation ? Cette question a occupé le conseil général des mines, dans la séance du 18 juin 1869, à l'occasion d'un accroissement de consistance de la saline de Montmorot (Jura).

D'une part, l'article 9 de la loi du 17 juin 1840 porte que :

L'enlèvement et le transport des eaux salées et des matières salifères sont interdits pour toute destination autre que celle d'une fabrique régulièrement autorisée, sauf l'exception portée en l'article 12;

D'autre part, les articles 25 et suivants de l'ordonnance sur le sel du 7 mai 1841 réglementent l'autorisation des usines pour la fabrication du sel, et l'article 25 s'exprime notamment dans les termes ci-après :

Art. 25. — Les usines destinées à l'élaboration du sel gemme ou au traitement des eaux salées ne pourront être établies, soit par les concessionnaires des mines de sel, de sources ou de puits d'eau salée, soit par tous autres, qu'en vertu d'une permission accordée par une ordonnance royale, après l'accomplissement des formalités prescrites par l'article 74 de la loi du 21 avril 1810. Toutefois, le délai d'affiches est réduit à un mois.

Le demandeur devra justifier que l'usine pourra suffire à la fabrication d'au moins 500,000 kilogrammes de sel, sauf l'application de la faculté ouverte par le deuxième alinéa de l'article 5 de la loi du 17 juin 1840.

Seront d'ailleurs observées les dispositions des lois et règlements sur les établissements dangereux, incommodes ou insalubres.

Cette disposition de l'article 25 de l'ordonnance du 7 mars 1841, qui assimilait les formalités d'autorisation des salines à celles des forges et hauts-fourneaux, était plausible, il faut le dire, lorsqu'elle a été formulée, attendu que l'article 73 de la loi du 21 avril 1810 assimilait « les usines pour le traitement des substances salines et pyriteuses » aux fourneaux à fondre les minerais de fer et autres substances métalliques ainsi qu'aux forges, au point de vue de la nécessité d'une « permission accordée par un règlement d'administration publique », c'est-à-dire, par un décret rendu en conseil d'état ; mais depuis cette époque, un grand fait législatif est survenu. L'article 1er de la loi du 9 mai 1866 a abrogé les articles 73 à 78 de la loi du 21 avril 1810, qui soumettaient les hauts-fourneaux, forges et autres usines au régime des permissions accordées par décret après quatre mois d'affiches, etc. D'où il faut conclure que cet article 1er de la loi du 9 mai 1866 a aussi abrogé implicitement les dispositions du titre IV (art. 25 à 31) de l'ordonnance du 7 mars 1841 qui s'y réfèrent explicitement, et qui soumettaient les usines pour la fabrication du sel au régime des permissions par règlements d'administration publique, c'est-à-dire, par ordonnances ou décrets rendus en conseil d'état.

Tel a été l'avis du conseil des mines, dans sa séance du 18 juin 1869, et il est pleinement motivé par la loi du 9 mai 1866 considérée dans son texte et dans son esprit. Le conseil des mines a justement déclaré que l'établissement d'une usine à sel ne doit être précédé que de la déclaration prescrite au point de vue fiscal par l'article 51 de la loi du 24 avril 1806. Cet article, lequel n'a nullement été abrogé, porte que « il ne pourra être établi aucune fabrique, chaudière à sel, sans une déclaration préalable de la part du fabricant, à peine de confiscation des ustensiles propres à la fabrication et de cent francs d'amende ».

A l'appui de l'opinion émise en 1869 par le conseil des mines, au sujet des permissions d'usines à sel, on peut citer un arrêt de la cour de cassation du 5 juin 1874 (1). En effet cet arrêt, quoique ne se rap-

---

(1) Devilleneuve, 1874-1, p. 504, et *Annales des mines*, 1878, p. 350.

portant pas à une usine à sel mais bien à une usine métallurgique (patouillet), proclame la doctrine suivante, que, depuis la promulgation de la loi du 9 mai 1866, dont l'article 1ᵉʳ porte que les articles 73 à 78 de la loi du 21 avril sur les permissions d'usines sont abrogés, « tout ce qui touche aux permissions d'usine mentionnées par la loi de 1810 a cessé d'exister légalement » : or comme l'article 73, aujourd'hui abrogé, mentionne cumulativement les usines pour le traitement des substances salines et pyriteuses ainsi que les usines métallurgiques telles que fourneaux, forges, martinets, patouillets et bocards, on voit que la doctrine de l'arrêt en question s'applique complètement aux usines à sel.

Les fabriques de sel ne figurent plus dans la nomenclature des établissements insalubres.

Au point de vue du régime administratif, il y a une différence notable à signaler entre les fabriques de sel et les hauts-fourneaux, qui étaient autrefois assimilés ensemble pour l'autorisation (articles abrogés, 73 à 78, de la loi de 1810). Les hauts-fourneaux restant classés comme établissements insalubres sont soumis aux prescriptions qui régissent ces établissements; il n'en est pas de même des fabriques de sel : celles-ci ne figurent plus dans la nomenclature générale des établissements insalubres jointe au décret du 31 décembre 1866. Les raffineries de sel, qui avaient été classées comme établissements insalubres de 3ᵉ classe par l'ordonnance du 14 janvier 1815, ne sont plus mentionnées dans la nomenclature du 31 décembre 1866. Conséquemment, les usines pour la fabrication du sel ne sont plus considérées désormais comme des établissements insalubres et incommodes.

Au point de vue de l'impôt, les fabriques de sel ne sont pas des manufactures, mais bien des usines; en conséquence, elles sont soumises à la contribution des portes et fenêtres, dont les manufactures sont dispensées; ce principe a été établi par une ordonnance du 21 mai 1847, relative à la fabrique de sel de Briscous (Basses-Pyrénées).

Contraventions en matière de mines de sel, sources et puits d'eau salée.

Les contraventions en matière de mines de sel, sources et puits d'eau salée et fabriques de sel sont régies par les dispositions spéciales de la loi du 17 juin 1840 (1).

L'interdiction par voie administrative est posée en principe à l'article 7 de la loi, en cas de contravention à l'article 51 de la loi du 24 avril 1806, et aux autres prescriptions de l'article 5 de la loi du 17 juin 1840, aussi bien pour la fabrication que pour l'exploitation du sel.

Si la fabrication n'atteint pas le minimum obligatoire de 500.000 kilogrammes par an, il y a une amende du droit qui aurait été perçue sur le manquant.

Les contraventions aux articles 5, 6, 7, et 9 de la loi du 17 juin 1840 sur le sel sont punies comme il est dit à l'article 10 de la loi ainsi conçu :

Art. 10. — Toute contravention aux dispositions des articles 5, 6, 7 et 9, et des ordonnances qui en régleront l'application, sera punie de la confiscation des eaux salées, matières salifères, sels fabriqués, ustensiles de fabrication, moyens de transport, d'une amende de 500 francs à 5,000 francs, et, dans tous les cas, du payement du double droit sur le sel pur, mélangé ou dissous dans l'eau, fabriqué, transporté ou soustrait à la surveillance.

En cas de récidive, le maximum de l'amende sera prononcé. L'amende pourra être portée jusqu'au double.

Ajoutons en terminant que les concessionnaires de mines de sel, de sources ou de puits d'eau salée, sont soumis à la surveillance administrative et à la sanction spécifiées par les titres V et X de la loi du 21 avril 1810, comme tous les concessionnaires de mines, ainsi qu'aux dispositions de la loi du 27 avril 1838.

---

(2) Dupont: *Jurisprudence des mines*, t. II, p. 155.

CHAPITRE XII.

MINIÈRES ET MINES DE FER. — USINES MÉTALLURGIQUES. — TERRES PYRITEUSES ET ALUMINEUSES.

En France, toutes les exploitations de minerais de fer sont classées parmi les mines ou parmi les minières.

L'article 2 de la loi du 21 avril 1810, qui contient l'énumération « des substances minérales ou fossiles » considérées comme « mines » et pouvant être concédées, mentionne explicitement « le fer en filons ou couches » : il peut donc y avoir des concessions de mines de fer, pour les gîtes en filons ou couches. Il peut aussi y avoir des « minières » de fer, pour les gîtes de « minerais de fer dits d'alluvion » : la chose est dite expressément à l'article 3 de la loi du 21 avril 1810 ; ajoutons que l'article 68 prévoit le cas où les minières de minerais d'alluvion, lorsqu'elles contiendront des travaux réguliers par galeries souterraines, devront être concédées comme mines.

Il ne peut pas y avoir de « carrières » de minerais de fer, attendu qu'il n'est nullement question du fer dans l'article 4 de la loi du 21 avril 1810, lequel contient l'énoncé des substances minérales classées comme carrières. Toutes les exploitations de minerais de fer, doivent donc être classées en France, soit parmi les mines, soit parmi les minières.

Ensemble de la législation actuelle sur les mines et minières de fer.

En ce qui concerne les mines et les minières de fer, la loi primitive du 21 avril 1810 contient les trois articles suivants, qui ont été maintenus intacts : ce sont les articles 3, 68 et 69, qui méritent d'être étudiés attentivement au point de vue de la distinction réelle et pratique entre les minières et les mines de fer.

Art. 3. — Les minières comprennent les minerais de fer dits d'alluvion, les terres pyriteuses propres à être converties en sulfate de fer, les terres alumineuses et les tourbes.

Art. 68. — Les propriétaires ou maîtres de forges ou d'usines exploitant les minerais de fer d'alluvion, ne pourront, dans cette exploitation, pousser des travaux réguliers par des galeries souterraines, sans avoir obtenu une concession, avec les formalités et sous les conditions exigées par les articles de la section 1re du titre III et les dispositions du titre IV.

Art. 69. — Il ne pourra être accordé aucune concession pour minerai d'alluvion, ou pour des mines en filons ou couches, que dans les cas suivants :

1° Si l'exploitation à ciel ouvert cesse d'être possible, et si l'établissement de puits, galeries et travaux d'art est nécessaire;

2° Si l'exploitation, quoique possible encore, doit durer peu d'années, et rendre ensuite impossible l'exploitation avec puits et galeries.

Pour achever l'étude législative des minières et des mines de fer, il convient enfin de se reporter aux articles 57 et 58 qui ont été révisés, ainsi qu'il suit, par l'article 3 de la loi du 9 mai 1866, et à l'article 70 modifié par l'article 1er de la loi du 27 juillet 1880.

Art. 57 (modifié). — Si l'exploitation des minières doit avoir lieu à ciel ouvert, le propriétaire est tenu, avant de commencer à exploiter, d'en faire la déclaration au préfet. Le préfet donne acte de cette déclaration, et l'exploitation a lieu sans autre formalité.

Cette disposition s'applique aux minerais de fer en couches et en filons, dans le cas où, conformément à l'article 69, ils ne sont pas concessibles.

Si l'exploitation doit être souterraine, elle ne peut avoir lieu qu'avec une permission du préfet. La permission détermine les conditions spéciales auxquelles l'exploitant est tenu, en ce cas, de se conformer.

Art. 58 (modifié). — Dans les deux cas prévus par l'article précédent, l'exploitant doit observer les règlements généraux ou locaux concernant la sûreté et la salubrité publiques, auxquelles est assujettie l'exploitation des minières.

Les articles 93 à 96 de la présente loi sont applicables aux contraventions commises par les exploitants de minières aux dispositions de l'article 57, et aux règlements généraux et locaux dont il est parlé dans le présent article.

Art. 70 (modifié). — Lorsque le ministre des travaux publics, après la concession d'une mine de fer, interdit aux propriétaires de minières de continuer une exploitation qui ne pourrait se prolonger sans rendre ensuite impossible l'exploitation avec puits et galeries régulières, le concessionnaire de la mine est tenu d'indemniser les propriétaires des minières dans les proportions du revenu qu'ils en tiraient.

Un décret rendu en conseil d'état peut, alors même que les minières sont exploitables à ciel ouvert ou n'ont pas encore été exploitées, autoriser la réunion des minières à une mine, sur la demande du concessionnaire.

Dans ce cas, le concessionnaire de la mine doit indemniser le propriétaire de la minière par une redevance équivalente au revenu net que ce propriétaire aurait pu tirer de l'exploitation, et qui sera fixée par les tribunaux civils.

Distinction des minières de fer et des mines de fer.

Abordons maintenant la question suivante qui se pose naturellement, et qui a une grande importance économique : Quels sont, dans le régime de la loi française, les gîtes de minerais de fer qui sont des minières, et quels sont ceux qui sont des mines (1) ?

L'article 3 disant, sans aucune restriction, que « les minières comprennent les minerais de fer dits d'alluvion », les termes de cet article considéré isolément conduiraient à cette conséquence, que « tous les gîtes de minerais de fer d'alluvion, exploités ou exploitables à ciel ouvert ou par des travaux souterrains, sont des minières ». Mais l'article 68 a apporté une restriction explicite très importante à l'article 3, lorsqu'il a dit que « les exploitants des minerais de fer d'alluvion ne pourront, dans cette exploitation, pousser des travaux réguliers par des galeries souterraines sans avoir obtenu une concession ». Au sujet de ces mots de l'article 68 « travaux réguliers », rappelons que, lors de la préparation de la loi de 1810, la commission du corps législatif fit, dans la séance du 17 mars 1810, l'observation suivante, rapportée par Locré, laquelle a de l'importance (2) :

...De ce qu'un mineur fait au fond d'un puits une petite fouille latérale, il n'y a pas lieu d'exiger qu'il y ait une concession. L'esprit de l'article étant de ne la rendre nécessaire que quand il faut pousser des travaux réguliers, et en grand, par des galeries d'exploitation.

Citons également une circulaire du directeur général des ponts et chaussées et des mines, en date du 30 juin 1819 (3), au sujet des minières de fer d'alluvion, où il est dit que de petits puits provisoires, de petites galeries non coordonnées entre elles, des cham-

---

(1) Dupont, *Jurisprudence des mines*, t. II, p. 160 et suiv.
(2) Locré, p. 370.
(3) Dupont, *Jurisprudence des mines*, t. II, p. 196.

bres sans suite étayées par un boisage volant, destinées à être abandonnées au bout de quelques semaines ou de quelques mois, ne suffisent pas pour faire considérer ces exploitations comme des mines.

De ce tout qui précède, il y a deux choses à conclure :

Premièrement, en ce qui concerne les gîtes de minerais de fer dits d'alluvion, on doit distinguer deux portions du gîte, savoir : la portion exploitable par des travaux à ciel ouvert ou par des travaux souterrains irréguliers de peu de durée et de peu d'étendue, qui est une minière, et la portion exploitable par des travaux souterrains réguliers, qu'on ne peut exploiter qu'en vertu d'une concession, et qui est conséquemment une mine ;

Deuxièmement, en ce ce qui concerne les minières de minerais de fer dits d'alluvion, il y deux sortes de minières, savoir : 1° les minières à ciel ouvert ; 2° les minières souterraines, c'est-à-dire, celles qui comprennent des travaux souterrains de peu d'étendue et de peu de durée. Ces deux sortes de minières de minerais d'alluvion sont reconnues et distinguées par le nouvel article 57 de la loi des mines, lequel porte que les premières peuvent être exploitées en vertu d'une simple déclaration faite au préfet (§ 1ᵉʳ), tandis que les minières souterraines ne peuvent être exploitées sans une permission du préfet (§ 3) ; d'autre part, elles sont assimilées par le § 1ᵉʳ de l'article 58, en ce qui concerne l'observation des règlements généraux et locaux. Ajoutons enfin qu'en cas de concession, les unes et les autres sont astreintes à ne pas se prolonger de manière à rendre ensuite impossible l'exploitation avec puits et galeries régulières, sauf indemnité en cas d'interdiction pour ce chef (art. 69 et art. 70).

Occupons-nous maintenant des minerais de fer en filons ou couches.

La partie superficielle des minerais de fer en filons ou couches n'est pas une mine, comme on serait porté à le croire d'après les articles 1 et 2 de la loi de 1810 qui classent comme mines « les masses de substances minérales répandues dans le sein de la terre ou existantes à la surface... connues pour contenir... du fer en filons ou couches » : l'article 69 a dérogé à l'article 2 en stipulant formellement qu'il ne pourra être accordé aucune concession pour des mines de fer en filons ou couches que si l'exploitation à ciel ouvert cesse d'être possible ou bien si cette exploitation, quoique possible encore, menace de rendre ensuite impossible l'exploitation avec puits et galeries. L'article 69 admet implicitement que l'exploitation à ciel ouvert des minerais de fer en filons ou couches est permise avant la concession ; or cette exploitation ne peut pas avoir lieu avant la concession, comme mine, l'article 5 s'y oppose; elle ne peut pas non plus avoir lieu à titre de carrière, attendu, d'une part, que le fer ne figure pas dans l'article 4, article énonciatif des substances classées comme carrières, et attendu, d'autre part, que les substances classées comme carrières, conservent ce classement, quel que soit leur mode d'exploitation « à ciel ouvert ou avec des galeries souterraines » (art. 4), ce qui n'est pas ici le cas. On est donc fondé à dire que l'article 69 classe nécessairement et implicitement comme minière la partie du minerai de fer en filons ou couches exploitable à ciel ouvert; aussi la mentionne-t-il cumulativement et d'une manière assimilative avec la portion superficielle des minerais d'alluvion, par ces termes « il ne pourra être accordé aucune concession pour minerai d'alluvion ou pour des mines en filons ou couches que dans les cas suivants, etc. »

L'article 57 modifié assimile d'une manière formelle et très efficace aux minières à ciel ouvert (de minerais d'alluvion), les exploitations à ciel ouvert de minerais de fer en couches ou filons, opérées conformément à l'article 69, puisqu'il stipule, dans son second paragraphe, qu'elles ne seront soumises, les unes et les autres, qu'à la simple déclaration au préfet. L'article 58 modifié complète l'assimilation en soumettant ces exploitations à ciel ouvert de minerais de fer en filons ou couches à la réglementation et à la sanction pénale des minières. Disons enfin que le nouvel article 70, modifié par la loi du 27 juillet 1880, considère et mentionne comme minières toutes les exploitations de minerais de fer sans exception opérées à ciel ouvert dans un périmètre concédé pour mine de fer, sans faire aucune distinction sur la nature ou le mode de gisement des minerais (minerai d'alluvion, minerai en filons ou couches ou minerai en amas).

Si l'on rappelle, d'autre part, que la partie exploitable à ciel ouvert d'un gîte de minerai de fer en amas qui ne serait pas du minerai dit d'alluvion, ne saurait rentrer dans la classe des carrières, d'après ce qui a été dit précédemment, on sera fondé à formuler la conclusion suivante : à savoir, que, dans le système de la législation française, les parties exploitables à ciel ouvert des gîtes de minerais de fer en filons, en couches ou en amas, sont des minières aussi bien que les minerais dits d'alluvion.

Il y a pourtant une légère distinction à faire, c'est que l'article 68 admet que les exploitations souterraines de minerais dits d'alluvion qui sont peu développées, et ne comprennent pas « des travaux réguliers », sont encore des minières, des minières souterraines dans le sens de l'article 57 modifié, tandis que les exploitations de minerais de fer en filons ou couches ne peuvent être classées et considérées comme minières que si elles sont opérées à ciel ouvert sans aucune espèce de puits ou galeries, même de faible importance : c'est ce qui résulte formellement de l'article 69. En conséquence, il peut y avoir des minières souterraines (c'est-à-dire comportant des travaux souterrains de peu d'étendue et de peu de durée) quand il s'agit de minerais dits d'alluvion, tandis que, pour les autres minerais, ceux en filons ou couches, il ne peut y avoir que des minières à ciel ouvert.

Après tous ces développements, nous répondrons de la manière suivante à la question que nous nous étions posée sur la distinction à faire entre les mines et les minières de fer.

S'il s'agit de minerais *dits d'alluvion*, la minière comprend la portion du gîte ferrifère exploitable à ciel ouvert ou par des travaux souterrains de peu d'étendue et de peu de durée, tandis que la minière concédée, c'est-à-dire, la mine de minerai de fer d'alluvion comprend la partie exploitable par puits ou galeries régulières ; s'il s'agit de toute autre espèce de minerais, c'est-à-dire de minerais en filons, couches ou amas, la minière comprend la portion du gîte exploitable à ciel ouvert, et la mine de fer comprend toute la partie exploitable par travaux souterrains, c'est-à-dire par puits et galeries.

Telle est la définition des minières de fer qui résulte de notre loi des mines ; on dira tout à l'heure quelle est l'autorité compétente pour opérer la délimitation pratique de la mine et de la minière, sur les bases de la définition précédente.

Dans la partie d'un gîte de minerai de fer exploitable à ciel ouvert, il y a lieu de faire une subdivision importante : il faut distinguer premièrement, la portion exploitable à ciel ouvert sans rendre ensuite impossible l'exploitation par puits et galeries régulières ; deuxièmement, la portion exploitable encore à ciel ouvert, mais en rendant ensuite impossible l'exploitation par puits et galeries régulières. Toutes les deux appartiennent au propriétaire de la surface :

c'est ce qui résulte très explicitement du § 1ᵉʳ du nouvel article 70 révisé par la loi du 27 juillet 1880, et conçu comme il suit :

> Lorsque le ministre des travaux publics, après la concession d'un mine de fer, interdit aux propriétaires de minières de continuer une exploitation qui ne pourrait se prolonger sans rendre ensuite impossible l'exploitation avec puits et galeries régulières, le concessionnaire de la mine est tenu d'indemniser les propriétaires des minières dans la proportion du revenu qu'ils en tiraient.

Ce qu'il y a de particulier pour cette partie du gîte de minerai qui n'est exploitable à ciel ouvert qu'en rendant ensuite impossible l'exploitation par puits et galeries régulières, c'est que le ministre des travaux publics peut en interdire l'exploitation, mais à la charge d'une indemnité à payer par le concessionnaire : or un propriétaire ne peut avoir droit à une indemnité en pareil cas que parce qu'on lui a interdit d'exploiter *sa propre chose, et non point la chose d'autrui ;* l'article 1149 du Code civil ne saurait être interprété qu'en ce sens : d'où il suit que les termes du § 1ᵉʳ de l'article 70 révisé par la loi du 27 juillet 1880 affirment explicitement, tout en permettant de le purger, le droit de propriété du propriétaire du sol sur la partie des gîtes de minerais de fer qui est exploitable à ciel ouvert, mais qui ne saurait être exploitée de la sorte sans rendre ensuite impossible l'exploitation avec puits et galeries régulières (1).

Les conclusions formulées ci-dessus résultent, comme on voit, des termes de la loi primitive de 1810 encore en vigueur, et des articles révisés par les lois postérieures du 9 mai 1866 et du 27 juillet 1880 : ajoutons, d'une part, qu'elles sont conformes à l'esprit du rapport fait au corps législatif par le comte de Girardin, lequel disait, en 1810, que si les minerais dits d'alluvion ont été classés parmi les minières pour « rester à la disposition du propriétaire de la superficie », c'est uniquement parce que ce sont « des mines superficielles... placées ou à la surface du sol ou presque immédiatement au-dessous de la couche végétale, pouvant être exploitées sans de grands tra-

---

(1) L'article 70 modifié par la loi du 9 mai 1866, qui se réduisait à ces termes « En cas de concession, le concessionnaire sera tenu toujours d'indemniser les propriétaires au profit desquels l'exploitation avait lieu, dans la proportion du revenu qu'ils en tiraient », admettait le droit de propriété dont il est ici question, mais avec moins de précision que l'article 70, révisé par la loi du 27 juillet 1880.

vaux, et sans compromettre en rien les ressources de l'avenir » (1) ; disons enfin, d'autre part, qu'elles sont d'accord avec la jurisprudence du conseil d'état telle qu'elle a été formulée dans un décret au contentieux, du 6 décembre 1866 (2), relatif aux mines de fer de Torren (Pyrénées-Orientales).

Mentionnons subsidiairement cette circonstance, qu'en Belgique, où le régime de la loi de 1810 est en vigueur, la jurisprudence admet en principe que les droits absolus des propriétaires de la surface sur les minerais de fer en filons ou couches exploitables à ciel ouvert sont reconnus comme dérivant de la loi de 1810, ainsi que cela résulte d'un arrêt de la cour de cassation belge, du 19 janvier 1856 (3).

Délimitation des minières et des mines de fer : décision du tribunal des conflits du 28 février 1880. — Compétences respectives du conseil d'état et des tribunaux.

Les prétentions respectives des concessionnaires de mines de fer, d'une part, et des propriétaires de la surface, d'autre part, sur la limite de la mine et des minières devaient donner naissance à des litiges nombreux, et c'est ce qui a eu lieu en effet.

A ce sujet, nous devons mentionner la décision du tribunal des conflits du 28 février 1880 (4), déjà citée au chapitre IV (5) : cette décision d'une grande importance doctrinale a été rendue dans les circonstances suivantes.

La Société des mines de fer de Fillols (Pyrénées-Orientales) est propriétaire d'une minière de fer située sur le périmètre de la concession des mines de fer de Sahorre (Pyrénées-Orientales), instituée par décret du 25 décembre 1853 et appartenant à la Société Jacob Holtzer et Cie : la Société de Fillols prétendant que la Société Holtzer, en exploitant la mine de Sahorre, avait empiété sur la minière de fer superposée qui lui appartient, avait assigné la Société Holtzer devant le tribunal de Prades pour obtenir réparation desdits empiéte-

---

(1) Locré, p. 426.
(2) Dalloz, 1867-3-60.
(3) Bury, *Traité de la législation des mines*, t. II, p. 154.
(4) *Recueil des arrêts du conseil d'état*, 1880, p. 238, et *Annales des mines*, 1880, p. 47.
(5) Page 126.

ments. Ce tribunal, par un jugement du 11 juin 1879, ordonna une expertise pour reconnaître le fait de l'empiétement et l'évaluer, s'il y avait lieu : sur ce, un déclinatoire fut présenté par le préfet, et un jugement du tribunal de Prades intervint le 3 décembre 1879 pour écarter le déclinatoire; le 19 décembre 1879, un arrêté de conflit fut élevé par le préfet, et enfin, la clôture du débat d'attributions a été prononcée par une décision du tribunal des conflits du 28 février 1880, motivée comme suit :

Considérant que la demande formée devant le tribunal de Prades par la Société de Fillols tendait à ce que la Société Holtzer et Cie, concessionnaire de la mine de Sahorre, fût condamnée à payer une indemnité à la Société demanderesse, à raison de l'extraction de minerais de fer exploitables à ciel ouvert et non compris dans la concession; que le tribunal a, sur cette demande, ordonné avant faire droit qu'il serait procédé à une expertise, afin de constater notamment si les travaux exécutés par la Société Holtzer et Cie dans les parcelles litigieuses souterraines ou non souterraines n'avaient pas pour effet d'extraire des minerais exploitables à ciel ouvert;

Considérant que la mission ainsi donnée aux experts tendait à faire reconnaître les limites respectives de la mine de fer de Sahorre et de la minière de fer exploitée par la Société de Fillols;

Considérant que s'il appartient à l'autorité judiciaire de prononcer sur les demandes d'indemnité formées par des exploitants de mines ou de minières, à raison d'extractions qui seraient faites en dehors des limites respectives de leurs exploitations, il ne saurait appartenir aux tribunaux de déterminer lesdites limites lorsqu'elles sont contestées entre les parties;

Considérant, en effet, que l'exploitation des mines a lieu en vertu d'un acte de concession émané du gouvernement et ayant pour effet de fixer à la fois le périmètre de la mine concédée et les conditions de son exploitation; que, d'autre part, si les articles 59 et suivants (1) de la loi de 1810, réservent aux propriétaires de la surface le droit d'extraire, sous certaines conditions, les minerais d'alluvion et les minerais en filons ou couches exploitables à ciel ouvert, le gouvernement peut, aux termes de l'article 69,

---

(1) A l'époque où la concession de la mine de fer de Sahorre a été instituée (25 décembre 1853), l'article 59 était encore en vigueur; mais cet article et les suivants, jusques et y compris l'article 67, ont été abrogés depuis lors par la loi du 9 mai 1866 (art. 2); ajoutons subsidiairement qu'à la date de la décision du tribunal des conflits (28 février 1880), les droits des propriétaires de la surface sur les minerais de fer, sous certaines conditions, étaient réservés par l'article 57 modifié par la loi du 9 mai 1866, l'article 68, l'article 69 et l'article 70 modifié par la loi du 9 mai 1866 : au moment actuel (avril 1881), les articles de la loi des mines qui réservent ces droits des propriétaires de la surface, sont l'article 57 modifié par la loi du 9 mai 1866, l'article 68, l'article 69 et l'article 70, révisé par la loi du 27 juillet 1880.

concéder exceptionnellement lesdits minerais dans des cas dont l'appréciation échappe à la compétence de l'autorité judiciaire ;

Qu'il suit de là que la délimitation d'une mine concédée, tant à l'égard des gîtes souterrains que des gîtes superficiels qui confinent à ladite mine, ne peut émaner que de l'autorité administrative, seule compétente pour délivrer et interpréter l'acte de concession et pour reconnaître, en cas de contestation, le périmètre que ledit acte a entendu assigner à la mine concédée ;

Qu'ainsi le tribunal de Prades, en ordonnant qu'il serait procédé devant lui à une expertise pour rechercher avant faire droit les limites litigieuses, a méconnu le principe de la séparation des pouvoirs ;

Décide :

Art. 1er. — L'arrêté de conflit pris par le préfet des Pyrénées-Orientales le 19 décembre 1879 est confirmé.

Art. 2. — Sont considérés comme non avenus en ce qu'ils ont de contraire à la disposition qui précède :

1° L'assignation donnée, le 30 mai 1879, à la requête de la Société de Fillols ; 2° Le jugement du tribunal de Prades, en date du 11 juin 1879.

Le tribunal des conflits, dans la décision doctrinale ci-dessus, a proclamé une double compétence en matière de contestations sur les limites respectives d'une minière et d'une mine de fer, savoir : d'une part, compétence de l'autorité administrative qui délivre et interprète les concessions, c'est-à-dire, du conseil d'état pour fixer et déterminer ces limites ; d'autre part, compétence des tribunaux pour régler, en cas d'empiétement sur les limites ainsi fixées, les indemnités réciproques qui peuvent être dues entre exploitants de minières et exploitants de mines de fer.

La détermination de ces limites sera chose délicate, c'est chose incontestable, mais elle incombait de droit aux autorités administratives chargées de concilier dans cette délimitation deux intérêts généraux à encourager, savoir, l'intérêt de l'exploitation des minières de fer et celui de l'exploitation des mines de fer ; or l'on peut avoir la certitude que ces autorités y mettront tous leurs soins, en s'aidant des conseils techniques de l'administration des mines. Les parties intéressées seront préalablement entendues par les préfets dans la préparation locale des bases de la délimitation à soumettre au conseil d'état : cela ne saurait faire doute. Quant au mode de délimitation à adopter, tout ce qu'on peut dire en général et *a priori* c'est qu'il devra assigner à la minière de fer un espace fermé du côté de l'intérieur du sol, c'est-à-dire du côté de la mine, de telle sorte que les empiétements soient tout à la fois faciles à éviter par les exploitants, et faciles à constater par les tribunaux : or, sans sortir de notre sujet, nous croyons pouvoir émettre cet avis, qu'un système combiné de plans horizontaux et de plans verticaux passant par des points fixes, système que les ingénieurs des mines proposeront en s'appuyant sur les données géologiques et techniques spéciales à chaque cas, et les parties entendues, fournira la solution la plus naturelle pour délimiter pratiquement la minière et la mine.

La doctrine fondamentale posée par la décision du tribunal des conflits pour la compétence en matière de délimitation des mines et minières de fer n'a aucunement été ébranlée, comme il sera dit ultérieurement, par la loi du 27 juillet 1880, en raison de la modification que celle-ci a apportée à l'article 70 : c'est ce que nous établirons dans le commentaire de l'article 70 révisé.

Résumé historique de l'ancienne législation de la France sur les minerais de fer et sur les forges.

L'étude des droits respectifs des propriétaires de minières et des concessionnaires de mines de fer, qui est une des questions les plus litigieuses et les plus importantes de la législation minérale de la France, nécessite, pour être faite à fond, d'être complétée par un résumé historique de la législation de notre pays en matière de minières, mines et usines à fer. C'est ce résumé que nous allons faire sommairement.

Les usines à fer de la France ont vécu pendant très longtemps sous le régime de la protection à l'intérieur. Sous le règne de Louis XIV, un édit du mois de juin 1680 contenait à ce sujet les dispositions suivantes :

Art. 9. — Ceux qui ont des mines de fer dans leurs fonds, seront tenus, à la première sommation qui leur sera faite par les propriétaires des fourneaux voisins, d'établir des fourneaux pour convertir la matière en fer; si non, permettons au propriétaire du plus prochain fourneau, et à son refus, aux autres propriétaires de fourneaux, de proche en proche, et à ceux qui les feront valoir, de faire ouvrir la terre et d'en tirer la mine de fer, en payant aux propriétaires des fonds, pour tout dédommagement, un sol pour chaque tonneau de mine de 500 livres pesant.

Plus tard, une ordonnance du 7 avril 1786 porta à deux sous six deniers la redevance à payer aux propriétaires du sol pour chaque tonneau de minerai.

La loi du 28 juillet 1791, faite par l'assemblée constituante, témoigne aussi de l'opinion générale qui régnait encore à cette époque au sujet de l'industrie du fer : cette industrie était considérée comme une œuvre d'utilité publique, et presque comme une concession de l'état, puisque les usines à fer ne pouvaient être établies qu'après une permission obtenue dans les mêmes formes que les concessions de mines (art. 2 et 3 du titre II de la loi, portant cet entête « Des mines de fer »). D'autre part, et pour assurer la marche des usines, ainsi permissionnées par une sorte de privilége d'utilité publique, le droit du propriétaire du sol d'exploiter à cent pieds de profondeur fut subordonné à l'obligation de fournir du minerai aux usines du voisinage ou de permettre aux maîtres de forges d'exploiter eux-mêmes, sauf à faire régler par experts le prix du minerai (titre II de la loi du 28 juillet 1791, art. 1er et art. 9 à 16).

Dans la loi primitive du 21 avril 1810, on s'était inspiré des mêmes principes que dans la loi de 1791 au sujet du fer. D'une part, les articles 73 à 78 de cette loi soumettaient l'établissement des fourneaux, forges et usines à l'obtention d'une permission préalable, qui exigeait quatre mois d'affiches et des formalités analogues à celles des demandes en concession de mines; d'autre part, et par une conséquence logique des articles précédents, les permissionnaires d'usines à fer, privilégiés par l'état, étaient autorisés par les articles 59 à 67 et 79 et 80 à exploiter les minières de fer existant chez les propriétaires de la surface lorsque ceux-ci n'exploitaient pas en quantité suffisante, et à faire des fouilles dans les propriétés des tiers et même à y établir des lavoirs et chemins de charroi.

Ensemble de la législation actuelle : loi du 9 mai 1866.

Cet état de choses a cessé depuis la loi du 9 mai 1866. L'exposé des motifs de cette loi, rédigé par feu M. Cornudet, président de section au conseil d'état, présente une hauteur de vues remarquable, et nous croyons devoir en citer les passages suivants :

> Le système de la mise en tutelle de l'industrie métallurgique, dit l'exposé des motifs, pouvait se comprendre au moment où cette industrie était naissante en France, où le gouvernement, comprenant toute l'importance qu'elle avait, non seulement pour la prospérité intérieure du pays, mais

aussi pour sa sûreté et sa puissance extérieure, sentait le besoin de la développer, en quelque sorte à tout prix, et où, d'autre part, les particuliers qui se livraient à cette industrie ou qu'il était bon de provoquer à s'y livrer, peu éclairés, peu expérimentés peut-être, avaient besoin d'être protégés et guidés par les lumières supérieures de l'autorité et de l'administration savante dont elle disposait. C'était aussi l'époque où l'on jugeait nécessaire de protéger les forges françaises contre la concurrence étrangère par un système de douanes qui, pour le fer ouvré notamment, allait jusqu'à la prohibition.

Mais quand une industrie est complètement acclimatée, quand elle a acquis ce qui pouvait lui manquer à l'origine, l'expérience, l'instruction, les capitaux, un système de tutelle étroite, de direction administrative, de protection excessive, n'est plus pour elle qu'une entrave et ne sert qu'à l'énerver. « Il est temps, comme disait une commission instituée en 1863 au ministère des travaux publics, que l'industriel soit libre dans son action, puisque ce sont ses intérêts qui sont en jeu ; qu'il sache que, s'il se trompe, il n'aura à s'en prendre qu'à lui-même. »

Comme conséquence de ces principes, est intervenu l'article 1er de la loi du 9 mai 1866, lequel est ainsi conçu :

Art. 1er. — Sont abrogés les articles 73 à 78 de la loi du 21 avril 1810, ayant pour objet de soumettre à l'obtention d'une permission l'établissement des fourneaux, forges et usines.

L'établissement des fourneaux, forges et usines est donc désormais une industrie entièrement libre. Avec cette liberté devait marcher parallèlement la liberté, pour les propriétaires de la surface, de disposer des produits de leurs minières de fer; l'exposé des motifs de la loi de 1866 dit justement à cet égard :

Mais si l'industrie métallurgique devient une industrie libre comme toutes les autres, s'établissant sans contrôle et sans autorisation de l'administration, quand il lui plaît et là où il lui plaît, on ne comprendrait pas qu'une usine créée librement par le premier industriel venu tirât du seul fait de son existence le droit de contraindre les propriétaires de minières du voisinage à lui fournir une quantité quelconque de minerai à un prix qu'ils n'auraient pas la faculté de fixer...

Ces considérations de l'exposé des motifs firent insérer dans la loi l'article 2, qui est ainsi conçu :

Art. 2. — Sont également abrogés les articles 59 à 67, 79 et 80 de la même loi, ainsi que l'article 70, dans celle de ses dispositions qui, dans les cas de concession prévus par cet article, oblige le concessionnaire à fournir à certaines usines la quantité de minerai nécessaire à leur exploitation.

Néanmoins les dispositions desdits articles continueront à être applicables, jusqu'au 1er janvier 1876, aux mines établies, avec permission, antérieurement à la promulgation de la présente loi.

« ...Quant aux usines qui se créeront à l'avenir, dit l'exposé des motifs, sans autorisation et sous le régime de la liberté, il est bien entendu qu'elles ne pourront pas compter sur cette faveur (privilèges accordés par la loi de 1810) : elles ne devront compter que sur le droit commun.......

« L'industrie française, ajoute ce remarquable document, a surtout besoin, dans la lutte qui s'est ouverte pour elle avec l'industrie étrangère, plus libre qu'elle, d'avoir foi en elle-même; elle puisera dans l'impulsion de son intérêt, dans l'énergie de son initiative et dans le sentiment de sa responsabilité, plus de force et de vitalité qu'elle n'a pu trouver de ressources et d'appui dans la protection et dans la tutelle de l'administration. »

Telles sont les paroles du rapporteur, auxquelles nous nous associons pleinement, en faisant toutefois une seule et unique réserve : c'est que « la tutelle » dont il est question ici, ce n'était pas à proprement parler « la tutelle de l'administration », mais bien celle de la loi.

En effet, la loi de 1791 et la loi de 1810, conformes à cet égard à l'opinion générale de leur temps et aux mœurs de leur époque, avaient créé, comme il vient d'être dit, un régime spécial de protection intérieure pour les usines à fer. Certaines lois changent avec les mœurs, avec les circonstances, surtout les lois administratives : c'est de l'histoire; cela est, cela doit être. Mais ce qui ne change pas, ce qui ne doit pas changer, c'est que l'administration exécute la loi en vigueur : c'est son droit et son devoir.

La loi du 9 mai 1866, en donnant à tous la liberté d'établir des forges et hauts-fourneaux, sous la seule réserve de satisfaire aux conditions de salubrité et sûreté imposées, de droit commun, aux établissements insalubres, a par contre donné pleine et entière liberté aux propriétaires de minières, de vendre leurs minerais, ou d'en affermer l'exploitation au prix qu'ils voudraient, à qui ils voudraient : la justice exigeait qu'il en fût ainsi. La loi économique de l'offre et de la demande est donc la seule qui régisse désormais les rapports d'affaires des propriétaires de minières et des maîtres de forges; il suit de là qu'un maître de forges serait très mal fondé à prétendre, en principe, que tel propriétaire de minière lui vend trop cher son minerai, ou exige une redevance trop forte, comme fermage de sa minière.

La loi du 9 mai 1866 a, par son article 3 et dernier, modifié les deux articles 57 et 58 de la loi primitive : cela a été dit précédemment.

D'autre part, la loi en question ayant abrogé par son article 2 l'article 70, dans celle de ses dispositions qui, dans le cas prévu par cet article, obligeait le concessionnaire à fournir à certaines usines la quantité de minerai nécessaire à leur exploitation, il en est résulté que l'ancien article 70 avait subi, par le fait même de cette loi, la modification indiquée ci-dessous :

Art. 70 (primitif). — En cas de concession, le concessionnaire sera tenu toujours :
1° De fournir aux usines qui s'approvisionnaient de minerai sur les lieux compris en la concession, la quantité nécessaire à leur exploitation, au prix qui sera porté au cahier des charges ou qui sera fixé par l'administration ;
2° D'indemniser les propriétaires au profit desquels l'exploitation avait lieu, dans la proportion du revenu qu'ils en tiraient.

Art. 70 modifié par l'art. 2 de la loi du 9 mai 1866. — En cas de concession, le concessionnaire sera tenu toujours d'indemniser les propriétaires au profit desquels l'exploitation avait lieu, dans la proportion du revenu qu'ils en tiraient.

Effets économiques de la loi du 9 mai 1866.

Cette loi du 9 mai 1866, qui modifiait si profondément le régime des mines et minières de fer et des usines à fer, a eu plusieurs conséquences économiques qui méritent d'être signalées. D'une part, en ce qui concerne les usines à fer, en même temps que cette loi inaugurait pour elles un régime de liberté au point de vue de l'établissement des usines nouvelles, elle les mettait dans le régime du droit commun pour leurs approvisionnements en minerai, comme elles l'étaient déjà pour leurs approvisionnements en combustibles ; d'autre part, en ce qui concerne les minières et les mines de fer, la même loi eut pour effet de leur imprimer concurremment un développement très considérable. En effet, avant la loi de 1866, les minières étaient soumises au régime de la permission (art. 57 primitif), tandis que, aux termes de l'article 57 modifié par l'article 3 de la loi du 9 mai 1866, l'exploitation des minières à ciel ouvert de toutes sortes a lieu en vertu d'une simple déclaration au préfet, le préfet devant donner acte de cette déclaration, et l'exploitation ayant lieu sans autre formalité ; bien plus, le nouvel article 57 spécifie que cette disposition s'applique aux minerais de fer en filons ou couches exploités à ciel ouvert, c'est-à-dire, aux minières de minerais en filons ou couches, aussi bien qu'aux minières ordinaires, aux minières de minerais d'alluvion, sans distinguer si toutes ces minières sont ou ne sont pas superposées à des mines de fer concédées.

Avant la loi de 1866, le propriétaire exploitant de minières était forcé de fournir aux mines du voisinage : depuis cette loi, le propriétaire de minière est libre pour la vente des produits de sa minière comme pour les produits de son champ ; il passe des marchés avec tel maître de forges qu'il veut ou selon qu'il peut, en étant soumis à la seule loi économique qui régisse tout commerce libre, la loi de l'offre et de la demande : s'il est maître de forges lui-même, il consomme dans son usine tous les produits de sa minière, ou bien il en vend une portion à d'autres maîtres de forges, en toute liberté.

Rappelons, à d'autres égards, que s'il s'agit d'une minière comprise dans un terrain concédé pour mine de fer, le propriétaire de la minière développe son exploitation jusqu'à l'extrême limite fixée par l'article 69, c'est-à-dire jusqu'au point où l'exploitation à ciel ouvert cesse d'être possible, ou bien, où l'exploitation, quoique possible encore, doit rendre ensuite impossible l'exploitation par puits et galeries (sauf à s'arrêter dans ce dernier cas devant l'interdiction ministérielle spécifiée par le nouvel article 70, lequel réserve ses droits à une indemnité).

De leur côté, les concessionnaires de mines de fer débarrassés de la servitude, stipulée par l'ancien article 70, de fournir aux usines usagères ont pu disposer librement des produits de leurs mines, les consommer en entier dans leurs usines s'ils étaient eux-mêmes maîtres de forges, ou bien en vendre une partie à d'autres maîtres de forges. Cette liberté a donc aidé au développement des mines de fer, et, d'autre part, s'il existait des minières dans le périmètre concédé, les concessionnaires ont développé leur exploitation par puits et par galeries régulières aussi près qu'ils ont pu de la surface, sauf à prétendre d'ailleurs, et quelquefois à bon droit, que l'exploitation de ces minières, opérée par leurs concurrents, devenait menaçante et devait rendre ensuite impossible l'exploitation par puits et galeries, que l'article 69 a voulu sauvegarder.

Nécessité de dispositions législatives nouvelles, pour définir les droits respectifs des concessionnaires de mines de fer et des exploitants de minières : Révision de l'article 70 opérée à cet effet par la loi du 27 juillet 1880.

La loi du 9 mai 1866, quoiqu'elle ait été un bienfait réel pour l'industrie du fer aussi bien en ce qui concerne les exploitants de minerai que les maîtres de forges, avait donc, dans le cas de minières et de mines de fer superposées, organisé en principe une guerre incessante entre les propriétaires de minières et les concessionnaires : cette guerre, on peut le dire, s'était surtout accentuée en fait dans le département des Pyrénées-Orientales, où des gîtes de minerai riches et précieux sont l'objet d'exploitations rivales et superposées, par mines de fer et par minières : on peut citer comme faits juridiques de cette guerre le décret au contentieux du 6 décembre 1866, relatif aux mines de fer de Torren (Pyrénées-Orientales) et la décision du tribunal des conflits du 28 février 1880, relative aux mines de Sahorre (Pyrénées-Orientales). Cet état de choses ne nuisait pas seulement aux mines de fer concédées, il nuisait encore à l'institution des mines à concéder ; et, en effet, alors qu'il n'existait pas dans la loi de moyen pratique et efficace d'opérer équitablement la réunion des minières à une mine, et ce moyen n'existait pas avant la loi du 27 juillet 1880, cet état de choses, disons-nous, empêchait qu'il ne se présentât des demandeurs sérieux pour les gîtes qu'il y aurait eu lieu de concéder dans un intérêt général.

A la date du 3 avril 1875, alors que nous faisions partie de la commission d'études instituée par le ministre des travaux publics pour la révision de la loi des mines, nous avons fait ressortir ce double inconvénient, en disant que le germe du remède se trouvait dans l'article 70 ; et en effet, cet article modifié par l'article 2 de la loi du 9 mai 1866 conservait et maintenait ce principe, que, « en cas de concession d'une mine de fer, le concessionnaire serait tenu d'indemniser les propriétaires au profit desquels l'exploitation avait lieu, dans la proportion du revenu qu'ils en tiraient ». Nous avions donc proposé, à cette date du 3 avril 1875, de modifier l'article 70 de manière à donner la faculté à tous les concessionnaires de mines de fer de réunir à leurs mines les minières situées dans leur périmètre moyennant une redevance de 0f50 par tonne de minerai extrait par travaux superficiels ou souterrains dans le fonds de chaque propriétaire (1). La sous-commission de révision (2) proposait, à la date du 15 avril 1875, la réunion facultative des minières à la mine moyennant une redevance de 75 centimes par tonne de minerai extrait jusqu'à 25 mètres de profondeur, de 50 centimes de 25 à 50 mètres, et de 25 centimes au delà de 50 mètres. Le conseil général des mines proposait, de son côté, à la date du 23 février 1877, de faire régler par l'administration la redevance à payer par le concessionnaire au propriétaire de la surface.

Enfin, à la date du 2 mai 1878, imitant en cela le projet de loi déposé par M. Bousquet, député, le 22 janvier 1877, le conseil d'état proposait de faire régler par les tribunaux civils l'indemnité à payer par le concessionnaire aux propriétaires de minières dépossédés, et cette disposition a passé dans la loi. D'autre part, le conseil d'état proposait, à la même date, un moyen pour organiser dans la pratique la réunion, consentie par l'autorité administrative, d'une minière à une mine ; ce moyen est clairement indiqué dans les deux premiers paragraphes du nouvel article 70 qui ont passé dans la loi du 27 juillet 1880, avec le libellé proposé par le conseil d'état, et que nous croyons devoir rappeler ici.

Art. 70. — Lorsque le ministre des travaux publics, après la concession d'une mine de fer, interdit aux propriétaires de minières de continuer une exploitation qui ne pourrait se prolonger sans rendre ensuite impossible l'exploitation avec puits et galeries régulières, le concessionnaire de la mine est tenu d'indemniser les propriétaires des minières dans la proportion du revenu qu'ils en tiraient.

Un décret rendu en conseil d'état peut, alors même que les minières sont exploitables à ciel ouvert ou n'ont pas encore été exploitées, autoriser la réunion des minières à une mine, sur la demande du concessionnaire.

Rappelons, pour compléter l'article 70, qu'il contient un troisième paragraphe, libellé comme l'avait proposé le conseil d'état, et conçu comme il suit :

---

(1) Voir les pages 115 et suivantes du Mémoire intitulé : *Développements à l'appui des propositions de modifications à la loi de* 1810, *faites par* M. Dupont, ingénieur en chef des mines, membre de la commission d'études de la loi des mines, instituée par M. le ministre des travaux publics (mémoire publié en autographie par ordre du ministre).

(2) Composée de MM. Grüner, de Fourcy, Dupont et Heurteau.

CHAP. XII. — MINIÈRES ET MINES DE FER, ETC.   445

Dans ce cas, le concessionnaire de la mine doit indemniser le propriétaire de la minière par une redevance équivalente au revenu net que ce propriétaire aurait pu tirer de l'exploitation, et qui sera fixée par les tribunaux civils.

Commentaire de l'article 70 révisé.

Essayons de commenter l'article 70 révisé :

L'exploitant d'une minière superposée à une minière de fer, après avoir achevé l'exploitation à ciel ouvert qui pouvait se pratiquer sans rendre ensuite impossible l'exploitation par puits et galeries, poursuit son œuvre sur la deuxième partie de sa minière (1), celle qui ne saurait être exploitée à ciel ouvert sans qu'on rende ensuite impossible l'exploitation avec puits et galeries régulières ; le concessionnaire de la mine invoquant le 1er § de l'article 70 révisé demande l'interdiction de cette minière par arrêté ministériel : comment les choses se passeront-elles ? nous estimons tout d'abord que si la délimitation de la mine et de la minière n'a pas été faite, le ministre devra provoquer cette délimitation par le conseil d'état, délimitation à faire comme il a été dit précédemment (2). Le ministre, qui est compétent pour prononcer l'interdiction de la minière, est incompétent pour opérer la délimitation de la minière et de la mine ; celle-ci ne saurait être faite par le ministre des travaux publics, lequel n'a aucunement le pouvoir concédant, attendu qu'il ne peut pas même accorder un permis de recherches de mines (art. 10); elle ne peut être opérée que par le conseil d'état, conformément à la jurisprudence fixée par la décision du tribunal des conflits du 28 février 1880.

La délimitation une fois opérée, il pourra arriver que le concessionnaire de mines ne persiste plus à demander l'interdiction de la minière, et dès lors ce seront les tribunaux, défenseurs naturels de la propriété privée, qui auront mission, par leur compétence en matière d'indemnités, de maintenir parallèlement l'exploitant de minière et le concessionnaire de la mine, chacun dans leurs limites respectives.

Si le concessionnaire de mines persiste à demander l'interdiction de la minière après la délimitation, il sait pertinemment qu'il sera tenu, l'interdiction une fois prononcée, « d'indemniser les proprié-

---

(1) Voir ci-dessus, p. 432.
(2) Voir ci-dessus, p. 436.

taires de minières dans la proportion du revenu qu'ils en tiraient » : cette obligation est écrite dans le § 1ᵉʳ de l'article 70 révisé, et cette disposition sera aussi impérative pour le concessionnaire que si elle était écrite dans son acte de concession; aussi estimons-nous que l'interdiction ministérielle, quand elle aura été prononcée dans les formes ordinaires, les parties entendues, et sur l'avis de l'administration des mines, devra formuler explicitement cette obligation d'indemniser le propriétaire de minière, conformément au § 1ᵉʳ du nouvel article 70.

Mais quelle sera l'autorité compétente pour fixer cette indemnité? Il s'agit ici essentiellement d'un litige d'intérêt privé : en effet, la délimitation de la minière ayant été opérée administrativement, comme il vient d'être dit, des experts à nommer par le tribunal pourront apprécier, en prenant cette délimitation pour base, la quantité de minerai restant à extraire dans la minière, celle sur laquelle porte l'interdiction; d'autre part, ces experts pourront reconnaître la quantité de minerai précédemment extraite par l'exploitant de minière, et le revenu qu'il en a tiré, c'est-à-dire le bénéfice par tonne qu'il a obtenu, et il ne restera plus qu'à résoudre la question suivante : quel serait le bénéfice par tonne à espérer sur la quantité de minerai restant à extraire dans la minière? Cette question étant essentiellement chose d'intérêts privés, on doit répondre, *a priori*, que la compétence pour fixer le bénéfice par tonne appartient aux tribunaux, quoique le § 1ᵉʳ de l'article 70 révisé soit muet à cet égard : ajoutons, d'autre part, que la compétence étant attribuée aux tribunaux par le § 3 du même article dans le cas de réunion d'une minière à une mine prévu par le § 2, on est fondé à dire que l'esprit de l'article 70 donne implicitement compétence aux tribunaux pour fixer l'indemnité spécifiée par le § 1ᵉʳ; ajoutons que la compétence des tribunaux à cet égard a été admise par la circulaire ministérielle du 6 août 1880 (1), ce qui donne à croire que l'arrêté ministériel d'interdiction renverra explicitement aux tribunaux, pour la détermination de cette indemnité.

Admettons que les tribunaux aient fixé un revenu de tant par tonne applicable à une quantité précise de minerai : tout n'est pas fini encore, car il y a lieu de traiter la question de temps, laquelle a ici une grande importance. Lorsqu'une redevance tréfoncière proportion-

---

(1) *Annales des mines*, 1880, p. 269.

nelle aux produits extraits est payée par un concessionnaire de mine au propriétaire du sol, comme dans la Loire par exemple, le concessionnaire qui exploite sa chose, opère l'extraction comme il l'entend, en accélérant ou modérant celle-ci au mieux de ses intérêts, et il est dans son droit, tant qu'il ne tombe pas dans le cas prévu par l'article 49 ; mais ici, c'est tout différent : c'est le propriétaire de la minière qui exploitait sa chose ; si l'interdiction ministérielle n'était pas survenue, il aurait peut-être achevé d'exploiter, en quatre ou cinq ans, la partie de minière interdite ; en conséquence, il ne peut être loisible au concessionnaire d'en mettre dix ou quinze pour exploiter à son lieu et place cette portion de minière. Par suite, il appartiendra aux tribunaux, qui s'éclaireront à cet égard du rapport des experts, d'évaluer la durée approximative qu'aurait eue l'exploitation de la partie de minière interdite si elle avait été opérée par l'exploitant de minière lui-même, afin de spécifier tout à la fois le montant des annuités en argent, et le nombre d'annuités que le concessionnaire devra payer au propriétaire de la minière interdite, soit que ledit concessionnaire exploite ou n'exploite point ladite partie interdite. Que si le tribunal trouve trop difficile d'évaluer en chiffres précis, d'une part, la quantité exacte de minerai restant à extraire dans la minière délimitée administrativement, et d'autre part, le temps qu'il faudra pour l'extraire, il pourra, suivant les cas et s'il le juge convenable, décider, par exemple, que l'exploitant de mines substitué à l'exploitant de minière devra occuper dans la minière délimitée un nombre déterminé d'ouvriers (en proportion de l'effectif qu'y tenait l'exploitant de minière), jusqu'à l'épuisement complet de ladite minière, et en payant à l'ancien exploitant une redevance de tant par tonne sur les minerais ainsi extraits : cela serait un moyen indirect de résoudre la question de durée. Le tribunal pourra, s'il le juge convenable, stipuler une caution, suivant les circonstances ; bref, il sera souverain, croyons-nous, dans le choix des moyens à prendre pour assurer l'exécution du § 1ᵉʳ de l'article 70, et pour contraindre le concessionnaire à indemniser l'ancien exploitant de minière en raison de l'exploitation interdite dans un espace administrativement délimité, et dans la proportion du revenu que celui-ci retirait de son exploitation précédente.

Ces développements achevés, nous aurons peu à dire sur les §§ 2 et 3 de l'article 70 révisé : lorsqu'un concessionnaire de mines de fer, invoquant le bénéfice du § 2, demandera la réunion, à sa mine, de

« minières qui sont exploitables à ciel ouvert ou qui n'ont pas encore été exploitées », nous estimons que, de même que dans le cas précédent, l'autorité administrative devra préalablement entendre les propriétaires de minières, et provoquer la délimitation de la minière et de la mine par le conseil d'état. La délimitation une fois faite, et après qu'un décret en conseil d'état aura, conformément à l'article 2, autorisé la réunion des minières à la mine, les tribunaux civils, conformément au § 3 de l'article 70, fixeront la redevance équivalente au revenu net que les propriétaires de minières auraient pu tirer de l'exploitation, et opéreront, pour cela, d'une manière analogue à ce qui a été dit tout à l'heure.

Le nouvel article 70 révisé par la loi du 27 juillet 1880 a fait, croyons-nous, une juste part à l'autorité administrative et à l'autorité judiciaire au point de vue des compétences respectives ; à un autre point de vue, il a donné en principe aux exploitants de mines de fer la faculté pratique, qu'ils n'avaient pas jusqu'à ce jour, soit de faire interdire une minière superposée dont l'exploitation n'aurait pu se prolonger sans rendre ensuite impossible l'exploitation avec puits et galeries régulières, soit de réunir à leurs mines des minières exploitables à ciel ouvert ou non encore exploitées, le tout moyennant juste indemnité : le nouvel article 70 a donc rendu à cet égard un service signalé à l'industrie générale des mines de fer, en même temps qu'il a respecté les droits acquis des propriétaires de minières exploitées ou non exploitées. Cette double faculté ne saurait être exercée par les concessionnaires sans des difficultés ; mais la loi a spécifié les moyens de les résoudre : on ne pouvait demander davantage au législateur.

Rappelons enfin que le nouvel article 70, en armant les concessionnaires de mines de fer de la double faculté susmentionnée, leur a imposé des charges précises et définies, ce qui en fait ouvrira la porte à beaucoup de conventions amiables entre propriétaires de mines et exploitants de mines de fer, et ce ne sera pas le moindre de ses bons effets. C'est donc à bon droit, pensons-nous, que la circulaire ministérielle du 6 août 1880 s'est exprimée dans les termes suivants, au sujet des modifications apportées à la loi des mines par le nouvel article 70 :

...La législation spéciale au minérai de fer présentait dans l'application des difficultés sérieuses quant à la délimitation des droits du concessionnaire et de ceux du propriétaire de la surface, ou mieux, quant à la ligne de démarcation à tracer entre la partie non concessible et la partie concessible ou concédée d'un gîte comprenant légalement deux parties. Il a paru possible d'aplanir ces difficultés et de prévenir les obstacles qu'une exploitation superficielle, présente ou future, pourrait susciter à l'exploitation des mines.

A cet effet, le nouvel article prévoit deux cas :

Dans le périmètre d'une concession qui vient d'être instituée, est ouverte une minière dont l'exploitation ne pourrait se prolonger sans rendre impossible l'exploitation avec puits et galeries. Faculté d'interdiction attribuée au ministre des travaux publics.

Dans le même périmètre se trouve une minière exploitable à ciel ouvert ou non encore exploitée. Faculté, pour le concessionnaire, d'obtenir du gouvernement la réunion de la minière à la mine par un décret rendu en conseil d'état.

Dans l'une ou l'autre hypothèse, le concessionnaire est tenu à indemnité envers le propriétaire de la minière, ladite indemnité étant fixée, dans les deux cas, par les tribunaux civils.

Devoirs des exploitants de minières vis-à-vis du gouvernement. — Déclaration ou permission.

Étudions maintenant les devoirs auxquels sont soumis les exploitant de minières vis-à-vis du gouvernement.

Au point de vue de l'ouverture des travaux de minières, l'article 57 distingue deux cas : ou bien l'exploitation de la minière doit avoir lieu à ciel ouvert ; ou bien elle doit être souterraine, et ajoutons « sans travaux réguliers », c'est-à-dire, ne comportant que des ouvrages de peu d'étendue et de peu de durée. Dans le premier cas, le propriétaire de la minière doit, avant de commencer à exploiter, faire sa déclaration au préfet, qui donne acte de la déclaration, et l'exploitation a lieu sans autre formalité ; dans le second cas, le propriétaire doit demander une permission au préfet, et le préfet délivre cette permission sous la forme d'un arrêté déterminant les conditions spéciales auxquelles l'exploitant est tenu de se conformer (1).

Règlements de minières.

Dans les deux cas précédents, minière à ciel ouvert ou minière souterraine, l'exploitant doit observer les règlements généraux

---

(1) Rappelons qu'il a été dit p. 432 qu'il résulte des articles 68 et 69 qu'il ne peut y avoir de minières souterraines que pour les minerais de fer dits d'alluvion.

ou locaux relatifs aux minières : cela est dit formellement à l'article 58 de la loi.

Au sujet des règlements locaux relatifs aux minières de fer, nous devons observer qu'il en existe huit, savoir (1) :

> Un règlement pour les minières du Cher. (Arrêté ministériel du 22 avril 1844)
> Un pour les minières de la Mayenne. (Arrêté ministériel du 12 septembre 1845)
> Un pour les minières de la Sarthe. (Arrêté ministériel du 26 juillet 1847)
> Un pour les minières des Ardennes. (Arrêté ministériel du 30 novembre 1848)
> Un pour les minières du Pas-de-Calais. (Arrêté ministériel du 11 mai 1849)
> Un pour les minières de la Côte-d'Or. (Arrêté ministériel du 26 mai 1849)
> Un pour les minières de la Nièvre. (Arrêté ministériel du 23 janvier 1850)
> Un pour les minières communales d'Aumetz et Audun-le-Tiche (Meurthe-et-Moselle). (Arrêté ministériel du 27 mars 1855).

Ajoutons à l'occasion de ces règlements que leur insertion dans le *Recueil des actes administratifs* du département suffit pour que les exploitants soient censés les connaître : la cour de cassation l'a ainsi décidé par un arrêt du 13 août 1857 (affaire Mony).

Formalités de la déclaration.

La déclaration, dit le règlement des minières du Cher qui a servi de type à tous les autres, doit énoncer :

1° Les nom, prénoms et demeure de l'exploitant ;

2° La situation et les limites du terrain contenant la minière qu'il veut exploiter ;

3° Le mode d'exploitation qu'il se propose de suivre ;

4° La nature de ses droits de propriété sur les minières.

Certains règlements exigent qu'un plan soit joint à la déclaration : celui des minières de la Nièvre, le plus récent des règlements départementaux, exige un plan, en double expédition, à l'échelle de 2 millimètres pour 5 mètres.

---

(1) Dupont : *Jurisprudence des mines*, t. II, p. 188.

Surveillance administrative. — Distance aux routes. — Comparaison avec la Belgique.

La surveillance administrative sera plus rigoureuse pour les minières souterraines que pour les minières à ciel ouvert. Pour les premières, les exploitants devront s'abstenir de travaux réguliers développés par galeries souterraines, puisqu'aux termes de l'article 68 ils ne peuvent pas faire une exploitation pareille de quelque suite sans une concession : ajoutons qu'une circulaire du 30 juin 1819 a défini ces mots « travaux réguliers » dans un sens large et libéral.

Ils devront se conformer aux prescriptions de leurs arrêtés de permission : c'est formellement écrit à l'article 57 de la loi.

Pour les deux espèces de minières, s'il y a un règlement local, l'exploitant devra s'y conformer (art. 58) ; il devra particulièrement observer les dispositions réglementaires concernant les prohibitions de distance aux routes. Disons, au sujet de cette prohibition, que le règlement des minières du Cher fixe à 10 mètres cette distance, plus, pour les exploitations à ciel ouvert, une distance égale à la profondeur de la tranchée. Le règlement des minières de la Nièvre contient les mêmes prescriptions.

En ce qui concerne la prohibition de distance aux routes spécifiée par un règlement de minières, observons qu'elle s'applique aussi aux chemins de fer. Cela résulte de l'article 3 de la loi sur la police des chemins de fer du 15 juillet 1845, qui contient les dispositions suivantes :

Art. 3. — Sont applicables aux propriétés riveraines des chemins de fer les servitudes imposées par les lois et règlements sur la grande voirie et qui concernent :

. . . .

Le mode d'exploitation des mines, minières, tourbières, carrières et sablières, dans la zone déterminée à cet effet.

Comme comparaison avec la Belgique, en ce qui concerne la surveillance administrative des minières, disons que le conseil des mines belge dans un avis du 10 août 1849 (1) a émis la doctrine suivante : « l'article 50 de la loi de 1810 s'applique également aux

---

(1) Du Pont : *Annales des travaux publics de Belgique*, t. XXXII, p. 292.

minières comme aux mines, lorsque les travaux menacent la sûreté publique, notamment la sûreté des habitations de la surface. »

Mesures en cas de danger.

Les mesures à prendre en cas de danger dans les minières sont les mêmes que celles que les articles 3, 4 et 5 du décret du 3 janvier 1813 spécifient pour les exploitations de mines (1).

Le règlement des minières du Cher dit à ce sujet, dans son article 27 :

Lorsqu'une exploitation présentera une cause imminente de danger, elle pourra être interdite administrativement, conformément aux articles 3, 4 et 5 du décret du 3 janvier 1813.

Le préfet, sur le rapport de l'ingénieur des mines, prescrira les mesures qui devront être observées lors de la reprise des travaux.

Mesures en cas d'accidents. — Comparaison avec la Belgique.

Les mesures à prendre dans les cas d'accidents sont les mêmes pour les minières que pour les mines. Cela résulte premièrement, de ce que le titre III du décret du 3 janvier 1813 porte l'intitulé suivant « mesures à prendre en cas d'accidents arrivés dans les mines, minières, usines et ateliers »; deuxièmement, de ce que l'article 11 de ce décret, le premier du titre en question, mentionne expressément les minières avec les mines. Nous insistons particulièrement sur ces devoirs des exploitants de minières en cas d'accidents, en raison de ce fait contemporain que dans plusieurs régions de la France et de l'Algérie les minières de fer ont pris, dans ces dernières années, un développement très considérable, ce qui nécessite, à leur égard, une surveillance administrative du même ordre que celle des mines.

Comme comparaison avec la Belgique, disons que le conseil des mines belge, dans un avis du 10 août 1849 (2) a proclamé ce principe que « les dispositions de police du décret du 3 janvier 1813, tendantes à prévenir les accidents sont applicables aux minières comme aux mines, au cas où les travaux compromettent la conservation des ouvriers ou la sûreté de l'exploitation. »

---

(1) Chap. VIII, p. 309.
(2) Du Pont : *Annales des travaux publics de Belgique*, t. XXXII, p. 292.

Mesures en cas d'abandon.

Les mesures à prendre, en cas d'abandon de puits, qui consistent à ce que les puits soient comblés dès qu'ils seront devenus inutiles, sont généralement spécifiées dans les règlements locaux, celui du Cher, notamment.

Devoirs des exploitants de minières en ce qui concerne leur personnel.

Les exploitants de minières de toutes sortes sont soumis, comme les exploitants de mines, aux prescriptions suivantes concernant leur personnel :

1° Ils sont astreints à n'employer comme chefs de leurs travaux que des individus qui auront travaillé comme mineurs, charpentiers, boiseurs ou mécaniciens, depuis au moins trois années consécutives (art. 25 du décret du 3 janvier 1813) ;

2° Ils doivent veiller à ce que tous leurs ouvriers soient munis de livrets (art. 26 du même décret) ;

3° Ils doivent tenir sur chaque exploitation un contrôle exact et journalier des ouvriers ; ces contrôles seront inscrits sur un registre coté par le maire, et qui sera visé par les ingénieurs lors de leurs tournées (art. 27 du décret) ;

4° Enfin ils ne peuvent admettre dans les travaux souterrains aucun enfant avant l'âge de douze ans révolus, ni aucune fille ou femme (art. 7 de la loi du 19 mai 1874).

Patente sur les minières.

Les minières ne sont pas sujettes à redevances. Elles sont sujettes à patente. Leur exonération de la redevance résulte du silence de la loi de 1810 et de ces paroles du rapporteur au corps législatif :

Les minières étant des productions du sol ne doivent pas être assujetties aux redevances établies par le projet, puisque le sol, dont elles sont souvent l'unique produit, paye déjà la contribution foncière.

La question relative à la redevance a été tranchée en ce sens par une ordonnance du 5 septembre 1821, relative au sieur Caron.

Quant à la patente, les minières sont classées nominativement dans la cinquième partie du tableau C de la loi du 15 juillet 1880 (1) relative aux patentes, avec la mention suivante :

Droit proportionnel au vingtième sur la maison d'habitation seulement.
. . . .
Minières non concessibles (exploitant de), ou extracteur de minerai de fer. . . . . 5 francs.
Plus, 4 francs par ouvrier.

Entretien des chemins vicinaux.

Les obligations des exploitants de minières de subvenir à l'entretien des chemins vicinaux sont les mêmes que pour les mines, attendu que les minières rentrent dans les « entreprises industrielles », mentionnées à l'article 14 de la loi du 21 mai 1836 sur les chemins vicinaux (2).

Mines de fer. — Droits et devoirs respectifs des concessionnaires et des propriétaires de minières.

La concession des mines de fer présente une particularité spéciale, qui résulte de l'article 69, c'est qu'en principe, le gouvernement n'institue des concessions de cette nature que dans l'un des deux cas suivants :

1° Si l'exploitation à ciel ouvert cesse d'être possible, et si l'établissement de puits, galeries et travaux d'art est nécessaire ;
2° Si l'exploitation, quoique possible encore, doit durer peu d'années, et rendre ensuite impossible l'exploitation avec puits et galeries.

En fait, on comprend néanmoins que lorsqu'un gîte de minerai de fer en filons ou couches, exploitable en profondeur par galeries régulières, est demandé en concession par un demandeur sérieux, le gouvernement, distributeur de la richesse minérale au mieux des intérêts généraux, ne saurait attendre que toutes les parties de ce gîte exploitables comme minières soient épuisées avant d'instituer la concession de la mine de fer. L'article 69 doit donc être interprété en ce sens, qu'en cas de concession de mines de fer, la portion du gîte

---

(1) *Annales des mines*, 1880, p. 233.
(2) Dupont : *Jurisprudence des mines*, t. II, p. 196 et t. I, p. 381.

réellement concédée ne comprend que la partie exploitable par puits et galeries régulières, la partie exploitable à ciel ouvert appartenant en principe aux propriétaires de minières. Nous ne pouvons que nous référer à ce sujet sur ce qui a été dit dans le présent chapitre sur la distinction et la délimitation des minières de fer et des mines de fer (1).

C'est pour sauvegarder les droits des propriétaires de la surface sur la partie exploitable à ciel ouvert des gîtes de minières de fer en filons ou couches, qu'une réserve a été insérée, à partir d'une certaine époque, dans les actes de concession de mines de fer (2).

Les concessions de mines de fer instituées de 1810 à 1829 ne contiennent aucune réserve des droits des propriétaires de la surface sur les minerais superficiels susceptibles d'être exploités à ciel ouvert. Cette réserve apparaît pour la première fois dans l'ordonnance du 23 décembre 1829, portant concession des minerais de fer de Villebeuf et Fongivieux (Loire), sans néanmoins qu'elle se trouve formulée dans toutes les concessions de mines de fer instituées depuis cette époque. Elle a été écrite dans le modèle des actes de concession et cahiers des charges joint à la circulaire ministérielle du 8 octobre 1843, dans les termes suivants (art. B¹) :

La présente concession est faite sous toutes réserves des droits qui résultent, pour les propriétaires de la surface, des articles 59 à 69 de la loi du 21 avril 1810, tant à l'égard des minerais de fer dits d'alluvion que relativement aux minerais en filons ou en couches qui seraient situés près de la surface, et susceptibles d'être exploités à ciel ouvert, pourvu que ce mode d'exploitation ne rende pas impossible l'exploitation ultérieure, par travaux souterrains, des minerais situés dans la profondeur.

Sont pareillement réservés tous les droits résultants, pour les propriétaires de la surface, de l'article 70 de la même loi, à raison des exploitations qui auraient été faites au profit de ces propriétaires antérieurement à la concession.

En cas de contestation entre les propriétaires du sol et le concessionnaire, sur la question de savoir si un minerai doit ou non être exploité à ciel ouvert, ou si ce genre d'exploitation, déjà entrepris, doit cesser, il sera statué par le préfet, sur le rapport des ingénieurs des mines, les parties ayant été entendues, sauf le recours au ministre des travaux publics.

Observons au sujet du troisième paragraphe de l'article B¹ du

---

(1) Pages 429 et suiv.
(2) Dupont : *Jurisprudence des mines*, t. II, p. 167 et suiv.

modèle de 1843, qu'il a cessé d'être inséré dans les décrets de concession de mines de fer, dès le 20 février 1861 (1), à la suite d'un avis de la section des travaux publics du conseil d'état, en date du 12 avril 1859 ; citons, enfin, une concession du 19 juin 1875 (2), relative aux mines de fer de Cantebonne (Meurthe-et-Moselle), où la réserve en question est formulée non plus dans les termes du modèle de 1843, mais dans les termes suivants :

> La présente concession ne s'applique qu'aux minerais exploitables par travaux souterrains réguliers. A l'égard des minerais de fer dits d'alluvion et des minerais en filons ou couches qui seraient situés près de la surface et susceptibles d'être exploités à ciel ouvert, ils demeureront à la disposition du propriétaire du sol, pourvu que leur exploitation à ciel ouvert ne rende pas impossible, dans le présent ou dans l'avenir, l'exploitation par travaux souterrains des gîtes situés dans la profondeur.
>
> Sont pareillement réservés les droits que pourraient avoir à exercer les propriétaires de la surface aux termes de l'article 70 de la loi du 21 avril 1810.

Mais, que la réserve des droits des propriétaires de la surface sur les minerais de fer exploitables à ciel ouvert soit ou ne soit pas écrite dans les actes de concession, « cette réserve résulte suffisamment de l'article 69 de la loi du 21 avril 1810 », elle est de droit : tel est le principe, admis en jurisprudence, que le conseil d'état a proclamé dans un décret au contentieux du 6 décembre 1866 (3), relatif aux mines de fer de Torren (Pyrénées-Orientales) concédées, le 21 mars 1830, sans qu'aucune réserve fût spécifiée au profit des propriétaires dans l'acte de concession. Ajoutons, en terminant sur cette question, que depuis la loi du 27 juillet 1880 qui a modifié l'article 70 de la loi des mines, aucun doute n'est plus possible à cet égard. Nous ne pouvons que renvoyer sur ce point à ce qui a été dit dans le courant du présent chapitre, sur le commentaire de l'article 70 révisé (4) et sur la distinction et la délimitation des minières et des mines de fer (5) : les développements précédemment donnés constituent, croyons-nous, l'exposé des devoirs et des droits réci-

---

(1) Date du décret de concession des mines de fer de Pompey. (*Annales des mines*, 1861, p. 49.)
(2) *Annales des mines,* 1875, p. 133.
(3) Dalloz. 1867-3-60.
(4) Page 445.
(5) Pages 429 et 434.

proques des propriétaires de minières et des concessionnaires de mines de fer.

Devoirs généraux des concessionnaires de mines de fer vis-à-vis du gouvernement et des propriétaires du sol.

A un point de vue général, les devoirs des concessionnaires de mines de fer, vis-à-vis du gouvernement et vis-à-vis des propriétaires du sol, sont les mêmes que ceux des autres concessionnaires, et nous ne pouvons que renvoyer à ce qui a été dit précédemment aux chapitres VII, VIII et V.

Vis-à-vis du gouvernement, ils sont soumis à la surveillance administrative, ils supportent la redevance fixe et la redevance proportionnelle, comme tous les concessionnaires de mines sans exception. La redevance proportionnelle à laquelle « les mines sont assujetties sur leurs produits » par le texte de l'article 34, ne saurait s'appliquer évidemment qu'aux minerais extraits par travaux souterrains, c'est-à-dire aux minerais de la mine de fer, et non point aux minerais extraits à ciel ouvert, lesquels sont des « produits de minières » et supportent la patente des exploitants de minières. Observons à ce sujet, par comparaison avec la Belgique, qu'il est de jurisprudence dans ce pays que si le minerai de fer provient d'une exploitation pratiquée par puits, galeries et travaux d'art, c'est-à-dire d'une mine, il est imposable à la redevance proportionnelle, tandis que s'il provient d'une exploitation à ciel ouvert, c'est-à-dire d'une simple minière, il ne l'est pas : c'est ce qui a été décidé par un avis du conseil des mines belge du 12 décembre 1872 (1). Ajoutons, enfin, qu'en France, depuis la loi du 27 juillet 1880, dans le cas exceptionnel où une minière serait réunie à une mine de fer par application de l'article 70 révisé, elle devrait cesser de supporter la patente, et tous les minerais de fer extraits du périmètre concédé seraient soumis à la redevance proportionnelle à payer à l'état.

Vis-à-vis des propriétaires du sol, en dehors de tout ce qui a été dit précédemment au sujet des minerais exploitables à ciel ouvert, les concessionnaires de mines de fer sont tenus aux mêmes devoirs que tous les autres concessionnaires à l'égard des propriétaires de la

---

(1) Du Pont : *Annales des travaux publics de Belgique*, t. XXXII, p. 264.

surface, pour la redevance tréfoncière, les dégâts de mines, etc. Si l'acte de concession d'une mine de fer stipule une redevance tréfoncière proportionnelle aux produits extraits, l'article 6 de la loi de 1810 devant être entendu comme s'il était conçu dans les termes suivants « il (l'acte de concession) fixe les droits des propriétaires de la surface sur les produits extraits *de la mine* », il s'ensuit évidemment que cette redevance tréfoncière ne s'appliquerait pas *à priori* (à moins de convention amiable avec le propriétaire du sol) à des minerais de fer exploités à ciel ouvert par un concessionnaire avec le consentement du propriétaire, ces minerais étant, en principe, des « minerais de minières ».

Droits des concessionnaires de mines de fer de disposer des produits de leurs mines.

En ce qui concerne les droits des concessionnaires de mines de fer, nous devons rappeler qu'en vertu de la loi du 9 mai 1866, le concessionnaire d'une mine de fer est libre dans la disposition et la vente des produits de sa mine; il n'est plus tenu de fournir du minerai aux usines qui s'approvisionnaient de minerais sur les lieux compris dans la concession comme l'exigeait l'article 70 primitif de la loi du 21 avril 1810, et comme le spécifiaient les articles O^3, O^4 et O^5 du modèle des cahiers des charges joint à la circulaire du 8 octobre 1843 (1) : toutes ces entraves apportées à la libre disposition des produits extraits des mines de fer, soit par l'article 70 primitif, soit par les articles O^3, O^4 et O^5, susmentionnés, ont cessé d'exister depuis le 1er janvier 1876 : observons, à ce sujet, qu'il existe un avis du conseil d'état du 10 juillet 1867 (2), concluant à ce qu'il y a lieu, en se fondant sur l'esprit de la loi du 9 mai 1866 et sur l'article 2 de ladite loi, d'effacer l'article O^4 susmentionné du cahier des charges des concessions de mines de fer.

Fourneaux, forges et usines.

Le régime administratif des fourneaux, forges et usines a été ra-

---

(1) *Annales des mines*, 1843, p. 830, et Dupont, *Jurisprudence des mines*, t. III, p. 374.

(2) *Annales des mines*, 1878, p. 294.

dicalement changé, ainsi qu'il a été dit, par la loi du 9 mai 1866. L'article 1ᵉʳ de cette loi a abrogé purement et simplement les articles 73 à 78 de la loi du 21 avril 1810 ayant pour objet de soumettre ces établissements à l'obtention d'une permission préalable et d'établir sur les permissionnaires une taxe une fois payée de 50 à 500 francs.

La nomenclature des usines minéralurgiques précédemment régies par la loi de 1810, avait été établie par la circulaire du 19 juin 1845, et concernait les quatorze catégories suivantes d'usines diverses, savoir :

1° Hauts-fourneaux à fer;
2° Forges catalanes et corses ;
3° Usines pour le traitement des minerais de zinc, de plomb, d'argent, d'arsenic, d'antimoine, de cobalt, de nickel ;
4° Foyers de mazerie pour fer et acier ;
5° Bas-fourneaux dits fineries ;
6° Foyers d'affinerie pour fer et acier ;
7° Fours à réverbère pour fers-blancs ;
8° Fours à puddler ;
9° Foyers de chaufferie ;
10° Usines pour raffiner, marteler ou laminer le cuivre ;
11° Patouillets ;
12° Ateliers de lavage de minerais mus par l'eau ou la vapeur ;
13° Bocards et ateliers de broyage des minerais de toute sorte mus par l'eau ou la vapeur :
14° Usines qui ont pour objet le traitement des matières pyriteuses, vitrioliques ou alumineuses.

On voit par cette énumération quel grand bienfait la loi de 1866 a apporté à l'industrie en dispensant toutes ces usines de l'autorition métallurgique, si l'on peut s'exprimer ainsi, laquelle autorisation nécessitait quatre mois d'affiches et un décret, c'est-à-dire de très grandes longueurs.

La plupart des mines susmentionnées rentrent dans la catégorie des établissements incommodes, insalubres ou dangereux régis par une législation spéciale, ayant son point de départ dans le décret du 15 décembre 1810 ; ces usines restent soumises au régime des établissements insalubres, comme tous les autres établissements insalubres non désignés par les articles abrogés de la loi de 1810 : cela devait être, et cela est dit formellement dans la circulaire ministérielle du 26 juillet 1866 ; de même, celles de ces usines qui sont mises en mouvement par des cours d'eau ou par des appareils à vapeur, restent soumises aux régimes spéciaux des usines à eau, et des appareils à vapeur. La loi du 9 mai 1866 n'a rien fait à cet égard : elle ne devait rien faire et elle n'a disposé, comme le dit la circulaire du 26 juillet 1866, qu'en ce qui touche le point de vue de la métallurgie; la circulaire du 26 juillet 1866 s'exprime à ce sujet dans les termes suivants :

Aujourd'hui donc aucune permission n'est plus nécessaire pour l'établissement d'une usine métalllurgique ; mais je dois ajouter tout de suite que la loi nouvelle ne dispose qu'en ce qui touche le point de vue de la métallurgie, c'est-à-dire celui de la transformation ou de l'élaboration des substances métalliques, et qu'elle n'a pas pour effet de dispenser les usines de l'exécution des règlements auxquels elles peuvent se trouver soumises sous d'autres rapports.

Ainsi s'agit-il pour ces usines de s'établir sur un cours d'eau qui doit leur servir de moteur, elles doivent évidemment remplir toutes les formalités prescrites par les lois et règlements relatifs à la police des cours d'eau.

De même si les lieux où elles doivent être construites sont compris soit dans le rayon des douanes, soit en territoire soumis au régime forestier, elles doivent satisfaire aux diverses conditions prescrites par les lois et règlements qui régissent soit le service des douanes, soit celui des forêts.

Ainsi enfin, et c'est le cas du plus grand nombre, si elles sont classées parmi les établissements insalubres et incommodes, elles doivent remplir les formalités qui régissent ces établissements...

Le fait de la loi de 1866 amène naturellement à se poser la question suivante : pour les usines permissionnées avant la promulgation de la loi du 9 mai 1866, les dispositions de leurs actes de permission rendus conformément aux articles, abrogés aujourd'hui, de la loi de 1810, ont-elles encore une existence légale, ou bien sont-elles annulées ? La cour de cassation, dans un arrêt du 5 juin 1874 (1), rendu au sujet d'un bocard avec patouillet appartenant au sieur Mayence, déclare formellement « que depuis la promulgation de la loi du 9 mai 1866, tout ce qui touche aux permissions et aux conditions qu'elles comportaient a cessé d'exister légalement », et que les dispositions de ces permissions d'usines « n'ont plus d'existence légale ». La doctrine de la cour de cassation, qui est pleinement dans

---

(1) Devilleneuve, 1874-1, p. 504.

l'esprit de la loi de 1866, a cet avantage économique, de mettre, ce qui est juste, toutes les usines métallurgiques de même nature sur le même pied : cette doctrine conclut à donner à cette loi de 1866 un effet rétroactif, mais cela est ici dans la logique des choses.

La section des travaux publics du conseil d'état appelée à se prononcer dernièrement au sujet du chômage d'une forge catalane permissionnée par ordonnance royale, il y a une quarantaine d'années, n'a pas pensé que l'espèce qui lui était soumise, exigeât une solution de principe analogue à celle qui a été donnée par la cour de cassation ; l'usine en question rentrant dans la classe des établissements insalubres régis par le décret du 15 octobre 1810 dont l'article 13 porte déchéance de permission après six mois de chômage, la section a émis l'avis suivant, à la date du 16 juin 1875, lequel est relaté aux *Annales des mines*, 1878, p. 351 :

> En conséquence, et sans qu'il soit besoin d'examiner si la loi du 9 mai 1866 doit être considérée comme ayant un effet rétroactif, la section est d'avis que, conformément à l'article 13 du décret du 15 octobre 1810, une nouvelle autorisation est nécessaire à la forge catalane pour reprendre les travaux après sept années de chômage.

Deux décrets intervenus postérieurement à la loi de 1810 contiennent des prescriptions concernant les usines : ce sont le décret du 18 novembre 1810 et le décret du 3 janvier 1813. Ces prescriptions subsistent-elles encore, ou bien ont-elles été implicitement abrogées par la loi du 9 mai 1866 ? Le décret du 18 novembre 1810 contient un article ainsi conçu (art. 36) :

> Ils (les ingénieurs ordinaires des mines) recevront des exploitants et maîtres d'usines, par l'intermédiaire des préfets, l'état des produits bruts de leur exploitation aux époques déterminées par le directeur général, celui de la quantité des ouvriers, de celle des matériaux employés et des mariaux ouvrés...

Cette disposition était rappelée dans les anciens actes de permission d'usines, et quoique ceux-ci n'aient plus aujourd'hui d'existence légale, nous sommes portés à penser que les dispositions du décret du 18 novembre 1810 subsistent implicitement encore, et qu'en conséquence il est, d'une part, du devoir des ingénieurs des mines de demander aux propriétaires d'usines métallurgiques, par l'intermédiaire des préfets, les renseignements statistiques sur la production mentionnée audit décret, et que le devoir de ceux-ci, d'autre part, est de fournir ces renseignements. Si ces prescriptions de l'article 36 de 1810 n'existaient plus, sur quoi pourrait se fonder officiellement, en effet, l'administration des mines pour demander aux maîtres de forges la statistique de leurs usines, statistique si utile à connaître dans l'intérêt général? Quoi qu'il en soit, il est regrettable, ce semble, que la loi du 9 mai 1866 ne se soit pas expliquée nettement à cet égard.

Le décret du 13 janvier 1813 contient, d'autre part, un article (art. 11), qui oblige « en cas d'accidents survenus dans une mine, minière, usine et ateliers qui en dépendent... les exploitants, directeurs, maîtres-mineurs ou autres préposés à en donner connaissance aussitôt au maire de la commune et à l'ingénieur des mines ». Si l'accident est résulté de l'emploi de la vapeur, l'ingénieur doit en être avisé conformément à l'article 38 du décret organique du 30 avril 1880 sur les chaudières à vapeur; mais, en dehors de ce cas, l'ingénieur des mines ne doit pas être nécessairement prévenu, et si son concours n'est pas réclamé officieusement par l'autorité administrative ou l'autorité judiciaire, il n'a point à instruire les accidents d'usines autres que ceux de chaudières à vapeur : c'est en ce sens que le conseil général des mines a plusieurs fois émis des avis (*Annales des mines*, 1878, p. 353). D'autre part, nous croyons devoir mentionner ce fait, qu'en 1875, le tribunal correctionnel de Vassy a condamné à 100 francs d'amende, par application des articles 11 et 31 du décret du 3 janvier 1813 et de l'article 96 de la loi du 21 avril 1810, le directeur des forges d'Eurville (Haute-Marne), pour n'avoir pas donné avis à l'ingénieur des mines d'un accident survenu dans une tréfilerie, et qui avait coûté la vie à un jeune ouvrier : le directeur s'était borné à prévenir le maire.

Le conseil général des mines, dans un avis en date du 6 mars 1874 (1), au sujet d'une forge catalane anciennement autorisée par ordonnance royale et remise en activité après un chômage de sept ans, a posé la doctrine suivante, à savoir que « comme le rappelle la circulaire ministérielle du 26 juillet 1866, les forges ne sont plus soumises qu'à l'exécution des règlements existants sous d'autres rapports que celui de la métallurgie, tels que ceux d'insalubrité et d'incommodité. » Cet avis semble dire implicitement que le décret du 18 novembre 1810 et celui du 3 jan-

---

(1) *Annales des mines*, 1878, p. 354.

vier 1813 ne s'appliquent pas aux usines métallurgiques depuis la loi du 9 mai 1866 ; mais, nous le répétons, il nous paraît regrettable que la loi de 1866 ne se soit pas formellement expliquée à cet égard.

Comparaison avec l'étranger (Italie) pour le régime des usines.

En ce qui concerne le régime administratif des usines métallurgiques, disons comme comparaison avec l'étranger, qu'en Italie, d'après les articles 147 à 160 de la loi du 20 novembre 1859, les usines métallurgiques (ateliers de préparation mécanique des minerais, fonderies, etc.), sont soumises au régime de la permission.

Les permissions sont accordées par un arrêté du gouverneur de la province, après les publications et affiches, pendant deux dimanches consécutifs, de la demande en permission, et une enquête d'un mois au bureau de l'intendance. Les usines soumises à la simple déclaration, d'après l'article 158 de la loi italienne, sont : les fours temporaires pour la cuisson de la chaux, du plâtre et autres ciments, les briqueteries, et les ateliers destinés au traitement des métaux et à la fabrication des produits inorganiques non soumis au régime de la permission. Les infractions sont punies d'une amende de 51 à 300 livres (article 160).

Terres pyriteuses et alumineuses.

L'exploitation des terres pyriteuses et alumineuses est régie par les articles 71 et 72 de la loi du 21 avril 1810, ainsi conçus :

Art. 71. — L'exploitation des terres pyriteuses et alumineuses sera assujettie aux formalités prescrites par les articles 57 et 58, soit qu'elle ait lieu par les propriétaires des fonds, soit par d'autres individus qui, à défaut par ceux-ci d'exploiter, en auraient obtenu la permission.

Art. 72. — Si l'exploitation a lieu par des non-propriétaires, ils seront assujettis, en faveur des propriétaires, à une indemnité qui sera réglée de gré à gré ou par experts.

Les terres pyriteuses et alumineuses mélangées à la tourbe sont classées comme minières et régies par les articles 71 et 72. Ce principe a été consacré par une décision ministérielle du 30 juillet 1836, relative à l'affaire Thibout (1).

---

(1) Dupont, *Jurisprudence des mines*, t. II, p. 275.

La question de concessibilité des substances minérales est, en France, de la compétence du conseil d'état, ainsi qu'il a été exposé au chapitre III (1) ; il n'en est pas de même en Belgique, et le conseil des mines de ce pays, dans un avis du 20 juillet 1849 (2), a posé la doctrine suivante, en ce qui concerne les terres pyriteuses et alumineuses : « La question de savoir si des substances minérales demandées en concession sous les dénominations de pyrite de fer et de schiste alumineux, sont d'une autre nature que les terres pyriteuses et alumineuses désignées à l'article 3 de la loi, et, par suite, si ces substances sont ou ne sont pas concessibles, soulève, entre le propriétaire du sol, qui en conteste la concessibilité, et le demandeur en concession, un débat ayant pour objet des droits civils, du ressort exclusif des tribunaux (art. 92 de la constitution). »

Terminons sur les terres pyriteuses et alumineuses par le renseignement suivant : quoique l'industrie extractive de ces matières minérales aille en déclinant en France, il résulte néanmoins de renseignements autorisés qu'en 1880, les exploitations de terres alumineuses ont occupé 200 ouvriers, pendant huit mois de l'année, dans les départements de l'Oise et de l'Aisne, pour une extraction de 70.000 mètres cubes de terres environ.

---

(1) Voir page 80.
(2) Du Pont, *Annales des travaux publics de Belgique*, t. XXXII, p. 243.

CHAPITRE XIII.

RÉGIME DES MINES AUX COLONIES.

Régime des mines en Algérie.

L'exploitation des mines de l'Algérie, en ce qui concerne le fer, a pris, dans ces dernières années, un très grand développement; nous avons donc cru utile de donner quelques renseignements sommaires sur le régime des mines aux colonies et particulièrement en Algérie.

Voici l'énumération des principaux actes relatifs à la législation des mines dans cette dernière colonie :

Premièrement, le 21 juillet 1845, une ordonnance royale fut rendue au sujet des concessions de mines, de sources minérales, d'eaux salées, etc., en Algérie ; elle contient les principales dispositions suivantes (1) :

Art. 1er. — Il est statué par ordonnances royales sur les concessions
De terres,
De forêts,
De mines et bancs de sel gemme artificiel,
De sources minérales,
De sources d'eaux salées,
De desséchement de marais,
De force motrice pour l'établissement de moulins et usines sur les rivières et cours d'eau, et de prises d'eau pour les irrigations.
Art. 4. — Le conseil supérieur d'administration est consulté sur les concessions réglées par la présente ordonnance.
Le gouverneur général transmet la délibération de ce conseil, avec son avis personnel, à notre ministre de la guerre, dans le délai déterminé par le même ministre.

Cette ordonnance de 1845 ne rendait pas obligatoire l'application en Algérie de la loi du 21 avril 1810, en ce qui concerne les concessions de mines, puisqu'il n'y est fait nulle mention de la loi des

---

(1) *Annales des mines*, 4e série, t. VIII, p. 819.

mines, et qu'aux termes de cette ordonnance, des concessions de mines pouvaient être accordées en Algérie sans que le conseil d'état fût entendu, chose essentiellement opposée à l'article 5 de la loi de 1810, un des articles fondamentaux de ladite loi. Il faut donc admettre que les concessions de mines instituées en Algérie sous le régime de l'ordonnance du 21 juillet 1845 sont nées sous un régime exceptionnel et spécial.

Comme concessions instituées sous ce régime, on peut citer les quatre concessions de mines de fer de Bou-hamra, de la Meboudja, des Karesas et d'Aïn-Morkha, qui ont été accordées par quatre ordonnances en date du 9 novembre 1845 (1). Le conseil général des mines et le conseil d'état ne furent pas consultés pour l'institution de ces concessions, qui eut lieu sans avoir été précédée par les formalités de publications et affiches spécifiées aux articles 23 et 24 de la loi de 1810 ; on est donc fondé à dire que leur mode d'institution a été incontestablement un régime spécial, autre que celui de la loi du 21 avril 1810. D'un autre côté, ce régime spécial se manifestait dans certaines dispositions de l'acte de concession lui-même : ainsi, d'une part, l'article 1er limitait la durée de la concession à quatre-vingt-dix-neuf ans, alors qu'aux termes de l'article 7 de la loi du 21 avril 1810 les concessions de mines sont perpétuelles ; d'autre part, l'article 12, portant que « la propriété de la concession ne pourra être transportée, cédée, vendue ou transmise d'une manière quelconque à une autre personne ou à une autre compagnie sans l'autorisation du gouvernement », était formellement contraire à l'article 7 de la loi de 1810, qui déclare la propriété des mines « disponible et transmissible comme tous autres biens, etc. » En conséquence, quoique le préambule de ces quatre ordonnances porte ces mots : « Vu la loi du 21 avril 1810 sur les mines... ; voulant appliquer en Algérie la législation en vigueur en France avec les modifications réclamées par l'organisation administrative de la colonie », on est très fondé à maintenir néanmoins que ces concessions, et toutes celles qui ont été instituées sous le régime de l'ordonnance du 21 juillet 1845, l'ont été sous un régime exceptionnel et spécial.

En ce qui concerne les mines de fer, le conseil général des mines, dans un avis du 2 mai 1879 (2), au sujet de l'interprétation de l'or-

---

(1) *Annales des mines*, 4e série, t. VIII p. 851 et suiv.
(2) *Idem*, 1880, p. 209.

donnance de concession du 9 novembre 1845 concernant les mines d'Aïn-Morkha, a admis en principe « qu'en 1845, l'administration avait toute liberté de concéder ou de ne pas concéder les minerais de fer en Algérie, quel que fût leur mode de gisement; et qu'elle pouvait, sous l'empire de la loi du 21 avril 1833 déclarée applicable à la colonie algérienne par un arrêt de la cour de cassation et en vertu de l'ordonnance royale du 21 juillet 1845, concéder les minerais d'alluvion et les parties des filons et couches exploitables à ciel ouvert ». L'ordonnance de concession des mines de fer d'Aïn-Morkha, du 9 novembre 1845, contenait néanmoins, à son article 5, la réserve habituellement insérée dans les concessions de mines de fer au sujet des droits des propriétaires de la surface sur les minerais superficiels; mais le conseil général des mines faisait observer, dans son avis précité du 2 mai 1879, qu'en 1845, époque de la concession, on ne connaissait à Aïn-Morkha que le minerai superficiel, et que si néanmoins cette concession fut instituée en 1845, on n'a pu concéder que ce qui était alors seul connu, c'est-à-dire le gîte exploitable à ciel ouvert. Le conseil d'état, appelé à interpréter l'ordonnance de concession des mines de fer d'Aïn-Morkha, a déclaré, dans son arrêt au contentieux du 30 janvier 1880, que, « de l'ordonnance du 9 novembre 1845, il résulte que le gisement de fer oxydulé magnétique de Mokta-el-Hadid, y compris les parties superficielles de ce gisement exploitables à ciel ouvert, a été concédé par ladite ordonnance... » (1). Nous avons cru devoir donner quelques développements sur cet arrêt, en raison de la double importance de la question elle-même et des mines de fer de Mokta.

Poursuivant l'historique de la législation des mines en Algérie, nour devons signaler les actes suivants :

Deuxièmement, l'ordonnance du 1er septembre 1847 sur l'organisation administrative civile de l'Algérie a stipulé, par son article 5, que « les concessions de forêts, de mines, de sources minérales et de desséchement de marais, seraient toujours accordées par le chef du gouvernement, sur le rapport du ministre de la guerre et le conseil d'état entendu (2) ». On doit remarquer ici l'intervention obligatoire de l'avis du conseil d'état, qui rapprochait le régime des mines en Algérie de celui de la métropole.

---

(1) *Annales des mines*, 1880, p. 210 et suiv.
(2) *Idem*, 4e série, t. XII, p. 704.

Troisièmement, le 9 octobre 1848, un arrêté du président du conseil, chargé du pouvoir exécutif, pris sur le rapport du ministre de la guerre, proclama les dispositions suivantes d'une importance considérable :

Art. 1ᵉʳ. — Sont provisoirement déclarés inapplicables en Algérie l'article 3 de la loi du 21 avril 1810, en ce qui concerne les minerais de fer dits *d'alluvion*, et les articles 59 à 69 inclusivement de la même loi, relatifs aux minerais de fer d'alluvion et aux mines de fer en filons ou en couches exploitables à ciel ouvert.

Art. 2. — Les minerais d'alluvion et les mines de fer en filons ou en couches, exploitables à ciel ouvert, seront assujettis, de même que les mines de fer exploitables par travaux souterrains, au régime établi pour les diverses substances minérales énoncées en l'article 2 de la loi du 21 avril 1810, et qui, conformément à l'article 5, ne peuvent être exploitées qu'en vertu d'un acte de concession (1).

Quatrièmement, le 10 novembre 1848 (2), un arrêté du ministre de la guerre prescrivit à tous les concessionnaires de mines en Algérie de commencer leur exploitation, ou de reprendre leurs travaux d'une manière régulière et constante s'ils les avaient restreints ou suspendus, le tout dans un délai de trois mois, sous peine de révocation de concession, en vertu de l'article 49 de la loi de 1810, et conformément aux articles 6 et 10 de la loi du 27 avril 1838.

Cinquièmement, une loi intervient, la loi du 16 juin 1851 (3) sur la constitution de la propriété en Algérie, laquelle contient un article ainsi conçu :

Art. 5. — Les mines et minières sont régies par la législation générale de la France.

Cette loi inaugurait ainsi une cinquième période du régime des mines et minières dans la colonie.

Sixièmement, cet état de choses concernant les minières ne devait pas durer longtemps : en effet, un décret du 6 février 1852, inséré à sa date aux *Annales des mines* (4), décida, sur le rapport du ministre de la guerre, que les dispositions de l'arrêté du chef du pouvoir exécutif du 9 octobre 1848, concernant les minières de fer,

---

(1) *Annales des mines*, 4ᵉ série, t. XIV, p. 565, et *idem*, t. XV, p. 557.
(2) Dupont : *Jurisprudence des mines*, t. I, p. 476, et *Annales des mines*, 4ᵉ série, t. XIV, p. 578.
(3) *Annales des mines*, 4ᵉ série, t. XIX, p. 770.
(4) *Idem*, 1852, p. 27.

continueraient à ressortir leur plein et entier effet, et déclara abrogées toutes les dispositions contraires.

Septièmement, un autre décret du 6 janvier 1855 (1) déclara propriétaires incommutables, sauf les droits des tiers, les concessionnaires de mines en Algérie dont le titre est antérieur à la promulgation de la loi du 16 juin 1851; d'autre part, le même décret déclara non avenues les clauses de ces concessions de mines, contraires à la législation générale de la France sur les mines, avec cette exception, qu'il maintenait et confirmait l'arrêté du chef du pouvoir exécutif du 9 octobre 1848 et le décret du 6 février 1852 en ce qui concerne les minières et les mines de fer.

Huitièmement, un décret du 23 juin 1866 (2), rendu en conseil d'état, a déclaré applicable à l'Algérie la loi du 9 mai 1866 (art. 1er), et il a abrogé, sous la réserve des droits des tiers, l'arrêté du 9 octobre 1848 et les décrets du 6 février 1852 et du 6 janvier 1855 (art. 2, § 2).

Neuvièmement enfin, un décret du 7 mai 1874 a déclaré applicable à l'Algérie celui du 11 février 1874, rendu en France pour l'établissement de la redevance proportionnelle (*Ann. min.*, 1874, p. 127).

Tels sont les principaux actes relatifs à la législation des mines en Algérie. Nous avons cru devoir les donner en détail, à cause de la grande importance que l'exploitation des mines et les recherches minérales ont prises dans cette colonie, surtout en ce qui concerne le fer.

Nous devons observer, au sujet de l'Algérie, qu'un décret, en date du 30 juin 1876, inséré au *Bulletin des lois*, a décidé (art. 1er) que « les actes de haute administration et de gouvernement qui doivent émaner du président de la République et qui concernent les travaux publics, les finances, l'agriculture et le commerce en général sont présentés au président de la République, sur la proposition du gouverneur général, par le ministre compétent, qui contresigne le décret intervenu » (3).

---

(1) *Annales des mines*, 1855, p. 4, et Dupont : *Jurisprudence des mines*, t. I, p. 475.
(2) *Annales des mines*, 1873, p. 250.
(3) *Journal officiel* du 7 juillet 1876; *Bulletin des lois*, cahier 314, n° 5403.

Terminons sur le régime des mines en Algérie, en observant qu'une circulaire du 4 juin 1856 relative aux recherches de mines prescrit, lorsqu'il y a litige sur le véritable propriétaire du sol, la consignation préalable par le permissionnaire de recherches, avant tout travail, de la somme nécessaire pour le payement des indemnités qui pourraient être dues aux propriétaires pour les dégâts et non jouissances de terrains, occasionnés par les travaux.

Disons par anticipation, en ce qui concerne les carrières, qu'à la date du 29 janvier 1854 (1), un arrêté du ministre de la guerre est intervenu, portant règlement pour l'exploitation des carrières en Algérie : ce règlement est analogue à ceux des divers départements de la France, sauf les prescriptions spéciales commandées par les circonstances au sujet des autorités administratives et judiciaires.

Régime des mines à la Guyane.

A la Guyane française la loi du 21 avril 1810 sur les mines a été déclarée exécutoire par un décret du 1er avril 1858, sauf différentes modifications : la réglementation des mines y a été faite par des arrêtés locaux en date des 10 mars 1856, 27 novembre 1862 et 25 août 1871.

Régime des mines dans la Nouvelle-Calédonie.

Pour ce qui est de la Nouvelle-Calédonie, M. l'ingénieur des mines Heurteau, chargé d'une mission spéciale dans cette colonie, a présenté un projet de réglementation générale des mines, qui a été adopté par l'administration locale, par arrêté du 13 septembre 1873 (2). M. Heurteau s'est beaucoup et justement inspiré, dans le rapport à l'appui de son projet, de la réglementation minière existante en Australie. Nous nous bornerons à citer les dispositions suivantes de l'arrêté du 13 septembre 1873, rendu en conseil d'administration par le gouverneur pour la réglementation des mines en Nouvelle-Calédonie :

Toutes les terres du domaine, sur toute l'étendue de la Nouvelle-Calé-

---

(1) *Annales des mines*, 1854, p. 201.
(2) *Idem*, 1876, p. 149.

donie et ses dépendances, sont ouvertes à la recherche et à l'exploitation des mines (art. 4).

La propriété des mines s'acquiert de deux manières, suivant les formes prescrites par le présent arrêté, soit par la prise de posesssion du terrain minier, soit par un acte de concession rendu par le gouverneur en conseil d'administration (art. 5).

La prise de possession a lieu par l'érection, aux quatre angles du rectangle qui limite le terrain occupé, de poteaux indicateurs ayant au moins 1 mètre de hauteur.

Chacun de ces poteaux devra porter une affiche indiquant les noms de ceux qui prennent possession du terrain, et la date de cette prise de possession (art. 11).

La concession est limitée, au gré du concessionnaire, suivant un rectangle dont la plus petite dimension ne peut avoir moins de 100 mètres, et dont la largeur ne doit en aucun cas être moindre que la cinquième partie de sa longueur (art. 17).

L'étendue de la concession peut varier de 1 à 25 hectares, sauf dans les périmètres réservés conformément aux dispositions de la section III du présent titre (art. 18).

Dans l'étendue des périmètres aurifères de la première classe chaque concession sera limitée, au gré du concessionnaire, suivant un rectangle dont la plus petite dimension ne pourra être moindre de 100 mètres.

La superficie de la concession pourra varier de 1 à 5 hectares (art. 23).

Colonies où il n'a pas été institué encore de concession de mines : les Antilles.

Observons, en terminant, qu'aux colonies françaises où il n'a pas été fait encore de concession de mines, aux Antilles, par exemple, si une mine venait à être découverte, et qu'on voulût faire une demande en concession à son sujet, il conviendrait de l'adresser d'abord au ministre de la marine, qui l'examinerait avant de la transmettre au gouverneur : la propriété du tréfonds pourrait donner lieu à une question de principe, sur laquelle le gouvernement métropolitain aurait à statuer, et le gouverneur devrait consulter à ce sujet le conseil général des Antilles, lequel, aux termes de sénatus-consulte du 4 juillet 1866 réglant la constitution des colonies des Antilles, doit statuer sur les aliénations de propriétés domaniales.

CHAPITRE XIV.

CARRIÈRES.

Régime des carrières sous l'ancienne monarchie.

Les carrières, sous l'ancienne monarchie, étaient exploitées par les propriétaires du sol sans qu'il fût nécessaire d'obtenir une permission; la chose est rappelée dans l'article 2 de la loi du 28 juillet 1791. Il existait néanmoins des règlements concernant l'ouverture des carrières au voisinage des routes; on peut citer à cet égard un arrêt du 5 avril 1772, intitulé : « *Arrêt du conseil d'état du roi, portant règlement pour l'ouverture des carrières et chemins aux abords* » (1). L'article 1er de ce règlement interdit l'ouverture des carrières à moins de « trente toises du pied des arbres plantés le long des grandes routes ».

Rappelons, au sujet de cet arrêt du 5 avril 1772, qu'une ordonnance en conseil d'état, du 27 octobre 1837, relative à l'affaire Chatelier, avait décidé, en principe, que la prohibition de distance des routes spécifiée par ledit arrêt est encore en vigueur pour les départements où il n'existe pas de règlement local de carrières (2).

Régime de la loi de 1791.

La loi du 28 juillet 1791 contient, au sujet des carrières, un article ainsi conçu :

Art. 2. — Il n'est rien innové à l'extraction des sables, craies, argiles, marnes, pierres à bâtir, marbres, ardoises, pierres à chaux et à plâtre, tourbes, terres vitrioliques, ni de celles connues sous le nom de cendres, et généralement de toutes substances autres que celles exprimées dans l'article précédent, qui continueront d'être exploitées par les propriétaires, sans qu'il soit nécessaire d'obtenir aucune permission.

---

(1) Ravinet, t. I, p. 218, et Dupont, *Jurisprudence des mines*, t. III, p. 1.
(2) Dupont, *Jurisprudence des mines*, t. II, p. 347 et 354.

Mais à défaut d'exploitation, de la part des propriétaires des objets énoncés ci-dessus, et dans le cas seulement de nécessité pour les grandes routes ou pour les travaux d'une utilité publique, tels que ponts, chaussées, canaux de navigation, monuments publics ou tous autres établissements et manufactures d'utilité générale, lesdites substances pourront être exploitées, d'après la permission du directoire du département, donnée sur l'avis du directoire du district, par tous les entrepreneurs ou propriétaires desdites manufactures, en indemnisant le propriétaire, tant du dommage fait à la surface que de la valeur des matières extraites, le tout de gré à gré ou à dire d'experts.

Les dispositions de cet article subsistent encore en ce qui touche l'extraction forcée des matériaux nécessaires aux routes et constructions publiques.

Législation actuelle en matière de carrières.

Dans la législation actuelle, les carrières sont régies par les articles 4, 81 et 82 de la loi du 21 avril 1810 (ces deux derniers, modifiés par l'article 1ᵉʳ de la loi du 27 juillet 1880); ces trois articles sont conçus comme il suit:

Art. 4. — Les carrières renferment les ardoises, les grès, pierres à bâtir et autres, les marbres, granits, pierres à chaux, pierres à plâtre, les pouzzolanes, les trass, les basaltes, les laves, les marnes, craies, sables, pierres à fusil, argiles, kaolin, terres à foulon, terres à poterie, les substances terreuses et les cailloux de toute nature, les terres pyriteuses regardées comme engrais : le tout exploité à ciel ouvert, ou avec des galeries souterraines.

Art. 81 (modifié). — L'exploitation des carrières à ciel ouvert a lieu en vertu d'une simple déclaration faite au maire de la commune et transmise au préfet. Elle est soumise à la surveillance de l'administration et à l'observation des lois et règlements.

Les règlements généraux seront remplacés dans les départements où ils sont encore en vigueur, par des règlements locaux rendus sous forme de décrets en conseil d'état.

Art. 82 (modifié). — Quand l'exploitation a lieu par galeries souterraines, elle est soumise à la surveillance de l'administration des mines, dans les conditions prévues par les articles 47, 48 et 50.

Dans l'intérieur de Paris, l'exploitation des carrières souterraines de toute nature est interdite.

Sont abrogées les dispositions ayant force de loi des deux décrets des 22 mars et 4 juillet 1813 et du décret portant règlement général du 22 mars 1813, relatifs à l'exploitation des carrières dans les départements de la Seine et de Seine-et-Oise.

Pour compléter l'intelligence générale de ces articles de la loi, nous rappellerons qu'il était dit dans l'exposé des motifs de Regnaud de Saint-Jean d'Angely :

> La troisième classe des substances désignées au titre Ier peut être exploitée sans concession ni permission.
> Elle ne doit pas l'être sans surveillance ni déclaration.

Ainsi donc, « surveillance et déclaration », tel doit être, dans l'esprit de la loi primitive de 1810, le régime des carrières, sans qu'il y ait lieu à permission ou à concession comme pour les minières ou les mines. Ce principe, qui soumet les carrières au régime de la déclaration et à la surveillance administrative, et qui était dans l'esprit des législateurs de 1810, a été formellement écrit, comme il vient d'être dit, dans le nouvel article 81.

Propriété des carrières.

Il importe d'observer que ce régime de « la surveillance et de la déclaration » ne doit porter aucune atteinte au droit de propriété des carrières, pour les propriétaires du sol : c'est ce qui fut dit explicitement dans les termes suivants par le comte de Girardin, rapporteur au Corps législatif :

> 1° Les dispositions du titre VIII (relatif aux carrières et tourbières) n'enlèvent pas au propriétaire de la surface le droit qu'il a de disposer de toutes les substances comprises dans cette division. Elles prescrivent seulement certaines règles sous les rapports essentiels de la sûreté et de la salubrité publiques.

Ce principe, que la propriété des carrières suit la propriété du sol, est conforme à l'ancien droit de la France, et aux prescriptions de l'article 552 du code civil qui dit que « la propriété du sol emporte la propriété du dessus et du dessous... sauf les modifications résultant des lois et règlements relatifs aux mines et des lois et règlements de police ». Or aucune loi, aucun règlement n'a enlevé aux propriétaires du sol la propriété des carrières: les législateurs de 1810 ne l'ont point fait, nous venons de le voir, et les législateurs de 1791, loin de le faire, avaient déclaré, dans l'article 2 déjà cité de la loi du 28 juillet, que les carrières « continueraient d'être exploitées par les propriétaires » (1).

---

(1) Dupont : *Jurisprudence des mines*, t. II, p 346.

La propriété d'une carrière n'emporte pas la propriété du dessus comme la propriété du dessus emporte celle du dessous d'après l'article 452 du code civil. Ce principe a été consacré par un arrêt de la cour de cassation du 7 mai 1838 (1).

Il n'en est pas des carrières comme des mines, au point de vue de la propriété communale : nous avons cité un exemple de communes concessionnaires de mines (2), mais le cas est fort rare, tandis que il existe en France beaucoup de carrières communales. Mentionnons à ce sujet ce fait se rapportant à l'étranger, qu'en Italie, les célèbres carrières de marbre de Massa et de Carrare sont, en grande partie, des propriétés municipales.

Substances minérales classées comme carrières.

Quelles sont les substances qui sont comprises dans la classe des carrières ? L'article 4 de la loi de 1810 répond à cette question par son texte même. Observons cependant qu'une substance minérale peut être comprise parmi les carrières sans être désignée nominativement à l'article 4, alors que, d'autre part, elle n'est point dénommée comme mine ou comme minière aux articles 2 et 3, et qu'elle est de nature analogue aux substances classées comme carrières par l'article 4. Cela résulte des termes suivants à sens indéfini que renferme cet article :

...Pierres à bâtir et autres.... ...Les substances terreuses et les cailloux de toute nature.

C'est par application de cette doctrine qu'un décret rendu en conseil d'état le 6 février 1874 (3), statuant sur la question de concessibilité du phosphate de chaux, a décidé que cette substance minérale n'est pas susceptible d'être concédée comme mine ; il résulte de là, d'autre part, que le phosphate de chaux n'étant pas compris dans les variétés de substances désignées comme minières, à l'article 3 de la loi de 1810, rentre nécessairement dans la classe des substances minérales classées comme carrières, et dont l'indication générique est énoncée à l'article 4.

---

(1) Dupont, *Jurisprudence des mines*, t. II, p. 387.
(2) Les huit communes formant l'ancienne vallée de Vicdessos (Ariège), déclarées concessionnaires des mines de fer de Rancié par l'ordonnance du 31 mai 1833.
(3) *Annales des mines*, 1874, p. 17.

Dans aucun cas, une substance dénommée aux articles 2 et 3 ne peut être classée parmi les carrières, alors même qu'elle serait exploitée à ciel ouvert : c'est ce qui a été décidé par l'ordonnance déjà mentionnée du 19 juillet 1843, relative aux calcaires bitumineux de Seyssel (asphaltes), lesquels ont été maintenus dans la classe des mines en raison de ce que les bitumes sont mentionnés à l'article 2.

Une substance minérale est carrière d'après sa nature et non point d'après son mode de gisement, ou d'exploitation, superficiel ou souterrain : cela résulte formellement des mots suivants qui terminent l'énumération des carrières faite par l'article 4, « le tout exploité à ciel ouvert ou avec des galeries souterraines ».

Prohibition de distance des routes, pour l'ouverture des carrières dans les départements sans règlement local. — Cas d'un chemin de fer.

Le droit d'ouvrir des carrières dans les départements où il n'existe pas de règlement local est soumis aux prescriptions de l'arrêt du 5 avril 1772, qui interdit l'ouverture des exploitations de ce genre à moins de « trente toises de distance du pied des arbres plantés au long des grandes routes ». Cela a été établi par l'ordonnance rendue en conseil d'état, du 27 octobre 1837, citée tout à l'heure. (Affaire Chatelier.)

Au sujet de la distance aux routes, il y a lieu de mentionner cette circonstance, que les plus anciens règlements locaux de carrières actuellement en vigueur, savoir, le règlement spécial pour les carrières de pierres à plâtre du département de la Seine du 22 mars 1813 et le règlement spécial du 4 juillet 1813 pour les carrières de pierres à bâtir du même département, formulent une prohibition de distance aux routes de dix mètres seulement pour l'ouverture de ces carrières (article 6 des deux décrets) ; ajoutons que cette prohibition de distance a été maintenue au chiffre de dix mètres dans l'ensemble des règlements locaux de carrières, dont l'énumération sera donnée tout à l'heure.

Pour ce qui est du principe même de la prohibition de distance aux routes dans un département dépourvu de règlement de carrières, il y a lieu de faire les observations suivantes : Le deuxième paragraphe du nouvel article 81 dit bien que « les règlements généraux seront remplacés dans les départements où ils sont encore en vigueur, par des règlements locaux rendus sous forme de décrets en conseil d'état », mais deux choses sont à considérer à cet égard : d'une part, le deuxième paragraphe précité ne fixe pas de délai pour le remplacement de ces règlements généraux par des règlements locaux sous forme de décrets en conseil d'état; d'autre part, le premier paragraphe de l'article 81 porte que « l'exploitation des carrières est soumise à l'observation des lois et règlements » sans spécifier quelle espèce de règlements. Il y a lieu de conclure de là, ce semble, que s'il existe un département ou une partie de département qui n'ait pas encore de règlement local de carrières (et l'on verra tout à l'heure que le département des Deux-Sèvres, sauf la seule commune de Courtenay, est dans ce cas), les règlements généraux des carrières de la France conservent encore leur action provisoire dans ce département ou, cette partie de département, en ce qui concerne la distance aux routes.

En conséquence de ce qui précède, on est fondé à dire que provisoirement et jusqu'à la prochaine promulgation d'un règlement local dans le département ou la fraction de département ne possédant pas de règlement pareil, la prohibition de trente toises de distance des routes doit y régir l'ouverture des carrières; bien plus, il faut ajouter que cette prohibition de distance s'applique aussi aux chemins de fer, en vertu de l'article 3 de la loi du 15 juillet 1845 qui porte que « les servitudes imposées par les lois et règlements sur la grande voiries et spécialement celles qui concernent les carrières et sablières, dans la zone déterminée à cet effet, sont applicables aux chemins de fer ».

Une application de la prohibition de distance de trente toises (60 mètres), pour l'ouverture et le prolongement des carrières, résultant de l'arrêt du 5 avril 1872, a été faite à un chemin de fer, en vertu de la loi de 1845, dans un décret au contentieux du 25 février 1864 cité par M. Lamé Fleury (1).

Énumération des règlements locaux de carrières.

Les règlements locaux de carrières sont obligatoires aux termes formels de l'article 81 de la loi du 21 avril 1810; en voici l'énumération :

---

(1) *Code annoté des chemins de fer*, 3ᵉ édition, *verbo* Carrières, p. 716.

Département de l'Ain. — Décret du 4 septembre 1879 (*Ann. min.*, 1879, p. 321).

Département de l'Aisne. — Arrêté du ministre du commerce et des travaux publics du 1er octobre 1832 (*Ann. min.*, 3ᵉ sér., t. IV, p. 537).

Algérie. — Arrêté du ministre de la guerre du 29 janvier 1854 (*Ann. min.*, 1854, p. 201).

Département de l'Allier. — Décret du 4 septembre 1879 (*Ann. min.*, 1879, p. 321).

Département des Alpes (Basses-). — Décret du 4 septembre 1879 (*Ann. min.*, 1879, p. 281).

Département des Alpes (Hautes-). — Décret du 4 septembre 1879 (*Ann. min.*, 1879, p. 281).

Département des Alpes-Maritimes. — Décret du 4 septembre 1879 (*Ann. min.*, 1879, p. 281).

Département de l'Ardèche. — Décret du 4 septembre 1879 (*Ann. min.*, 1879, p. 321).

Département des Ardennes. — Décret du 4 septembre 1879 (*Ann. min.*, 1879, p. 281).

Département de l'Ariège. — Décret du 18 mars 1863 (*Ann. min.*, 1863, p. 92).

Département de l'Aube. — Décret du 20 janvier 1866 (*Ann. min.*, 1866, p. 4).

Département de l'Aude. — Décret du 31 décembre 1864 (*Ann. min.*, 1864, p. 379).

Département de l'Aveyron. — Décret du 4 septembre 1879 (*Ann. min.*, 1879, p. 281).

Belfort (territoire de). — Décret du 15 juin 1861 (*Ann. min.*, 1861, p. 172).

Département des Bouches-du-Rhône. — Décret du 17 août 1864 (*Ann. min.*, 1864, p. 226).

Département du Calvados. — Décret du 26 décembre 1855 (*Ann. min.*, 1855, p. 366).

Département du Cantal. — Décret du 4 septembre 1879 (*Ann. min.*, 1879, p. 321).

Département de la Charente. — Décret du 5 janvier 1859 (*Ann. min.*, 1859, p. 17).

Département de la Charente-Inférieure. — Décret du 5 mai 1869 (*Ann. min.*, 1869, p. 186).

Département du Cher. — Décret du 28 mai 1873 (*Ann. min.*, 1873, p. 167).

Département de la Corrèze. — Décret du 4 septembre 1879 (*Ann. min.*, 1879, p. 281).

Département de la Corse. — Décret du 4 septembre 1879 (*Ann. min.*, 1879, p. 321).

Département de la Côte-d'Or. — Décret du 2 août 1854 (*Ann. min.*, 1854, p. 168).

Département des Côtes-du-Nord. — Décret du 23 mai 1879 (*Ann. min.*, 1879, p. 180).

Département de la Creuse. — Décret du 4 septembre 1879 (*Ann. min.*, 1879, p. 321).

Département de la Dordogne. — Décret du 28 mai 1873 (*Ann. min.*, 1873, p. 174).

Département du Doubs. — Décret du 30 mai 1863 (*Ann. min.*, 1863, p. 123).

Département de la Drôme. — Décret du 4 septembre 1879 (*Ann. min.*, 1879, p. 321).

Département de l'Eure. — Décret du 5 mai 1866 (*Ann. min.*, 1866, p. 137).

Département d'Eure-et-Loir. — Décret du 10 août 1875 (*Ann. min.*, 1875, p. 156).

Département du Finistère. — Décret du 20 août 1880 (*Ann. min.*, 1880, p. 248).

Département du Gard. — Décret du 4 septembre 1879 (*Ann. min.*, 1879, p. 321).

Département de la Garonne (Haute-). — Décret du 2 septembre 1862 (*Ann. min.*, 1862, p. 263).

Département du Gers. — Décret du 4 septembre 1879 (*Ann. min.*, 1879, p. 321).

Département de la Gironde. — Décret du 9 janvier 1867 (*Ann. min.*, 1867, p. 86).

Département de l'Hérault. — Décret du 23 mai 1879 (*Ann. min.*, 1879, p. 187).

Département d'Ille-et-Vilaine. — Décret du 25 mars 1868 (*Ann. min.*, 1868, p. 143).

Département de l'Indre. — Décret du 4 septembre 1879 (*Ann. min.*, 1879, p. 321).

Département d'Indre-et-Loire. — Décret du 14 juillet 1859 (*Ann. min.*, 1859, p. 239).

Département de l'Isère. — Décret du 22 novembre 1861 (*Ann. min.*, 1861, p. 413).

Département du Jura. — Décret du 27 avril 1864 (*Ann. min.*, 1864, p. 80).

Département des Landes. — Décret du 4 septembre 1879 (*Ann. min.*, 1879, p. 321).

Département de Loir-et-Cher. — Ordonnance du 2 juin 1839 (*Ann. min.*, 3ᵉ sér., t. XV, p. 732).

Département de la Loire. — Décret du 4 septembre 1879 (*Ann. min.*, 1879, p. 321).

Département de la Loire (Haute-). — Décret du 8 avril 1857 (*Ann. min.*, 1857, p. 33).

Département de la Loire-Inférieure. — Décret du 23 mai 1879, (*Ann. min.*, 1879, p. 186).

Département du Loiret. — Arrêté du ministre des travaux publics du 31 octobre 1847 (*Ann. min.*, 4ᵉ sér., t. XII, p. 707).

Département du Lot. — Décret du 18 septembre 1875 (*Ann. min.*, 1875, p. 168).

Département de Lot-et-Garonne. — Décret du 4 septembre 1879 (*Ann. min.*, 1879, p. 321).

Département de la Lozère. — Décret du 4 septembre 1879 (*Ann. min.*, 1879, p. 281).

Département de Maine-et-Loire. — Décret du 10 juillet 1862 (*Ann. min.*, 1862, p. 224).

Département de la Manche. — Décret du 10 novembre 1855 (*Ann. min.*, 1855, p. 317).

Département de la Marne. — Décret du 20 janvier 1866 (*Ann. min.*, 1866, p. 12).

Département de la Marne (Haute-). — Décret du 15 septembre 1858 (*Ann. min.*, 1858, p. 237).

Département de la Mayenne. — Décret du 27 février 1864 (*Ann. min.*, 1864, p. 40).

Département de Meurthe-et-Moselle. — Décret du 4 septembre 1879 (*Ann. min.*, 1879, p. 321).

Département de la Meuse. — Décret du 4 septembre 1879 (*Ann. min.*, 1879, p. 321).

Département du Morbihan. — Décret du 20 août 1880 (*Ann. min.*, 1880, p. 255).

Département de la Nièvre. — Décret du 20 avril 1880 (*Ann. min.*, 1880, p. 255).

Département du Nord. — Décret du 20 décembre 1873 (*Ann. min.*, 1873, p. 255).

Département de l'Oise. — Décret du 31 décembre 1864 (*Ann. min.*, 1864, p. 387).

Département de l'Orne. — Décret du 29 septembre 1856 (*Ann. min.*, 1856, p. 235).

Département du Pas-de-Calais. — Décret du 15 septembre 1858 (*Ann. min.*, 1858, p. 245).

Département du Puy-de-Dôme. — Décret du 4 septembre 1879 (*Ann. min.*, 1879, p. 321).

Département des Pyrénées (Basses-). — Décret du 4 septembre 1879 (*Ann. min.*, 1879, p. 281).

Département des Pyrénées (Hautes-). — Décret du 8 janvier 1874 (*Ann. min.*, 1874, p. 1).

Département des Pyrénées-Orientales. — Décret du 4 septembre 1879 (*Ann. min.*, 1879, p. 281).

Département du Rhône. — Décret du 4 septembre 1879 (*Ann. min.*, 1879, p. 321).

Département de la Saône (Haute-). — Décret du 4 septembre 1879 (*Ann. min.*, 1879, p. 321).

Département de Saône-et-Loire. — Décret du 20 janvier 1866 (*Ann. min.*, 1866, p. 12).

Département de la Sarthe. — Décret du 30 juillet 1857 (*Ann. min.*, 1857, p. 169).

Département de la Savoie. — Décret du 7 mars 1863 (*Ann. min.*, 1863, p. 72).

Département de la Savoie (Haute-). — Décret du 7 mars 1863 (*Ann. min.*, 1863, p. 80).

Département de la Seine (1). — Décret du 22 mars 1813, portant règlement général (*Journal des mines*, t. XXXIII, p. 353).

Département de la Seine. — Décret du 22 mars 1813, portant règlement spécial (*Journal des mines*, t. XXXIII, p. 365).

Département de la Seine. — Décret du 4 juillet 1813, portant règlement spécial (*Journal des mines*, t. XXXIV, p. 144).

Département de la Seine. — Ordonnance du 21 octobre 1814, portant règlement spécial (*Journal des mines*, t. XXXVI, p. 459).

Département de la Seine-Inférieure. — Décret du 15 février 1853 (*Ann. min.*, 1853, p. 58).

Département de Seine-et-Marne. — Décret du 17 décembre 1877 (*Ann. min.*, 1877, p. 438).

Département de Seine-et-Oise. — Décret du 25 mars 1868 (*Ann. min.*, 1868, p. 230).

Département des Deux-Sèvres. — (Carrières de la commune de Courtenay). — Arrêté du ministre de l'intérieur du 23 janvier 1830 (Lamé Fleury, *Recueil de lois, décrets*, etc., t. I, p. 459).

Département de la Somme. — Décret du 4 septembre 1879 (*Ann. min.*, 1879, p. 321).

Département du Tarn. — Décret du 4 septembre 1879 (*Ann. min.*, 1879, p. 281).

Département du Tarn-et-Garonne. — Décret du 18 septembre 1875 (*Ann. min.*, 1875, p. 167).

---

(1) Les dispositions ayant force de loi des deux décrets des 22 mars et 4 juillet 1813 et du décret portant règlement général du 22 mars 1813 relatifs à l'exploitation des carrières dans les départements de la Seine et de Seine-et-Oise ont été abrogées par le troisième paragraphe de l'article 82 révisé de la loi de 1810 : le département de Seine-et-Oise a un règlement de carrières du 25 mars 1868 ; le nouveau règlement de carrières du département de la Seine est actuellement en préparation (avril 1881).

Département du Var. — Décret du 4 septembre 1879 (*Ann. min.*, 1879, p. 321).

Département de Vaucluse. — Décret du 5 janvier 1859 (*Ann. min.*, 1859, p. 25).

Département de la Vendée. — Décret du 4 septembre 1879 (*Ann. min.*, 1879, p. 321).

Département de la Vienne. — Ordonnance du 21 mai 1837 (*Ann. min.*, 3ᵉ sér., t. XI, p. 670).

Département de la Vienne (Haute-). — Décret du 14 décembre 1864 (*Ann. min.*, 1864, p. 387).

Département des Vosges. — Décret du 22 novembre 1861 (*Ann. min.*, 1861, p. 422).

Département de l'Yonne. — Décret du 20 janvier 1866 (*Ann. min.*, 1866, p. 13).

Cela fait un total de 91 règlements locaux de carrières se rapportant à 87 départements différents et à l'Algérie, total qui se réduira à 88 après que les quatre règlements de 1813 et 1814, afférents au département de la Seine, auront été remplacés par le règlement unique en préparation en ce moment.

Tous ces règlements ont été rendus en la forme d'ordonnances ou de décrets, sauf les quatre suivants:

Le règlement pour les carrières de l'Algérie, résultant d'un arrêté du ministre de la guerre du 29 janvier 1854;

Le règlement pour es carrières du département de l'Aisne, résultant d'un arrêté du ministre du commerce et des travaux publics, du 1ᵉʳ octobre 1832;

Le règlement pour les carrières du département du Loiret rendu en la forme d'un arrêté du ministre des travaux publics du 31 octobre 1847;

Et le règlement pour les carrières de pierre à bâtir dite tuffau, dans la commune de Courtenay (Deux-Sèvres), résultant d'un arrêté du ministre de l'intérieur du 23 janvier 1830 (tout le reste du département des Deux-Sèvres, à l'exception de ladite commune, étant sans règlement local de carrières).

Terminons au sujet des règlements locaux de carrières par l'observation suivante : une circulaire du 4 mars 1879 avait été adressée aux préfets des départements dépourvus de règlements pareils pour leur communiquer le type du règlement en vigueur dans la plupart des départements, et provoquer la préparation d'un règlement analogue : cette circulaire a produit son effet, attendu qu'on peut compter, dans la nomenclature précédente, 37 règlements départementaux de carrières, postérieurs en date à ladite circulaire.

Prohibition de distance des routes, résultant des règlements locaux.

Revenons maintenant à la prohibition de distance des routes, en ce qui concerne l'ouverture des carrières, pour dire comment cette prohibition est formulée dans les derniers modèles de règlements locaux.

En ce qui concerne les carrières à ciel ouvert, le règlement le plus récent, celui du Finistère, en date du 20 août 1880, contient un article ainsi conçu :

Art. 9. — Les bords des fouilles ou excavations sont établis et tenus à une distance horizontale de 10 mètres au moins des bâtiments ou constructions quelconques, publics et privés, des routes ou chemins, cours d'eau, canaux, fossés, rigoles, conduites d'eau, mares et abreuvoirs servant à l'usage public.

L'exploitation de la masse est arrêtée, à compter des bords de la fouille, à une distance horizontale réglée à 1 mètre par chaque mètre d'épaisseur des terres de recouvrement, s'il s'agit d'une masse solide, ou à 1 mètre par chaque mètre de profondeur totale de la fouille, si cette masse, par sa cohésion, est analogue à ces terres de recouvrement.

Toutefois cette distance peut être augmentée ou diminuée par le préfet, sur le rapport de l'ingénieur des mines, en raison de la nature plus ou moins consistante des terres de recouvrement et de la masse exploitée elle-même.

Le tout sans préjudice des mesures spéciales prescrites ou à prescrire par la législation des chemins de fer.

En ce qui concerne les carrières souterraines, la prescription de distance aux routes, relative à l'ouverture de ces carrières, est formulée dans le même règlement de la manière suivante :

Art. 12. — Aucune excavation souterraine ne peut être ouverte ou poursuivie que jusqu'à une distance horizontale de 10 mètres des bâtiments et constructions quelconques, publics ou privés, des routes ou chemins, cours d'eau, canaux, fossés, rigoles, conduites d'eau, mares et abreuvoirs servant à l'usage public.

Cette distance est augmentée de 1 mètre par chaque mètre de hauteur de l'excavation.

Disons enfin, en matière de prohibition de distance pour l'ouverture des carrières, que la dernier règlement du 20 août 1880 (Finistère) contient les dispositions suivantes, qui sont communes aux carrières à ciel ouvert et aux carrières souterraines :

Art. 17. — La prescription des articles 9, § 1er et 12, § 1er ne s'applique point aux murs de clôture autres que ceux qui enceignent des cimetières ou des cours attenant à des habitations.
Le préfet peut, sur la demande de l'exploitant, réduire la distance de 10 mètres fixée par lesdits paragraphes, sauf en ce qui concerne les propriétés privées. Il statue, sur le rapport de l'ingénieur des mines, après avoir pris l'avis des ingénieurs des ponts et chaussées s'il s'agit du domaine national ou départemental, celui du maire s'il s'agit du domaine communal.
En ce qui concerne les propriétés privées, la distance fixée par les mêmes paragraphes peut être réduite par le fait seul du consentement du propriétaire intéressé.

Terminons sur les prohibitions de distance pour l'ouverture des carrières, en observant que dans les territoires soumis aux servitudes militaires, on ne peut, conformément à la loi du 10 juillet 1791, ouvrir aucune exploitation de ce genre sans l'autorisation spéciale du génie militaire.

Formalités de la déclaration à faire par les exploitants de carrières. — Plan des lieux pour carrières souterraines. — Récépissé.

En outre de la prohibition de distance aux routes, formulée dans les règlements de carrières, une autre disposition très importante y est prescrite avec détail, c'est celle qui concerne la déclaration; elle est libellée comme il suit dans les articles 2, 3, 4, 5, 6, 7 et 8 du règlement précité du 20 août 1880 (Finistère) :

Art. 2. — Tout propriétaire ou entrepreneur qui veut continuer ou entreprendre l'exploitation d'une carrière à ciel ouvert ou par galeries souterraines, est tenu d'en faire la déclaration au maire de la commune où la carrière est située.
Art. 3. — La même obligation est imposée à tout propriétaire ou entrepreneur qui reprend l'exploitation d'une carrière abandonnée, qui veut, soit appliquer à une carrière à ciel ouvert le mode d'exploitation par galeries souterraines, soit ouvrir un nouvel étage dans une carrière souterraine.
Art. 4. — La déclaration doit être faite dans les délais suivants :
1° Pour les carrières actuellement en activité et qui n'ont pas encore

été l'objet d'une déclaration, dans le délai de trois mois à partir de la promulgation du présent décret;

2° Pour les carrières à ouvrir et pour les carrières abandonnées dont l'exploitation est reprise, dans la quinzaine à partir du commencement des travaux.

Art. 5. — La déclaration est faite en deux exemplaires.

Elle contient l'énonciation des nom, prénoms et demeure du déclarant, et la qualité en laquelle il entend exploiter la carrière.

Elle fait connaître, d'une manière précise, l'emplacement de la carrière et sa situation par rapport aux habitations, bâtiments et chemins les plus voisins.

Elle indique la nature de la masse à extraire, l'épaisseur et la nature des terres ou bancs de rochers qui la recouvrent, le mode d'exploitation à ciel ouvert ou par galeries souterraines.

Art. 6. — Si l'exploitation doit avoir lieu par galeries souterraines, il est joint à la déclaration un plan des lieux, également en deux expéditions et à l'échelle de 2 millimètres par mètre.

Sur ce plan sont indiqués les désignations cadastrales et le périmètre du terrain sous lequel l'exploitant se propose d'établir des fouilles, ainsi que ses tenants et aboutissants; les chemins, édifices, canaux, rigoles et constructions quelconques existant sur ledit terrain dans un rayon de 25 mètres au moins; l'emplacement des orifices des puits ou des galeries projetés.

Dans le cas où il existerait des travaux souterrains déjà exécutés, il en sera fait mention dans la déclaration.

Art. 7. — Si l'exploitation est entreprise par une personne étrangère à la commune où la carrière est située, cette personne doit faire élection de domicile dans ladite commune.

Dans le cas où l'exploitation est entreprise pour le compte d'une société n'ayant pas son siège dans la commune, la société doit également faire élection de domicile dans la commune.

Le domicile est, dans l'un comme dans l'autre cas, indiqué dans la déclaration.

Art. 8. — Les déclarations sont classées dans les archives de la mairie. Il en est donné récépissé.

Un des exemplaires de la déclaration et, quand il s'agit de carrières souterraines, du plan qui y est joint est transmis, sans délai, au préfet, par l'intermédiaire du sous-préfet de l'arrondissement.

Le préfet envoie ces pièces à l'ingénieur des mines, qui les conserve et en inscrit la mention sur un registre spécial (1).

---

(1) Rappelons ici ce qui a été dit en note au bas de la page 104 sur l'utilité d'une carte générale de la France à $\frac{1}{10\,000}$, où les ingénieurs des mines reporteraient l'emplacement des minières, des carrières et des appareils à vapeur soumis à leur surveillance officielle, alors qu'ils y traceraient, d'autre part, les limites des concessions des mines et les principaux travaux des mines, pour en faire la *carte minière et industrielle du pays*.

Cette obligation de la déclaration insérée dans les règlements de carrières n'est pas un effet de l'envahissement de l'administration comme l'a dit un auteur, M. Delebecque ; elle est formellement exprimée, dans les termes suivants, par l'exposé des motifs de la loi de 1810, rédigé par Regnaud de Saint-Jean d'Angely :

La troisième classe des substances désignées au titre 1er (les carrières) peut être exploitée sans concession ni permission.
Elle ne doit pas l'être sans surveillance ni déclaration.

Ces paroles de l'exposé des motifs sont pleinement corrélatives avec un autre passage du même document, où il est dit que « la loi, qui pour les mines exige une concession et crée une propriété, n'exige pour les minières qu'une permission » ; elles le sont aussi avec les articles 1, 5 et 57 de la loi du 21 avril 1810 (ce dernier pris dans son texte primitif). Il suit de là que la volonté expresse du législateur de 1810 était d'exiger une concession pour l'exploitation des mines, une permission pour l'exploitation des minières, une déclaration pour l'exploitation des carrières.

Nous devons néanmoins citer à cet égard un fait qui a eu un certain retentissement, c'est celui du décret du 5 mai 1869, portant règlement pour les carrières souterraines et à ciel ouvert du département de la Charente-Inférieure, lequel a supprimé la nécessité de la déclaration pour les carrières à ciel ouvert ; et en effet, l'article 2 de ce règlement dit expressément :

Art. 2. — L'exploitation des carrières à ciel ouvert a lieu sans déclaration.

Cette disposition, il faut le dire, est en opposition formelle avec les paroles de l'exposé des motifs de la loi du 21 avril 1810 citées tout à l'heure, qui disent explicitement, sans distinguer entre les carrières à ciel ouvert ou les carrières souterraines, « la troisième classe des substances désignées au titre premier (carrières) ne doit pas être exploitée sans surveillance ni déclaration ». La suppression de l'obligation de la déclaration pour l'ouverture des carières à ciel ouvert de la Charente-Inférieure avait paru au gouvernement chose assez importante pour qu'il en fût fait une mention explicite dans l'exposé de la situation de l'Empire en 1869, inséré au *Journal officiel*. On ne peut pas disconvenir néanmoins, nous le répétons, et la citation de Regnaud de Saint-Jean d'Angely en fait foi, que cette supression ne fût complètement opposée à l'esprit du législateur de 1810, tel qu'il s'est manifesté dans le texte de l'exposé des motifs de la loi. D'autre part, et à un point de vue général, l'absence de la déclaration d'ouverture des carrières à ciel ouvert empêcherait l'administration d'exercer, sur ces exploitations parfois très dangereuses, une surveillance efficace et particulièrement préventive, comme doit l'être la surveillance administrative en matière de mines, minières et carrières.

Ajoutons qu'aujourd'hui, en présence du nouvel article 81, révisé par l'article 1er de la loi du 27 juillet 1880, et qui dit formellement « l'exploitation des carrières à ciel ouvert a lieu en vertu d'une simple déclaration faite au maire de la commune et transmise au au préfet », la nécessité de la déclaration est désormais générale et obligatoire dans les départements de la France, quelle que soit la teneur des règlements locaux à cet égard.

Comparaison avec la législation étrangère (Italie).

Comme comparaison avec la législation étrangère, nous devons dire qu'en Italie, d'après le décret royal du 20 novembre 1859, (art 130, 131, 132), l'exploitation des tourbières, carrières et sables ou terres métallifères est soumise au régime de la déclaration à l'intendant du district, sous peine d'une amende de 5 à 50 livres. Il n'est pas fait, en Italie, de distinction entre les carrières à ciel ouvert et les carrières souterraines au point de vue de l'obligation de la déclaration.

Patente. — Entretien des chemins vicinaux.

Les exploitants de carrières souterraines ou à ciel ouvert sont tous indistinctement soumis à la même obligation fiscale, vis-à-vis du gouvernement, celle de payer patente (1) : ils sont classés dans la 5ᵉ partie du tableau C annexé à la loi sur les patentes du 15 juillet 1880 (2). La patente comprend un droit proportionnel et un droit fixe. Le droit proportionnel est de un vingtième sur la maison d'habitation seulement. Quant au droit fixe, il est de 5 francs pour tout exploitant de carrières souterraines ou à ciel ouvert, plus 2 fr. 50 par ouvrier.

---

(1) Dupont, *Jurisprudence des mines*, t. II, p. 358.
(2) *Annales des mines*, 1880, p. 238.

L'exploitant de carrières est sujet à patente, alors même qu'il exploite sur son propre fonds : c'est ce qui a été décidé par l'ordonnance du 30 mars 1846, relative au sieur Ducombe. Une autre ordonnance du 6 décembre 1844 pose ce principe, qu'un propriétaire qui ne fait qu'exploiter accidentellement de la pierre dans son terrain sans en faire sa profession habituelle, n'est pas sujet à patente. Disons enfin qu'un ouvrier travaillant seul à une carrière sans compagnon ni apprenti est exempté de la patente [décidé par un décret du conseil d'état du 29 décembre 1871 (Viendrin)].

Les obligations des exploitants de carrières en ce qui touche l'entretien des chemins vicinaux du voisinage dérivent de la loi du 21 mai 1836 : elles sont les mêmes que celles des exploitants de mines. Nous n'avons rien à ajouter à ce qui a été dit précédemment sur ce sujet.

Extraction forcée pour routes et chemins de fer.

Les propriétaires de carrières sont tenus de subir l'extraction forcée des matériaux nécessaires aux routes et constructions publiques (1) : cette servitude est explicitement formulée dans un arrêt du conseil du 7 septembre 1755.

Ce droit d'extraction des matériaux nécessaires aux travaux publics fut maintenu par la loi du 28 juillet 1791 (article 2), et par le décret sur la police rurale du 28 septembre 1791. La loi du 28 pluviôse an VIII (article 4) conféra aux conseils de préfecture la juridiction qui s'y rapporte.

L'extraction forcée s'applique aux chemins de fer. Cela résulte du dernier paragraphe de l'article 3 de la loi du 15 juillet 1845 sur les chemins de fer, conçu comme il suit :

> Sont également applicables à la confection et à l'entretien des chemins de fer les lois et règlements sur l'extraction des matériaux nécessaires aux travaux publics.

Les indemnités dues aux propriétaires de carrières, en cas d'extraction forcée pour travaux publics, sont réglées conformément à l'article 55 de la loi du 16 septembre 1807.

---

(1) Dupont : *Jurisprudence des mines*, t. II, p. 360 et suiv.

Extraction forcée, spécifiée par la loi du 28 juillet 1791.

L'article 2 de la loi du 28 juillet 1791 cité au commencement du présent chapitre, formule comme il suit le cas d'extraction forcée des carrières :

.....dans le cas seulement de nécessité pour les grandes routes, ou pour des travaux d'une utilité publique, tels que ponts, chaussées, canaux de navigation, monuments publics ou tous autres établissements et manufactures d'utilité générale.

L'interprétation de la servitude d'extraction forcée résultant des termes de l'article 2 de la loi du 28 juillet 1791 a donné lieu à une double question. Tout d'abord cet article est-il encore en vigueur aujourd'hui ? A cette première question nous serions portés à répondre affirmativement, parce qu'aucun article de la loi de 1810 ne porte abrogation explicite et expresse de toute la loi du 28 juillet 1791, et que lorsqu'un article de la loi de 1791 n'a été abrogée ni directement ni indirectement par la loi du 21 avril 1810, comme c'est ici le cas, il semble que cet article doive être encore en vigueur. Cette doctrine, qui a été posée par le jurisconsulte Proudhon dans son traité *du domaine de propriété*, est assez conforme à ces paroles de Regnaud de Saint-Jean d'Angely, qui déclarait au conseil d'état, à la séance du 20 juillet 1809, pendant l'élaboration de la loi de 1810, « que l'intention du législateur n'était pas de changer la loi du 28 juillet 1791, mais seulement de la perfectionner ». Nous devons néanmoins citer en sens opposé l'opinion de la Belgique, en ce qui concerne la loi de 1791 ; en effet, il résulte de deux avis du conseil des mines belge, en date des 27 mars 1850 et 31 janvier 1862, que la publication de la loi du 21 avril de 1810 a abrogé la loi du 28 juillet 1791 dans toutes ses dispositions : la même doctrine en ce qui concerne spécialement l'article 25 de la loi de 1891, a été formulée dans deux avis du même conseil en date des 14 septembre 1838 et 20 juillet 1861 (1).

D'autre part, en admettant que l'article 2 de la loi de 1791 soit encore en vigueur, le propriétaire d'une usine, d'une fabrique de poterie, par exemple, peut-il, invoquer cet article pour obtenir l'ex-

---

(1) Du Pont : *Annales des travaux publics de Belgique*, 1874, p. 241.

traction forcée dans une carrière d'argile ? A cette deuxième question nous répondrions résolument non, car une usine appartenant à un particulier, et quelle que soit son importance, ne peut pas invoquer les termes mêmes de l'article 2 de la loi de 1791, savoir, « travaux d'une utilité publique.., monuments publics », ni même ceux de «manufactures d'utilité générale ». Ajoutons que les vrais principes de l'économie politique, lesquels tendent à donner à la propriété le plus de liberté et d'individualité possible, ne font que confirmer la docrine que nous formulons ici (1).

L'extraction forcée des carrières de castine, par les maîtres de forges, n'est plus en vigueur aujourd'hui.

Il nous reste à parler, comme extraction obligatoire, de l'exploitation forcée des carrières de castine par les maîtres de forges. Un ancien arrêt du conseil d'état du roi, du 20 juin 1631, avait permis à tous les maîtres de forges de France :

> De tirer mines et castines, en tous lieux et endroits où ils trouveraient leur commodité pour l'usage de leurs dites forges et fourneaux, en dédommageant les propriétaires de la valeur du dessus de leurs terres seulement suivant l'estimation qui en serait faite par gens à ce connaissant.

Il avait été décidé que les dispositions de cet arrêt, en ce qui concerne la castine seulement, subsistent encore aujourd'hui, et cela par un arrêté ministériel du 2 juillet 1811, cité dans le *Recueil des lois, décrets*, etc., de M. Lamé Fleury (t. 1, p. 489), et pris à l'occasion des difficultés qu'éprouvait un maître de forges des Ardennes pour s'approvisionner de castine. Mais, depuis la promulgation de la loi du 9 mai 1866 qui enlève en principe aux maîtres de forges le droit d'extraction forcée de minerai dans les minières, nous estimons que le droit d'extraction forcée de la castine dans les carrières se trouve implicitement supprimé; il doit l'être en quelque sorte *à fortiori*, attendu que les carrières sont rangées dans la troisième classe des substances minérales qui est généralement soumise à moins de prescriptions restrictives que les deux autres, les mines et les minières. D'autre part, l'exposé des motifs de là loi du 9 mai 1866 dit formellement qu'en supprimant pour le maître de forges la

---

(1) Dupont, *Jurisprudence des mines*, t. II, p. 365.

nécessité d'une autorisation et en lui donnant toute liberté d'établir de nouvelles usines, on a voulu, par contre, donner toute liberté aux propriétaires de minières pour exploiter celles-ci à leur guise et pour disposer de leurs produits. On est d'autant plus fondé ici à étendre aux carrières de castine la liberté donnée par la loi du 9 mai 1866 aux minières, que l'arrêt de 1631 assimilait complètement, au point de vue de l'extraction forcée, les « mines », c'est-à-dire les minerais, et les « castines »; or l'extraction forcée de la « mine » ayant disparu, l'extraction forcée de la « castine » doit aussi disparaître. Ajoutons, comme tout à l'heure, que cette interprétation est pleinement conforme aux principes économiques, et disons enfin que le nouvel article 81 de la loi de 1810 fournirait, s'il était nécessaire, un dernier argument pour l'abrogation implicite de l'arrêt de 1631 concernant les castines. En effet, cet arrêt du conseil d'état du roi, du 20 juin 1631, était, en ce qui concerne les carrières de castine, « un règlement général de carrières », et il se trouve dès lors abrogé et remplacé par les règlements locaux rendus en forme de décrets en conseil d'état (§ 2 de l'article 81 révisé).

Surveillance administrative des carrières à ciel ouvert ou souterraines.

La surveillance administrative des carrières, telle qu'elle est constituée par les articles 81 et 82 de la loi du 21 avril 1810, est toute différente pour les carrières à ciel ouvert de ce qu'elle est pour les carrières souterraines.

Pour les carrières à ciel ouvert, l'article 81, révisé par la loi du 27 juillet 1880, dit que « leur exploitation est soumise à la surveillance de l'administration et à l'observation des lois et règlements ». On voit que les carrières à ciel ouvert ne sont pas soumises spécialement et implicitement par la loi « à la surveillance de l'administration des mines », comme la chose est dite pour les carrières souterraines dans l'article 82 révisé. D'autre part, nous devons rappeler que le modèle de règlement local, actuellement adopté, contient, au sujet de cette surveillance, un article dont le dispositif mérite d'être remarqué en raison de son importance, et qui est conçu comme il suit :

Art. 19. — L'exploitation des carrières à ciel ouvert est surveillée, sous l'autorité du préfet, par les maires et autres officiers de police municipale, avec le concours des ingénieurs des mines et des agents sous leurs ordres.

En ce qui concerne les carrières souterraines, la loi s'exprime de la sorte dans le nouvel article 82 révisé par la loi du 27 juillet 1880 :

> Quand l'exploitation a lieu par galeries souterraines, elle est soumise à la surveillance de l'administration des mines, dans les conditions prévues par les articles 47, 48 et 50.

En conséquence, il résulte tout d'abord du nouvel article 82 que l'administration des mines et l'administration préfectorale n'ont pas à veiller à ce que l'exploitation de ces carrières ne soit pas « restreinte ou suspendue, de manière à inquiéter... les besoins des consommateurs », comme elles doivent le faire pour les mines en vertu de l'article 49 ; la raison en est que cet article 49 n'est pas visé par le nouvel article 82, tandis que l'article 82 primitif soumettait l'exploitation des carrières souterraines à la surveillance de l'administration, « comme il est dit au titre V », c'est-à-dire comme il est dit aux articles 47, 48, 49 et 50 qui composent le titre V. D'autre part, il résulte du même article 82 que l'administration des mines doit surveiller l'exploitation des carrières souterraines tout comme la recherche et l'exploitation des mines, aux trois points de vue suivants : premièrement, pour la conservation des édifices et la sûreté du sol (art. 47) ; deuxièmement, pour éclairer les propriétaires sur les inconvénients ou l'amélioration de l'exploitation, et pour avertir l'administration des vices, abus ou danger qui s'y trouveraient (art. 48) ; troisièmement, pour veiller, sous l'autorité des préfets, à ce que les travaux des carrières souterraines ne compromettent pas la sécurité publique, la conservation de l'exploitation, la sûreté des ouvriers, la conservation des voies de communication, celle des eaux minérales, la solidité des habitations et l'usage des sources qui alimentent des villes, villages, hameaux et établissements publics (art. 50 révisé).

Rappelons, en ce qui concerne la surveillance administrative des carrières souterraines, que le modèle de règlement actuellement adopté contient un article ainsi conçu :

Art. 20. — L'exploitation des carrières souterraines est surveillée, sous l'autorité du préfet, par les ingénieurs des mines et les agents sous leurs ordres, sans préjudice de l'action des maires et autres officiers de police municipale.

La comparaison des articles 19 et 20 du modèle de règlement conduit à l'observation suivante, qui a de l'importance comme doctrine, en ce qui concerne les attributions respectives du préfet, du maire et des ingénieurs des mines. La surveillance des carrières à ciel ouvert, comme celle des carrières souterraines, s'opère sous l'autorité du préfet; mais tandis que la première est excercée par les maires et autres officiers de police, avec le concours des ingénieurs des mines et des agents sous leurs ordres, la seconde est exercée par les ingénieurs des mines et les agents sous leurs ordres, sans préjudice de l'action des maires et autres officiers de police municipale.

Disons, d'une manière générale, que dans chaque département les exploitants de carrières seront soumis à l'exercice de la surveillance de l'administration telle qu'elle est organisée par le règlement local; dans les règlements les plus récents, les dispositions relatives à cette surveillance forment un titre entier, comprenant les articles 19 à 28 (1).

Instruction ministérielle du 3 août 1810.

Rappelons, en matière de surveillance administrative des carrières, qu'antérieurement à tous les règlements locaux, l'instruction ministérielle du 3 août 1810 s'exprimait dans les termes suivants, sur les carrières en général :

L'exploitation des carrières à ciel ouvert continuera d'être soumise aux lois et règlements de police qui leur sont relatifs.

Les ingénieurs des mines rendront compte aux préfets des départements de l'état de ces exploitations, et proposeront les mesures à prendre suivant les circonstances.

Les carrières exploitées par puits et galeries nécessitent une surveillance plus attentive et plus suivie. Il s'agit d'obvier aux atteintes qui peuvent être portées aux droits des propriétaires du terrain, d'empêcher que la sûreté des ouvriers ne soit compromise par un mauvais mode d'exploitation, d'obvier à la disparition et à l'absorption des eaux de la surface qui sont nécessaires aux besoins des communes et des particuliers.

---

(1) Voir à cet égard le règlement des carrières du Finistère du 20 août 1880 : *Annales des mines*, 1880, p. 248.

La proximité où ces travaux sont de la superficie les rend susceptibles de plus d'inconvénients et de dangers plus fréquents que les travaux des mines exploitées en profondeur, lesquels exigent cependant tant de prudence et d'instruction.

Les carrières exploitées par puits et galeries doivent être visitées fréquemment par les ingénieurs des mines, et par les gardes-mines sous leurs ordres.

Les exploitants doivent avoir les plans et coupes de leurs travaux, tracés sur une échelle de 1 millimètre pour mètre. Ils fourniront à la préfecture, tous les ans, dans le mois de janvier ou de février au plus tard, lesdits plans et coupes, pour être vérifiés, certifiés et déposés au bureau de l'ingénieur des mines.

A l'aide de ces plans, qui seront continuellement utiles aux exploitants, l'administration parviendra à rendre l'exploitation des carrières plus sûre sous tous les rapports, et les tribunaux seront aussi plus promptement en état de prononcer sur les plaintes qui leur seraient portées.

Décret du 18 novembre 1810.

Ajoutons, à titre de principe général de surveillance administrative en matière de carrières, que l'article 40 du décret du 18 novembre 1810 contient la disposition suivante :

> Ils (les ingénieurs des mines) visitent les carrières et donnent des instructions pour la conduite des travaux, sous le rapport de la sûreté et de la salubrité.

Décret du 3 janvier 1813.

Le modèle actuel de règlement de carrières porte, au dernier paragraphe de l'article 26, qu'en cas d'accidents de carrières en général, «l'ingénieur des mines se conforme, pour les autres mesures à prendre, aux dispositions du décret du 3 janvier 1813»; mais, à cet égard, l'observation suivante doit être faite en ce qui concerne les carrières à ciel ouvert. Lorsque le règlement local ne spécifie pas expressément que les dispositions du décret du 3 janvier 1813 seront appliquées aux carrières à ciel ouvert, ces dispositions ne sont pas applicables *à priori* à ce genre d'exploitations; en effet, ce décret est le véritable complément du titre V de la loi de 1810; or ce sont seulement les carrières souterraines qui sont soumises aux articles 47, 48 et 50 de ce titre V, comme il est dit à l'article 82 de la loi révisée. C'est donc aux carrières souterraines seulement que ce décret de 1813 est applicable *à priori*.

**Pouvoir réglementaire en matière de carrières.
— Préfets. — Maires.**

Une décision du ministre des travaux publics rendue en 1843 (1) au sujet de la carrière de Pommiers (Rhône) avait posé cette doctrine, que dans un département où il n'existerait pas de règlement pour les carrières, un préfet peut prendre un arrêté pour prescrire certaines mesures réglementaires dans l'exploitation des carrières à ciel ouvert, telles, par exemple, que l'exploitation par gradins sans surplomb, etc. A ce sujet, après avoir observé, d'une part, qu'on peut dire d'une manière générale que tous les départements ont aujourd'hui des règlements locaux, il y aurait lieu d'ajouter que l'article 81 révisé de la loi de 1810 porte que les règlements locaux doivent être rendus sous la forme de décrets en conseil d'état : en conséquence, on est fondé à prétendre qu'un préfet n'a pas le pouvoir réglementaire proprement dit en matière de carrières, mais qu'il a pleine compétence pour prendre des arrêtés destinés à assurer l'exécution du règlement local émané de l'autorité compétente (2) et celle des articles 81 et 82 révisés de la loi de 1810.

La cour de cassation a admis le pouvoir réglementaire des maires en matière de carrières, alors même qu'il existe un règlement local, par deux arrêts en date du 25 février 1869 (3) et du 1ᵉʳ février 1873 (4), lesquels se rapportent à l'Algérie où il existe un règlement local de carrières rendu sous la forme d'un décret en date du 29 janvier 1854. La cour invoque les lois des 24 août 1790 et 19 juillet 1791, qui sont toujours en vigueur ; elle invoque également l'ancien article 81 de la loi du 21 avril 1810 portant que « l'exploitation de carrières à ciel ouvert a lieu... sous la simple surveillance de la police, et avec l'observation des règlements généraux ou locaux » : il y aurait lieu d'observer à cet égard que le nouvel article 81 n'est pas tout à fait rédigé comme l'ancien et qu'il stipule expressément que les règlements locaux doivent être « rendus sous forme de décrets en conseil d'état ».

D'autre part, on doit reconnaître que les règlements locaux affir-

---

(1) Dupont, *Jurisprudence des mines*, t. II, p. 370.
(2) Voir par exemple l'article 11 du modèle de règlement concernant l'abatage; voir aussi l'article 14.
(3) Dalloz, 1870-1-285.
(4) *Idem*, 1873-1-316.

ment en certaines matières les pouvoirs des maires : ainsi, par exemple, l'article 10 concernant les clôtures des abords des carrières à ciel ouvert se termine par ces mots :

Le tout sans préjudice du droit qui appartient à l'autorité municipale de prendre les mesures nécessaires à la sûreté publique.

Visite des carrières.

Pour ce qui est de la visite des carrières souterraines ou à ciel ouvert, qu'on peut appeler la surveillance en action, voici comment elle est organisée par le modèle de règlement local actuellement en vigueur :

Art. 21. — Les ingénieurs des mines et les agents sous leurs ordres visitent dans leurs tournées les carrières souterraines.

Ils visiteront aussi, lorsqu'ils le jugeront nécessaire ou lorsqu'ils en seront requis par le préfet, les carrières à ciel ouvert.

Les ingénieurs des mines et les agents sous leurs ordres dressent des procès-verbaux de ces visites. Ils laissent, s'il y a lieu, aux exploitants des instructions écrites pour la conduite des travaux au point de vue de la sécurité et de la salubrité. Ils en adressent une copie au préfet.

Ils signalent au préfet les vices d'exploitation de nature à occasionner un danger ou les abus qu'ils auraient observés dans ces visites, et provoquent les mesures dont ils auront reconnu l'utilité.

Au sujet des visites périodiques des carrières à faire par les ingénieurs des mines, une circulaire ministérielle en date du 1er décembre 1876, rappelant celle du 24 janvier 1834, formule pour les ingénieurs des mines le devoir de visiter une fois au moins par année, comme les mines, les grandes carrières exploitées souterrainement, et les groupes importants de carrières à ciel ouvert. La circulaire du 2 janvier 1878 rappelle les mêmes prescriptions.

Clôtures des abords des carrières.

Les abords des carrières méritent une surveillance particulière, en ce qui concerne les clôtures. Le modèle de règlement local contient à cet égard les dispositions suivantes concernant les carrières à ciel ouvert :

Art. 10. — L'abord de toute carrière située dans un terrain non clos doit être garanti, sur les points dangereux, par un fossé creusé au pourtour et dont les déblais sont rejetés du côté des travaux pour y former une berge, ou par tout autre moyen de clôture offrant des conditions suffisantes de sûreté et de solidité.

Les dispositions qui précèdent sont applicables aux carrières abandonnées.

Les travaux de clôture sont, dans ce cas, à la charge du propriétaire du fonds dans lequel la carrière est située, sauf recours contre qui de droit.

Le tout sans préjudice du droit qui appartient à l'autorité municipale de prendre les mesures nécessaires à la sûreté publique.

Cet article, dont le dernier paragraphe rend un juste hommage à la compétence des autorités municipales, mérite d'être remarqué à un autre égard, c'est qu'il est conçu de manière à laisser à l'autorité judiciaire le soin de décider contre qui le propriétaire d'une carrière abandonnée peut répéter les frais de la clôture prescrite par l'autorité administrative.

Les dispositions de l'article 10 susmentionné du modèle de règlement, concernant les abords et les clôtures des carrières, ont été été étendues aux puits d'entrée des carrières souterraines par l'article 13 du modèle, qui est ainsi conçu :

Art. 13. — Les dispositions de l'article 10 sont applicables aux orifices des puits verticaux ou inclinés donnant accès dans des carrières souterraines, à moins que l'abord n'en soit suffisamment défendu par l'agglomération des déblais et l'élévation de leur plate-forme.

Abatage. — Poudre. — Dynamite.

En ce qui concerne l'œuvre importante de l'abatage, le modèle de règlement contient les dispositions suivantes :

Art. 11. — Les procédés d'abatage de la masse exploitée ou des terres de recouvrement, qui seraient reconnus dangereux pour les ouvriers, peuvent être interdits par des arrêtés du préfet rendus sur l'avis des ingénieurs des mines.

Dans le tirage à la poudre et en tout ce qui concerne la conduite des travaux, l'exploitant se conformera à toutes les mesures de précaution et de sûreté qui lui seront prescrites par l'autorité.

On remarquera le vague des derniers mots de l'article précédent « toutes les mesures de précaution et de sûreté qui lui seront prescrites par l'autorité » : ce vague est nécessaire dans un règlement collectif s'adressant à toutes les carrières d'un département, et qui peut motiver l'intervention technique des ingénieurs des mines, dans des cas très différents, pour l'exécution pratique dudit article. Ainsi l'article 11 susmentionné ne parle explicitement que du tirage à la poudre, mais le tirage à la dynamite, qui s'emploie aussi dans certaines carrières, mérite plus encore d'être surveillé, et, à ce sujet, nous devons rappeler la circulaire ministérielle, accompagnée d'une instruction, en date du 9 août 1880, sur l'emploi de la dynamite dans les mines et les carrières et l'emmagasinement de cette substance explosible (1) : cette circulaire, déjà mentionnée dans l'exposé de la surveillance des mines, a également sa place dans la surveillance des carrières.

Abatage dans les ardoisières.

En ce qui concerne l'abatage dans les carrières, nous devons observer que lorsqu'il y a des ardoisières dans un département, le modèle de règlement local employé en ce cas contient un article ainsi conçu :

Art. 9 bis. — Dans toute ardoisière exploitée à ciel ouvert, le rocher sera coupé par banquettes disposées en gradins parallèlement à la direction des bancs d'ardoises, et avec un talus suffisant pour prévenir tout éboulement.
Les chefs de l'excavation pourront seuls être taillés verticalement lorsque leur solidité paraîtra suffisamment assurée.

Mesures générales de sûreté dans les carrières souterraines.

Les mesures générales de sûreté, en ce qui concerne l'exploitation des carrières souterraines, sont régies par les dispositions suivantes de l'article 14 du modèle de règlement.

Art. 14. — Pour tout ce qui concerne la sûreté des ouvriers et du public, notamment pour les moyens de consolidation des puits, galeries et autres excavations, la disposition et les dimensions des piliers de masse, les précautions à prendre pour prévenir les accidents dans le

---

(1) *Annales des mines*, 1880, p. 272.

tirage à la poudre, les exploitants se conformeront aux mesures prescrites par le préfet, sur le rapport de l'ingénieur des mines.

Abandon des carrières.

L'abandon des carrières souterraines est réglementé comme il suit par l'article 15 du modèle :

Art. 15. — Tout exploitant qui veut abandonner une carrière souterraine est tenu d'en faire la déclaration au préfet, par l'intermédiaire du maire de la commune où la carrière est située. Le préfet fait reconnaître les lieux par l'ingénieur des mines et prescrit, sur son rapport, les mesures qu'il juge nécessaires dans l'intérêt de la sûreté publique.

Plan des travaux.

Pour ce qui est des plans des travaux à exiger en matière de carrières souterraines, le modèle de règlement contient un article ainsi conçu :

Art. 16. — Lorsque le préfet, sur le rapport de l'ingénieur des mines, constatera la nécessité de faire dresser ou compléter le plan des travaux d'une carrière souterraine, il pourra requérir l'exploitant de faire lever ou compléter le plan.
Si l'exploitant refuse ou néglige d'obtempérer à cette réquisition dans le délai qui lui aura été fixé, le plan est levé d'office, à ses frais, à la diligence de l'administration.

Le modèle de règlement général est, comme on voit, moins absolu, moins rigoureux en ce qui concerne les levers de plans de carrières que l'instruction ministérielle du 3 août 1810.
Au sujet de ces levers de plans des carrières souterraines, le conseil d'état, dans un arrêt au contentieux, du 30 novembre 1877, relatif aux carrières de Saint-Germain-la-Rivière (Gironde) et inséré aux *Annales des mines* (1878, p. 57), a posé la doctrine suivante : le préfet ne doit pas faire lever d'office les plans de pareilles carrières avant d'avoir requis les exploitants de produire ces plans dans un délai fixé, sauf le cas de péril imminent. En conséquence, cet arrêt a cassé un arrêté préfectoral du 1er mai 1872, qui portait répartition des frais du levé d'office entre les différents exploitants des carrières susmentionnées. La même doctrine a été maintenue par

le conseil d'état dans un autre arrêt du 7 décembre 1877 (Dalloz, 1878-3-37).

Travail des enfants, filles ou femmes.

Comme disposition commune aux carrières à ciel ouvert et aux carrières souterraines, on doit citer celle qui concerne le travail des enfants, filles ou femmes, formulée comme il suit dans l'article 18 du modèle de règlement :

Art. 18. — L'exploitant se conformera, en tout ce qui concerne le travail des enfants, filles ou femmes employés dans les carrières, aux dispositions des lois et règlements intervenus ou à intervenir.

Cas de danger. — Cas de péril imminent : réquisition.

Pour ce qui est du cas de danger dans les carrières, le modèle de règlement contient les dispositions suivantes écrites dans les articles 22, 23 et 24 ; ces dispositions définissent les devoirs des exploitants et les attributions respectives du maire, des ingénieurs des mines et des préfets dans ledit cas de danger, ainsi que l'exécution possible de mesures d'office par les soins de l'administration. Ces articles sont conçus comme il suit :

Art. 22. — Dans le cas où, par une cause quelconque, la sûreté des ouvriers, celle du sol ou des habitations se trouve compromise, l'exploitant doit en donner immédiatement avis à l'ingénieur des mines ou au garde-mines, ainsi qu'au maire de la commune, s'il s'agit d'une carrière souterraine.
Dans le même cas, les exploitants de carrières à ciel ouvert préviendront le maire de la commune.
De quelque façon que le danger soit parvenu à sa connaissance, le maire en informe le préfet et l'ingénieur des mines ou le garde-mines.
Art. 23. — L'ingénieur des mines, aussitôt qu'il est prévenu, ou à son défaut, le garde-mines, se rend sur les lieux, dresse procès-verbal de leur état et envoie ce procès-verbal au préfet, en y joignant l'indication des mesures qu'il juge convenables pour faire cesser le danger.
Le maire peut aussi adresser au préfet ses observations et ses propositions.
Le préfet ne statue qu'après avoir entendu l'exploitant, sauf le cas de péril imminent.
Art. 24. — Si l'exploitant, sur la notification qui lui est faite de l'arrêté du préfet, ne se conforme pas aux mesures prescrites, dans le délai qui

aura été fixé, il y est pourvu d'office et à ses frais par les soins de l'administration.

Le cas de péril imminent est réglementé comme il suit par l'article 25 :

Art. 25. — En cas de péril imminent reconnu par l'ingénieur, celui-ci fait, sous sa responsabilité, les réquisitions nécessaires aux autorités locales pour qu'il y soit pourvu sur-le-champ, ainsi qu'il est pratiqué en matière de voirie, lors du péril imminent de la chute d'un édifice.
Le maire peut, d'ailleurs, toujours prendre, en l'absence de l'ingénieur, toutes les mesures que lui paraît commander l'intérêt de la sûreté publique.

Cas d'accident.

Les prescriptions en cas d'accident sont conçues comme il suit dans le modèle de règlement :

Art. 26. — En cas d'accident qui aurait été suivi de mort ou de blessures, l'exploitant est tenu d'en donner immédiatement avis à l'ingénieur des mines ou au garde-mines, ainsi qu'au maire de la commune, s'il s'agit d'une carrière souterraine.
Dans le même cas, les exploitants de carrières à ciel ouvert devront en donner immédiatement avis au maire de la commune.
De quelque façon que l'accident soit parvenu à sa connaissance, le maire en informe sans délai le préfet et l'ingénieur des mines ou le garde-mines.
Il se transporte immédiatement sur le lieu de l'événement et dresse un procès-verbal, qu'il transmet au procureur de la république, et dont il envoie copie au préfet.
L'ingénieur des mines, ou, à son défaut, le garde-mines, se rend dans le plus bref délai, sur les lieux. Il visite la carrière, recherche les circonstances et les causes de l'accident, dresse du tout un procès-verbal qu'il transmet au procureur de la république et dont il envoie copie au préfet.
Il est interdit aux exploitants de dénaturer les lieux avant la clôture du procès-verbal de l'ingénieur des mines.
L'ingénieur des mines se conforme, pour les autres mesures à prendre, aux dispositions du décret du 3 janvier 1813.

Cas de danger résultant de carrières abandonnées.

En cas de carrières abandonnées donnant lieu, soit à des dangers qui motivent l'exécution de mesures d'office par l'administration, soit à un péril imminent, on prend les mêmes dispositions que pour les carrières en activité, lorsque la sûreté publique est compromise. C'est ce qui est dit, comme il suit, dans l'article 27 du modèle de règlement :

Art. 27. — Les dispositions des articles 23, 24 et 25 sont applicables, à toute époque, aux carrières abandonnées dont l'existence compromettrait la sûreté publique.

Les travaux prescrits sont, dans ce cas, à la charge du propriétaire du fonds dans lequel la carrière est située, sauf son recours contre qui de droit.

Recouvrement des frais pour travaux exécutés ou plans levés d'office.

Terminons sur les dispositions de modèle du règlement concernant la surveillance administrative des carrières en mentionnant la disposition suivante, d'une grande importance comme efficacité, qui se rapporte au recouvrement, par l'administration, des frais pour travaux exécutés, ou plans levés d'office ; elle est écrite dans l'article 28 du modèle de règlement.

Art. 28. — Lorsque des travaux ont été exécutés ou des plans levés d'office, le montant des frais est réglé par le préfet, et le recouvrement en est opéré contre qui de droit par le percepteur des contributions directes.

Publicité, exécution des règlements.

Pour rendre efficace la surveillance administrative formulée par les règlements locaux, il importait de donner une publicité suffisante à ces règlements ; le mode de publicité à employer est spécifié par l'article 34, dans les termes suivants :

Art. 34. — Le présent décret sera inséré au *Bulletin des lois* et au recueil des actes administratifs du département. Il sera publié et affiché dans toutes les communes du département.

Quant à l'exécution générale des règlements de carrières, elle est confiée au ministre des travaux publics par l'article 35.

Art. 35. — Le ministre des travaux publics est chargé de l'exécution du présent décret.

Règlement des carrières de la Seine.

Ayant ainsi mentionné les dispositions principales écrites dans le modèle de règlement local actuellement appliqué pour les carrières souterraines ou à ciel ouvert, nous nous bornerons à renvoyer en ce qui concerne le département de la Seine à ce qui a été dit (page 481) sur les règlements de carrières dudit département : ces derniers renferment plusieurs dispositions différentes de celles du modèle, et un nouveau règlement pour les carrières de ce département est en préparation en ce moment (avril 1881), l'article 82 révisé de la loi de 1810 ayant abrogé les dispositions ayant force de loi des règlements des carrières de la Seine et de Seine-et-Oise des 22 mars et 4 juillet 1813.

Recours contre les arrêtés des préfets ou des maires.

Les arrêtés préfectoraux en matière de police des carrières à ciel ouvert sont susceptibles de recours au ministre, mais ils sont inattaquables par la voie contentieuse et ne peuvent être déférés au conseil d'état que pour excès de pouvoir (1). Si l'arrêté a été pris par le maire, il y a faculté pour l'exploitant de recourir au préfet.

Les arrêtés préfectoraux rendus en matière de carrières souterraines sont susceptibles de recours devant le ministre ; mais, de même que les arrêtés en matière de carrières à ciel ouvert, ils ne peuvent pas être attaqués en général, par la voie contentieuse ; il en est de même de la décision ministérielle confirmative desdits arrêtés (2). Cette doctrine a été plusieurs fois consacrée par le conseil d'état, et, notamment dans un arrêt du 4 janvier 1851, relatif aux sieurs Permiseux et Hériché.

Carrières dans les forêts.

Les carrières souterraines ou à ciel ouvert situées dans les forêts sont soumises aux prescriptions spéciales du code forestier, et notamment à l'article 144 qui punit d'amendes toute extraction ou enlèvement non autorisé de pierre, sable etc. (3). Rappelons qu'une instruction du 20 fructidor an XI et une circulaire du 11 décembre

---

(1) Dupont, *Jurisprudence des mines*, t. II, p. 375.
(2) *Idem*, t. II, p. 381.
(3) *Idem*, t. II, p. 382.

1812 sont intervenues pour réprimer les abus résultant de l'exploitation des carrières ouvertes, pour le service des ponts et chaussées, dans les forêts soumises à l'administration forestière.

Rapports des exploitants de carrières avec les particuliers. — Compétence.

En ce qui concerne les rapports avec les particuliers, les propriétaires de carrières sont soumis au droit commun et spécialement aux articles 1382 et 1383 du code civil, pour tous les dommages causés à des tiers et réciproquement (1).

Pour ce qui est des rapports des propriétaires de carrières avec les concessionnaires de mines, rappelons un arrêt de la cour d'Angers, déjà cité, du 5 mars 1847 (2), qui a ordonné, dans le cas d'une carrière de sable menaçant d'inonder une mine, des mesures réparatrices à la charge du propriétaire de la carrière.

Au sujet des rapports des propriétaires de carrières entre eux, rappelons encore deux documents judiciaires déjà cités concernant les ardoisières des Grands-Carreaux et de Grand-Maison, savoir un jugement du tribunal civil d'Angers du 13 août 1877 et un arrêt confirmatif rendu par la cour d'Angers le 3 juin 1878 (3).

Toutes les questions d'indemnité pour dégâts de carrières sont de la compétence essentielle des tribunaux ; ceux-ci sont également compétents en cas d'empiétement d'un exploitant de carrière sur les propriétés voisines : c'est chose de droit commun. L'autorité administrative n'a donc pas à intervenir dans des discussions de ce genre, attendu que « il n'appartient qu'à l'autorité judiciaire de connaître des questions de propriété » : c'est ce qui a été décidé par un décret au contentieux du 27 mai 1863 (4) relatif à une carrière de marbre de Caunes (Aude). Ce décret a annulé pour excès de pouvoir deux arrêtés du maire de Caunes, une saisie opérée par ce maire, et deux arrêtés du préfet de l'Aude concernant le sieur Molinier exploitant d'une carrière de marbre, accusé d'empiétement sur un terrain communal.

---

(1) Voir ce qui est dit page 188, pour les dégâts causés par des carrières à des propriétés voisines.
(2) Voir page 389.
(3) Voir page 189.
(4) Dalloz, 1863-3-62.

Servitudes pour prohibition de distance des bâtiments et constructions quelconques.

Les prohibitions de distance de dix mètres, en ce qui concerne les bâtiments et constructions quelconques publics ou privés, formulées pour les carrières à ciel ouvert et les carrières souterraines dans les articles 9 et 12 du modèle de règlement cités précédemment, constituent pour les tiers, pour les propriétaires des bâtiments et constructions situés au voisinage des carrières de toutes sortes, de véritables droits. Les tiers peuvent se départir de ces droits, c'est ce qui est spécifié par les dispositions libérales du dernier paragraphe de l'article 17 du modèle de règlement local, lequel est conçu comme il suit :

En ce qui concerne les propriétés privées, la distance fixée par les mêmes paragraphes peut être réduite par le fait seul du consentement du propriétaire intéressé.

Les droits dont il vient d'être question, et qui font partie des droits de propriété du maître des bâtiments et constructions, sont sous la sauvegarde naturelle des tribunaux. C'est un principe de droit commun, qui a été consacré par un décret au contentieux du 1er juillet 1861 (1) relatif à deux carrières de Léans (Maine-et-Loire). Il est dit dans ce décret, que la connaissance des contestations qui s'élèvent entre les exploitants de carrières et les propriétaires voisins sur leurs droits réciproques, appartient essentiellement à l'autorité judiciaire ; que, parmi les droits des tiers se trouve incontestablement celui de réclamer l'exécution des dispositions qui ont été prises par l'autorité administrative en vertu d'une délégation de la loi, à l'effet de pourvoir à la sûreté de leurs habitations et de leurs personnes. Ce décret a reconnu que la cour d'Angers n'était pas incompétente pour prononcer sur la demande d'un tiers, qui concluait à faire décider que l'exploitant de carrière voisin de son habitation serait tenu d'observer la prohibition de distance prescrite par le règlement des carrières de Maine-et-Loire du 3 avril 1836. Le même décret a annulé un arrêté de conflit du préfet de Maine-et-Loire du 14 mars 1861, qui revendiquait cette compétence pour l'autorité

---

(1) Dalloz, 1862-3-2.

administrative. Il y a, comme on voit, analogie de compétence pour les mines et pour les carrières, au point de vue résultant des prohibitions de distance stipulées, pour les mines, par l'article 11 de la loi de 1810, vis-à-vis des habitations, et pour les carrières, par les règlements locaux, vis-à-vis des bâtiments et constructions quelconques.

Droits généraux des exploitants de carrières. — Enclave.

Les droits des propriétaires et exploitants de carrières ne sont limités par les règlements généraux ou locaux qu'au point de vue de la sécurité publique; d'autre part, ces droits dérivant de la propriété du sol, dont les carrières sont des annexes, il s'ensuit qu'un propriétaire de carrière peut user de la propriété de la carrière, comme de toute autre propriété, dans les limites du droit commun, en se conformant aux règlements précités.

La propriété des carrières étant soumise au droit commun, il en résulte que, en cas d'enclave, le propriétaire d'une carrière ne peut, en vertu de l'article 682 du Code civil, demander un passage forcé qu'à la surface, comme pour l'enclave de la propriété du sol, et non pas un passage souterrain : c'est ce qui a été décidé par un arrêt de la cour d'Amiens du 2 février 1854 (1).

Rapports des exploitants de carrières avec les compagnies de chemins de fer.

Les cahiers des charges des concessions de chemins de fer contiennent généralement un article ainsi conçu (article 25 du modèle).

Si le chemin de fer doit s'étendre sur des terrains renfermant des carrières ou les traverser souterrainement, il ne pourra être livré à la circulation avant que les excavations qui pourraient en compromettre la solidité n'aient été remblayées ou consolidées. L'administration déterminera la nature et l'étendue des travaux qu'il conviendra d'entreprendre à cet effet et qui seront, d'ailleurs, exécutés par les soins et aux frais de la compagnie.

---

(1) Dupont : *Jurisprudence des mines*, t. II, p. 386.

Cet article s'applique aux carrières de toute sorte, souterraines ou à ciel ouvert.

Comme application des droits des exploitants de carrières vis-à-vis des chemins de fer, nous pouvons citer un arrêt du conseil d'état du 16 février 1877 (1), qui a admis le droit d'une commune à être indemnisée du préjudice que lui cause l'interdiction de l'exploitation d'une carrière en exploitation prononcée à raison du danger que les travaux peuvent entraîner pour la circulation sur une voie ferrée, tout en réduisant le chiffre de l'indemnité fixée par le conseil de préfecture (Compagnie de la Méditerranée c. commune de Modane). L'arrêt du conseil d'état est motivé comme il suit :

Vu le décret en forme de règlement d'administration publique du 7 mars 1863, concernant l'exploitation des carrières dans le département de la Savoie ;

Vu la loi du 15 juillet 1845 et les arrêts des 5 avril 1772 et 17 juillet 1781 ;

Vu la loi du 21 avril 1810 ;

Vu la loi du 28 pluviôse an VIII ;

Considérant que la carrière appartenant à la commune était en pleine exploitation antérieurement à l'établissement de la voie ferrée ; — que le préfet, par son arrêté du 7 février 1871, a interdit l'exploitation de cette carrière sur la demande de la compagnie et dans l'intérêt exclusif de la conservation de ses ouvrages ; — que, d'après l'article 10 de la loi du 18 juillet 1845 (2), cette interdiction ne pouvait être prononcée sans ouvrir en faveur de la commune un droit à indemnité, droit qui d'ailleurs avait été formellement réservé par l'arrêté précité, etc.

Les règlements locaux de carrières contiennent (art. 9 et 12) des prescriptions que nous avons exposées déjà et qui spécifient des prohibitions précises pour la distance à laquelle les carrières à ciel ou-

---

(1) Dalloz, 1878-3-64.
(2) Art. 10. — Si, hors des cas d'urgence prévus par la loi des 16-24 août 1790, la sûreté publique ou la conservation du chemin de fer l'exige, l'administration pourra faire supprimer, *moyennant une juste indemnité*, les constructions, plantations, excavations, couvertures en chaume, amas de matériaux combustibles ou autres, existant dans les zones ci-dessus spécifiées, au moment de la promulgation de la présente loi et, pour l'avenir, lors de l'établissement du chemin de fer.

L'indemnité sera réglée, pour la suppression des constructions, conformément aux titres IV et suivants de la loi du 3 mai 1841, et, pour tous les autres cas, conformément à la loi du 16 septembre 1807.

vert ou souterraines peuvent être ouvertes ou poursuivies, à partir des routes ou chemins. Quoique le mot « chemins de fer » ne soit pas prononcé dans ces règlements, il est incontestable que cette prohibition s'applique aussi aux chemins de fer en vertu de l'article 3 de la loi du 15 juillet 1845; en effet, cet article porte que « les servitudes imposées par les lois et règlements sur la grande voirie, et qui concernent... le mode d'exploitation des mines, minières, tourbières, carrières et sablières, dans la zone déterminée à cet effet..., sont applicables aux propriétés riveraines des chemins de fer ».

Pour ce qui est des carrières souterraines, il y a quelque chose de plus : l'article 82 révisé de la loi du 21 avril 1810 stipule que l'exploitation de ces carrières est « soumise à la surveillance de l'administration des mines dans les conditions prévues par les articles 47, 48 et 50 ». En conséquence, un préfet invoquant « la conservation des voies de communication » spécifiée par le nouvel article 50 de la loi de 1810 et par l'article 82 révisé de la même loi, et invoquant aussi l'article 3 de la loi du 15 juillet 1845 peut prescrire administrativement, en dehors du règlement local de carrières et sur l'avis des ingénieurs des mines, telles mesures qui seront exigées par les circonstances locales pour assurer la conservation d'un chemin de fer menacé par l'exploitation d'une carrière souterraine : l'exploitant de carrières devra se soumettre à cette injonction administrative, sauf à exercer, s'il y a lieu, telles revendications en indemnité que de droit, contre la compagnie du chemin de fer, devant la juridiction compétente.

Cession de carrières.

Le droit de cession appartient au propriétaire d'une carrière, comme aux autres propriétaires d'immeubles, sous les réserves définies par le code civil, attendu que la loi de 1810 n'a apporté aucune entrave au droit de transmission des carrières (1).

La cession du droit d'exploiter les carrières est réputée une vente mobilière, quel que soit le temps auquel elle s'applique; en conséquence, elle n'est susceptible que du droit proportionnel de 2 p. 100; elle n'est pas un bail. Plusieurs arrêts de la cour de cassation ont établi ce principe, et notamment un arrêt du 11 janvier 1862 (affaire Schmidt).

---

(1) Dupont : *Jurisprudence des mines*, t. II, p. 387.

Vœux émis en Belgique et en Prusse pour la concession des ardoisières.

Terminons sur les carrières, en mentionnant un certain mouvement d'idées qui s'était produit dans ces dernières années en Belgique et en Prusse, au sujet du régime administratif d'une catégorie importante de carrières, les ardoisières, souvent exploitées à une grande profondeur. Dans le sénat belge, séance du 24 février 1869, M. Bergh émettait le vœu que les ardoisières fussent placées en Belgique dans les mêmes conditions que les mines, et que le conseil des mines fût saisi de cette question importante. D'autre part, M. Ludwige, de Coblentz, avait demandé auparavant, dans un mémoire statistique sur les ardoisières du Rhin (inséré, en 1867, dans la *Revue prussienne*), que sur la rive gauche du Rhin, où les ardoisières, soumises alors à la loi du 21 avril 1810, appartiennent aux propriétaires du sol, il intervînt une loi pour les faire rentrer sous le droit régalien, c'est-à-dire sous le régime des concessions (2).

En France, les tendances de l'opinion publique et du gouvernement sont, croyons-nous, opposées à une pareille modification économique du régime de la propriété des carrières d'ardoise : le fait législatif de la loi du 9 mai 1866, qui a inauguré un régime de liberté relative pour les minières, en est une preuve. Ajoutons, du reste, que quoique l'exploitation des ardoisières présente relativement des difficultés techniques parfois considérables, ce n'est pas un motif suffisant pour les soumettre au régime des concessions.

---

(1) *Revue universelle de Liège*, t. XXIII-XXIV, p. 474.

CHAPITRE XV.

TOURBIÈRES.

Régime des tourbières sous la loi de 1791.

Les tourbes avaient été classées par l'article 2 de la loi du 28 juillet 1791 parmi les carrières, comme des substances « qui continueraient d'être exploitées par les propriétaires sans qu'il fût nécessaire d'obtenir aucune permission ». Cet excès de liberté fit naître des abus, non pas seulement au point de vue du bon aménagement de cette partie de la richesse minérale, mais au point de vue de la salubrité publique, essentiellement liée à un bon régime d'exploitation des tourbières.

L'agence des mines, préoccupée de ces abus, publia, en ventôse an III, une instruction technique détaillée sur l'extraction des tourbes, la conservation et l'usage de ce combustible (1). Cette instruction, précieuse à consulter encore aujourd'hui au point de vue technique, fut recommandée par une circulaire du ministre de l'intérieur de germinal an IX pour être répandue dans les cantons où l'existence des tourbes serait présumée (2). Mais cette circulaire (accompagnée de l'instruction de ventôse an III), qui n'avait autorité que pour les tourbières communales réservées par l'article 9 (section première de la loi du 10 juin 1793), était un simple conseil vis-à-vis des tourbières des particuliers : à cet égard donc, elle était insuffisante.

Régime des tourbières, depuis la loi du 21 avril 1810.

La loi du 21 avril 1810 est venue combler cette lacune en organi-

---

(1) Dupont : *Jurisprudence des mines*, t. III, p. 13.
(2) *Idem*, t. II, p. 390 et t. III p. 33.

sant le régime de surveillance des tourbières par les articles, 3, 83, 84, 85, 86 ainsi conçus :

Art. 3. — Les minières comprennent les minerais de fer dits d'alluvion, les terres pyriteuses propres à être converties en sulfate de fer, les terres alumineuses et les tourbes.

Art. 83. — Les tourbes ne peuvent être exploitées que par le propriétaire du terrain, ou de son consentement.

Art. 84. — Tout propriétaire actuellement exploitant, ou qui voudra commencer à exploiter des tourbes dans son terrain, ne pourra continuer ou commencer son exploitation, à peine de 100 francs d'amende, sans en avoir préalablement fait la déclaration à la sous-préfecture et obtenu l'autorisation.

Art. 85. — Un règlement d'administration publique déterminera la direcdition générale des travaux d'extraction dans le terrain où sont situées les tourbes, celle des rigoles de desséchement, enfin toutes les mesures propres à faciliter l'écoulement de l'eau dans les vallées et l'atterrissement des entailles tourbées.

Art. 86. — Les propriétaires exploitants, soit particuliers, soit communautés d'habitants, soit établissements publics, sont tenus de s'y conformer, à peine d'être contraints à cesser leurs travaux.

Les cinq articles de la loi de 1810 qui régissent l'exploitation des tourbes sont compris dans deux titres différents de loi. L'article 3, qui classe les tourbes parmi les minières, fait partie du titre 1er de la loi, lequel porte l'intitulé suivant « Des mines, minières et carrières ». Les articles 83, 84, 85 et 86 font partie de la section II du titre VIII, section qui porte l'intitulé « Des tourbières ». Le titre VIII, dans lequel se trouve la section des tourbières, est le seul des dix titres de la loi de 1810 qui ne porte pas d'intitulé, alors que, en raison des articles qui le composent, il devrait porter l'intitulé suivant « Des carrières et des tourbières » ; mais la chose n'a pas d'inconvénient réel, chacune des deux sections qui composent ce titre ayant son intitulé spécial, savoir, la première, « Des carrières » et la deuxième, « Des tourbières ». Il suit de la composition du titre VIII que ce titre s'occupe à la fois de deux classes de substances minérales différentes, savoir, d'une part, des carrières et, d'autre part, des tourbes qui appartiennent à la classe des minières en vertu de l'article 3 ; mais ce n'est pas le seul titre de la loi de 1810 dans ce cas, attendu que le titre VII s'occupe à la fois des **minières et des mines de fer**.

Les tourbes sont classées parmi les minières.

Il résulte formellement de l'article 3 de la loi du 21 avril 1810 que les tourbes doivent être classées parmi les minières : ajoutons que l'article 84 de la même loi qui soumet les tourbières au régime de l'autorisation est en pleine harmonie avec cette classification, alors que dans la loi primitive de 1810 l'exploitation des minières ne pouvait pas avoir lieu sans permission (ancien article 57), et que d'après la loi du 9 mai 1866 cette permission est encore exigée pour les minières souterraines (art. 57 révisé). En ce qui concerne ce classement des tourbières parmi les minières, la loi de 1810 a abrogé la loi du 28 juillet 1791, laquelle classait les tourbes parmi les carrières et portait que leur exploitation aurait lieu sans permission (art. 2).

Comme document étranger sur ce point, nous devons signaler ce fait que dans la législation italienne, qui ne distingue que deux classes de substances minérales, les mines et les carrières, la tourbe est classée parmi les carrières (art. 13 de la loi de 20 novembre 1859). Et maintenant si l'on veut se pénétrer du véritable esprit des législateurs de 1810, au point de vue du régime de surveillance qu'ils ont voulu organiser en ce qui concerne les tourbières, il faut tout d'abord se reporter à l'exposé des motifs de Regnaud de Saint-Jean d'Angely où l'on peut lire les lignes suivantes :

L'exploitation des tourbes a souvent porté l'insalubrité et la mort dans une étendue considérable de pays devenus marécageux et indessèchables par des fodiations profondes où les eaux séjournent, et qui exhalent pendant l'été des miasmes putrides et mortifères.

Lorsque l'extraction de la tourbe aura lieu désormais, ce sera d'après un plan donné même aux propriétaires, et surtout aux communes, de manière à assurer l'écoulement des eaux et le desséchement du terrain tourbeux.

Cet assujettissement des propriétaires exploitants de tourbières d'un même district à se conformer à un plan de direction générale des travaux d'extraction et de desséchement donné sous forme de règlement d'administration publique, annoncé ici par l'auteur de l'exposé des motifs, comte Regnaud de Saint-Jean d'Angely, et formulé expressément par l'article 85, constitue, en ce qui concerne les tourbières, le trait le plus saillant du régime inauguré par la loi du 21 avril 1810 : il établit une démarcation tranchée entre le régime légal des tourbières et celui des carrières, quoique les unes et les autres soient exploitées par les propriétaires du sol; il offre même, en matière de desséchement, une certaine analogie avec le régime légal des mines, tel que celui-ci résulte de la loi du 27 avril 1838; ajoutons enfin qu'il est pleinement conforme à l'article 3, qui a classé les tourbes parmi les minières et les a soumises ainsi *à priori* à un régime intermédiaire entre celui des mines et celui des carrières, lequel, en sus de ses caractères propres, présente des analogies et des différences avec ces deux régimes extrêmes (1).

Observons, d'autre part, que, pour motiver le régime de surveillance organisé sur les tourbes par la loi de 1810, le rapporteur au corps législatif, le comte de Girardin, s'exprimait dans les termes suivants :

Au premier aperçu, on pourrait envisager les règles prescrites par rapport aux tourbes comme des entraves à l'exercice du droit de propriété. Mais votre commission, après un examen approfondi, s'est convaincue qu'elles sont dictées par une sage prévoyance, et dans l'intérêt même des propriétaires.

L'attention mérite d'être appelée sur les dispositions de l'article 83, qui porte que les tourbes ne peuvent être exploitées que par

---

(1) Rappelons à cette occasion qu'on pourrait résumer comme il suit les caractères principaux des minières, parmi lesquelles les tourbes sont classées :

Analogies des minières avec les carrières.— Exploitation par le propriétaire du sol; en ce qui concerne les minières à ciel ouvert (sauf les tourbières), régime de la déclaration simple dont acte est donné forcément par le préfet, l'autorisation devant avoir lieu sans autre formalité (article 57 modifié).

Analogies des minières avec les mines.— Soumission en ce qui concerne les tourbières à un régime de desséchement arrêté par l'autorité administrative (art. 85). Punition des contraventions générales de minières par les articles 93 à 96 de la loi de 1810 (art. 58 modifié).

Caractères propres des minières.— En ce qui concerne les minières de fer, réunion possible d'une minière à une mine de fer (art. 70 modifié); régime de la déclaration simple pour les minières à ciel ouvert, et régime de la permission pour les minières souterraines (art. 57 modifié). En ce qui concerne les tourbières, régime de la déclaration spéciale, l'exploitation ne pouvant avoir lieu qu'après une autorisation ultérieure (art. 84).

le propriétaire du sol ou de son consentement. Cet article pouvait paraître une sorte d'anomalie en 1810, car il semblait déroger au classement collectif de la tourbe et des minerais dits d'alluvion parmi les minières, opéré par l'article 3, alors que les articles 59 à 67 de la loi prévoyaient et ordonnaient, en certains cas, l'exploitation forcée des minières de fer par d'autres personnes que les propriétaires du sol; mais depuis la loi du 9 mai 1866 qui pose en principe la libre exploitation des minières de fer par les propriétaires de la surface, cette sorte d'anomalie n'existe plus.

Formalités à remplir avant d'exploiter une tourbière. — Déclaration.

Les propriétaires des terrains sont tenus, avant de commencer à exploiter la tourbe, d'en faire la déclaration à la sous-préfecture et d'obtenir l'autorisation, laquelle autorisation est donnée par le préfet, comme il sera dit plus tard. Cette obligation est écrite à l'article 84 de la loi, et l'instruction ministérielle du 3 août 1810 s'exprime à cet égard dans les termes suivants :

> Tout propriétaire de terrain à tourbe doit, aux termes de la loi, demander à la sous-préfecture du lieu la permission d'extraire. Il désignera avec précision le lieu où il voudrait établir son extraction; il indiquera l'étendue de sa propriété, la qualité et l'épaisseur des bancs de tourbe qu'il aura reconnus par des sondages.

Disons, en ce qui concerne les détails relatifs à la déclaration, que le plus récent des règlements locaux dont il sera parlé tout à l'heure, celui des tourbières des arrondissements de Vienne et la Tour-du-Pin (Isère), en date du 5 juillet 1854 (1), contient trois articles conçus comme il suit :

> Art. 2. — Tout propriétaire qui voudra commencer une exploitation de tourbe sur son territoire devra en faire préalablement la déclaration.
> Semblable déclaration devra être faite chaque année par le propriétaire qui voudra continuer une exploitation antérieurement commencée.
> Art. 3. — Les déclarations sont reçues à la mairie de chaque commune avant le 15 janvier inclusivement. Elles sont consignées sur un registre spécial d'un modèle uniforme pour toutes les communes, arrêté par le préfet sur le rapport de l'ingénieur des mines.

---

(1) *Annales des mines*, 1854, p. 158.

CHAP. XV. — TOURBIÈRES.

Chaque déclaration fait connaître les nom, prénoms et domicile du déclarant, la situation, l'étendue et le numéro de la parcelle cadastrale où il a l'intention d'exploiter, l'étendue superficielle qu'il compte exploiter dans l'année et l'épaisseur de la tourbe qu'il se propose d'enlever.

Il est délivré au déclarant, sur sa demande, un récépissé de sa déclaration.

Art. 4. — Le 16 janvier, le registre d'inscription des déclarations est clos.

La déclaration non déposée à la mairie avant cette époque n'est admissible que pour l'année suivante.

Règlements locaux de tourbières.

Plusieurs règlements locaux pour l'exploitation des tourbières sont intervenus depuis la promulgation de la loi du 21 avril 1810, et par application de l'article 85 de l'article de cette loi; en voici la nomenclature (1) :

- Département de l'Aube. — Ordonnance du 5 août 1844 (*Ann. min.*, 4ᵉ sér., t. VI, p. 649.
- Département de l'Isère (arrondissements de Vienne et de la Tour-du-Pin). — Décret du 5 juillet 1854 (*Ann. min.*, 1854, p. 158).
- Département de la Loire-Inférieure (tourbes des marais de Donges). — Ordonnance du 3 octobre 1838 (*Ann. min.*, 3ᵉ sér. t. XIV, p. 574.)
- Département de la Loire-Inférieure (tourbe terreuse dite *terre noire* des marais de Donges. — Ordonnance du 24 février 1844 (*Ann. min.*, 4ᵉ sér., t. V., p. 700).
- Département de la Marne. — Ordonnance du 5 août 1844 (*Ann. min.*, 4ᵉ sér., t. VI, p. 644).
- Département de l'Oise. — Ordonnance du 26 novembre 1830, approuvant le règlement préfectoral en forme d'arrêté du 20 janvier 1829 (*Ann. min.*, 1853, p. 30).
- Département de Seine-et-Oise (vallées de l'Essonne et de la Juine). — Ordonnance du 14 septembre 1835 (*Ann. min.*, 3ᵉ sér., t. VIII, p. 612).
- Département de la Somme. — Ordonnance du 17 août 1825, approuvant le règlement préfectoral en forme d'arrêté du 27 juin 1825 (*Ann. min.*, 1853, p. 4).
- Département des Vosges. — Arrêté du président du conseil, chargé du pouvoir exécutif, en date du 14 décembre 1848 (*Ann. min.*, 4ᵉ sér., t. XIV, 591).

Rappelons qu'aux termes formels de l'article 86 de la loi de 1810

---

(1) Dupont : *Jurisprudence des mines*, t. II, p. 393.

tous les propriétaires exploitants de tourbières, sans exception, sont tenus de se conformer à ces règlements, « à peine d'être contraints à cesser leurs travaux ».

Instruction des demandes en autorisation de tourbières.

L'instruction de la demande en autorisation doit se faire de la manière suivante, aux termes de l'instruction ministérielle du 3 août 18.0 (1) :

> L'ingénieur des mines consulté donnera son avis sur la demande. L'autorisation accordée par le préfet au propriétaire exprimera la direction, l'étendue, la profondeur à donner à l'exploitation, et l'époque à laquelle elle devra avoir lieu, en conformité du mode et du plan général d'extraction qui auront été déterminés.

Le règlement local le plus récent, celui des tourbières de Vienne et la Tour-du-Pin, du 5 juillet 1854, porte que le maire de la commune transmet sans délai au sous-préfet de l'arrondissement copie des déclarations, avec ses observations : dans un délai de huit jours, le sous-préfet envoie ces pièces au préfet avec son avis (art. 5).

Avis de l'ingénieur des mines. — Autorisation préfectorale.

L'instruction du 3 août 1810 prescrit de prendre l'avis de l'ingénieur des mines, et pareille prescription se trouve dans tous les règlements locaux en matière de tourbières. Le règlement susmentionné de Vienne et la Tour-du-Pin dit à cet égard :

> Le préfet renvoie le tout à l'ingénieur des mines, qui procède ou fait procéder, s'il y lieu, à l'exploration des localités et aux opérations jugées nécessaires, et adresse au préfet, avant le 1er mai, ses propositions motivées (art. 5).

Ajoutons que dès le 22 juin 1810, une circulaire du ministre de l'intérieur appelait l'attention des ingénieurs sur les tourbières et les invitait à faire les plans, nivellements, sondages et rapports relatifs aux tourbières de leurs départements respectifs (2).

---

(1) Dupont. *Jurisprudence des mines*, t. II, p. 395, et t. III, p. 143.
(2) *Journal des mines*, t. XXVIII, p. 86.

Au sujet de l'autorisation et de la surveillance des tourbières privées, nous ne pouvons que signaler l'instruction du 1ᵉʳ septembre 1814, qui contient des prescriptions détaillées à cet égard (1).

Obligations de l'exploitant de tourbières vis-à-vis du gouvernement. — Patente.

Le propriétaire de tourbières doit attendre d'avoir obtenu un arrêté d'autorisation avant d'exploiter : il ne suffit pas pour lui d'avoir fait sa déclaration, comme pour les autres minières à ciel ouvert (article 57 modifié). S'il exploite la tourbe avant l'arrêté d'autorisation, il est passible de 100 francs d'amende : l'article 84 est formel à cet égard.

Le propriétaire de tourbières muni de son autorisation est tenu, vis-à-vis du gouvernement, à deux sortes d'obligations, savoir : les unes générales, communes à tous les exploitants et dérivant des lois sur la matière, et les autres spéciales, dérivant du règlement local de la contrée et de son autorisation particulière.

Une première obligation qui pèse sur tous les exploitants de tourbières, c'est de payer patente. La loi du 15 juillet 1880 (2) désigne nominativement dans la cinquième partie du tableau C l'exploitant de tourbières comme soumis à un droit proportionnel au vingtième sur la maison d'habitation seulement et à un droit fixe de cinq francs, plus 2 fr. 50 par ouvrier. Un exploitant de tourbières n'est pas dispensé de la patente parce qu'il exploite dans son propre fonds : c'est ce qui a été décidé par l'ordonnance au contentieux du 17 décembre 1847, rejetant une requête du sieur Carnet-d'Humval (3). Le droit fixe par ouvrier est dû sans distinguer si les ouvriers sont occupés toute l'année au tourbage, ou bien quelques mois seulement. C'est ce qui a été décidé par un décret du 31 juillet 1856, rendu dans l'affaire Beaurepaire. Disons, enfin, en matière de patente, qu'un arrêt du conseil d'état du 29 décembre 1871 (4) a maintenu à la patente un exploitant de tourbières qui soutenait que la tourbe extraite de sa tourbière était exclusivement employée à son usage personnel, alors qu'il a été établi que la plus grande partie de cette tourbe

---

(1) Dupont, *Jurisprudence des mines*, t. III, p. 209 et 213.
(2) *Annales des mines*, 1880, p. 233.
(3) Dupont : *Jurisprudence des mines*, t. II, p. 398.
(4) Lebon, 1871, p. 333.

avait été consommée dans un établissement industriel appartenant au fils du réclamant et à l'exploitation duquel celui-ci était étranger.

Surveillance administrative : plan général d'exploitation.

La surveillance administrative des tourbières a son principe dans les articles 85 et 86 de la loi du 21 avril 1810 qui sont très explicites à cet égard (1). L'instruction ministérielle du 3 août 1810 dit à ce sujet :

Il est d'une très grande importance, pour la salubrité du pays où l'extraction des tourbes a lieu et pour l'économie de ce combustible, que l'exploitation en soit faite avec régularité, et surtout en évitant la stagnation des eaux dans les vallées tourbeuses, stagnation qui ne manque pas de produire des épidémies funestes.

Il est donc indispensable que l'exploitation de chaque propriétaire soit coordonnée au système reconnu le plus salubre et le plus utile dans chaque canton à tourbe.

A cet effet, les ingénieurs des mines, après avoir pris dans ces terrains les nivellements nécessaires, et avoir reconnu le gisement et la puissance des bancs de tourbe par des sondages, soumettront aux préfets un plan général d'exploitation, auquel ce magistrat donnera son approbation, s'il y a lieu, et sauf le recours au ministre de l'intérieur.

D'autre part, le décret du 18 novembre 1810, contenant organisation du corps des mines, dit à l'article 39 :

Art. 39. — Ils (les ingénieurs ordinaires) dirigent et surveillent tous les travaux concernant l'extraction des tourbes et l'assainissement des terrains. Leurs projets doivent être approuvés par l'ingénieur en chef.

Tous les exploitants de tourbières sont soumis à ces dispositions générales en matière de surveillance administrative, et, de plus, aux prescriptions spéciales des règlements locaux de la contrée et de l'autorisation particulière délivrée par le préfet à chacun d'eux. Ces prescriptions spéciales ne sauraient évidemment trouver place dans le présent ouvrage. Nous devons nous borner à les mentionner en principe.

Le règlement le plus récent, celui du 5 juillet 1854, relatif aux tourbières des arrondissements de Vienne et de la Tour-du-Pin, porte

---

(1) Dupont : *Jurisprudence des mines*, t. II, p. 399 et suiv.

que « les ingénieurs des mines surveillent et dirigent, sous les ordres du préfet, les travaux concernant l'exploitation des tourbes.... ils ont sous leurs ordres un conducteur de tourbage, ce conducteur est commissionné par le préfet et assermenté.....; l'exploitation de la tourbe dans les propriétés tant communales que particulières est en outre surveillée, concurremment avec les ingénieurs des mines et agents sous leurs ordres, par les maires et autres officiers de police municipale » (art. 19 et 21).

Dépenses à la charge des propriétaires de tourbières.

Terminons sur la surveillance administrative en faisant observer que tous les règlements locaux de tourbières mettent diverses dépenses générales à la charge non seulement des propriétaires exploitant la tourbe d'un même bassin mais encore, dans certains cas, à la charge des propriétaires de ce bassin qui n'exploitent pas. C'est là encore une particularité des tourbières qui n'a pas son analogie dans les carrières, et qui dérive, en principe, de l'obligation de cette « direction générale des travaux d'extraction » qui est spécifiée à l'article 85 de la loi de 1810 (1). Ces dispositions financières sont appuyées sur la loi du 16 septembre 1807 sur le desséchement des marais, et sur l'article 10 de la loi de finances du 14 juillet 1838, lequel autorise la perception des frais intéressant la sûreté publique.

Quant à la répartition de ces dépenses, les règlements locaux portent qu'elle sera faite conformément aux articles 35, 36 et 37 de la loi du 16 septembre 1807, sur des états fournis par l'ingénieur des mines, après que les exploitants et propriétaires ont été entendus ; ces règlements disent aussi que la part contributive de chaque exploitant pourra être réglée, selon les cas, en une rétribution fixe par chaque millier de tourbes extrait.

En matière de tourbières communales, on peut citer le décret du 13 avril 1861 (2) qui prescrit certains travaux à exécuter dans les marais tourbeux des communes d'Ailly-sur-Noye, Guyencourt et Remiencourt (Somme), avec répartition des dépenses entre lesdites communes.

---

(1) Dupont : *Jurisprudence des mines*, t. II, p. 401.
(2) *Annales des mines*, 1861, p. 91.

Droits des propriétaires de tourbières.

Les droits des propriétaires de tourbières ne sont bornés que par les prescriptions de la surveillance administrative dont il vient d'être parlé, surveillance motivée par l'intérêt général et par la salubrité publique et écrite dans les lois et règlements (1). Hormis cette exception, le propriétaire de tourbière rentre dans le droit commun et jouit de la plénitude de ses droits de propriété sur sa tourbière et les produits de celle-ci.

La cession du droit d'exploiter la tourbe, comme celle d'exploiter une carrière, est considérée non pas comme un bail, mais comme une vente mobilière, et elle ainsi soumise au droit proportionnel de 2 p. 100 : ce principe a été consacré par un arrêt de la cour de cassation du 31 juillet 1839 dans l'affaire Janvier. Observons que l'on ne pourrait pourtant pas dire ici néanmoins, comme pour les mines et les carrières en général, qu'il s'agit d'une chose fongible, c'est-à-dire, qui ne se reproduit point.

Les propriétaires de tourbières n'ont plus, sous la législation actuelle, le droit d'invoquer l'ancien usage qui les autorisait à étendre au besoin leurs tourbes sur le terrain d'un voisin, moyennant indemnité. C'est ce qui a été proclamé par un arrêt de la cour de cassation du 21 janvier 1813 dans l'affaire Rigaut.

Les propriétaires de tourbières ont le droit d'exercer, moyennant indemnité préalable, pour l'asséchement et l'assainissement de leur exploitation, la faculté accordée par l'article 1ᵉʳ de la loi du 10 juin 1854 à tout propriétaire qui veut assainir son fonds par le drainage ; cette faculté consiste à pouvoir conduire les eaux souterrainement ou à ciel ouvert à travers les propriétés qui séparent ce fonds d'un cours d'eau ou de toute autre voie d'écoulement. Cette doctrine, précieuse pour les exploitants de tourbières, a été établie par la cour de cassation, dans un arrêt du 14 décembre 1859 (2), relatif à une tourbière de la Somme.

Disons, comme compétence et en matière de droits des propriétaires de tourbières, que si un propriétaire pareil a des indemnités à réclamer contre une commune ou contre un autre particulier à

---

(1) Dupont, *Jurisprudence des mines*, t. II, p. 402.
(2) Dalloz, 1859-1-504.

raison de travaux exécutés en vertu d'un arrêté préfectoral, c'est devant l'autorité judiciaire, et non pas devant le conseil de préfecture, qu'il doit faire valoir ses droits. Cette doctrine a été établie par un arrêt du conseil d'état, du 6 décembre 1878 (1), dans l'affaire Haignerelle contre Laligant et commune d'Aubin-Saint-Waast.

Rapports des exploitants de tourbières et des compagnies de chemins de fer.

Les règlements locaux de tourbières spécifient généralement certaines prohibitions de distance vis-à-vis des voies de communication. Ainsi, par exemple, le règlement des tourbières de la Somme du 27 juin 1825, approuvé par l'ordonnance du 17 août 1825, s'exprime ainsi qu'il suit (art. 149) :

> Il est expressément défendu aux extracteurs de tourbes, sous peine de 100 francs d'amende, de tous dépens, dommages et intérêts et du rétablissement des lieux dans leur état antérieur, de faire aucune excavation plus près qu'à 11^m,69 (6 toises) de distance des rivières et ruisseaux.
> La même distance sera observée aux abords des chemins publics.

D'autre part, le règlement du 5 juillet 1854 relatif aux tourbières des arrondissements de Vienne et la Tour-du-Pin contient la prohibition suivante :

> Art. 14. — Les exploitations par entailles qui ne sont pas remblayées au fur et à mesure de l'avancement des travaux, ne peuvent être poussées qu'à la distance de 10 mètres des routes impériales et départementales et canaux généraux de desséchement, et de 8 mètres des chemins vicinaux, canaux secondaires de desséchement et ruisseaux.

L'article 3 de la loi du 15 juillet 1845 sur la police des chemins de fer déclarant « applicables aux propriétés riveraines des chemins les servitudes imposées par les lois et règlements sur la grande voirie et qui concernent..... le mode d'exploitation des mines, minières, *tourbières*, carrières et sablières, dans la zone déterminée à cet effet », il s'ensuit que les prohibitions de distance aux routes spécifiées par les règlements locaux de tourbières sont applicables aux chemins de fer.

---

(1) *Recueil des arrêts du conseil d'état*, 1878, p. 1002.

Le modèle général des cahiers des charges des chemins de fer ne contient pas en ce qui concerne les tourbières (ou les minières), de prescriptions explicites, analogues à celles de l'article 24, pour les mines, et de l'article 25 pour les carrières.

Tourbières communales.

Les tourbières communales sont soumises depuis longtemps à un régime spécial (1). La loi du 10 juin 1793, concernant le partage des biens communaux, avait réservé ceux de ces biens dans lesquels se trouvent des mines, minières, carrières ou autres productions minérales, dont la valeur excéderait celle du sol, ou qui seraient reconnues d'une utilité générale pour la commune ou pour la République. Un décret du 22 frimaire an XIII, annulant un partage de biens communaux du département du Nord renfermant de la tourbe, a confirmé cette doctrine, que la loi du 10 juin 1793 avait réservé les tourbières communales. La loi de finances, du 20 mars 1813, ordonnant l'aliénation, au profit de la caisse d'amortissement, des biens ruraux possédés par les communes, a réservé expressément les tourbières dont les habitants jouissaient en commun.

Les tourbières communales sont, plus particulièrement que les autres, soumises à l'action administrative pour leur aménagement. Nous renvoyons, sur ce sujet, à la circulaire de germinal an IX et à l'instruction du 1er septembre 1814 déjà mentionnées.

Les règlements locaux contiennent généralement des dispositions spéciales pour les tourbières communales. Parmi tous ces règlements, celui qui contient le plus de détails pratiques et véritablement techniques, intéressant les ingénieurs, c'est celui des tourbières de la Somme, approuvé par l'ordonnance du 17 août 1825, auquel nous renvoyons (2).

Signalons, enfin, le décret déjà cité du 13 avril 1861, prescrivant des travaux à exécuter dans les marais tourbeux des communes d'Ailly-sur-Noye, Guyencourt et Remiencourt (Somme), où l'on voit l'application de la loi du 10 juin 1854 sur le drainage.

---

(1) Dupont, *Jurisprudence des mines*, t. II, p. 404.
(2) *Annales des mines*, 1853, p. 4.

Pas d'exploitation forcée des tourbières.

On s'est demandé à une autre époque s'il n'y aurait pas lieu de modifier la législation actuelle, relative aux tourbières, de telle sorte que le préfet pût, dans certains cas, autoriser un tiers à exploiter la tourbe à la place du propriétaire de la surface comme il était spécifié pour les minières de fer par les anciens articles 59 à 67 de la loi; aujourd'hui, que ces articles 59 à 67 sur l'exploitation forcée des minières de fer sont abrogées en principe et en fait; aujourd'hui que le propriétaire de minières de fer use librement de son droit de propriété sur les minières en jugeant lui-même du mieux de ses intérêts, la classification des tourbes parmi les minières, écrite dans l'article 3 de la loi de 1810, conduit logiquement à cette conclusion, que le propriétaire d'une tourbière doit pouvoir user librement de celle-ci, et qu'il n'y a pas lieu de modifier la loi actuelle pour permettre l'exploitation d'office de la tourbe par un autre que le propriétaire.

CHAPITRE XVI.

EXPERTISES. — ARBITRAGES.

Juridiction exceptionnelle des mines sous l'ancienne monarchie.

Les mines, sous l'ancienne monarchie de France, furent placées sous une juridiction exceptionnelle, dès le temps de Charles VI. Le tribunal des mines se composait, d'après l'édit de 1601, du grand-maître et du lieutenant général assistés de juges en nombre suffisant, avec appel au Parlement. Plus tard, d'après les édits des 14 janvier 1744, 19 mars 1783 et 29 septembre 1786, le jugement de toutes les contestations sur le fait des mines fut attribué aux intendants des provinces, avec appel au conseil du roi : mais toujours est-il que, sous l'ancien régime, les contestations en matière de mines étaient soumises à une juridiction exceptionnelle et spéciale.

Juridiction de droit commun inaugurée par la loi du 28 juillet 1791.

Cet état de choses cessa par le fait de la loi du 28 juillet 1791, laquelle contient un article ainsi conçu :

Art. 27. — Toutes contestations relatives aux mines, demandes en règlement d'indemnité, et toutes autres sur l'exécution du présent décret, seront portées par devant les juges de paix ou les tribunaux de district, suivant l'ordre de compétence...

Les mines cessèrent dès lors d'être placées sous une juridiction d'exception, elles rentrèrent dans le droit commun où elles sont toujours restées depuis.

Certaines personnes habitant les pays de mines ont exprimé des regrets au sujet de la suppression des anciens tribunaux spéciaux en matière de mines : nous devons citer, à cet égard, M. Del Marmol, avocat à la cour de Liège, qui, dans un article de la *Revue universelle des mines* (tome XL, 1876, p. 76), demande le rétablissement de la *Cour des voir-jurés du charbonnage*, laquelle existait à Liège avant 1789 ; bornons-nous à observer que ce regret, que divers jurisconsultes ont partagé, paraît peu en harmonie avec l'intention générale des législateurs de 1810, qui ont fait tous leurs efforts pour assimiler, autant que possible, la propriété des mines à la propriété foncière et pour la placer, comme celle-ci, sous le régime du droit commun.

Fréquence des expertises de mines, résultant de cette juridiction de droit commun.

L'application aux mines de la juridiction de droit commun devait avoir pour effet immédiat de développer beaucoup, dans les affaires de mines, l'information par expertises : en effet, il pouvait bien appartenir à la Constituante de placer les mines sous la juridiction de droit commun, mais non pas de donner *ipso facto* aux juges de paix et aux tribunaux mentionnés à l'article 27 de la loi du 28 juillet 1791, les connaissances spéciales et techniques nécessaires pour juger par eux-mêmes tous les procès de mines sans le secours des experts.

Dispositions de la loi de 1810 en matière d'expertises.

Cela explique comment l'importance des expertises en matière de mines est devenue très considérable, dans la pratique, depuis la loi de 1791. Cette importance n'a pas échappé aux législateurs de 1810 qui ont consacré un titre entier de la loi, le titre IX, aux expertises. Ce titre contient les articles 87, 88, 89, 90, 91 et 92 ainsi conçus :

Titre IX. — Art. 87. — Dans tous les cas prévus par la présente loi et autres naissant des circonstances, où il y aura lieu à expertise, les dispositions du titre XIV du Code de procédure civile, articles 303 à 323, seront exécutées.

Art. 88. — Les experts seront pris parmi les ingénieurs des mines, ou parmi les hommes notables et expérimentés dans le fait des mines et de leurs travaux.

Art. 89. — Le procureur impérial sera toujours entendu et donnera ses conclusions sur le rapport des experts.

Art. 90. — Nul plan ne sera admis comme pièce probante dans une contestation, s'il n'a été levé ou vérifié par un ingénieur des mines. La vérification des plans sera toujours gratuite.

Art. 91. — Les frais et vacations des experts seront réglés et arrêtés, selon les cas, par les tribunaux; il en sera de même des honoraires qui pourront appartenir aux ingénieurs des mines : le tout suivant le tarif qui sera fait par un règlement d'administration publique.

Toutefois il n'y aura pas lieu à honoraires pour les ingénieurs des mines, lorsque leurs opérations auront été faites soit dans l'intérêt de l'administration, soit à raison de la surveillance et de la police publiques.

Art. 92. — La consignation des sommes jugées nécessaires pour subvenir aux frais d'expertise pourra être ordonnée par le tribunal contre celui qui poursuivra l'expertise.

Règles générales posées par l'article 87.

Les dispositions de l'article 87 forment la règle générale en matière d'expertises. Ces dispositions se réfèrent aux articles 303 à 323 du code de procédure civile, c'est-à-dire au régime des expertises devant les tribunaux ordinaires : il n'est plus question des juges de paix, comme sous la loi de 1791.

D'autre part, il suit de là que lors même qu'une contestation relative aux mines devrait être jugée par un tribunal administratif, comme, par exemple, les indemnités pour travaux antérieurs à la concession qui sont jugées par les conseils de préfecture conformément à l'article 46 de la loi de 1810 ; dans ce cas même, si une expertise est ordonnée par le conseil de préfecture, il faut suivre les formalités indiquées par les articles 303 à 323 du code de procédure civile pour les expertises devant les tribunaux ordinaires (1). Ce principe a été consacré par une ordonnance au contentieux du 24 juillet 1835, relative aux mines de Saint-Pierre de Lacour (Mayenne). Le même principe a été confirmé par un décret en conseil d'état, du 11 mai 1872, rendu dans l'affaire forges d'Aubenas contre André et Montravel.

L'expertise est ordonnée par un jugement.

La première question à se poser dans l'étude de la matière qui nous occupe est la suivante : Qui décidera qu'il y a, oui ou non, lieu

---

(1) Dupont, *Jurisprudence des mines*, t. II, p. 412.

à expertise? A cela, on doit répondre : ce sera le tribunal devant lequel la contestation est portée, soit tribunal ordinaire, soit tribunal administratif. Ce principe résulte de l'article 302 du code de procédure civile, ainsi conçu :

Art. 302. — Lorsqu'il y aura lieu à un rapport d'experts, il sera ordonné par un jugement, lequel énoncera clairement les objets de l'expertise.

Cet article 302 n'est pas rappelé par l'article 87 de la loi qui se borne à viser les articles 303 à 323 du code de procédure civile : mais l'article 304 parle « du jugement qui ordonne l'expertise », et l'article 317 du code, auquel renvoie aussi l'article 87 de la loi, dit que le « jugement qui aura ordonné le rapport, et les pièces nécessaires seront remis aux experts ». Il faut donc un jugement préalable, soit du tribunal civil, soit du tribunal administratif, pour qu'il y ait lieu à expertise.

Le tribunal devant lequel est porté le litige est appréciateur souverain de la nécessité, de l'utilité de l'expertise. Ce principe a été consacré par un arrêt de la cour de cassation, du 17 mars 1849, rendu dans l'affaire Montseveny.

Mode de nomination des experts : leur nombre.

Le mode de nomination et le nombre des experts sont réglés par les articles suivants du code de procédure civile :

Art. 303. — L'expertise ne pourra se faire que par trois experts, à moins que les parties ne consentent qu'il soit procédé par un seul.
Art. 304. — Si, lors du jugement qui ordonne l'expertise, les parties se sont accordées pour nommer les experts, le même jugement leur donnera acte de la nomination.
Art. 305. — Si les experts ne sont pas convenus par les parties, le jugement ordonnera qu'elles seront tenues d'en nommer dans les trois jours de la signification, sinon qu'il sera procédé à l'opération par les experts qui seront nommés d'office par le même jugement. — Ce même jugement nommera le juge-commissaire qui recevra le serment des experts convenus ou nommés d'office ; pourra néanmoins le tribunal ordonner que les experts prêteront leur serment devant le juge de paix du canton où ils procéderont.
Art. 306. — Dans le délai ci-dessus, les parties qui se seront accordées pour la nomination des experts en feront leur déclaration au greffe.

On voit donc que les parties ont le choix des experts : si elles ne s'entendent pas dans ce choix, c'est le tribunal qui les désigne (1).

Les parties peuvent s'entendre pour nommer un seul expert, ou trois experts : mais dans le cas d'experts nommés d'office par le tribunal, celui-ci ne peut pas confier l'expertise à un seul expert au lieu de trois, si les parties s'y opposent. Ce principe, conforme à l'article 303 du code de procédure civile, a été confirmé par un arrêt de la cour de cassation du 11 février 1811. Cependant, lorsque la nécessité de l'expertise ne résulte pas, soit de la loi, soit de la demande de l'une des parties, le tribunal peut confier l'expertise à une seule personne. Cette doctrine a été posée par un arrêt de la cour de cassation, du 22 février 1837, relatif à la commune de Ciron.

En cas de refus de l'une des parties de nommer son expert, le tribunal doit nommer d'office les trois experts sans avoir égard à la nomination faite par l'autre partie : c'est ce qui a été jugé par la cour de Rennes, dans un arrêt du 13 juillet 1813 (affaire Launai).

Si la partie citée fait défaut, le tribunal peut nommer d'office les experts : cela a été décidé par un arrêt de la cour d'Aix, du 14 juillet 1807, dans l'affaire Vacion.

Le tribunal qui nomme les experts d'office, ne peut les autoriser à opérer immédiatement sans attendre un délai de trois jours à dater de la signification du jugement : c'est la conséquence de l'article 305 du code de procédure civile.

Lorsque les parties ou les lieux contentieux sont trop éloignés, les juges peuvent commettre un tribunal voisin pour nommer les experts : cela résulte des dispositions générales de l'article 1035 du code de procédure civile.

Qualités requises pour être expert.

Les qualités exigées pour être expert en matière de mines sont spécifiées par l'article 88 de la loi, qui porte que « les experts seront pris parmi les ingénieurs des mines ou parmi les hommes notables et expérimentés dans le fait des mines et de leurs travaux ».

Rappelons à ce sujet que les ingénieurs des mines sont appelés à intervenir d'une autre manière, par l'article 90 de la loi de 1810, pour la vérification des plans produits comme pièces probantes dans une contestation. Les ingénieurs des mines ne peuvent pas être ré-

---

(1) Dupont, *Jurisprudence des mines*, t. II, p. 413.

cusés comme experts, en raison de la nature même de leurs fonctions, dans les contestations intéressant l'administration des mines ou le trésor public : c'est ce qui a été décidé par un arrêt de la cour de cassation du 19 décembre 1833 (affaire Parmentier).

Les ingénieurs des ponts et chaussées et les conducteurs des ponts et chaussées peuvent être nommés experts dans les contestations en matière de mines : cela a été décidé par un décret au contentieux du 22 mars 1866, rendu dans l'affaire de Bardies.

Récusation des experts.

La récusation des experts est réglementée par les articles suivants du code de procédure civile :

Art. 308. — Les récusations ne pourront être proposées que contre les experts nommés d'office, à moins que les causes n'en soient survenues depuis la nomination et avant le serment.

Art. 309. — La partie qui aura des moyens de récusation à proposer sera tenue de le faire dans les trois jours de la nomination par un simple acte signé d'elle ou de son mandataire spécial, contenant les causes de récusation et les preuves si elle en a, ou l'offre de les vérifier par témoins : le délai ci-dessus expiré, la récusation ne pourra être proposée, et l'expert prêtera serment au jour indiqué pour la sommation.

Art. 310. — Les experts pourront être récusés par les motifs pour lesquels les témoins peuvent être rapprochés (1).

Art. 311. — La récusation contestée sera jugée sommairement à l'audience, sur un simple acte, et sur les conclusions du ministère public ; les juges pourront ordonner la preuve par témoins, laquelle sera faite dans la forme ci-après prescrite pour les enquêtes sommaires.

Art. 312. — Le jugement sur la récusation sera exécutoire nonobstant l'appel.

Art. 313. — Si la récusation est admise, il sera d'office, par le même jugement, nommé un nouvel expert ou de nouveaux experts à la place de celui ou de ceux récusés.

Art. 314. — Si la récusation est rejetée, la partie qui l'aura faite sera condamnée en tels dommages et intérêts qu'il appartiendra, même envers l'expert s'il le requiert ; mais, dans ce dernier cas, il ne pourra demeurer expert.

Après le serment, les experts ne peuvent plus être récusés généralement, pour quelque cause que ce soit.

---

(1) Voir, à l'article 283 du Code de procédure civile, les motifs pour lesquels les témoins peuvent être rapprochés.

Prestation de serment.

Les experts sont tenus de prêter serment, avant de commencer leurs opérations, sous peine de nullité de l'expertise, à moins qu'ils n'en aient été dispensés sur le consentement des parties. Quand les experts ne sont pas formellement dispensés du serment, on procède conformément aux articles suivants du code de procédure civile :

Art. 307. — Après l'expiration du délai ci-dessus (dans les trois jours de la signification) la partie la plus diligente prendra l'ordonnance du juge, et fera sommation aux experts nommés par les parties ou d'office pour faire leur serment, sans qu'il soit nécessaire que les parties y soient présentes.

Art. 315. — Le procès-verbal de prestation de serment contiendra indication, par les experts, du lieu et des jours et heure de leur opération. – En cas de présence des parties ou de leurs avoués, cette indication vaudra sommation. — En cas d'absence il sera fait sommation aux parties, par acte d'avoué, de se trouver aux jour et heure que les experts auront indiqués.

Art. 316. — Si quelque expert n'accepte point la nomination, ou ne se présente point, soit pour le serment, soit pour l'expertise, aux jour et heure indiqués, les parties s'accorderont sur-le-champ pour en nommer un autre à sa place; sinon la nomination pourra être faite d'office par le tribunal. — L'expert qui, après avoir prêté serment, ne remplira pas sa mission pourra être condamné, par le tribunal qui l'avait commis, à tous les frais frustratoires, et même aux dommages-intérêts s'il y échet.

Il n'est pas nécessaire que les parties soient présentes à la prestation du serment des experts : ce principe posé dans l'article 307 du code de procédure civile a été confirmé par une ordonnance au contentieux, du 24 juillet 1835, rendue dans l'affaire Bazouin.

Au sujet de l'article 315, qui exige que le procès-verbal de prestation de serment contienne indication, par les experts, du lieu et des jour et heure de leur opération, il a été décidé par un décret au conseil d'état du 11 mai 1872 (f. d'Aubenas) que la partie qui a discuté au fonds et sans réserves les conclusions des experts devant le conseil de préfecture, n'est pas recevable à demander devant le conseil d'état la nullité de cette expertise pour inobservation de l'article 315 du code civil.

D'une manière générale, en matière d'expertise, lorsqu'une formalité, bien que substantielle, n'intéresse pas l'ordre public, la partie qui sait que cette formalité n'a pas été remplie, est considérée comme ayant renoncé à se prévaloir de cette omission toutes les fois qu'elle a plaidé au fonds devant les premiers juges (Dalloz).

Liberté de la fonction d'expert.

La fonction d'expert est essentiellement libre, et un expert tant qu'il n'a pas accepté une mission de ce genre peut la décliner : « Cette opinion, dit M. Dalloz, doit être fondée sur la liberté de l'homme dans l'état social, sur son affranchissement de tout lien qui ne lui est pas expressément imposé par la loi. » Ainsi, quoique l'article 87 de la loi de 1810 dise que « les experts seront pris parmi les ingénieurs des mines et les hommes expérimentés dans le fait des mines et de leurs travaux », les ingénieurs des mines et les hommes expérimentés dans le fait des mines peuvent avant la prestation du serment refuser de coopérer à une expertise qui ne leur convient pas.

Une fois le serment prêté, cette liberté cesse et l'expert s'il ne remplit pas sa mission, peut être condamné à tous les frais frustratoires et même à des dommages-intérêts : toutefois plusieurs jurisconsultes pensent qu'après le serment, un expert peut être excusé exceptionnellement, s'il y a motif légitime.

Opérations des experts : rédaction du rapport.

Le mode d'opérer des experts, la forme et la rédaction de leur rapport, sont tracés dans les termes suivants du code de procédure civile, articles 317 et 318 (1).

Art. 317. — Le jugement qui aura ordonné le rapport, et les pièces nécessaires, seront remis aux experts; les parties pourront faire tels dires et réquisitions qu'elles jugeront convenables : il en sera fait mention dans le rapport. Il sera rédigé sur le lieu contentieux, ou dans le lieu et aux jour et heure qui seront indiqués par les experts. — La rédaction sera écrite par un des experts, et signée de tous; s'ils ne savent pas tous écrire, elle sera écrite et signée par le greffier de la justice de paix du lieu où ils auront procédé.

Art. 318. — Les experts dresseront un seul rapport; ils ne formeront qu'un seul avis à la pluralité des voix. — Ils indiqueront néanmoins, en cas d'avis différents, les motifs des divers avis, sans faire connaître quel a été l'avis personnel de chacun d'eux.

---

(1) Dupont, *Jurisprudence des mines*, t. II, p. 419.

La disposition qui porte que le rapport d'experts sera rédigé sur les lieux contentieux, n'est pas prescrite sous peine de nullité du rapport : c'est ce qui a été jugé plusieurs fois.

Le refus de l'un des trois experts de signer le rapport ne peut pas entraîner la nullité de cette œuvre : c'est ce qui a été décidé par la cour de cassation dans un arrêt du 21 novembre 1820, rendu dans l'affaire Giuliani.

En général, il suffit que les formalités prescrites par la loi soient observées par les experts : il n'est pas nécessaire que le rapport en fasse mention expresse.

Les experts peuvent, après avoir travaillé ensemble à l'opération qui leur était confiée, rédiger séparément leur rapport s'ils ne sont pas d'accord sur certains points : c'est ce qui a été jugé par un arrêt de la cour de cassation du 30 janvier 1849.

En général, les experts ne doivent point se livrer à des enquêtes si le tribunal ne les a pas ordonnées ; et s'ils en ont reçu la mission, ils n'entendent les témoins qu'à titre de renseignement, sans prestation de serment.

Dépôt du rapport. — Frais et vacations des experts.

Le dépôt du rapport d'experts, la levée et la signification se font comme il est dit aux articles suivants du code de procédure civile.

Art. 319. — La minute du rapport sera déposée au greffe du tribunal qui aura ordonné l'expertise, sans nouveau serment de la part des experts ; leurs vacations seront taxées par le président au bas de la minute, et il en sera délivré exécutoire contre la partie qui aura requis l'expertise, ou qui l'aura poursuivie si elle a été ordonnée d'office.

Art. 320. — En cas de retard ou de refus de la part des experts de déposer leur rapport, ils pourront être assignés à trois jours, sans préliminaire de conciliation, par-devant le tribunal qui les aura commis, pour se voir condamner, même par corps s'il y échet, à faire ledit dépôt : il y sera statué sommairement et sans instruction.

Art. 321. — Le rapport sera levé et signifié à avoué par la partie la plus diligente ; l'audience sera poursuivie sur un simple acte.

Les frais et vacations des experts sont arrêtés, selon les cas, par les tribunaux (art. 91 de la loi du 21 avril 1810).

Dans le cas d'une expertise faite par un ingénieur des mines devant le conseil de préfecture, le conseil d'état a décidé, en principe, qu'aucune disposition de la loi n'a rendu le tarif contenu dans le décret du 16 février 1807 applicable aux frais et dépens faits devant les tribunaux administratifs, et qu'en conséquence, le règlement des frais et honoraires dus à l'ingénieur expert doit être fait d'après les éléments de la cause.

L'opposition contre l'ordonnance du président qui taxe les vacations dues aux experts doit être formée dans la huitaine : c'est ce qui a été décidé par un arrêt de la cour de cassation du 2 avril 1811.

Aux termes de l'article 92 de la loi du 21 avril 1810, la consignation des sommes jugées nécessaires pour subvenir aux frais de l'expertise pourra être ordonnée par le tribunal contre la partie qui poursuivra l'expertise : cette disposition mérite d'être remarquée parce qu'elle n'est pas explicitement exprimée dans le code de procédure civile, et qu'elle se rapporte spécialement aux frais d'expertise en matière de mines.

Foi aux rapports d'experts. — Appréciation par les juges.

Les procès-verbaux ou rapports d'experts font foi de la présence et des dires des parties qui s'y trouvent énoncés : c'est ce qui a été jugé par un arrêt de la cour de cassation du 14 janvier 1836. Ils font foi aussi de leur date, avant même l'enregistrement : la cour de cassation l'a ainsi décidé par un arrêt du 6 frimaire an XIV.

Quant aux principes généraux qui règlent l'appréciation du rapport des experts par les juges, ils sont contenus dans les articles suivants, 322 et 323 du code de procédure civile :

Art. 322. — Si les juges ne trouvent point dans le rapport les éclaircissements suffisants, ils pourront ordonner d'office une nouvelle expertise par un ou plusieurs experts, qu'ils nommeront également d'office, et qui pourront demander aux précédents experts les renseignements qu'ils trouveront convenables.

Art. 323. — Les juges ne sont pas astreints à suivre l'avis des experts si leur conviction s'y oppose.

Le pouvoir des juges est sans limites pour ordonner une nouvelle expertise quand ils trouvent la première insuffisante : c'est ce qui résulte de l'article 322. Les juges ont plein pouvoir dans le choix des personnes appelées d'office à la seconde expertise, et ils peuvent s'ils le trouvent convenable, confier cette nouvelle opération aux mêmes experts : la cour de cassation l'a jugé ainsi dans un arrêt du 3 août 1836 (affaire Legendre).

Communication au ministère public.

La communication au ministère public est obligatoire pour tous les rapports d'experts en matière de mines : cela est dit formellement à l'article 89 de la loi de 1810, qui porte que « le procureur de la république sera toujours entendu et donnera ses conclusions sur le rapport des experts. » Mais la communication au ministère public n'est obligatoire que lorsqu'il y a expertise ordonnée, et les demandes en dommages-intérêts contre des exploitants de mines peuvent être l'objet d'un compromis, de même que toute autre contestation non désignée nominativement par l'article 83 du code de procédure civile comme devant être communiquée au ministère public, ce qui est le cas des affaires de mines : c'est ce qui a été décidé par un arrêt de la cour de cassation du 14 mai 1829, dans l'affaire Castellane.

Visite de la mine par les experts.

Observons, sur les expertises en matière de mines, que lorsqu'une opération de ce genre est ordonnée, il appartient à l'exploitant de faciliter aux experts la visite de la mine par la mise en état des travaux, sauf à se faire rembourser par qui de droit : d'autre part, quoique les experts ne fassent point, *a priori*, œuvre d'enquête, à défaut par l'exploitant de rendre possible la visite de la mine par les experts, il est passible de dommages-intérêts envers ceux qui se plaignent de ses travaux : c'est ce qui a été jugé par un arrêt de la cour de Bruxelles, du 21 décembre 1814, dans l'affaire du bois du Luc.

Expertises devant le conseil de préfecture.

Les conseils de préfecture peuvent être amenés à ordonner des expertises en matière de mines dans deux cas principaux, savoir : premièrement, à l'occasion des indemnités dues par les concessionnaires de mines aux explorateurs pour travaux ou recherches antérieurs à l'acte de concession (art. 46 de la loi de 1810); deuxièmement, en matière de réclamations à l'occasion de la redevance proportionnelle sur les mines (art. 37 de la loi). Il y a lieu conséquemment de se demander dans quelles formes devront se faire les expertises en matière de mines devant le conseil de préfecture?

D'une manière générale, pour ce qui est des formes de ces expertises « il est difficile, dit M. Aucoq, de les indiquer d'une manière précise. Lorsque la loi spéciale a parlé, il faut la suivre. Par exemple, la loi du 16 septembre 1807 règle, dans son article 56, les formes de l'expertise qu'elle ordonne..... Dans les autres cas, on suit, autant que possible, les règles du code de procédure civile, en les simplifiant. Nous sommes obligés d'avouer, ajoute le même auteur, dans les *Conférences sur le droit administratif* (1), que la jurisprudence du conseil d'état a un peu varié, mais le règlement d'administration publique, prévu par la loi du 21 juin 1865, mettra fin aux incertitudes ».

En ce qui concerne les expertises pour redevances de mines devant le conseil de préfecture, il y a un décret spécial qui a parlé, c'est celui du 6 mai 1811 ayant force de loi. Les articles 49, 50, 51, 52 et 53 règlent la forme de l'expertise en pareil cas (2) : nous ne pouvons que renvoyer à ce qui a été dit précédemment à ce sujet dans le chapitre VII, relatif aux redevances (3), en rappelant qu'en cette circonstance « deux experts seront nommés, l'un par le préfet, et l'autre par le réclamant » (art. 49 du décret du 6 mai 1811).

Quant aux expertises devant le conseil de préfecture à l'occasion d'indemnités pour travaux antérieurs à l'acte de concession, nous estimons qu'on doit suivre, autant que possible, les règles du code de procédure civile (art. 303 à 323), et cela en raison des dispositions générales de l'article 87 de la loi de 1810 et de la doctrine proclamée par le conseil d'état dans une ordonnance déjà citée, du 24 juillet 1835, concernant les mines de Saint-Pierre de Lacour.

---

(1) Tome 1er, p. 447.
(2) Ces formes sont analogues à celles qui ont été prescrites par l'arrêté du 24 floréal an VIII sur les réclamations en matière de contribution foncière.
(3) Pages 244 et 245.

Arbitrages. — Compromis.

La juridiction des arbitres, laquelle peut être créée au gré des parties, soit en matière civile, soit en matière commerciale, est souvent employée en affaires de mines.

« L'arbitrage, dit Dalloz (1), est une juridiction conférée à de simples particuliers par la volonté des parties ou par la loi, pour juger les contestations sur lesquelles la loi ne défend pas de compromettre ; l'arbitre est celui à qui cette mission est confiée. »

L'acte par lequel les parties en litige soumettent volontairement leurs différends à un ou plusieurs arbitres s'appelle compromis.

« Dans le système de l'Assemblée constituante de 1789, dit M. Aucoq (2), système fondé, il faut l'avouer, sur une excessive confiance dans la bonté de la nature humaine, l'arbitrage devait être le moyen principal de terminer les procès. « Les juges ne sont faits, disait Thouret, que pour ceux qui n'ont pas l'esprit de s'en passer. » Aujourd'hui, ajoute M. Aucoq, on connaît mieux le cœur humain. L'arbitrage n'est qu'un moyen très accessoire de terminer les procès. Les règles qui y sont relatives sont reléguées à la fin du code de procédure civile. En matière civile, on ne connaît plus depuis longtemps que l'arbitrage volontaire, dit aussi le même auteur. En matière commerciale, les associés étaient obligés, par le code de commerce, de soumettre leurs contestations à des arbitres (art. 51). Mais cette prescription, qui donnait lieu à de vives réclamations, a été abrogée par la loi du 17 juillet 1856. »

Dispositions principales du code de procédure civile en matière d'arbitrages.

Les principales dispositions du code de procédure civile concernant les arbitrages sont contenues dans les articles suivants (Livre III, titre unique) :

Art. 1003. Toutes personnes peuvent compromettre sur les droits dont elles ont la libre disposition.

Art. 1004. On ne peut compromettre sur les dons et legs d'aliments,

---

(1) *Répertoire de législation* v° arbitrage-arbitre.
(2) *Conférences sur le droit administratif*, t. 1ᵉʳ, 293.

logements et vêtements; sur les séparations d'entre mari et femme, divorces, questions d'état, ni sur aucune des contestations qui seraient sujettes à communication au ministère public.

Art. 1005. Le compromis pourra être fait par procès-verbal devant les arbitres choisis, ou par acte devant notaire, ou sous signature privée.

Art. 1006. Le compromis désignera les objets en litige et les noms des arbitres à peine de nullité.

Art. 1007. Le compromis sera valable encore qu'il ne fixe pas de délai; et, dans ce cas, la mission des arbitres ne durera que trois mois du jour du compromis.

Art. 1008. Pendant le délai de l'arbitrage, les arbitres ne pourront être révoqués que du consentement unanime des parties.

Art. 1009. Les parties et les arbitres suivront, dans la procédure, les délais et les formes établis pour les tribunaux si les parties n'en sont autrement convenues.

Art. 1010. Les parties pourront, lors et depuis le compromis, renoncer à l'appel. — Lorsque l'arbitrage sera sur appel ou sur requête civile, le jugement arbitral sera définitif et sans appel.

Art. 1012. Le compromis finit, 1° par le décès, refus, départ ou empêchement d'un des arbitres s'il n'y a clause qu'il sera passé outre, ou que le remplacement sera au choix des parties ou au choix de l'arbitre ou des arbitres restants; 2° par l'expiration du délai stipulé, ou de celui de trois mois s'il n'en a pas été réglé ; 3° par le partage si les arbitres n'ont pas le pouvoir de prendre un tiers arbitre.

Art. 1016. Chacune des parties sera tenue de produire ses défenses et pièces quinzaine au moins avant l'expiration du délai de compromis, et seront tenus les arbitres de juger sur ce qui aura été produit. — Le jugement sera signé par chacun des arbitres; et, dans le cas où il y aurait plus de deux arbitres, si la minorité refusait de signer, les autres arbitres en feront mention, et le jugement aura le même effet que s'il avait été signé par chacun des arbitres. — Un jugement arbitral ne sera, dans aucun cas, sujet à l'opposition.

Art. 1017. En cas de partage, les arbitres autorisés à nommer un tiers seront tenus de le faire par la décision qui prononce le partage : s'ils ne peuvent en convenir, ils le déclareront sur le procès-verbal, et le tiers sera nommé par le président du tribunal qui doit ordonner l'exécution de la décision arbitrale. — Il sera à cet effet présenté requête par la partie la plus diligente. — Dans les deux cas les arbitres divisés seront tenus de rédiger leur avis distinct et motivé, soit dans le même procès-verbal, soit dans des procès-verbaux séparés.

Art. 1018. Le tiers arbitre sera tenu de juger dans le mois du jour de son acceptation, à moins que ce délai n'ait été prolongé par l'acte de la nomination : il ne pourra prononcer qu'après avoir conféré avec les arbitres divisés, qui seront sommés de se réunir à cet effet. — Si tous les arbitres ne se réunissent pas, le tiers arbitre prononcera seul; et néanmoins il sera tenu de se conformer à l'un des avis des autres arbitres.

Art. 1019. Les arbitres et tiers arbitres décideront d'après les règles du droit, à moins que le compromis ne leur donne pouvoir de prononcer comme amiables compositeurs.

Art. 1020. Le jugement arbitral sera rendu exécutoire par une ordonnance du président du tribunal de première instance dans le ressort duquel il a été rendu : à cet effet, la minute du jugement sera déposée dans les trois jours, par l'un des arbitres, au greffe du tribunal. — S'il avait été compromis sur l'appel d'un jugement, la décision arbitrale sera déposée au greffe de la cour d'appel, et l'ordonnance rendue par le président de cette cour. — Les poursuites pour les frais du dépôt et les droits d'enregistrement ne pourront être faites que contre les parties.

Art. 1021. Les jugements arbitraux, même ceux préparatoires, ne pourront être exécutés qu'après l'ordonnance qui sera accordée à cet effet par le président du tribunal, au bas ou en marge de la minute, sans qu'il soit besoin d'en communiquer au ministère public; et sera ladite ordonnance expédiée en suite de l'expédition de la décision. — La connaissance de l'exécution du jugement appartient au tribunal qui a rendu l'ordonnance.

Art. 1022. Les jugements arbitraux ne pourront, en aucun cas, être opposés à des tiers.

Art. 1023. L'appel des jugements arbitraux sera porté, savoir : devant les tribunaux de première instance pour les matières qui, s'il n'y eût point eu d'arbitrage, eussent été, soit en premier, soit en dernier ressort, de la compétence des juges de paix; et devant les cours d'appel pour les matières qui eussent été, soit en premier, soit en dernier ressort, de la compétence des tribunaux de première instance.

Art. 1025. Si l'appel est rejeté, l'appelant sera condamné à la même amende que s'il s'agissait d'un jugement des tribunaux ordinaires.

Art. 1028. Il ne sera pas besoin de se pourvoir par appel ni requête civile dans les cas suivants : — 1° si le jugement a été rendu sans compromis ou hors des termes du compromis; — 2° s'il l'a été sur compromis nul ou expiré; — 3° s'il n'a été rendu que par quelques arbitres non autorisés à juger en l'absence des autres; — 4° s'il l'a été par un tiers sans en avoir conféré avec les arbitres partagés; — 5° enfin s'il a été prononcé sur choses non demandées. — Dans tous ces cas, les parties se pourvoiront par opposition à l'ordonnance d'exécution devant le tribunal qui l'aura rendue, et demanderont la nullité de l'acte qualifié *jugement arbitral*. — Il ne pourra y avoir recours en cassation que contre les jugements des tribunaux rendus soit sur requête civile, soit sur appel d'un jugement arbitral.

Différence capitale entre les arbitrages et les expertises.

De tout ce qui précède, il résulte qu'il y a une différence capitale entre l'œuvre et la qualité des arbitres et celles des experts. Les arbitres exercent une juridiction, tandis que les experts font simplement œuvre d'information.

La sentence arbitrale est un véritable jugement qui est rendu exécutoire, dans la forme, par une ordonnance du président du tribunal (art. 1020 code proc. civ.), tandis que le rapport d'experts est un simple avis que les juges ne sont pas astreints à suivre si leur conviction s'y oppose (art. 323 code proc. civ.). Un jurisconsulte a pu dire qu'en fait, un rapport d'experts est un jugement de première instance devant le tribunal qui a ordonné l'expertise, mais ce n'est là qu'une figure de rhétorique dont la justesse est contestable. Les experts sont des conseils mais non pas des juges, tandis que les arbitres sont des juges véritables dans les limites et pour les matières du compromis qui les a institués.

CHAPITRE XVII.

CONTRAVENTIONS.

Contraventions en matière de mines, minières et carrières. — Peines de simple police. — Peines correctionnelles.

Les contraventions en matière de mines, minières et carrières sont passibles, suivant les cas, des peines correctionnelles ou des peines de simple police. Nous croyons donc devoir rappeler tout d'abord les articles du code d'instruction criminelle et du code pénal qui définissent ces deux sortes de peines.

Art. 137 (code d'instruction criminelle). Sont considérés comme contraventions de police simple les faits qui, d'après les dispositions du quatrième livre du code pénal, peuvent donner lieu soit à quinze francs d'amende ou au-dessous, soit à cinq jours d'emprisonnement ou au-dessous, qu'il y ait ou non confiscation des choses saisies, et quelle qu'en soit la valeur.

Art. 464 (code pénal). Les peines de police sont : — l'emprisonnement, — l'amende, — et la confiscation de certains objets saisis.

Art. 465 (code pénal). L'emprisonnement pour contravention de police ne pourra être moindre d'un jour ni excéder cinq jours, selon les classes, distinctions et cas ci-après spécifiés.— Les jours d'emprisonnement sont des jours complets de vingt-quatre heures.

Art. 466 (code pénal). Les amendes pour contravention pourront être prononcées depuis un franc jusqu'à quinze francs inclusivement, selon les distinctions et classes ci-après spécifiées, et seront appliquées au profit de la commune où la contravention aura été commise.

Voilà pour les contraventions et peines de police ; quant aux peines en matière correctionnelle, elles sont définies, comme il suit, par les articles 40 et 58 du code pénal :

Art. 40. Quiconque aura été condamné à la peine d'emprisonnement sera renfermé dans une maison de correction : il y sera employé à l'un des travaux établis dans cette maison, selon son choix.— La durée de cette peine sera au moins de six jours, et de cinq années au plus ; sauf les cas de récidive ou autres où la loi aura déterminé d'autres limites. — La peine à un jour d'emprisonnement est de vingt-quatre heures ; — celle à un mois est de trente jours.

Art. 58.— Les coupables condamnés correctionnellement à un emprisonnement de plus d'une année seront aussi, en cas de nouveau délit, condamnés au *maximum* de la peine portée par la loi, et cette peine pourra être portée jusqu'au double : ils seront de plus mis sous la surveillance spéciale du gouvernement pendant au moins cinq années, et dix ans au plus.

Citations diverses de peines prononcées pour contraventions en matière de mines.

Comme exemples de condamnations pour contraventions en matière de mines, nous croyons devoir faire les quelques citations suivantes :

Jugement du tribunal de... en date du 30 octobre 1863, qui condamne le directeur de la mine de... à 300 francs d'amende pour avoir omis de prévenir le maire de... et l'ingénieur des mines de l'accident arrivé dans les travaux de la mine de...

Jugement du tribunal de... en date du 26 décembre 1843, qui condamne à 300 francs d'amende le directeur de la compagnie des mines de... pour avoir, dans une partie de la concession dont il était le directeur unique et responsable, laissé pratiquer des travaux par une compagnie spéciale et avoir ainsi toléré un fractionnement de la concession.

Jugement du tribunal de... en date du 26 mars 1844, qui condamne le directeur de la compagnie des mines de... à 300 francs d'amende pour avoir ouvert deux puits sans autorisation et même en contravention à deux arrêtés préfectoraux.

Jugement du tribunal de..., en date du 20 octobre 1863, qui condamne le maître-mineur de... à deux mois de prison pour avoir envoyé des ouvriers travailler avec des lampes à feu nu dans des chantiers à grisou, en contravention avec des arrêtés préfectoraux spécifiés.

Jugement du 20 août 1864 qui déclare la compagnie de... responsable de la mort d'un enfant qui s'est précipité dans un puits abandonné (contravention à l'arrêté préfectoral du...).

Jugement du tribunal de... en date du 10 août 1863, qui condamne trois ouvriers à 100 francs d'amende, savoir : deux, pour être descendus dans les galeries du puits de... avec des lampes dévissées et non fermées; le troisième, pour avoir pénétré dans lesdites galeries sans permission et avec une lampe à feu nu.

Jugement du tribunal de... en date du 5 avril 1867, qui condamne à 200 francs d'amende le maître-mineur de... pour ne pas s'être assuré personnellement que la lampe Davy remise à un ouvrier était dévissée ; le même jugement condamne deux ouvriers à 100 francs d'amende chacun, pour avoir, l'un remis, l'autre reçu une lampe Davy en mauvais état.

Jugement du tribunal de... en date du 10 juillet 1863, qui condamne à 100 francs d'amende un ouvrier pour avoir fumé (contrairement au règlement du...) dans un puits dégageant du grisou.

Nous ne poussons pas plus loin ces citations, et nous terminerons sur ce sujet en rappelant que l'instruction sur les mesures de sûreté à prendre dans les mines à grisou, jointe à la circulaire du 6 décembre 1872 mentionne la condamnation suivante (1) :

Par application des articles 31 du décret du 3 janvier 1813 et 96 de la loi du 21 avril 1810, un arrêt de la cour de Lyon, en date du 29 janvier 1872, a prononcé une peine contre la simple tentative d'ouverture d'une lampe de sûreté.

Ensemble de la juridiction pénale en matière de mines, établie par la loi de 1810. — Compétence.

La loi du 21 avril 1810, pour être efficace, avait besoin d'une sanction. Cette sanction se trouve dans le titre X, intitulé « De la police et de la juridiction relatives aux mines », lequel contient les articles 93 à 96 ainsi conçus :

Art. 93. Les contraventions des propriétaires de mines exploitants non encore concessionnaires ou autres personnes, aux lois et règlements, seront dénoncées et constatées, comme les contraventions en matière de voirie et de police.

Art. 94. Les procès-verbaux contre les contrevenants seront affirmés dans les formes et délais prescrits par les lois.

Art. 95. Ils seront adressés en originaux à nos procureurs impériaux, qui seront tenus de poursuivre d'office les contrevenants devant les tribunaux de police correctionnelle, ainsi qu'il est réglé et usité pour les délits forestiers, et sans préjudice des dommages-intérêts des parties.

Art. 96. Les peines seront d'une amende de 500 francs au plus et de 100 francs au moins, double en cas de récidive, et d'une détention qui ne pourra excéder la durée fixée par le code de police correctionnelle.

Les principes généraux qui établissent la démarcation entre les attributions de l'administration et celles des tribunaux, en matière de mines, furent posés dans les termes suivants par Regnaud de Saint-Jean d'Angely dans l'exposé des motifs de la loi :

---

(1) *Annales des mines*, 1872, p. 150.

Le droit de statuer est réservé aux tribunaux ou à l'administration.

Il est réservé aux tribunaux dans tous les cas de contravention aux lois : eux seuls peuvent prononcer des condamnations ; et cette garantie, messieurs, doit être d'un grand prix à vos yeux.

Ce droit est réservé à l'administration, si la sûreté publique est compromise, ou si les exploitations restreintes, mal dirigées, suspendues, laissent des craintes sur les besoins des consommateurs.

La partie répressive des attributions est réservée à l'administration. C'est ainsi qu'en matière de mines les tribunaux et l'administration statuent tour à tour, chacun dans leur domaine naturel. A cet égard, nous devons observer que les ingénieurs des mines dont le rôle est « d'avertir l'administration des vices, abus ou dangers » qu'ils auraient observés dans les exploitations, comme il est dit à l'article 48 de la loi, ne doivent pas statuer par eux-mêmes. Cela est dit en termes formels dans l'exposé des motifs de Regnaud de Saint-Jean d'Angely, dont voici les expressions :

Le corps des ingénieurs des mines, dont l'organisation définitive suivra nécessairement de près la publication de cette loi, portera partout des lumières et des conseils, sans imposer de lois, sans exercer aucune contrainte sur la direction des travaux.

Ils n'auront d'action que pour prévenir les dangers, pourvoir à la conservation des édifices, à la sûreté des individus.

Ils éclaireront les propriétaires et l'administration, ils rechercheront les faits, les constateront et ne statueront jamais.

L'article 50 primitif de la loi de 1810 a servi de motif à une certaine controverse en matière de juridiction de mines. L'ancien article 50 était conçu comme il suit :

Si l'exploitation compromet la sûreté publique, la conservation des puits, la solidité des travaux, la sûreté des ouvriers mineurs ou des habitations de la surface, il y sera pourvu par le préfet, ainsi qu'il est pratiqué en matière de grande voirie, et selon les lois.

Comme les conseils de préfecture sont appelés à statuer en matière de grande voirie, quelques personnes avaient argué de l'ancien article 50 pour prétendre que les conseils de préfecture, à l'exclusion des tribunaux, doivent avoir la juridiction en matière de mines toutes les fois que l'exploitation compromet la sûreté publique. Mais, ainsi que l'a fait très justement observer M. de Boureuille, dans un article inséré aux *Annales des mines* (4ᵉ série, t. XX, p. 683), « l'article 50 ne s'applique pas à la répression pénale, mais aux mesures à prendre pour prévenir un danger ». Cette interprétation de l'ancien article 50, conforme aux principes généraux de juridiction posés dans l'exposé des motifs par Regnaud de Saint-Jean d'Angely, a été confirmée, dans les termes suivants, par un arrêt de la cour de cassation, du 29 août 1851, rendu dans l'affaire Roy dit Belleville :

> L'article 50 ne parle de grande voirie en matière de mines qu'en ce qui concerne les mesures de précaution à prendre par les préfets, tandis que, pour la répression des contraventions, la compétence judiciaire est formellement écrite dans l'article 95.

Sans doute, un préfet pourra être amené en exerçant les pouvoirs qui lui sont donnés par l'article 50, à interdire une mine ou partie de mine menaçant la sûreté publique ou la sûreté des ouvriers : c'est bien là une mesure de répression sans doute, mais c'est de la répression préventive, laquelle appartient à l'administration ; ce n'est point de la répression pénale, laquelle est réservée aux tribunaux.

Rappelons à ce sujet que le nouvel article 50, tel qu'il a été révisé par la loi du 27 juillet 1880, est conçu comme il suit :

> Art. 50. — Si les travaux de recherche ou d'exploitation d'une mine sont de nature à compromettre la sécurité publique, la conservation de la mine, la sûreté des ouvriers mineurs, la conservation des voies de communication, celle des eaux minérales, la solidité des habitations, l'usage des sources qui alimentent des villes, villages, hameaux et établissements publics, il y sera pourvu par le préfet.

Le nouvel article 50 ne contenant pas les mots de grande voirie, comme l'ancien, il ne saurait y avoir de prétexte pour arguer de cet article afin de donner compétence aux conseils de préfecture, en matière de mines, toutes les fois que les travaux compromettent la sécurité publique : on est donc plus que jamais fondé à dire que l'article 50 actuel ne s'applique pas à la répression pénale mais seulement aux mesures à prendre pour prévenir un danger dans les travaux de recherche ou d'exploitation des mines, la compétence étant formellement donnée au préfet en ce qui concerne ces mesures. La compétence des préfets en matière préventive a été fort étendue par le nouvel article 50, ainsi qu'il a été dit à l'occasion de la surveillance des mines par le gouvernement, mais ce nouvel article n'a rien changé à ce qui concerne la compétence en matière répressive, la seule qui nous occupe en ce moment.

En général, les autorités administratives prennent des mesures que l'on peut grouper sous deux grandes divisions, les actes de gestion et les actes de police. Les mesures que l'administration est appelée à prendre pour la surveillance des mines, en vertu de l'article 50 de la loi de 1810, rentrent dans la deuxième de ces divisions, mais ce ne sont pas des actes de juridiction proprement dits pouvant motiver l'intervention des conseils de préfecture. On ne saurait, d'autre part, arguer des termes de « voirie et de police » qui se trouvent à l'article 93 de la loi pour combattre la juridiction des tribunaux de police correctionnelle en matière de contraventions de mines. En effet, l'article 93 porte seulement que ces contraventions « seront dénoncées et constatées comme les contraventions en matière de voirie et de police » sans rien dire de la juridiction compétente, juridiction qui est d'ailleurs expressément attribuée aux tribunaux de police correctionnelle par l'article 95, et qui leur appartient en effet.

Tous ceux qui commettent des contraventions aux lois et règlements sur les mines, soit propriétaires de mines, soit exploitants non encore concessionnaires, soit autres personnes, c'est-à-dire, tous les contrevenants sans distinction, seront poursuivis devant les tribunaux de police correctionnelle conformément au titre X : cela résulte des termes précis des articles 95 et 96 de la loi.

Classification des contraventions en matière de mines.

Il y a plusieurs sortes de contraventions en matière de mines : premièrement, les contraventions aux lois et règlements sur les mines ; deuxièmement, les contraventions aux actes de concession et aux cahiers des charges qui y sont annexés ; troisièmement, les contraventions aux actes administratifs, arrêtés ministériels ou arrêtés préfectoraux, intervenus en matière de mines comme conséquence ou application de ces lois, règlements et actes de concession.

Contraventions aux lois et règlements sur les mines.

Occupons-nous d'abord des contraventions aux lois et règlements sur les mines.

Les lois et règlements généraux sur les mines, en vigueur aujourd'hui, sont au nombre de quinze dont six lois et neuf décrets ou ordonnances, conformément à la nomenclature suivante :

1° La loi du 28 juillet 1791, dans toutes ses dispositions non abrogées par la loi du 21 avril 1810 ;

2° La loi du 21 avril 1810 ;

3° La loi du 27 avril 1838 ;

4° La loi sur le sel, du 17 juin 1840 ;

5° La loi du 9 mai 1866 ;

6° La loi du 27 juillet 1880 ;

7° Le décret du 18 novembre 1810, contenant organisation du corps des ingénieurs des mines ;

8° Le décret du 6 mai 1811, relatif aux redevances fixe et proportionnelle ;

9° Le décret du 3 janvier 1813, relatif à la police des mines avec l'instruction, approuvée par le ministre, du 9 février 1813 sur les accidents de mines ;

10° L'ordonnance sur le sel, du 7 mars 1841 ;

11° L'ordonnance du 18 avril 1842, sur l'élection de domicile à faire par les concessionnaires de mines ;

12° L'ordonnance du 26 mars 1843, portant règlement pour l'exécution de l'article 50 de la loi du 21 avril 1810 ;

13° Le décret du 23 octobre 1852, sur les réunions de plusieurs concessions de mines entre les mêmes mains ;

14° Le décret du 27 juin 1866, sur les abonnements à la redevance proportionnelle ;

15° Le décret du 11 février 1874, relatif aux redevances.

Toutes les contraventions à des articles de ces quinze lois ou règlements sur les mines sont punissables des peines portées au titre X de la loi du 21 avril 1810 : cette disposition résulte des termes exprès de l'article 93 de la loi. Elle est insérée généralement dans plusieurs des lois et règlements postérieurs à la loi 1810, mais le défaut d'insertion ne saurait l'invalider, parce qu'elle est de droit.

Contraventions aux actes de concession.

Les contraventions aux actes de concession de mines et aux cahiers des charges qui leur sont annexés, sont punissables comme les infractions aux lois et règlements sur les mines (1). Cela résulte de

---

(1) **Dupont** : *Jurisprudence des mines*, t. II, p. 428.

ce que l'article 5 de la loi du 21 avril 1810 ayant dit que « les mines ne peuvent être exploitées qu'en vertu d'un acte de concession délibéré en conseil d'état », tout concessionnaire de mine qui contrevient à un acte de concession, ou bien au cahier des charges qui en fait partie intégrante, contrevient indirectement à l'article 5 de la loi du 21 avril 1810 d'où dérive l'acte de concession.

Ce principe a été formellement posé par la cour de cassation dans un arrêt du 23 janvier 1829, rendu dans l'affaire Ardaillon : l'arrêt en question porte que la contravention à son acte de permission commise par le propriétaire d'un patouillet (permissionné conformément au titre VII de la loi de 1810) constitue la contravention prévue par l'article 93 de la loi de 1810, et non par celle qui est punie par l'article 471 du code pénal. C'est assez dire que nous ne croyons pas devoir adopter l'opinion intermédiaire qui consisterait à faire une distinction, une sorte de ventilation ou départ entre les différentes infractions au cahier des charges d'une concession de mine. Dans ce système, d'une application difficile et cotoyant forcément l'arbitraire, il faudrait classer, d'une part, les infractions au cahier des charges qui sont en même temps des infractions aux lois et règlements sur les mines pour leur appliquer les peines de l'article 96 de la loi de 1810 ; il faudrait distinguer, d'autre part, les infractions qui ne sont pas ou ne semblent pas être des contraventions aux lois et règlements sur les mines et leur appliquer seulement les peines de police spécifiées pour contraventions aux règlements légalement faits par l'autorité administrative (code pénal, article 471 § 15 et article 474). Or ce système intermédiaire, qui conduirait forcément à l'arbitraire, nous le répétons, a été condamné en principe par l'arrêt précité de la cour de cassation du 23 janvier 1829, rendu dans une affaire de patouillet : il doit en conséquence être repoussé. Observons au sujet dudit arrêt que les articles 73 à 78 de la loi du 21 avril 1810, qui soumettaient autrefois les patouillets à la nécessité d'une permission, ont été abrogés par la loi du 9 mai 1866 ; mais lorsque l'arrêt de 1829 a été rendu, il n'en était pas ainsi, et la cour de cassation, en décidant qu'une infraction commise par un propriétaire de patouillet à son acte de permission constituait une contravention véritable à la loi primitive de 1810 d'où dérivait sa permission, a décidé aussi, en principe, parallèlement et logiquement, quoique d'une manière implicite, que l'infraction d'un concessionnaire de mine à son acte de concession constitue de même une infraction à la loi de 1810 d'où dérive sa concession.

Contraventions aux arrêtés préfectoraux en matière de mines.

Les contraventions aux arrêtés préfectoraux rendus en matière de mines, ces arrêtés étant pris soit pour l'application de l'article 50 de la loi du 21 avril 1810, soit pour l'exécution générale des lois et règlements sur les mines, soit en conformité des cahiers des charges des actes de concession, sont des contraventions indirectes aux lois et règlements sur les mines et tombent sous le coup de l'application des articles 93 à 96 de la loi du 21 avril 1810, tout comme les contraventions directes à ces lois et règlements (1).

Ce principe, qui est la conséquence de ce qui précède, a été consacré par la cour de cassation dans un arrêt du 5 août 1837, rendu dans l'affaire Dugas de la Catonnière, et par un arrêté ministériel du 25 janvier 1835, rendu pour l'exécution des cahiers des charges des concessions houillères de Saint-Étienne.

Le système intermédiaire mentionné tout à l'heure à l'occasion des contraventions aux actes de concession devrait être repoussé ici encore par des motifs analogues.

Comparaison avec la législation prussienne.

Disons, à ce sujet, que la loi prussienne sur les mines du 24 juin 1865 est plus précise sur ce point que la loi française. En effet, elle mentionne explicitement, comme contraventions de mines (art. 208), « La violation des ordonnances de police rendues par les autorités des mines ainsi que des ordonnances que les administrateurs supérieurs des mines peuvent rendre en vertu de l'article 197... et la violation des mesures de police prises en vertu des articles 198 et 199 ».

Notification nécessaire des actes administratifs concernant les mines.

Les actes administratifs en matière de mines ne sont obligatoires

---

(1) Dupont : *Jurisprudence des mines*, t. II, p. 429.

pour les exploitants qu'après leur avoir été notifiés. C'est ce qui résulte des termes suivants de l'article 10 du décret du 3 janvier 1813.

> Les actes administratifs concernant la police des mines et minières, dont il a été fait mention dans les articles précédents, seront notifiés aux exploitants afin qu'ils s'y conforment dans les délais prescrits ; à défaut de quoi, les contraventions seront constatées par procès-verbaux des ingénieurs des mines, conducteurs, maires, autres officiers de police, gardes-mines : on se conformera, à cet égard, aux articles 93 et suivants de la loi du 21 avril 1810; et, en cas d'inexécution, les dispositions qui auront été prescrites seront exécutées d'office aux frais de l'exploitant, dans les formes établies par l'article 37 du décret du 18 novembre 1810.

Procès-verbaux de contraventions en matière de mines.

L'article précédent énumère les personnes qui sont appelées à dresser des procès-verbaux de contraventions sur le fait des mines.

Quant à la manière de dénoncer les contraventions, l'article 93 porte que le mode à employer sera celui qui est employé « en matière de... police », mode indiqué aux articles 11 à 21 du code d'instruction criminelle auxquels nous renvoyons. D'autre part, l'article 93 de la loi du 21 avril 1810 dit aussi que les contraventions de mines seront dénoncées comme celles « en matière de voirie... » ; ajoutons que celles-ci peuvent être constatées par les officiers du parquet et par les officiers de police judiciaire.

Observons que l'article 154 du code d'instruction criminelle, relatif au tribunal de police, lequel est applicable au cas actuel, porte que « les contraventions seront prouvées soit par procès-verbaux ou rapports, soit par témoins à défaut de rapports et de procès-verbaux, ou à leur appui. »

Si le procès-verbal est dressé par un officier de police auquel foi pleine et entière est accordée jusqu'à l'inscription de faux, nul n'est admis, à peine de nullité, à faire preuve par témoins, outre ou contre le contenu de ce procès-verbal. Quant aux ingénieurs et gardes-mines, ils ne sont pas compris dans la catégorie précédente; conséquemment, leurs rapports et procès-verbaux en matière de contraventions pourront, aux termes de l'article 154 du code d'instruction criminelle, être débattus par des preuves contraires, soit écrites, soit testimoniales, si le tribunal juge à propos de les admettre.

Il n'est pas nécessaire que le procès-verbal de contravention dressé par un ingénieur ou garde-mines soit notifié au prévenu ; il en est autrement si le procès-verbal est dressé par un officier de police auquel foi pleine et entière est accordée par la loi, il faut alors que le procès-verbal soit notifié au prévenu pour que celui-ci puisse s'inscrire en faux : cette distinction a été établie par un arrêt de la cour de cassation du 18 août 1837, dans l'affaire Gauthier (1).

Les procès-verbaux de contravention en matière de mines sont dressés sur papier libre, visés pour timbre et enregistrés au débet. Quant à l'affirmation, l'article 94 de la loi de 1810 porte qu'ils doivent être affirmés dans les formes et délais prescrits par les lois. Ils doivent l'être dans les vingt-quatre heures lorsqu'ils sont faits par des agents pour lesquels cette formalité est requise ; l'affirmation est reçue, soit par le juge de paix, soit par le maire ou l'adjoint de la commune, le tout conformément à l'article 11 de la loi du 28 floréal an X sur les justices de paix.

Ajoutons enfin que la contravention peut être réprimée malgré un vice de forme du procès-verbal : il suffit, pour que le tribunal applique la peine, que la contravention soit prouvée par l'aveu du prévenu ou autrement : ce principe a été consacré par un arrêt de la cour de cassation du 13 septembre 1839, rendu dans l'affaire Bernard.

Poursuite d'office.

La poursuite d'office a toujours eu lieu, en France, en matière de contraventions de mines. Elle était opérée autrefois par le grand-maître des mines ; plus tard, elle fut attribuée aux intendants des provinces ; aujourd'hui, elle est exercée par les procureurs de la république, conformément à l'article 95 de la loi de 1810, ainsi conçu :

Art. 95. — Ils (les procès-verbaux de contravention) seront adressés en originaux à nos procureurs impériaux, qui seront tenus de poursuivre d'office les contrevenants devant les tribunaux de police correctionnelle, ainsi qu'il est réglé et usité pour les délits forestiers, et sans préjudice des dommages-intérêts des parties.

La loi, en ordonnant la poursuite d'office pour les contraventions

---

(1) Dupont : *Jurisprudence des mines*, t. II, p. 430 et suiv.

en matière de mines, a considéré ces contraventions comme portant atteinte à l'intérêt général. Aussi l'importance de cette poursuite était-elle signalée explicitement dans l'exposé des motifs de Regnaud de Saint-Jean d'Angely.

Solidarité des concessionnaires.

Une question importante, en matière de contraventions de mines, c'est la solidarité des concessionnaires : un arrêt de la cour de cassation du 15 février 1843 (Parmentier) porte que « la solidarité peut être prononcée pour les dommages-intérêts résultant des infractions aux lois et règlements sur les mines ».

Cas de responsabilité des concessionnaires, directeurs, administrateurs. — Compétence souveraine des tribunaux.

Les cas de responsabilité des concessionnaires en matière de contraventions de mines varient suivant les circonstances (1) : quelques détails sont nécessaires à ce sujet.

Lorsque les concessionnaires ont satisfait aux prescriptions de l'article 7 de la loi du 27 avril 1838 qui ordonne que les travaux soient soumis à une direction unique, c'est le directeur qui est responsable de la contravention. Mais si les concessionnaires n'ont pas rempli cette formalité, s'ils ne veillent pas à ce qu'en fait il y ait une direction unique, ils doivent légalement être réputés exploiter eux-mêmes leur concession, et ils sont solidairement tenus envers la vindicte publique des contraventions en matière de mines. Ce juste principe, qui dérive de l'indivisibilité des concessions et des articles 49, 50 et 93 de la loi de 1810, a été formellement consacré par la cour de cassation dans un arrêt du 5 août 1837, relatif à l'affaire Dugas.

Les concessionnaires de mines sont, en droit et de par la loi du 21 avril 1810, personnellement passibles des contraventions prévues par cette loi lorsqu'ils n'ont pas offert la preuve, soit de leur non participation personnelle, soit de mesures prescrites à leurs subordonnés pour empêcher les faits prohibés. Ce principe a été juste-

---

(1) Dupont, *Jurisprudence des mines*, t. II, p. 433 et suiv.

ment posé par la cour de cassation dans un arrêt du 18 août 1837, rendu dans l'affaire Gauthier. On doit remarquer que l'application de ce principe, fondé sur la logique des faits et sur l'équité, peut amener, en certains cas, à rechercher si les membres d'un conseil d'administration n'ont pas encouru une certaine responsabilité en matière de contraventions de mines : les tribunaux sont souverains dans cette importante question des responsabilités respectives.

La compétence des tribunaux pour dire qui est responsables des contraventions de mines, est de droit commun : elle résulte logiquement de ce que la répression de ces contraventions leur a été attribuée par l'article 95 de la loi de 1810 ; elle a été proclamée par un arrêt de la cour de cassation du 20 août 1858, rendu dans l'affaire Chagot, et qui maintient, pour les tribunaux, le pouvoir de déclarer si le gérant d'une société d'exploitation de mines est responsable d'une contravention aux lois et règlements sur les mines. La doctrine consacrée par cet arrêt conduit logiquement, comme celle de l'arrêt du 18 août 1837 mentionné tout à l'heure, à donner aux tribunaux pleine compétence pour décider si, en raison des faits particuliers à la cause, les membres du conseil d'administration d'une compagnie de mines ne peuvent pas être, suivant les cas, rendus responsables des contraventions dont il est ici question.

Peines pour contraventions en matière de mines. — Amende. — Détention. — Récidive.

Les peines applicables aux contraventions en matière de mines sont, d'après l'article 96 de la loi du 31 avril 1810, d'une amende de 500 francs au plus et de 100 francs au moins, double en cas de récidive, et d'une détention qui ne peut excéder la durée fixée par le code de police correctionnelle, laquelle est de six jours au moins et de cinq ans au plus (article 40 du code pénal).

La détention prononcée par l'article 96 de la loi de 1810 n'est applicable qu'en cas de récidive, comme si l'article 96 était ainsi conçu :

> Les peines seront d'une amende de 500 francs au plus et de 100 francs au moins, *et en cas de récidive d'une amende double et d'une détention* qui ne pourra excéder la durée fixée par le code de police correctionnelle.

Au lieu de cela, le texte actuel porte :

Art. 96. — Les peines seront d'une amende de 500 francs au plus et de 100 francs au moins, double en cas de récidive, et d'une détention qui ne pourra excéder la durée fixée par le code de police correctionnelle.

En présence du sens douteux de l'article 96, la cour de cassation, dans un arrêt du 6 août 1829, s'est appuyée sur ce principe général, que dans les divers cas où des peines ont été établies pour la répression des contraventions aux règlements de police, les lois ont généralement prononcé de simples peines pécuniaires en cas d'une première contravention et ont appliqué la peine de l'emprisonnement seulement en cas de récidive (1).

Quant à la définition de ce qu'on doit entendre par récidive en matière de contraventions de mines, la cour de cassation, dans un arrêt du 18 août 1837 relatif à l'affaire Gauthier, a décidé que les peines de la récidive sont applicables à un inculpé quoique la seconde contravention qui lui est reprochée n'ait pas eu lieu dans le même établissement que la première. Rappelons, du reste, qu'aux termes de l'article 483 du code pénal, il y a récidive « lorsqu'il a été rendu, contre le contrevenant, dans les douze mois précédents, un premier jugement pour contraventions de police commises dans le ressort du même tribunal ».

Application de ces peines à une société de mines.

Lorsqu'une contravention punissable d'une amende a été commise par des concessionnaires de mines constitués en société, la responsabilité légale relative à cette amende pèse sur l'être collectif et non sur chacun des associés individuellement, de telle sorte que c'est une seule amende qui doit être prononcée, et non pas une amende contre chacun des associés. Cette juste doctrine a été consacrée par un arrêt de la cour de cassation du 6 août 1829, relatif à un lavoir à mines. Mais qu'arriverait-il si la contravention eût été passible de la détention, comme la chose a lieu en cas de récidive? L'arrêt de la cour suprême est muet sur ce point, mais nous inclinons à croire que si deux ou plusieurs associés étaient reconnus en fait responsables d'une contravention de mines avec récidive, par un tribunal, chacun d'eux serait condamné à la peine de la détention, peine qui concerne essentiellement les personnes, tandis que l'amende ne serait infligée,

---

(1) Dupont : *Jurisprudence des mines*, t. II, p. 436.

en récidive comme en première condamnation, qu'à l'être collectif de la société qui exploite la mine.

La doctrine précédente, en ce qui concerne l'amende infligée à une société de mines, comme être collectif, concorde avec celle qui résulte d'un arrêt de la cour de Paris, à la date du 27 avril 1878, au sujet des mines de la Bavallière (1), et qui est la suivante : lorsque la gestion des affaires d'une société civile pour l'exploitation des mines a été confiée à un conseil d'administration ou à un directeur, cette société constitue un être moral ayant des intérêts distincts de ceux de chacun des membres qui la composent, et peut être représentée en justice par ce conseil d'administration ou par ce directeur.

Les infractions à la loi de 1810 sont-elles des contraventions ou des délits ?

La question suivante a été posée : les infractions à la loi de 1810 constituent-elles des contraventions ou des délits ? Pour y répondre, il faut se reporter à l'article 1er du code pénal (2).

Si dans quelques articles de la loi de 1810 et notamment dans les articles 93, 94 et 95, on trouve les termes de contraventions et de contrevenants comme synonymes d'infractions à la loi et de violateurs de celle-ci, il n'en est pas moins vrai que l'article 96 ayant puni ces infractions d'une amende de cent francs au moins, c'est-à-dire, supérieure à quinze francs, les a par cela même classées dans la catégorie des délits. Cette doctrine résulte d'un arrêt de la cour de cassation du 15 février 1843, relatif à une mine de sel (Parmentier).

Dans une autre circonstance, et pour une matière étrangère aux mines, la cour de cassation, par un arrêt du 18 janvier 1867 (Delavault), rendu à propos de la complicité d'une contravention en matière de presse, a formulé, d'une manière générale, la doctrine suivante : la disposition du code pénal qui déclare les complices du délit passibles de la même peine que l'auteur principal, ne s'applique pas aux *infrac-*

---

(1) Dalloz, 1878-2-257.

(2) « L'infraction que les lois punissent des peines de police est une *contravention*. — L'infraction que les lois punissent de peines correctionnelles est un *délit*. — L'infraction que les lois punissent d'une peine afflictive ou infamante est un *crime*. »

tions prévues par les lois spéciales, qui, bien que punies de peines correctionnelles, ne constituent que des contraventions, en ce que la loi ne fait pas dépendre leur répression de la preuve d'une intention mauvaise de l'agent. La loi du 21 avril 1810 étant essentiellement une loi spéciale, on serait amené à conclure de la généralité des termes du présent arrêt que la cour de cassation considère les infractions à cette loi comme de simples contraventions et non point comme des délits.

D'autre part et en sens contraire, nous devons citer un jugement plus récent du tribunal de Moutiers, du 13 décembre 1872 (1), lequel proclame la doctrine que « les infractions aux lois sur les mines étant punies de peines correctionnelles sont des délits ». Il faut bien reconnaître que cette doctrine du tribunal de Moutiers semble plus conforme à l'article 1er du code pénal que celle de l'arrêt de la cour de cassation du 18 janvier 1867.

Destruction d'ouvrages élevés en contravention à la loi des mines.

Les tribunaux sont compétents pour ordonner la destruction d'ouvrages élevés en contravention à la loi du 21 avril 1810. Ce principe a été consacré par deux arrêts de la cour de cassation, l'un du 2 avril 1830 dans l'affaire Devillez-Bodson, l'autre du 17 janvier 1835 relatif aux salines de Gouhenans.

Contraventions punissables indépendamment de l'intention.

Les contraventions en matière de mines sont punissables indépendamment de l'intention de leurs auteurs ; aussi toutes les fois que les tribunaux ont absous des contrevenants en matière de mines sous prétexte de bonne foi, d'ignorance ou d'intention, leurs jugements ont été réformés. Ce principe concorde avec la doctrine précédemment mentionnée, comme ressortant d'un arrêt de la cour de cassation du 18 janvier 1867, et se rapportant à la complicité d'une infraction prévue par une loi spéciale.

---

(1) Dalloz, 1873-3-80.

Circonstances atténuantes en matière de contraventions de mines.

Peut-on admettre des circonstances atténuantes en matière de contraventions de mines ? Oui, d'une manière absolue, pour la détention, attendu que l'article 96 de la loi de 1810 fixe un maximum de détention sans désigner de minimum : ce maximum est de cinq ans d'après l'article 40 du code pénal. Cet article 40 spécifie bien un minimum de six jours, mais l'article 96 de la loi de 1810 n'ayant pas reproduit la fixation dudit minimum, le juge pourra en admettant des circonstances atténuantes appliquer une peine d'emprisonnement moindre que six jours. Quant à l'amende, l'article 96 fixe un minimum formel, savoir, de cent francs, pour la première contravention, double en cas de récidive : il suit de là que le juge, quoiqu'il admette des circonstances atténuantes, ne pourra jamais appliquer en matière de mines une amende inférieure au chiffre de cent francs.

Contraventions punissables, sans accidents de mines.

Les contraventions en matière de mines existent et doivent être poursuivies alors même qu'il n'y aurait pas eu d'accidents. Ce principe est formellement écrit à l'article 31 du décret organique du 3 janvier 1813 : il a une grande importance pratique. A ce sujet, nous rappelons ce qui a été dit précédemment (1) au sujet des règlements intérieurs des mines, à savoir, qu'il importe extrêmement, pour leur sanction efficace, qu'ils soient autorisés administrativement, et sur la demande des exploitants de mines, dans la partie la plus essentielle au point de vue de la sûreté des ouvriers ; grâce à cette homologation administrative, en effet, une infraction à un règlement de mines pourra être poursuivie, s'il y a lieu (chose très précieuse pour son efficacité vis-à-vis des ouvriers), alors même qu'il n'y aurait pas eu d'accident.

Augmentation de la pénalité en cas d'accident.

Il y aura augmentation de la pénalité en cas d'accidents : cela ré-

---

(1) Chapitre VIII, page 331.

suite des articles 319 et 320 du code pénal, qui punissent le meurtre involontaire d'un emprisonnement de trois mois à deux ans, et d'une amende de 50 francs à 600 francs, et les blessures involontaires, d'un emprisonnement de six jours à deux mois, et d'une amende de seize francs à cent francs. Ce principe est formulé dans les termes suivants par l'article 22 du décret du 3 janvier 1813 :

> Art. 22.— En cas d'accidents qui auraient causé la perte ou la mutilation d'un ou plusieurs ouvriers, faute de s'être conformés à ce qui est prescrit par le présent règlement, les exploitants, propriétaires et directeurs, pourront être traduits devant les tribunaux, pour l'application, s'il y a lieu, des articles 319 et 320 du code pénal, indépendamment des dommages et intérêts qui pourraient être alloués à qui de droit.

Il a été confirmé par un arrêt de la cour de Liége du 10 mars 1826.

Prescription.

La prescription en matière de contraventions de mines comprend deux subdivisions, savoir, la prescription des actions publique et civile, d'une part, la prescription des peines, d'autre part (1). Aux termes de l'article 95 de la loi du 21 avril 1810, les contraventions en matière de mines étant punies de peines correctionnelles et étant des délits, il s'ensuit qu'on doit appliquer, pour la prescription, les articles 636, 637 et 638 du code d'instruction criminelle. L'article 636 s'exprime dans les termes suivants :

> Les *peines* portées par les arrêts ou jugements rendus en matière correctionnelle se prescriront par cinq années révolues à compter de la date de l'arrêt ou du jugement rendu en dernier ressort; et, à l'égard des peines prononcées par les tribunaux de première instance, à compter du jour où ils ne pourront plus être attaqués par la voie de l'appel.

Voilà pour la prescription des peines : d'autre part, l'action publique et l'action civile pour un délit de nature à être poursuivi correctionnellement se prescrivent après trois années révolues à dater du délit, si, dans cet intervalle, il n'a été fait aucun acte d'instruction ni de poursuite, ou à compter du dernier acte, s'il a été fait dans cet intervalle des actes d'instruction ou de poursuite non suivis de jugement (art. 637 et 638) : c'est ce qui a été décidé par un jugement, déjà

---

(1) Dupont, *Jurisprudence des mines*, t. II, p. 439.

cité, du tribunal de Moutiers du 13 décembre 1872 : ce jugement a maintenu cette doctrine, que « la loi de 1810, après avoir déclaré dans l'article 93 que les contraventions aux lois et règlements seront dénoncées et constatées comme les contraventions en matière de voirie et de police, ne proclame autre chose dans l'article 95 sinon qu'elles seront poursuivies devant les tribunaux correctionnels comme le sont les délits forestiers, et que le législateur ne les a assimilées dans ce dernier article aux délits forestiers qu'au point de vue de la compétence ». D'autre part, si l'on adoptait la doctrine de certaines décisions qui assimilent, au point de vue de la prescription, les délits de mines aux délits forestiers, on dirait que la prescription des actions publique et civile en matière de mines doit avoir lieu dans le délai de trois mois à compter du jour où la contravention a été constatée, lorsque les prévenus sont désignés dans les procès-verbaux (art. 8 titre IX du décret du 27 décembre 1791 et art. 185 du code forestier).

Comparaison avec l'étranger (Italie, Prusse, Autriche, Angleterre).

Comme comparaison avec ce qui se passe dans les pays voisins en matière de pénalité pour contraventions de mines, nous devons dire que, dans la loi italienne du 20 novembre 1859, les contraventions en matière de mines, carrières et usines sont punies d'amendes variant de 5 à 50 livres, de 51 à 200 livres, de 51 à 300 livres, de 51 à 500 livres et de 100 à 500 livres. Parmi les contraventions punies d'une amende de 51 à 500 livres, on peut citer : l'exploitation d'une mine sans concession (art. 55), sans préjudice de la confiscation du minerai et des indemnités envers qui de droit ; l'établissement d'une usine métallurgique sans permission (art. 147) ; le refus ou la négligence d'un usinier à établir les chambres de condensation, bassins d'épuration, etc., et autres appareils prescrits par l'administration (art. 154).

Dans la législation prussienne, la violation des articles de la loi des mines est punie d'amendes jusqu'à 500 thalers (187 fr. 50) sans préjudice de l'interdiction de l'exploitation qui peut être prononcée, en certains cas, par l'administration des mines (art. 207 de la loi du 24 juin 1865). La violation des ordonnances de police rendues par les autorités des mines, ainsi que des ordonnances que les administrations supérieures des mines peuvent rendre, est punie de l'amende susmentionnée (art. 208) : la même amende s'applique à la violation des mesures de police prises en vertu de la loi (art. 208). Les employés de district doivent dresser procès-verbal des infractions aux prescriptions de police des mines. Ces procès-verbaux sont remis, pour la poursuite de l'affaire, au ministère public : le jugement appartient aux tribunaux ordinaires ; ceux-ci n'ont pas à examiner la nécessité ou la convenance, mais seulement la validité légale des mesures de police prises par les autorités des mines (art. 209).

Dans la législation autrichienne, les infractions aux prescriptions de la loi des mines du 23 mai 1854 sont punies d'amendes qui varient de 5 à 10 florins, pouvant, en cas de récidive ou d'autres circonstances aggravantes, s'élever à 200 florins (500 francs, §§ 236 et 237 de la loi).

Dans les deux lois anglaises sur les mines de houille et sur les mines métalliques du 10 août 1872, les infractions à la loi sont punies chacune d'une amende dont le minimum est fixé à 500 francs si le coupable est le propriétaire, le gérant ou le directeur d'une mine, à 50 francs dans tous les autres cas. L'amende est augmentée de 25 francs par jour de retard à faire cesser l'infraction, après un avis écrit de l'inspecteur des mines (art. 60). Si l'infraction est de nature à entraîner un accident, la peine peut être d'un emprisonnement de trois mois au plus (art. 61).

Contraventions de grande ou petite voirie.

Les contraventions en matière de grande voirie commises par les exploitants de mines, minières et carrières, rentrent dans le droit commun, et sont jugées par les conseil de préfecture qui sont les représentants de la juridiction administrative (1) : ce ne sont pas, remarquons-le bien, des infractions à la loi du 21 avril 1810, que ces contraventions de grande voirie.

Pour ce qui est des contraventions en matière de petite voirie (chemins vicinaux, rues des villes, bourgs, excepté les rues de Paris rangées exceptionnellement dans la grande voirie), lorsqu'elles sont commises par des exploitants de mines, minières et carrières, elles

---

(1) Dupont : *Jurisprudence des mines*, t. II, p. 441.

rentrent aussi dans le droit commun, c'est-à-dire qu'elles sont jugées par les tribunaux de simple police [code pénal, art. 471 (§§ 4 et 5), art. 474 et art. 479 (§§ 11 et 12)].

Contraventions de minières.

Les contraventions en matière de minières sont poursuivies et réprimées comme les contraventions en matière de mines (1). La cour de cassation avait déjà formulé ce principe dans un arrêt du 29 août 1851, rendu dans l'affaire Roy dit Belleville. Faisant application de cette jurisprudence et en vue de lever tous les doutes à cet égard, les législateurs, en rendant la loi du 9 mai 1866, ont inséré à la fin de l'article 58 modifié de la loi du 21 avril 1810 le paragraphe suivant qui est formel :

> Les articles 93 à 96 de la présente loi sont applicables aux contraventions commises par les exploitants de minières aux dispositions de l'article 57 et aux règlements généraux et locaux dont il est parlé dans le présent article.

Disons, du reste, que l'assimilation des minières aux mines, en ce qui concerne les mesures de police à prendre et la sanction de ces mesures, se trouvait écrite dans le titre III du décret du 3 janvier 1813, intitulé « mesures à prendre en cas d'accidents arrivés dans les mines, minières et ateliers », et dans l'article 31 de ce même décret, lequel porte que les contraventions audit décret « seront poursuivies et jugées conformément au titre X de la loi du 21 avril 1810, sur les mines, minières et usines ». Ainsi donc la distinction que nous avons faite des contraventions de mines en trois catégories, premièrement, contraventions aux lois et règlements réprimées par les tribunaux de police correctionnelle, deuxièmement, contraventions de grande voirie réprimées par le conseil de préfecture, troisièmement, contraventions de petite voirie réprimées par les tribunaux de simple police, s'applique aussi aux contraventions commises par les exploitants de minières.

La distinction entre les deux premiers genres de contraventions est faite explicitement et avec détails dans le règlement des minières du Cher, du 22 avril 1844, art. 28 et 32, et dans tous ceux

---

(1) Dupont, *Jurisprudence des mines*, t. II, p. 442.

intervenus depuis lors jusqu'à celui de la Nièvre, du 23 janvier 1850. Le règlement le plus récent, celui des minières communales d'Aumetz et d'Audun-le-Tiche (Meurthe-et-Moselle), en date du 27 mars 1855, s'exprime, au sujet des contraventions, en termes plus vagues : il renvoie devant la juridiction compétente.

Rappelons au sujet de ces règlements de minières que leur insertion dans le *Recueil des actes administratifs* d'un département suffit pour la publicité légale sans qu'il soit nécessaire, pour le préfet, de les notifier personnellement aux exploitants. C'est ce qui a été décidé par un arrêt de la cour de cassation, du 13 août 1857, rendu dans l'affaire Mony.

Contraventions de forges.

Il n'y a plus lieu de s'occuper désormais des contraventions en matière de forges, fourneaux, lavoirs, usines minéralogiques, à la loi de 1810, attendu que les articles 73 à 78 de cette loi, ayant pour objet de soumettre à l'obtention d'une permission préalable l'établissement des fourneaux, forges et usines, ont été abrogés par l'article 1er de la loi du 9 mai 1866. Mais y a-t-il encore, en ce qui concerne les usines, des contraventions au titre III du décret du 3 janvier 1813, comprenant les articles 11 à 22, et qui est intitulé « mesures à prendre en cas d'accidents arrivés dans les mines, minières, usines et ateliers » ? Les contraventions aux dispositions de police de ces articles commises par les propriétaires d'usines et d'ateliers doivent-elles encore être poursuivies et jugées conformément au titre X de la loi du 21 avril 1810, comme le porte l'article 31 du décret du 3 janvier 1813 ? ou bien la loi du 9 mai 1866 a-t-elle abrogé implicitement, en ce qui concerne les usines, les dispositions du décret de 1813, comme c'est l'opinion du conseil général des mines ? Nous avons parlé précédemment de cette difficulté (1), et nous avons cité dans le sens de l'application du décret de 1813 un jugement du tribunal de Vassy (forges d'Eurville).

Contraventions de carrières.

Occupons-nous maintenant des contraventions en matière de car-

---

(1) Chapitre XII, p. 462.

rières souterraines ou à ciel ouvert. A cet égard, le modèle de règlement local de carrières, actuellement en vigueur, contient les articles suivants sur la constatation, la poursuite et la répression des contraventions.

Art. 29. — Les contraventions aux dispositions du présent règlement ou aux arrêtés préfectoraux rendus en exécution de ce règlement, autres que celles prévues à l'article 32, sont constatées par les maires et adjoints, par les commissaires de police, gardes champêtres et autres officiers de police judiciaire, et concurremment par les ingénieurs des mines et les agents sous leurs ordres ayant qualité pour verbaliser.

Art. 30. — Les procès-verbaux sont visés pour timbre et enregistrés en débet. Ils sont affirmés dans les formes et délais prescrits par la loi pour ceux de ces procès-verbaux qui ont besoin de l'affirmation.

Art. 31. — Lesdits procès-verbaux sont transmis en originaux aux procureurs de la république et les contrevenants poursuivis d'office devant la juridiction compétente, sans préjudice des dommages-intérêts des parties.

Copies des procès-verbaux sont envoyées au préfet du département par l'intermédiaire de l'ingénieur en chef.

Art. 32. — Les contraventions qui auraient pour effet de porter atteinte à la conservation des routes nationales ou départementales, des chemins de fer, des canaux, rivières, ponts ou autres ouvrages dépendant du domaine public, sont constatées, poursuivies et réprimées conformément aux lois sur la police de la grande voirie.

En ce qui concerne la formalité de l'affirmation spécifiée par l'article 30 ci-dessus du modèle du règlement, nous devons mentionner un arrêt au contentieux du 28 mai 1880 (1), relatif à un procès verbal de contravention dressé par un conducteur des ponts et chaussées dans le département de Seine-et-Oise, à l'occasion de l'ouverture d'une carrière, par le sieur Masselin, à $1^m,20$ seulement (au lieu de 10 mètres) du chemin de fer de Paris à Brest : ce fait constituait une contravention manifeste à l'article 10 du décret du 25 mars 1868, portant règlement de carrières pour le département précité, et, conformément aux articles 3 et 11 de la loi du 15 juillet 1845 sur les chemins de fer, il était punissable d'une amende de 16 à 300 francs. Or l'arrêt au contentieux du 28 mai 1880, relatif à cette affaire, a déclaré que c'est à tort que le conseil de préfecture de Seine-et-Oise avait déclaré nul pour défaut d'affirmation le procès-verbal dressé par le conducteur des ponts et chaussées ; le conseil d'état, pour

---

(1) *Annales des mines*, 1880, p. 217.

conclure de la sorte, s'est appuyé sur les motifs suivants : d'une part, aux termes de l'article 23 de la loi du 15 juillet 1845, les contraventions prévues dans les titres I et III de ladite loi peuvent être constatées par des procès-verbaux dressés concurremment par les officiers de police judiciaire, les ingénieurs des ponts et chaussées et des mines, les conducteurs, gardes-mines, agents de surveillance et gardes nommés ou agréés par l'administration et dûment assermentés ; d'autre part, l'article 24 ne soumet à la formalité de l'affirmation devant les juges de paix que les procès-verbaux dressés par les agents de surveillance et gardes assermentés.

Contraventions en matière de carrières souterraines.

Disons, d'une manière générale, qu'au point de vue de la juridiction compétente pour contraventions de carrières autres que celles de grande voirie, il y a une grande distinction à faire entre les carrières souterraines et les carrières à ciel ouvert. Pour les carrières souterraines, le § 1er de l'article 82 révisé de la loi de 1810 s'exprime comme il suit :

Quand l'exploitation a lieu par galeries souterraines, elle est soumise à la surveillance de l'administration des mines dans les conditions prévues par les articles 47, 48 et 50.

Or ces articles 47, 48 et 50 sont précisément ceux qui formulent et organisent la surveillance administrative exercée sur les mines ; en conséquence, assimilées aux mines pour la surveillance, les carrières souterraines doivent aussi leur être assimilées pour la juridiction et la répression des contraventions, lesquelles sont spécifiées au titre X de la loi des mines, articles 93 à 96 : la conclusion est forcée. Cela revient à dire que les contraventions de carrières souterraines, comme celles de mines et celles de minières, sont justiciables des tribunaux correctionnels.

Contraventions en matière de carrières à ciel ouvert.

Il n'en est pas de même pour les carrières à ciel ouvert. L'ancien article 81 de la loi du 21 avril 1810 était ainsi conçu :

L'exploitation des carrières à ciel ouvert a lieu sans permission, sous la simple surveillance de la police, et avec l'observation des lois ou règlements généraux ou locaux.

En présence de ces termes « sous la simple surveillance de la police », il n'y avait pas d'hésitation possible, et l'on était conduit forcément à dire que la juridiction qui régit les carrières à ciel ouvert, c'est la juridiction de simple police, et que les peines à prononcer pour contraventions dans l'exploitation de ces carrières sont des peines de police. D'autre part, le § 1ᵉʳ du nouvel article 81 révisé par la loi du 27 juillet 1880 est conçu comme il suit :

> L'exploitation des carrières à ciel ouvert a lieu en vertu d'une simple déclaration faite au maire de la commune et transmise au préfet. Elle est soumise à la surveillance de l'administration et à l'observation des lois et règlements.

Cet article nouveau ne spécifie pas explicitement à quelle juridiction ressortissent les carrières à ciel ouvert : la compétence de la juridiction de simple police, pour ces carrières, ne ressort pas formellement de son texte ainsi qu'elle dérivait de l'ancien article 81 ; mais comme, d'un autre côté, rien ne dit dans ce nouvel article 81 que le législateur ait voulu enlever les carrières à ciel ouvert à la juridiction de simple police pour les soumettre à la juridiction correctionnelle, nous sommes amenés à conclure que depuis la promulgation de la loi du 27 juillet 1880 la juridiction des carrières à ciel ouvert est une juridiction de simple police ainsi qu'elle l'était auparavant. Les contraventions commises par les exploitants de carrières à ciel ouvert aux « lois et règlements » mentionnés dans l'article 81 révisé doivent donc être régies, en sus des prescriptions administratives résultant des règlements de carrières, par l'ensemble des articles 11 à 21 du code d'instruction criminelle, et elles sont punies des peines de police : or on sait que ces peines, telles qu'elles sont spécifiées par les articles 464, 465 et 471 § 15 du code pénal sont d'une amende depuis un franc jusqu'à quinze francs et d'un emprisonnement d'un jour à cinq jours.

Terminons sur les contraventions de carrières à ciel ouvert, en disant qu'il semble fâcheux, on doit le reconnaître, que le nouvel article 81 n'ait pas spécifié explicitement l'ordre de juridiction compétente pour cette catégorie de carrières.

Statistique comparée des accidents de carrières souterraines et à ciel ouvert.

On ne doit pas s'étonner que la loi soit plus sévère pour les contraventions de carrières souterraines que pour celles de carrières à ciel ouvert : cette différence se motive pleinement par la considération du danger, par la fréquence plus grande des accidents : en effet, il résulte de la statistique officielle dressée par l'administration des mines que les accidents de carrières, comparés aux accidents de mines, conduisent aux chiffres suivants :

Dans l'année 1878, il y a eu 34 hommes tués dans les carrières souterraines de la France, sur un personnel de 21.746 ouvriers employés, ce qui représente une proportion de 15 tués,6 sur 10.000, chiffre assez rapproché de celui des mines de toutes sortes qui a été, dans la même année, de 19,3.

D'autre part, dans les carrières à ciel ouvert, il a eu 57 hommes tués sur un personnel de 84.790 ouvriers employés, ce qui représente une proportion de 6 tués, 7 sur 10.000.

On voit ainsi que la statistique douloureuse des accidents de mines et de carrières justifie pleinement pour les carrières souterraines une pénalité plus sévère que pour les carrières à ciel ouvert, et de même ordre que pour les mines.

Contraventions de grande ou petite voirie en matière de carrières.

En ce qui concerne les contraventions de grande voirie en matière de carrières souterraines et à ciel ouvert, et qui sont justiciables des conseils de préfecture, en vertu de la loi du 29 floréal an X, rappelons qu'elles sont régies par l'article 32 précité du modèle de règlement actuellement en vigueur.

Au sujet de ces contraventions de grande voirie, il y a lieu de se demander si toute infraction aux règlements de carrières en ce qui touche la prohibition de distance de routes est une contravention de grande voirie : le conseil d'état avait admis l'affirmative dans l'ordonnance du 27 octobre 1837, relative à une carrière du département de la Loire-Inférieure appartenant au sieur Chatelier (1);

---

(1) Dupont, *Jurisprudence des mines*, t. II, p. 354.

d'autre part, on a pu voir, par les termes de l'article 32 du modèle de règlement précité, que les contraventions aux règlements de carrières relatives à la prohibition de distance des routes ne sont nécessairement considérées comme contraventions de grande voirie que si elles ont « pour effet de porter atteinte à la conservation des routes » : il y a ici une nuance qui mérite d'être signalée.

Le conseil d'état, dans un arrêt du 15 juin 1870 (affaire Lafouge), a décidé que lorsque des fouilles faites par un exploitant de carrières le long d'un chemin dépendant de la petite voirie constituent une contravention aux lois sur la voirie, elles ne rentrent pas dans celles dont la répression est attribuée aux conseils de préfecture par la loi du 29 floréal an X : ce sont alors des contraventions de petite voirie justiciables des tribunaux de simple police. Il suit de là que les infractions aux prohibitions de distance aux routes et chemins par les exploitants de carrières peuvent être des contraventions de grande voirie (justiciables des conseils de préfecture) s'il s'agit de routes nationales ou départementales, ou bien des contraventions de petite voirie (justiciables des tribunaux de simple police) s'il s'agit de chemins vicinaux.

Contraventions de tourbières.

Les contraventions en matière de tourbières doivent être constatées et poursuivies comme les contraventions en matière de minières (1). Cela résulte, en principe, de ce que les tourbes sont classées parmi les minières par l'article 3 de la loi du 21 avril 1810.

Conséquemment à l'article 58 modifié de la loi de 1810 (§ 2), les contraventions en matière de tourbières, comme toutes celles de minières sont donc soumises aux prescriptions du titre X de la loi du 21 avril 1810, à l'exception de celles qui concernent la grande voirie lesquelles sont justiciables du conseil de préfecture. Le principe de cette double juridiction est reconnu dans l'ordonnance du 17 août 1825, approuvant le règlement pour les tourbières de la Somme rendu par arrêté préfectoral du 27 juin 1825; l'article 155 de règlement porte que les procès-verbaux de contraventions seront transmis immédiatement par le sous-préfet aux pro-

---

(1) Dupont, *Jurisprudence des mines*, t. II, p. 466.

cureurs du roi ou au conseil de préfecture, suivant la nature de la contravention (1).

Le règlement le plus récent en matière de tourbières, celui des arrondissements de Vienne et la Tour-du-Pin, porte que « les procès-verbaux dressés contre les contrevenants, après avoir été dûment affirmés, s'il y a lieu, sont transmis en originaux à qui de droit, et les contrevenants poursuivis d'office devant la juridiction compétente ».

Pour ce qui est des peines attachées à la répression des contraventions de tourbières, il y a à signaler la particularité suivante résultant de l'article 84 de la loi de 1810 : c'est que tout exploitant non muni d'autorisation n'est passible que d'une amende de 100 francs, tandis que pour les autres contraventions aux lois et règlements l'amende, aux termes de l'article 96, est de 100 francs au moins et peut aller jusqu'à 500 francs.

Lorsqu'un règlement local de tourbières a institué une commission syndicale, les contraventions aux règlements que peut faire cette commission ne sont pas, comme les contraventions au règlements relatifs à l'extraction de la tourbe, passibles des peines édictées par l'article 96 de la loi du 21 avril 1810, mais seulement des peines de simple police. Ce principe a été posé par la cour de cassation dans un arrêt du 16 janvier 1875 (2), mais cette exception ne fait que confirmer la règle générale de compétence formulée tout à l'heure pour les contraventions de tourbières.

---

(1) *Annales des mines*, 1853, p. 26.
(2) Dalloz, 1875-1-284 (Mogon).

CHAPITRE XVIII.

ANNEXES.

Loi du 21 avril 1810, concernant les mines, les minières et les carrières, modifiée par les lois du 9 mai 1866 et du 27 juillet 1880.

Titre I. — Des mines, minières et carrières.

Art. 1ᵉʳ. — Les masses de substances minérales ou fossiles, renfermées dans le sein de la terre ou existantes à la surface, sont classées relativement aux règles de l'exploitation de chacune d'elles, sous les trois qualifications de mines, minières et carrières.

Art. 2. — Seront considérées comme mines celles connues pour contenir en filons, en couches ou en amas, de l'or, de l'argent, du platine, du mercure, du plomb, du fer en filons ou couches, du cuivre, de l'étain, du zinc, de la calamine, du bismuth, du cobalt, de l'arsenic, du manganèse, de l'antimoine, du molybdène, de la plombagine ou autres matières métalliques, du soufre, du charbon de terre ou de pierre, du bois fossile, des bitumes, de l'alun et des sulfates à base métallique.

Art. 3. — Les minières comprennent les minerais de fer dits d'alluvion, les terres pyriteuses propres à être converties en sulfate de fer, les terres alumineuses et les tourbes.

Art. 4. — Les carrières renferment les ardoises, les grès, pierres à bâtir et autres, les marbres, granits, pierres à chaux, pierres à plâtre, les pouzzolanes, les trass, les basaltes, les laves, les marnes, craies, sables, pierres à fusil, argiles, kaolin, terres à foulon, terres à poterie, les substances terreuses et les cailloux de toute nature, les terres pyriteuses regardées comme engrais ; le tout exploité à ciel ouvert ou avec des galeries souterraines.

Titre II. — De la propriété des mines.

Art. 5. — Les mines ne peuvent être exploitées qu'en vertu d'un acte de concession délibéré en conseil d'état.

Art. 6.— Cet acte règle les droits des propriétaires de la surface sur le produit des mines concédées.

Art. 7.— Il donne la propriété perpétuelle de la mine, laquelle est dès lors disponible et transmissible comme tous autres biens, et dont on ne peut être exproprié que dans les cas et selon les formes prescrits pour les autres propriétés, conformément au code civil et au code de procédure civile.

Toutefois une mine ne peut être vendue par lots ou partagée sans une autorisation préalable du gouvernement, donnée dans les mêmes formes que la concession.

Art. 8.— Les mines sont immeubles.

Sont aussi immeubles les bâtiments, machines, puits, galeries et autres travaux établis à demeure, conformément à l'article 524 du code civil.

Sont aussi immeubles par destination, les chevaux, agrès, outils et ustensiles servant à l'exploitation.

Ne sont considérés comme chevaux attachés à l'exploitation que ceux qui sont exclusivement attachés aux travaux intérieurs des mines.

Néanmoins les actions ou intérêts dans une société ou entreprise pour l'exploitation des mines seront réputés meubles, conformément à l'article 529 du code civil.

Art. 9.— Sont meubles les matières extraites, les approvisionnements et autres objets mobiliers.

Titre III. — Des actes qui précèdent la demande en concession de mines.

Section Iʳᵉ. — *De la recherche et de la découverte de mines.*

Art. 10.— Nul ne peut faire des recherches pour découvrir des mines, enfoncer des sondes ou tarières sur un terrain qui ne lui appartient pas, que du consentement du propriétaire de la surface, ou avec l'autorisation du gouvernement, donnée après avoir consulté l'administration des mines, à la charge d'une préalable indemnité envers le propriétaire, et après qu'il aura été entendu.

Art. 11 (*modifié par l'article unique de la loi du 27 juillet 1880*).— Nulle permission de recherches ni concession de mines ne pourra, sans le consentement du propriétaire de la surface, donner le droit de faire des sondages, d'ouvrir des puits ou galeries, ni d'établir des machines, ateliers ou magasins dans les enclos murés, cours et jardins.

Les puits et galeries ne peuvent être ouverts dans un rayon de 50 mètres des habitations et des terrains compris dans les clôtures murées y attenant, sans le consentement des propriétaires de ces habitations.

Art. 12.— Le propriétaire pourra faire des recherches, sans formalité préalable, dans les lieux réservés par le précédent article, comme dans les autres parties de sa propriété ; mais il sera obligé d'obtenir une concession avant d'y établir une exploitation.

Dans aucun cas, les recherches ne pourront être autorisées dans un terrain déjà concédé.

SECTION II. — *De la préférence à accorder pour les concessions.*

Art. 13. — Tout Français, ou tout étranger, naturalisé ou non en France, agissant isolément ou en société, a le droit de demander et peut obtenir s'il y a lieu, une concession de mines.

Art. 14. — L'individu, ou la société, doit justifier des facultés nécessaires pour entreprendre et conduire les travaux, et des moyens de satisfaire aux redevances, indemnités, qui lui seront imposées par l'acte de concession.

Art. 15. — Il doit aussi, le cas arrivant de travaux à faire sous des maisons ou lieux d'habitation, sous d'autres exploitations ou dans leur voisinage immédiat, donner caution de payer toute indemnité, en cas d'accident: les demandes ou oppositions des intéressés seront, en ce cas, portées devant nos tribunaux et cours.

Art. 16. — Le gouvernement juge des motifs ou considérations d'après lesquels la préférence doit être accordée aux divers demandeurs en concession, qu'ils soient propriétaires de la surface, inventeurs ou autres.

En cas que l'inventeur n'obtienne pas la concession d'une mine, il aura droit à une indemnité de la part du concessionnaire; elle sera réglée par l'acte de concession.

Article 17. — L'acte de concession, fait après l'accomplissement des formalités prescrites, purge, en faveur du concessionnaire, tous les droits des propriétaires de la surface et des inventeurs, ou de leurs ayant-droit, chacun dans leur ordre, après qu'ils ont été entendus ou appelés légalement, ainsi qu'il sera ci-après réglé.

Art. 18. — La valeur des droits résultant en faveur du propriétaire de la surface, en vertu de l'article 6 de la présente loi, demeurera réunie à la valeur de ladite surface, et sera affectée avec elle aux hypothèques prises par les créanciers du propriétaire.

Art. 19. — Du moment où une mine sera concédée, même au propriétaire de la surface, cette propriété sera distinguée de celle de la surface, et désormais considérée comme propriété nouvelle, sur laquelle de nouvelles hypothèques pourront être assises, sans préjudice de celles qui auraient été ou seraient prises sur la surface et la redevance, comme il est dit à l'article précédent.

Si la concession est faite au propriétaire de la surface, ladite redevance sera évaluée pour l'exécution dudit article.

Art. 20.— Une mine concédée pourra être affectée, par privilége, en faveur de ceux qui, par acte public et sans fraude, justifieraient avoir fourni des fonds pour les recherches de la mine, ainsi que pour les travaux de construction ou confection de machines nécessaires à son exploitation, à la charge de se conformer aux articles 2103 et autres du code civil, relatifs aux priviléges.

Art. 21.— Les autres droits de privilége et d'hypothèque pourront être acquis sur la propriété de la mine, aux termes et en conformité du code civil, comme sur les autres propriétés immobilières.

Titre IV. — Des concessions

Section Ire. — *De l'obtention des concessions.*

Art. 22.— La demande en concession sera faite par voie de simple pétition adressée au préfet, qui sera tenu de la faire enregistrer à sa date sur un registre particulier, et d'ordonner les publications et affiches dans dix jours.

Art. 23 (*modifié par l'article unique de la loi du 27 juillet* 1880).— L'affichage aura lieu, pendant deux mois, aux chefs-lieux du département et de l'arrondissement où la mine est située, dans la commune où le demandeur est domicilié et dans toutes les communes sur le territoire desquelles la concession peut s'étendre ; les affiches seront insérées deux fois, et à un mois d'intervalle, dans les journaux du département et dans le *Journal officiel.*

Art. 24.— Les publications des demandes en concession de mines auront lieu devant la porte de la maison commune et des églises paroissiales et consistoriales, à la diligence des maires, à l'issue de l'office, un jour de dimanche, et au moins une fois par mois pendant la durée des affiches. Les maires seront tenus de certifier ces publications.

Art. 25.— Le secrétaire général de la préfecture délivrera au requérant un extrait certifié de l'enregistrement de la demande en concession.

Art. 26 (*modifié par l'article unique de la loi du 27 juillet* 1880). — Les oppositions et les demandes en concurrence seront admises devant le préfet jusqu'au dernier jour du second mois à compter de la date de l'affiche. Elles seront notifiées par actes extra-judiciaires à la préfecture du département, où elles seront enregistrées sur le registre indiqué à l'article 22. Elles seront également notifiées aux parties intéressées, et le registre sera ouvert à tous ceux qui en demanderont communication.

Art. 27.— A l'expiration du délai des affiches et publications, et sur la preuve de l'accomplissement des formalités portées aux articles précédents, dans le mois qui suivra au plus tard, le préfet du département, sur l'avis de l'ingénieur des mines, et après avoir pris des informations sur les droits et les facultés des demandeurs, donnera son avis et le transmettra au ministre de l'intérieur.

Art. 28. — Il sera définitivement statué sur la demande en concession par un décret délibéré en conseil d'état.

Jusqu'à l'émission du décret, toute opposition sera admissible devant le ministre de l'intérieur ou le secrétaire général du conseil d'état. Dans ce dernier cas, elle aura lieu par une requête signée et présentée par un avocat au conseil, comme il est pratiqué pour les affaires contentieuses ; et, dans tous les cas, elle sera notifiée aux parties intéressées.

Si l'opposition est motivée sur la propriété de la mine acquise par concession ou autrement, les parties seront renvoyées devant les tribunaux et cours.

Art. 29. — L'étendue de la concession sera déterminée par l'acte de concession : elle sera limitée par des points fixes, pris à la surface du sol, et passant par des plans verticaux menés de cette surface dans l'intérieur de la terre à une profondeur indéfinie, à moins que les circonstances et les localités ne nécessitent un autre mode de limitation.

Article 30. — Un plan régulier de la surface, en triple expédition, et sur une échelle de dix millimètres pour cent mètres, sera annexé à la demande.

Ce plan devra être dressé ou vérifié par l'ingénieur des mines, et certifié par le préfet du département.

Art. 31. — Plusieurs concessions pourront être réunies entre les mains du même concessionnaire, soit comme individu, soit comme représentant une compagnie, mais à la charge de tenir en activité l'exploitation de chaque concession.

SECTION II. — *Des obligations des propriétaires de mines.*

Art. 32. — L'exploitation des mines n'est pas considérée comme un commerce, et n'est pas sujette à patente.

Article 33. — Les propriétaires de mines sont tenus de payer à l'état une redevance fixe, et une redevance proportionnée au produit de l'extraction.

Art. 34. — La redevance fixe sera annuelle, et réglée d'après l'étendue de celle-ci : elle sera de 10 francs par kilomètre carré.

La redevance proportionnelle sera une contribution annuelle, à laquelle les mines seront assujetties sur leurs produits.

Art. 35. — La redevance proportionnelle sera réglée chaque année, par le budget de l'état, comme les autres contributions publiques : toutefois elle ne pourra jamais s'élever au-dessus de cinq pour cent du produit net. Il pourra être fait un abonnement pour ceux des propriétaires des mines qui le demanderont.

Art. 36.— Il sera imposé en sus un décime pour franc, lequel formera un fonds de non-valeur, à la disposition du ministre de l'intérieur, pour dégrèvement en faveur des propriétaires des mines qui éprouveront des pertes ou accidents.

Art. 37.— La redevance proportionnelle sera imposée et perçue comme la contribution foncière.
Les réclamations à fin de dégrèvement ou de rappel à l'égalité proportionnelle seront jugées par les conseils de préfecture. Le dégrèvement sera de droit quand l'exploitant justifiera que sa redevance excède cinq pour cent du produit net de son exploitation.

Art. 38.— Le gouvernement accordera, s'il y a lieu, pour les exploitations qu'il en jugera susceptibles, et par un article de l'acte de concession, ou par un décret spécial délibéré en conseil d'état pour les mines déjà concédées, la remise en tout ou partie du payement de la redevance proportionnelle, pour le temps qui sera jugé convenable; et ce, comme encouragement, en raison de la difficulté des travaux : semblable remise pourra aussi être accordée comme dédommagement, en cas d'accident de force majeure qui surviendrait pendant l'exploitation.

Art. 39.— Le produit de la redevance fixe et de la redevance proportionnelle formera un fonds spécial, dont il sera tenu un compte particulier au trésor public, et qui sera appliqué aux dépenses de l'administration des mines, et à celles des recherches, ouvertures et mises en activité des mines nouvelles ou rétablissement de mines anciennes.

Art. 40.— Les anciennes redevances dues à l'état, soit en vertu de lois, ordonnances ou règlements, soit d'après les conditions énoncées en l'acte de concession, soit d'après des baux et adjudications au profit de la régie du domaine, cesseront d'avoir cours à compter du jour où les redevances nouvelles seront établies.

Art. 41. — Ne sont point comprises dans l'abrogation des anciennes redevances, celles dues à titre de rentes, droits et prestations quelconques, pour cession de fonds ou autres causes semblables, sans déroger toutefois à l'application des lois qui ont supprimé les droits féodaux.

Art. 42 (*modifié par l'article unique de loi du 27 juillet* 1880). — Le droit accordé par l'article 6 de la présente loi au propriétaire de la surface sera réglé sous la forme fixée par l'acte de concession.

Art. 43 (*modifié par l'article unique de la loi du 27 juillet* 1880). — Le concessionnaire peut être autorisé, par arrêté préfectoral pris après que les propriétaires auront été mis à même de présenter leurs observations, à occuper dans le périmètre de sa concession, les terrains nécessaires à l'exploitation de sa mine, à la préparation mécanique des minerais et au lavage des combustibles, à l'établissement des routes ou à celui des chemins de fer ne modifiant pas le relief du sol.

Si les travaux entrepris par le concessionnaire ou par un explorateur, muni du permis de recherches mentionné à l'article 10, ne sont que passagers, et si le sol où ils ont eu lieu peut être mis en culture au bout d'un an, comme il l'était auparavant, l'indemnité sera réglée à une somme double du produit net du terrain endommagé.

Lorsque l'occupation ainsi faite prive le propriétaire de la jouissance du sol pendant plus d'une année, ou lorsque, après l'exécution des travaux, les terrains occupés ne sont plus propres à la culture, les propriétaires peuvent exiger du concessionnaire ou de l'explorateur l'acquisition du sol.

La pièce de terre trop endommagée ou dégradée sur une trop grande partie de sa surface doit être achetée en totalité, si le propriétaire l'exige.

Le terrain à acquérir ainsi sera toujours estimé au double de la valeur qu'il avait avant l'occupation.

Les contestations relatives aux indemnités réclamées par les propriétaires du sol aux concessionnaires de mines, en vertu du présent article, seront soumises aux tribunaux civils.

Les dispositions des paragraphes 2 et 3, relatives au mode de calcul de l'indemnité due au cas d'occupation ou d'acquisition des terrains, ne sont pas applicables aux autres dommages causés à la propriété par les travaux de recherche ou d'exploitation : la réparation de ces dommages reste soumise au droit commun.

Art. 44 (*modifié par l'article unique de la loi du* 27 *juillet* 1880). — Un décret rendu en conseil d'état peut déclarer d'utilité publique les canaux et les chemins de fer, modifiant le relief du sol, à exécuter dans l'intérieur du périmètre, ainsi que les canaux, les chemins de fer, les routes nécessaires à la mine et les travaux de secours, tels que puits ou galeries destinés à faciliter l'aérage et l'écoulement des eaux, à exécuter en dehors du périmètre. Les voies de communication créées en dehors du périmètre pourront être affectées à l'usage du public, dans les conditions établies par le cahier des charges.

Dans le cas prévu par le présent article, les dispositions de la loi du 3 mai 1841, relatives à la dépossession des terrains et au règlement des indemnités seront appliquées.

Art. 45.— Lorsque, par l'effet du voisinage ou pour toute autre cause, les travaux d'exploitation d'une mine occasionnent des dommages à l'exploitation d'une autre mine, à raison des eaux qui pénètrent dans cette dernière en plus grande quantité ; lorsque, d'un autre côté, ces mêmes travaux produisent un effet contraire et tendent à évacuer tout ou partie des eaux d'une autre mine, il y aura lieu à indemnité d'une mine en faveur de l'autre : le règlement s'en fera par experts.

Art. 46. — Toutes les questions d'indemnités à payer par les propriétaires de mines, à raison des recherches ou travaux antérieurs à l'acte de concession, seront décidées conformément à l'article 4 de la loi du 28 pluviôse an VIII.

TITRE V. — DE L'EXERCICE DE LA SURVEILLANCE SUR LES MINES PAR L'ADMINISTRATION.

Art. 47. — Les ingénieurs des mines exerceront, sous les ordres du ministre de l'intérieur et des préfets, une surveillance de police pour la conservation des édifices et la sûreté du sol.

Art. 48. — Ils observeront la manière dont l'exploitation sera faite, soit pour éclairer les propriétaires sur ses inconvénients ou son amélioration, soit pour avertir l'administration des vices, abus ou dangers qui s'y trouveraient.

Art. 49. — Si l'exploitation est restreinte ou suspendue, de manière à inquiéter la sûreté publique ou les besoins des consommateurs, les préfets, après avoir entendu les propriétaires, en rendront compte au ministre de l'intérieur pour y être pourvu ainsi qu'il appartiendra.

Art. 50. (*modifié par l'article unique de la loi du 27 juillet* 1880). — Si les travaux de recherche ou d'exploitation d'une mine sont de nature à compromettre la sécurité publique, la conservation de la mine, la sûreté des ouvriers mineurs, la conservation des voies de communication, celle des eaux minérales, la solidité des habitations, l'usage des sources qui alimentent des villes, villages, hameaux et établissements publics, il y sera pourvu par le préfet.

TITRE VI. — DES CONCESSIONS OU JOUISSANCES DES MINES, ANTÉRIEURES A LA PRÉSENTE LOI.

§ 1er. — *Des anciennes concessions en général.*

Art. 51. — Les concessionnaires antérieurs à la présente loi deviendront, du jour de sa publication, propriétaires incommutables, sans aucune formalité préalable d'affiches, vérifications de terrain ou autres préliminaires, à la charge seulement d'exécuter, s'il y en a, les conventions faites avec les propriétaires de la surface, et sans que ceux-ci puissent se prévaloir des articles 6 et 42.

Art. 52. — Les anciens concessionnaires seront, en conséquence, soumis au payement des contributions, comme il est dit à la section II du titre IV, articles 33 et 34, à compter de l'année 1811.

§ 2. — *Des exploitations pour lesquelles on n'a pas exécuté la loi de 1791.*

Art. 53. — Quant aux exploitants de mines qui n'ont pas exécuté la loi de 1791, et qui n'ont pas fait fixer, conformément à cette loi, les limites de leurs concessions, ils obtiendront les concessions de leurs exploitations actuelles, conformément à la présente loi; à l'effet de quoi les limites de leurs concessions seront fixées sur leurs demandes ou à la diligence des préfets, à la charge seulement d'exécuter les conventions faites avec les propriétaires de la surface, et sans que ceux-ci puissent se prévaloir des articles 6 et 42 de la présente loi.

Art. 54. — Ils payeront en conséquence les redevances, comme il est dit à l'article 52.

Art. 55. — En cas d'usages locaux ou d'anciennes lois qui donneraient lieu à la décision de cas extraordinaires, les cas qui se présenteront seront décidés par les actes de concession ou par les jugements de nos cours et tribunaux, selon les droits résultant pour les parties, des usages établis, des prescriptions légalement acquises, ou des conventions réciproques.

Art. 56. — Les difficultés qui s'élèveraient entre l'administration et les exploitants, relativement à la limitation des mines, seront décidées par l'acte de concession.

A l'égard des contestations qui auraient lieu entre des exploitants voisins, elles seront jugées par les tribunaux et cours.

TITRE VI. — RÈGLEMENTS SUR LA PROPRIÉTÉ ET L'EXPLOITATION DES MINIÈRES, ET SUR L'ÉTABLISSEMENT DES FORGES, FOURNEAUX ET USINES,

SECTION 1re. — *Des minières.*

Art. 57 (*modifié par l'article 3 de la loi du 9 mai 1866*). — Si l'exploitation des minières doit avoir lieu à ciel ouvert, le propriétaire est tenu, avant de commencer à exploiter, d'en faire la déclaration au préfet. Le préfet donne acte de cette déclaration, et l'exploitation a lieu sans autre formalité.

Cette disposition s'applique aux minerais de fer en couches ou en filons, dans le cas où, conformément à l'article 69, ils ne sont pas concessibles.

Si l'exploitation doit être souterraine, elle ne peut avoir lieu qu'avec une permission du préfet. La permission détermine les conditions spéciales auxquelles l'exploitant est tenu, en ce cas, de se conformer.

Art. 58 (*modifié par l'article 3 de la loi du 9 mai 1866*). — Dans les deux cas prévus par l'article précédent, l'exploitant doit observer les règlements généraux ou locaux concernant la sûreté et la salubrité publiques, auxquels est assujettie l'exploitation des minières.

Les articles 93 à 96 de la présente loi sont [applicables aux contraventions commises par les exploitants de minières aux dispositions de l'article 57 et aux règlements généraux et locaux dont il est parlé dans le présent article.

SECTION II. — *De la propriété et de l'exploitation des minerais de fer d'alluvion.*

Art. 59, 60, 61, 62, 63, 64, 65, 66 et 67 (*abrogés par l'article 2 de la loi du 9 mai 1866*).

Art. 68.— Les propriétaires ou maîtres de forges ou d'usines exploitant les minerais de fer d'alluvion ne pourront, dans cette exploitation, pousser des travaux réguliers par des galeries souterraines, sans avoir obtenu une concession, avec les formalités et sous les conditions exigées par les articles de la section 1re du titre III et les dispositions du titre IV.

Art. 69.— Il ne pourra être accordé aucune concession pour minerai d'alluvion, ou pour des mines en filons ou couches, que dans les cas suivants :
1° Si l'exploitation à ciel ouvert cesse d'être possible, et si l'établissement de puits, galeries et travaux d'art est nécessaire ;
2° Si l'exploitation, quoique possible encore, doit durer peu d'années, et rendre ensuite impossible l'exploitation avec puits et galeries.

Art. 70 (*modifié par l'article unique de la loi du 27 juillet 1880*). — Lorsque le ministre des travaux publics, après la concession d'une mine de fer, interdit aux propriétaires de minières de continuer une exploitation qui ne pourrait se prolonger sans rendre ensuite impossible l'exploitation avec puits et galeries régulières, le concessionnaire de la mine est tenu d'indemniser les propriétaires des minières dans la proportion du revenu net qu'ils en tiraient.
Un décret rendu en conseil d'état peut, alors même que les minières sont exploitables à ciel ouvert ou n'ont pas encore été exploitées, autoriser la réunion des minières à une mine, sur la demande du concessionnaire.
Dans ce cas, le concessionnaire de la mine doit indemniser le propriétaire de la minière par une redevance équivalente au revenu net que ce propriétaire aurait pu tirer de l'exploitation, et qui sera fixée par les tribunaux civils.

SECTION III. — *Des terres pyriteuses et alumineuses.*

Art. 71. — L'exploitation des terres pyriteuses et alumineuses sera assujettie aux formalités prescrites par les articles 57 et 58, soit qu'elle ait lieu par les propriétaires des fonds, soit par d'autres individus qui, à défaut par ceux-ci d'exploiter, en auraient obtenu la permission.

Art. 72.— Si l'exploitation a lieu par des non-propriétaires, ils seront assujettis, en faveur des propriétaires, à une indemnité qui sera réglée de gré à gré ou par experts.

Section IV.— *Des permissions pour l'établissement des fourneaux, forges et usines.*

Art. 73, 74 et 75 (*abrogés par l'article 1er de la loi du 9 mai 1866*).

Section V.— *Dispositions générales sur les permissions.*

Art. 76, 77 et 78 (*abrogés par l'art. 1r de la loi du 9 mai 1866*).

Art. 79 et 80 (*abrogés par l'art. 2 de la loi du 9 mai 1866*).

Titre VIII.

Section Ire.— *Des carrrières.*

Art. 81 (*modifié par l'article unique de la loi du 27 juillet 1880*). — L'exploitation des carrières à ciel ouvert a lieu en vertu d'une simple déclaration faite au maire de la commune et transmise au préfet. Elle est soumise à la surveillance de l'administration et à l'observation des lois et règlements.

Les règlements généraux seront remplacés, dans les départements où ils sont encore en vigueur, par des règlements locaux rendus sous forme de décrets en conseil d'état.

Art. 82 (*modifié par l'article unique de la loi du 27 juillet 1880*). — Quand l'exploitation a lieu par galeries souterraines, elle est soumise à la surveillance de l'administration des mines, dans les conditions prévues par les articles 47, 48 et 50.

Dans l'intérieur de Paris, l'exploitation des carrières souterraines de toute nature est interdite.

Sont abrogées les dispositions ayant force de loi des deux décrets des 22 mars et 4 juillet 1813, et du décret, portant règlement général, du 22 mars 1813, relatifs à l'exploitation des carrières dans les départements de la Seine et de Seine-et-Oise.

Section II.— *Des tourbières.*

Art. 83.— Les tourbes ne peuvent être exploitées que par le propriétaire du terrain, ou de son consentement.

Art. 84.— Tout propriétaire actuellement exploitant, ou qui voudra commencer à exploiter des tourbes dans son terrain, ne pourra continuer ou commencer son exploitation, à peine de 100 francs d'amende, sans en avoir préalablement fait la déclaration à la sous-préfecture et obtenu l'autorisation.

Art. 85. — Un règlement d'administration publique déterminera la direction générale des travaux d'extraction dans le terrain où sont situées les tourbes, celle des rigoles de desséchement, enfin toutes les mesures propres à faciliter l'écoulement des eaux dans les vallées et l'atterrissement des entailles tourbées.

Art. 86.— Les propriétaires exploitants, soit particuliers, soit communautés d'habitants, soit établissements publics, sont tenus de s'y conformer, à peine d'être contraints à cesser leurs travaux.

TITRE IX.— DES EXPERTISES.

Art. 87.— Dans tous les cas prévus par la présente loi et autres naissant des circonstances, où il y aura lieu à expertise, les dispositions du titre XIV du code de procédure civile, articles 303 à 323, seront exécutées.

Art. 88.— Les experts seront pris parmi les ingénieurs des mines ou parmi les hommes notables et expérimentés dans le fait des mines et de leurs travaux.

Art. 89.— Le procureur impérial sera toujours entendu, et donnera ses conclusions sur le rapport des experts.

Art. 90.— Nul plan ne sera admis comme pièce probante dans une contestation, s'il n'a été levé ou vérifié par un ingénieur des mines. La vérification des plans sera toujours gratuite.

Art. 91.— Les frais et vacations des experts seront réglés et arrêtés, selon les cas, par les tribunaux ; il en sera de même des honoraires qui pourront appartenir aux ingénieurs des mines : le tout suivant le tarif qui sera fait par un règlement d'administration publique.

Toutefois il n'y aura pas lieu à honoraires pour les ingénieurs des mines, lorsque leurs opérations auront été faites, soit dans l'intérêt de l'administration, soit à raison de la surveillance et de la police publiques.

Art. 92.— La consignation des sommes jugées nécessaires pour subvenir aux frais d'expertise, pourra être ordonnée par le tribunal contre celui qui poursuivra l'expertise.

TITRE X.— DE LA POLICE ET DE LA JURIDICTION RELATIVES AUX MINES

Art. 93.— Les contraventions des propriétaires de mines exploitants non encore concessionnaires ou autres personnes, aux lois et règlements, seront dénoncées et constatées, comme les contraventions en matière de voirie et de police.

Art. 94.— Les procès-verbaux contre les contrevenants seront affirmés dans les formes et délais prescrits par les lois.

Art. 95.— Ils seront adressés en originaux à nos procureurs impériaux, qui seront tenus de poursuivre d'office les contrevenants devant les tribunaux de police correctionnelle, ainsi qu'il est réglé et usité pour les délits forestiers, et sans préjudice des dommages-intérêts des parties.

Art. 96. — Les peines seront d'une amende de 500 francs au plus et de 100 francs au moins, double en cas de récidive, et d'une détention qui ne pourra excéder la durée fixée par le code de police correctionnelle.

Exposé des motifs d'un projet de loi portant abrogation des dispositions de la loi du 21 avril 1810, relatives à l'établissement des forges, fourneaux et usines, et aux droits établis à leur profit sur les minières du voisinage (annexe du procès-verbal de la séance du corps législatif du 30 mars 1864).

Le gouvernement de l'empereur, suivant avec persévérance les plans de sage réforme dont il a pris l'énergique initiative dans notre régime économique, nous a chargés de vous présenter un projet de loi qui rentre dans le programme tracé par Sa Majesté elle-même, lorsque, dans sa lettre du 5 janvier 1860, au ministre d'état, Elle proclamait la nécessité « d'affranchir « notre industrie de toutes les entraves intérieures qui la placent dans « des conditions d'infériorité, » et citait en première ligne, parmi les obstacles à faire disparaître, « les règlements restrictifs qui gênent nos « grandes exploitations. »

Le projet de loi que nous soumettons, en ce moment, à vos délibérations, a pour objet de dégager les usines métallurgiques d'une partie des formalités administratives auxquelles leur établissement est assujetti, celles qui sont édictées par la loi du 21 avril 1810, et de faire cesser par suite les droits équivalents à des servitudes, auxquels, à leur tour, les propriétaires de minières sont soumis au profit des usines autorisés dans les conditions de cette loi.

Les dispositions des sections IV et V du titre VII de la loi du 21 avril 1810, qui régissent les usines métallurgiques, sont les suivantes :

Aux termes de l'article 73, « les fourneaux à fondre les minerais de fer « et autres substances métalliques, les forges et martinets pour ouvrer « le fer et le cuivre, les usines servant de patouillets et bocards, celles « pour le traitement des substances salines et pyriteuses, dans lesquelles « on consomme des combustibles, ne peuvent être établis que sur une « permission accordée par un règlement d'administration publique. »

La permission n'intervient qu'après une enquête qui ne peut durer moins de quatre mois et une longue instruction, à laquelle concourent obligatoirement les administrations des mines, des ponts et chaussées et des forêts (art. 74).

Les impétrants supportent une taxe, une fois payée, fixée par le décret d'autorisation, mais qui ne peut être moindre de 50 francs ni excéder 300 francs (art. 75).

Les permissions sont données à la charge d'en faire usage dans un délai déterminé; elles ont une durée indéfinie, à moins qu'elles n'en contiennent la limitation (art. 76). La loi de 1791 allait plus loin encore sous ce rapport : la permission était, d'après cette loi, essentiellement personnelle et devait être renouvelée à chaque changement de propriétaire.

En cas de contravention, la révocation de la permission peut être prononcée sans préjudice de l'application des lois pénales (art. 77).

Telles sont les dispositions principales qui fixent les conditions de l'établissement et de l'existence des usines métallurgiques.

Il est nécessaire d'ajouter que les formalités qu'on vient d'énumérer ne dispensent pas les usines de plusieurs autres formalités : 1° si elles sont comprises dans l'une des trois classes des établissements insalubres, incommodes ou dangereux; or, elles y sont presque toutes comprises; 2° si elles emploient des machines à vapeur; or, il en est bien peu aujourd'hui qui n'aient des moteurs de cette nature; 3° si elles sont établies sur un cours d'eau navigable ou non navigable; 4° si elles sont situées dans la zone frontière.

Dans ces cas divers, il y a lieu à une instruction, à des formalités et à des conditions spéciales, distinctes et indépendantes de l'instruction, des formalités et des conditions établies par la loi du 21 avril 1810.

Le gouvernement se réserve assurément d'examiner si ces instructions, formalités et conditions distinctes de celles de la loi de 1810, auxquelles les usines sont assujetties, ne peuvent pas elles-mêmes être modifiées et simplifiées. Mais il était nécessaire de constater que les formalités de la loi de 1810 ne dispensent pas des formalités auxquelles, sous d'autres rapports et en vertu d'autres lois et règlements, les usines métallurgiques sont astreintes.

A quel point de vue les auteurs de la loi de 1810 se sont-ils placés pour édicter les dispositions que nous venons de rappeler? Quelle a été, aux yeux du législateur de cette époque, la raison d'être de ce régime?

Rien n'éclaire mieux cette question que l'instruction qui, à la date du 3 août 1810, fut adressée par le ministre de l'intérieur aux agents de son administration pour les guider dans l'application de la loi, qui venait d'être promulguée. Nous demandons la permission d'en citer quelques passages :

« Les choses essentiellement nécessaires pour l'activité des usines
« sont :
« 1° L'existence en qualité utile et en quantité suffisante de minerai à
« traiter ;
« 2° La possibilité de se procurer des combustibles qui peuvent être
« appliqués à l'opération qu'on veut entreprendre;
« 3° L'emploi d'un cours d'eau...
« Il convient donc que, pour ces sortes de demandes, le préfet soit

« éclairé du rapport de l'ingénieur des mines, de celui du conservateur
« des forêts, si l'on emploie le bois pour combustible, et de l'ingénieur
« des ponts et chaussées, relativement au cours d'eau, si l'on en fait
« usage.

« Aussitôt après le délai expiré pour les affiches et publications, le
« préfet prend, sur la demande, l'avis du conservateur des forêts et celui
« de l'ingénieur des ponts et chaussées, s'il y a lieu ; après quoi, il com-
« munique l'ensemble de l'affaire à l'ingénieur des mines.

« *Celui-ci expose dans son rapport la nature et le gisement des minerais*
« *qu'on se propose de traiter ; il entre dans le détail de tous les moyens d'ac-*
« *tivité que les localités peuvent présenter : il en déduit l'utilité ou le dan-*
« *ger de l'entreprise, fait connaître si elle peut être nuisible ou non à des*
« *entreprises déjà établies ; s'il juge l'établissement utile, il explique la*
« *méthode qui lui paraît la plus économique à suivre pour le traitement du*
« *minerai, l'espèce et la quantité du combustible qu'il conviendrait d'y*
« *appliquer, la meilleure disposition des fourneaux et foyers, les moyens*
« *mécaniques qui produiraient les effets les plus avantageux pour atteindre*
« *le but qu'on se propose, et par conséquent la force motrice qu'il faudra*
« *employer, soit qu'on l'emprunte d'un cours d'eau ou de tout autre moyen.*

« Enfin, l'ingénieur donne son avis sur les oppositions, *sur la préférence*
« *à accorder, s'il y a concurrence pour la demande,* et sur la quotité de la
« taxe...

« *En cas de concurrence entre plusieurs demandeurs, celui qui, à faculté*
« *égale d'ailleurs, réunirait dans sa propriété territoriale ou qui aurait à*
« *sa disposition les minerais et les combustibles à employer, mériterait la*
« *préférence...*

« Le décret à intervenir énonce les prénoms, nom, qualités, et domi-
« cile du demandeur, l'objet de la permission : *la substance ou les sub-*
« *stances à traiter sont..., la nature des combustibles qui seront employés,*
« *les conditions de conservation ou de reproduction qui pourront être exi-*
« *gées...*

« La suppression d'une usine, sa transformation en usine d'un autre
« genre, les changements dans l'espèce ou le nombre des feux, les chan-
« gements à l'état du cours d'eau, le transport d'une fabrique d'une loca-
« lité dans une autre, *sont des choses qui intéressent l'ordre public sous*
« *plusieurs aspects importants*, et peuvent aussi nuire à l'intérêt des par-
« ticuliers.

« Ces changements ne doivent avoir lieu qu'avec l'approbation préa-
« lable du gouvernement, donnée dans la même forme que la permis-
« sion ; et comme celle-ci n'a été donnée qu'à la charge d'en faire usage
« dans un délai déterminé, et par conséquent de tenir l'usine en activité,
« celle qui resterait inactive, sans cause légitime, au delà du temps ordi-
« naire de sa fériation, ne pourra être remise en feu qu'en vertu d'une
« nouvelle permission. »

Cette circulaire, contemporaine de la loi et inspirée des pensées de ceux
qui l'avaient faite, révèle très clairement l'esprit qui en avait dicté les dispositions. Dans le système de la loi, la raison d'être du régime auquel elle

soumet les usines métallurgiques, ce n'est nullement l'intérêt de la salubrité ou la sécurité publique; aux yeux du législateur de cette époque, l'industrie des métaux était une industrie spéciale, dont les succès ou les échecs importaient au premier chef à l'intérêt public, qui avait droit à une protection particulière de l'état, et qui, par ce motif, devait être placée de la manière la plus étroite sous la tutelle de l'administration. La loi de 1810 oblige, en effet, l'autorité supérieure à apprécier les chances de succès de l'usine projetée, à mesurer les ressources que présente la localité sous le rapport du combustible aussi bien que du minerai, à tenir compte de l'intérêt des usines existantes et de la concurrence qui leur sera faite par le nouvel établissement; elle oblige même, dans une certaine mesure, à examiner si le pétitionnaire présente assez de garanties d'habileté, de solvabilité, de moralité pour pouvoir être investi des privilèges qui sont la conséquence de l'autorisation.

Voilà bien l'esprit et le but de la loi de 1810, voilà bien le caractère du régime auquel elle a soumis l'industrie métallurgique. L'administration est expressément chargée de la tutelle de cette industrie, et cette tutelle embrasse ses chances de succès, les ressources de combustible et de minerai qui lui sont nécessaires, la valeur de ceux qui l'exercent et la concurrence même qui peut exister entre les différents établissements qui s'y livrent.

La conséquence du régime que nous venons de définir, et qui considère l'industrie métallurgique comme un objet d'utilité publique et presque comme une concession de l'état, c'était que les permissionnaires d'usines fussent investis de certains privilèges pour l'exercice de leur profession, et particulièrement pour leur approvisionnement en minerai: et, en effet, la loi de 1810 n'y pas manqué; voici les dispositions édictées dans ce but par ses articles 79 et 80, 59 à 67 et 70.

Aux termes de l'article 79, l'acte de permission d'établir des usines à traiter le fer autorise les impétrants à *faire des fouilles même hors de leurs propriétés et à exploiter les minerais par eux découverts et ceux antérieurement connus*, à la charge de se conformer aux dispositions de la section II.

L'article 80 autorise les permissionnaires à *établir des patouillets, lavoirs et chemins de charroi sur les terrains qui ne leur appartiennent pas*, à charge d'indemnité envers les propriétaires du sol, et en les prévenant un mois d'avance.

D'après les articles 59 et suivants, le propriétaire du fonds sur lequel il y a du minerai de fer d'alluvion est tenu d'extraire du minerai en quantité suffisante pour fournir aux besoins reconnus des usines voisines munies d'autorisation.

S'il exploite lui-même, il ne peut vendre à d'autres acheteurs qu'après avoir satisfait à cette obligation vis-à-vis des maîtres de forges désignés par l'administration. S'il n'exploite pas, ou si son exploitation n'est pas réputée suffisante, après une mise en demeure et un délai d'un mois, l'administration peut autoriser les usiniers à exploiter eux-mêmes, chacun dans la limite de ses besoins. C'est l'administration qui est juge des besoins des usines ; c'est elle qui détermine la quantité de minerai que chacune d'elles a le droit d'exiger; en cas de concurrence, c'est elle qui fixe la part respective des concurrents et leur assigne les minières dans lesquelles ils doivent la puiser. Elle est juge aussi de la question de savoir si une usine peut être considérée comme voisine dans le sens de la loi, et elle admet quelquefois à ce titre des usines situées à une grande distance ; elle tient compte dans son appréciation de la facilité des communications, du prix des transports, des ressources de la localité où l'usine est établie, de la nature du minerai, de l'avantage qu'il peut y avoir à le combiner avec d'autres minerais pour obtenir du fer de bonne qualité.

Quant au prix du minerai, il est clair que, dans ce système, il ne peut pas appartenir au propriétaire de le fixer à son gré. S'il ne s'entend pas à ce sujet avec l'usinier, le prix est fixé par les experts choisis par les parties ou nommés d'office, lorsque le minerai est extrait d'une minière (art. 65 et 66). — S'il est extrait d'une mine concédée, non seulement l'acte de concession oblige le concessionnaire à fournir aux usines qui s'approvisionnaient de minerai sur les lieux compris en la concession la quantité nécessaire à leur exploitation, mais l'article 70 dispose de plus que le prix du minerai sera fixé par l'acte de concession ou abandonné à la fixation de l'administration.

Tout se tient dans ce système. Il est parfaitement logique que la loi qui fait des usines des établissements d'intérêt général dont l'existence n'est autorisée que sous la responsabilité morale de l'administration, et après vérification par elle qu'elles ont de sérieuses chances de succès, ne laisse pas les usines autorisées dans de telles conditions à la discrétion des propriétaires de minières, qui, en leur refusant le minerai, ou en leur faisant payer à un prix trop élevé, pourraient compromettre leur existence.

Il fallait donc, de toute nécessité, et pour être conséquent avec soi-même, aller jusqu'à ce point de ne laisser aux propriétaires de minières ni le droit de disposer de leur minerai ni celui d'en fixer le prix, toutes les fois que, dans leur voisinage, il existe une usine autorisée.

Messieurs, si l'on se place au point de vue du principe du droit de propriété et de celui de la liberté de l'industrie et du commerce, ce système ne peut plus être défendu ; il apparaît comme un anachronisme. Toutefois, il convenait de l'examiner de plus près, dans ses détails et en tenant compte des faits. L'application trop absolue ou trop précipitée des principes a ses dangers qu'on ne saurait méconnaître. C'est donc après une étude attentive des faits, et après s'être assuré que l'état actuel de l'industrie métallurgique en France n'exige plus le maintien du système, que le conseil d'état vous propose de l'abandonner.

Reprenons, en effet, chacune des dispositions de la loi de 1810.

La loi prescrit une enquête destinée à provoquer les observations des tiers ; elle veut que les représentants des administrations des forêts, des ponts et chaussées et des mines soient entendus ; enfin elle exige une permission. Ces diverses formalités sont-elles aujourd'hui réellement nécessaires?

Et d'abord pourquoi une enquête? Pourquoi un appel aux observations des tiers?

S'il s'agit des voisins et des inconvénients ou des dangers dont ils peuvent être menacés par l'usine projetée, la législation relative aux établissements insalubres, incommodes ou dangereux suffit pour les protéger, et leur offre les garanties dont ils ont besoin.

S'il s'agit des autres usiniers, des établissements qui pourraient avoir à redouter la concurrence d'une usine nouvelle, un intérêt de cette nature est aujourd'hui tellement en dehors des idées reçues, que, — malgré l'esprit de la loi de 1810, qui veut en effet, comme nous l'avons établi, que l'administration tienne très grand compte de la concurrence que les usines se font entre elles, malgré l'instruction ministérielle du 3 août 1810, dont nous avons cité les termes très précis, — en fait et depuis bien des années l'administration des mines et le conseil d'état ne tiennent aucun compte, dans les autorisations qui sont données, de l'intérêt des concurrents.

Quant aux propriétaires de minières, il n'est pas douteux que, dans le système de la loi de 1810, ils n'eussent intérêt, et un intérêt très sérieux, à être entendus dans l'enquête faite sur les demandes de permission d'usine; car chaque nouvelle permission avait pour effet d'aggraver la servitude établie sur les minières. Mais il est parfaitement clair que, si les usines cessent d'être autorisées, la servitude disparaît nécessairement, et les propriétaires de minières n'ont plus intérêt à être entendus.

Venons à l'instruction faite par l'administration des forêts, des ponts et chaussées et des mines.

L'intervention de l'administration des forêts est devenue sans utilité, depuis que la substitution presque générale du combustible minéral au combustible végétal pour l'alimentation des usines, et la révolution qui s'est faite dans les moyens de transport, ont modifié complètement les conditions de l'approvisionnement des usines en combustible. En fait, l'insuffisance du combustible végétal dans la localité où une usine nouvelle veut s'établir est une objection que l'administration des forêts ne peut plus opposer et n'oppose plus aux demandes de permissions nouvelles.

L'intervention de l'administration des ponts et chaussées n'est motivée qu'autant qu'il s'agit d'une usine qui emploie un moteur hydraulique. A cet égard, l'abrogation des articles 73 et suivants de la loi de 1810 serait sans péril; car la législation spéciale aux cours d'eau suffit complètement pour que l'usinier ne puisse rien faire sans que les ponts et chaussées aient été entendus, s'il doit modifier le régime du cours d'eau dont il veut se servir.

Reste l'intervention des ingénieurs des mines.

Or, s'il s'agit des conditions que l'usine doit remplir au point de vue de la salubrité et de la sécurité, l'administration des mines continuera à intervenir pour les usines comprises au nombre des établissements insalubres, incommodes ou dangereux. La législation de la matière suffit à cet intérêt.

Mais, s'il s'agit de la faire intervenir pour s'expliquer sur la quantité, la nature, la qualité du minerai que fournit la localité, sur le plus ou moins de facilité ou de difficulté que l'usinier trouvera à approvisionner son usine, sur l'appréciation de ses chances de succès, sur la consistance qu'il convient de donner à l'établissement, sur les conditions qu'il peut être utile d'observer pour qu'il produise du fer de bonne qualité et pour que l'industrie prospère, nous n'hésitons pas à le déclarer, cette intervention ainsi motivée n'est plus admissible, aussi bien que l'autorisation elle-même, et par les mêmes raisons.

Le système de la mise en tutelle de l'industrie métallurgique pouvait se comprendre au moment où cette industrie était naissante en France, où le gouvernement, comprenant toute l'importance qu'elle avait, non seulement pour la prospérité intérieure du pays, mais aussi pour sa sûreté et pour sa puissance extérieure, sentait le besoin de la développer, en quelque sorte, à tout prix, et où, d'autre part, les particuliers qui se livraient à cette industrie ou qu'il était bon de provoquer à s'y livrer, peu éclairés, peu expérimentés peut-être, avaient besoin d'être protégés et guidés par les lumières supérieures de l'autorité et de l'administration savante dont elle disposait. C'était aussi l'époque où l'on jugeait nécessaire de protéger les forges françaises contre la concurrence étrangère par un système de douanes qui, pour le fer ouvré notamment, allait jusqu'à la prohibition.

Mais quand une industrie est complètement acclimatée, quand elle a acquis ce qui pouvait lui manquer à l'origine, l'expérience, l'instruction, les capitaux, un système de tutelle étroite, de direction administrative, de protection excessive n'est plus pour elle qu'une entrave et ne sert qu'à l'énerver.

Il est temps alors que « l'industriel soit libre dans son action, « puisque ce sont ses intérêts qui sont en jeu; qu'il sache que, s'il se « trompe, il n'aura qu'à s'en prendre à lui-même (1)... »

Il est temps que « l'administration cesse de vouloir être prudente pour « lui, habile pour lui; qu'elle renonce à lui indiquer, par ses prescrip- « tions ou même par la pression de ses règlements, la situation qu'il doit « choisir, la matière première qu'il doit travailler, le produit qu'il doit « s'attacher à fabriquer (2). »

Il est temps enfin que l'administration « se renferme dans son rôle véri- « table, qui n'est pas de tout faire, de tout contrôler, mais de laisser les « citoyens agir, de faciliter leur action et de n'intervenir que pour répri- « mer leurs écarts, s'ils violent la loi, ou s'ils font de leur liberté un « usage qui nuise à la liberté d'autrui (3). »

Une expérience récente, applicable à l'industrie métallurgique elle-

---

(1-2) Rapport à Son Excellence le ministre de l'agriculture, du commerce et des travaux publics, par une commission chargée d'étudier les mesures à prendre pour simplifier et accélérer l'instruction des affaires de son département. — Juillet 1863. — M. Marbeau, maître des requêtes, rapporteur.

(3) Voir la note 1-2 ci-dessus.

même, démontre, d'une manière bien saisissante, tout à la fois le degré de vitalité et de puissance auquel cette industrie est arrivée en France, et l'énergique impulsion que sait donner aux efforts individuels la nécessité de compter sur soi-même plutôt que sur la tutelle et la protection de l'état.

Les modifications profondes apportées à notre législation douanière dans ces dernières années ont eu pour conséquence, il faut le reconnaître, d'éteindre en France un certain nombre de hauts-fourneaux travaillant au combustible végétal; mais l'industrie métallurgique n'a pas diminué sa production; loin de là, un certain nombre de grandes usines ont augmenté leurs moyens de production sur une grande échelle, et, somme toute, la production du fer et celle de la fonte se sont accrues dans des proportions considérables. En effet, — tandis que dans la période de quatre années qui avaient précédé le traité de commerce avec l'Angleterre, de 1856 à 1859, la production de la fonte avait diminué de 9,231,475 quintaux métriques à 8,561,523, soit environ de 7 p. 100, et celle du fer de 5,686,694 quintaux métriques à 5,200,992, soit environ de 3 1/2 p. 100 — dans la période, de quatre années également, qui a suivi le traité avec l'Angleterre, de 1860 à 1863, la production de la fonte s'est augmentée de 8,983,533 quintaux métriques à 11,800,000, soit environ de 30 p. 100, et celle du fer de 5,495,426 quintaux métriques à 7,055,000, soit environ de 22 p. 100.

Il n'est donc pas téméraire de dire que le système de la loi de 1810 a complètement cessé aujourd'hui d'avoir sa raison d'être. On ne comprendrait plus que l'administration des mines, quelque savante et expérimentée qu'elle soit, que le gouvernement, quelque intelligents et éclairés que soient les dépositaires de son autorité, eussent aujourd'hui la prétention et prissent la responsabilité de se substituer à l'industriel, de contrôler et de refaire ses calculs, de lui indiquer et de lui prescrire un mode d'exploitation, la localité où il doit construire son usine, d'apprécier pour lui la nature, la composition, la provenance et la quantité des minerais qui lui sont nécessaires, d'intervenir enfin pour modérer la concurrence entre les industriels de l'intérieur, quand on a jugé bon, utile au pays et aux industriels eux-mêmes d'ouvrir la porte à la concurrence étrangère.

Dans l'état actuel de l'industrie métallurgique, avec le développement qu'elle a pris et les progrès qu'elle a réalisés, si un industriel, voulant créer une nouvelle usine, se trompe dans ses calculs, s'il échoue devant les difficultés qu'il n'a pas su prévoir, sa ruine sera un malheur privé, regrettable sans doute, comme celle de tout autre industriel, mais qui ne compromettra en rien l'intérêt général.

Au surplus, en fait et depuis longtemps, le contrôle de l'administration des mines et du conseil d'état sur les chances commerciales industrielles des usines nouvelles n'est plus exercé d'une manière réelle, en ce sens qu'on se montre très large sur cette nature d'appréciation, qui était pourtant dominante dans l'esprit de la loi de 1810; les refus d'autorisation sont en effet très rares. En sorte que le dernier mot de ce régime, c'est d'imposer aux fondateurs d'usines des formalités, des démarches, des délais, des pertes de temps et des frais sans aucune utilité pratique.

Il nous reste à justifier en peu de mots l'abrogation des dispositions de loi de 1810, qui établissent au profit des usines légalement autorisées certains droits privilégiés.

Comme nous l'avons dit au début de cet exposé, les espèces de servitudes imposées aux minières étaient une conséquence nécessaire du système d'après lequel les usines métallurgiques étaient considérées en quelque sorte comme des établissements d'utilité générale placés sous la protection spéciale et presque sous la direction de l'administration, et auxquels elle avait pour ainsi dire garanti des moyens d'existence en les autorisant. Il fallait bien dans cet ordre d'idées que la loi leur assurât leur approvisionnement en minerai.

Mais si l'industrie métallurgique devient une industrie libre comme toutes les autres, s'établissant sans contrôle et sans autorisation de l'administration, quand il lui plaît et là où il lui plaît, on ne comprendrait pas qu'une usine, créée librement par le premier industriel venu, tirât du seul fait de son existence le droit de contraindre les propriétaires de minières du voisinage à lui fournir une quantité quelconque de minerai et à un prix qu'ils n'auraient pas la liberté de fixer.

En un mot, du moment que les usines métallurgiques rentrent dans le droit commun, la propriété privée qui les alimente en minerai doit y rentrer aussi; la servitude des minières, née du caractère quasi-public attribué aux usines par la loi de 1810, cesse nécessairement avec ce caractère lui-même.

Mais on s'est demandé si, en supprimant l'attribution aux usiniers d'un droit privilégié sur le minerai existant dans le voisinage, il ne serait pas prudent de réserver au moins une servitude d'utilité publique établie d'une manière générale sur les minières. Le minerai de fer est une richesse dont il serait funeste à la prospérité publique que l'industrie puisse être privée par l'incurie, l'ignorance, le défaut de ressources ou le caprice du propriétaire. N'y aurait-il pas grand intérêt à réserver à l'administration le droit de contraindre les propriétaires de minières à les mettre en exploitation si l'intérêt public l'exige, en un mot, à armer le gouvernement, à l'endroit des minières, des droits ou d'une partie des droits qui lui appartiennent à l'endroit des mines?

L'examen attentif de cette question a démontré au conseil d'état qu'il n'était nullement nécessaire de déroger au droit de propriété en cette matière.

Le minerai a aujourd'hui une valeur réelle, connue et appréciée des propriétaires; il est infiniment peu probable que, là où il y a avantage à l'exploiter, un propriétaire résiste à l'impulsion de son intérêt qui s'accorde avec l'intérêt général. Le défaut de ressources même ne peut guère l'arrêter; car il s'agit de minières et non de mines, c'est-à-dire de substances qui s'exploitent sans travaux d'art et sans galeries. S'il faut des travaux d'art et des galeries, la minière devient mine, et le gouvernement est armé du droit de concession.

S'il y a des résistances individuelles, provoquées par le caprice, par l'indolence ou par un faux calcul, elles ne pourront pas avoir de sérieux inconvénients, d'abord, parce que notre sol est très riche en minerai, et qu'on en découvre chaque jour de nouveaux gisements dans les régions qu'on n'avait pas encore exploitées, ensuite parce que les usines ne sont plus condamnées à s'approvisionner dans leur voisinage immédiat. Leur rayon d'approvisionnement s'est singulièrement agrandi et s'agrandit tous les jours par l'établissement des chemins de fer et par l'amélioration des voies navigables. Il y a telles usines du centre de la France qui n'hésitent pas aujourd'hui à aller chercher du minerai en Corse, en Algérie et à l'île d'Elbe.

Ayons cette confiance que la liberté arrangera tout mieux que l'intervention de l'administration. Le propriétaire voudra vendre son minerai, et l'usinier voudra l'acheter. L'offre et la demande se rencontreront et arriveront inévitablement à des marchés de gré à gré dans lesquels chacune des deux parties, ayant librement débattu ses intérêts, ne pourra pas se plaindre et prétendre qu'ils ont été sacrifiés et qu'un prix peu équitable lui a été imposé.

Toutefois, messieurs, il a été reconnu que l'abrogation brusque et sans transition des dispositions de la loi de 1810 relatives au droit privilégié des usines sur le minerai du voisinage, pourrait n'être pas sans injustice et sans dommages sérieux pour un certain nombre d'usines qui ont été autorisées en vertu de cette loi, qui ne se sont établies qu'en comptant sur les droits qu'elle leur accordait, et qui, d'ailleurs, ne sont pas encore assez rapprochées des chemins de fer ou des voies navigables pour pouvoir s'en passer. Il est certain qu'il est des localités où l'administration est encore obligée d'intervenir chaque année pour faire, entre des usines dont un régime un peu artificiel a multiplié le nombre, la répartition des minerais insuffisants que produit la contrée. Ailleurs, et dans les départements où les industriels et les propriétaires s'entendent et procèdent par des marchés de gré à gré, cette entente amiable n'est-elle même quelquefois que le résultat de la loi et de la contrainte dont elle fait peser la menace sur les propriétaires de minières.

La suppression immédiate des privilèges pourrait causer dans les centres industriels qui sont dans de telles conditions une perturbation regrettable. Il importe certainement à l'intérêt public de ne pas précipiter le mouvement qui tend à supprimer le petites usines et à concentrer l'industrie métallurgique dans de très grands établissements.

Par ces motifs, le conseil d'état a pensé que, pour donner le temps aux intéressés de se mettre en mesure, il serait convenable de ménager une période de transition dont il lui a paru qu'on pourrait fixer la durée à dix ans.

Pendant ce temps, les usines qui ont été établies jusqu'à ce jour avec l'autorisation du gouvernement continueraient à invoquer les privilèges accordés par la loi de 1810.

Quant aux usines qui se créeront à l'avenir sans autorisation et sous le régime de la liberté, il est bien entendu qu'elles ne pourront pas réclamer cette faveur : elles ne devront compter que sur le droit commun.

Nous ne nous sommes pas dissimulé que cette coexistence de deux régimes différents présente des inconvénients : le privilège pourra gêner le droit commun et nuire, sur certains points du territoire, à la prospérité, peut-être empêcher l'établissement des nouvelles usines. Nous croyons cependant qu'il n'est pas possible de refuser cette satisfaction à des établissements placés déjà dans une situation difficile, et qui peuvent invoquer une sorte de droit acquis. Ces inconvénients, du reste, ne seront que temporaires et ne feront que retarder un moment les bienfaits de la liberté.

En résumé, le système de tutelle sous lequel l'industrie métallurgique était maintenue par la loi de 1810 a pu être utile autrefois. Mais il n'est pas seulement en contradiction manifeste avec les principes qui nous dirigent actuellement en matière industrielle, il est désormais en fait sans aucune espèce d'avantages pour l'industrie, et il fait peser sans nécessité sur l'administration une responsabilité qu'elle ne doit porter qu'exceptionnellement et quand elle y est contrainte par un intérêt public bien constaté. On peut donc dire avec toute vérité que ce système a fait son temps et qu'il doit disparaître. L'industrie française a surtout besoin, dans la lutte qui s'est ouverte pour elle avec l'industrie étrangère, plus libre qu'elle, d'avoir foi en elle-même ; elle puisera dans l'impulsion de son intérêt, dans l'énergie de son initiative et dans le sentiment de sa responsabilité, plus de force et de vitalité qu'elle n'a jamais pu trouver de ressources et d'appui dans la protection et la tutelle de l'administration. On l'a dit avec juste raison, « c'est le sentiment de la responsabilité person-
« nelle qui fait les grands industriels, comme il fait les hommes et les
« nations (1). »

Vous n'hésiterez pas, nous l'espérons, messieurs, à adopter un projet de loi qui a pour but de replacer l'industrie métallurgique et la propriété des minières dans le régime du droit commun et de la liberté.

Signé à la minute :

Le Conseil d'État, rapporteur,
Léon Cornudet.

Les commissaires du gouvernement sont :

MM. Cornudet, de Boureuille,
Conseillers d'État.

---

(1) Rapport, cité plus haut, à Son Excellence M. le ministre de l'agriculture, du commerce et des travaux publics.

Projet de loi portant abrogation des dispositions de la loi du 21 avril 1810, relatives à l'établissement des forges, fourneaux et usines, et aux droits établis à leur profit sur les minières du voisinage.

Art. 1ᵉʳ. — Sont abrogés les articles 73 à 78 de la loi du 21 avril 1810, ayant pour objet de soumettre à l'obtention d'une permission préalable l'établissement des fourneaux, forges et usines.

Art. 2. — Sont également abrogés les articles 59 à 67, 79 et 80 de la même loi, ainsi que l'article 70 dans celle de ses dispositions qui, dans les cas de concession prévus par cet article, oblige le concessionnaire à fournir à certaines usines la quantité de minerai nécessaire à leur exploitation.

Néanmoins, les dispositions desdits articles continueront à être applicables jusqu'au 1ᵉʳ janvier 1876 aux usines établies, avec permission, antérieurement à la promulgation de la présente loi.

Ce projet de loi a été délibéré et adopté par le conseil d'état, dans sa séance du 26 novembre 1863.

Le Ministre,
Présidant le Conseil d'État,
Signé : Rouland.

Exposé des motifs d'une disposition additionnelle au projet de loi portant abrogation des dispositions de la loi du 21 avril 1810, relatives à l'établissement des forges, fourneaux et usines et aux droits établis à leur profit sur les minières du voisinage (annexe au procès-verbal de la séance du corps législatif du 18 mai 1865).

La disposition additionnelle au projet de loi sur les usines métallurgiques et sur les minières, que nous avons l'honneur de vous présenter, au nom du gouvernement, a pour objet la modification des articles 57 et 58 de la loi du 21 avril 1810. Voici les considérations qui ont déterminé cette proposition.

En règle générale, et d'après les articles 57 et 58 de la loi de 1810, l'exploitation des minières ne peut avoir lieu sans une permission préalable qui détermine les limites de l'exploitation et les règles auxquelles elle est soumise sous les rapports de la sûreté et de la salubrité publiques.

Cependant une exception à cette règle générale est faite par l'article 59, qui dispose qu'au cas où le propriétaire d'une minière de fer d'alluvion

est requis par les usines du voisinage de leur fournir le minerai dont elles ont besoin, il peut exploiter sans permission. « En ce cas, dit l'article 59, il
« ne sera assujetti qu'à en faire la déclaration au préfet du département.

« Le préfet donnera acte de cette déclaration, ce qui vaudra permission
« pour le propriétaire, et l'exploitation aura lieu par lui sans autre for-
« malité. »

Par le projet de loi dont vous avez été saisis à la dernière session, nous vous avons proposé d'abroger les dispositions de la loi de 1810 qui ont pour objet de soumettre les propriétaires de minières de fer d'alluvion à certaines servitudes au profit des usines métallurgiques du voisinage; et l'article 59 est de ceux qui se trouveraient supprimés si vous adoptiez le projet. Dès lors, toutes les minières, sans exception, seraient soumises à la règle de la permission.

On s'est demandé si cette règle avait sa raison d'être, et si l'exception qui était faite par l'article 59, pour le cas qui y est prévu, ne pourrait pas, sans inconvénients pour l'intérêt public et au grand avantage des propriétaires de minières, être étendue et devenir la règle générale en matière de minières.

L'examen de cette question a amené à reconnaître que l'exception de l'article 59 n'avait jamais causé d'inconvénients, et qu'il n'y aurait aucun péril à la généraliser, si ce n'est toutefois dans le cas où l'exploitation devrait avoir lieu par travaux souterrains. Dans ce cas, en effet, la sûreté publique, la vie des ouvriers peuvent se trouver compromises; l'exploitation peut exiger des dispositions spéciales qui ne soient pas prévues par les règlements généraux; elle peut même entraîner de tels périls qu'il y ait lieu de l'interdire sur tel ou tel point. L'intervention préalable de l'autorité est ici nécessaire et doit être réservée. Mais, en dehors de ce cas et pour l'exploitation à ciel ouvert, qui est le mode habituel d'exploitation des minières, l'expérience démontre que tout peut être prévu par les règlements généraux, et, dès lors, pourquoi soumettre le propriétaire aux formalités et aux lenteurs d'une permission administrative? Qu'il avertisse l'autorité, qu'il la mette en demeure d'exercer sa surveillance, on n'a rien de plus à lui demander.

C'est dans ce sens, Messieurs, que nous vous proposons de modifier les articles 57 et 58, et il nous a paru que ces modifications rentraient bien dans le cadre du projet de loi qui vous est soumis, et qui a trait au régime des minières, en même temps qu'à celui des usines métallurgiques.

La disposition finale de l'article 58 a pour objet de donner une sanction pénale à l'obligation imposée aux propriétaires de minières de faire une déclaration dans un cas, de se munir d'une permission dans l'autre, et, dans tous les deux, d'observer les règlements généraux de la matière.

La question s'était élevée de savoir si le titre X de la loi de 1810, qui détermine la procédure et édicte des peines contre les contraventions, et qui ne mentionne dans son texte que les contraventions des *propriétaires des mines*, était bien applicable à celles qui sont commises en matière de minières. La cour de cassation a décidé la question par l'affirmative. Faisant ici l'application de cette jurisprudence, et en vue de lever tous les doutes, nous vous proposons de dire expressément que les articles 93 à 96 de la loi sont applicables aux contraventions qui seraient commises aux dispositions nouvelles édictées pour remplacer les articles 57 et 58.

Signé à la minute :

Le Conseiller d'État, Rapporteur,

Léon Cornudet.

Disposition additionnelle au projet de loi portant abrogation des dispositions de la loi du 21 avril 1810, relatives à l'établissement des forges, fourneaux et usines et aux droits établis à leur profit sur les minières du voisinage (1).

Art. 3. — Les articles 57 et 58 de la même loi sont modifiés ainsi qu'il suit :

Art. 57. — Si l'exploitation des minières doit avoir lieu à ciel ouvert, le propriétaire est tenu, avant de commencer à exploiter, d'en faire la déclaration au préfet. Le préfet donne acte de cette déclaration, et l'exploitation a lieu sans autre formalité.

Si l'exploitation doit être souterraine, elle ne peut avoir lieu qu'avec une permission du préfet. La permission détermine les conditions spéciales auxquelles l'exploitant est tenu, en ce cas, de se conformer.

Art. 58. — Dans les deux cas prévus par l'article précédent, l'exploitant doit observer les règlements généraux ou locaux concernant la sûreté et la salubrité publiques auxquels est assujettie l'exploitation des minières.

Les articles 93 à 96 de la présente loi sont applicables aux contraventions commises par les exploitants de minières aux dispositions de l'article 57 et aux règlements généraux et locaux dont il est parlé dans le présent article.

Cette disposition additionnelle a été délibérée et adoptée par le conseil d'état, dans sa séance du 11 mai 1865.

Le Ministre,
Président le Conseil d'État,
Signé : Ad. Vuitry.

---

(1) Le titre du projet de loi devra être complété ainsi : *et modification des articles 57 et 58 de la même loi, relatifs à l'exploitation des minières.*

Loi du 9 mai 1866, qui, 1° abroge les dispositions de la loi du 21 avril 1810, relatives à l'établissement des forges, fourneaux et usines et aux droits établis à leur profit sur les minières du voisinage; 2° modifie les articles 57 et 58 de la même loi, relatifs à l'exploitation des minières.

Art. 1er. — Sont abrogés les articles 73 à 78 de la loi du 21 avril 1810, ayant pour objet de soumettre à l'obtention d'une permission préalable l'établissement des fourneaux, forges et usines.

Art. 2. — Sont également abrogés les articles 59 à 67, 79 et 80 de la même loi, ainsi que l'article 70, dans celle de ses dispositions qui, dans les cas de concession prévus par cet article, oblige le concessionnaire à fournir à certaines usines la quantité de minerai nécessaire à leur exploitation.

Néanmoins, les dispositions desdits articles continueront d'être applicables jusqu'au 1er janvier 1876 aux usines établies, avec permission, antérieurement à la promulgation de la présente loi.

Art. 3. — Les articles 57 et 58 de la même loi sont modifiés ainsi qu'il suit :

Art. 57. — Si l'exploitation des minières doit avoir lieu à ciel ouvert, le propriétaire est tenu, avant de commencer à exploiter, d'en faire la déclaration au préfet. Le préfet donne acte de cette déclaration, et l'exploitation a lieu sans autre formalité.

Cette disposition s'applique aux minerais de fer en couches et filons, dans le cas où, conformément à l'article 69, ils ne sont pas concessibles.

Si l'exploitation doit être souterraine, elle ne peut avoir lieu qu'avec une permission du préfet. La permission détermine les conditions spéciales auxquelles l'exploitant est tenu, en ce cas, de se conformer.

Art. 58. — Dans les deux cas prévus par l'article précédent, l'exploitant doit observer les règlements généraux ou locaux concernant la sûreté et la salubrité publiques, auxquels est assujettie l'exploitation des minières.

Les articles 93 à 96 de la présente loi sont applicables aux contraventions commises par les exploitants de minières aux dispositions de l'article 57 et aux règlements généraux et locaux dont il est parlé dans le présent article.

Exposé des motifs de la nouvelle rédaction du projet de loi relatif à une révision de la loi du 21 avril 1810

sur les mines, présenté au sénat dans la séance du 21 mai 1878, au nom de M. le maréchal de Mac Mahon, duc de Magenta, président de la République française, par M. de Freycinet, ministre des travaux publics.

Dans la séance du 17 novembre dernier, le gouvernement a déposé sur la tribune du sénat un projet de loi portant révision de la loi du 21 avril 1810, sur les mines.

Dès le 3 du même mois, il avait saisi le conseil d'état dudit projet de loi.

Après de longues délibérations, tant au sein de la section des travaux publics qu'en assemblée générale, le conseil d'état a émis l'avis que, — ce projet reproduisant, sur beaucoup de points, les dispositions essentielles de la loi de 1810 et n'introduisant des modifications réelles que sur un petit nombre de points, — il était inutile de procéder par voie d'une refonte aussi complète de la loi de 1810. L'avantage de présenter, sans doute sous une forme plus correcte, les dispositions fondamentales d'une loi en vigueur depuis près de soixante-dix ans et non contestée dans son ensemble, ne lui a paru pouvoir entrer en balance avec l'inconvénient de les soumettre sans nécessité à de nouvelles discussions.

En conséquence, le conseil d'état a proposé de ne modifier que les articles de la loi de 1810 pour lesquels sont depuis longtemps réclamées, avec une certaine unanimité, des réformes d'une véritable importance. Ces articles, au nombre de neuf, sont les suivants :

« Art. 11. — Nulle permission de recherches ni concession de mines ne pourra, sans le consentement formel du propriétaire de la surface, donner le droit de faire des sondes et d'ouvrir des puits ou galeries, ni celui d'établir des machines ou magasins dans les enclos murés, cours ou jardins, ni dans les terrains attenant aux habitations ou clôtures murées, dans la distance de cent mètres desdites clôtures ou des habitations. »

La jurisprudence de la cour de cassation, considérée comme très préjudiciable par les industriels, permet au propriétaire superficiaire de gêner outre mesure le concessionnaire de mines. Il convient, sans revenir sur cette jurisprudence en principe, de réduire, dans une juste mesure, l'étendue de la zone de protection accordée au propriétaire du sol contre les travaux du mineur. Les sondages, puits, galeries, machines, ateliers ou magasins continueront à être tenus éloignés de l'intérieur des enclos murés, cours et jardins.

Mais désormais les sondages, machines, ateliers ou magasins, pourront être librement établis à l'extérieur. Quant aux puits et galeries, ils pourront être ouverts à cinquante mètres des habitations et des terrains compris dans les clôtures murées qui en dépendent; actuellement le consentement des propriétaires de ces habitations est exigé dans une zone dont l'étendue est double.

« Art. 23. — Les affiches auront lieu pendant quatre mois, dans le chef-lieu du département, dans celui de l'arrondissement où la mine est située, dans le lieu du domicile du demandeur et dans toutes les communes dans le territoire desquelles la concession peut s'étendre. Elles seront insérées dans les journaux du département. »

C'est une réduction de moitié dans le délai durant lequel une demande en concession de mines est assujettie aux formalités de publicité. En outre, l'affiche ne devra plus seulement être insérée dans les journaux de département; elle devra l'être aussi dans le *Journal officiel*.

« Art. 26. — Les demandes en concurrence et les oppositions qui y seront formées seront admises, devant le préfet, jusqu'au dernier jour du « quatrième » mois, à compter de la date de l'affiche. Elles seront notifiées, par actes extra-judiciaires, à la préfecture du département, où elles seront enregistrées sur le registre indiqué à l'article 22. Les oppositions seront notifiées aux parties intéressées, et le registre sera ouvert à tous ceux qui en demanderont communication. »

Il ne s'agit ici que d'une substitution de mot qu'entraîne la réduction, de quatre mois à deux, du délai de publicité prescrit par l'article 23.

« Art. 43. — Les propriétaires de mines sont tenus de payer les indemnités dues au propriétaire de la surface sur le terrain duquel ils établiront leurs travaux.

« Si les travaux entrepris par les explorateurs ou par les propriétaires de mines ne sont que passagers, et si le sol où ils ont été faits peut être mis en culture au bout d'un an comme il l'était auparavant, l'indemnité sera réglée au double de ce qu'aurait produit net le terrain endommagé. »

« Art. 44. — Lorsque l'occupation des terrains pour la recherche ou les travaux des mines prive les propriétaires du sol de la jouissance du revenu au delà du temps d'une année, ou lorsqu'après les travaux, les terrains ne sont plus propres à la culture, on peut exiger des propriétaires des mines l'acquisition des terrains à l'usage de l'exploitation. Si le propriétaire de la surface le requiert, les pièces de terre trop endommagées ou dégradées sur une trop grande partie de leur surface devront être achetées en totalité par le propriétaire de la mine.

« L'évaluation du prix sera faite, quant au mode, suivant les règles établies par la loi du 16 septembre 1807, sur le desséchement des marais, etc., titre XI; mais le terrain à acquérir sera toujours estimé au double de la valeur qu'il avait avant l'exploitation de la mine. »

Sous une forme qui pèche autant par omission que par obscurité, l'ensemble de ces deux articles pose implicitement le principe du droit d'occupation par le concessionnaire d'une mine, sous la surveillance de l'administration, de terrains situés à l'intérieur du périmètre concédé et de l'obligation, pour ce concessionnaire, de payer au propriétaire desdits terrains une indemnité double, dont le règlement ressortit exclusivement aux tribunaux civils.

La nouvelle rédaction de l'article unique qui remplace les anciens articles 43 et 44 offrira cet avantage qu'elle pose explicitement les mêmes principes, en spécifiant nettement les objets pour lesquels existe la servitude qui pèse, du fait de la propriété souterraine, sur la propriété superficiaire; en exigeant que le propriétaire du sol soit mis à même de présenter ses observations, avant que l'exercice de cette servitude soit autorisé par le préfet; en expliquant enfin qu'au cas d'acquisition d'un terrain, l'estimation au double a pour point de départ la valeur au moment de l'occupation, mais non celle à l'origine de la concession, ainsi que pouvait le faire supposer ce membre de phrase : « avant l'exploitation de la mine ».

En outre, le nouvel article 43 se termine par une disposition mettant hors de doute que les dommages occasionnés à la propriété superficiaire par les travaux de mines sont régis par le droit commun et non par la législation spéciale. En d'autres termes et conformément au dernier état de la jurisprudence, l'indemnité de dommages causés par les travaux souterrains est simple, par application des articles 1149 et 1382 du code civil, tandis que l'indemnité d'occupation est double.

Enfin, et c'est là une des deux innovations vraiment considérables du projet de loi, le nouvel article 44 consacre une disposition dont les exigences de l'industrie moderne montrent l'utilité. Il s'agit du droit reconnu au gouvernement de déclarer d'utilité publique, non seulement ce qu'on appelle les travaux de secours, mais encore les voies de communication nécessaires à une concession de mines, bien qu'elles modifient le relief du sol et même doivent être établies en dehors du périmètre. Les routes et les chemins de fer ne modifiant pas le relief du sol, sont compris parmi les objets à propos desquels le concessionnaire est investi de la faculté d'occupation dans l'intérieur du périmètre à lui concédé. Sans doute, la déclaration d'utilité publique s'appliquera à un intérêt privé; mais il est d'une telle importance qu'une disposition analogue est inscrite dans toutes les législations étrangères des mines. L'extension qu'on prétendrait en tirer pour d'autres industries serait sans fondement, car on peut dire qu'elles choisissent elles-mêmes leur emplacement et peuvent, par conséquent, le fixer au voisinage des voies de communication existantes, tandis que, pour les mines, cet emplacement est commandé par la nature même des choses et s'impose à la volonté de l'exploitant.

« Art. 50. — Si l'exploitation compromet la sûreté publique, la conservation des puits, la solidité des travaux, la sûreté des ouvriers mineurs ou des habitations de la surface, il y sera pourvu par le préfet, ainsi qu'il est pratiqué en matière de grande voirie et selon les lois. »

La rédaction de cet article est remaniée de façon à ne laisser aucun doute sur le droit qu'a l'administration de surveiller les travaux d'exploration et d'ordonner toutes les mesures nécessaires à l'aménagement rationnel, à l'éclairage, à l'aérage, à l'assèchement, etc., des exploitations de mines. En outre, l'article est complété dans le sens d'une protection accordée aux sources d'eaux minérales et aux sources d'eau ordinaire qui alimentent des villes, villages, hameaux et établissements publics.

« Art. 70. — (Texte résultant de la loi du 9 mai 1866.) En cas de concession, le concessionnaire sera tenu toujours d'indemniser les propriétaires au profit desquels l'exploitation avait lieu, dans la proportion du revenu qu'ils en tiraient. »

C'est à propos de cet article de la législation spéciale des minerais de fer que se trouve la seconde des innovations importantes qu'introduit le conseil d'état dans la loi de 1810. Pour obvier aux embarras que peut faire naître la coexistence légale d'une minière et d'une mine sur un même gîte, le gouvernement sera désormais investi du droit d'autoriser, le conseil d'état entendu, la réunion de ces deux catégories légales d'exploitation. Le concessionnaire de la mine est naturellement tenu d'indemniser le propriétaire de la minière dans la proportion du revenu net que celui-ci en tirait s'il l'exploitait, ou en aurait pu tirer, s'il ne l'exploitait point encore; le règlement de l'indemnité ressortit aux tribunaux civils.

« Art. 81. — L'exploitation des carrières à ciel ouvert a lieu sans permission, sous la simple surveillance de la police, et avec l'observation des lois et règlements généraux ou locaux. »

Il est expressément spécifié que cette exploitation s'opère sur une simple déclaration, destinée à en signaler l'existence à l'administration qui doit la surveiller.

« Art. 82. — Quand l'exploitation a lieu par galeries souterraines, elle est soumise à la surveillance de l'administration, comme il est dit au titre V. »

La rédaction est modifiée de manière à préciser la nature de la surveillance administrative.

Ainsi amendée, la loi du 21 avril 1810 contiendra la partie essentielle des améliorations indiquées dans le rapport de la commission de l'Assemblée nationale chargée de procéder à une enquête sur la situation de l'industrie houillère en 1873, dans l'instruction récemment poursuivie au ministère des travaux publics et dans le projet même présenté par le gouvernement en novembre dernier. En conséquence, nous n'hésitons point à modifier ce projet et à y substituer la rédaction, plus restreinte, à laquelle ont abouti les délibérations du conseil d'état et que nous venons d'analyser succinctement.

Pendant que ces délibérations avaient lieu, le conseil d'état s'est trouvé saisi d'un projet de règlement concernant les carrières de la Seine. Or, pour ce département et celui de Seine-et-Oise, les règlements de carrières avaient été édictés par des décrets impériaux de 1813, qui, en certaines dispositions étrangères à ce qu'on appelle règlements d'administration publique, ne pouvaient être rapportés que par le pouvoir législatif. Le conseil d'état a justement pensé qu'au lieu de faire une loi spéciale pour ce détail, il n'y avait aucun inconvénient à l'insérer dans la loi générale. Telle est l'explication des dispositions additionnelles que renferment les nouveaux articles 81 et 82 du projet de loi que nous soumettons avec confiance à votre examen.

PROJET DE LOI

Article unique. — Les articles 11, 23, 26, 43, 44, 50, 70, 81 et 82 de la loi du 21 avril 1810 sont modifiés ainsi qu'il suit :

Art. 11. — Nulle permission de recherches ni concession de mines ne pourra, sans le consentement du propriétaire de la surface, donner le droit de faire des sondages, d'ouvrir des puits ou galeries, ni d'établir des machines, ateliers ou magasins dans les enclos murés, cours et jardins.

Les puits et galeries ne peuvent être ouverts dans un rayon de cinquante mètres des habitations et des terrains compris dans les clôtures murées qui en dépendent, sans le consentement des propriétaires de ces habitations.

Art. 23. — L'affichage aura lieu, pendant deux mois, dans le chef-lieu du département, dans celui de l'arrondissement où la mine est située, dans le lieu du domicile du demandeur et dans toutes les communes sur le territoire desquelles la concession peut s'étendre ; les affiches seront insérées dans les journaux du département et dans le *Journal officiel*.

Art. 26. — Les oppositions et les demandes en concurrence seront admises devant le préfet jusqu'au dernier jour du second mois à compter de la date de l'affiche. Elles seront notifiées par actes extra-judiciaires à la préfecture du département, où elles seront enregistrées sur le registre indiqué à l'article 22. Elles seront également notifiées aux parties intéressées, et le registre sera ouvert à tous ceux qui en demanderont communication.

Art. 43. — Le concessionnaire peut être autorisé, par arrêté préfectoral, pris après que les propriétaires auront été mis à même de présenter leurs observations, à occuper, dans le périmètre de sa concession, les terrains nécessaires à l'exploitation de sa mine, à la préparation mécanique des minerais et au lavage des combustibles, à l'établissement des routes ou à celui des chemins de fer ne modifiant pas le relief du sol.

Si les travaux entrepris par le concessionnaire ou par un explorateur, muni du permis de recherches mentionné à l'article 10, ne sont que passagers et si le sol où ils ont eu lieu peut être mis en culture, au bout d'un an, comme il l'était auparavant, l'indemnité sera réglée à une somme double du produit net du terrain endommagé.

Lorsque l'occupation ainsi faite prive le propriétaire de la jouissance du sol pendant plus d'une année, ou lorsque, après l'exécution des travaux, les terrains occupés ne sont plus propres à la culture, les propriétaires peuvent exiger du concessionnaire ou de l'explorateur l'acquisition du sol.

La pièce de terre trop endommagée ou dégradée sur une trop grande partie de sa surface doit être achetée en totalité, si le propriétaire l'exige.

Le terrain à acquérir ainsi sera toujours estimé au double de la valeur qu'il avait avant l'occupation.

Les contestations relatives aux indemnités réclamées par les propriétaires du sol aux concessionnaires de mines, en vertu du présent article, seront soumises aux tribunaux civils.

Les dispositions des §§ 2 et 3, relatives au mode de calcul de l'indemnité due au cas d'occupation ou d'acquisition des terrains, ne sont pas applicables aux autres dommages causés à la propriété par les travaux de recherche ou d'exploitation.

Art. 44. — Un décret rendu en conseil d'état peut déclarer d'utilité publique les canaux et les chemins de fer modifiant le relief du sol, à exécuter dans l'intérieur du périmètre, ainsi que les canaux, les chemins de fer, les routes nécessaires à la mine et les travaux de secours, tels que puits ou galeries destinés à faciliter l'aérage et l'écoulement des eaux, à exécuter en dehors du périmètre. Les voies de communication créées en dehors du périmètre pourront être affectées à l'usage du public, dans les conditions établies par le cahier des charges.

Dans le cas prévu par le présent article, les dispositions de la loi du 3 mai 1841, relatives à la dépossession des terrains et au règlement des indemnités, seront appliquées.

Art. 50. — Si les travaux de recherche ou d'exploitation d'une mine sont de nature à compromettre la sécurité publique, la conservation de la mine, la sûreté des ouvriers mineurs, la conservation des voies de communication, celle des eaux minérales, la solidité des habitations, l'usage des sources qui alimentent des villes, villages, hameaux et établissements publics, il y sera pourvu par le préfet.

Art. 70. — Lorsque le ministre des travaux publics, après la concession d'une mine de fer, interdit aux propriétaires de minières de continuer une exploitation qui ne pourrait se prolonger sans rendre ensuite impossible l'exploitation avec puits et galeries régulières, le concessionnaire de la mine est tenu d'indemniser les propriétaires des minières dans la proportion du revenu net qu'ils en tiraient.

Un décret rendu en conseil d'état peut, alors même que les minières sont exploitables à ciel ouvert ou n'ont pas encore été exploitées, autoriser la réunion des minières à une mine, sur la demande du concessionnaire.

Dans ce cas, le concessionnaire de la mine doit indemniser le propriétaire de la minière, par une redevance équivalente au revenu net que ce propriétaire aurait pu tirer de l'exploitation et qui sera fixée par les tribunaux civils.

Art. 81. — L'exploitation des carrières à ciel ouvert a lieu sans permission, en vertu d'une simple déclaration, sous la surveillance de l'administration et avec l'observation des lois ou règlements généraux ou locaux.

L'exploitation des carrières à ciel ouvert dans l'intérieur de Paris ne peut avoir lieu sans une autorisation préalable.

Art. 82. — Quand l'exploitation a lieu par galeries souterraines, elle est soumise à la surveillance de l'administration des mines, dans les conditions prévues par les articles 47, 48 et 50.

Dans l'intérieur de Paris, l'exploitation des carrières souterraines de toute nature est interdite.

Sont abrogées les dispositions ayant force de loi des deux décrets des 22 mars et 4 juillet 1813 et du décret, portant règlement général, du 22 mars 1813, relatifs à l'exploitation des carrières dans les départements de la Seine et de Seine-et-Oise.

Rapport fait au nom de la commission chargée d'examiner le projet de loi relatif à une révision de la loi du 21 avril 1810, sur les mines, par M. Paris, sénateur (annexe du procès-verbal de la séance du sénat du 18 décembre 1878).

I

La loi du 21 avril 1810 a constitué et organisé, en France, la propriété minérale; elle en a déterminé le caractère et fixé les limites; elle a concilié les droits de l'État, du concessionnaire et du propriétaire de la surface. Le respect de la propriété exige que l'on conserve dans son ensemble et ses dispositions fondamentales une législation à laquelle tant de richesses minérales doivent leur existence, et qu'on ne compromette pas les résultats acquis et les espérances de l'avenir. Mais, si l'on reconnaît généralement le danger qu'il y aurait d'opérer une refonte complète de la loi de 1810 et de remettre en question les principes sur lesquels elle repose, ce n'est pas à dire qu'on la proclame tellement parfaite qu'elle doive rester immuable. L'expérience en a révélé les inévitables lacunes; les représentants de l'industrie sont les premiers à désirer que des modifications partielles la mettent en harmonie avec les progrès réalisés depuis trois quarts de siècle.

C'est ainsi, du reste, que les nations étrangères ont procédé. La Belgique, tout en conservant la loi de 1810, à laquelle elle est soumise comme nous, a édicté les lois du 2 mai 1837 et du 8 juillet 1865, qui l'améliorent. L'Italie, l'Autriche, la Russie, l'Angleterre sont entrées dans la même voie. C'est ainsi que nous avons nous-même complété cette partie de notre législation, en y introduisant successivement le décret du 3 janvier 1813 sur la police des mines, la loi du 21 avril 1838 sur l'assèchement des mines inondées, la loi du 17 juillet 1840 sur le sel gemme, le décret du 23 octobre 1852, prohibitif de la réunion des concessions, la loi du 9 mai 1866 qui règle, conformément aux vrais principes économiques, l'exploitation des minerais de fer et l'établissement des usines métallurgiques. Ces diverses mesures législatives ont été prises en vue d'un objet spécial; aucune d'elles n'a porté atteinte à la loi organique.

Divers essais de réforme plus étendus ont été faits : dans la seule période de 1847 à 1849, quatre projets ont été préparés administrativement; ils n'ont abouti à aucun résultat. En 1861, une nouvelle tentative a eu le même insuccès. Cet échec se comprend : on a voulu trop prévoir, trop réglementer, trop innover, et l'on n'a pas réussi.

Le projet de loi soumis par le gouvernement à l'approbation du Sénat n'encourra pas, selon nous, les mêmes critiques; il se renferme, en effet, dans des limites plus étroites et se contente de réaliser des améliorations demandées de toutes parts. La préparation lente et approfondie qu'il a subie a servi à mieux établir la nécessité des changements qu'il réalise, et à réunir, sur quelques points essentiels et nettement déterminés, l'unanimité des opinions qui se sont fait jour, soit dans la commission nommée par l'Assemblée nationale, soit dans la commission d'études créée ensuite par le gouvernement, soit enfin dans le conseil général des mines.

Le projet de loi actuel tire son origine de l'enquête parlementaire sur l'état de l'industrie houillère en France, ordonnée par l'Assemblée nationale le 12 juillet 1873. Le questionnaire dressé à cette occasion par la Commission, et sur lequel se produisirent 548 réponses provenant de 77 départements, contenait une question spéciale relative aux réformes législatives : « N'avez-vous aucune observation à faire sur la législation qui régit les mines? Quels seraient les changements utiles à apporter aux lois sur la matière? » Les vœux émis à ce sujet par les déposants s'élevèrent au nombre de 107. La commission en confia l'examen à une sous-commission composée de MM. de Marcère, Paris et Jules Brame. Les travaux de la sous-commission furent résumés dans un rapport spécial, présenté par M. de Marcère, et annexé au rapport général de M. Ducarre. Sans vouloir formuler une proposition de loi, la commission signala alors à l'attention du gouvernement les modifications réclamées par les déposants, et qui avaient été approuvées par elle. A la suite de ce travail, le conseil général des mines, consulté par le gouvernement, formula ses propositions le 27 novembre 1874. L'honorable M. Caillaux, alors ministre des travaux publics, prit, à la tribune, l'engagement de présenter un projet de loi pour la révision demandée et, à cet effet, il institua immédiatement une commission d'études.

Après avoir délibéré, du 26 mars 1875 au 15 février 1876, sur un projet préparé par quelques-uns de ses membres, et qui avait pour base un mémoire très approfondi de M. Dupont, professeur de législation à l'École des mines, la commission fut d'avis qu'il n'y avait pas lieu de remanier la loi de 1810 dans toutes ses parties, mais qu'on devait se borner, en limitant aux points essentiels le travail de révision, à modifier certaines dispositions, notamment les articles 23 et 26, 43 et 44, 70, 81 et 82, déjà visés, en grande partie, dans les conclusions de la commission parlementaire. Le conseil général des mines, saisi une seconde fois de la question, émit, à la date du 23 février 1877, sur le rapport de M. l'inspecteur général du Souich, un avis favorable aux propositions de la commission d'études. Notons enfin que, dans l'intervalle, les 22 janvier et 5 février 1877, MM. Bousquet et Brossard, députés, soumirent à la Chambre, l'un, une proposition de loi ayant pour objet les concessions de minerais de fer; l'autre, une proposition tendant à modifier plusieurs articles de la loi du 21 avril 1810.

Eclairé par une instruction aussi complète, le gouvernement pensa qu'il était de son devoir de remplir la promesse faite au pouvoir législatif et de présenter lui-même un projet de loi qui réalisât les réformes si vivement désirées par l'industrie minière et si longuement élaborées par les hommes les plus compétents.

Le 17 novembre 1877, le ministre des travaux publics déposa sur la tribune du Sénat un projet de loi qui, tout en conservant intacts les principes de la loi organique de 1810, avait pour objet d'en combler les lacunes, d'y apporter les changements partiels dont l'expérience avait démontré la nécessité, et en même temps d'en rendre la rédaction plus simple et plus claire, en introduisant un meilleur ordre dans le texte et en en corrigeant les défectuosités de forme.

Il convenait à la nature et à l'importance du sujet que le conseil d'État fût appelé à émettre son avis. Le conseil d'État fut consulté, et après de longues délibérations, tant au sein de la section des travaux publics qu'en assemblée générale, il pensa que l'avantage de présenter sous une forme plus correcte des dispositions qui n'étaient l'objet d'aucune contestation ne pouvait entrer en balance avec les inconvénients de les soumettre à une discussion. Il crut qu'il était préférable de ne modifier que les articles à l'occasion desquels des réformes d'une véritable importance étaient réclamées à juste titre, et en restreignant ainsi le projet, de pouvoir obtenir, dans un délai beaucoup plus court, la réalisation de réformes qui, sans compromettre les droits des propriétaires de la surface, donneront satisfaction à l'industrie des mines et à l'intérêt public. En conséquence, le conseil d'État fut d'avis que l'on se bornât à modifier les articles, 11, 23 et 26, 43 et 44, 50, 70, 81 et 82 de la loi du 21 avril 1810.

L'honorable M. de Freycinet, devenu ministre des travaux publics, a partagé cette manière de voir. Il lui a semblé que la loi nouvelle, réduite à des proportions plus restreintes, contiendrait la partie essentielle des améliorations indiquées dans le rapport de la commission de l'Assemblée nationale, dans l'instruction poursuivie administrativement et dans le projet même présenté en novembre dernier par son prédécesseur. Il a donc soumis à l'examen du Sénat, dans la séance du 21 mai, la rédaction définitive à laquelle avaient abouti les délibérations du conseil d'État. Le projet de loi ne comprenait plus ainsi qu'un petit nombre d'articles, au sujet desquels toutes les opinions s'étaient trouvées concordantes.

II

La première question que votre commission avait à résoudre était celle de savoir laquelle des deux rédactions formerait l'objet de son examen ou du moins aurait la priorité dans l'ordre de ses travaux.

Plusieurs membres ont demandé que l'on ne se bornât pas à réviser les articles de la loi de 1810 indiqués dans le texte du projet de loi, mais que

l'on fît porter le travail de la commission sur la loi tout entière. « Cette
« loi, a dit l'honorable M. de Ventavon, l'un des réclamants, date d'une
« époque où la propriété privée n'inspirait pas le même respect qu'au-
« jourd'hui. Les vrais principes en matière d'expropriation pour cause
« d'utilité publique ont été posés par les lois des 7 juillet 1833 et 3 mai
« 1841. Dans la concession d'une mine, il est impossible de ne pas voir
« une véritable expropriation. D'après la règle de tous les temps, repro-
« duite par l'article 552 du code civil, la propriété du sol comprend la
« propriété du dessus et du dessous ; or la concession d'une mine n'éta-
« blit pas seulement une servitude; aux termes des articles 7 et 8 de la
« loi de 1810, la concession crée une propriété distincte de la surface.
« C'est donc une véritable expropriation du sous-sol. — M. de Ventavon
« ne prétend pas contester à l'État le droit d'exploiter ou de faire exploiter
« par un concessionnaire les produits minéraux qui sont au-dessous de la
« surface, car l'intérêt public l'exige, mais il voudrait des garanties pour
« les intéressés. Or, d'après la loi de 1810, l'État est omnipotent soit pour
« concéder la mine (art. 5 et 16), soit pour régler les droits des pro-
« priétaires de la surface sur les produits des mines (art. 6), soit pour
« régler l'indemnité revenant à l'inventeur. M. de Ventavon voudrait en-
« lever à la loi de 1810 le caractère autoritaire qui la caractérise ; il vou-
« drait créer, à côté de l'administration, une juridiction devant laquelle
« les intéressés porteraient leurs réclamations, telle que, par exemple, le
« le conseil de préfecture pour le premier degré de juridiction, et le con-
« seil d'État statuant au contentieux pour le second degré. »

La commission a pensé que les considérations générales développées par l'honorable M. de Ventavon ne pouvaient être accueillies favorablement : elles ne tendraient à rien moins, si elles étaient formulées en termes législatifs, qu'à réviser et à transformer la législation des mines tout entière.

Or la commission parlementaire de 1874, la commission d'études, le conseil général des mines, le conseil d'État et le gouvernement ont considéré comme dangereuse toute proposition de révision générale; les motifs invoqués à l'appui de cette opinion universellement produite ont déterminé votre commission — vous l'avez vu déjà — à y donner une adhésion formelle. Au fond, nous pensons que la loi de 1810 ne mérite pas les reproches que l'honorable M. de Ventavon lui adresse : les travaux préparatoires attestent que le respect de la propriété privée a été une des grandes préoccupations des auteurs de cette loi. Que si le propriétaire du sol est actuellement reconnu propriétaire du *dessous* (art. 552 du code civil), « on ne peut nier, dirons-nous avec un éminent jurisconsulte [1], que le droit de propriété qui appartient au maître du sol sur les biens inconnus qui dorment dans les profondeurs ignorées de la terre ne soit toujours resté, par la force même des choses, un droit peu déterminé et peu défini, un droit qui n'affecte pas la chose de cette énergique em-

---

[1] M. Demolombe.

preinte d'appropriation à laquelle on reconnaît la propriété bien nette et bien caractérisée. » D'où il suit que, quand l'État, concédant une mine, créée, au profit d'un tiers, une propriété souterraine nouvelle, distincte de la surface et incommutable, il n'y a pas lieu d'invoquer les règles générales en matière d'expropriation. Au point de vue pratique elles seraient d'ailleurs inapplicables. Il suffit au respect du droit de propriété que le maître de la surface ne reste pas étranger aux produits du sous-sol, transformé en mine. C'est de là précisément qu'est né le système de la loi de 1810, qui attribue au propriétaire de la surface, lorsque, dans un intérêt public, la mine est concédée à un tiers, une redevance réglée par l'acte même de concession. « L'omnipotence de l'État », de tout temps indiscutable, découle du droit même qu'on lui reconnaît de concéder la mine. Si l'on soumettait à l'appréciation d'une juridiction quelconque la participation des propriétaires de la surface ou de l'inventeur au produit des mines, en recherchant des garanties que la loi assure suffisamment, on dépouillerait l'État d'une attribution essentielle et l'on rendrait l'exploitation des mines impossible.

Votre commission, en se renfermant, par ces motifs, dans l'examen du projet de loi présenté par le gouvernement, en a comparé les deux rédactions, et sous la réserve d'examiner les divers articles du projet primitif qui pourraient être présentés à titre d'amendement, elle a soumis à ses délibérations le texte adopté par le conseil d'État, et qui restreint à neuf articles seulement les modifications à apporter à la loi du 21 avril 1810.

III

Art. 11. — L'article 11 a une importance extrême en matière de recherche et d'exploitation de mines. En créant une propriété souterraine distincte de la propriété de la surface, le législateur est nécessairement appelé à régler, dans un esprit de sagesse et de justice, les relations qui existeront entre elles, à concilier des intérêts souvent opposés, à défendre celui à qui appartient le dessus contre les entreprises exagérées de celui qui est maître du dessous, mais en même temps à ne point placer ce dernier dans une dépendance que la nature de l'industrie minière rendrait particulièrement gênante. Quels seront donc, relativement à la propriété du dessus, les droits du concessionnaire de la mine? Si un accord intervient, il pourra tout faire; mais, à défaut du consentement par lui sollicité, pourra-t-il pratiquer les sondages, ouvrir les puits et galeries nécessaires à la découverte et à l'exploitation du minerai, établir, à l'extérieur, des ateliers, des magasins? Évidemment oui; qui veut la fin veut les moyens. D'un autre côté, le sol sous lequel s'étend la mine ne sera pas toujours une terre à champs. Avant la concession, on y aura construit des maisons d'habitation entourées de dépendances : jardins, cours, enclos. Et même après la concession de la mine, la charge imposée par la loi à la propriété du dessus pour l'usage et l'utilité de cette propriété nouvelle, servitude sans réciprocité, n'ira pas jusqu'à condamner la superficie au *statu quo* :

« Ce serait, a dit avec raison M. Dupin, le désert imposé dans tout le périmètre de la concession » La jurisprudence reconnaît que, nonobstant la concession de la mine, les droits inhérents à la propriété de la surface restent entiers (Cassation, 3 mars 1841). Des habitations, dont le développement d'activité créé par la mine favorisera la construction, viendront donc s'agglomérer à la surface et appelleront, à leur tour, la sollicitude du législateur ; on sera amené à les entourer d'une zone de protection. Cette conciliation d'intérêts s'est produite en 1810, aussi bien qu'en 1791. La loi du 21 avril 1810 a autorisé le propriétaire de la mine à déposséder le propriétaire de la surface, à occuper plus ou moins longtemps cette surface en vertu de la servitude dont elle était grevée au profit de la mine, dans un but d'intérêt général ; elle a pris soin également de désigner les lieux où l'occupation ne pourrait s'exercer sans le consentement formel du propriétaire de la surface. « L'administration, disait l'exposé des motifs, écartera les recherches des maisons, des enclos, où le propriétaire doit trouver une certaine liberté et le respect pour l'asile de ses jouissances domestiques. » Tel a été le but de l'article 11 : « Nulle permission de recherches, ni concession de mines ne pourra, sans le consentement formel du propriétaire de la surface, donner le droit de faire des sondes et d'ouvrir des puits ou galeries, ni celui d'établir des machines ou magasins dans les enclos murés, cours ou jardins, ni dans les terrains attenant aux habitations ou clôtures murées, dans la distance de cent mètres desdites clôtures ou des habitations. »

La loi a manifesté ainsi un juste respect de la propriété ; elle a établi une double prohibition, l'une à l'intérieur, l'autre à l'extérieur. Dans les enclos murés, cours ou jardins, le concessionnaire ne pénétrera pas sans le consentement du propriétaire de la surface ; cette interdiction absolue protège, *a fortiori*, les habitations elles-mêmes. Sur une largeur de cent mètres, les habitations ou clôtures murées sont préservées de tous travaux ou dépôts.

Ces prohibitions ont fait naître, dans la pratique, diverses questions qui ont été vivement controversées, et dont la solution a motivé de nombreuses réclamations. On s'est demandé quel était « le propriétaire de la surface » dont le consentement est nécessaire à l'exécution des travaux ou à l'établissement de dépôts dans la zone de cent mètres, alors que la maison d'habitation appartient à l'un, et le terrain attenant, à un autre. Le propriétaire de la maison d'habitation paralysera-t-il par son refus l'autorisation donnée par le propriétaire de la zone et imposera-t-il ainsi une véritable servitude à une surface de cent mètres autour de sa clôture ? Ou bien, au contraire, ne pourra-t-il invoquer le bénéfice de l'article 11 de la loi de 1810 que s'il est propriétaire des cent mètres attenant à son habitation, ou du moins dans la limite de sa propriété ? La cour de cassation a jugé, par un arrêt solennel du 19 mai 1856, que le consentement du propriétaire de l'habitation était toujours nécessaire, alors même que le terrain où un concessionnaire des mines avait ouvert, à moins de cent mètres, un puits d'exploitation appartenait à un tiers qui n'avait pas réclamé. C'est qu'en effet la prohibition édictée par l'article 11 est fondée sur l'usage auquel sont destinés les lieux que la loi protège, sur le respect dû à la paix et à la liberté du domicile, sans que l'extension de cette prohibition à une distance de cent mètres admette une distinction tirée soit de la destination des terrains compris dans le rayon interdit, soit de leurs rapports avec ceux qui les possèdent. La distance des terrains aux clôtures murées est la seule base, comme la seule mesure de l'interdiction. Tandis que le propriétaire des terrains compris dans la zone de cent mètres n'a pas plus d'intérêt à s'opposer à l'exécution des travaux ou à l'établissement d'un matériel d'exploitation sur ces terrains que s'ils étaient situés à une plus grande distance et soumis, par suite, à la charge de l'occupation, le propriétaire de l'habitation, au contraire, qu'il soit ou non propriétaire des terrains attenants, a un intérêt toujours égal à l'éloignement des travaux et des inconvénients qu'ils entraînent ; son consentement a donc dû être requis dans l'un et l'autre cas.

On s'est demandé également si la prohibition de l'article 11 n'avait été édictée qu'en faveur des habitations ou clôtures existantes, au moment de la concession, ou si les constructions élevées à une époque postérieure étaient aussi protégées contre tous travaux et dépôts dans la distance de cent mètres de leurs clôtures? La cour de cassation a décidé que la loi, d'après la généralité de ses termes, ne permet pas de distinguer entre les constructions antérieures et celles postérieures, soit à la concession, soit à l'exploitation de la mine, la situation des parties étant la même, quant au devoir du concessionnaire de la mine de respecter le droit du propriétaire du sol d'y asseoir des bâtiments (arrêt du 31 mai 1859).

Cette jurisprudence, justement favorable au propriétaire de la surface, a eu pour effet inévitable de créer des entraves aux recherches et à tous les travaux qu'il est utile de faire déboucher au jour. « La difficulté augmente précisément, dit M. de Ruolz, dans son travail si remarquable sur la question des houilles, au fur et à mesure que l'exploitation se développe en attirant autour d'elle des populations et des industries nouvelles. » L'industrie s'est plainte du caractère excessif de la prohibition, de la gêne souvent inutile qu'elle lui imposait et des abus criants auxquels l'interprétation de la loi de 1810 avait bientôt donné naissance. « Certaines compagnies houillères, dit encore M. de Ruolz, ont été obligées d'acheter à des prix exorbitants des terrains et des bâtisses de la plus minime valeur. Ces scandales se sont produits surtout dans le département de la Loire, où l'article 11 est devenu une cause absolue de prohibition, vu l'immense quantité de constructions que la présence même des mines a provoquées. Les choses y étaient arrivées au point que, pendant longtemps, on a vu des propriétaires bâtir partout où il y avait chance de destruction, puis réclamer des prix énormes pour des dégâts qu'ils avaient parfaitement prévus. Les ingénieurs que nous avons consultés, ajoute M. de Ruolz, sont tous d'accord sur la nécessité d'une réforme. »

Dans l'enquête parlementaire de 1873; « dix-huit déposants ont réclamé une modification à l'article 11, qui rend, selon eux, l'exploitation des mines très difficile, surtout dans les pays où la population de la surface est très dense. Ce sont surtout les concessionnaires des mines du bassin de la Loire qui ont élevé des réclamations contre cette restriction apportée par la loi à l'exploitation. La chambre de commerce de Saint-Étienne, notamment, a fait observer qu'entre Rive-de-Gier, Saint-Chamont, Saint-Etienne et Firminy, les maisons et les clôtures murées se touchent. Le directeur des mines de Montrambert, entendu par la commission, a fait des calculs basés sur les cent mètres de zone et d'où il résulte que le périmètre d'un puits ouvert comprend de onze à douze hectares, ce qui, avec la servitude imposée par l'article 11, rend l'exploitation d'une concession très difficile, surtout dans le voisinage des villes (1).

Le comité des houillères françaises s'est plaint également de ce que l'article 11 donne lieu à des spéculations ruineuses pour les exploitants.

De leur côté, les propriétaires de la surface, dans les pays spécialement intéressés à la question, ne sont pas restés inactifs. Le comité des propriétaires de la Loire a invoqué principalement le principe de la non-rétroactivité des lois qui, à leur avis, créerait au profit de la surface une servitude qu'une loi postérieure ne pourrait supprimer.

Les modifications proposées à l'article 11 porteraient-elles atteinte à des droits acquis? Tel est le premier point qu'avait à examiner votre commission.

Le principe de la non-rétroactivité des lois, ainsi que l'a fait remarquer le rapport de la sous-commission de l'Assemblée nationale, s'impose au juge bien plus qu'au législateur. Il ne peut créer un obstacle à une réforme législative commandée par un motif d'ordre public, spécialement en matière de servitude légale. Le législateur de 1810 nous a donné l'exemple; il s'est trouvé en présence d'une prohibition bien plus étendue : la loi de 1791 l'appliquait (article 23) à une distance de deux cents toises. Comme il voulait développer en France l'industrie minière, la considération tirée de prétendus droits acquis ne l'a pas empêché de réduire les deux cents toises à cent mètres. Le développement naturel de l'industrie amène nécessairement des modifications dans les prohibitions de ce genre. Ainsi le décret du 25 janvier 1865 a restreint les conditions de distance d'établissement des appareils à vapeur par rapport aux maisons des tiers; de même, le décret du 31 décembre 1866 sur les établissements insalubres a diminué les servitudes établies en faveur des propriétés avoisinantes.

La commission, après avoir écarté l'objection tirée des droits acquis, a reconnu qu'il serait impossible, sans blesser les sentiments d'équité, de modifier l'article 11 dans l'intérêt des concessions futures et de laisser, sous l'empire de la loi de 1810 les concessions déjà faites : les conditions d'infériorité de ces dernières seraient évidentes. L'égalité de traitement s'impose en pareille matière. A côté des inconvénients dont souffre le propriétaire de la surface, nous avons pensé aussi qu'il convenait de placer l'indemnité qu'il reçoit en cas d'occupation, et surtout la plus-value que

---

(1) Rapport de M. de Marcère, annexé au rapport de M. Ducarre.

le fait seul de la découverte d'une mine donne à la contrée où l'exploitation s'opère.

La révision de l'article 11 adoptée en principe, la commission a comparé la modification que la Belgique a introduite à ce sujet par la loi de 1865 et le projet du gouvernement. D'après la loi belge, la zone de cent mètres n'est affranchie d'occupation que quand les terrains compris dans cette zone appartiennent au même propriétaire que la maison d'habitation ou la clôture murée directement protégée contre les travaux extérieurs de la mine. La Commission a pensé que le projet de loi soumis à l'examen du Sénat offrait l'avantage de s'écarter beaucoup moins de la loi de 1810, telle qu'on l'interprète et qu'on l'applique universellement depuis l'arrêt de 1856; il réalise, par des moyens différents, et qui nous semblent préférables, une réforme aussi libérale et plus efficace.

Le projet de loi maintient d'une manière absolue la nécessité du consentement du propriétaire de la surface pour faire des sondages, ouvrir des puits ou galeries, établir des machines, ateliers ou magasins dans les enclos murés, cours et jardins. Il conserve autour des habitations et des terrains compris dans les clôtures murées qui en dépendent une zone protectrice des jouissances domestiques, et dans laquelle certains travaux ne pourront s'opérer sans le consentement des propriétaires de ces habitations. La règle ainsi posée est générale, absolue; elle s'applique aux habitations construites après la concession aussi bien qu'à celles dont l'existence est antérieure. La jurisprudence de la Cour de cassation, sur ces deux points importants, est ainsi consacrée législativement.

Mais les restrictions imposées à l'industrie minière subissent une triple modification qui profitera à tous les concessionnaires de mines, et qui réalisera, sans aggraver la servitude de la surface, les améliorations sollicitées par eux. Le rayon de 100 mètres est réduit à 50. Il suffit à la protection que la loi de 1810 a voulu établir. En Autriche, la prohibition ne s'étend pas au delà de 37^m90; en Prusse, elle s'applique dans un rayon de 62^m75.

L'égalité de traitement qui existait entre toutes les clôtures murées, qu'elles fussent ou non attenantes aux habitations, est supprimée. La zone de 50 mètres ne sera respectée au delà des clôtures murées : cours, jardins, enclos, que quand elles dépendront d'une maison d'habitation. Les autres enclos, même murés, ne réclament pas la même sauvegarde à l'extérieur.

Le projet n'assimile plus, en ce qui concerne la prohibition qu'il maintient dans le rayon de 50 mètres, l'établissement des machines, ateliers ou magasins à l'ouverture des puits ou galeries. Ces derniers travaux devront seuls être autorisés; ils occasionnent un passage fréquent à partir de l'endroit où ils débouchent, et ils constituent un voisinage assez incommode pour qu'on les tienne à distance. Il n'y a, au contraire, aucune raison de traiter les machines servant aux mines plus défavorablement que les appareils à vapeur employés par les autres industries; il suffit que les règlements généraux sur la matière soient observés par les concessionnaires de mines. Les ateliers de tout genre se réunissent librement sur tel ou tel point, même à l'intérieur des villes ; les magasins servant au commerce de la houille s'y développent sans restriction aucune. N'est-ce pas pousser les choses à l'exagération que de reléguer les ateliers et les magasins spéciaux de l'industrie minière loin des habitations situées au-dessus des mines ?

L'article 11 du projet maintient donc dans les anciennes dispositions ce qui est utile au propriétaire de la surface et supprime ce qui est simplement gênant pour le concessionnaire de la mine.

IV

Art. 23 et 26. — Le législateur de 1810 a voulu entourer de publicité les demandes en concession ; mais les formalités qu'il a prescrites dans les articles 23 et suivants sont critiquées comme excessives sous certains rapports et incomplètes sous d'autres. Le délai de quatre mois pendant lequel l'affichage est obligatoire sera désormais réduit à deux, par analogie avec ce qui a été prescrit par la loi du 17 juin 1840 sur les mines de sel. L'obtention de la concession deviendra ainsi plus rapide. Une simple insertion était réputée suffisante ; le gouvernement a pensé que, pour ne pas diminuer la publicité et pour compenser l'abréviation de la durée de l'affichage, *il convenait d'exiger que les affiches fussent insérées au Journal officiel*. Tel était le vœu de la Commission d'enquête parlementaire. La Commission vous propose d'ajouter que les insertions seront faites deux fois, à un mois d'intervalle.

La modification apportée à l'article 26 est toute matérielle ; elle a pour but de mettre cet article, relatif aux demandes en concurrence et aux oppositions, en harmonie avec l'article 23.

V

Art. 42. — Le projet de loi ne proposait aucun changement à l'article 42 de la loi de 1810 : « Le droit attribué par l'article 6 de la présente loi au propriétaire de la surface sera réglé à une somme déterminée par l'acte de concession. » Mais un des membres de la commission, l'honorable M. Martenot, a critiqué le système d'après lequel sont réglés actuellement les droits du propriétaire de la surface, et a proposé d'y substituer celui qui a été introduit en Belgique par la loi du 2 mai 1837.

On sait qu'aux termes de l'article 6 de la loi de 1810, l'acte de concession règle les droits du propriétaire de la surface sur le produit des mines concédées. A prendre cet article à la lettre, la redevance tréfoncière qu'il établit devrait être proportionnelle au produit des mines exploitées dans le fonds de chaque propriétaire. Or, suivant l'article 42, ce droit est réglé à une somme déterminée par l'acte de concession. D'où l'on peut conclure que la redevance tréfoncière consiste en une somme fixe de tant par hectare payée par le concessionnaire à tous ceux qui sont propriétaires des terrains compris dans le périmètre concédé.

L'exposé des motifs de la loi du 21 avril 1810 ne s'explique pas à ce sujet ; il ne fait que poser ainsi le principe : « Le droit du propriétaire de la surface ne doit pas être méconnu; il faut, au contraire, qu'il soit conservé pour être purgé, réglé, acquitté.» Le rapport de la commission est plus explicite : « La Commission a remarqué qu'il y aurait des embarras toujours croissants pour constater sous quelle propriété se fait l'exploitation, que même il est souvent impossible de déterminer dans une exploitation en grand ce qui provient des points divers de la concession; mais l'article 42 du projet, qui explique l'article 6, porte que le droit attribué au propriétaire de la surface sera réglé à une somme déterminée par l'acte de concession. »

Quoi qu'il en soit, en présence des deux textes différents qui prirent place dans la loi, on fut amené à conclure qu'il n'y avait pas, sur la question qui nous occupe, de règle invariable ni de forme exclusive imposée à la redevance tréfoncière. Pour être équitable et pour « purger » réellement les droits du propriétaire de la surface, elle doit varier suivant les circonstances et les usages établis.

En fait, le mode adopté consiste le plus souvent, conformément à un avis du conseil général des mines du 27 juillet 1810, dans l'attribution aux propriétaires de la surface d'une indemnité modique, annuellement payée par hectare, qu'il y ait, ou non, extraction réelle ou possible sous leur fonds. Les redevances les plus usuelles sont de 5 centimes, 10 centimes par hectare, elles s'élèvent quelquefois à 30, 40, 50 centimes, et même à un franc l'hectare.

Dans les concessions houillères du département de la Loire, par respect pour les usages établis et les conventions antérieures, la redevance a été fixée, au contraire, d'après une base proportionnelle aux produits : un quart du produit brut pour travaux à ciel ouvert; un sixième pour travaux par puits jusqu'à 50 mètres; un huitième de 50 à 100 mètres; un vingtième au-dessous de 300 mètres. Ce système de redevance tréfoncière grève l'exploitation, dans les vingt-deux concessions auxquelles il est appliqué, d'une charge considérable, évaluée par M. de Ruolz à une moyenne de 0 fr. 663 par tonne; elle diminuera, il est vrai, en raison de l'approfondissement de l'extraction.

On voit, par cet exposé, qu'il n'y a et qu'il ne peut y avoir aucune règle absolue pour la détermination de la redevance tréfoncière des mines. D'après M. Martenot, le plus souvent, l'indemnité accordée par les actes de concession n'est pas sérieuse; elle ne compense ni la privation de la propriété tréfoncière que subit le propriétaire du sol, ni la diminution de valeur créée par la servitude légale à laquelle son fonds est assujetti. C'est pour parer à ces inconvénients que notre honorable collègue a proposé à la commission l'adoption du système actuellement pratiqué en Belgique. Aux termes de la loi belge de 1837 (article 9), l'indemnité tréfoncière réservée au propriétaire de la surface consiste en une redevance fixe, déterminée par l'acte de concession, et qui ne peut être inférieure à 25 centimes par hectare et en une redevance proportionnelle, répartie en raison de la contenance des terrains compris dans le périmètre, et qui varie de 1 à 3 pour 100 du produit net de la mine, tel qu'il est arrêté annuellement pour le règlement de la redevance due à l'État.

La commission n'a pas adopté la proposition de l'honorable M. Martenot. Si le propriétaire de la surface, qui est en même temps propriétaire du dessous jusqu'à ce que le décret de concession crée la propriété de la mine, doit recevoir une indemnité, on ne peut, sans exagération, le traiter comme s'il était véritablement exproprié de la richesse minérale recélée dans les profondeurs du sous-sol. D'un autre côté, le principe de la redevance tréfoncière posé dans les articles 6 et 42 de la loi de 1810 n'a point trait à la moins-value causée à la surface par les charges éventuelles qui pèsent sur elle. Le règlement de cette nature spéciale de dommage fait l'objet des articles 43 et 44 de la loi des mines. Le système belge, en ce qui concerne la partie proportionnelle de la redevance, ne nous a point paru donner satisfaction aux règles de l'équité. Est-il juste, en effet, que tous les propriétaires compris dans le périmètre d'une concession reçoivent une indemnité proportionnelle à la contenance de leurs terrains, de manière que tel, dont le sol ne renferme aucune substance minérale, soit indemnisé par sa participation aux produits réellement extraits de la propriété de tel autre, exploitée utilement ? S'il y a lieu parfois d'établir une redevance proportionnelle, n'est-il pas plus sage de la rendre corrélative à la quantité de produits minéraux extraits dans le sous-sol de chaque propriété ?

La commission a été d'avis que le meilleur parti à prendre consiste à laisser au gouvernement, éclairé par l'instruction qui précède toute concession, le soin d'appliquer, suivant les circonstances spéciales à chaque affaire, le principe de la redevance tréfoncière.

Néanmoins, pour faire disparaître l'antinomie apparente que nous avons signalée entre les articles 6 et 42, et pour mieux montrer que la loi de 1810 autorise formellement l'allocation d'une redevance proportionnelle aux produits, nous vous proposons d'introduire une modification dans le texte de l'article 42. Le projet du gouvernement, en sa première rédaction, supprimait dans l'article 6 la mention de la redevance tréfoncière, qu'elle transportait dans l'article 17 ainsi rédigé : « L'acte de concession purge, en faveur du concessionnaire, tous les droits du propriétaire de la surface, *réglés par cet acte, conformément aux usages locaux, s'il y a lieu* et les droits, » etc. La commission a préféré adopter une nouvelle rédaction de l'article 42, proposée par la sous-commission d'études : « le droit accordé par l'article 6 de la présente loi au propriétaire de la surface sera *réglé sous la forme fixée par l'acte de concession* ».

Vous ferez ainsi disparaître de la loi une obscurité toujours regrettable, et vous donnerez une satisfaction partielle à l'amendement de M. Martenot en accordant au gouvernement toute latitude pour régler par l'acte de concession, sous la forme la plus équitable, les droits incontestés du propriétaire de la surface.

VI

Art. 43 et 44. — Les travaux de recherche et d'exploitation des mines ne s'exécutent pas uniquement dans le sein de la terre : il en est qui s'opèrent nécessairement à la surface du sol. De la naît, pour l'explorateur et le concessionnaire, le droit d'occuper, sous les réserves indiquées par l'article 11 et à charge d'indemnité, les terrains compris dans le périmètre de la concession. Les articles 43 et 44 règlent le droit d'occupation et le devoir d'indemnité ; ils ont le même objet et se complètent l'un par l'autre.

Ces articles ont soulevé de vives réclamations. On leur a reproché d'être obscurs, de renfermer des lacunes considérables. Vingt-cinq déposants, lors de l'enquête parlementaire, en ont demandé la révision.

La nouvelle rédaction offre l'avantage de poser d'une manière explicite le principe du droit d'occupation, soumis dans son exercice à la surveillance de l'autorité administrative, de spécifier les divers travaux qui motivent la servitude imposée à la surface au profit de la mine. A côté des travaux d'exploitation proprement dits, elle énumère ceux qui ont pour objet la préparation mécanique des minerais et le lavage des combustibles, l'établissement des routes et des chemins de fer ne modifiant pas le relief du sol ; elle fixe les conditions dans lesquelles doit être pratiquée l'occupation des terrains rendue nécessaire par ces diverses espèces de travaux ; elle exige qu'avant l'arrêté qui autorise l'occupation, les propriétaires de la surface soient mis à même de présenter leurs observations, au moyen d'une instruction locale à laquelle ils sont appelés concurremment avec l'explorateur ou le concessionnaire ; elle explique quel sera le point de départ de l'indemnité : la valeur des terrains sera déterminée au moment où le dommage aura été causé et non à l'époque où la concession aura été faite. Par une disposition plus claire que l'ancien texte, elle soumet aux tribunaux civils les contestations relatives aux indemnités réclamées en vertu de l'article 43. Elle décide, conformément à l'avis du conseil général des mines, et à une jurisprudence qu'il est utile de consacrer législativement pour empêcher un retour en sens contraire (1), que l'indemnité au double, spéciale à la réparation du dommage causé par l'occupation proprement dite d'une parcelle de terrain déterminée, ne s'applique pas aux dégradations résultant des travaux souterrains, à l'égard desquels le droit commun sera appliqué.

Un membre de la commission, l'honorable M. de Ventavon, a objecté « que la nouvelle rédaction de l'article 43 ajoutait encore aux pouvoirs de l'administration la faculté d'exproprier le propriétaire de la surface. En effet, la simple autorisation du préfet suffira à l'avenir pour que le concessionnaire puisse établir des travaux, faire même des constructions permanentes, à la seule condition de payer le double du revenu tant que les constructions dureront, ou de payer, si le propriétaire de la surface le requiert, le double de la valeur du terrain. C'est l'expropriation opérée par la volonté toute puissante du préfet, contrairement à la règle magistrale de la loi de 1841, que l'expropriation ne s'opère que par autorité de justice. ».

---

(1) Par son arrêt du 23 juillet 1862, rendu en chambres réunies, la cour de cassation a répudié la jurisprudence que semblaient avoir fixé deux arrêts de la chambre des requêtes des 23 avril 1850 et 22 décembre 1852 et deux arrêts de la chambre civile des 2 décembre 1857 et 17 juillet 1860.

La commission n'a pas partagé cette manière de voir. L'article 43 du projet ne modifie pas, en principe, le droit d'autoriser l'occupation d'un terrain, soit en matière de travaux publics, soit en matière de mines, que le préfet tient de divers arrêts du conseil et de la loi de 1810. La nouvelle rédaction, loin d'aggraver la situation du propriétaire de la surface, lui accorde des garanties plus nettement spécifiées. En règle générale, l'occupation est loin d'équivaloir à une expropriation ; les travaux qui la motivent sont le plus souvent temporaires, et le sol sur lequel ils s'exécutent peut être remis en culture au bout d'un an. Alors même que l'occupation se prolonge au delà de cette durée, ou bien quand les travaux opérés rendent le sol impropre à la culture, l'arrêté d'occupation n'opère aucune translation de propriété au profit de la mine ; le propriétaire du terrain occupé peut continuer à percevoir le double du produit net. C'est à lui seul qu'il appartient d'exiger de l'explorateur ou du concessionnaire l'acquisition de la surface frappée d'occupation et même de la totalité du corps de terre trop endommagé ou dégradé sur une trop grande étendue, sans préjudice des dommages-intérêts qui seraient dus, en cas d'occupation partielle, pour le préjudice causé à l'ensemble du domaine. — La loi de 1810 a prévu que le concessionnaire pourrait établir à la surface des travaux permanents, tels que bâtiments (art. 8), magasins (art. 11), machines (art. 9 et 11). En élevant l'indemnité d'occupation au double, en accordant, en certains cas, au propriétaire la faculté de substituer à ce mode d'indemnité l'achat forcé du terrain au double de la valeur qu'il avait, la loi a accordé, dans une sage mesure, une protection efficace au droit de propriété.

L'honorable M. de Ventavon a critiqué également le principe de l'indemnité au double : « Cette fixation de l'indemnité au double du revenu
« ou de la valeur du terrain, a-t-il dit, est contraire à notre droit public.
« Le propriétaire de la surface doit être indemnisé, c'est-à-dire, non pas
« toucher le revenu ou le prix de son terrain, mais toucher une indem-
« nité équivalente à tout le préjudice que lui fait éprouver l'occupation,
« et cette indemnité doit être fixée par le jury, le jury de la loi de 1841 ou
« au moins celui de la loi de 1836. La loi des mines doit être mise en
« harmonie avec la législation actuelle ; l'indemnité due au propriétaire
« du sol doit être réglée conformément au droit commun. Sous ce rap-
« port, l'article 43 doit être profondément modifié.

« Pourquoi distinguer entre les dommages causés à la propriété par les
« travaux faits à la surface et ceux qui sont la conséquence de l'exploitation
« souterraine ? Le concessionnaire, dans tous les cas, doit payer le dommage
« qu'il a causé, le réparer tout entier, mais ne le payer au double en au-
« cun cas, c'est-à-dire qu'il doit ne le payer qu'une fois. S'il y avait une
« différence à établir, il faudrait, à l'inverse de la disposition projetée,
« assujettir à une indemnité plus forte les dommages provenant de travaux
« souterrains, parce que, d'une part, le propriétaire de la surface n'a au-
« cun moyen de les prévenir ; d'autre part, le dommage provient généra-
« lement d'une mauvaise exploitation et de l'absence de remblais. »

La commission n'a pas voulu opposer aux critiques de l'honorable M. de

Ventavon une simple fin de non-recevoir, tirée du caractère même du projet de loi qui conserve intactes, ainsi que nous l'avons exposé, les bases de la législation de 1810. Elle a examiné si ces critiques étaient fondées. Se plaçant d'abord au point de vue de l'exploitant, elle a constaté que la fixation de l'indemnité au double n'a été attaquée, comme trop rigoureuse, par aucun des concessionnaires de mines entendus dans l'enquête parlementaire. Le seul vœu émis à ce sujet a été que la loi restreignît l'évaluation au double au dommage direct causé par l'occupation, et qu'elle soumît, par une disposition formelle, aux règles du droit commun la réparation du préjudice résultant de travaux souterrains. — Relativement au propriétaire de la surface, l'indemnité fixée au double du produit net du terrain occupé, et, dans certains cas, au double de la valeur du terrain au moment de l'occupation, offre le plus souvent l'avantage d'un règlement facile, reposant à forfait sur une base uniforme. C'est une indemnité rendue large à dessein, qui garantit le propriétaire, forcé de subir une occupation, contre des demandes que la recherche ou l'exploitation des mines ne rendrait pas véritablement nécessaires.

La distinction consacrée par le projet de loi au sujet du mode de calcul de l'indemnité, selon qu'il s'agit d'occupation, d'acquisition de terrains, ou bien d'autres dommages causés à la propriété par les travaux de recherche ou d'exploitation, repose sur les motifs les plus sérieux. Dans la première hypothèse, le concessionnaire, autorisé à établir ses travaux sur les terrains qu'il occupe d'une manière temporaire ou définitive, doit tenir compte au propriétaire de la servitude dont la surface se trouve grevée au profit de la mine; il est conforme à l'équité que la loi établisse une dérogation à la règle générale posée par l'article 1149 du code civil, qui veut que les dommages-intérêts dus au créancier soient de la perte qu'il a faite ou du gain dont il a été privé. Les mêmes raisons ne peuvent être invoquées en ce qui concerne les dommages de diverse nature que causent à la surface les travaux souterrains. L'explorateur ou le concessionnaire ne nuit alors au propriétaire du sol qu'en travaillant chez lui-même et en tirant profit de sa propre chose; le droit commun reprend son empire.

L'article 44 du projet répare une double omission de la loi de 1810, relative aux voies de communication et aux travaux de secours. Les réclamations faites à cet égard se sont multipliées à mesure que l'on a compris davantage la nécessité de relier les puits d'extraction aux voies générales de communication, afin d'obtenir des transports plus rapides et moins coûteux. La jurisprudence administrative avait seule appliqué le droit d'occupation à la construction de chemins. Cependant, il arrivait fréquemment que le concessionnaire fût enclavé et ne rencontrât pas, à proximité des puits que la nécessité d'une bonne exploitation l'obligeait d'établir sur un point déterminé, le chemin ou le canal par lequel ses produits devaient s'écouler. Forcé alors de traverser des terrains situés en dehors de la concession, il était à la merci de propriétaires qui lui imposaient les plus dures conditions de vente.

Quant aux chemins de fer, il ne pouvait évidemment en être question. Qui prévoyait, en 1810, la création de cet instrument de progrès? Le conseil d'état autorisa, il est vrai, le concessionnaire d'une mine à établir, à l'intérieur de son périmètre, « une voie ferrée à rails, de faible écartement destinée à la circulation de wagons traînés par des chevaux (arrêt du 9 juillet 1875); » mais lorsqu'il s'agit de véritables chemins de fer, il refusa avec raison aux préfets le droit d'en permettre la construction au moyen d'un arrêté d'occupation, et il exigea que l'autorisation fût donnée dans les termes et conditions de la loi du 3 mai 1841 (arrêts des 8 mars 1851 et 20 février 1870).

Mais la loi sur l'expropriation était-elle applicable en matière de mines? Pour le décider ainsi, on dut souvent recourir à une sorte de subterfuge, en affectant, d'une manière éventuelle, des voies de raccordement de mines au service des voyageurs et des marchandises.

Les travaux de secours : puits d'aérage, rigoles, galeries d'écoulement, etc., présentaient les mêmes difficultés; l'exploitant ne pouvait les établir en dehors de son périmètre (conseil d'état, 8 mars 1851). Ici encore, il se trouvait à la discrétion des propriétaires avec lesquels il fallait qu'il traitât.

Cette seconde omission était, dans la loi de 1810, d'autant plus inexplicable que la loi de 1791, par son article 25, prévoyait l'établissement de travaux de secours hors du périmètre de la concession, en vertu d'un arrêté du directoire du département.

Le projet de loi comble les lacunes que nous venons de signaler et substitue des moyens réguliers aux expédients auxquels on avait dû recourir.

Dans l'intérieur du périmètre, on a vu qu'un arrêté préfectoral suffit, aux termes de l'article 43, pour autoriser le concessionnaire à occuper les terrains nécessaires à l'établissement de routes ou à celui de chemins de fer ne modifiant pas le relief du sol. En vertu de l'article 44, un décret rendu au conseil d'état peut déclarer d'utilité publique les canaux, ainsi que les chemins de fer modifiant le relief du sol. On comprend le motif de cette distinction, beaucoup plus rationnelle, en ce qui concerne les chemins de fer, que celle qui résulterait du plus ou moins de largeur de la voie et du mode de traction employé. Le chemin de fer qui ne modifie pas le relief du sol laisse subsister, comme les routes ordinaires, une libre communication entre les parcelles traversées. Modifie-t-il ce relief par la formation de déblais et de remblais? Il offre, pour les terrains situés à droite et à gauche, les inconvénients habituels des voies ferrées ; sur un parcours plus ou moins étendu, il les isole les uns des autres. La même observation s'applique aux canaux. — En donnant de plus grandes facilités aux propriétaires des mines, il est juste que l'on accorde aux propriétaires de la surface les garanties de la loi de 1841. Cette loi reçoit ainsi une application nouvelle, il est vrai, mais en parfaite harmonie avec les principes de l'expropriation. En vain objecterait-on que les mines constituent une propriété privée, que l'intérêt particulier des concessionnaires est seul en jeu. — N'est-ce point par des motifs d'intérêt général que la loi a créé et organisé la propriété des mines? Dès lors, n'est-il pas logique de déclarer qu'il y a intérêt public à exécuter certains ouvrages que l'exploitation des mines rend indispensables?

En dehors du périmètre, les canaux, les chemins de fer, les routes nécessaires à la mine et les travaux de secours pourront être exécutés, après qu'un décret rendu en conseil d'état en aura déclaré l'utilité publique. Les chemins de fer ainsi créés seront considérés comme de simples voies de raccordement employées à un usage spécial, le service de l'exploitation, et débarrassées des conditions souvent onéreuses qu'on était obligé de leur imposer, en les considérant comme des voies ferrées ordinaires; ils ne seront désormais rendus publics que si le cahier des charges prévoit et règle cette affectation.

VII

Art. 50. — L'article 50 de la loi de 1810, complété par le décret du 3 janvier 1813 (article 4) et l'ordonnance royale du 26 mars 1843 (article 3), confère au préfet un droit de surveillance sur l'exploitation des mines. Cette surveillance a pour objet la sûreté publique, la conservation des puits, la solidité des travaux, la sécurité des ouvriers mineurs et des habitants de la surface, en un mot l'intérêt des personnes et des choses.

La nouvelle rédaction ajoute à cette énumération la conservation des voies de communication et des eaux minérales, ainsi que l'usage des sources qui alimentent des villes, villages, hameaux et établissements publics. La dernière addition, conforme à l'avis du conseil général des mines, offre une importance spéciale. On doit craindre de voir couper par les travaux d'exploitation des mines les sources destinées à un usage public. L'administration, touchée des vœux formulés à ce sujet, avait essayé d'y donner satisfaction en insérant dans les cahiers des charges une disposition qui obligeât les concessionnaires à veiller à la conservation des sources communales; mais la section des travaux publics du conseil d'état n'a point admis que l'on trouvât dans la loi de 1810 le droit de régler les relations des concessionnaires des mines avec les propriétaires de sources, ces propriétaires fussent-ils des communes. C'était là, suivant la section, un conflit d'intérêts privés, soumis aux règles du droit commun et ressortissant à l'autorité judiciaire. Or, d'après la jurisprudence de la cour de cassation, le concessionnaire de mines est bien responsable du tarissement ou de l'altération des sources existant dans le terrain même sous lequel ont lieu les travaux (Cassation, 7 et 8 juin 1869), mais non des sources que renferment les propriétés voisines (Cassation, 12 août 1872).

Une addition spéciale à l'article 50 donnera désormais toute garantie à un intérêt public digne de protection.

VIII

Art. 70. — L'article 70 fait partie du titre VII de la loi de 1810, relatif à la propriété et à l'exploitation des minières. On sait que la législation des minières a été modifiée profondément par la loi du 9 mai 1866.

L'article 70 était ainsi conçu :

« En cas de concession, le concessionnaire sera tenu toujours :

« 1° De fournir aux usines qui s'approvisionnaient de minerai, sur les lieux compris en la concession, la quantité nécessaire à leur exploitation, au prix qui sera porté au cahier des charges ou qui sera fixé par l'administration ;

« 2° D'indemniser les propriétaires au profit desquels l'exploitation avait lieu, dans la proportion qu'ils en tiraient. »

Le § 1ᵉʳ de l'article 70 a été abrogé. Il a donc paru nécessaire de le remanier, afin de dégager la partie qui est restée en vigueur. Le gouvernement a profité de cette occasion pour introduire dans le nouveau texte une disposition, proposée par le conseil général des mines, qui mettra fin aux difficultés naissant de la nécessité de délimiter les droits du concessionnaire d'une mine et du propriétaire de la surface : comme ils peuvent se livrer simultanément à l'exploitation des minerais, il importe de prévenir les obstacles que l'exploitation superficielle susciterait à l'exploitation souterraine.

A cet effet, le ministre des travaux publics peut, après la concession d'une mine de fer, interdire au propriétaire de minières une exploitation qui ne se prolongerait qu'en rendant impossible l'exploitation avec puits et galeries.

De même, avant que la minière ait été exploitée, un décret rendu en conseil d'état pourra autoriser le concessionnaire à réunir la minière à la mine. L'article 10, en faisant cet avantage au concessionnaire de la mine, respecte les droits des propriétaires des minières, et leur réserve d'obtenir une indemnité en échange du revenu qu'ils tiraient ou qu'ils auraient pu tirer de leur exploitation. Cette indemnité sera fixée par les tribunaux civils.

IX

Art. 81 et 82. — La modification du texte de l'article 81 ne demande aucune explication. Un seul changement a été apporté par l'article 82 au régime des carrières; il concerne spécialement les carrières situées dans les départements de la Seine et de Seine-et-Oise.

Ces carrières sont régies par divers décrets des 22 mars et 4 juillet 1813, qui dérogent sur certains points à la loi de 1810. Le conseil d'état a pensé qu'il était utile, et tel a été l'avis du gouvernement et de votre commission, de faire confirmer par le législateur les règles spéciales commandées par la situation exceptionnelle de la ville de Paris et d'abroger le surplus des dispositions des règlements de 1813 qui ont force de loi, de façon à permettre le remaniement de ces règlements, d'une application difficile, par des décrets analogues à ceux qui ont été rendus pour la plupart des départements.

En conséquence, messieurs, la commission a l'honneur de vous présenter l'adoption du projet de loi dont la teneur suit :

CHAP. XVIII. — ANNEXES.

PROJET DE LOI.

Loi du 21 avril 1810.	Texte du gouvernement.	Texte de la commission.
Art. 11. Nulle permission de recherches ni concession de mines ne pourra, sans le consentement formel du propriétaire de la surface, donner le droit de faire des sondes et d'ouvrir des puits ou galeries, ni celui d'établir des machines ou magasins dans les enclos murés, cours ou jardins, ni dans les terrains attenant aux habitations ou clôtures murées, dans la distance de 100 mètres desdites clôtures ou des habitations.	**Art. 11.** Nulle permission de recherches ni concession de mines ne pourra, sans le consentement du propriétaire de la surface, donner le droit de faire des sondages, d'ouvrir des puits ou galeries, ni d'établir des machines, ateliers ou magasins dans les enclos murés, cours et jardins. Les puits et galeries ne peuvent être ouverts, dans un rayon de 50 mètres des habitations et des terrains compris dans les clôtures murées qui en dépendent, sans le consentement des propriétaires de ces habitations.	**Art. 11.** *Comme au projet.*
Art. 23. Les affiches auront lieu pendant quatre mois, dans le chef-lieu du département, dans celui de l'arrondissement où la mine est située, dans le lieu du domicile du demandeur, et dans toutes les communes dans le territoire desquelles la concession peut s'étendre : elles seront insérées dans les journaux du département.	**Art. 23.** L'affichage aura lieu, pendant deux mois, dans le chef-lieu du département, dans celui de l'arrondissement où la mine est située, dans le lieu du domicile du demandeur et dans toutes les communes sur le territoire desquelles la concession peut s'étendre ; les affiches seront insérées dans les journaux du département et dans le *Journal officiel*.	**Art. 23.** L'affichage aura lieu, pendant deux mois, aux chefs-lieux du département et de l'arrondissement où la mine est située, dans la commune où le demandeur est domicilié et dans toutes les communes sur le territoire desquelles la concession peut s'étendre ; les affiches seront insérées deux fois, et à un mois d'intervalle, dans les journaux du département et dans le *Journal officiel*.
Art. 26. Les demandes en concurrence et les oppositions qui y seront formées, seront admises devant le préfet jusqu'au dernier jour du quatrième mois, à compter de la date de l'affiche ; elles seront notifiées par actes extrajudiciaires à la préfecture du département, où elles seront enregistrées sur le registre indiqué à l'article 22. Les opposi-	**Art. 26.** Les oppositions et les demandes en concurrence seront admises devant le préfet jusqu'au dernier jour du second mois, à compter de la date de l'affiche. Elles seront notifiées par actes extrajudiciaires à la préfecture du département, où elles seront enregistrées sur le registre indiqué à l'article 22. Elles seront également notifiées	**Art. 26.** *Comme au projet.*

Loi du 21 avril 1810.	Texte du gouvernement.	Texte de la commission.
tions seront notifiées aux parties intéressées et le registre sera ouvert à tous ceux qui en demanderont communication.	aux parties intéressées, et le registre sera ouvert à tous ceux qui en demanderont communication.	*Comme au projet.*
ART. 42. Le droit attribué par l'article 6 de la présente loi aux propriétaires de la surface sera réglé à une somme déterminée par l'acte de concession.		ART. 42. Le droit accordé par l'article 6 de la présente loi au propriétaire de la surface sera réglé sous la forme fixée par l'acte de concession.
ART. 43. Les propriétaires de mines sont tenus de payer les indemnités dues au propriétaire de la surface sur le terrain duquel ils établiront leurs travaux. Si les travaux entrepris par les explorateurs ou par les propriétaires de mines ne sont que passagers, et si le sol où ils ont été faits peut être mis en culture au bout d'un an comme il l'était auparavant, l'indemnité sera réglée au double de ce qu'aurait produit net le terrain endommagé.	ART. 43. Le concessionnaire peut être autorisé, par arrêté préfectoral, pris après que les propriétaires auront été mis à même de présenter leurs observations, à occuper, dans le périmètre de sa concession, les terrains nécessaires à l'exploitation de sa mine, à la préparation mécanique des minerais et au lavage des combustibles, à l'établissement des routes ou à celui des chemins de fer ne modifiant pas le relief du sol. Si les travaux entrepris par le concessionnaire ou par un explorateur, muni du permis de recherches mentionné à l'article 10, ne sont que passagers, et si le sol où ils ont eu lieu peut être mis en culture, au bout d'un an, comme il l'était auparavant, l'indemnité sera réglée à une somme double du produit net du terrain endommagé. Lorsque l'occupation ainsi faite prive le propriétaire de la jouissance du sol pendant plus d'une année, ou lorsque, après l'exécution des travaux, les terrains occupés ne sont plus propres à la culture, les propriétaires peuvent exiger du concessionnaire ou de l'explorateur l'acquisition du sol. La pièce de terre trop endommagée ou dégradée sur une trop grande partie de sa surface	ART. 43. *Comme au projet.*

CHAP. XVIII. — ANNEXES. 624

Loi du 21 avril 1818.	Texte du gouvernement.	Texte de la commission.
	doit être achetée en totalité, si le propriétaire l'exige. Le terrain à acquérir ainsi sera toujours estimé au double de la valeur qu'il avait avant l'occupation. Les contestations relatives aux indemnités réclamées par les propriétaires du sol aux concessionnaires des mines, en vertu du présent article, seront soumises aux tribunaux civils. Les dispositions des §§ 2 et 3, relatives au mode de calcul de l'indemnité due au cas d'occupation ou d'acquisition des terrains, ne sont pas applicables aux autres dommages causés à la propriété par les travaux de recherche ou d'exploitation.	Les dispositions des §§ 2 et 3, relatives au mode de calcul de l'indemnité due au cas d'occupation ou d'acquisition des terrains, ne sont pas applicables aux autres dommages causés à la propriété par les travaux de recherche ou d'exploitation : la réparation de ces dommages reste soumise au droit commun.
ART. 44. Lorsque l'occupation des terrains pour la recherche ou les travaux des mines prive les propriétaires du sol de la jouissance du revenu au delà du temps d'une année, ou lorsque après les travaux, les terrains ne sont plus propres à la culture, on peut exiger des propriétaires des mines l'acquisition des terrains à l'usage de l'exploitation. Si le propriétaire de la surface le requiert, les pièces de terre trop endommagées ou dégradées sur une trop grande partie de leur surface, devront être achetées en totalité par le propriétaire de la mine. L'évaluation du prix sera faite, quant au mode, suivant les règles établies par la loi du 16 septembre 1807, sur le desséchement des marais, etc., titre XI; mais le terrain à acquérir sera toujours estimé au double de la valeur qu'il avait avant l'exploitation de la mine.	ART. 44. Un décret rendu en conseil d'État peut déclarer d'utilité publique les canaux et les chemins de fer modifiant le relief du sol à exécuter dans l'intérieur du périmètre, ainsi que les canaux, les chemins de fer, les routes nécessaires à la mine et les travaux de secours, tels que puits ou galeries destinés à faciliter l'aérage et l'écoulement des eaux, à exécuter en dehors du périmètre. Les voies de communication créées en dehors du périmètre pourront être affectées à l'usage du public, dans les conditions établies par le cahier des charges. Dans le cas prévu par le présent article, les dispositions de la loi du 3 mai 1841, relatives à la dépossession des terrains et au règlement des indemnités, seront appliquées.	ART. 44. *Comme au projet.*

Loi du 21 avril 1810.	Texte du gouvernement.	Texte de la commission.
ART. 50.	ART. 50.	ART. 50.
Si l'exploitation compromet la sûreté publique, la conservation des puits, la solidité des travaux, la sûreté des ouvriers mineurs ou des habitations de la surface, il y sera pourvu par le préfet, ainsi qu'il est pratiqué en matière de grande voirie et selon les lois.	Si les travaux de recherche ou d'exploitation d'une mine sont de nature à compromettre la sécurité publique, la conservation de la mine, la sûreté des ouvriers mineurs, la conservation des voies de communication, celle des eaux minérales, la solidité des habitations, l'usage des sources qui alimentent des villes, villages, hameaux et établissements publics, il y sera pourvu par le préfet.	*Comme au projet.*
ART. 70.	ART. 70.	ART. 70.
En cas de concession, le concessionnaire sera tenu toujours : 1° de fournir aux usines qui s'approvisionnaient de minerai sur les lieux compris en la concession, la quantité nécessaire à leur exploitation, au prix qui sera porté au cahier des charges ou qui sera fixé par l'administration ; 2° d'indemniser les propriétaires au profit desquels l'exploitation avait lieu, dans la proportion du revenu qu'ils en tiraient (1). ――― (1) *Loi du 9 mai 1866, modifiant la loi du 21 avril 1810.* ART. 2. Sont également abrogés les articles 59 à 67, 79 à 80, de la même loi, ainsi que l'article 70, dans celle de ses dispositions qui, dans les cas prévus par cet article, oblige le concessionnaire à fournir à certaines usines la quantité de minerai nécessaire à leur exploitation. Néanmoins, les dispositions desdits articles continueront à être applicables jusqu'au 1ᵉʳ janvier 1876 aux usines établies, avec permission, antérieurement à la promulgation de la présente loi.	Lorsque le ministre des travaux publics, après la concession d'une mine de fer, interdit aux propriétaires de minières de continuer une exploitation qui ne pourrait se prolonger sans rendre ensuite impossible l'exploitation avec puits et galeries régulières, le concessionnaire de la mine est tenu d'indemniser les propriétaires des minières dans la proportion du revenu net qu'ils en tiraient. Un décret rendu en conseil d'état peut, alors même que les minières sont exploitables à ciel ouvert ou n'ont pas encore été exploitées, autoriser la réunion des minières à une mine, sur la demande du concessionnaire. Dans ce cas, le concessionnaire de la mine doit indemniser le propriétaire de la minière, par une redevance équivalente au revenu net que ce propriétaire aurait pu tirer de l'exploitation et qui sera fixée par les tribunaux civils.	*Comme au projet.*

Loi du 21 avril 1810.	Texte du gouvernement.	Texte de la commission.
ART. 81. L'exploitation des carrières à ciel ouvert a lieu sans permission, sous la simple surveillance de la police, et avec l'observation des lois ou règlements généraux ou locaux.	ART. 81. L'exploitation des carrières à ciel ouvert a lieu sans permission, en vertu d'une simple déclaration, sous la surveillance de l'administration et avec l'observation des lois ou règlements généraux ou locaux. L'exploitation des carrières à ciel ouvert dans l'intérieur de Paris ne peut avoir lieu sans une autorisation préalable.	ART. 81. *Comme au projet.*
ART. 82. Quand l'exploitation a lieu par galeries souterraines, elle est soumise à la surveillance de l'administration, comme il est dit au titre V.	ART. 82. Quand l'exploitation a lieu par galeries souterraines, elle est soumise à la surveillance de l'administration des mines, dans les conditions prévues par les articles 47, 48 et 50. Dans l'intérieur de Paris, l'exploitation des carrières souterraines de toute nature est interdite. Sont abrogées les dispositions ayant force de loi des deux décrets des 22 mars et 4 juillet 1813, et du décret, portant règlement général du 22 mars 1813, relatifs à l'exploitation des carrières dans les départements de la Seine et de Seine-et-Oise.	ART. 82. *Comme au projet.*

Rapport fait au nom de la commission chargée d'examiner le projet de loi adopté par le sénat, relatif à une révision de la loi du 21 avril 1810, sur les mines, par M. Brossard, député (annexé au procès-verbal de la séance de la chambre des députés du 19 février 1880).

L'exploitation des mines est régie en France par les lois suivantes :
Loi du 21 avril 1810 ;
Loi du 27 avril 1838 (assèchement des mines inondées) ;
Loi du 17 juin 1840 (sel gemme et sources d'eaux salées) ;
Loi du 9 mai 1866 (exploitation des minerais de fer par les propriétaires du sol, etc.).

La loi du 21 avril 1810 a été l'objet de nombreuses critiques et sa révision est réclamée depuis longtemps.

Sans rappeler ici les diverses tentatives faites pour atteindre ce but, nous devons dire, cependant, qu'à la suite de l'enquête parlementaire de 1873-74 sur l'état de l'industrie houillère en France, le parlement et le gouvernement ont reconnu qu'il était utile de modifier certaines dispositions de notre Code minier pour le mettre en rapport avec les besoins de notre industrie.

Déjà, des puissances étrangères nous ont devancé dans cette voie des réformes; qu'il nous suffise de citer la Belgique où les mines sont régies par la loi du 21 avril 1810 à laquelle ont été apportés plusieurs changements. La production des houillères belges est égale à celle de la France et, chaque année, nos voisins nous expédient plusieurs millions de tonnes de combustible; quand on recherche quelles sont les causes qui ont produit ce développement de l'industrie minière, on arrive à reconnaître qu'il est dû en partie à la manière libérale dont la loi a été appliquée au delà de notre frontière et à l'esprit pratique dont étaient animés les législateurs belges quand ils ont voulu la modifier.

L'adoption du projet de révision, adopté par le Sénat et que votre commission a l'honneur de soumettre à votre approbation, aura pour résultat de mettre notre loi de 1810 en harmonie avec les changements dus aux progrès de la science, à la construction des chemins de fer et à l'ouverture des canaux, à l'emploi des moteurs à vapeur, à l'augmentation de la population, à l'accroissement de la production et de la consommation et de réparer certaines omissions échappées aux législateurs de 1810.

Les modifications portent sur les articles 11, 23, 26, 42, 43, 44, 50, 70, 81 et 82 de la loi du 21 avril 1810.

Art. 11. — Avant d'entreprendre l'exploitation d'un gisement, le plus souvent il faut le reconnaître par des travaux préliminaires, fouilles, sondages, galeries, puits, etc..., qui conduisent à la découverte de la mine.

Le droit d'exécuter ces recherches appartient d'abord au propriétaire de la surface, ainsi qu'il résulte de l'article 552 du Code civil et de l'article 12 de la loi de 1810; ensuite, ce droit peut être conféré à des tiers : il importe, en effet, que l'administration soit en mesure de surmonter la mauvaise volonté d'un propriétaire dont l'opposition aurait pour résultat de priver la société des richesses minérales cachées dans les profondeurs du sol; par l'article 10 de la loi précitée, le gouvernement se trouve investi de cette faculté.

L'article 11 crée une servitude en faveur du propriétaire, en même temps qu'il édicte une prohibition se référant, non seulement aux travaux de recherches, mais encore aux travaux exécutés par les concessionnaires; il est donc d'une application journalière dans l'exploitation des mines.

Aux termes de cet article, le propriétaire d'une habitation ou d'une clôture murée peut s'opposer à l'entreprise de ces travaux et à l'établissement de machines ou de magasins dans tous les terrains attenant à ces immeubles dans la distance de 100 mètres.

Cette disposition a donné lieu à de nombreux procès; on s'est demandé si elle était applicable alors que le propriétaire des habitations ou clôtures ne possédait pas en même temps le terrain sur lequel les travaux s'exécutaient; sur ce point, la jurisprudence a présenté, pendant plusieurs années, le spectacle d'une grande divergence. D'un côté, les cours d'appel soutenaient que l'opposition du maître de la maison ou de l'enclos ne devait avoir d'effet que lorsqu'il était propriétaire du terrain (1); d'un autre côté, la cour de cassation se prononçait dans un sens entièrement opposé (2), et décidait que la défense portée dans l'article 11 était générale. La cour suprême ayant toujours maintenu cette doctrine, les cours d'appel ont fini par l'adopter.

Si cette question a une certaine importance au point de vue juridique, elle en a une bien plus grande par ses conséquences pratiques.

De nombreux propriétaires d'enclos et d'habitations ont profité des immeubles existants pour user de leur droit de *veto*, d'autres n'ont pas craint de construire des maisons ou des clôtures afin d'obliger les concessionnaires à acheter le droit de foncer un puits dans la zone de protection, créée par l'article 11; c'est ce qu'on a appelé *l'industrie des clôtures*. Voici un exemple qui montrera comment certains intéressés la pratiquent.

Dans un département du Centre, une compagnie puissante exploite des minerais dans un périmètre renfermant une surface en grande partie au même propriétaire; celui-ci, pour entraver les travaux de la mine, avait imaginé, il y quelques années, un système de constructions admirablement combiné. Il faisait préparer dans une ville voisine de petites maisons en bois et en briques, expédiait les matériaux et, peu de jours après, quelques ouvriers suffisant pour assembler et élever le tout, on pouvait admirer, dans le périmètre concédé, de nouveaux édifices avec l'écriteau : *maison à louer*. Ces constructions étaient disposées de manière à créer, avec les anciennes habitations, un damier ne laissant pas de case assez vaste pour placer aucun des travaux visés par l'article 11, et cela, sur une étendue de plus de 1 kilomètre, et de 400 à 500 mètres de large, dans la partie la plus riche du filon. Grâce à ce procédé, toute installation était impossible sur une immense surface, et le concessionnaire, qui ne pouvait creuser des puits à proximité du gisement, était condamné, pour l'atteindre, à faire des travaux souterrains longs et coûteux.

La restriction qui soustrait à la servitude de la mine les fonds de la surface, *asile des jouissances domestiques*, comme l'ont dit des auteurs de la loi de 1810, est assurément très sage; mais pourquoi pousser le respect de cet asile au point de défendre au concessionnaire ce qui est permis à tous ? Par exemple, un exploitant ne peut aujourd'hui construire un magasin dans la zone de servitude, tandis que tout autre que lui a la faculté de l'établir; il lui est interdit de déposer les produits de son exploitation dans cette zone sans l'autorisation formelle du propriétaire, et l'on voit,

---

(1) Douai, 5 décembre 1838; Lyon, 7 décembre 1849; Dijon, 13 juillet 1853.
(2) Cassation, 21 avril 1823; Req., 23 janvier 1827; Lyon, 25 juin 1835; Cassation, 1ᵉʳ août 1843; 28 juillet 1852; Chambres réunies, 19 mai 1856; Req., 31 mai 1859.

cependant, des dépôts de combustible dans toutes les villes; il doit installer ses machines d'extraction et d'aérage à 100 mètres des habitations et clôtures en pleine campagne, alors que les appareils à vapeur les plus forts, les marteaux-pilons les plus puissants, fonctionnent au milieu de nos cités.

De plus, la longueur de 100 mètres attribuée au rayon de la zone de protection n'est-elle pas excessive? A l'époque où la loi de 1810 fut élaborée, les pays miniers n'étaient pas couverts de constructions comme ils le le sont aujourd'hui : depuis cette époque, les exploitations actives ont amené naturellement un grand développement de la propriété bâtie autour de leurs centres et, au bout d'un certain nombre d'années, il est devenu, dans quelques districts, impossible de trouver une surface suffisante pour y installer un puits et ses accessoires. Cette surface peut s'estimer très approximativement à 30.000 mètres carrés (cercle de 100 mètres de rayon) pour l'emplacement destiné à la machine, aux estacades, aux dépôts, etc..., et à 90.000 mètres carrés pour la zone prohibitive imposée par la loi ; ainsi, avant de foncer un puits, il faut donc trouver une surface de 120.000 mètres carrés ou de 12 hectares dans laquelle il n'existe ni maison ni clôture. Cette obligation crée quelquefois des obstacles insurmontables au détriment de l'intérêt public; voici, par exemple, ce que disait, devant la commission de l'Assemblée nationale chargée de procéder à l'enquête sur l'état de l'industrie houillère en France, le directeur d'une compagnie importante de la Loire, qui avait été, pendant plusieurs années, ingénieur des mines de l'arrondissement de Saint-Étienne, et qui, par conséquent, connaissait bien le bassin.

« On pourrait citer dans les concessions appartenant aux sociétés houillères de Firminy, de Saint-Étienne, de Saint-Chamond et de Rive-de-Gier, des clos d'une telle étendue que la prescription si rigoureuse et si exceptionnelle de l'article 11 rend inabordables et inexploitables des périmètres houillers présentant des richesses précieuses pour la production et la consommation de la houille. »

Ainsi qu'il a été dit dans l'exposé des motifs du projet discuté au Sénat et dans le rapport fait sur ce même projet, tous les exploitants réclament la modification de l'article 11, et il a semblé équitable à votre commission, alors que les propriétaires d'établissements dangereux, insalubres ou incommodes ont vu diminuer progressivement les servitudes de voisinage depuis le commencement de ce siècle, de prendre une décision accordant des bénéfices analogues à l'industrie minière.

L'article 11 du projet de loi, soumis à la Chambre, simplifie beaucoup les dispositions du même article de la loi de 1810.

Dans un premier paragraphe, il énumère les cas où le propriétaire de la surface aura la faculté d'exercer son droit de *veto;* aucun détenteur de permis de recherches ou concessionnaire de mines ne pourra, sans être autorisé par ce propriétaire, faire des sondages, ouvrir des galeries et foncer des puits, ou bien établir des machines, ateliers et magasins, dans les enclos murés, cours et jardins.

Le second paragraphe crée autour des habitations et des clôtures murées y attenant une zone de protection de 50 mètres de rayon dans laquelle le propriétaire de ces immeubles pourra empêcher l'établissement des puits et galeries.

Les modifications apportées à l'article 11 de la loi de 1810 sont donc de trois ordres :

1° Le rayon de la zone de protection que le législateur de 1810 a créée pour assurer la tranquillité du domicile des citoyens est réduit de 100 à 50 mètres ;

2° La loi de 1810 traitait également toutes les clôtures murées, qu'elles fussent ou non attenantes aux habitations, tandis que le projet n'admet de protection pour les enclos, cours et jardins qu'autant que ces clôtures murées dépendront d'une maison d'habitation ;

3° Les puits et galeries seuls sont tenus à une distance de 50 mètres des habitations et enclos; quant aux machines, magasins et ateliers, proscrits de la zone de protection par la loi de 1810, ils rentrent dans le droit commun et sont régis par les règlements généraux sur la matière.

Les pays où l'exploitation des mines est développée n'ont pas attendu jusqu'à ce jour pour introduire dans leurs législations des dispositions libérales, indispensables au développement de cette industrie et pour restreindre les dimensions du cercle protecteur créé autour des habitations.

Une loi du 8 juin 1865 n'admet en Belgique la servitude au profit du propriétaire que lorsqu'il possède en même temps les terrains situés dans la zone prohibitive.

En Autriche, la loi reconnaît un droit de prohibition au propriétaire d'habitations et de clôtures murées y attenant dans un rayon de $37^m,92$ lorsqu'il s'agit de fouilles, puits et galeries, mais aucune disposition ne vise les machines, les magasins et les dépôts; de même, il n'existe pas de rayon protecteur autour des enclos dans lesquels, cependant, des travaux ne peuvent être établis.

En Prusse, un explorateur ne doit pas entreprendre des travaux dans un rayon de 200 pieds ($62^m,75$) aux alentours des bâtiments, ni faire de recherches sous les bâtiments, dans les jardins et dans les cours clôturées sans le consentement du possesseur du sol (art. 4 de la loi du 24 juin 1865); l'article 135 de la même loi dispose que si, pour les travaux de l'exploitation, chemins, voies ferrées, etc., l'occupation d'un terrain étranger est nécessaire, le possesseur, propriétaire ou usufruitier est tenu d'en céder la jouissance à l'exploitant; cette cession ne peut être refusée que pour des raisons supérieures d'intérêt public ou lorsque ces terrains portent des habitations, des bâtiments agricoles ou industriels ou sont enfermés dans des clôtures attenant à ces bâtiments.

En Angleterre, on ne connaît pas de zone de protection.

La législation saxonne qui envisage les gîtes de houille comme une dépendance du fonds dans lequel ils se trouvent, interdit les fouilles pour recherche de minéraux métalliques, à moins du consentement formel des propriétaires, à une distance de 20 *lachter* (40 mètres) ou plus, selon l'appréciation de l'administration des mines, des bâtiments, dans les cours et les parcs ou jardins à clôture ; sous les établissements d'utilité publique et dans leur voisinage, les fouilles ne sont permises que s'il est reconnu, après un examen fait par l'administration des mines et l'autorité locale, qu'elles peuvent avoir lieu sans inconvénient grave pour l'utilité publique ou pour la conservation de ces établissements (§ 2 de la loi du 16 juin 1868). Quant aux exploitants de mines, ils peuvent toujours réclamer les terrains nécessaires au développement de leurs travaux aux propriétaires de la surface, et lorsque des raisons majeures d'intérêt public ne s'y opposent pas, ceux-ci sont tenus à leur volonté et contre indemnité, soit de céder la propriété de leurs terrains à l'entrepreneur de mines, soit d'en permettre l'utilisation temporaire, soit enfin de souffrir l'établissement d'une servitude en faveur dudit explorateur, sur leurs terrains et en dessous (§ 122 à 138).

Ce qui précède prouve surabondamment qu'il est urgent de modifier l'article 11 de la loi de 1810.

La question de rétroactivité, en ce qui concerne la réduction du rayon de la zone de protection, ne saurait être soulevée en pareille matière ; le législateur de 1810 n'a pas été arrêté par une considération de cette nature, lorsqu'il a réduit de 200 toises (389^m,80) à 100 mètres le rayon du cercle protecteur créé par la loi du 28 juillet 1791 ; il en a été de même lorsque, pour des raisons d'ordre public, il fut jugé nécessaire d'étendre les zones militaires et d'aggraver les servitudes supportées par les propriétaires voisins des places fortes ; il en fut encore ainsi au moment de la promulgation des décrets du 25 janvier 1865 et du 31 décembre 1869, qui modifiaient les conditions d'établissement des appareils à vapeur et le classement des établissements insalubres, et qui diminuaient les servitudes admises par les décrets antérieurs en faveur des propriétaires d'immeubles du voisinage.

En vérité, en réduisant de 100 à 50 mètres le rayon du cercle protecteur créé autour de certains immeubles par la loi de 1810, on ne viole aucun contrat ; le législateur de 1810 a accordé gratuitement aux propriétaires superficiels certains avantages que le législateur de 1880, pour des motifs d'intérêt général, se voit dans la nécessité de restreindre.

Art. 23. — Il est indispensable de rendre publiques les demandes en concession, afin de permettre de se produire aux demandes en concurrence, aux réclamations et aux oppositions ; lorsque le gouvernement est nanti de tous les documents fournis par les concurrents, il lui est plus facile d'accorder la concession au plus digne et de respecter tous les droits acquis.

La loi de 1810 exige que la durée des affiches qui précèdent l'obtention des concessions soit de quatre mois. La commission a pensé que, conformément au projet du gouvernement, il y avait lieu de réduire ce délai à deux mois. Celui-ci paraît suffisant aujourd'hui que les communications sont beaucoup plus faciles et plus rapides qu'en 1810. Dans un cas analogue, l'ordonnance du roi portant règlement sur les concessions de mines de sel et de sources et puits d'eau salée, fixait déjà à *deux mois* la durée des affiches en ce qui concerne les sources et puits d'eau salée (art. 8, ord. du 7 mars 1841).

Afin de compenser l'abréviation du temps de l'affichage, le projet prescrit l'obligation de renouveler les insertions à un mois d'intervalle et ajoute la publication, dans le *Journal officiel*, à celles faites dans les journaux du département où la mine est située.

Art. 26. — La nouvelle rédaction de l'article 26 est une conséquence de la modification introduite dans le texte de l'article 23 avec lequel il doit rester en harmonie.

Art. 34. — La redevance proportionnelle que payent les mines a été l'objet d'une longue discussion; la commission a cherché s'il ne serait pas possible, en changeant l'assiette de cet impôt, de simplifier l'établissement du produit net des exploitations par les comités d'évaluation et d'éviter les dissimulations dans les déclarations prescrites aux exploitants par l'article 27 du décret du 6 mai 1811.

Après avoir examiné divers systèmes proposés, la commission a estimé qu'il y a lieu de conserver la base établie par les articles 33 et suivants de la loi de 1810, c'est-à-dire le produit net de l'exploitation; cet impôt ne frappe que le revenu des exploitants, n'aggrave pas la situation des mines sans bénéfices et peut s'appliquer à toutes les exploitations sans exception.

Si dans la pratique la fixation des redevances présente des difficultés et a donné lieu à des dissimulations, on peut dire qu'aujourd'hui les limites dans lesquelles ces dernières peuvent avoir lieu se resserrent de plus en plus. Votre commission croit utile, néanmoins, d'appeler toute l'attention de M. le ministre des travaux publics sur cette question, sur celle des abonnements et sur l'utilité qu'il y aurait à faciliter aux ingénieurs des mines et à rendre plus efficaces le contrôle et les investigations qui leur incombent en leur adjoignant au besoin un inspecteur des contributions directes.

Art. 42. — Les obligations des concessionnaires de mines vis-à-vis des propriétaires de la surface sont multiples et se résolvent en indemnités.

D'abord, afin de purger les droits du propriétaire sur le produit de la mine concédée, l'exploitant est tenu de lui verser le montant d'une redevance dont il est question dans les articles 6 et 42 de la loi de 1810.

Ensuite, le concessionnaire doit réparation des dégâts causés à la surface et payer les terrains nécessaires à son exploitation; les dispositions des articles 43 et 44 régissent la matière.

L'article 6 de la loi de 1810 porte que l'acte de concession règle les droits du propriétaire de la surface *sur le produit* de la mine, d'où il semble résulter que la redevance à payer au tréfoncier doit être une portion de ce produit et, par conséquent, lui être proportionnelle; d'autre part, l'article 42 de la même loi dispose que ce droit sera réglé par l'acte de concession *à une somme déterminée*: ce qui lui donne un caractère fixe.

La contradiction qui paraît exister entre ces deux articles n'est qu'apparente, et leur rédaction différente prouve que le législateur était dans l'intention de reconnaître au gouvernement le droit de déterminer le redevance tréfoncière suivant l'un ou l'autre mode. Le passage suivant, tiré du rapport de Stanislas de Girardin au Corps législatif, montre que les auteurs de cette loi prévoyaient combien il serait difficile en pratique de déterminer autrement les droits du tréfoncier :

« Ces droits du propriétaire, disait le rapporteur cité, maintenus et
« reconnus par l'article 6, ne pourront être réglés sans beaucoup de pré-
« caution ; ils ont paru offrir d'abord à votre commission des difficultés
« dans l'exécution. Elle a remarqué qu'il y aurait des embarras toujours
« renaissants pour constater sous quelle propriété se fait l'exploitation,
« que même il est souvent impossible de déterminer, dans une exploita-
« tion en grand, ce qui provient des points divers de la concession, mais
« l'article 42 du projet, *qui explique l'article 6*, porte que le droit attribué
« aux propriétaires de la surface sera réglé à une somme déterminée par
« l'acte de concession. »

Suivant le jurisconsulte Proudhon, « il n'y a pas et il ne doit pas y avoir, sur la question qui nous occupe, une règle invariable ».

Il semble donc excessivement rationnel que, pour respecter les usages établis, pour se conformer aux précédents de chaque contrée, le gouvernement possède la faculté d'imposer le mode d'indemnité qui s'applique le mieux aux circonstances et aux habitudes locales.

Examinons comment les choses se sont passées, dans la pratique, depuis la promulgation de la loi de 1810.

Le plus souvent, il a été alloué aux tréfonciers, à titre de redevance, une indemnité payée chaque année et proportionnelle au nombre d'hectares compris dans le périmètre concédé ; le chiffre de ces redevances varie beaucoup ; parfois il n'est que de quelques centimes, tandis qu'ailleurs il s'élève jusqu'à 50 francs par hectare (concession de Romanèche, ordonnance du 8 novembre 1829).

Dans le bassin de la Loire, les redevances sont considérables et ont été déterminées, selon les usages locaux, par les vingt-deux ordonnances du 27 octobre 1824 ; elles sont de 1/4 du produit brut pour les travaux à ciel ouvert, de 1/6 pour travaux par puits jusqu'à 50 mètres, de 1/8 de 50 à 100 mètres, etc., de 1/20 au-dessus de 300 mètres de profondeur. Ces redevances, comme on le voit, sont proportionnelles aux produits et affectent d'une manière très sensible le prix de revient de la tonne de houille ; ainsi M. de Ruolz estime à $0^f,663$ par tonne l'indemnité que l'exploitant paye de ce chef au tréfoncier dans les vingt-deux concessions créées par les ordonnances de 1824 ; cette moyenne est dépassée dans bien des cas, et il nous serait facile de citer des sociétés dans la Loire qui ont payé $1^f,075$ et même jusqu'à $1^f,85$ par tonne, sur une production de 350,000 tonnes.

Dans les autres cas, la redevance tient à la fois de l'un et de l'autre mode ; le concessionnaire doit payer au propriétaire d'abord une rente fixe, annuelle, et lui donner ensuite une certaine fraction du produit brut; c'est le cas qui se présente dans l'ordonnance du 12 août 1844 accordant la concession de mines de calcaire et grès bitumineux situées dans la commune de Forens (Ain). Le concessionnaire doit :

1° Une rente de 15 centimes à tous les propriétaires des terrains compris dans la concession ;

2° Une redevance au profit des propriétaires des terrains dans lesquels l'extraction a lieu.

Dans l'ordonnance de concession de la mine d'anthracite de Plamorel (Hautes-Alpes), en date du 26 mars 1831, autorisant l'exploitation d'une mine située sous des terrains communaux, il est dit que le concessionnaire payera, à titre de redevance, une certaine somme et livrera, en outre, à un prix déterminé, les produits nécessaires à la consommation des habitants.

Il convient de remarquer que, dans les actes de concession accordées depuis un certain nombre d'années, il est toujours spécifié que c'est une redevance fixe qui sera payée au propriétaire du sol.

De ce qui précède, il résulte que la forme de la redevance a été excessivement variable et que, dans tous les cas, c'est le gouvernement qui, en vertu des articles 6 et 17 de la loi de 1810, en a déterminé la quotité. Votre commission estime, avec le Sénat, qu'il convient de lui maintenir ce droit et de lui laisser la plus grande latitude dans la fixation de la redevance tréfoncière. Elle pense, comme le dit M. Dupont, que cette fixation, pour être équitable, doit tenir compte de la coutume, des usages établis, des prescriptions acquises, des précédents de tout genre, du fait ou de l'absence de mines antérieures, des circonstances du gîte, etc.

La consécration de ce principe par une disposition législative ne lésera aucun intérêt et fera disparaître une obscurité contenue dans la loi de 1810; en conséquence, votre commission a l'honneur de vous proposer d'adopter la nouvelle rédaction de l'article 42 du projet élaboré par le Sénat.

Art. 43. — Deux articles dont les exploitants réclament depuis longtemps le changement sont les articles 43 et 44.

A l'époque de la promulgation de le loi de 1810, on ne pouvait prévoir quel rôle était appelée à jouer, pour le développement de l'industrie d'un pays, la construction des chemins de fer : aussi n'est-il pas question de ces voies de communication dans son texte.

La loi confère aux concessionnaires de mines une servitude active sur les propriétés de la surface renfermées dans les périmètres concédés et les exploitants peuvent y établir des chemins de charroi et même, aux termes d'une jurisprudence libérale (arrêts du 9 juillet 1875 et du 15 juin 1877), des chemins de fer à voie étroite; mais il leur est interdit d'y construire des chemins de fer à voie normale, si ce n'est en vertu d'un décret (décret du 23 février 1870).

Il existe naturellement contre les abus possibles du droit d'occupation des garanties dont la principale consiste dans le payement d'une indemnité due au propriétaire à raison de l'occupation ou de la dégradation de son terrain.

Dans la pratique, c'est l'autorité administrative qui juge actuellement de l'utilité de l'occupation des terrains, et c'est l'autorité judiciaire qui règle les indemnités dues aux propriétaires ou fixe le prix des terrains dont ils réclament l'acquisition.

Votre commission s'est divisée sur la rédaction de l'article 43 ; la majorité a accepté les dispositions du projet du gouvernement, tandis que la minorité voulait y introduire certaines modifications.

D'après le texte que nous avons l'honneur de soumettre à votre sanction, l'occupation des terrains nécessaires à l'exploitation d'une mine pourra être autorisée, soit par un arrêté préfectoral, soit par un décret rendu en conseil d'État, suivant que ces terrains seront placés dans l'intérieur de la concession ou en dehors de son périmètre. Il existe cependant une exception pour les chemins de fer ; lorsque leur construction devra modifier le relief du sol, un décret seul pourra en autoriser l'établissement, même dans le périmètre concédé. La majorité de la commission s'est ralliée à cette rédaction, parce qu'elle y a trouvé une garantie pour le propriétaire foncier, dont les immeubles partagés par une ligne ferrée pourraient, dans le cas d'exécution de travaux d'une certaine importance, être privés de communication directe d'une parcelle à une parcelle voisine.

La minorité n'a pas cru devoir admettre cette distinction. Les pays miniers où il est possible d'établir des chemins de fer sans changer plus ou moins le relief du sol sont très rares en France ; à l'exception du Nord et du Pas-de-Calais, on trouverait difficilement des bassins dont le relief permît de construire une voie de quelque longueur sans remuer le sol ; faudra-t-il, dans ce cas, accomplir toutes les formalités qui précèdent la construction d'une ligne ferrée de plusieurs kilomètres ? La modification apportée à la loi de 1810 semble contraire au but que l'on veut atteindre, puisque déjà, dans l'étendue de sa concession, l'exploitant peut construire un chemin de fer à voie étroite en vertu d'un simple arrêté préfectoral (décret du 23 février 1870) ; de plus, dans l'arrêt de 1877, il n'est plus question du faible écartement des rails mentionné dans ce décret ; enfin, l'arrêt de 1875 ne fait plus les réserves sur la nature des travaux et sur l'importance des servitudes rappelées par le décret de 1870.

Les dispositions qui vous sont proposées figurent déjà dans les législations des puissances où l'exploitation des mines est développée ; ainsi, en Autriche, par la loi du 23 mai 1854, le concessionnaire d'une mine a le droit d'ouvrir et de faire des routes, ponts et chemins de fer, moyennant le consentement de l'autorité publique et avoir averti l'administration des mines de l'exécution des travaux.

En Prusse, la loi du 25 juin 1865 oblige le propriétaire à céder, moyennant une indemnité simple, les terrains nécessaires à la construction des chemins de fer.

La loi saxonne du 16 juin 1868 renferme une disposition analogue.

Le gouvernement belge, de son côté, peut déclarer, sur la proposition du conseil des mines, qu'il y a utilité publique à établir des communications dans l'intérêt d'une exploitation.

D'après le texte adopté par la majorité de votre commission, les occupations de terrains pour les travaux extérieurs des mines seraient régies par les dispositions de l'article 43, lorsque ces terrains seront situés dans l'intérieur du périmètre concédé, et lorsqu'ils ne devront pas servir à l'établissement de chemins de fer modifiant le relief du sol, et par l'article 44, lorsqu'ils seront en dehors, ou lorsque, étant placés à l'intérieur du périmètre, ils devront être occupés pour la construction d'un chemin de fer modifiant le relief du sol.

Dans le premier cas, le préfet délivrera l'autorisation, après enquête et sur le rapport des ingénieurs des mines; les terrains seront payés au double de leur valeur avant l'occupation.

Dans la pratique, il est indispensable d'éviter les pertes de temps et les nombreuses formalités qu'il faut accomplir pour provoquer la promulgation d'une loi.

Il est également de l'intérêt des concessionnaires et des consommateurs que la largeur de la voie ne soit plus un empêchement à la construction des chemins d'exploitation, et nous ne croyons pas qu'elle puisse servir de base à la création de plusieurs catégories; quant aux propriétaires fonciers, ils trouveront toujours dans l'indemnité au double un dédommagement suffisant.

Pour le règlement des indemnités, le projet distingue plusieurs cas :

A. Les travaux entrepris par le concessionnaire ou l'explorateur ne sont que passagers.

Il sera dû seulement une indemnité, si les trois conditions suivantes se trouvent réunies : 1° les travaux ne doivent avoir duré qu'un an au plus; 2° le sol doit pouvoir être mis en culture au bout de ce temps; 3° il doit pouvoir être cultivé comme il l'était auparavant.

L'indemnité sera réglée à une somme double de ce qu'aurait produit le terrain endommagé.

B. Les travaux ont duré plus d'une année ou ont occasionné des dégâts considérables.

Alors le superficiaire peut contraindre les concessionnaires ou les explorateurs à acquérir les terrains; l'acquisition n'est obligatoire que pour les parties de terre endommagées; si cependant une pièce de terre est endommagée ou dégradée sur une trop grande partie de sa surface, elle devra être achetée en totalité sur la demande du propriétaire.

Remarquons que si celui-ci peut exiger l'acquisition de son terrain, il a aussi la faculté de ne réclamer qu'une indemnité de non-jouissance.

Un paragraphe spécial fixe les bases de l'estimation; elle se fera au double de la valeur du terrain avant son occupation. La loi actuelle a reçu plusieurs interprétations; son texte porte que la surface occupée sera toujours estimée au double de la valeur qu'elle avait avant *l'exploitation de la mine;* ces expressions, ainsi que l'a dit Regnaud de Saint-Jean d'Angely, dans l'exposé des motifs de la loi de 1810, visent l'exploitation qui a occasionné les dommages et non les travaux contemporains de l'ouverture de la mine; c'est, de plus, l'interprétation donnée par la cour de cassation (arrêt du 23 avril 1850).

Le nouveau texte fait disparaître toute équivoque.

A côté des dommages causés par les travaux exécutés à la surface, il en est d'autres, visés par le dernier paragraphe de l'article 43, occasionnés par les travaux souterrains et pour lesquels réparation est due par les exploitants. Depuis plusieurs années la jurisprudence est établie en ce qui concerne les indemnités à allouer en pareil cas; elles sont réglées suivant le droit commun, c'est-à-dire par application des art. 1382 et 1383 du Code civil et non des art. 43 et 44 de la loi de 1810. La rédaction soumise à votre sanction est conforme à cette jurisprudence; on ne s'expliquerait pas pourquoi le concessionnaire serait tenu de payer une indemnité double pour les fissures et autres dégâts résultant de l'exploitation souterraine comme lorsqu'il s'agit de travaux à l'extérieur; en effet, lorsque ces dommages se produisent, l'exploitant se trouve chez lui, il extrait des richesses qui sont siennes, il jouit de son bien propre; lorsque, au contraire, il exécute des travaux superficiels, il prend possession du bien d'autrui, prive le propriétaire de la jouissance de ce qui lui appartient, et ne travaille plus chez lui; il est donc naturel d'admettre une différence entre les deux cas et d'allouer une indemnité plus forte dans le second cas que dans le premier.

Art. 44. — Le choix de l'emplacement d'une exploitation minière dans une contrée n'est pas laissé à la volonté de l'industriel comme l'emplacement d'une usine; il dépend surtout de l'allure, de la richesse des gisements, de conditions naturelles que l'homme ne saurait modifier; il advient donc fréquemment que l'exploitant se trouve dans l'obligation d'ouvrir ses travaux dans des localités éloignées de toutes voies de communication ou vers lesquelles il ne pourra aboutir qu'après avoir opéré des transports onéreux, s'il était contraint de se servir des chemins existants.

Depuis de nombreuses années, l'administration, d'accord avec la jurisprudence, a permis la construction, hors des périmètres concédés, de voies de communication destinées à relier les exploitations aux autres chemins, à la condition de n'occuper les terrains qu'après s'être conformé aux prescriptions de la loi du 3 mai 1841.

En Belgique, la loi du 2 mai 1837 a décidé que le gouvernement pourra déclarer qu'il y a utilité publique à établir des communications dans l'intérêt d'une exploitation de mines.

A côté des voies de communication, l'exploitant peut se trouver encore dans l'obligation d'ouvrir, au delà des limites des terrains concédés, ce que l'on appelle des *travaux de secours* destinés à faciliter et à rendre possible son exploitation, comme : une galerie d'écoulement, un puits d'aérage, ou des rigoles nécessaires au passage des eaux; aucune disposition de la loi de 1810 ne vise ces travaux, et l'exposé des motifs du projet du gouvernement nous cite un exemple remarquable des inconvénients qui dérivent pour l'exploitant de cet état de choses.

Si la loi de 1810 est muette sur ce point, il n'en était pas de même de la loi du 28 juillet 1791. Celle-ci permettait d'entreprendre des *travaux de secours*, hors du périmètre concédé, tels que galerie d'écoulement, prise d'eau ou passage des eaux et autres de ce genre, à la condition de ne point gêner les exploitations voisines et d'indemniser les propriétaires de la surface.

La rédaction de l'article 44 comble la lacune laissée par la loi de 1810 ; elle permet de déclarer qu'il y a utilité publique à entreprendre certains travaux indispensables à l'exploitation des mines, et, pour leur exécution, elle autorise l'expropriation des terrains situés en dehors des périmètres, à la condition de se conformer aux formalités prescrites par la loi du 3 mai 1841.

D'après le texte de cet article, les canaux, chemins de fer, routes nécessaires à une mine, les travaux de secours, pourront être autorisés, hors de la concession, ainsi que les chemins de fer à construire dans l'intérieur des périmètres et modifiant le relief du sol, par un décret rendu en conseil d'état ; l'administration aura la faculté de décider que ces voies de communication seront affectées à l'usage du public.

L'obligation de se conformer à toutes les formalités prescrites par la loi du 3 mai 1841, avant d'obtenir un décret d'utilité publique, sera un frein aux demandes peu sérieuses de certains exploitants et une garantie pour les propriétaires superficiaires.

Art. 50. — L'article 50 de la loi de 1810 investit le préfet de chaque département d'un droit de surveillance sur les mines et les charge de prendre des mesures dans l'intérêt des personnes et des choses ; cette disposition très sage est complétée par une addition qui figure au projet et qui prescrit aux préfets de veiller encore à la conservation des voies de communication et des eaux minérales, ainsi qu'à celles des sources qui alimentent les villes, villages et établissements publics.

Jusqu'à ce jour, le conseil d'état s'est refusé à l'insertion dans le cahier des charges d'une disposition d'après laquelle le concessionnaire serait tenu de conserver les sources communales ; il n'admet pas que l'administration puisse trouver dans l'article 50 de la loi de 1810 le droit de régler les relations des concessionnaires de mines avec les propriétaires de sources.

De même le conseil général des mines a dit qu'il résultait du texte de la loi de 1810, des documents qui l'ont accompagnée et du décret du 3 janvier 1813, que la protection des sources ne figure pas parmi les intérêts que l'administration a le droit et le devoir de sauvegarder, sans qu'il y ait lieu de distinguer s'il s'agit de sources privées ou de sources affectées à un usage public ; ainsi, conformément à cette doctrine, si aujourd'hui une source publique a été détournée, c'est l'autorité judiciaire seule qui peut en connaître, mais il n'existe aucun moyen préventif pour conjurer le mal que peut causer un concessionnaire.

Le projet soumis à la Chambre ajoute aux cas où le préfet peut prendre des mesures dans l'intérêt des hommes occupés dans les mines ou des propriétés voisines, la protection des sources et la conservation des eaux minérales ; nous pensons qu'il est utile d'admettre cette addition qui mérite bien d'être l'objet de toute la sollicitude du législateur.

Art. 70. — Sous l'ancien régime, l'exploitation des minerais de fer, en raison de l'importance des produits qu'en tirait la métallurgie pour la société, fut régie par des dispositions spéciales et quelquefois exceptionnelles, dont le principe se retrouve dans les lois de 1791, de 1810 et de 1866.

Sous Louis XIII, un édit de 1626 enjoignait aux propriétaires de terrains renfermant des minerais de fer de les exploiter pour pourvoir aux besoins des usines.

En 1680, une ordonnance de Louis XIV donna l'autorisation aux maîtres de forges d'enlever les minerais de fer existants dans le voisinage de leurs usines, à la condition de servir une redevance aux propriétaires du fonds, lorsque ce dernier se refusait à élever un fourneau sur sa mine.

Plus tard, Louis XV, en 1722, accorda à une compagnie le monopole de l'exploitation des mines de France à l'exception des mines de fer.

Aux termes de la loi de 1791, il n'était nullement nécessaire d'obtenir une concession pour extraire les minerais de fer ; les propriétaires pouvaient les exploiter librement ; en cas de refus de leur part, les maîtres de forges du voisinage avaient cette faculté après avoir prévenu un mois à l'avance et sous l'obligation d'indemniser les propriétaires ; après l'exploitation, le terrain devait être remis en état d'être cultivé ou bien l'exploitant payait une nouvelle indemnité.

La loi de 1810 permettait également, dans certains cas, aux propriétaires du sol d'extraire dans leurs fonds tout le minerai qu'ils pouvaient enlever, à la condition de pourvoir aux besoins des maîtres de forges des environs, sinon ceux-ci leur étaient substitués dans leur droit, à charge de les indemniser.

Ces cas sont visés par l'article 69, conçu de la manière suivante :

« Il ne pourra être accordé aucune concession pour minerai d'alluvion ou pour mines en filons ou couches, que dans les cas suivants :

« 1° Si l'exploitation à ciel ouvert cesse d'être possible, et si l'établissement de puits, galeries et travaux d'art est nécessaire ;

« 2° Si l'exploitation, quoique possible encore, doit durer peu d'années, et rendre impossible l'exploitation avec puits et galeries. »

Il résulte de ce texte que les propriétaires pouvaient exploiter :

« 1° Le minerai d'alluvion à toute profondeur à la seule condition d'exécuter leurs travaux à ciel ouvert ;

« 2° Les affleurements des filons et des couches à la double condition de travailler à ciel ouvert et de ne pas rendre impossible, dans la suite, l'exploitation souterraine par travaux réguliers.

« Ainsi la loi de 1810 reconnaissait un droit aux propriétaires de la surface sur les minerais d'alluvion et sur les parties voisines de la surface, lorsque le minerai était en filon ou en couche ; seulement c'était un droit *sui generis* : les propriétaires étaient tenus, dans l'intérêt de la société, de jouir activement de leurs propriétés ou de laisser exploiter : « ils devaient, dit l'article 59, extraire en quantité suffisante pour fournir aux besoins des usines établies dans le voisinage » ou bien « si les propriétaires n'exploitent pas, continue l'article 60, les maîtres de forge auront la faculté d'exploiter à leur place. »

La loi du 9 mai 1866 vint modifier ou abroger un assez grand nombre d'articles du titre VII de la loi de 1810 concernant les minières et l'établissement des forges, fourneaux et usines. Pour ce qui concerne les minerais de fer, il résulte de la combinaison des articles 2, 3, 68 et 69 la classification suivante :

A. Les minerais de fer exploités à ciel ouvert ou par des travaux souterrains sans importance ne sont pas concessibles.

B. Les minerais de fer exploités par des travaux souterrains réguliers sont concessibles.

Quant à la situation du propriétaire, elle s'est trouvée modifiée par la promulgation de cette loi. Aujourd'hui, il a toute latitude d'exploiter ou de ne pas exploiter les minerais de la première catégorie et, ensuite, la propriété de ces minerais est dégagée de toute servitude et devient une propriété de droit commun.

La mise en pratique de cette loi a permis de reconnaître qu'elle n'est pas à l'abri de tout reproche, et qu'il importe de la modifier pour faire cesser les inconvénients qui dérivent de son application. Tantôt ceux-ci sont dus à la difficulté qu'il y a de fixer la limite des minerais concessibles et des minerais non concessibles, c'est-à-dire de déterminer la limite entre la mine et la minière; tantôt ils proviennent des obstacles que rencontre l'exploitant de la part des propriétaires de la surface pour l'occupation des terrains nécessaires à l'exécution de ses travaux; de là des conflits sans nombre. Un ingénieur des mines, parfaitement au courant des exploitations de fer dans les Pyrénées-Orientales, s'exprimait ainsi en 1877 : « De grands capitaux ont été engagés dans les mines de fer des Pyrénées, et l'on n'attend que la fin de la crise actuelle pour faire l'abatage en grand. Mais si les minières subsistent, nous craignons fort que l'exploitation souterraine ne soit sérieusement menacée. En effet, le minerai de fer est une substance de peu de valeur et, par conséquent, il faut une production très puissante, non seulement pour amortir les capitaux engagés et en servir les intérêts, mais encore pour vivre au jour le jour (1). »

Si nous nous transportons en Algérie, où un décret des 23 juin et 25 juillet 1866 a rendu applicable la loi du 9 mai 1866, nous observons que les inconvénients de notre législation ne sont pas moindres qu'en France. Les montagnes du littoral renferment dans leur sein d'importants gisements de minerais de fer, dont quelques-uns ont été exploités par les indigènes; ces exploitations ont eu lieu sur une petite échelle, seulement sur les minerais les plus fusibles, et aujourd'hui elles sont abandonnées.

---

(1) M. Wickersheimer, *Annales des mines*, livraison de septembre-octobre 1877.

Fréquemment les gîtes sont situés dans les terrains appartenant aux tribus (arch), et, sous l'empire de la législation actuelle, il est arrivé qu'il a été impossible de traiter avec les indigènes pour l'extraction de la partie réservée par l'article 68 au propriétaire de la surface ; de là résulte la situation suivante :

En Algérie, le concessionnaire, avant de se livrer aux travaux d'exploitation proprement dits, étant généralement dans l'obligation de dépenser des sommes importantes pour établir des voies de communication (Mokta-el-Hadid, Soumah, etc.), ne peut entreprendre ces travaux non seulement accessoires, mais indispensables, s'il n'est pas assuré d'extraire des quantités considérables de minerai ; l'application de la législation actuelle dans notre colonie peut donc avoir pour résultat de stériliser une partie des richesses minérales, car la propriété indigène n'est pas constituée dans bien des tribus, et alors il est excessivement difficile, sinon impossible, de traiter avec tous ceux qui ont des droits sur la surface et qui sont propriétaires de la minière.

En résumé, il résulte de l'expérience de la loi de 1866, faite jusqu'à ce moment, que la nécessité économique et sociale exige que, dans certains cas, les minières disparaissent pour faire place aux mines, et que les minerais de fer, situés dans le voisinage de la surface, deviennent concessibles comme tous les autres minerais.

L'article 70 du projet énumère dans quelles circonstances l'exploitation des minières pourra être interdite. D'abord, un décret rendu en conseil d'état, sur la demande du concessionnaire, ordonnera l'incorporation de la minière à la mine même, lorsque celle-là n'aurait pas encore été exploitée ou bien lorsqu'elle serait encore exploitable à ciel ouvert ; en second lieu, le ministre des travaux publics aura la faculté d'arrêter l'exploitation d'une minière, lorsque, la mine étant concédée, les travaux devront rendre ensuite impossible l'exploitation du gisement d'une manière régulière.

Comme par le fait de la concession des minerais superficiels ou autrement par le fait de la transformation de la minière en mine, on prive le propriétaire de la surface d'un droit qui lui appartient depuis longtemps, ainsi que nous sommes efforcé de le démontrer, il est équitable de l'indemniser dans la proportion du revenu qu'il tirait ou qu'il aurait pu tirer de son exploitation ; les tribunaux ordinaires détermineront le montant de cette indemnité.

Pour l'Algérie, le projet présente l'avantage particulier de laisser au gouvernement la faculté de concéder les gisements sans se préoccuper des difficultés pendantes sur la propriété de la surface ; l'indemnité à laquelle le propriétaire aura droit sera versée, s'il y a lieu, à la caisse des dépôts et consignations ; l'exploitant aura la liberté d'entreprendre ses travaux, et lorsque les tribunaux auront vérifié les titres de propriété, les propriétaires légitimes percevront l'indemnité stipulée par l'acte de concession.

Art. 81 et 82. — Dans l'article 81, une modification apportée au texte actuel soumet les exploitants de carrières à ciel ouvert à l'obligation d'une déclaration à faire au maire de la commune où est située la carrière ;

l'accomplissement de cette formalité semble nécessaire pour que l'administration connaisse les carrières qu'elle doit surveiller.

A la suite d'une discussion assez longue au Sénat, il fut résolu que dans chaque département où les règlements généraux étaient encore en vigueur, il y aurait lieu de les remplacer par des décrets rendus en conseil d'état; nous pensons qu'il convient d'adopter cette modification, car les règlements auxquels il est fait allusion datent de l'ancien régime et renferment des dispositions surannées.

Enfin, des changements concernant les carrières de la Seine et de Seine-et-Oise sont apportés à l'article 82. Actuellement ces carrières sont régies par les décrets des 22 mars et 4 juillet 1813, qui dérogent quelquefois à la loi de 1810.

Le conseil d'état, le gouvernement et le Sénat ont cru que le pouvoir législatif devait sanctionner les règles applicables à la ville de Paris et abroger les dispositions des deux décrets de 1813, relatifs à l'exploitation des carrières dans les départements de la Seine et de Seine-et-Oise, pour leur substituer des règlements locaux prescrits par l'article 81 ; votre commission a partagé cet avis.

En conséquence, messieurs, la commission a l'honneur de vous présenter l'adoption du projet de loi dont la teneur suit.

Loi du 27 juillet 1880, portant modification de plusieurs articles de la loi du 21 avril 1810.

Article unique. — Les articles 11, 23, 26, 42, 43, 44, 50, 70, 81 et 82 de la loi du 21 avril 1810 sont modifiés ainsi qu'il suit :

Art. 11. — Nulle permission de recherches ni concession de mines ne pourra, sans le consentement du propriétaire de la surface, donner le droit de faire des sondages, d'ouvrir des puits ou galeries, ni d'établir des machines, ateliers ou magasins dans les enclos murés, cours et jardins.

Les puits et galeries ne peuvent être ouverts, dans un rayon de 50 mètres des habitations et des terrains compris dans les clôtures murées y attenant, sans le consentement des propriétaires de ces habitations.

Art. 23. — L'affichage aura lieu, pendant deux mois, aux chefs-lieux du département et de l'arrondissement où la mine est située, dans la commune où le demandeur est domicilié, et dans toutes les communes sur le territoire desquelles la concession peut s'étendre : les affiches seront insérées deux fois, et à un mois d'intervalle, dans les journaux du département et dans le *Journal officiel*.

Art. 26. — Les oppositions et les demandes en concurrence seront admises devant le préfet jusqu'au dernier jour du second mois à compter de la date de l'affiche. Elles seront notifiées, par actes extrajudiciaires, à la préfecture du département, où elles seront enregistrées sur le registre indiqué à l'article 22. Elles seront également notifiées aux parties intéressées, et le registre sera ouvert à tous ceux qui en demanderont communication.

Art. 42. — Le droit accordé par l'article 6 de la présente loi au propriétaire de la surface sera réglé sous la forme fixée par l'acte de concession.

Art. 43. — Le concessionnaire peut être autorisé, par arrêté préfectoral pris après que les propriétaires auront été mis à même de présenter leurs observations, à occuper, dans le périmètre de sa concession, les terrains nécessaires à l'exploitation de sa mine, à la préparation mécanique des minerais et au lavage des combustibles, à l'établissement des routes ou à celui des chemins de fer ne modifiant pas le relief du sol.

Si les travaux entrepris par le concessionnaire ou par un explorateur, muni du permis de recherches mentionné à l'article 10, ne sont que passagers, et si le sol où ils ont eu lieu peut être mis en culture au bout d'un an, comme il l'était auparavant, l'indemnité sera réglée à une somme double du produit net du terrain endommagé.

Lorsque l'occupation ainsi faite prive le propriétaire de la jouissance du sol pendant plus d'une année, ou lorsque, après l'exécution des travaux, les terrains occupés ne sont plus propres à la culture, les propriétaires peuvent exiger du concessionnaire ou de l'explorateur l'acquisition du sol.

La pièce de terre trop endommagée ou dégradée sur une trop grande partie de sa surface doit être achetée en totalité, si le propriétaire l'exige.

Le terrain à acquérir ainsi sera toujours estimé au double de la valeur qu'il avait avant l'occupation.

Les contestations relatives aux indemnités réclamées par les propriétaires du sol aux concessionnaires des mines, en vertu du présent article, seront soumises aux tribunaux civils.

Les dispositions des §§ 2 et 3, relatives au mode de calcul de l'indemnité due au cas d'occupation ou d'acquisition des terrains, ne sont pas applicables aux autres dommages causés à la propriété par les travaux de recherche ou d'exploitation : la réparation de ces dommages reste soumise au droit commun.

Art. 44. — Un décret rendu en conseil d'état peut déclarer d'utilité publique les canaux et les chemins de fer modifiant le relief du sol, à exécuter dans l'intérieur du périmètre, ainsi que les canaux, les chemins de fer, les routes nécessaires à la mine et les travaux de secours, tels que puits ou galeries destinés à faciliter l'aérage et l'écoulement des eaux, à exécuter en dehors du périmètre. Les voies de communication créées en dehors du périmètre pourront être affectées à l'usage du public, dans les conditions établies par le cahier des charges.

Dans le cas prévu par le présent article, les dispositions de la loi du 3 mai 1841, relatives à la dépossession des terrains et au règlement des indemnités, seront appliquées.

Art. 50. — Si les travaux de recherche ou d'exploitation d'une mine sont de nature à compromettre la sécurité publique, la conservation de la mine, la sûreté des ouvriers mineurs, la conservation des voies de communication, celle des eaux minérales, la solidité des habitations, l'usage des sources qui alimentent des villes, villages, hameaux et établissements publics, il y sera pourvu par le préfet.

Art. 70. — Lorsque le ministre des travaux publics, après la concession d'une mine de fer, interdit aux propriétaires de minières de continuer une exploitation qui ne pourrait se prolonger sans rendre ensuite impossible l'exploitation avec puits et galeries régulières, le concessionnaire de la mine est tenu d'indemniser les propriétaires des minières dans la proportion du revenu net qu'ils en tiraient.

Un décret rendu en conseil d'état peut, alors même que les minières sont exploitables à ciel ouvert ou n'ont pas encore été exploitées, autoriser la réunion d'une minière à une mine sur la demande du concessionnaire.

Dans ce cas, le concessionnaire de la mine doit indemniser le propriétaire de la minière, par une redevance équivalente au revenu net que ce propriétaire aurait pu tirer de l'exploitation et qui sera fixée par les tribunaux civils.

Art. 81. — L'exploitation des carrières à ciel ouvert a lieu en vertu d'une simple déclaration faite au maire de la commune et transmise au préfet. Elle est soumise à la surveillance de l'administration et à l'observation des lois et règlements.

Les règlements généraux seront remplacés, dans les départements où ils sont encore en vigueur, par des règlements locaux rendus sous forme de décrets en conseil d'état.

Art. 82. — Quand l'exploitation a lieu par galeries souterraines, elle est soumise à la surveillance de l'administration des mines, dans les conditions prévues par les articles 47, 48 et 50.

Dans l'intérieur de Paris, l'exploitation des carrières souterraines de toute nature est interdite.

Sont abrogées les dispositions ayant force de loi des deux décrets, des 22 mars et 4 juillet 1813, et du décret, portant règlement général, du 22 mars 1813, relatifs à l'exploitation des carrières dans les départements de la Seine et de Seine-et-Oise.

Circulaire du 15 avril 1862 (1), portant envoi d'une instruction sur les moyens de tracer une ligne méridienne et de déterminer la déclinaison de l'aiguille aimantée, en faisant usage des instruments habituel-

---

(1) Cette circulaire fait suite à *l'appendice des lois, instructions, règlements et circulaires relatifs aux mines, minières, forges et carrières*, composant le tome III du traité pratique de la jurisprudence des mines, par M. Dupont ; la dernière circulaire dudit appendice est celle du 10 mai 1861 sur les redevances de l'exercice 1861.

lement employés pour les levés de plans de mines et de surface.

Monsieur le préfet, aux termes du décret réglementaire du 3 janvier 1813, il doit être constamment tenu à jour, sur chaque mine, des plans et coupes des travaux souterrains, dressés à l'échelle d'un millimètre par mètre; et l'exacte exécution de ces dispositions est, comme on sait, d'une grande importance pour la bonne exploitation des mines et la sûreté des ouvriers.

Assez communément on se borne à orienter ces plans suivant le méridien magnétique; mais ce mode d'orientation n'est pas sans inconvénient, à raison des variations que subit l'aiguille aimantée. De la sorte, en effet, il devient fort difficile de raccorder ensemble des plans levés à des époques différentes ou des parties d'un même plan continué pendant plusieurs années. La difficulté peut même devenir insoluble si l'on se trouve en présence d'anciens plans qui ne portent pas de date et pour lesquels, dès lors, on ignore à quelle orientation magnétique ils se rattachent.

Cet état de choses pouvant, dans certains cas, avoir les conséquences les plus fâcheuses et même donner lieu à de regrettables accidents, le conseil général des mines a pensé qu'il convenait de poser en principe que désormais, dans les exploitations de mines, les plans souterrains seraient rapportées au méridien vrai. Je n'ai pu qu'adopter cet avis, et je viens vous prier, en conséquence, monsieur le préfet, d'adresser des instructions en ce sens aux divers exploitants des mines de votre département en les invitant à s'y conformer.

Pour faciliter d'ailleurs à ces exploitants la détermination, dans chaque localité, du méridien vrai, j'ai fait rédiger une instruction pratique dont vous trouverez ci-joints un certain nombre d'exemplaires. A l'aide des procédés indiqués dans cette instruction, il sera possible partout, et avec des instruments simples, de tracer la méridienne du lieu et, par suite, d'orienter les plans de mines suivant cette ligne.

Je vous prie, monsieur le préfet, de vouloir bien porter la présente circulaire à la connaissance de tous les concessionnaires de mines de votre département, et d'en assurer l'exécution. Veuillez aussi m'en accuser réception.

J'en adresse en même temps des ampliations à MM. les ingénieurs des mines.

Recevez, monsieur le préfet, l'assurance de ma considération la plus distinguée.

Le ministre de l'agriculture, du commerce
et des travaux publics,
E. ROUHER.

INSTRUCTION SUR LES MOYENS DE TRACER UNE LIGNE MÉRIDIENNE ET DE DÉTERMINER LA DÉCLINAISON DE L'AIGUILLE AIMANTÉE, EN FAISANT USAGE DES INSTRUC-

MENTS HABITUELLEMENT EMPLOYÉS POUR LES LEVÉS DE PLANS DE MINES ET DE SURFACE.

Les instruments usités pour les levés de plans de mines et de terrains superficiels, et qui doivent se trouver dans les bureaux de toutes les mines de quelque importance, sont : la boussole carrée, la boussole suspendue, le théodolite souterrain, décrit dans le *Traité d'exploitation* de M. Combes, ou un graphomètre à lunette qui puisse en tenir lieu. Il est facile, à l'aide de ces instruments, de tracer sur le sol une ligne méridienne et de déterminer la déclinaison de l'aiguille aimantée avec une précision suffisante pour la pratique, c'est-à-dire égale à celle que comporte la mesure des angles dans les opérations de levés de plans. Voici comment on pourra y procéder :

1° *Tracé d'une ligne méridienne à la surface du sol.* — On se servira du théodolite souterrain, de la boussole carrée, ou même simplement de deux fils à plomb.

(A) Manière d'opérer avec le théodolite.

Le procédé le plus simple consiste dans l'observation du passage de l'étoile polaire au méridien. On trouve dans l'*Annuaire du Bureau des longitudes* pour 1861, page 25, une table des heures des passages nocturnes de la polaire au méridien de Paris, temps moyen, de dix jours en dix jours. Les heures de passage pour tous les jours intermédiaires peuvent être calculées par interpolation. Ainsi, d'après la table de l'*Annuaire*, l'étoile polaire passera au méridien de Paris le 6 décembre 1861, à 8 heures 6 minutes 58 secondes, et le 16 décembre, à 7 heures 27 minutes 28 secondes du soir. L'heure du passage avance donc, du 6 au 16 décembre, de 39 minutes 30 secondes, ce qui donne pour l'avance moyenne journalière, durant cet intervalle, 3 minutes 57 secondes. Veut-on avoir l'heure du passage le 12 décembre 1861 ? L'intervalle du 6 au 12 étant de six jours, on retranchera de 8 heures 6 minutes 58 secondes, six fois 3 minutes 57 secondes, qui font 23 minutes 42 secondes, et l'on trouvera pour l'heure cherchée : 7 heures 43 minutes 16 secondes.

La table de l'*Annuaire*, dressé pour Paris, est applicable à un lieu quelconque du territoire français, moyennant une correction très petite, croissante avec la longitude comptée du méridien de Paris, et qu'il est permis de négliger : elle ne s'élève, pour la ville de Brest, par exemple, dont la longitude en temps est de 27 minutes, qu'à 4 secondes, qu'il faudrait retrancher des heures de passage au méridien de Paris, temps moyen de Paris, pour avoir les heures de passage au méridien de Brest, temps moyen de Brest.

L'*Annuaire du Bureau des longitudes* contiendra chaque année une table pareille à celle qui a été donnée pour 1861.

Le jour choisi pour l'observation, on aura soin de vérifier le théodolite et de le rectifier, s'il en est besoin, par les méthodes indiquées dans le

Traité de M. Combes et dans tous les traités de géodésie; on s'assurera particulièrement que l'axe optique de la lunette de l'instrument se meut dans un plan vertical, tandis que cette lunette décrit un angle de 50 degrés au-dessus de l'horizon.

Une demi-heure environ avant l'heure du passage de la polaire au méridien, prise dans la table de l'*Annuaire* ou calculée par interpolation, on établira le théodolite sur son pied, dans l'espace assez étendu et découvert où l'on voudra tracer la méridienne. On dirigera la lunette sur l'étoile, et lorsque l'on aura amené l'image de celle-ci près de la croisée des fils, on serrera les pinces du limbe azimuthal et du limbe vertical. On amènera, en agissant sur les vis de rappel, l'image exactement à la croisée des fils, et l'on suivra son mouvement, qui est très-lent, jusqu'à l'heure de son passage au méridien donnée par une bonne montre ordinaire, qu'on aura eu soin de régler dans la journée, sur le temps moyen du lieu. L'observation terminée, on laissera l'instrument en place jusqu'au lendemain, où l'on procédera au tracé de la méridienne sur le terrain, les précautions nécessaires étant prises pour que l'instrument ne soit pas dérangé de sa position. Pendant l'observation précédemment décrite, les fils de la lunette doivent être éclairés par une lumière artificielle, la faible clarté des étoiles ne permettant pas de les apercevoir. L'éclairage des fils est obtenu, sans que l'étoile polaire cesse d'être parfaitement distincte, au moyen d'une bougie allumée qu'un aide tient à une petite distance en avant de l'objectif, latéralement au tube de la lunette. L'observateur, pour empêcher les rayons émanés de la flamme de la bougie d'arriver directement à son l'œil, les interceptera par un écran qui consistera, par exemple, en un disque de carton percé à son centre d'un trou dans lequel il fera passer le tube de la lunette. Ce carton sera arrêté à une petite distance en avant de l'oculaire. Le jalonnement de la ligne méridienne, dans le jour qui suivra l'observation nocturne, au moyen de la lunette du théodolite resté en place, est une opération du genre de celles que les géomètres de mines pratiquent fréquemment, et ne présente aucune difficulté particulière. Il devra être seulement effectué avec les plus grands soins. Il faudra tout d'abord prendre, avec la lunette, un point de repère situé dans la méridienne sur une muraille, un tronc d'arbre ou tout autre corps fixe, qui se rencontrerait accidentellement dans la direction voulue, et, à défaut, sur une borne en pierre ou en bois que l'on établirait solidement *ad hoc*, dans le plan méridien. Ceci est nécessaire afin de s'assurer que, dans tout le cours des opérations qui vont suivre, le cercle vertical du théodolite n'aura pas été dérangé de sa position, et de pouvoir l'y ramener, dans le cas où il aurait subi un déplacement accidentel. Il serait mieux encore d'avoir établi le point de repère dans la nuit même, immédiatement après avoir terminé l'observation. Ce point serait alors une petite lampe ou une bougie allumée établie sur un pied pareil à celui du théodolite, comme celles qui servent de point de mire dans les levés de galeries souterraines. Cela fait, au lieu de viser sur les jalons, on visera sur un fil mince, tendu suivant la verticale par un plomb qui viendra raser la surface du sol et fournira un point de la méridienne à tracer. En transportant ce fil dans l'alignement donné par la lunette, on déterminera autant de points du sol, où l'on plantera ensuite des jalons dont la verticalité sera assurée au moyen de la lunette de l'instrument demeuré en place. Sur chacun de ces jalons, on tracera la ligne située exactement dans le plan méridien. Il conviendra aussi de ficher sur la tête de chacun d'eux un clou dont la tige effilée soit exactement dans le plan méridien, ces clous devant servir ultérieurement à fixer les extrémités du cordeau auquel pourra être accrochée la boussole *suspendue*, si l'on fait usage de cet instrument pour déterminer la déclinaison de l'aiguille aimantée.

(B) Manière d'opérer avec la boussole carrée.

Les boussoles carrées d'une bonne construction sont munies d'une lunette mobile autour du centre d'un limbe vertical appliqué sur l'un des côtés de la boîte parallèle au diamètre du limbe azimuthal désigné par les lettres NS, lunette semblable à celle du théodolite et ayant, comme celle-ci, son axe optique déterminé par la croisée de deux fils ou de deux traits fins tracés sur verre. Avec une telle boussole, on opérera exactement comme avec le théodolite. Elle donnera, en outre, directement la déclinaison de l'aiguille aimantée, qui sera mesurée par l'angle correspondant sur le limbe azimuthal à la pointe bleue de l'aiguille de la boussole, lorsque l'axe optique de la lunette est dirigé vers la polaire à son passage au méridien.

Mais si le tracé de la ligne méridienne est obtenu, en faisant usage de la boussole carrée munie d'une lunette, avec une grande précision, pourvu que l'on se soit assuré que l'axe optique de la lunette se meut dans un plan vertical, pendant que son inclinaison varie de 0° à 50° au-dessus de l'horizon, et que l'observation ait été bien faite, la déclinaison magnétique relevée sur le limbe azimuthal de la boussole peut être entachée d'erreurs dépendantes des vices de construction de l'instrument.

Il est possible, en effet, que la division du cercle azimuthal soit défectueuse ; que l'axe autour duquel tourne la lunette, lorsqu'on fait varier son inclinaison, ne soit pas rigoureusement perpendiculaire au diamètre NS de ce cercle ; que l'axe magnétique de l'aiguille de la boussole ne coïncide pas exactement avec son axe de figure. L'existence d'un seul ou de plusieurs de ces défauts entachera l'angle de déclinaison d'une erreur que la nature de l'instrument ne permet pas à l'observateur d'éliminer, et dont il ne peut même pas déterminer la limite. Toutefois les plans levés avec cet instrument n'en seront pas moins bien orientés, en y traçant la ligne méridienne suivant une direction qui fasse avec celle qu'affecte l'axe de figure de l'aiguille, sous l'action du globe, un angle égal à la déclinaison vraie ou fausse que l'on aura relevée. Celle-ci est la déclinaison apparente pour l'instrument particulier dont on s'est servi : elle serait, en général, différente pour un autre instrument du même genre.

Si l'on n'avait à sa disposition qu'une boussole carrée avec alidade ou visière à pinnules, on procéderait de même qu'avec la boussole munie d'une lunette. Inutile d'ajouter que le résultat de l'observation pourrait être entaché d'erreurs par le pointé défectueux auquel prête l'instrument imparfait dont on se serait servi.

(C) Tracé d'une méridienne au moyen de deux fils à plomb.

Il est superflu, pour les lecteurs qui auront bien compris ce qui précède, d'entrer ici dans de longs détails. Nous nous bornerons donc à dire que les deux fils à plomb que l'on mettra dans un même alignement avec la polaire, lors de son passage au méridien, doivent être aussi minces et aussi distants que possible l'un de l'autre. La polaire étant élevée, en France, d'un angle de 45° environ au-dessus de l'horizon, l'un des fils devra avoir une assez grande longueur. Il sera suspendu d'avance à un point fixe, le plus élevé qu'on pourra se procurer dans le lieu de l'observation. Le plomb dont il sera chargé descendra jusqu'à raser le sol; il sera bon, en outre, de le faire plonger dans un vase rempli d'eau, afin de rendre le fil moins sensible aux petits mouvements de l'air ambiant ou autres causes qui tendraient à le déranger de sa position d'équilibre. Le deuxième fil qu'on placera au midi et aussi loin qu'il se pourra du premier, eu égard à ce que le rayon visuel dirigé vers l'étoile doit les rencontrer tous deux, sera au contraire très court. Il faudra prendre quelques dispositions qui permettent de le déplacer d'un mouvement lent, afin de pouvoir l'amener exactement, à heure voulue, dans le vertical passant par le premier fil et la polaire. On pourra, par exemple, le suspendre à une petite tringle en bois, mobile longitudinalement dans une coulisse, que l'on fixerait, par un simple clou, dans une position horizontale sur le bord d'un support susceptible d'être transporté, comme une petite table que la coulisse déborderait. Le glissement de la tringle en bois dans la coulisse pourrait être déterminé par une vis à pas très courts, afin d'obtenir un mouvement doux qui n'imprime pas d'oscillations au fil. On devra choisir, pour l'observation, une nuit très calme : un vent, même léger, la rendrait impossible.

2° *Mesure de la déclinaison de l'aiguille aimantée.*

La méridienne une fois jalonnée sur le terrain, il est facile de déterminer la déclinaison *apparente* pour une boussole quelconque carrée ou suspendue. S'il s'agit d'une boussole carrée, l'instrument sera établi sur son pied, de façon que le centre du cercle azimuthal se trouve dans le plan du méridien jalonné. L'extrémité N du diamètre NS étant tournée vers le nord, on dirigera la lunette ou l'alidade de l'instrument sur une ligne verticale contenue dans le même plan méridien, qui sera tracée sur un jalon ou sur une borne placée *ad hoc*. Le diamètre NS du cercle de la boussole se trouvant alors dans le plan méridien, si l'instrument est bien construit, l'angle auquel correspondra la pointe nord de l'aiguille sera l'azimuth magnétique du méridien, égal et de signe contraire à la déclinaison. Si, par exemple, l'angle lu est de 19° est, la déclinaison sera de 19° vers l'ouest. Les déclinaisons vers l'est seraient accusées sur un cercle divisé en 360°, par des angles compris entre 270° et 360°, et, dans ces cas, la déclinaison est serait obtenue en retranchant l'angle lu de 360°.

Toutefois la déclinaison, déterminée comme il vient d'être dit, est entachée d'une légère erreur provenant de l'excentricité de la lunette ou alidade. Le centre du cercle de la boussole étant en effet établi, ainsi qu'il a été expliqué, dans le plan méridien, la ligne de visée parallèle, quand l'instrument n'est pas défectueux, au diamètre $N\,S$, est en réalité légèrement oblique au plan méridien. En la supposant horizontale, elle forme avec ce plan un angle aigu appartenant à un triangle, qui a pour hypoténuse la distance du centre de l'instrument au point de repère, situé plus au nord dans le méridien, sur lequel la lunette est dirigée, et, pour un des côtés de l'angle droit, l'excentricité de la lunette, c'est-à-dire la distance du centre du cercle à l'axe de la lunette. Désignant l'excentricité de la lunette par e, la distance de l'instrument au point visé par D, le sinus de l'angle qui mesure l'inclinaison de la ligne de visée et du diamètre $N\,S$ sur le plan méridien sera égal à $\frac{e}{D}$, rapport qui sera toujours assez petit pour qu'on puisse considérer le sinus comme égal à l'angle auquel il correspond. Il est d'ailleurs aisé de voir que, la graduation procédant de la droite à la gauche de l'observateur placé derrière l'instrument, l'angle lu est augmenté ou diminué, par l'effet de l'excentricité, de $\frac{e}{D}$, suivant que la lunette est à la gauche ou à la droite de l'observateur.

Ceci permet d'éliminer l'erreur, sans mesurer les distances e et D et sans aucun calcul, au moyen de deux observations conjuguées.

La première observation faite, suivant la méthode décrite, avec la lunette à gauche, donnera un angle égal à celui qui est compris entre le méridien et la direction qu'affecte l'aiguille aimantée, augmenté de $\frac{e}{D}$. Que l'observateur fasse ensuite tourner l'instrument de 180° dans son plan, de manière à amener vers lui l'extrémité N du diamètre $N\,S$ et l'objectif de la lunette, qu'il tourne la lunette de 180° dans le plan vertical, afin de ramener à soi l'oculaire et qu'il la dirige vers le même point de mire que dans la première observation : l'angle lu dans cette seconde observation serait évidemment égal à l'angle lu dans la première, augmenté de 180°, si les deux lignes de visée étaient parallèles, c'est-à-dire si la lunette n'était pas excentrique. Mais l'angle lu dans la seconde observation, où la lunette est à droite, étant diminué par l'effet de l'excentricité, précisément de la même quantité $\frac{e}{D}$ dont l'angle lu dans la première a été augmenté, il est clair que si l'on fait la somme de deux angles lus, l'erreur d'excentricité disparaîtra et que la somme sera égale à deux fois l'angle compris entre le méridien et la direction de l'aiguille aimantée, plus 180°. Il suffira donc d'en soustraire 180° et de prendre la moitié du résultat pour obtenir la déclinaison magnétique apparente de l'instrument mis en observation.

On peut remarquer que la double observation décrite ci-dessus dégage en même temps la déclinaison obtenue de l'erreur qui pourrait résulter de ce que l'axe optique de la lunette ou alidade ne serait pas rigoureusement perpendiculaire à l'axe autour duquel elle tourne, quand on fait varier son inclinaison sur l'horizon. Mais ceci ne procure en réalité aucun avantage, parce que, dans les levés à la boussole carrée, on détermine toujours l'azimuth magnétique d'une ligne par une seule observation. L'opérateur a constamment la lunette du même côté, soit à sa gauche, soit à sa droite; il faut donc s'assurer que l'axe optique de la lunette ou alidade est perpendiculaire à l'axe autour duquel elle tourne pour prendre diverses inclinaisons, ce que l'on reconnaît à ce que cet axe optique ne sort pas d'un plan vertical, lorsque l'axe de rotation est horizontal. Si l'instrument était défectueux à cet égard, il faudrait le rectifier ou le faire rectifier par un opticien.

L'erreur angulaire produite sur la déclinaison par l'excentricité de la lunette est d'ailleurs négligeable, eu égard au degré de précision que comporte la boussole carrée, quand le rapport $\frac{e}{D}$ est égal ou inférieur à $\frac{1}{1.000}$. En effet, la boussole ne donne les angles qu'à $\frac{1}{8}$ de degré près. Or l'angle de $\frac{1}{8}$ de degré est $\frac{1}{2.880}$ de la circonférence entière, égal par conséquent à la fraction $\frac{6,2832}{2.880} = 0,00218$, dans la circonférence dont le rayon est l'unité. Il est donc inutile de chercher à dégager la déclinaison de l'erreur due à l'excentricité, quand $\frac{e}{D}$ est plus petit que la moitié de 0,00218, soit égal ou inférieur à $\frac{1}{1.000}$. L'excentricité de la lunette d'une boussole carrée ne dépassant pas ordinairement $0^m,12$, il suffira de prendre le point de mire à une distance D de 120 mètres environ, pour rendre inutile la double observation, et c'est ce qu'il faudra toujours faire, à moins d'impossibilité.

S'il s'agit d'une boussole suspendue, on la suspendra à un cordeau tendu dans le plan du méridien et attaché aux clous fichés, ainsi qu'il a été expliqué, sur les tête de deux jalons.

Les déclinaisons magnétiques ainsi obtenues ne sont, il faut le répéter, que des déclinaisons apparentes pour chacun des instruments mis en observation et qui varieront généralement d'un instrument à un autre. La déclinaison apparente d'un instrument est la seule qui soit nécessaire pour l'orientation exacte d'un plan levé avec cet instrument, et la connaissance de la déclinaison magnétique, déterminée avec toute la précision que comportent les appareils particuliers qui ne se trouvent que dans quelques observatoires, ne dispenserait pas ceux qui lèvent des plans à la boussole de déterminer, par les procédés indiqués, la déclinaison apparente de chacun des instruments dont ils font usage. Cette détermination doit être faite au moins chaque année.

Il peut arriver que les plans levés à la boussole carrée ou suspendue soient inexacts à cause du défaut d'aimantation suffisante de l'aiguille, qui ne se dirigerait pas sous l'action magnétique du globe, en surmontant les résistances occasionnées par le milieu ambiant et la friction sur le pivot. Toute aiguille de 6 à 8 centimètres de longueur qui, déviée de sa position d'équilibre, ferait moins de six oscillations par minute, doit être considérée comme n'étant pas assez mobile ou assez fortement aimantée.

Le tracé de la ligne méridienne sur le terrain ayant une grande importance, il ne sera pas inutile de revenir sur les circonstances relatives à l'observation de l'étoile polaire lors de son passage au méridien. Pour que la direction du plan méridien, déduite de cette observation, soit exacte, il faut que le moment de l'observation s'écarte assez peu de l'heure du passage. Un écart de 15 minutes en plus ou en moins de l'heure du passage en donnerait un de 9 minutes, soit $\frac{1}{7}$ de degré entre la direction vraie du plan méridien et la direction trouvée par l'observation. L'observateur doit donc être muni d'une bonne montre, récemment réglée au temps moyen du lieu.

On atténuerait grandement la cause d'erreur précédente et l'on faciliterait le pointé de la lunette, en observant la polaire, non quand elle passe au méridien, mais au contraire lors de son passage à l'une des extrémités du diamètre horizontal de son orbite, ce qui a lieu a très peu près 5 heures 59 minutes avant et après chaque passage au méridien. Le plan vertical de la polaire, lors de son élongation, forme avec le plan méridien un angle Z donné par l'équation :

$$\sin Z = \frac{\cos D}{\cos L}$$

où D désigne la déclinaison de la polaire et L la latitude du lieu de l'observation. On trouverait la latitude L dans l'*Annuaire du Bureau des longitudes*. Quant à la déclinaison D, elle est donnée de trois en trois jours dans la *Connaissance des temps*.

L'observation de la polaire à son passage au méridien pouvant donner, sans calcul, lorsqu'elle est faite avec les soins indiqués dans cette instruction, des résultats suffisamment exacts, on n'insistera pas sur la dernière méthode dont on vient de parler : on se borne à renvoyer le lecteur, pour de plus amples détails, au *Traité d'exploitation des mines* de M. Combes, 3e volume, page 744.

On a signalé, dans la présente instruction, les causes d'erreurs dans la détermination de la déclinaison magnétique, auxquelles peuvent donner lieu les vices de construction des boussoles carrées ou suspendues dont l'observateur dispose. On a dit que ces défauts n'entraîneraient aucune erreur dans l'orientation, par rapport au méridien vrai d'un plan que l'on aurait levé avec la même boussole carrée ou suspendue, pour laquelle on aurait déterminé la déclinaison apparente de l'aiguille aimantée, c'est-à-dire l'angle compris entre le plan méridien et celui du méridien magnétique, tel qu'il est donné par l'instrument, même défectueux. Le tracé d'une ligne méridienne à la surface du sol pouvant être obtenu par l'une des méthodes décrites dans cette instruction, avec une précision indépendante des vices de construction de l'instrument employé à cet effet, on ne saurait trop recommander à MM. les ingénieurs directeurs d'exploitations de mines de tracer, avec le plus grand soin, sur le terrain même de leurs exploitations, une méridienne et de déterminer, chaque fois qu'ils lèvent ou font lever un plan de quelque importance à la boussole, l'angle dont l'aiguille magnétique de l'instrument dont on va se servir s'écarte du plan méridien. Ils devront ensuite tracer, sur le plan mis au net, la direction apparente du méridien magnétique accusée par l'instrument et celle du méridien vrai, en inscrivant en toutes lettres la valeur de l'angle compris entre ces deux directions et la date du jour de l'opération.

Signé : Ch. Combes.

Circulaire du 10 décembre 1863, relative aux affiches et publications des demandes en concession de mines.

Monsieur le préfet, l'article 22 de la loi du 21 avril 1810, sur les mines, porte :

« La demande en concession sera faite par voie de simple pétition « adressée au préfet, qui sera tenu de la faire enregistrer, à sa date, sur un « registre particulier, et d'ordonner les publications et affiches dans « les dix jours. »

Pendant un grand nombre d'années cette disposition de la loi a été régulièrement exécutée ; dès qu'une demande en concession était adressée au préfet du département où la mine était située, elle était immédiatement soumise à la publicité voulue par la loi, si d'ailleurs elle était accompagnée des pièces réglementaires; mais ce mode de procéder révéla dans la pratique quelques inconvénients : dans certains cas, des demandes en concession avaient été produites en quelque sorte au hasard, sans qu'aucune recherche sérieuse eût été faite par les demandeurs et sans qu'il y eût, pour ainsi dire, apparence d'un gisement minéral concessible.

Pour obvier aux abus qui en résultaient, l'administration décida, en 1837, qu'il ne serait plus affiché de demandes en concession qu'autant que les auteurs auraient préalablement justifié de l'existence d'un gîte minéral, et c'est là le régime qui est encore en vigueur aujourd'hui.

Mais, il faut bien le dire, l'expérience a prouvé que ce régime avait aussi ses inconvénients ; à une stipulation nette et précise, celle de l'affichage dans les dix jours, il substitue la décision, en quelque sorte arbitraire, de l'administration locale. En effet, lorsqu'une demande est adressée au préfet, ce magistrat la renvoie à l'ingénieur des mines de la localité, pour qu'il visite les lieux et constate l'existence du gîte dont la concession est demandée. Cet ingénieur se transporte sur les lieux aussitôt que les autres obligations de son service le lui permettent, et, s'il n'est pas pleinement édifié, il indique comme nécessaires avant l'affichage de nouveaux travaux de recherches et de nouvelles dépenses; il doit ensuite faire d'autres visites pour s'assurer que ses indications ont été exécutées, et de là résultent des délais quelquefois très prolongés, dont les intéressés se plaignent et dont ils ont raison de se plaindre.

Sans doute, l'administration obtient ainsi la certitude que les demandes en concession ne sont publiées et affichées que lorsqu'il y a réellement, dans le lieu auquel elles s'appliquent, un gîte de subtance minérale, et que l'attention publique n'est pas appelée sur des entreprises dépourvues de tout fondement réel; mais on tombe alors dans un inconvénient qui n'est pas moins grave, c'est qu'il suffit qu'une demande soit affichée pour qu'à l'instant le public croie que l'existence d'un gîte utilement exploitable est certaine, que l'octroi de la concession est dès lors assuré, tandis qu'il est formellement subordonné à une instruction qui n'a pas encore eu lieu, à l'examen plus approfondi des ingénieurs et aux avis successifs du préfet, du conseil général des mines et enfin du conseil d'état; c'est ainsi qu'on a vu trop souvent, sur la foi des affiches, s'organiser des sociétés sur une large échelle, et plus tard, la concession étant refusée, les actionnaires imputer à tort à l'administration l'erreur dans laquelle ils s'étaient laissé entraîner.

Frappée de ces conséquenses regrettables, l'administration a reconnu qu'il convenait de renoncer aux errements admis en 1837, et de revenir au système pur et simple de la loi de 1810, c'est-à-dire à l'affichage sans examen des demandes en concession de mines. Le conseil général des mines, consulté, a été de cet avis, et je viens en conséquence vous prier, monsieur le préfet, de prendre les mesures nécessaires pour qu'à l'avenir les demandes en concession de mines qui vous seront adressées soient, après leur inscription sur le registre spécial prescrit par l'article 22 de la loi, publiées et affichées dans le délai réglé par cet article. Vous aurez à communiquer sans délai ces demandes à M. l'ingénieur en chef des mines, pour qu'il vérifie si elles sont accompagnées des documents indiqués dans la loi elle-même et prépare de suite le projet d'affiche; dès que ce projet vous sera transmis, et quelques jours devront suffire à cet égard, vous voudrez bien prescrire immédiatement les publications.

Il sera d'ailleurs bien compris de tous qu'en procédant ainsi l'administration ne garantit en rien, je ne dirai pas la concessibilité, mais même l'existence d'un gîte minéral, et qu'elle devra être d'autant plus sévère sur ce point après qu'elle l'aura été moins avant les affiches. MM. les ingénieurs devront profiter de la durée même de ces affiches pour visiter les lieux, constater les travaux de recherches exécutés, les découvertes faites, recueillir enfin toutes les informations nécessaires, et ils pourront ainsi, le plus souvent, vous mettre à même de formuler, dans le délai de l'article 27, votre avis sur la demande.

J'appelle, monsieur le préfet, votre attention la plus sérieuse sur les dispositions de la présente circulaire; sincèrement et fermement exécutées, elles dégageront l'administration des mines de la responsabilité que font peser sur elle des retards qui sont quelquefois imputables aux intéressés eux-mêmes, et elles ne devront d'ailleurs compromettre aucun intérêt sérieux si, dans la seconde phase de l'instruction, MM. les ingénieurs, dont personne ne songe à contester les lumières et le dévouement, apportent à l'examen des lieux et des faits le soin et la célérité dont la loi elle-même leur fait une obligation.

Je vous prie de m'accuser réception de la présente circulaire, dont j'adresse ampliation à MM. les ingénieurs des mines.

Recevez, monsieur le préfet, l'assurance de ma considération la plus distinguée.

Le ministre de l'agriculture, du commerce et des travaux publics.

ARMAND BÉHIC.

Décret du 23 juin 1866, portant abrogation des arrêté du 9 octobre 1848 et décrets des 6 févriers 1852 et 5 février 1855 (art. 2, § 2), et rendant applicable à l'Algérie la loi du 9 mai 1866.

Napoléon, etc.,

Sur le rapport de notre ministre secrétaire d'état au département de la guerre et sur les propositions du gouverneur général de l'Algérie;

Vu la loi du 21 avril 1810, sur les mines;

Vu l'arrêté du chef du pouvoir exécutif du 9 octobre 1848, déclarant provisoirement inapplicables en Algérie plusieurs dispositions de la loi du 21 avril 1810;

Vu le décret présidentiel du 6 février 1852, portant que les dispositions de l'arrêté du chef du pouvoir exécutif du 9 octobre 1848 continueront à ressortir leur plein et entier effet:

Vu l'article 2, § 2, de notre décret du 6 janvier 1855;

Vu les diverses pièces de l'enquête administrative ouverte, par ordre du gouverneur général de l'Algérie, dans le but de constater les effets de l'arrêté susvisé du 9 octobre 1848 et de rechercher quel est, en la matière dont il s'agit, le système qui convient le mieux à l'Algérie;

Vu la lettre de notre ministre secrétaire d'état de l'agriculture, du commerce et des travaux publics, du 9 juillet 1863; ladite lettre faisant connaître l'avis du conseil général des mines;

Vu l'avis du conseil consultatif du gouverneur général de l'Algérie, du 4 août 1863;

Vu la loi du 9 mai 1866;

Notre conseil d'état entendu;

Avons décrété et décrétons ce qui suit:

Art. Ier. — Est applicable à l'Algérie la loi du 9 mai 1866, modificative de la loi du 21 avril 1810, concernant les mines, minières et carrières.

Art. 2. — Sont abrogés, sous la réserve des droits des tiers, l'arrêté du 9 octobre 1848, notre décret du 6 février 1852 et l'article 2, § 2, de notre décret du 6 janvier 1855.

Art. 3. — Le ministre secrétaire d'état au département de la guerre et le gouverneur général de l'Algérie sont chargés, chacun en ce qui le concerne, de l'exécution du présent décret.

Décret du 27 juin 1866, sur les abonnements à la redevance proportionnelle.

Napoléon, etc.,

Sur le rapport de nos ministres secrétaires d'état aux départements de l'agriculture, du commerce et des travaux publics et des finances,

Vu la loi du 21 avril 1810 ;

Le décret du 6 mai 1811 ;

Notre décret du 30 juin 1860 ;

Notre conseil d'état entendu,

Avons décrété et décrétons ce qui suit :

Art. 1er. — A l'avenir, l'abonnement à la redevance proportionnelle des mines sera réglé, pour les exploitants qui le demanderont, sur le produit net moyen des cinq dernières années pour lesquelles l'impôt à la redevance aura été régulièrement établi.

Il ne sera pas tenu compte, dans lesdites cinq années, de celles qui n'auront pas donné de produit net.

L'abonnement fixé, comme il est dit aux paragraphes précédents, sera maintenu pendant une durée de cinq ans.

Art. 2. — Il n'est pas dérogé au droit qui appartient à l'administration, en vertu, soit de l'article 35 de la loi du 21 avril 1810, soit de l'article 33 du décret du 6 mai 1811, de rejeter les demandes d'abonnement, lorsqu'il résultera de l'instruction que l'exploitation a été dirigée en vue d'altérer la sincérité des bases de l'abonnement.

Toutefois le refus d'une soumission d'abonnement ne pourra être prononcé que par une décision ministérielle, rendue après avis du conseil général des mines et des sections réunies des travaux publics et des finances du conseil d'état.

Art. 3. — Est et demeure abrogé notre décret susvisé du 30 juin 1860.

Art. 4. — Nos ministres secrétaires d'état aux départements de l'agriculture, du commerce et des travaux publics et des finances sont chargés, chacun en ce qui le concerne, de l'exécution du présent décret, qui sera inséré au *Bulletin des lois.*

Circulaire du 26 juillet 1866, relative à l'exécution de la loi du 9 mai 1866 sur les usines métallurgiques et les minières de fer.

Monsieur le préfet, la loi du 21 avril 1810 sur les mines a, vous le savez, réglementé non seulement ce qui concerne les exploitations minérales de toute nature, mais encore les usines métallurgiques de divers ordres, elle porte, article 73 :

« Les fourneaux à fondre les minerais de fer et autres substances mé-
« talliques, les forges et martinets pour ouvrer le fer et le cuivre, les
« usines servant de patouillets et de bocards, celles pour le traitement
« des substances salines et pyriteuses, dans lesquelles on consomme des
« combustibles, ne pourront être établis que sur une permission accordée
« par un règlement d'administration publique. »

Ainsi, aux termes de cet article, aucune des usines qu'il comprend ne pouvait s'établir sans une permission conférée par un décret rendu en conseil d'état, et, en vertu de l'article 74, les formalités qui devaient nécessairement précéder l'émission de ce décret étaient, à très peu près, les mêmes que celles auxquelles sont soumises les demandes en concession de mines, c'est-à-dire des publications et affiches de quatre mois dans le chef-lieu du département, dans celui de l'arrondissement, dans la commune où devait être situé l'établissement projeté et dans le lieu du domicile du demandeur. A l'expiration de ce délai de quatre mois, le préfet donnait son avis, tant sur la demande en elle-même que sur les oppositions et demandes en préférence survenues ; l'administration des mines donnait le sien sur la quotité du minerai à traiter, l'administration des forêts sur le bois à consommer dans l'usine, et l'administration des ponts et chaussées en ce qui concerne les cours d'eau.

On voit que, dans l'enquête à laquelle chaque demande était soumise, l'administration avait à examiner non seulement si l'établissement projeté pouvait avoir pour résultat de nuire aux tiers, à raison de son insalubrité ou de son incommodité, mais si les conditions dans lesquelles il devait fonctionner pouvaient en assurer l'existence, s'il devait trouver à sa portée le minerai ou le combustible nécessaire à son roulement ; en un mot, l'industrie métallurgique était considérée comme mineure, et l'administration discutait pour elle, dans chaque cas particulier, les conditions économiques sous lesquelles elle pouvait être habile à naître et à se développer.

En fait, l'administration n'a pas rigoureusement exécuté la loi telle qu'elle était faite, et l'on ne pourrait pour ainsi dire pas citer un seul cas de refus opposé à l'établissement d'une usine métallurgique dans aucune partie du territoire de l'empire ; mais, en admettant même que ces dispositions eussent eu leur raison d'être au moment de la promulgation de la loi de 1810, c'est-à-dire à une époque où l'industrie métallurgique était encore dans l'enfance, elles ne pouvaient plus se justifier à aucun degré à l'époque actuelle où cette industrie a pris d'immenses développements, où les maîtres de forges eux-mêmes réunissent à la science commerciale la plus avancée la connaissance la plus approfondie de tous les détails de la fabrication. Le gouvernement a donc pensé qu'il convenait d'affranchir l'industrie d'une tutelle devenue sans objet et des retards excessifs que cette tutelle lui imposait : il a présenté au Corps législatif un projet de loi portant abrogation des articles 73 à 78 de la loi de 1810, et ce projet, après avoir été adopté par le Corps législatif et avoir ensuite subi le contrôle du Sénat, est devenu loi de l'État sous la date du 9 mai dernier.

Aujourd'hui donc, aucune permission n'est plus nécessaire pour l'établissement d'une usine métallurgique; mais je dois ajouter de suite que la loi nouvelle ne dispose qu'en ce qui touche le point de vue de la métallurgie, c'est-à-dire celui de la transformation ou de l'élaboration des substances métalliques, et qu'elle n'a pas pour effet de dispenser les usines de l'exécution des règlements auxquels elles peuvent se trouver soumises sous d'autres rapports.

Ainsi, s'agit-il, pour ces usines, de s'établir sur un cours d'eau qui doit leur servir de moteur, elles doivent évidemment remplir toutes les formalités prescrites par les lois et règlements relatifs à la police des cours d'eau.

De même, si les lieux où elles doivent être construites sont compris, soit dans le rayon des douanes, soit en territoire soumis au régime forestier, elles doivent satisfaire aux diverses conditions prescrites par les lois et règlements qui régissent soit le service des douanes, soit celui des forêts.

Ainsi enfin, et c'est le cas du plus grand nombre, si elles sont classées parmi les établissements insalubres ou incommodes, elles doivent remplir les formalités qui régissent ces établissements; jusqu'ici ces formalités s'accomplissaient en même temps que celles qui concernaient la métallurgie proprement dite, et lorsque des oppositions étaient formulées au point de vue de l'insalubrité ou de l'incommodité de l'usine, l'autorité supérieure ne prononçait qu'après que le conseil de préfecture avait été appelé à donner son avis, conformément au décret du 15 octobre 1810. A l'avenir, l'instruction administrative, sous le rapport de l'insalubrité ou de l'incommodité, devra se faire seule, bien entendu, mais il devra toujours y être procédé, et je ne puis mieux faire, pour fixer vos idées sur la marche à suivre, que de vous prier de vous référer à la circulaire de l'un de mes prédécesseurs du 19 juin 1845, et au tableau qui y est annexé. Ce tableau indique dans quelle classe des établissements insalubres, incommodes ou dangereux, rentre chacune des usines régies jusqu'ici par la loi de 1810, et il me paraît de nature à lever toute incertitude. C'est à vous d'ailleurs, monsieur le préfet, aux termes des décrets de décentralisation, qu'il appartient de statuer sur les demandes en autorisation d'établissements insalubres ou incommodes, et vous pourrez, par là même, statuer directement désormais sur toutes les demandes d'établissement d'usines métallurgiques, sauf les recours de droit. Seulement, comme il s'agit là d'une matière essentiellement spéciale, pour laquelle les ingénieurs des mines ont une compétence incontestable, je ne puis que vous inviter à prendre l'avis de ces ingénieurs avant de statuer sur les affaires qui vous seront soumises.

En résumé, monsieur le préfet, et sous la seule réserve que je viens d'indiquer, toute liberté est laissée désormais aux maîtres de forges pour établir des usines à fer là où ils le jugeront utile à leurs intérêts; mais, en présence de cette liberté et de l'abus qu'on en pourrait faire, on a dû se demander s'il n'y avait pas quelques autres modifications à apporter à la loi de 1810.

En vertu des articles 59 à 67 de cette loi, les propriétaires des fonds contenant des minières de fer sont tenus de les exploiter de manière à satisfaire autant que possible aux usines établies dans le voisinage avec autorisation légale, et si, après une mise en demeure régulière, ces propriétaires ne déclarent pas qu'ils entendent exploiter, ou si, après en avoir fait la déclaration, ils n'exploitent pas effectivement ou n'exploitent pas en quantité suffisante, les maîtres de forges peuvent, après en avoir obtenu la permission du préfet, exploiter en leur lieu et place; c'est, comme on le voit, une véritable dépossession opérée contre le propriétaire de minières au profit de l'industrie des forges, que l'on considérait alors comme une industrie d'intérêt général. La fabrication du fer étant à cette époque pour ainsi dire dans l'enfance, on pouvait craindre que ce précieux métal, nécessaire tout à la fois aux œuvres de la paix et aux œuvres de la guerre, ne fît défaut dans diverses circonstances où l'intérêt du pays tout entier pouvait paraître engagé, et, par suite, on avait cru devoir attribuer de par la loi, à ceux qui se livraient à sa préparation, des priviléges exceptionnels sur la propriété d'autrui. Ces priviléges, à tout prendre, pouvaient s'expliquer encore tant qu'il appartenait à l'autorité supérieure d'accorder des permissions pour la construction des usines à fer; il y avait, dans l'examen qui était fait, à divers degrés, des conditions de la demande, de la personnalité des demandeurs, des garanties qui pouvaient rassurer les propriétaires de minières contre les abus que les maîtres de forges auraient été tentés de faire de la faculté à eux conférés par la loi de 1810; mais, une fois qu'au régime des permissions on substituait la liberté pour tout le monde d'établir partout et sans conditions des usines à fer, il n'était plus possible, évidemment, de laisser subsister cette faculté, et aussi la loi nouvelle abroge-t-elle les articles 59 à 67 de la loi de 1810.

Par des raisons semblables, elle abroge aussi l'article 79, qui autorise les permissionnaires d'usines à faire des fouilles hors de leurs propriétés pour y trouver des minerais et à exploiter ceux qu'ils ont découverts;

L'article 80, qui autorise les permissionnaires à établir, sous certaines conditions, des patouillets, lavoirs et chemins de charroi sur les terrains qui ne leur appartiennent pas;

Et enfin l'article 70, dans celle de ses dispositions qui, en cas de concession d'un terrain précédemment exploité comme minière, oblige le concessionnaire à fournir aux usines qui s'approvisionnent sur les lieux compris en la concession, la quantité de minerai nécessaire à leur roulement.

Toutefois le législateur a compris qu'il y aurait, pour les usines qui s'étaient établies sous l'empire des dispositions qu'il s'agit d'abroger, un véritable préjudice si ces dispositions cessaient d'exister tout de suite et sans transition. Il était juste et, dans une certaine mesure, nécessaire de laisser à ces usines un délai suffisant pour s'assurer dans l'avenir leurs approvisionnements, et la loi, aussi sage que prévoyante, a décidé que les dispositions dont il s'agit continueraient d'être applicables, pendant dix années encore, aux usines établies avec permission antérieurement à sa promulgation.

Avec ce tempérament, la législation nouvelle n'aura pour notre industrie métallurgique aucune conséquence fâcheuse, même dans les circonstances les plus défavorables, et il faut bien reconnaître d'ailleurs que, si en 1810 l'industrie des forges pouvait avoir besoin, dans une certaine mesure, de la tutelle de l'état et des priviléges qu'elle lui conférait, elle est arrivée aujourd'hui à un développement tel qu'elle peut trouver en elle-même les ressources qui lui sont nécessaires. Aujourd'hui, grâce aux voies de communication perfectionnées ouvertes sur toutes les parties du territoire, les usines peuvent aller chercher au loin les minerais et le combustible pour leur alimentation; elles n'en sont plus réduites à ce voisinage qui faisait la base de la loi du 21 avril 1810, et, par là même, elles peuvent se passer du privilége que cette loi avait entendu leur assurer. Les conditions d'achat et de vente des minerais seront librement débattues avec les propriétaires de minières, et ceux-ci seront affranchis, pour l'avenir, d'une servitude qu'aucun motif d'intérêt général ne pouvait plus justifier, sans que l'intérêt de l'industrie des forges en doive être un seul instant compromis.

Je ne doute pas, monsieur le préfet, que les considérations qui précèdent ne soient accueillies avec faveur par les divers intérêts, et que, si quelque inquiétude avait pu naître au premier abord parmi les maîtres de forges de votre département sur les résultats de la loi nouvelle, cette inquiétude n'ait bientôt cédé devant des réflexions plus attentives.

Après avoir ainsi rendu libre dans la main de ceux qui les possèdent la propriété des minières, la loi du 9 mai 1866 s'est occupée, article 3, de définir les règles qui devaient dorénavant présider à leur exploitation.

En vertu de la loi de 1810, article 57, cette exploitation ne pouvait avoir lieu sans permission, mais dans la pratique on avait admis déjà que, toutes les fois que l'extraction était purement superficielle, une simple déclaration était suffisante; la loi consacre en droit ce qui existait déjà en fait : à l'avenir, une permission ne sera plus nécessaire que lorsque l'exploitation devra être souterraine, et l'on conçoit que, dans ce cas, il y ait des mesures spéciales à prescrire pour protéger la conservation du gîte minéral et la vie des travailleurs.

Il est dit d'ailleurs à l'article 58 que, dans tous les cas, les exploitants seront tenus d'observer les règlements généraux et locaux auxquels est assujettie l'exploitation des minières ; et enfin, le second paragraphe de ce même article 58 rappelle que les contraventions aux dispositions de l'article 57 de la loi de 1810 et aux règlements généraux et locaux relatifs aux minières, sont passibles des peines portées par les articles 93 à 96 de ladite loi ; déjà, la jurisprudence avait complété, sous ce rapport, une lacune que ces articles paraissaient présenter ; mais, puisqu'on faisait une législation nouvelle pour les minières, il ne pouvait y avoir qu'avantage à rappeler ce que déjà la jurisprudence elle-même avait décidé.

Telles sont, monsieur le préfet, les premières instructions que j'ai cru devoir vous adresser pour la mise à exécution de la loi du 9 mai 1866 ; si ces instructions laissaient quelque incertitude dans votre esprit, je m'empresserais d'y ajouter toutes les explications que vous pourriez désirer.

Vous trouverez le texte de la loi du 9 mai à la suite de la présente circulaire.

Je vous prie de m'accuser réception de cette circulaire dont j'adresse des ampliations à MM. les ingénieurs des mines.

Recevez, monsieur le préfet, l'assurance de ma considération la plus distinguée.

Le ministre de l'agriculture, du commerce et des travaux publics,
ARMAND BÉHIC.

Circulaire du 5 août 1866 sur l'application du décret du 27 juin 1866, concernant les abonnements à la redevance proportionnelle.

Monsieur le préfet, j'ai l'honneur de vous adresser, ci-jointe, expédition d'un décret impérial du 27 juin dernier, qui modifie, dans quelques-unes de ses dispositions, le décret du 30 juin 1860 relatif aux abonnements en matière de redevance proportionnelle des mines.

La pensée de ce décret, clairement exprimée par le rapport à l'empereur, qui le précédait, était de venir en aide à l'industrie des mines, en facilitant les abonnements à la redevance, en donnant à ces abonnements une base fixe et hors de toute contestation, celle du revenu net des deux années précédentes. Mais, dans l'application, il a donné lieu à des difficultés diverses qui en ont rendu la modification nécessaire.

Ainsi, lorsqu'il avait prescrit que l'abonnement à la redevance serait établi pour cinq années consécutives sur le revenu net moyen des deux années précédentes, il n'avait certainement pas entendu que l'on pourrait faire entrer dans le calcul les années qui n'auraient donné aucun revenu, surtout lorsque cette absence de revenu aurait été le résultat de mesures frustratoires prises par les exploitants.

Cependant, en présence des termes du décret, plusieurs comités d'évaluation et avec eux la section du contentieux du conseil d'état ont admis que l'absence de revenu, la perte même sur l'une des deux années prises pour base du calcul de la redevance, ne devaient pas empêcher d'accorder l'abonnement, et l'on voit tout de suite combien cette jurisprudence pouvait devenir onéreuse pour le trésor.

Il y avait eu aussi, dans les applications qui ont été faites du décret de 1860, incertitude sur la question de savoir si les années à prendre pour base de l'abonnement étaient les années de redevance ou les années de produits. Les comités d'évaluation opéraient à cet égard dans des sens divers, et la jurisprudence du conseil d'état lui-même avait varié à cet égard.

Il importait de fixer toutes les incertitudes, de rétablir les vrais principes, et c'est dans ce but qu'a été rendu le nouveau décret du 27 juin dernier.

Par son article 1er, il stipule qu'à l'avenir l'abonnement sera calculé, non plus sur les deux années comme le portait le décret de 1860, mais sur les cinq années antérieures, et il ajoute que ce seront les cinq années pour lesquelles l'impôt aura pu être régulièrement établi, c'est-à-dire les années de redevance. Il décide, en outre, que des cinq années prises ainsi pour base de l'abonnement, on retranchera les années qui n'auront pas donné de produit, de sorte que ces années n'entreront pas dans le calcul de la redevance, et que, par suite, si aucune année n'a donné de revenu, il n'y aura pas lieu à abonnement.

Vous remarquerez, d'ailleurs, qu'il est dit expressément, à l'article 2, ce qui était certainement dans l'esprit du décret de 1860, qu'il n'est point dérogé au droit qui appartient à l'administration, en vertu des dispositions précitées de la loi du 21 avril 1810 et du décret du 6 mai 1811, de rejeter les demandes d'abonnement lorsqu'il résultera de l'instruction que l'exploitation a été dirigée en vue d'altérer la sincérité des bases de l'abonnement ; mais, afin de donner dans ce cas toute garantie aux intéressés, il est stipulé que le refus d'une soumission d'abonnement ne pourra être prononcé que par une décision ministérielle, rendue après avis du conseil général des mines et des sections réunies des travaux publics et des finances du conseil d'état.

En résumé donc, le nouveau décret n'enlève aux exploitants de mines aucun des avantages que le décret de 1860 a eu pour objet de leur assurer ; il ne fait en réalité qu'en expliquer les dispositions, de manière à en rendre l'exécution conforme à la pensée qui l'avait inspiré, et personne assurément ne pourra s'y méprendre.

Je ne puis que vous prier, monsieur le préfet, de donner à la présente circulaire, ainsi qu'au décret du 27 juin, toute la publicité nécessaire. Vous en trouverez ci-joints quelques exemplaires pour les membres du comité d'évaluation de votre département.

Veuillez m'accuser réception de la présente, dont j'adresse des ampliations à MM. les ingénieurs.

Recevez, monsieur le préfet, l'assurance de ma considération la plus distinguée.

Le ministre de l'agriculture, du commerce et des travaux publics,
ARMAND BÉHIC.

Circulaire du 27 avril 1867, relative aux caisses de secours de mines.

Monsieur, j'aurais besoin de savoir s'il existe sur les exploitations de mines placées sous votre surveillance soit des caisses de secours établies par l'application de l'article 15 du décret du 3 janvier 1813, soit toute autre institution de secours ou prévoyance au profit des ouvriers mineurs et de leurs familles, et, dans le cas de l'affirmative, d'avoir à ma disposition un exemplaire des règlements qui régissent les unes et les autres de ces institutions.

Je vous prie, monsieur, de vouloir bien me faire parvenir votre réponse sous deux jours au plus tard, en y joignant les documents ci-dessus indiqués.

Recevez, monsieur, l'assurance de ma considération distinguée.

Le ministre de l'agriculture, du commerce et des travaux publics.
Pour le ministre et par autorisation :
Le conseiller d'état, secrétaire général,
De Boureuille.

Circulaire du 17 décembre 1867 sur les sociétés minières.

Monsieur le préfet, lors de la discussion de la loi sur les sociétés commerciales, dans le sein du Corps législatif, un amendement fut présenté, qui avait pour but d'astreindre les sociétés civiles de mines, lorsqu'elles adopteraient la forme de sociétés commerciales, aux dispositions de lois spéciales à ces dernières sociétés.

L'amendement fut écarté, mais le gouvernement prit alors l'engagement d'étudier la question qu'il soulevait, de se rendre compte des conditions d'existence des sociétés auxquelles il s'appliquait, et de se mettre en mesure d'apprécier s'il était nécessaire ou simplement utile de faire rentrer ces sociétés sous le régime de la loi nouvelle.

Pour arriver à la solution de cette question, il convient d'abord de vérifier les faits existants, c'est-à-dire de constater les formes adoptées par les diverses sociétés de mines sur les divers points du territoire, d'en réunir les statuts, de les analyser et de faire ressortir les clauses spéciales qui paraissent s'écarter des règles établies par le code Napoléon pour les sociétés civiles. J'appelle notamment votre attention sur les clauses qui ont pour objet de donner à ces sociétés la forme de sociétés par actions, et de constituer des conseils d'administration qui ne se renouvellent qu'à des périodes éloignées et sans l'intervention des assemblées générales d'actionnaires. Je viens, monsieur le préfet, vous prier de vouloir bien vous occuper, pour ce qui concerne votre département, de réunir les documents statistiques dont il s'agit. Ce travail peut d'ailleurs être très utilement confié à M. l'ingénieur en chef des mines de votre département, avec le concours des ingénieurs ordinaires sous ses ordres, et je vous prie de vouloir bien adresser des instructions immédiates à cet égard.

Cet ingénieur devra en outre : 1° rechercher les abus auxquels aurait pu donner lieu, dans l'étendue de sa circonscription, la constitution de sociétés civiles ayant adopté la forme commerciale et particulièrement la forme de sociétés en commandite ou de sociétés anonymes; 2° donner son avis sur les mesures qu'il pourrait y avoir lieu de prendre pour remédier à ces abus, s'ils existent.

Vous voudrez bien, monsieur le préfet, appeler les tribunaux et les chambres de commerce existant dans votre département à exprimer leur opinion; et lorsque tous les éléments de l'instruction locale auront été ainsi réunis, je vous serai obligé de vouloir bien me les transmettre en y joignant votre avis personnel.

Je vous prie, monsieur le préfet, de vouloir bien m'accuser réception de la présente circulaire, dont j'adresse amplifiation à MM. les ingénieurs des mines.

Recevez, monsieur le préfet, l'assurance de ma considération la plus distinguée.

Le ministre de l'agriculture, du commerce et des travaux publics.
DE FORCADE.

Circulaire 30 septembre 1869 sur les accidents de grisou.

Monsieur le préfet, depuis quelque temps les accidents dus à des explosions de grisou se multiplient d'une manière infiniment regrettable, et ils entraînent presque toujours avec eux de nombreux cas de mort, ou de très graves blessures qui privent pendant un temps plus ou moins long l'ouvrier du travail indispensable à sa subsistance et à celle de sa famille.

L'administration ne manque jamais, toutes les fois qu'il arrive un accident de quelque gravité dans les mines, d'en rechercher les causes avec l'attention la plus sérieuse; des rapports détaillés sont demandés aux ingénieurs, et ces rapports sont placés sous les yeux du conseil général des mines, qui étudie dans tous leurs détails les circonstances de l'accident, constate, s'il y a lieu, les vices d'exploitation ou les imprudences qui ont pu le produire et indique les mesures de précaution à prendre pour en prévenir le retour.

Je n'ai d'ailleurs pas besoin d'ajouter qu'indépendamment de l'enquête administrative à laquelle il est procédé dans chaque cas particulier, le procès-verbal de l'accident est toujours transmis à la justice, qui fait, de son côté, une instruction approfondie et applique aux auteurs des faits qui ont pu causer l'accident les peines qu'ils ont encourues.

La loi du 21 avril 1810 et les règlements rendus pour son exécution ont donc établi, dans l'intérêt des ouvriers mineurs et de la conservation des gîtes minéraux, tout un ensemble de mesures protectrices dont l'efficacité ne peut être mise en doute; néanmoins on ne peut se dissimuler que le nombre des accidents graves, et surtout les accidents dus à des explosions de grisou, se sont multipliés dans ces derniers temps; quelle en est la cause, ou mieux quelles en sont les causes? Plusieurs circonstances, en effet, peuvent y concourir simultanément; il importe de les rechercher avec le soin le plus attentif.

Depuis quelques années l'extraction de la houille a pris en France des développements considérables : de 75 millions à 80 millions de quintaux elle s'est élevée à 130 millions, c'est-à-dire qu'elle a doublé en six ans à peine; on conçoit dès lors que, pour suffire à cette production inusitée, il ait fallu ouvrir à la hâte de nouveaux champs d'exploitation, approfondir les travaux, et peut-être que les moyens de ventilation n'ont pas suivi partout la même marche progressive que l'extraction elle-même. Les règlements prescrivent aussi d'une manière absolue l'emploi de lampes de sûreté dans les mines à grisou; mais ces lampes, qui sont la meilleure sauvegarde de l'ouvrier, lui paraissent quelquefois gênantes, et il cherche à s'en affranchir lorsqu'il ne croit pas le péril absolument rapproché de lui. Il importe que partout les concessionnaires tiennent très sévèrement la main à l'exécution des règlements sur ce point, et que les visites les plus fréquentes soient faites sur les chantiers dangereux par des contremaîtres inspirant toute confiance.

Quelle que soit, au surplus, monsieur le préfet, la cause du mal, ce mal existe; nous ne pouvons y rester indifférents, et nous devons rechercher les moyens d'y remédier le plus promptement possible.

Je viens donc vous prier de vouloir bien inviter M. l'ingénieur en chef des mines de votre département à s'occuper immédiatement de l'étude de cette question avec le concours des ingénieurs sous ses ordres, et à en faire l'objet d'un rapport d'ensemble qu'il m'adressera par votre intermédiaire.

Vous voudrez bien y joindre vos observations personnelles, et je n'ai pas besoin de dire que j'en prendrai connaissance avec un intérêt particulier.

Recevez, monsieur le préfet, l'assurance de ma considération la plus distinguée.

Le ministre de l'agriculture, du commerce et travaux publics.

Signé : E. GRESSIER.

Circulaire du 20 avril 1870 sur la statistique des enfants employés dans les travaux souterrains des mines, minières et carrières.

Monsieur, j'aurais besoin en ce moment, pour la discussion du projet de loi relatif au travail des enfants dans les manufactures, mines et usines, d'avoir des renseignements aussi exacts que possible sur les points suivants :

1° Quel est, par département et par nature d'exploitation, le nombre des enfants employés aux travaux souterrains dans les mines, minières et carrières?

2° Comment ces enfants se répartissent-ils entre les trois catégories d'âge suivantes, savoir : enfants au-dessous de douze ans, enfants dont l'âge est compris entre douze et treize ans, enfants ayant plus de treize et moins de seize ans?

Je vous prie de m'adresser ces renseignements dans le plus bref délai possible; pour vous faciliter, d'ailleurs, le travail que vous aurez à faire, j'ai fait dresser des tableaux dont vous trouverez ci-joint le modèle et dont vous n'aurez qu'à remplir les colonnes.

Je vous remercie à l'avance de l'empressement que vous mettrez à répondre au désir que je viens d'exprimer.

Recevez, monsieur, l'assurance de ma considération distinguée.

Le ministre des travaux publics.
Pour le ministre et par autorisation :
Le conseiller d'état, secrétaire général,
G. DE BOUREUILLE.

Circulaire du 30 mai 1872 sur les plans fournis à l'appui des demandes en concession de mines.

Monsieur le préfet, mon administration a remarqué que les plans produits à l'appui des demandes en concession de mines, conformément à l'article 30 de la loi du 21 avril 1810, étaient établis souvent dans des conditions défectueuses, au point de vue de la solidité, et qui donnaient peu de garanties de durée dans l'avenir, lorsqu'ils ne se trouvaient pas déjà dans un véritable état de délabrement, au moment où ils lui parvenaient.

Ces plans, vous le savez, monsieur le préfet, ne sont pas seulement destinés à éclairer sur l'étendue de la situation des gisements sollicités : ils servent aussi à fixer les limites des concessions. Une expédition de ces plans reste jointe, comme le dit l'instruction ministérielle du 3 août 1810, à la minute du décret de concession; une autre, ainsi qu'il est spécifié par la circulaire du 23 mars 1812, est transmise au préfet, une fois la concession accordée, pour être déposée dans les archives du département. Ces plans constituent ainsi de véritables titres de propriété, et il est essentiel, par conséquent, de prendre toutes les précautions pour que leur conservation soit assurée.

C'est à vous, monsieur le préfet, lorsqu'ils vous sont remis au moment où la demande en concession est introduite, c'est à MM. les ingénieurs, lorsqu'ils les vérifient, à moins qu'ils ne les aient eux-mêmes dressés, que revient le soin d'examiner si les plans dont il s'agit sont établis dans de bonnes conditions au point de vue de leur conservation matérielle, et, si ces conditions ne sont pas remplies, d'exiger la production d'autres plans offrant sous ce rapport les garanties désirables.

Une autre condition à laquelle il est également bon de tenir dans la confection de ces plans, c'est l'existence d'une marge suffisante pour pouvoir contenir en légende, non-seulement l'indication du périmètre demandé, mais encore celui qui peut être proposé par les ingénieurs et celui qui peut être définitivement adopté pour la concession.

Je ne puis, d'ailleurs, que me référer, en ce qui concerne la confection des plans en question et les indications qu'ils doivent porter, aux circulaires ministérielles des 23 mars 1812, 26 janvier 1815 et 15 mai 1839.

Je vous prie, monsieur le préfet, de vouloir bien m'accuser réception de la présente circulaire, dont j'adresse ampliation à MM. les ingénieurs des mines.

Recevez, monsieur le préfet, l'assurance de ma considération la plus distinguée.

Le ministre des travaux publics.
R. DE LARCY.

Circulaire du 31 mai 1872 sur les appareils pour pénétrer dans les lieux où manque l'air respirable.

Monsieur le préfet, l'administration s'est de tout temps préoccupée de veiller à la sûreté des ouvriers employés aux travaux des mines, et notamment des mines de houille, dont l'exploitation présente des causes particulières de danger. Néanmoins, malgré les recommandations de l'administration, malgré les prescriptions qu'elle impose, en vertu du droit de surveillance que lui confèrent la loi et les règlements, on ne peut se dissimuler que, si beaucoup d'accidents proviennent de circonstances qu'aucune prudence humaine ne saurait se flatter d'écarter absolument, il en est aussi qu'on eût pu éviter avec quelques précautions.

Ainsi l'on a vu des ouvriers, surpris par des gaz délétères, succomber dans le milieu infesté où ils étaient tombés, sans qu'on pût aller les retirer, parce que les moyens manquaient pour venir efficacement à leur secours.

Cependant ces moyens existent et les appareils permettant de pénétrer sans danger dans les lieux où fait défaut l'air respirable sont depuis longtemps connus. Une circulaire du 10 mai 1824 en signalait déjà l'utilité et engageait les exploitants de mines à s'en munir. Plus tard, dans une instruction du 10 mai 1843, un de mes prédécesseurs insistait de nouveau sur l'utilité de ces appareils et sur la responsabilité qu'encourent les exploitants assez peu soucieux de la sécurité de leurs ouvriers pour négliger de leur procurer ainsi un moyen de protection d'une efficacité reconnue.

Ces avis n'ont malheureusement pas été partout exécutés et suivis; de tristes accidents sont venus récemment le démontrer.

Je viens donc vous prier, monsieur le préfet, de vouloir bien appeler sur ce point l'attention des exploitants des mines de votre département où peut se présenter le danger du mauvais air, afin que ces mines soient pourvues de l'un des appareils ci-dessus mentionnés, tels que ceux de M. Galibert, ou de M. Rouquayrol, qui permettent de pénétrer dans les lieux où manque l'air respirable.

J'espère, monsieur le préfet, qu'il suffira de l'appel fait à l'intérêt comme au sentiment d'humanité des exploitants, pour déterminer ceux qui ne sont pas encore pourvus de ces appareils à ne pas négliger plus longtemps d'en munir leurs postes d'ouvriers. Dans le cas où ils n'obtempéreraient pas aux recommandations qui leur seraient faites à ce sujet, je n'ai pas besoin de vous rappeler qu'il vous appartient, aux termes de l'article 50 de la loi du 21 avril 1810, de prescrire, sur la proposition de MM. les ingénieurs, toutes les mesures que peut exiger la sécurité des ouvriers occupés dans les mines.

Je vous prie de vouloir bien m'accuser réception de la présente, dont j'adresse ampliation à MM. les ingénieurs des mines.

Recevez, monsieur le préfet, l'assurance de ma considération la plus distinguée.

Le ministre des travaux publics,
R. DE LARCY.

Circulaire du 23 septembre 1872 sur les procès-verbaux d'accidents de mines et de contraventions.

Monsieur le préfet, lorsqu'un accident arrive dans une mine ou lorsqu'une contravention y est signalée, MM. les ingénieurs des mines sont appelés à en dresser un procès-verbal, qui est transmis à l'autorité judiciaire. Un double de ce procès-verbal est adressé en même temps à mon administration; mais celle-ci ignore presque toujours la décision judiciaire intervenue.

C'est là une lacune regrettable, et le conseil des mines, qui s'en est préoccupé, a pensé qu'il serait bon que MM. les ingénieurs fussent autorisés à faire prendre, dans les greffes des tribunaux ou cours d'appel, des copies des jugements ou arrêts rendus à la suite de leurs procès-verbaux, afin de pouvoir me les faire parvenir par votre entremise.

M. le ministre de la justice, que j'ai entretenu du vœu exprimé par le conseil des mines, m'informe qu'il a invité MM. les procureurs généraux à donner à MM. les ingénieurs des mines toutes facilités à cet égard.

Il conviendra donc dorénavant, monsieur le préfet, que, profitant de ces facilités, MM. les ingénieurs ne négligent pas de tenir mon administration au courant des décisions judiciaires intervenues en pareille matière, en lui transmettant copie des jugements ou arrêts rendus lorsque des poursuites auront été exercées.

Je vous prie, monsieur le préfet, de vouloir bien m'accuser réception de la présente, dont j'adresse ampliation à MM. les ingénieurs des mines.

Recevez, monsieur le préfet, l'assurance de ma considération la plus distinguée.

Le ministre de l'agriculture et du commerce,
chargé de l'intérim du ministère des travaux publics,
Signé : Teisserenc de Bort.

Circulaire du 6 décembre 1872, portant envoi d'une instruction générale relative à l'exploitation des mines à grisou.

Monsieur le préfet, depuis quelques années, mon administration s'est vivement préoccupée de la multiplicité des accidents provenant des explosions de grisou, et, par une circulaire du 30 septembre 1869, elle a prescrit à MM. les ingénieurs des mines placés dans les régions houillères de la France de se livrer à une étude approfondie des circonstances dans lesquelles ces accidents se produisent le plus habituellement, des causes auxquelles ils peuvent être attribués et des moyens les plus propres à en prévenir le retour.

A la suite de cette enquête locale, qui n'a pu être complètement terminée qu'après les douloureux événements de 1870 et de 1871, le conseil général des mines a préparé une instruction générale, destinée à rappeler aux ingénieurs et aux exploitants l'ensemble des règles à suivre, ainsi que des précautions à adopter dans l'exploitation des mines à grisou, et plus particulièrement les principes essentiels d'une bonne ventilation, que le conseil général des mines considère à juste titre comme le moyen le plus efficace de prévenir les accidents.

J'ai l'honneur de vous adresser, monsieur le préfet, un certain nombre d'exemplaires de cette instruction, que je transmets également à MM. les ingénieurs. Vous voudrez bien la faire parvenir aux exploitants de mines de houille de votre département, en la recommandant à leur attention particulière. Je ne doute pas qu'ils ne s'empressent, pour s'y conformer, de remédier à ce que leurs exploitations peuvent encore présenter de défectueux, soit au point de vue de l'aérage, soit à celui des autres précautions indiquées. Dans le cas, d'ailleurs, où les recommandations qu'elle renferme demeureraient sans effet, vous n'oublierez pas qu'il vous appartient, monsieur le préfet, aux termes de l'article 50 de la loi du 21 avril 1810, de prescrire, sur la proposition de MM. les ingénieurs, toutes les mesures que peut exiger la sécurité des ouvriers employés dans les mines.

Je vous prie, monsieur le préfet, de m'accuser réception de la présente circulaire, dont j'adresse ampliation à MM. les ingénieurs.

Si, comme j'en suis convaincu, ils apprécient toute l'importance des mesures de précaution rappelées dans l'instruction qui l'accompagne, je n'ai pas besoin de leur recommander d'apporter tous leurs soins à les faire prévaloir dans l'exploitation des mines à grisou placées sous leur surveillance.

Recevez, monsieur le préfet, l'assurance de ma considération la plus distinguée.

Le ministre de l'agriculture et du commerce,
chargé de l'intérim
du ministère des travaux publics,
Signé : L. Teisserenc de Bort.

INSTRUCTION SUR LES MESURES DE SURETÉ A PRENDRE DANS LES MINES A GRISOU ET SPÉCIALEMENT SUR L'AÉRAGE DE CES MINES.

A toute époque, l'aérage des mines à grisou a excité, d'une manière toute spéciale, les préoccupations de l'administration des mines; depuis surtout que l'accroissement rapide et continu de la consommation de la houille a forcé les concessionnaires de mines de houille à donner de très grands développements aux travaux intérieurs de ces mines, les accidents par suite d'explosions de grisou se sont multipliés et en même temps aggravés. L'administration a prescrit, dès l'année 1869, une enquête approfondie sur les circonstances de ces accidents, sur les causes qui les avaient produits et sur les moyens les plus propres à en prévenir le retour.

Les résultats de cette enquête ont été placés sous les yeux du conseil général des mines, et ce conseil, après une discussion approfondie, vient d'arrêter les bases d'une instruction générale destinée à rappeler aux ingénieurs et aux exploitants les principes essentiels d'une bonne ventilation.

Les règles à suivre dans l'exploitation d'une mine à grisou sont depuis longtemps bien établies, mais elles ne sont pas toujours exactement observées : quelques précautions importantes sont fréquemment négligées, et la statistique prouve que cette négligence a une part considérable dans les accidents. Il convient donc de retracer les points essentiels de ces règles, trop souvent méconnues, pour que les ingénieurs provoquent sans relâche les réformes nécessaires ou les améliorations utiles, et que les exploitants sachent ce qu'ils ont à faire pour remplir les obligations qui leur sont imposées.

L'aérage, en particulier, repose sur les principes les plus simples. L'application de ces principes peut être quelquefois difficile, entraîner aussi de fortes dépenses, mais elle doit être poursuivie incessamment, par tous les moyens et au prix de tous les sacrifices. La lampe de sûreté mérite, sans doute, à l'illustre Davy la reconnaissance du mineur; mais, en diminuant le péril, elle peut déguiser la gravité du mal et inspirer une trompeuse confiance. Le problème à résoudre ne consiste donc pas dans la découverte d'une lampe qui n'enflamme jamais un mélange explosible. Il tient bien davantage à l'emploi des méthodes les plus efficaces pour diluer le grisou dans un courant d'air pur, continu, suffisamment rapide, traversant sans incertitude tous les travaux. L'aérage d'une mine à grisou atteindrait la perfection s'il permettait l'emploi des lampes à feu nu. C'est de ce type idéal qu'il faut, en pratique, se rapprocher le plus possible.

Il y a donc lieu de considérer dans cette question, en première ligne, l'aérage, puis les lampes de sûreté; le tirage à la poudre, qui peut amener des explosions, devra faire aussi l'objet de quelques observations spéciales, et enfin nous devons rappeler, en terminant, quelques mesures essentielles pour le sauvetage en cas d'accidents.

I

AÉRAGE.

Les mines à grisou doivent communiquer avec le jour par deux ouvertures au moins. L'exploitation par puits ou galerie unique ne peut être qu'un état temporaire, admissible au début, mais devant cesser aussitôt que possible. Les conséquences des accidents y sont trop graves pour qu'il n'y ait pas lieu de provoquer avec insistance l'ouverture d'une deuxième communication avec l'extérieur, soit à l'aide de travaux se reliant à un champ d'exploitation voisin, soit par l'approfondissement d'un nouveau puits ou le percement d'une nouvelle galerie débouchant au jour. L'importance des dépenses s'efface devant l'importance du but, et, d'ailleurs, dans le cas où il s'agit de foncer un de ces puits si coûteux en mort-terrain aquifère, les appareils très perfectionnés du forage à niveau plein donnent, au point de vue même de l'économie, une solution qui doit vaincre toutes les hésitations des exploitants (1).

MODE DE VENTILATION.

Le premier point est d'assurer à la mine un volume d'air suffisant pour l'assainissement de toutes ses parties. Ce volume est évidemment subordonné à l'abondance du grisou et aux circonstances locales de l'exploitation. Pour des mines placées dans des conditions analogues, au point de vue de la présence du gaz, on peut admettre que le volume d'air doit être proportionné à l'étendue des surface de houille mises à vif et, par suite, à l'importance de l'extraction journalière. Sans attacher aux moyennes plus de valeur qu'elles n'en méritent, on peut dire que le nombre de mètres cubes d'air dont il faut disposer par seconde, dans les conditions ordinaires, peut varier du 1/20 au 1/10 du nombre de tonnes extraites par vingt-quatre heures. Il est, d'ailleurs, bien évident qu'indépendamment de l'importance de l'extraction, on doit tenir compte du développement des ouvrages souterrains, des causes des dérangements accidentels plus ou moins abondants, du voisinage de failles, etc. Il est, par suite, essentiel d'avoir toujours en réserve un excès de puissance de ventilation.

---

(1) On peut citer les puits si heureusement exécutés dans la Moselle, dans le Nord, à l'Escarpelle et sur plusieurs mines de Belgique.

Ici se présente la comparaison de l'aérage naturel et de l'aérage artificiel obtenu, soit à l'aide de foyers, soit au moyen d'appareils mécaniques. Certains exploitants ont cherché à démontrer la supériorité de l'aérage naturel. Ils objectent à la ventilation artificielle les perturbations inhérentes à l'action de l'homme, tandis qu'à leur sens, l'aérage naturel repose sur un état de choses persistant, auquel des accidents graves et heureusement fort rares peuvent seuls apporter des modifications. On ne saurait, sans doute, rien souhaiter de mieux que l'aérage naturel, si, en effet, sa puissance et sa régularité pouvaient être constamment assurées; mais il est loin de remplir ces conditions, et l'expérience, d'accord avec les prévisions de la théorie, démontre journellement les graves et dangereux inconvénients que présentent les variations des courants naturels. Dans les mines communiquant avec le jour, à des niveaux très différents, on ne connaît que trop ces hésitations, ces inversions qui affectent le courant d'air, suivant les saisons ou les circonstances atmosphériques, et qui concordent (les faits le démontrent) avec de si nombreuses explosions. On peut assurer, au contraire, d'après l'observation même, que la permanence et la régularité sont précisément les qualités dominantes de la ventilation artificielle. Quant aux dérangements des appareils, ils sont assez rares, et, en cas d'arrêt imprévu, ils laissent amplement le temps de prendre des mesures de salut et de faire au besoin sortir les ouvriers de la mine. Les reproches que l'on fait à la ventilation artificielle, et particulièrement à la ventilation mécanique, peuvent donc être adressés à bien plus forte raison à l'aérage naturel.

On oppose encore, à l'emploi des ventilateurs, qu'ils agissent généralement par aspiration et que la dépression d'air, résultant de leur action, favorise le dégagement du grisou. Or les dépressions, mesurées aux ventilateurs mêmes, c'est-à-dire là où elles présentent un maximum, ne varient guère habituellement que de 3 à 10 centimètres d'eau, c'est-à-dire de 2 à 8 millimètres de mercure, quantités insignifiantes auprès des variations bien autrement importantes de la pression atmosphérique, variations dont il faut tenir si grand compte que, depuis longtemps en France, comme en Belgique et en Angleterre, le baromètre est devenu sur plusieurs mines l'objet d'observations assidues.

Du reste, la statistique montre à quel point l'usage des ventilateurs peut faire baisser, dans un même district, le nombre des explosions. Si l'on considère, par exemple, les mines de la Grand'Combe, on voit que, dans les trente-deux accidents survenus depuis 1814, on a constaté 37 morts et 47 blessés qui se répartissent ainsi qu'il suit :

37 morts, 37 blessés, — avant l'installation des ventilateurs;

0 mort, 10 blessés, — depuis l'installation des ventilateurs, établis de 1852 à 1868.

Dans le bassin de Saint-Étienne, l'aérage naturel est le trait dominant de l'exploitation, et, tout en ayant égard au grand nombre des mines, au développement des tailles, à la profondeur des puits, il faut reconnaître que ce bassin est aujourd'hui le théâtre des plus fréquentes explosions.

On devra donc généralement, sans abandonner l'aérage naturel, dont on sera toujours heureux de profiter, si les circonstances le permettent, lui associer la ventilation artificielle, pour l'activer d'une manière permanente ou lui venir accidentellement en aide, lors des retours de saisons, des changements de vent, des moments de grande baisse barométrique. Aussi l'administration est fermement résolue à prescrire la ventilation artificielle, partout où l'opportunité en sera reconnue. Déjà un arrêté préfectoral a été rendu en ce sens (1862) dans le département du Gard. Les ingénieurs devront provoquer des arrêtés de même nature, pour toutes les mines où ils auront manifestement reconnu l'insuffisance de l'aérage naturel.

Les exploitants, qui doivent avoir le choix des moyens, pourvu qu'ils donnent les résultats voulus, apprécieront les circonstances toutes locales qui peuvent dicter leur préférence entre les foyers d'aérage, les ventilateurs ou tous autres appareils d'aérage dont les qualités respectives leur seraient suffisamment connues. Ils ne perdront pas de vue, dans l'installation des foyers, s'ils les adoptent, les dispositions indispensables pour la sûreté des mines : ils n'oublieront point qu'il est nécessaire d'isoler complètement ces foyers de tout courant vicié par son passage dans les travaux, et ils auront toujours soin de les alimenter par une prise directe d'air pur.

DISTRIBUTION DU COURANT D'AIR.

Le courant d'air produit par la ventilation, naturelle ou artificielle, doit être méthodiquement distribué, de manière à assainir complètement tous les quartiers et jusqu'aux moindres chantiers de la mine.

On ne peut trop s'attacher à une bonne division du courant, d'une part, pour diminuer les résistances d'écoulement que cette division fait décroître suivant une progresssion si rapide ; d'autre part, pour partager le champ d'exploitation en quartiers indépendants, qui puissent être complètement isolés les uns des autres. On ne saurait trop recommander les dispositions propres à conduire, le plus directement possible, aux voies de retour non fréquentées l'air qui, ayant parcouru des chantiers infestés de grisou, se trouve notablement vicié par ce parcours.

Un point essentiel, et dont l'oubli a été la cause de trop nombreux accidents, est la nécessité d'imprimer à l'air chargé de gaz inflammable une marche constamment *ascendante*. On ne saurait s'arrêter à la question de dépense, lorsqu'il s'agit de dangers aussi graves que certains. Les exceptions, très restreintes et toutes locales, qui pourraient être admises, suivant les circonstances, ne doivent être tolérées qu'après un examen sérieux et à charge de mesures propres à en combattre les inconvénients.

L'emplacement des portes destinées à assurer la distribution de l'air, leur installation, leur entretien, doivent être l'objet des plus grands soins. Il importe que les portes principales soient multiples et avec espacement convenable, à l'instar des écluses, dans les voies où elles sont fréquemment ouvertes pour le service. Il faut, d'ailleurs, préférer les barrages fixes à ces barrages mobiles, partout où les besoins de la mine n'exigent pas le maintien de communications permanentes. L'emploi de guichets, à ouverture variable, permettant de régler l'intensité du courant, est trop souvent négligé. Il faut encore veiller à l'entretien de toutes les voies d'aérage, et en particulier à celui des galeries de retour, qu'on laisse trop fréquemment s'affaisser ou s'encombrer : les dimensions de ces voies devraient être même supérieures à celles des voies d'entrée, pour compenser l'accroissement final du volume d'air. Outre les résistances que créent les rétrécissements, ceux-ci ont le grave inconvénient d'imprimer au gaz inflammable une vitesse qui peut projeter la flamme hors des lampes et devient ainsi une cause d'explosion.

A la nécessité de larges sections pour les voies de retour d'air, il faut joindre celle de bonnes dispositions évitant, sur leur parcours, les impasses et surtout les excavations montantes, où le grisou peut s'accumuler ; des voies montantes, irrégulières, avec de nombreuses anfractuosités au ciel et aux parois, pourraient être plus fâcheuses que des voies descendantes, sur une certaine longueur, mais régulières et à flancs bien dressés. En tout cas, c'est surtout le long des tailles ou chantiers d'extraction, et au voisinage des points riches en grisou, que l'aérage *ascendant* est de la plus grande importance.

Faute de puits ou de galerie spéciale d'aérage, on emprunte parfois, pour l'évacuation définitive de l'air, l'un des puits ou l'une des galeries de service, et il peut arriver, par suite de sujétions locales ou à raison du système de ventilation, que la dimension de l'ouvrage ne soit point tout entière disponible pour le passage de l'air. Une cloison divise alors le puits ou la galerie en deux compartiments, dont l'un sert à l'air de voie de sortie, tandis que l'autre peut former voie d'entrée pour une distribution particulière à un quartier de la mine. Cette division est même le seul moyen d'aérage dans la période des travaux où l'on n'a qu'une seule communication avec le jour. L'installation et l'entretien des cloisons doivent être l'objet de soins spéciaux, en vue de parer aux pertes d'air frais, qui peuvent devenir très notables avec une ventilation artificielle donnant une dépression un peu forte dans le compartiment de sortie. Aussi certains exploitants préfèrent-ils aux cloisons d'aérage de grosses conduites en métal, même avec infériorité relative de section. Quel que soit le système adopté, on ne connaît que trop la gravité des effets produits par les explosions dans les ouvrages à compartiments : les cloisons, comme les conduites, peuvent être partiellement détruites et l'aérage immédiatement anéanti. Il ne suffit donc pas que la mine ait plus d'une communication avec le jour : il faut tendre à ce qu'elle ait une voie *spéciale* de sortie d'air, puits ou galerie, exécutée, s'il le faut, exclusivement pour le service de l'aérage.

Les travaux au charbon, traçages, avancements en direction, peuvent être facilement poussés à l'aide de galeries conjuguées, reliées de distance en distance par des traverses et pratiquées soit dans la même couche, soit dans des veines voisines. Dans tous les cas, on ferme successivement les traverses, au fur et à mesure de l'avancement des galeries, en ne laissant jamais subsister que la dernière communication transversale.

Si les percements sont faits à voie unique et doivent avoir une notable longueur, il faut y établir, autant que possible, une circulation naturelle, en divisant la galerie par une cloison toujours poussée près du front d'avancement. Ce mode d'aérage est préférable à celui que fournit l'emploi de petits ventilateurs à bras, dont la manœuvre est souvent négligée. Quand on est contraint de recourir à ces appareils, ils doivent du moins puiser l'air pur dans la voie du courant, pour le souffler sur le front du travail, au moyen de buses de gros diamètres; il faut se garder de ces installations défectueuses où le ventilateur ne fait que brasser, en quelque sorte, sur place l'air vicié pris dans le voisinage.

Les ouvrages inclinés doivent être exécutés en *descente*. Si, par exception, le percement en montée peut être admis, soit à raison de graves difficultés locales, soit pour des ouvrages qui doivent avoir une faible longueur ou qu'on a besoin d'attaquer à la fois par les deux bouts, il convient que l'aérage y soit encore, autant que possible, largement assuré par une circulation naturelle, établie, comme pour les percements horizontaux à voie unique, au moyen d'une division de l'ouvrage.

L'*exploitation* elle-même doit être dirigée, dans ses moindres détails, de manière que l'air circule le long de tous les chantiers d'abatage, avec une vitesse suffisante pour balayer efficacement le grisou. Les ingénieurs ne sauraient trop porter leur attention sur la disposition des travaux, envisagés à ce point de vue, et notamment sur le comblement des vides laissés par l'extraction.

Il ne suffit pas que les remblais suivent le mineur pied à pied : il faut qu'ils ferment toutes les excavations et soient, en conséquence, aussi serrés que possible. Rien ne nuit plus à l'efficacité de la ventilation que la déperdition de l'air à travers des remblais trop lâches. Le comblement exact des vides n'a point, d'ailleurs, pour seul effet de resserrer le courant, en l'obligeant à passer tout entier sur les tailles, sans s'égarer dans de vieux travaux : il prévient aussi les cloches d'éboulement, où séjourne le grisou, et surtout ces vastes accumulations de mélanges inflammables, qui font subitement irruption dans les travaux, à la faveur d'une chute du toit ou d'un abaissement de la pression atmosphérique. Est-il bon d'ajouter qu'indépendamment de tous ces avantages, le remplissage complet des vides est la meilleure sauvegarde contre les incendies qui dévorent une part de notre richesse houillère et deviennent bientôt eux-mêmes une cause immédiate d'explosions? Les concessionnaires intelligents ne reculent devant aucune dépense pour amener du jour les matériaux nécessaires au comblement des vides qui s'opèrent dans la mine. C'est par la négligence apportée à l'organisation méthodique de l'exploitation et des remblais qu'eut lieu, le 12 décembre 1866, l'explosion de la mine des Chênes (Oaks Colliery-Yorkshire) qui fit 361 victimes et présente la plus épouvantable catastrophe connue dans l'histoire des mines.

La poussière de houille, soulevée en tourbillon par l'ouragan souterrain, peut aussi jouer un rôle fatal dans les explosions. On en trouve le témoignage irrécusable dans ces croûtes de coke qui recouvrent parfois les bois et les parois des galeries, à la suite des coups de grisou. La combustion partielle et la distillation de cette poussière peuvent ajouter aux effets directs et surtout aux effets délétères de l'explosion. On a conseillé, pour remédier à ce nouveau danger, et l'on a pratiqué déjà, dans certaines mines, l'arrosement des galeries sèches où l'incessant piétinement des chevaux et des hommes réduit en poudre impalpable la houille qui forme le sol de ces galeries ou qui s'échappe des wagons de roulage (voir note A, p. 679).

Un autre moyen a été proposé pour localiser les effets des poussières, en même temps que ceux du grisou lui-même; il mérite d'être essayé (1). Ce moyen consiste à disposer, sur certains points de la mine, de forts bâtis, en forme de courte galerie voûtée, munis à leurs extrémités de portes s'ouvrant et se fermant en sens inverses; de telle sorte que, quelle que soit la direction du courant déterminé par l'explosion, l'une des portes se ferme nécessairement : des ressorts ou contre-poids tiennent ces portes ouvertes en temps ordinaires, leur permettent de se fermer instantanément, sous l'impulsion d'un faible choc, et les rouvrent également vite, dès que ce choc a cessé d'agir. L'explosion se trouverait ainsi comme cantonnée dans un quartier plus ou moins circonscrit, et l'aérage, reprenant immédiatement sa marche habituelle, permettrait aux ouvriers de venir aussitôt en aide à leurs camarades. Ces derniers seraient-ils même privés des premiers secours, le rapide renouvellement du courant d'air pourrait les mettre dans l'état d'un noyé qui n'est resté que peu d'instants sous l'eau.

Il convient d'ajouter que rien n'est plus utile, pour la bonne organisation de l'aérage, que la tenue de plans spéciaux donnant tous les détails de sa distribution, les volumes d'air totaux mesurés à l'entrée et à la sortie de la mine, les volumes partiels passant par les principales galeries et particulièrement aux bifurcations d'aérage, les cotes verticales des principaux points du parcours, etc..... Éminemment profitables aux exploitants, que la tenue même des plans éclaire sur toutes les conditions de l'aérage, ces documents, mis sous les yeux des ingénieurs dans leurs visites, permettent à ces derniers d'apprécier exactement l'état de la ventilation et de concerter, au besoin, avec les directeurs, les mesures propres à l'améliorer. L'usage des plans spéciaux d'aérage est déjà institué sur plusieurs mines (2). Il peut être rendu partout obligatoire.

MESURES D'ORDRE. — SURVEILLANCE DE L'AÉRAGE.

L'aérage, une fois bien organisé, doit ensuite être l'objet d'une surveillance de tous les instants. Il faut que des ouvriers intelligents et en nombre suffisant soient, indépendamment des maîtres-mineurs, chargés d'assurer le maintien de toutes les dispositions prises pour la ventilation. Il serait bon qu'on pût mettre entre leurs mains des appareils faciles à

---

(1) M. Verpilleux est l'auteur de cette proposition.
(2) A Blanzy, par exemple (voir note B, p. 670).

consulter. On a vu plus haut l'utilité des indications fournies par le baromètre. Outre cet instrument, on devrait avoir, sur chaque mine, des anémomètres proprement dits ou, à leur défaut, de petits pendules formés d'une boule creuse légère, faisant avec la verticale un angle variable suivant la vitesse du courant d'air. Ces pendules peuvent être approximativement tarés à l'aide d'un anémomètre, et les observations, relevées par les surveillants, être traduites par l'ingénieur des travaux. Les surveillants doivent, d'ailleurs, savoir apprécier les inégalités de la distribution d'air et donner, en conséquence, l'ouverture convenable aux guichets des portes régulatrices.

Les divers quartiers de la mine doivent, jusqu'aux moindres chantiers, être fréquemment parcourus, avant et pendant le travail. Il importe particulièrement que l'entrée des ouvriers soit précédée d'une visite scrupuleuse de la mine, le lendemain des fêtes et des chômages. Si, pendant le travail, le grisou vient à paraître d'une manière inquiétante dans un chantier, les surveillants doivent faire retirer les ouvriers, en dirigeant prudemment le départ; et, si le danger se révèle en l'absence des surveillants, les ouvriers doivent d'eux-mêmes quitter leur poste et gagner un point de refuge assigné d'avance.

Lorsque certaines parties de la mine sont momentanément abandonnées avec interruption de la circulation d'air, il ne suffit pas d'en interdire l'accès, à l'aide d'un simple signal de défense, tel qu'une chaîne, une croix en planches, etc. Des ouvriers imprudents s'introduisent, malgré ces signaux, dans les vides abandonnés, et leurs lampes, venant à y rougir, peuvent déterminer une explosion. On a plus d'un exemple de pareils accidents. Il faut qu'un obstacle matériel rende véritablement impossible l'accès de ces points dangereux (1).

II.

LAMPES DE SURETÉ.

Malgré tous les soins apportés à l'aérage on ne peut espérer l'amener, sur tous les points, au degré de perfection qui permettrait l'emploi des lampes à feu nu, en réduisant à 3 ou 4 p. 100 la proportion de gaz inflammable dilué dans l'air atmosphérique. Il faut, d'ailleurs, même dans les exploitations les mieux aérées, faire la part des irruptions subites de grisou provenant d'écrasements de ciel ou de parois, de percements dans de vieux travaux, d'accidents de couche, d'abaissements de pression barométrique, de ralentissements ou d'interruptions momentanées d'aérage, etc. En outre, les galeries voisines de la sortie d'air nécessairement chargées de tout le gaz balayé par le courant, les vides abandonnés, les cloches d'éboulement, sont autant de points dangereux qui, pour être

---

(1) On peut citer, comme exemple d'organisation bien entendue, le règlement des mines de Bessèges (voir note C, p. 680).

interdits aux ouvriers, n'en doivent pas moins être l'objet de fréquentes visites. De là la nécessité des lampes de sûreté.

On n'a longtemps connu que la lampe Davy, à treillis métallique. Une circulaire ministérielle d'avril 1824, signalant les avantages de cet appareil, en a minutieusement décrit la construction et la manœuvre. Mais l'expérience a, depuis lors, fait voir qu'on ne peut entièrement compter sur les lampes conformes au type primitif, ni, à plus forte raison, sur celles où, s'écartant de ce type, on a, pour augmenter le pouvoir éclairant, exagéré le diamètre des mailles du treillis et agrandi l'ouverture de ces mailles. On sait, en effet, que, dans un mélange fortement explosible, le treillis rougit et laisse passer la flamme; que le même effet se produit dans un courant moins chargé de grisou, mais animé d'une vitesse dépassant $1^m,70$. De nombreuses tentatives ont été faites pour corriger ces imperfections et, dans ces derniers temps, la lampe connue sous le nom de son inventeur, M. Mueseler, s'est rapidement propagée en Belgique, où elle a pris naissance, et bientôt après dans les grands centres houillers de la France. Cet appareil réalise une manifeste amélioration. A côté de quelques inconvénients, la lampe Mueseler réunit l'avantage de mieux éclairer et celui de s'éteindre dans les mélanges explosibles (voir le *Bulletin de l'industrie minérale*, 1868). L'administration belge l'a jugée assez parfaite pour en rendre l'usage obligatoire. Sans aller aussi loin, l'administration française n'a pas manqué de signaler aux exploitants, à la suite de plusieurs explosions, l'insuffisance de la lampe à simple treillis, mais elle laisse à leur responsabilité le choix des types qu'ils croient devoir adopter. Les ingénieurs ne doivent pas hésiter à intervenir auprès des concessionnaires pour provoquer l'abandon des lampes qui offrent de trop faibles garanties; au besoin même, ils doivent proposer aux préfets l'interdiction, partielle ou totale, de ces lampes, dans les travaux où le grisou se montrerait avec une dangereuse abondance.

Un point important, dans l'usage des lampes de sûreté, est le mode de fermeture. De nombreuses tentatives ont été faites pour déjouer, à cet égard, l'imprudence des ouvriers; il n'en est malheureusement aucune qui ait encore atteint complètement son but. Les lampes disposées de manière à s'éteindre, lorsqu'on veut les ouvrir, ne donnent elles-mêmes qu'une incomplète solution : les ouvriers les rallument, avec les allumettes qu'ils dissimulent dans leurs vêtements. On a récemment proposé une fermeture électro-magnétique; l'expérience n'a pas encore sanctionné cet essai. En attendant la découverte d'un système vraiment efficace, on ne peut recourir qu'à une surveillance infatigable. L'usage des lampes de sûreté doit être, sur chaque mine, soumis à des règles tracées avec détail et précision et toujours appliquées avec sévérité (1).

---

(1) Sur plusieurs exploitations, on trouve déjà de fort bons règlements (voir note D p. 681).

III.

TIRAGE A LA POUDRE.

Bien que le tirage à la poudre ait été la cause d'assez nombreux accidents, il ne paraît pas nécessaire de l'interdire, d'une manière absolue, dans les mines à grisou, et cette interdiction ne saurait, en tout cas, s'étendre qu'aux exploitations où l'on méconnaîtrait les règles d'un bon aérage. Ces accidents sont dus, pour la plupart, à l'oubli de précautions qui sont en réalité faciles à observer, sur lesquelles les exploitants sont à peu près tous d'accord et que des règlements intérieurs doivent très nettement prescrire.

Les points essentiels de pareils règlements peuvent se résumer ainsi qu'il suit :

1° Un coup de mine ne peut être tiré sans qu'au préalable on ait positivement constaté l'absence du mélange explosible dans tout le voisinage, et le soin d'y mettre le feu doit, en conséquence, être spécialement remis à un chef de poste ou à un surveillant remplissant l'office de *boute-feu*;

2° Les fusées de sûreté doivent être employées à l'exclusion de toute autre amorce ;

3° Les substances qui donnent de la flamme ne peuvent servir pour allumer les fusées (1).

IV.

RÈGLEMENTS, ORGANISATION GÉNÉRALE DE LA SURVEILLANCE.

Sur la plupart de nos grandes exploitations, il existe déjà des règlements intérieurs, qui pourraient servir de modèles pour tout ce qui concerne la sûreté des ouvriers et notamment pour les cas de grisou, l'aérage, l'emploi des lampes et le tirage à la poudre. On y a aussi spontanément organisé la surveillance spéciale dont les diverses parties du service paraissent susceptibles. Il convient de provoquer la rédaction de règlements analogues et l'organisation d'une surveillance de même nature, partout où ils n'existent point encore; il serait même désirable que les employés de diverses catégories : maîtres-mineurs, lampistes, etc., aussi bien que les surveillants spéciaux, eussent en main, et chacun pour ce qui le concerne, des extraits du règlement général, analogues aux ordres de service que les compagnies de chemins de fer distribuent à leurs agents, mécaniciens, conducteurs, aiguilleurs et gardes.

Les surveillants préposés aux détails de l'aérage, de l'éclairage et du tirage à la poudre, doivent signaler toutes les infractions, toutes les imprudences, pour qu'elles soient punies des amendes ou autres peines

---

(1) Parmi les règlements en vigueur, on peut citer ceux de Blanzy et de Portes (voir note E, p. 682).

prévues par les règlements de la mine. Il importerait, pour assurer une répression efficace, même en l'absence d'accidents, que les dispositions des règlements intérieurs intéressant le plus directement la sûreté des ouvriers fussent soumises à l'approbation de l'autorité préfectorale et revêtues ainsi d'une sanction qui permît l'application de la loi pénale. Par application des articles 31 du décret du 3 janvier 1813 et 96 de la loi du 21 avril 1810, un arrêté de la cour de Lyon, en date du 29 janvier 1872, a prononcé une peine contre la simple tentative d'ouverture d'une lampe de sûreté.

Il paraît inutile d'entrer dans plus de détails; ce qui précède suffit pour que les ingénieurs voient en quel sens ils doivent agir, soit auprès des concessionnaires, pour leur faire adopter toutes les mesures de sûreté ou de surveillance nécessaires, soit auprès des préfets, pour provoquer des décisions communes à toutes les mines de leur circonspection ou particulières à quelques-unes d'entre elles.

V.

SAUVETAGE.

Nonobstant le concours des plus favorables conditions d'aérage et l'application des meilleures méthodes de ventilation, malgré l'emploi des lampes les plus perfectionnées et le tirage à la poudre le plus prudent, il est des circonstances où la prévoyance humaine se trouve déjouée, et il faut, en conséquence, se préoccuper des explosions qui, malgré tout, viendraient encore à se produire.

Après un coup de grisou, le premier soin doit être celui de rétablir aussi promptement que possible le courant d'air normal. Un moyen des plus simples, comme des plus efficaces, est d'avoir à proximité un vaste réservoir d'eau, qui permette de faire tomber une pluie abondante dans le puits destiné à l'entrée de l'air frais.

Quant aux secours à donner aux victimes, ils sont indiqués dans le décret du 3 janvier 1813. Indépendamment des médicaments et appareils prescrits à l'extérieur, il serait certainement utile d'avoir un approvisionnement des objets de première nécessité, placé à l'intérieur même des mines, sous la main de chefs de poste exercés aux premiers pansements.

La circulaire ministérielle d'avril 1824, déjà citée à l'occasion de la lampe Davy, fournit, quoique déjà ancienne, d'utiles indications sur les moyens de pénétrer dans les milieux irrespirables, et notamment sur l'emploi de réservoirs d'air portatifs. Depuis lors, les louables efforts de quelques inventeurs se sont assidûment portés sur ce genre d'appareils. On peut citer ceux qu'ont donnés M. Galibert et M. Rouquayrol, ingénieur des mines de Firmy (Aveyron).

L'appareil Galibert a été décrit dans les *Annales des mines*, 6ᵉ série, tome V, page 131 (1864) : il se compose d'une outre, gonflée d'air, que l'ouvrier porte sur son dos et qui communique, par deux tubes en caoutchouc, à une pièce en bois ayant la forme et les dimensions d'une bouche d'homme ouverte. L'ouvrier, ayant saisi cette pièce entre les dents et les lèvres, ferme alternativement avec la langue l'orifice de chaque tube, dont l'un sert à l'aspiration et l'autre à l'expiration. Il y a donc circuit continu entre l'outre et le poumon, et la même masse d'air sert à la respiration jusqu'à ce qu'elle soit trop pauvre en oxygène. Une outre de 50 litres pourrait suffire pendant quinze ou vingt minutes.

M. Rouquayrol, honoré, il y a dix ans, d'une médaille de la Société de l'industrie minérale de Saint-Étienne, a cédé son brevet d'invention à MM. A. Denayrouze, lieutenant de vaisseau, et L. Denayrouze, officier d'artillerie. Les appareils Denayrouze sont de deux sortes, suivant l'usage auquel ils doivent être plus spécialement affectés. Le type n° 1 comprend une pompe, un épurateur arrêtant les poussières volantes de charbon, une conduite d'air et un régulateur léger, placé sur le dos du mineur; ce régulateur est à deux fins : il fournit l'air dans les proportions strictement nécessaires et à la respiration de l'homme et à l'alimentation de la lampe. Au moyen d'un ingénieux mécanisme, l'air arrive sous une pression constante, mais réglée suivant les besoins, tant à la bouche de l'ouvrier qu'à la mèche de la lampe; une disposition très simple pourvoit à la sortie des produits de l'expiration et de la combustion. Le type n° 1 suppose une certaine longueur de tube entre la pompe qui doit fonctionner dans l'air pur et le régulateur porté par l'ouvrier. Il est souvent nécessaire d'être affranchi de pareils sujétions, et cette nécessité a donné naissance au type n° 2. Le type n° 2 permet, avec deux ouvriers, de faire vivre l'un d'eux, pendant un temps indéfini, dans une atmosphère irrespirable ou explosible; avec un plus grand nombre d'ouvriers, d'effectuer, dans les gaz malsains, à telle distance et pendant tout le temps qu'on voudra, toute espèce de travaux importants soit d'exploitation, soit de sauvetage. L'appareil comporte le même régulateur et la même lampe que le type n° 1, mais la pompe et son conduit sont remplacés par un *réservoir de distribution* et un nombre indéterminé de cylindres en tôle, susceptibles d'être à volonté séparés ou réunis. Le réservoir et les cylindres ont été, par avance, remplis d'air à une pression de 20 à 40 atmosphères ; ils sont portés sur un chariot léger, qui suit l'ouvrier dans son travail. Le réservoir de distribution alimente directement le régulateur, placé à dos d'homme, et il est lui-même alimenté, au fur et à mesure de son épuisement, par les divers cylindres chargés d'air à haute pression. Si le travail doit durer plus de trois à quatre heures et, par suite, consommer la provision d'air qu'il est possible d'emmagasiner sur un chariot, un ouvrier muni d'un appareil identique vient échanger les cylindres vides contre les cylindres pleins, et, s'il existe plusieurs points de travail, il pourra généralement les desservir tous à tour de rôle. Il suffira donc d'avoir autant de réservoirs de distribution qu'on veut employer d'ouvriers, plus un, et un nombre assez considérable de cylindres d'approvisionnement.

Malgré l'imperfection des premiers essais, MM. Denayrouze ont déjà livré en Allemagne un grand nombre d'appareils. Un journal allemand, *Glükauf*, a, le 27 août 1871, rendu compte d'expériences très satisfaisantes faites, dans une mine de Silésie, au milieu de gaz délétères provenant d'une combustion souterraine. L'appareil Denayrouze a permis d'exécuter un barrage tout près du foyer de l'incendie et d'en circonscrire rapidement les ravages. Dans ses numéros des 3 et 24 décembre 1871, le même journal rapporte les expériences faites sous l'eau, dans un puits des mines de Bochum (bassin de la Ruhr), avec des appareils à plonger et des lampes closes, construites suivant les mêmes principes que les appareils pour milieux d'air irrespirable. Les plongeurs sont restés une demi-heure sous 42 pieds d'eau et en ont ramené les débris de machines acccumulés au fond du puits.

Quelques mines importantes de France possèdent déjà des appareils respiratoires de sauvetage. L'administration a eu plusieurs fois occasion d'en recommander l'emploi, et cette salutaire précaution pourra être rendue obligatoire par voie d'injonction préfectorale. Il est, en effet, permis de penser que, si des appareils du genre de ceux qui viennent d'être décrits avaient existé sur nombre de mines, théâtres d'explosion de grisou, on aurait pu arriver à temps jusqu'aux victimes et en disputer quelques-unes à la mort. On ne saurait entourer d'une trop grande sollicitude la courageuse population qui se consacre à l'exploitation de nos richesses minérales, on ne doit reculer devant aucune dépense pour assurer autant que possible la conservation de ceux qui font partie de cette population.

NOTES.

NOTÉ A.

L'arrosement des galeries de roulage, ouvertes dans la houille, n'a point seulement pour effet de prévenir les effets dangereux de la poussière de charbon en cas d'explosion : il semblerait que cette mesure a une influence très salutaire au point de vue de l'hygiène. Le docteur Riembault (de Saint-Étienne) a fait d'intéressantes études sur l'engorgement charbonneux du poumon. Cette affection, qui se manifesterait à la longue chez les ouvriers, pourrait en partie être attribuée aux poussières contenues dans l'air des mines de houille.

NOTE B.

EXTRAIT DU RÈGLEMENT DES MINES DE BLANZY (SAÔNE-ET-LOIRE).

Art. 1er. — Les dispositions de l'aérage sont arrêtées par l'ingénieur en chef directeur, sur la proposition des ingénieurs divisionnaires, chargés des détails de la distribution.

Art. 3. — Il y aura, pour chaque mine, un plan sommaire et spécial, sur lequel seront indiqués le parcours général du courant d'air, sa division et la position des portes.

Toute modification apportée dans le sens de la distribution du courant d'air devra être immédiatement signalée sur le plan *ad hoc* par les ingénieurs.

NOTE C.

EXTRAIT DU RÈGLEMENT DES MINES DE BESSÈGES (GARD).

Art. 2. — Les maîtres-mineurs doivent surveiller les courants d'air généraux établis, faire placer et tenir en bon état les portes ou barrages nécessaires, faire garder, au besoin, les portes principales et prévenir sans retard les ingénieurs de tous les dérangements qui ourraient se produire à la ventilation ordinaire. En cas d'arrêt des ventilateurs, soit par suite d'accident aux appareils, soit par toute autre cause, le premier soin des maîtres-mineurs, aussitôt qu'ils s'en aperçoivent ou qu'ils en sont avisés, doit être de mettre les ouvriers en sûreté, en employant tous les moyens possibles.

Dans les chantiers qui exigent des gaines particulières d'aérage, ils doivent les faire établir et avancer régulièrement, et arrêter tout travail qui ne pourrait être suffisamment aéré, jusqu'à ce que les ingénieurs aient pris des mesures efficaces pour remédier à cet état de choses.

Ils doivent faire sonder dans les chantiers dirigés sur les réservoirs d'eau, de grisou ou de mauvais gaz, et interdire aux ouvriers d'ouvrir d'autres communications que celles de la sonde, sans qu'ils soient eux-mêmes présents aux chantiers.

Art. 4. — Par surcroît de précautions, les maîtres-mineurs, chacun dans son service, intercepteront, soit au moyen de planches espacées de $0^m,20$ solidement fixées sur les montants d'un cadre, soit au moyen de grilles en fer ou en bois à barreaux espacés de $0^m,20$ au plus, toutes les communications des mines à grisou avec les mines où l'on mploie la lampe à feu nu, qui ne seraient pas munies de portes pouvant être fermées clef.

Ils placeront une plaque blanche, portant l'inscription *mine à grisou*, à l'entrée de outes les mines à gaz et au-dessus de toutes les portes de séparation de ces dernières avec les mines ordinaires, lorsque ces portes restent ouvertes pendant le travail. A défaut de plaques, ils tiendront ces portes fermées à clef ou les feront garder.

Ils fermeront à clef les portes d'entrée de toutes les mines à grisou et autres, la veille de tous les jours de chômage ou le matin de ces mêmes jours, si des ouvriers travaillaient pendant la nuit précédente, et, en l'absence de portes en bon état, ils établiront le barrage réglementaire en planches.

Ils feront évacuer immédiatement les mines ordinaires, où l'on reconnaîtrait le plus léger indice de grisou, et en intercepteront toutes les entrées, jusqu'à ce que les ingénieurs aient pris toutes les mesures de sûreté nécessaires.

Ils feront évacuer et fermeront toute mine à grisou où le gaz s'accumulerait en quantité notable et inquiétante, et ils préviendront sans délai les ingénieurs; en outre, tous les lundis matin et le lendemain de tous les jours de chômage, deux heures avant l'entrée des ouvriers, toutes les portes des mines restant fermées, chacun des maîtres-mineurs, accompagné de deux boiseurs ou de deux ouvriers de confiance, fera une visite générale des chantiers de son service, avec des lampes de sûreté, pour vérifier l'atmosphère des travaux.

Si, dans une mine, il trouve du gaz en quantité inquiétante, soit dans certains quartiers, soit dans les courants d'air, il en interdira l'entrée d'une manière absolue à tous les ouvriers et empêchera la distribution des lampes.

S'il ne trouve du grisou que dans quelques chantiers et qu'il juge ne pas devoir interdire toute la mine, il ne laissera, en tout cas, entrer les ouvriers des ouvrages accessibles qu'après avoir fait garder efficacement les entrées des chantiers ayant du grisou, jusqu'à ce qu'il ait pu établir les barrages réglementaires, qui doivent toujours être faits dans le plus bref délai possible.

Lorsque des sections particulières auront une porte commune, les maîtres-mineurs de ces sections devront tous s'entendre, avant de l'ouvrir pour l'entrée des ouvriers.

Si des ouvriers commencent à travailler le soir des jours de chômage, ils n'entreront que sur l'ordre du maître-mineur de nuit, après que la visite de sûreté aura été faite par celui-ci et après dix heures de marche du ventilateur.

NOTE D.

EXTRAIT DES RÈGLEMENTS EN VIGUEUR SUR QUELQUES EXPLOITATIONS HOUILLÈRES.

Chaque maître-mineur fournira aux lampistes les éléments d'un tableau indiquant les noms et prénoms de tous les ouvriers qui travaillent avec des lampes de sûreté, dans son service, et y fera opérer, au fur à mesure, les retranchements nécessaires pour que ce tableau soit constamment à jour dans les lampisteries.

Les lampes seront nettoyées et garnies dans une lampisterie centrale et chaque jour transportées sur les puits, où des casiers seront disposés pour les recevoir.

Indépendamment de l'inspection des tamis faite à la lampisterie centrale, ceux-ci seront encore vérifiés avant la remise des lampes aux ouvriers.

Au moment de la descente dans la mine, chaque ouvrier recevra sa lampe pleine, allumée et fermée à clef; il devra s'en assurer et la refuser, si elle est ouverte ou s'il reconnaît quelque défaut dans la toile-métallique.

Les lampes seront numérotées, et chacune d'elles sera toujours assignée au même ouvrier.

Il est expressément défendu d'ouvrir les lampes dans les travaux : celles qui s'y éteindront seront renvoyées fermées, soit à la surface, soit en quelque point désigné de l'intérieur, où elles seront visitées et rallumées.

Les clefs de rallumage des lampes de sûreté seront placées et entretenues, par les soins des maîtres-mineurs, aux endroits désignés par des ordres écrits. Si exceptionnellement les emplacements des clefs deviennent dangereux, les maîtres-mineurs les enlèveront sans délai.

Tout ouvrier porteur d'une lampe ouverte, d'une clef ou d'un instrument capable d'ouvrir sa lampe, d'une allumette, sera puni d'une retenue de. . . . . . . S'il est reconnu qu'on a fumé dans un chantier, tous les ouvriers qui en font partie seront punis d'une retenue de . . . . . le tout sans préjudice des peines correctionnelles portées par la loi.

Les lampistes devront signaler, chaque jour, les contraventions qu'ils pourront reconnaître, telles que ouverture frauduleuse de la lampe, dégradation volontaire, etc.

Dans les mines où la lampe de sûreté n'est pas obligatoire et où les lampes à feu nu sont admises dans certains quartiers, des gardiens spéciaux seront placés à la limite des travaux à grisou, pour en interdire l'accès aux ouvriers porteurs de lampes ordinaires.

Chaque fois qu'un ouvrier nouveau sera embauché, le maître-mineur devra lui expliquer l'usage de la lampe de sûreté, lui lire ou faire lire par le marqueur les parties du règlement qui le concernent et lui énumérer les précautions dont le mineur doit s'entourer dans l'emploi de la lampe de sûreté, savoir :

De la préserver de tout choc et tout accident pouvant en déformer l'enveloppe ou entraîner la rupture du verre ou de quelques mailles du tamis, dont la vertu préservatrice cesserait immédiatement;

Éviter de l'exposer à un courant d'air trop vif qui pourrait faire sortir la flamme de la toile métallique, surtout si celle-ci avait une température élevée;

Observer cette dernière précaution principalement au passage des portes ou d'un courants d'air étroit; au voisinage du front de taille, dont la chute pourrait déterminer un courant d'air inattendu;

Éviter tout mouvement brusque de la lampe, la placer toujours à la partie inférieure de la galerie et en surveiller la flamme qui ne doit jamais être assez forte pour enfumer le tamis;

Baisser la mèche, si la flamme s'allonge sous la présence du gaz inflammable; se retirer tranquillement en la diminuant encore, si le gaz augmente, et en rapprochant autant que possible la lampe du sol de la galerie;

Enfin l'éteindre complètement, si le gaz persiste et si le tamis se remplit de flamme, soit en noyant la mèche dans l'huile, soit en l'étouffant sous ses vêtements, mais jamais en soufflant la flamme.

NOTE E.

EXTRAIT DES RÈGLEMENTS DE BLANZY (SAÔNE-ET-LOIRE) ET DE PORTES (GARD).

L'usage de la poudre dans les mines où l'on emploie les lampes de sûreté sera réglementé plus ou moins sévèrement selon les circonstances. Il incombe aux ingénieurs divisionnaires de le proscrire tout à fait, lorsqu'il y aura péril à l'employer, comme de n'exiger que les dispositions ci-après, toutes les fois qu'ils le jugeront sans danger.

Chaque mois ils indiqueront, pour les faire sanctionner par l'ingénieur en chef, les dérogations ou prohibitions particulières qu'ils auront jugé convenable de faire; *seul l'article qui suit est impératif pour tous les travaux.*

Il est défendu d'employer, pour mettre le feu à la poudre, aucune substance susceptible de brûler avec flamme, telle que cannette sèche, mèche soufrée, fusée goudronnée, et même cannette ordinaire. Les fusées de sûreté non goudronnées sont seules autorisées. Les fusées seront allumées au moyen d'amadou, allumé lui-même au moyen d'une pierre à feu et d'un briquet, mais jamais sur le tamis de la lampe. Le bourrage se fera au moyen de bourroirs en bois. Au charbon, les coups de mine en couronne sont prohibés.

Dans chaque mine, un des chefs de poste ou même un ouvrier spécial et expérimenté sera désigné pour remplir l'office de boute-feu; celui-ci devra, avant de faire sauter la mine, s'assurer, par l'inspection de la flamme de sa lampe, qu'il n'y a pas de gaz inflammable dans l'air ambiant.

Il choisira, pour mettre le feu, le moment où il y aura le moins d'ouvriers possible dans le quartier avoisinant.

Les ouvriers des galeries en roches pourront être autorisés à mettre eux-mêmes le feu à leurs coups de mine, mais ils devront le faire avec les précautions énumérées ci-dessus.

Circulaire du 30 septembre 1873 sur les mines inexploitées.

Monsieur, le 26 mai dernier, j'ai eu l'honneur, en prévision de l'admission par l'Assemblée nationale de la proposition d'enquête sur la question des houilles, de vous demander divers renseignements : 1° sur les prix de vente des houilles extraites des mines de votre arrondissement dans le cours de l'année 1872 et pendant les mois écoulés de 1873; 2° sur les mesures à prendre, le cas échéant, pour que ces mines puissent subvenir aux besoins croissants de la consommation.

Vous m'avez, monsieur, adressé, pour ce qui concerne votre arrondissement, les renseignements que je désirais, et je serai ainsi en mesure de fournir, à la commission d'enquête nommée par l'Assemblée nationale, de très utiles indications sur les points ci-dessus mentionnés.

Je viens aujourd'hui vous prier de m'envoyer quelques renseignements sur un autre point, qui ne peut manquer d'appeler d'une manière très sérieuse l'attention de la commission d'enquête.

627 concessions de mines de combustible minéral ont été instituées sur le territoire de France : 333 seulement sont exploitées : il est possible que, pour la plupart de celles qui sont inactives, les concessionnaires aient à donner de très bonnes raisons, mais il est très probable aussi que, pour un certain nombre, il n'y ait d'autre motif que l'intérêt des propriétaires ou leur défaut d'aptitude, ou enfin leur manque de capitaux.

Il est indispensable de se rendre immédiatement un compte très exact de cette situation, et je viens vous prier, en conséquence, de m'adresser, pour votre arrondissement, un état conforme au modèle ci-joint et indiquant, par département, les concessions exploitées et celles qui ne le sont pas, et, pour ces dernières, les motifs du chômage. Vous discuterez ces motifs, en examinerez la légitimité, exposerez les résultats au point de vue de la production de la houille, que permettrait de réaliser la reprise de l'exploitation, et enfin vous ferez connaître si, dans votre opinion, il y aurait lieu de mettre les concessionnaires en demeure de remettre leurs mines en valeur.

Je vous prie, monsieur, de vous occuper d'urgence de ce travail, de concert avec MM. les ingénieurs sous vos ordres, et de me le faire parvenir le plus promptement possible.

Recevez, monsieur, l'assurance de ma considération très distinguée.

Le ministre des travaux publics,
Pour le ministre et par autorisation :
Le conseiller d'état, secrétaire général,
Signé DE BOUREUILLE.

Circulaire du 19 janvier 1874 sur les lampes de sûreté à enveloppe de cristal.

Monsieur, un assez grand nombre d'exploitants de mines ont adopté, pour le service de leurs exploitations, les lampes de sûreté à enveloppe de cristal, telle que la lampe inventée par M. Mueseler. Ces lampes ont réalisé une véritable amélioration sur les anciennes lampes à treillis métallique, et l'on ne saurait voir qu'avec satisfaction leur usage se généraliser. Mais, comme tous les appareils de ce genre, ces lampes n'offrent de garantie qu'autant qu'elles sont en parfait état. Certaines détériorations, quoique légères en apparence, peuvent leur enlever toute leur efficacité et les rendre, par le fait, plus dangereuses même qu'une lampe à feu nu, à cause de la fausse sécurité qu'elles pourraient alors inspirer.

Parmi ces détériorations, il en est une à laquelle elles paraissent particulièrement exposées; cette détérioration consiste dans l'ouverture de l'enveloppe de cristal par suite de l'ébréchure des bords supérieurs du verre. Une explosion de grisou, qui a récemment coûté la vie à cinq ouvriers dans une houillère de la Loire, n'a pas eu d'autre cause qu'une ouverture de ce genre à la lampe de l'un de ceux qui ont péri. En constatant le fait, MM. les ingénieurs ont pu, d'ailleurs, s'assurer que plusieurs lampes se trouvaient affectées de la même détérioration.

Le conseil général des mines a pensé que ces circonstances devaient éveiller la surveillance de l'administration et qu'il y avait lieu de les signaler aux exploitants qui font usage de lampes à enveloppe de cristal.

Je viens vous prier, en conséquence, monsieur, de vouloir bien appeler sur les observations qui précèdent l'attention des exploitants de mines dans votre circonscription, qui se serviraient de lampes à enveloppes de cristal; une fois la cause du mal connue et signalée, il suffit d'un peu de soin pour y remédier.

Je vous prie de m'accuser réception de la présente.

Recevez, monsieur, l'assurance de ma considération très distinguée.

Le ministre des travaux publics.
Pour le ministre et par autorisation :
Le conseiller d'état, secrétaire général,
DE BOUREUILLE.

Rapport au président de la République et décret du 11 février 1874, relatif à des modifications à apporter aux dispositions du décret du 6 mai 1811, concernant l'établissement de la redevance proportionnelle sur les mines.

Monsieur le président,

La loi du 21 avril 1810, en assimilant les concessions de mines à des propriétés de droit commun, a disposé qu'elles seraient assujetties, au profit du trésor public, à une redevance proportionnelle au revenu net de l'extraction, qui ne peut excéder 5 p. 100 de ce revenu et qui doit être imposée et perçue comme la contribution foncière.

La loi de 1810 ne faisait que poser le principe de l'impôt; elle ne disait rien des formes à suivre pour en déterminer la base, c'est-à-dire le revenu net des exploitations.

Un décret impérial, en date du 6 mai 1811, y a pourvu; ce décret a confié le soin de déterminer les évaluations du produit net de chaque concession, au premier degré, à des comités qu'il appelle *comités de proposition*, et, au second degré, à un comité départemental, nommé *comité d'évaluation* et composé du préfet, de deux membres du conseil général nommés par le préfet, de l'ingénieur des mines, du directeur des contributions directes et de deux des principaux propriétaires de mines, dans les départements qui ont un nombre suffisant de mines en exploitation.

Des instructions, concertées entre l'administration des mines et celle des finances, ont, à diverses époques et en tenant compte de l'expérience acquise, tracé les règles à suivre, par les comités d'évaluation, pour les recettes et les dépenses à prendre en compte dans le calcul du produit net; mais ces comités ne se sont pas toujours conformés aux instructions administratives; ils les ont même assez fréquemment méconnues au détriment du trésor, et comme, d'après une interprétation du décret du 6 mai 1811, qui a prévalu dans le sein du conseil d'état, les évaluations adoptées par les comités doivent être considérées comme définitives, en d'autres termes, comme obligatoires pour l'administration, le gouvernement n'a aucun moyen de redresser celles de ces évaluations qui lui paraissent irrégulières, il ne peut même pas se pourvoir devant la justice administrative, pour en provoquer la réformation, tandis que les concessionnaires de mines ont toujours le droit d'attaquer les décisions des comités d'évaluation devant le conseil de préfecture et, en appel, devant le conseil d'état.

En second lieu, la loi du 21 avril 1810 a admis qu'il pourrait être fait un abonnement pour ceux des propriétaires de mines qui le demanderaient; le décret du 6 mai 1811 avait stipulé que l'administration aurait la faculté de discuter le taux de l'abonnement, en tenant compte des chances d'avenir de l'entreprise, et de rejeter la demande si le taux qu'il lui paraissait équitable d'adopter n'était pas accepté par les concessionnaires.

Actuellement, la situation est toute différente : aux termes d'un décret du 27 juin 1866, l'abonnement ne peut plus être refusé que dans le cas où il est constaté que l'exploitation a été dirigée en vue d'en altérer les bases; en outre, le taux de l'abonnement est réglé sur la moyenne du revenu de celles des cinq années précédentes qui ont donné un produit net.

Il en résulte que l'abonnement est souvent réclamé à l'expiration d'une période de travaux préparatoires, dont la dépense a notablement affaibli le produit net, et au moment où les concessionnaires vont profiter des sacrifices que ces travaux leur ont imposés; et le gouvernement est obligé d'y consentir, bien que le taux de l'abonnement ne soit pas en rapport avec les bénéfices probables de l'exploitation.

Un grand nombre de faits, recueillis par l'administration des mines et par celle des contributions directes, ont permis de constater que les règles qui servent aujourd'hui de base aux abonnements portent un préjudice très grave au trésor, et il était, dès lors, impossible de laisser subsister un semblable état de choses, dans un moment surtout où l'on est obligé, pour satisfaire aux charges publiques, de demander chaque jour aux contribuables de plus grands sacrifices par la création de nouveaux impôts.

Pour mettre un terme aux abus que nous venons de signaler, le gouvernement a pensé qu'il fallait, d'une part, en ce qui concerne les décisions des comités d'évaluation, leur enlever le caractère définitif que la jurisprudence leur avait attribué en contradiction avec les règles qui régissent toutes les autres contributions directes; d'autre part, en ce qui touche aux abonnements, revenir au régime qu'avait établi le décret du

6 mai 1811 et restituer à l'administration la liberté de décision dont elle avait joui pendant un demi-siècle.

Un projet de décret en ce sens a été présenté en commun par les ministères des travaux publics et des finances au conseil d'état, qui y a donné son approbation, et, d'après les considérations que nous avons ci-dessus exposées, nous ne pouvons que soumettre ce projet à votre haute sanction et de vous prier de le revêtir de votre signature.

Daignez agréer, monsieur le président, l'assurance de notre respectueux dévouement.

Le ministre des travaux publics,   *Le ministre des finances,*
R. DE LARCY.   P. MAGNE.

Le président de la République française,

Sur le rapport des ministres des travaux publics et des finances ;

Vu la loi du 21 avril 1810, articles 33 et suivants ;

Vu les décrets des 6 mai 1811 et 27 juin 1866, concernant la redevance proportionnelle des mines ;

Le conseil d'état entendu,

Décrète :

Art. 1er. — Les dispositions du décret du 6 mai 1811, relatif à l'établissement de la redevance proportionnelle des mines, continueront d'être appliquées, sauf les modifications ci-après :

En cas de désaccord sur l'appréciation du produit net imposable, entre le comité d'évaluation institué par le décret du 6 mai 1811 et l'ingénieur des mines ou le directeur des contributions directes, il est statué par le préfet, sur avis motivé du directeur des contributions directes.

Si le préfet n'adopte pas les conclusions du directeur des contributions directes, il en est référé au ministre des travaux publics, qui statue, après s'être concerté avec le ministre des finances.

Le préfet arrête ensuite les rôles et les rend exécutoires, sauf recours des contribuables.

Art. 2. — Les soumissions d'abonnement sont présentées, acceptées ou rejetées, dans la forme tracée par le décret du 6 mai 1811.

Les abonnements sont approuvés par le préfet, sur l'avis de l'ingénieur des mines, du directeur des contributions directes et du comité d'évaluation, quand le taux de l'abonnement ne dépasse pas 1,000 francs.

Dans le cas de désaccord entre le comité d'évaluation et l'ingénieur des mines ou le directeur des contributions directes, il en est référé au ministre des travaux publics, qui statue après s'être concerté avec le ministre des finances.

Au-dessus de 1.000 francs jusqu'à 3.000 francs, les abonnements sont approuvés par le ministre des travaux publics, qui se concerte préalablement avec le ministre des finances.

Les abonnements au-dessus de 3.000 francs et ceux pour lesquels un accord ne serait pas établi entre les deux ministres, dans les cas prévus par les paragraphes précédents, sont approuvés par un décret rendu en conseil d'état.

L'abonnement peut toujours être refusé par l'administration. Toutefois le refus d'une soumission d'abonnement ne peut, en aucun cas, être prononcé que par une décision du ministre des travaux publics, prise de concert avec le ministre des finances, après avis du conseil général des mines et des sections réunies des travaux publics et des finances du conseil d'état.

Art. 3. — Sont et demeurent abrogées toutes les dispositions des décrets antérieurs qui sont contraires au présent décret.

Art. 4. — Les ministres des travaux publics et des finances sont chargés, chacun en ce qui le concerne, de l'exécution du présent décret, qui sera inséré au *Bulletin des lois*.

Fait à Versailles, le 11 février 1874.

M^{al} DE MAC-MAHON,
Duc de Magenta.

Par le président de la République :

Le ministre des finances,   *Le ministre des travaux publics,*
P. Magne.   R. de Larcy.

Circulaire du 28 février 1874 sur la redevance proportionnelle (comités d'évaluation — abonnements).

Monsieur le préfet, la loi du 21 avril 1810, en assimilant les concessions de mines à des propriétés de droit commun, a disposé qu'elles seraient assujetties, au profit du trésor public, à une redevance proportionnelle au revenu net de l'extraction, qui ne peut excéder 5 p. 100 de ce revenu et qui doit être imposée et perçue comme la contribution foncière.

La loi de 1810 ne faisait que poser le principe de l'impôt; elle ne disait rien des formes à suivre pour déterminer la base de l'impôt, c'est-à-dire le revenu net des exploitations.

Un décret impérial, en date du 6 mai 1811, y a pourvu : ce décret a confié le soin de déterminer les évaluations du produit net de chaque concession, au premier degré, à des comités qu'il appelle *comités de proposition*, et, au second degré, à un comité départemental, nommé *comité d'évaluation* et composé du préfet, de deux membres du conseil général nommés par le préfet, de l'ingénieur des mines, du directeur des contributions directes et de deux des principaux propriétaires de mines, dans les départements qui ont un nombre suffisant de mines en exploitation.

Des instructions concertées entre l'administration des mines et celle des finances ont, à diverses époques et en tenant compte de l'expérience acquise, tracé les règles à suivre par les comités d'évaluation, pour les recettes et les dépenses à prendre en compte dans le calcul du produit net; mais ces comités ne se sont pas toujours conformés aux instructions administratives; ils les ont même assez fréquemment méconnues, au détriment du trésor; et comme, d'après une interprétation du décret du 6 mai 1811, qui a prévalu dans le sein du conseil d'état, les évaluations adoptées par les comités doivent être considérées comme *définitives*, en d'autres termes, comme obligatoires pour l'administration, le gouvernement n'a aucun moyen de redresser celles de ces évaluations qui lui paraissent irrégulières; il ne peut même pas se pourvoir devant la justice administrative, pour en provoquer la réformation; tandis que les concessionnaires ont toujours le droit d'attaquer les décisions des comités d'évalution devant le conseil de préfecture, et, en appel, devant le conseil d'état.

En second lieu, la loi du 21 avril 1810 a admis qu'il pourrait être fait un abonnement pour ceux des propriétaires de mines qui le demanderaient; le décret du 6 mai 1811 avait stipulé que l'administration aurait la faculté de discuter le taux de l'abonnement en tenant compte des chances d'avenir de l'entreprise, et de rejeter la demande, si le taux qu'il lui paraissait équitable d'adopter n'était pas accepté par les concessionnaires.

Actuellement la situation est toute différente : aux termes d'un décret du 27 juin 1866, l'abonnement ne peut plus être refusé que dans le cas où il est constaté que l'exploitation a été dirigée en vue d'en altérer les bases; en outre, le taux de l'abonnement est réglé sur la moyenne du revenu de celles des cinq années précédentes qui ont donné un produit net.

Il en résulte que l'abonnement est souvent réclamé à l'expiration d'une période de travaux préparatoires, dont la dépense a notablement affaibli le produit net, et au moment où les concessionnaires vont profiter des sacrifices que ces travaux leur ont imposés; et le gouvernement est obligé d'y consentir, bien que le taux de l'abonnement ne soit pas en rapport avec les bénéfices probables de l'exploitation.

En grand nombre de faits, recueillis par l'administration des mines et par celles des contributions directes, ont permis de constater que les règles qui servent aujourd'hui de base aux abonnements portent un préjudice très grave au trésor, et il était, dès lors, impossible de laisser subsister un semblable état de choses, dans un moment surtout où l'on est obligé, pour satisfaire aux charges publiques, de demander chaque jour aux contribuables de plus grands sacrifices par la création de nouveaux impôts.

Pour mettre un terme aux abus que nous venons de signaler, le gouvernement a pensé qu'il fallait, d'une part, en ce qui concerne les décisions des comités d'évaluation, leur enlever le caractère définitif que la jurisprudence leur avait attribué, en contradiction avec les règles qui régissent toutes les autres contributions directes; d'autre part, en ce qui touche les abonnements, revenir au régime qu'avait établi le décret du 6 mai 1811, et restituer à l'administration la liberté de décision dont elle avait joui pendant un demi-siècle.

Un projet de décret contenant ces disposions a été soumis, en commun, par les ministres des travaux publics et des finances, au Conseil d'État, qui y a donné son approbation; ce projet a été sanctionné, le 11 février courant, par M. le Maréchal-Président de la République, et je m'empresse, Monsieur le Préfet, de vous adresser ci-jointe une ampliation, pour que vous puissiez en assurer l'application immédiate au travail des redevances de mines qui aura lieu, cette année, dans votre département.

Je n'ai, d'ailleurs, après m'être concerté à cet égard avec M. le ministre des finances, que de très courtes instructions à vous adresser pour l'exécution du décret du 11 février. J'ai, dans la première partie de la présente circulaire, indiqué le but et la portée des dispositions qu'il édicte, et les termes de ces dispositions me paraissent se justifier en quelque sorte par leur simple énoncé.

L'article 1er, après avoir rappelé que les règles posées dans le décret de 1811 doivent présider au travail des redevances, indique comment il devra être procédé dans le cas où il y aura désaccord entre le comité d'évaluation et, soit l'ingénieur des mines, soit le directeur des contributions directes; dans ce cas, vous prenez l'avis motivé du directeur des contributions directes et vous statuez, sauf, si vous n'adoptez pas les conclusions de ce directeur, à renvoyer l'affaire au ministre des travaux publics, qui prononce définitivement, après s'être concerté avec le ministre des finances.

Je n'ai, sans doute, pas besoin de faire remarquer, Monsieur le Préfet, que, dans tous les cas où vous aurez à statuer, vous devez, bien entendu, vous référer à tous les éléments de l'instruction, et spécialement aux propositions et rapports des ingénieurs des mines. Aux termes du décret de 1811, c'est à ces ingénieurs qu'il appartient de préparer les documents qui doivent éclairer la solution des questions de redevances, et c'est par ce motif spécialement qu'il était bon que le directeur des contributions directes, qui n'intervient en quelque sorte qu'à la fin des opérations, fût plus spécialement appelé à vous donner son avis motivé sur le chiffre de produit net à adopter.

Quant aux abonnements, le décret nouveau maintient les dispositions générales du décret de 1811; il maintient également, suivant le chiffre des abonnements, la compétence du préfet, du ministre de travaux publics et du chef de l'État, telle qu'elle est réglée par ce décret; il ajoute seulement :

1° Qu'en cas de désaccord pour les abonnements à la décision du préfet, entre le comité d'évaluation et, soit l'ingénieur des mines, soit le directeur des contributions directes, il en est référé au ministre, qui statue après concert avec le ministre des finances, et qu'il est statué par décret rendu sur l'avis du Conseil d'État, dans le cas où les deux ministres ne se mettent pas d'accord entre eux sur les décisions à prendre ;

2° Qu'au cas où l'administration croit devoir refuser l'abonnement, le refus ne peut être prononcé que par une décision du ministre des travaux publics, prise de concert avec le ministre des finances, après avis du conseil général des mines et des sections réunies des travaux publics et des finances du Conseil d'État.

Il a paru convenable, sur ce dernier point, de maintenir aux concessionnaires de mines les garanties que leur avait données le décret du 27 juin 1866. Ces dispositions ne peuvent évidemment soulever aucune difficulté.

Je vous prie, Monsieur le Préfet, de vouloir bien m'accuser réception de la présente circulaire, dont j'adresse ampliation à MM. les ingénieurs des mines.

Recevez, Monsieur le Préfet, l'assurance de ma considération la plus distinguée.

Le Ministre des travaux publics,
R. DE LARCY.

Circulaire du 28 avril 1874 sur les redevances (mines inexploitées).

Monsieur, j'ai l'honneur de vous adresser, par le courrier de ce jour, les formules imprimées qui vous sont nécessaires pour la rédaction des états relatifs à l'assiette des redevances de l'exercice 1874 (produit de 1873), sur les mines du sous-arrondissement minéralogique qui vous est confié.

Pour les mines exploitées, les états sont conformes à ceux qui sont en usage depuis 1849, sauf les modifications que le décret du 11 février 1874 a rendues nécessaires dans les annotations placées en tête de chaque partie desdits états.

En ce qui concerne les mines inexploitées, il m'a paru inutile de continuer à dresser pour chacune d'elles un état distinct; elles devront être toutes réunies, pour un même département, dans un même tableau spécial que j'ai fait préparer à cet effet et qui renfermera les renseignements nécessaires à l'établissement de la redevance fixe.

Le tableau récapitulatif contiendra, d'ailleurs, comme par le passé, les indications nécessaires concernant toutes les mines exploitées ou non.

Je vous prie de vous occuper sans retard du travail dont il s'agit. Je n'ai pas besoin de vous rappeler qu'aux termes de la circulaire du 12 avril 1849, vos propositions doivent être soumises aux comités locaux avant le 15 mai prochain, de manière que le comité d'évaluation de chaque département puisse être appelé à délibérer, dans le courant du mois de juin, sur la fixation du revenu net imposable de chaque exploitation.

Vous aurez, suivant l'usage, à dresser trois copies de ce travail, savoir: une pour la préfecture, une pour les archives de votre bureau, la troisième pour mon ministère. Cette dernière copie devra être remise, avec l'avis du directeur des contributions directes et le procès-verbal de la délibération du comité d'évaluation à M. l'ingénieur en chef, qui me fera parvenir le tout, par l'intermédiaire de préfet, en y joignant ses observations.

Je vous prie, Monsieur, de m'accuser réception de la présente circulaire et de l'envoi qui l'accompagne.

Recevez, Monsieur, l'assurance de ma considération distinguée.

Le Ministre des travaux publics,
Pour le ministre et par autorisation :
Le conseiller d'État, secrétaire général,
DE BOUREUILLE.

Circulaire du 25 juillet 1874 sur l'orientation des plans à l'appui des demandes en concession de mines.

Monsieur le Préfet, une circulaire ministérielle du 15 avril 1862 a prescrit à MM. les ingénieurs d'exiger que les plans des travaux de mines fussent toujours orientés, non d'après le méridien magnétique, mais d'après le méridien vrai.

Les plans de travaux souterrains avaient dû surtout préoccuper l'administration, parce que les inexactitudes qu'ils peuvent présenter ont nécessairement les conséquences les plus fâcheuses et peuvent donner lieu à de regrettables accidents.

Mais, si l'on n'a pas à craindre des conséquences aussi graves lorsqu'il s'agit seulement de plans de surface, les inexactitudes qui résultent des variations de l'aiguille aimantée ne laissent pas que de présenter de sérieux inconvénients, celui, par exemple, de rendre très difficile, sinon même parfois impossible, le raccord de plans levés à des époques différentes. Aussi le conseil général des mines a-t-il appelé sur ce point mon attention, en exprimant le désir que tous les plans fournis, soit par les demandeurs en concession, soit par MM. les ingénieurs, fussent, aussi bien que les plans de travaux souterrains, orientés sur le méridien vrai.

Les observations du conseil général des mines me paraissent parfaitement fondées, et je viens vous prier, en conséquence, Monsieur le Préfet, d'inviter MM. les ingénieurs à faire en sorte que désormais tous les plans qu'ils auront à accepter et à transmettre ultérieurement à l'administration soient tous orientés conformément aux prescriptions de la circulaire du 15 avril 1862.

Je désirerais, d'ailleurs, voir réaliser, dans la préparation de ces plans, une autre amélioration, qui consisterait à donner à l'orientation une direction toujours uniforme sur le papier et conforme à celle qui est en usage pour les cartes géographiques. De cette façon, le lecteur trouvant toujours les points cardinaux placés de la même manière par rapport à lui-même, la lecture des plans serait rendue plus facile et surtout leur raccordement deviendrait beaucoup plus commode. Je vous prie donc de vouloir bien inviter MM. les ingénieurs à tenir compte de cette observation pour tous les plans qu'ils auront à transmettre ou à fournir à l'administration.

Veuillez aussi m'accuser réception de la présente, dont j'adresse, d'ailleurs, des ampliations à MM. les ingénieurs.

Recevez, Monsieur le Préfet, l'assurance de ma considération la plus distinguée.

Le Ministre des travaux publics,
Pour le ministre et par autorisation :
Le conseiller d'État, secrétaire général,
DE BOUREUILLE.

Circulaire du 18 août 1874 sur les procès-verbaux de bornage des concessions de mines.

Monsieur le Préfet, j'ai remarqué que la plupart du temps MM. les ingénieurs des mines faisaient parvenir à mon ministère les procès-verbaux de bornage de concessions de mines qu'ils opéraient, sans les accompagner d'un plan indiquant graphiquement l'emplacement des points de repère mentionnés dans ces procès-verbaux.

L'absence de ce plan rend souvent très difficile l'examen des procès-verbaux dont il s'agit. Le conseil général des mines en a fait récemment l'observation et, conformément à son avis, j'ai l'honneur de vous prier, Monsieur le Préfet, d'inviter MM. les ingénieurs à joindre aux procès-verbaux de bornage de concessions de mines qu'ils auraient à m'adresser, par votre intermédiaire, le plan mentionné ci-dessus.

Recevez, Monsieur le Préfet, l'assurance de ma considération la plus distinguée.

Le Ministre des travaux publics,
Pour le ministre et par autorisation :
Le conseiller d'État, secrétaire général,
DE BOUREUILLE.

Circulaire du 18 mars 1875 sur la franchise postale entre les ingénieurs des mines et les maires.

Monsieur, l'attention de l'administration supérieure a été appelée sur l'utilité qu'il y aurait, au point de vue de la sécurité publique, que peut compromettre l'exploitation des carrières, à ce que MM. les maires correspondissent plus fréquemment avec MM. les ingénieurs des mines. Il lui a paru qu'il y aurait un véritable intérêt à faciliter leurs rapports avec ces fonctionnaires, en leur donnant entre eux la franchise postale, comme ils ont déjà depuis 1869, la franchise télégraphique. M. le ministre des finances, que j'ai entretenu de cet intérêt, a bien voulu partager mes vues, et il a pris récemment la décision suivante :

« Est admise à circuler en franchise, sous bandes, la correspondance de service échangée entre les maires, d'une part, et 1° les ingénieurs en chef des mines, 2° les ingénieurs ordinaires des mines, dans l'arrondissement respectif de ces ingénieurs. »

J'ai l'honneur de vous communiquer cette disposition.

Recevez, Monsieur, l'assurance de ma considération très distinguée.

Le ministre des travaux publics,
Pour le ministre et par autorisation :
Le conseiller d'État, secrétaire général,
DE BOUREUILLE.

Circulaire du 14 juin 1875 sur la déclinaison de l'aiguille aimantée.

Monsieur, la circulaire du 25 juillet 1874 a prescrit à MM. les ingénieurs des mines de ne fournir à l'administration que des plans orientés d'après le méridien vrai. Pour être à même de se conformer à cette disposition, plusieurs ingénieurs se sont adressés au bureau des longitudes pour connaître la valeur actuelle de la déclinaison de l'aiguille aimantée dans les lieux où ils opèrent.

En vue de répondre à ces demandes, le bureau des longitude a décidé que la détermination des éléments magnétiques serait entreprise dans les principales stations françaises, et il a chargé M. Marié-Davy, membre correspondant du bureau, de coordonner ce travail, qui serait effectué soit par lui-même, soit par les savants qui désireraient y concourir.

En m'informant de cette décision, M. le vice-amiral Paris, président par intérim du bureau des longitudes, m'a fait remarquer que des mesures de déclinaison de l'aiguille aimantée ont pu être faites, dans certaines régions, par MM. les ingénieurs des mines, et il a exprimé au nom du bureau le désir d'avoir le relevé de ces mesures, soit pour tenir compte des résultats ainsi obtenus dans la construction de la carte magnétique qui est en voie de préparation, soit pour connaître les stations dont l'étude, au point de vue de la boussole, présenterait le plus d'intérêt pour le service des mines.

Je viens, Monsieur, vous communiquer le désir du bureau des longitudes, en vous priant de me faire parvenir le plus promptement possible les renseignements qui sont à votre disposition et qui rentreraient dans le cadre ci-dessus indiqué.

Recevez, Monsieur, l'assurance de ma considération distinguée.

Le ministre des travaux publics,
Pour le ministre et par autorisation :
Le conseiller d'État, secrétaire général.
DE BOUREUILLE.

Circulaire du 1er avril 1876 sur les redevances.

Monsieur le préfet, je transmets, par le courrier de ce jour, à MM. les ingénieurs des mines les formules imprimées qui leur sont nécessaires pour la préparation des états relatifs à l'assiette des redevances de l'exercice 1876 (produits de 1875).

J'ai remarqué que, l'année dernière encore, malgré mes recommandations pressantes, les comités d'évaluation n'avaient été réunis, dans un certain nombre de départements, que bien après l'époque fixée par la circulaire du 12 avril 1849, c'est-à-dire après le mois de juin. Comme cette circonstance a pu provenir, en partie, du retard que MM. les ingénieurs des mines auraient mis eux-mêmes à préparer, dans les délais prescrits, les états d'exploitation sur lesquels les comités doivent être appelés à délibérer, j'invite aujourd'hui ces fonctionnaires à se renfermer exactement dans ces délais. Je vous serai obligé, monsieur le préfet, de veiller à ce que les comités de proposition soient convoqués à l'époque réglementaire, pour que les comités d'évaluation puissent, à leur tour, être rassemblés dans le courant de juin. La stricte observation des délais réglementaires est indispensable pour permettre à l'administration des contributions directes d'établir, avant la fin de l'année, les rôles des redevances de mines.

J'appelle aussi votre attention, monsieur le préfet, sur la nécessité de transmettre à l'administration supérieure, avant le 1er août, la copie du travail que MM. les ingénieurs des mines devront vous faire parvenir. Ainsi que je le faisais remarquer dans ma circulaire du 1er mars 1875, relative aux redevances du dernier exercice, il est important, maintenant surtout que les décisions des comités d'évaluation sont susceptibles d'être réformées, que l'administration soit saisie des délibérations de ces comités aussi promptement que possible.

Je n'ai pas besoin d'ajouter que vous aurez vous-même, Monsieur le Préfet, à faire préparer et à adresser à M. le ministre des finances les duplicata qui doivent lui être soumis, et vous trouverez ci-jointes les formules imprimées nécessaires pour la confection de ces duplicata.

Je vous prie de m'accuser réception de la présente circulaire et des formules qui l'accompagnent.

Recevez, Monsieur le Préfet, l'assurance de ma considération la plus distinguée.

Le ministre des travaux publics,
Pour le ministre et par autorisation :
Le conseiller d'Etat, secrétaire général,
DE BOUREUILLE.

Circulaire du 20 décembre 1876 sur l'intervention des ingénieurs des mines dans les affaires contentieuses soumises aux conseils de préfecture.

Monsieur le préfet, à la suite du décret du 30 décembre 1862, qui, en matière contentieuse, a rendu publiques les audiences des conseils de préfecture et autorisé les plaidoiries devant ces conseils, l'un de mes prédécesseurs, d'accord avec M. le ministre de l'intérieur, a pris une décision que la circulaire du 10 décembre 1864 a portée à votre connaissance. Cette décision consistait à charger les préfets, pour toutes les affaires de travaux publics que les lois et règlements déferent aux conseils de préfecture, de se concerter avec les ingénieurs en chef des ponts et chaussées du service intéressé. Il s'agissait de déterminer celles de ces affaires lors du jugement desquelles, à raison de leur nature et de leur importance, ces chefs de service, soit en personne, soit représentés par un de leurs ingénieurs ordinaires, devraient assister aux séances publiques, pour donner les explications de fait et de droit que la discussion rendrait nécessaires.

La même mesure n'a pas encore été prise, à l'égard des ingénieurs des mines, pour les affaires contentieuses à eux ressortissant et dont les conseils de préfecture sont saisis. Ces affaires appartiennent à l'une des catégories suivantes :

Demandes en règlement des indemnités dues par les concessionnaires aux inventeurs, explorateurs et anciens exploitants, à l'occasion de travaux antérieurs à la concession (art. 46 de la loi de 1810);

Demandes en réduction de la redevance fixe (art. 46 du décret du 6 mai 1811);

Réclamations à fin de dégrèvement de la redevance proportionnelle pour cause de surtaxe (art. 37 de la loi de 1810, 47 et 48 du décret de 1811);

Réclamations des concessionnaires de mines inondées ou menacées d'inondation contre la fixation de leur quote-part dans les taxes qui leur sont imposées; réclamations relatives à l'exécution des travaux d'assèchement (art. 5 de la loi du 27 avril 1838);

Demandes des communes en règlement des subventions spéciales pour dégradations habituelles ou temporaires des chemins vicinaux par des exploitants de mines (art. 14 de la loi du 21 mai 1836);

Contraventions en matière de grande voirie, commises par les exploitants de mines et de carrières (art. 4 de la loi du 29 floréal an X et 114 du décret du 16 décembre 1811);

Mon attention vient d'être appelée par un ingénieur en chef, à propos d'une contestation importante en matière de redevance proportionnelle, sur l'opportunité qu'il y aurait à charger les ingénieurs des mines d'intervenir auprès des conseils de préfecture, spécialement pour défendre les intérêts de l'État, dans les mêmes conditions que les ingénieurs des ponts et chaussées.

La question méritant d'être étudiée, je vous prie, monsieur le préfet, de vouloir bien l'examiner, de concert avec les ingénieurs des mines de votre département, auxquels j'adresse, d'ailleurs, ampliation de la présente circulaire. Je vous serai obligé de me faire connaître le plus promptement possible leurs avis et le vôtre.

Recevez, monsieur le préfet, l'assurance de ma considération la plus distinguée.

Le ministre des travaux publics,
ALBERT CHRISTOPHLE.

Circulaire du 7 février 1877 sur les plans fournis à l'appui des demandes en extension de concession de mines.

Monsieur le préfet, j'ai remarqué que les plans fournis par les concessionnaires de mines qui sollicitent une extension de leur concession n'indiquent que fort rarement le périmètre déjà concédé, ainsi que sa délimitation.

Cependant l'indication, sur un même plan, des terrains déjà concédés et des terrains qu'on demande à y réunir, offre le double avantage :

1° De permettre au public, pendant l'enquête, et plus tard à l'administration, de se rendre bien nettement compte de l'ensemble de la concession, telle qu'elle résulterait de l'extension demandée;

2° Si l'extension est accordée, d'établir un rapport plus exact entre le plan ayant servi de base à l'enquête et les termes du décret où, avec la délimitation des terrains nouvellement concédés, doit être indiquée, en outre, celle de l'ensemble de la concession définitive.

Vous voudrez donc bien, monsieur le préfet, vous concerter avec les ingénieurs des mines de votre département, pour que les plans fournis à l'appui des demandes en extension de concession contiennent aussi, à l'avenir, le périmètre déjà concédé.

Je vous prierai, à cette occasion, de rappeler aux ingénieurs qu'ils doivent toujours rechercher si le demandeur en concession de mine ne serait pas déjà propriétaire d'une mine de même nature, afin, dans le cas de l'affirmative, de le mentionner dans l'affiche et d'éviter ainsi le retard qu'entraînerait une inévitable et nouvelle publication de la demande.

Je vous serai obligé de m'accuser réception de la présente, dont j'adresse ampliation aux ingénieurs.

Recevez, monsieur le préfet, l'assurance de ma considération la plus distinguée.

Le ministre des travaux publics,
ALBERT CHRISTOPHLE.

Circulaire du 7 février 1877 sur l'établissement de la redevance proportionnelle des mines d'après les produits de l'extraction.

Monsieur le préfet, aux termes de l'article 33 de la loi organique du 21 avril 1810, « les propriétaires de mines sont tenus de payer à l'état une redevance proportionnée au *produit de l'extraction* ». Le décret de 1811, qui a posé les bases de cet impôt, comprend, dans l'article 28, « la valeur des matières *extraites* ou fabriquées » parmi les éléments qui servent à fixer le chiffre de ladite redevance. Enfin la circulaire ministérielle du 26 mai 1812 recommande aux ingénieurs des mines de chercher à connaître la quantité des produits *extraits* ou élaborés dans l'année.

La pensée du législateur est donc évidente. L'administration des mines avait toujours admis, en conséquence, que le revenu net imposable des mines devait s'évaluer d'après les produits de l'extraction. Cette règle lui semblait, en même temps, tout à fait conforme à la compétence technique du corps des mines. Aussi, lorsque le département des travaux publics et celui des finances jugèrent utile, il y a vingt-cinq ans, de se concerter pour consacrer, par un ensemble d'instructions, les principes dont une longue expérience avait constaté l'existence indéniable, fut-il décidé que la redevance proportionnelle devait porter sur la totalité des produits *extraits*, les droits du trésor étant absolus et indépendants de l'usage qu'il plaisait au concessionnaire d'une mine de faire des produits qu'il en extrayait. Cette décision fut portée à la connaissance des préfets et des ingénieurs par une circulaire ministérielle du 14 juin 1852.

Cependant, en 1860, le gouvernement ayant jugé opportun d'introduire, dans le calcul du revenu net, tous les tempéraments que la loi n'interdisait pas formellement, on convint qu'à l'avenir le revenu brut s'établirait, non d'après les quantités *extraites* dans l'année, mais bien d'après les quantités *vendues*. Cette jurisprudence n'obtint pas la sanction du conseil d'état.

Du moins, un arrêt au contentieux, du 29 juin 1866, accueillit le recours d'un concessionnaire de mines, attendu « que la redevance doit être établie, année par année, à raison du produit de l'exploitation pendant l'année qui a précédé celle pour laquelle cette redevance est imposée. »

Appelé récemment à examiner de nouveau cette question, précisément à l'occasion de deux arrêtés d'un conseil de préfecture qui avait favorablement accueilli les réclamations de concessionnaires contre une évaluation de produit brut faite au moyen de la quantité de l'extraction, le conseil général des mines a partagé l'opinion du conseil d'état. Il a été unanime pour reconnaître qu'il y avait lieu, en droit et en principe, de revenir à l'application des règles suivies jusqu'en 1860, c'est-à-dire pendant un demi-siècle. Il a insisté notamment sur cette anomalie que présente, depuis 1861, le calcul du produit net des mines, dont le produit brut s'évalue d'après les quantités *vendues* pendant l'année, tandis que les dépenses d'exploitation s'établissent nécessairement d'après les quantités *extraites*, de telle sorte qu'au point de vue de l'équité, une mine, qui se trouve effectivement en déficit, peut être déclarée en bénéfice, par suite de la vente d'un stock de l'année précédente.

Cet avis, du conseil général des mines, qui n'est, au surplus, que le maintien de l'avis si fortement motivé dont il est fait mention dans la circulaire précitée de 1852, m'a paru parfaitement justifié. M. le ministre des finances, que j'ai consulté, a déclaré, de son côté, s'associer entièrement à cette manière de voir.

En conséquence, à l'avenir, le revenu brut de l'exploitation devra être établi d'après la totalité des produits *extraits* durant la période considérée.

Les ingénieurs des mines, auxquels j'adresse une ampliation de la présente circulaire, devront se conformer à ces nouvelles dispositions dans la rédaction du travail du prochain exercice.

Recevez, monsieur le préfet, l'assurance de ma considération la plus distinguée.

Le ministre des travaux publics,
ALBERT CHRISTOPHLE.

Circulaire du 10 février 1877 assignant un délai de deux mois pour la reprise des travaux dans les mines inexploitées.

Monsieur le préfet, l'article K du modèle des clauses à insérer dans les projets d'acte de concession de mines (8 octobre 1843) est ainsi conçu :

« Dans le cas, prévu par l'article 49 de la loi du 21 avril 1810, où l'exploitation serait restreinte ou suspendue sans cause reconnue légitime, le préfet assignera au concessionnaire un délai de rigueur, qui ne pourra excéder   . Faute par le concessionnaire de justifier, dans ce délai, de la reprise d'une exploitation régulière et des moyens de la continuer, il en sera rendu compte, conformément audit article 49, au ministre des travaux publics, qui prononcera, s'il y a lieu, le retrait de la concession, en exécution de l'article 10 de la loi du 27 avril 1838 et suivant les formes prescrites par l'article 6 de la même loi. »

C'est vous dire, monsieur le préfet, que tous les actes de concession postérieurs à 1843, à 1838 même, contiennent cette clause, dont l'importance ne vous échappera pas, et dont il s'agit d'assurer la stricte exécution. Quant aux actes de concession qui ne contiendraient pas quelque clause analogue, vous devriez procéder semblablement, attendu qu'elle ne fait, en définitive, que rappeler les articles 49 de la loi de 1810 et 10 de celle de 1838, dont les prescriptions sont nécessairement en vigueur, qu'elles soient ou non mentionnées dans l'acte de concession.

L'état actuel des choses est l'objet de réclamations incessantes de membres du Sénat ou de la Chambre des députés, de conseils généraux de département, de préfets, d'ingénieurs des mines, d'industriels ; il convient de ne point éluder la difficulté que présente cette question délicate des mines non exploitées. Le nombre total n'en est pas moindre de 717 sur 1.216, d'après le dernier travail des redevances, et votre département figure dans cette statistique pour   , savoir :

  Combustibles minéraux . . . .
  Fer . . . .
  Métaux autres que le fer . . . .
  Substances diverses . . . .
      Total égal . . . .

Vous voudrez bien, aussitôt après la réception de cette dépêche, assigner, à tous les propriétaires de mines auxquels je fais allusion, un délai de deux mois pour opérer la reprise sérieuse de leur exploitation.

Vous me rendrez compte, à l'expiration de ce délai de rigueur, des modifications que cette mise en demeure aura, suivant les ingénieurs des mines, apportées à la situation des choses dans votre département. D'ailleurs, au fur et à mesure que des observations seront présentées par des concessionnaires de mines abandonnées, vous me les transmettrez, avec les rapports des ingénieurs et votre avis, et je statuerai ce qu'il appartiendra, après avoir consulté le conseil général des mines.

Quant aux concessions dont les propriétaires ne répondront pas ou, ayant répondu et promis de se mettre sérieusement à l'œuvre, sembleront ne pas vouloir tenir sérieusement leurs promesses, mon intention est de prononcer immédiatement le retrait, ainsi que l'article 10 de la loi de 1838 m'en donne le droit. Pour ces concessions donc, monsieur le préfet, vous recevrez promptement la décision que vous avez, aux termes de l'article 6, à notifier aux concessionnaires déchus, à publier et afficher. Puis, à l'expiration des délais de recours ou, en cas de recours, après la notification de l'arrêt confirmatif de ma décision par le conseil d'état siégeant au contentieux, il sera procédé publiquement, par voie administrative, à l'adjudication de la mine abandonnée.

Sans doute, l'instruction administrative du 27 décembre 1838 recommandait de n'user qu'avec une grande réserve de la faculté de poursuivre la déchéance pour cause d'inexploitation, des circonstances indépendantes du concessionnaire (revers de fortune, procès, affaires de famille, quand une succession vient à s'ouvrir) pouvant occasionner des interruptions dans les travaux. Mais trente-huit ans se sont écoulés depuis lors, et l'expérience a montré que ces circonstances, dont l'administration doit évidemment tenir compte, sont très rares ; que les difficultés de l'exploitation ou le manque de débouchés sont le plus ordinairement donnés comme prétexte d'une inaction absolument contraire au but que s'étaient proposé les législateurs de 1810 et de 1838, ainsi qu'aux conséquences à tirer du développement et du perfectionnement qu'ont reçus, postérieurement à la deuxième de ces dates, nos voies de communication. A coup sûr, lorsqu'un demandeur en concession de mines se présente, s'il annonçait son intention de ne pas procéder immédiatement à la mise en valeur de la propriété nouvelle, le gouvernement se garderait bien de l'instituer. D'où vient que, maintes fois, le concessionnaire investi ne se mette même point à l'œuvre? Est-il admissible qu'en pareille occurrence le gouvernement puisse consentir, sans inconvénients, à user d'une tolérance que rien ne justifierait? Ce n'est certainement là qu'un des points de vue nombreux auxquels doit être envisagée la question et que ce n'est pas le lieu d'examiner; mais il est difficile de regarder comme normale une situation telle que la dépeignait partiellement, en 1872, la commission de l'Assemblée nationale chargée de procéder à une enquête parlementaire sur l'état de l'industrie houillère en France : pour les combustibles minéraux seulement, sur 612 concessions instituées, 277, soit 45 p. 100, n'étaient point exploitées. Cette commission insistait pour que l'administration des mines appliquât avec fermeté les dispositions que la loi a mises dans ses mains. La fermeté n'exclut pas la prudence, indispensable en une matière aussi délicate et complexe.

En m'accusant réception de la présente dépêche, dont j'adresse ampliation aux ingénieurs, je vous serai obligé, monsieur le préfet, de me faire conaître si la statistique des concessions inexploitées de votre département est bien telle que je l'ai indiquée plus haut.

Recevez, monsieur le préfet, l'assurance de ma considération la plus distinguée.

Le ministre des travaux publics,
ALBERT CHRISTOPHLE.

Circulaire du 21 mars 1877 sur l'intervention des ingénieurs en chef des mines dans le travail de redevances.

Monsieur le préfet, j'adresse aux ingénieurs des mines, par le courrier de ce jour, les différentes formules imprimées qui leur sont nécessaires pour la préparation du travail des redevances de l'exercice 1877 (produits de 1876), sur les mines de leur sous-arrondissement minéralogique.

Ces formules sont semblables à celles qui ont été envoyées les années précédentes, sauf en ce qui concerne quelques modifications nécessitées, en particulier, par ma circulaire du 7 février dernier. En effet, cette circulaire prescrivant le retour, pour la détermination du revenu brut, aux règles suivies jusqu'en 1860, il s'ensuit inévitablement que la valeur des produits extraits doit être également fixée d'après les errements antérieurs à ladite année.

J'ai cru devoir, à cette occasion, appeler l'attention des ingénieurs sur une difficulté que le conseil général des mines m'avait signalée relativement à une application du décret du 11 février 1874.

Les §§ 2 et 3 de l'article 1ᵉʳ de ce décret sont ainsi conçus :

« En cas de désaccord sur l'appréciation du produit net imposable, entre le comité d'évaluation institué par le décret du 6 mai 1811 et l'ingénieur des mines ou le directeur des contributions directes, il est statué par le préfet sur avis motivé du directeur des contributions directes.

« Si le préfet n'adopte pas les conclusions du directeur des contributions directes, il en est référé au ministre des travaux publics, qui statue, après s'être concerté avec le ministre des finances. »

Quelle est, dans le premier de ces deux paragraphes, la portée de l'expression « ingénieur des mines »? Dans les lois et règlements concernant les mines en général, ce terme est synonyme de celui « ingénieurs », c'est-à-dire comprend l'ingénieur ordinaire et l'ingénieur en chef. Toutefois il y a une exception en ce qui touche l'établissement du travail de la redevance proportionnelle : sans doute, à raison de la rapidité relative avec laquelle il doit être préparé, pour être soumis, dans le délai réglementaire, au comité d'évaluation, ce travail est exclusivement fait par l'ingénieur ordinaire, pour chaque département; l'ingénieur en chef de l'arrondissement minéralogique ne le connaît, aux termes de la circulaire du 30 avril 1849, qu'au moment où il reçoit la copie des états destinée à être transmise, avec ses observations, par l'intermédiaire du préfet, au ministre des travaux publics.

Dans ces conditions, si l'on s'en tenait à la lettre de l'article 1er, § 2, du décret de 1874, il faudrait admettre que, quand l'*ingénieur ordinaire* des mines est d'accord avec les autres membres du comité d'évaluation, y compris le directeur des contributions directes, les revenus imposables se trouvent définitivement fixés et ne peuvent plus être modifiés d'office par l'administration. Cependant l'examen du travail par l'ingénieur en chef peut amener celui-ci à avoir, sur certains points, une opinion contraire à celle de l'ingénieur ordinaire et du comité; à relever, soit des erreurs, soit des appréciations et un mode de procéder non conformes à la jurisprudence et aux instructions administratives. Cet examen peut finalement déterminer l'ingénieur en chef à proposer au préfet de ne pas sanctionner la décision du comité d'évaluation. L'hypothèse s'est réalisée précisément dans une espèce où l'ingénieur ordinaire et ce comité avait admis une prétention d'exploitant qui a paru au chef du service tout à fait injustifiable. La question s'est alors posée de savoir si un désaccord, survenant entre l'ingénieur en chef et le comité, autorise l'administration à user de son droit de révision et à réformer les évaluations sur lesquelles ce désaccord s'est manifesté.

Je n'ai point hésité, de concert avec mon collègue des finances, à résoudre affirmativement cette question, que, du reste, le conseil d'état, statuant au contentieux, aura à trancher définitivement.

Il est, en tout cas, un moyen fort simple d'éviter la difficulté : c'est, lorsque l'ingénieur ordinaire éprouve quelque doute sur un point intéressant sérieusement les droits du trésor, de le soumettre en temps opportun à son ingénieur en chef, qui, pour cette partie du service, plus que pour toutes les autres peut-être, est tout naturellement désigné comme conseil et comme guide; car la délicate matière des redevances, ressortissant à la fois au ministère des finances et au ministère des travaux publics, soulève parfois des questions complexes, particllement étrangères à la compétence spéciale des ingénieurs des mines. En cette matière, il est indispensable que chacun fasse abstraction de son opinion personnelle et se souvienne que, pour l'application des règles de fiscalité, la discipline est un point tout particulièrement essentiel. Puisque l'objection a été formulée et fondée sur ce que, s'agissant d'intérêts pécuniaires, la conscience pouvait en quelque sorte se trouver engagée, je ne crois pas hors de propos de rappeler que les fonctionnaires chargés de représenter l'état au comité d'évaluation, aux termes de l'article 24 du décret du 6 mai 1811, ne jouissent pas de la même liberté d'appréciation que les autres membres, du reste en nombre supérieur, qui n'ont aucune attache administrative et ne relèvent, dès lors, que de leur conscience. Ces derniers sont entièrement libres; les premiers, au contraire, doivent défendre, non pas leurs propres doctrines, mais celles qu'ils savent avoir été adoptées par l'administration des mines et par celle des contributions directes.

J'ai donc invité les ingénieurs à avoir soin désormais, en cas d'hésitation, d'en référer à leur chef de service, qui, s'il y a lieu, demandera des instructions à l'administration centrale. Je vous prierai, de votre côté, de ne jamais statuer, dans le cas prévu par le § 2 de l'article 1er du décret de 1874, que sur l'avis motivé de l'ingénieur en chef.

J'ai insisté enfin, auprès des ingénieurs, pour qu'ils s'occupassent sans retard du travail des redevances, de manière à soumettre aux comités locaux leurs propositions dans les délais prescrits par la circulaire du 12 avril 1849. Je vous recommande de veiller à ce que la convocation des comités de proposition et d'évaluation s'opère bien aux époques réglementaires.

Vous trouverez ci-jointes les formules nécessaires pour la confection des duplicata que vous aurez à adresser à mon collègue du département des finances.

Veuillez m'accuser réception de la présente circulaire et des formules qui l'accompagnent.

Recevez, monsieur le préfet, l'assurance de ma considération la plus distinguée.

Le ministre des travaux publics.

Pour le ministre et par autorisation :
Le directeur des mines,
E. LAMÉ-FLEURY.

Loi du 26 mars 1877, instituant une commission pour l'étude des moyens propres à prévenir les explosions de grisou.

Art. 1er. — Une commission sera formée pour l'étude des moyens propres à prévenir les explosions de grisou. Elle sera nommée moitié par le ministre des travaux publics, moitié par le ministre de l'instruction publique.

Art. 2. — Une somme de 50,000 francs sera mise à la disposition du ministre des travaux publics pour favoriser la découverte de ces moyens. Elle pourra être employée en récompenses, encouragements et expériences.

Circulaire du 7 mai 1872 sur les recherches de mines dans les terrains communaux ou domaniaux, boisés ou non boisés.

Monsieur le préfet, l'usage s'est introduit, dans un certain nombre de départements, de me transmettre les dossiers de l'instruction locale à laquelle ont été soumises les demandes en permis de recherche de mines sur des terrains appartenant à des communes, lorsque les conseils municipaux ont donné leur adhésion aux explorations projetées.

En pareil cas cependant, à moins de difficultés particulières, l'administration supérieure n'a point à intervenir. Le préfet, tuteur légal des communes, a qualité pour assurer l'exercice de la faculté qui leur appartient de consentir à des recherches sur leurs fonds.

La compétence du préfet est implicitement écrite dans la loi du 18 juillet 1837, dont l'article 19 range parmi les objets sur lesquels les conseils municipaux peuvent délibérer, sous l'approbation préfectorale, *les acquisitions, aliénations et échanges* de propriétés communales. Le principe est certainement applicable à des explorations de substances minérales, surtout si l'on tient compte de l'esprit du décret du 25 mars 1852, sur la décentralisation administrative. Le préfet examine si les conditions du traité qui confère à un tiers le droit de recherche sont convenables, sous le rapport de la conduite des travaux et de la sûreté publique. Il doit alors prendre l'avis de l'ingénieur des mines et, en outre, si les terrains communaux sont soumis au régime forestier, consulter le conservateur des forêts.

J'ajouterai que, dans le cas où les terrains explorés sont domaniaux, la décision à prendre ressortit également à l'autorité préfectorale, sauf l'avis préalable des ingénieurs des mines, celui du directeur des domaines du département et, si les terrains sont soumis au régime forestier, celui du conservateur des forêts.

Ces instructions ont été concertées avec M. le ministre des finances, représentant des intérêts forestiers et domaniaux, et je vous prie, monsieur le préfet, de vous y conformer, le cas échéant.

J'insiste, d'ailleurs, sur ce point essentiel qu'elles s'appliquent exclusivement aux demandes en permis de recherches et ne sauraient être étendues aux demandes en autorisation de disposer du produit de ces recherches. A l'administration supérieure seule, il appartient de statuer sur ces dernières demandes; s'il y a lieu, l'autorisation est accordée directement par une décision ministérielle.

Vous voudrez bien m'accorder réception de la présente circulaire, dont j'adresse ampliation aux ingénieurs.

Recevez, monsieur le préfet, l'assurance de ma considération la plus distinguée.

Le ministre des travaux publics,
ALBERT CHRISTOPHLE.

Circulaire du 15 juin 1877 sur les mines inexploitées, rapportant celle du 10 février précédent.

Monsieur le préfet, quatre mois sont écoulés depuis que mon prédécesseur a adressé aux administrations départementales des instructions relatives à la question délicate des mines non exploitées.

Vous savez quel était le point de départ de cette mesure. En 1873, à la suite d'une crise qui avait élevé considérablement le prix du charbon, une commission de l'Assemblée nationale avait été chargée de procéder à une enquête parlementaire sur l'état de l'industrie houillère. Dans un rapport remarquable, déposé le 22 janvier 1874, elle avait naturellement examiné les causes diverses des chômages d'un trop grand nombre de concessions. Elle avait constaté que les unes étaient stériles, épuisées ou inexploitables; que d'autres manquaient de débouchés ou de moyens de transport; que d'autres enfin étaient délaissées par suite des difficultés de l'exploitation, des mauvaises affaires des concessionnaires ou encore de la concentration des travaux sur des mines plus avantageuses.

Tout en reconnaissant que la plupart des concessions inexploitées ne semblaient pas de nature à procurer un accroissement sensible de la production houillère, la commission avait insisté, dans ses conclusions, pour que l'administration appliquât avec fermeté les dispositions que la loi a mises dans ses mains : « Tout concessionnaire qui n'exploite pas doit être mis en demeure de le faire dans un délai convenable. » (*Rapport Ducarre.*) La commission, néanmoins, manifestait sa répugnance à faire intervenir l'état dans l'exploitation des mines. « C'était, — remarquait-elle, avec toutes les responsabilités qui en dérivent, une sorte de reprise par l'état de propriétés par lui concédées, à des clauses et conditions définies par les lois et les cahiers des charges, véritables contrats qui lient les deux parties. — Nous avons préféré réclamer l'entière et stricte exécution de ces conventions. »

Enfin, la législation des mines ayant été l'objet de plusieurs réclamations, l'examen en avait été confié à une sous-commission de trois membres. En ce qui concerne spécialement la question des mines en chômage, la sous-commission a pensé que l'ingérence de l'état dans un ordre de faits économiques et industriels devait être limitée avec soin, et qu'il suffisait que l'intérêt public fût sauvegardé par la jurisprudence administrative.

Tel était l'état des choses, lorsque au commencement de cette année, à l'occasion du chômage prolongé de quelques houillères du Centre, le département des travaux publics vous adressa la circulaire du 10 février, aux termes de laquelle un délai de deux mois était assigné aux propriétaires de mines inexploitées, pour opérer la reprise sérieuse de leurs exploitations. L'étude approfondie des résultats de l'expérience en pareille matière et l'examen des dossiers reçus, depuis le 10 février jusqu'à ce jour, m'ont amené à penser que, si des faits véritablement anormaux se produisent, il faut se garder d'ériger les exceptions en règle et de chercher un remède efficace dans l'emploi rigoureux de mesures administratives.

Ainsi, depuis 1810, les archives de la direction des mines ne présentent que trente cas environ où elle se soit trouvée aux prises avec de légitimes réclamations : six fois seulement la déchéance administrative du concessionnaire a été prononcée (1), et il m'est permis de dire que, dus à des causes toutes particulières, ces retraits de concession ont été sans aucune influence, au point de vue de l'intérêt public, et ne sont susceptibles d'aucune généralisation. Dans deux autres circonstances, la mise en demeure des concessionnaires a été suivie d'une reprise de leurs travaux. Dans tous les autres cas enfin, l'instruction administrative a été purement et simplement abandonnée et n'a produit aucun résultat.

Si l'on étudie, d'une part, les dispositions légales qui régissent la matière, d'autre part, les conditions économiques et techniques auxquelles est nécessairement assujettie l'exploitation des mines, il n'est pas difficile de se rendre compte de cette sorte d'impuissance dont l'administration semble ainsi frappée, quand elle se trouve obligée d'intervenir d'autorité dans la gestion d'une affaire industrielle.

L'article 49 de la loi du 21 avril 1810 est ainsi conçu :

« Si l'exploitation est restreinte ou suspendue, *de manière à inquiéter la sûreté publique ou les besoins des consommateurs*, les préfets, après avoir entendu les propriétaires, en rendront compte au ministre, pour y être pourvu ainsi qu'il appartiendra. »

Vous remarquerez, monsieur le préfet, combien la rédaction de cet article est vague et, en définitive, dépourvue de sanction. L'expérience était venue le démontrer surabondamment.

---

(1) A l'exception de la première, relative aux mines de plomb argentifère de Pontpéan (Ille-et-Vilaine) et datée du 20 novembre 1841, les décisions ministérielles auxquelles il est fait allusion ont été reproduites dans les *Annales des mines* :

17 novembre 1846, mines de fer d'Estavar (Pyrénées-Orientales) 1er volume de 1847, p. 720;

28 décembre 1853, mines de plomb de la Manère (Pyrénées-Orientales), partie administrative, volume de 1854, p. 116;

21 janvier 1874, mines de houille de Ferques (Pas-de-Calais), partie administrative, volume de 1874, p. 151;

6 septembre 1876, mines de plomb argentifère de Giromagny (Haut-Rhin), partie administrative, volume de 1876, p. 204;

16 décembre 1876, mines d'antimoine de Chazelles (Haute-Loire), partie administrative, volume de 1876, p. 275.

En 1826, le conseil d'état prit l'initiative d'introduire dans les actes de concession de mines la disposition qui porte la lettre K dans le modèle de 1843, et dont la rédaction primitive n'a été modifiée ultérieurement qu'en ce qui concerne une mention indispensable de la loi du 27 avril 1838; mais l'embarras des quinze premières années qui ont suivi la promulgation de la loi organique de 1810 n'a pas diminué jusqu'à la promulgation de cette loi complémentaire de 1838, ni même après.

Sans doute, l'article 10 de ladite loi de 1838 porte que, « dans tous les cas prévus par l'article 49 de la loi de 1810, le retrait de la concession et l'adjudication de la mine ne pourront avoir lieu que suivant les formes prescrites par l'article 6 »; et il importe de relever que « le concessionnaire déchu pourra, jusqu'au jour de l'adjudication, arrêter les effets de la dépossession ». Sans doute encore, le conseil d'état, au lieu de renvoyer à l'article 49 de la loi de 1810 ou au moins d'en reproduire le texte, a substitué l'expression « causes reconnues légitimes » aux termes de la loi: « la sûreté publique et les besoins des consommateurs », ce qui peut donner matière à contestation. Mais l'embarras de l'administration des mines n'en a pas moins persisté, pour deux raisons principales, même depuis 1838.

La première réside dans l'adjudication qui constitue la dernière phase du retrait de la concession inexploitée : le concessionnaire intéressé n'est point exclu de cette adjudication ; il peut donc, s'il a un motif sérieux pour redouter la dépossession, l'éviter en subissant simplement les frais de la mesure dont il a été l'objet.

La seconde raison, encore plus embarrassante que la première, consiste dans l'impossibilité, technique et économique, de définir l'activité d'une mine en exploitation régulière, afin de la déclarer légalement restreinte, de dire combien l'administration doit exiger d'ouvriers occupés ou de tonnes de minerai extraites. C'est que l'intérêt personnel des concessionnaires peut seul répondre à des questions de cette nature.

En tout cas, j'estime qu'au point de vue juridique, la difficulté excède les limites du domaine administratif et compète essentiellement au pouvoir législatif. Il n'appartient pas à l'administration de modifier la loi.

Quant au point de vue technique et économique, que ce n'est point ici le lieu d'aborder d'aussi près, je me contenterai de remarquer qu'il est malaisé de concevoir aujourd'hui, avec la liberté du commerce et le développement des voies de communication, une réalisation de l'hypothèse faite par le rédacteur de l'article 49 de la loi de 1810, quand il parle de la sûreté publique et des besoins des consommateurs. J'observerai surtout que l'intérêt général exige impérieusement que les ouvriers mineurs ne soient pas stérilement éparpillés. Or, comme ce personnel tout spécial ne s'improvise pas, la difficulté bien reconnue du recrutement aurait immanquablement pour conséquence le dépeuplement d'exploitations productives, au profit de concessions plus ou moins improductives.

Je crois donc opportun, monsieur le préfet, en tenant compte de l'état de gêne dans lequel se trouvent aujourd'hui un grand nombre de mines exploitées, de rassurer les intéressés qui nous ont manifesté leurs inquiétudes et de déclarer que, en reconnaissant les excellentes intentions qui ont inspiré la circulaire du 10 février, je n'entends point en poursuivre l'application. Cette mesure n'aura, d'ailleurs, pas été entièrement inutile : l'administration en tirera profit pour compléter les informations recueillies lors de l'enquête de 1873 et uniquement relative aux combustibles minéraux. A ce point de vue, je vous saurai gré de m'envoyer le plus tôt possible, si déjà vous ne l'avez fait, les renseignements que vous avez dû recueillir sur les mines inexploitées de votre département.

L'occasion de modifier, de compléter, s'il y a lieu, les dispositions législatives concernant les concessions en chômage se présentera naturellement, sous la forme qui seule me paraît d'accord avec les principes juridiques. Je compte, en effet, soumettre prochainement à l'examen du conseil d'état le projet de loi qu'a préparé l'administration, conformément au vœu exprimé par la commission de l'Assemblée nationale, et laisser ainsi au pouvoir législatif le rôle qui lui appartient en cette matière.

Je vous serai obligé de m'accuser réception de la présente circulaire, dont j'adresse ampliation aux ingénieurs.

Recevez, monsieur le préfet, l'assurance de ma considération la plus distinguée.

Le ministre des travaux publics,
Paris.

Circulaire du 21 juin 1877 sur les recherches de mines dans les terrains communaux ou domaniaux, boisés ou non boisés.

Monsieur le préfet, mon prédécesseur a eu l'honneur de vous adresser, le 27 mai dernier, après s'être concerté avec son collègue du département des finances, une circulaire relative aux recherches de mines dans les terrains communaux ou domaniaux, boisés ou non boisés.

Dans cette circulaire, où votre compétence est reconnue pour tous les cas normaux, il est recommandé de ne pas faire intervenir l'administration supérieure, *à moins de difficultés particulières.*

Il est bien entendu que, par cette expression générale, était implicitement prévu le cas de désaccord entre le préfet et l'un des chefs de service des domaines, des forêts ou des mines, et qu'alors le permis ne pourrait être accordé sans que l'affaire eût été préalablement soumise au ministre compétent.

Toutefois, un doute paraissant s'être produit au sujet de la procédure à suivre dans le cas de divergence d'opinions auquel je fais allusion, je m'empresse, afin d'éviter tout malentendu, de compléter les instructions du 27 mai dernier par les indications qui précèdent.

Vous voudrez bien m'accuser réception de la présente circulaire, que j'adresse également aux ingénieurs des mines.

Recevez, monsieur le préfet, l'assurance de ma considération la plus distinguée.

Le ministre des travaux publics,
Pour le ministre et par autorisation :
Le directeur des mines,
E. LAMÉ FLEURY.

Circulaire du 1er juillet 1877 sur la redevance proportionnelle.

Monsieur le préfet, mon prédécesseur vous a fait connaître, par une circulaire du 7 février dernier, qu'il y avait lieu de revenir, pour la détermination du produit brut formant la base du travail d'évaluation de la redevance proportionnelle sur les mines, aux règles suivies jusqu'en 1860, c'est-à-dire que ce produit devrait être calculé, non plus d'après les quantités *vendues*, mais bien d'après les quantités *extraites* ou élaborées dans l'année.

Pour compléter les instructions contenues dans cette circulaire et dans celle du 21 mars suivant, je viens vous faire connaître, après m'être concerté avec mon collègue du département des finances, quelles sont celles des prescriptions de la circulaire du 6 décembre 1860 qu'il y a lieu aujourd'hui de considérer comme nulles et non avenues. J'indiquerai, en outre, les questions de détail auxquels des solutions ont été données, durant ces dernières années, tant par la jurisprudence du conseil d'état que par l'administration.

La valeur des produits extraits doit être déterminée, suivant les prescriptions de la circulaire du 12 avril 1849, soit d'après le prix de vente de la substance minérale sur le carreau de la mine, soit, lorsque cette substance n'est pas vendue, d'après l'estimation qui en est faite eu égard à divers renseignements comparatifs.

Il n'y a plus lieu de compter, parmi les frais qui doivent être déduits du produit brut, pour déterminer le produit net imposable, les dépenses ci-après :

Frais d'établissement ou d'entretien, par les concessionnaires, des voies de communication propres à faciliter des débouchés aux exploitations, lorsqu'elles ne feront pas partie intégrante de la mine, c'est-à-dire lorsqu'elles n'appartiendront pas au concessionnaire ou n'auront pas été établies à ses frais;

Subventions pour les chemins vicinaux;

Frais de transport, d'entrepôt et de vente, lorsque le lieu où s'opérera la vente n'est pas relié à la mine par des voies qui en dépendent immédiatement;

Pertes de place, frais de voyage.

Les dépenses suivantes, mentionnées dans la circulaire du 6 décembre 1860, doivent continuer, au contraire, à être comprises parmi les frais à déduire du produit brut :

CHAP. XVIII. — ANNEXES.

Secours donnés aux ouvriers infirmes ou à leurs familles, qu'il s'agisse ou non de secours fournis à raison d'accidents arrivés dans les travaux;

Rémunérations accordées, en certaines occasions, aux mineurs;

Frais des écoles destinées aux enfants des ouvriers;

Indemnités tréfoncières, soit en argent, soit en nature, que les actes de concession obligent les concessionnaires à payer aux propriétaires de la surface, en vertu des articles 6 et 42 de la loi du 21 avril 1810.

Il doit en être de même, par application des principes posés dans ladite circulaire de 1860, en ce qui concerne:

Les frais d'établissement et d'entretien des maisons ouvrières;

Le charbon de chauffage distribué gratuitement aux ouvriers;

Le traitement des instituteurs primaires dans les écoles destinées aux enfants des ouvriers.

Les comités d'évaluation de quelques départements avaient admis que l'on ne compterait en dépense que la moitié des frais de construction et d'entretien des maisons d'ouvriers, et que, d'un autre côté, les sommes perçues pour la location de ces maisons ne figureraient pas dans les recettes. L'administration a décidé que les frais en question devraient, à l'avenir, être compris, en totalité, parmi les dépenses servant à établir le compte de la redevance proportionnelle, et que, par contre, les loyers perçus seraient ajoutés aux recettes de l'exploitation.

Il a été décidé, par deux arrêts du conseil d'état (décret du 30 avril 1863, *compagnie de Blanzy;* — décret du 17 février 1865, *compagnie d'Anzin*), que l'on devait admettre, dans le compte des dépenses d'exploitation, les frais d'établissement et d'entretien des usines, destinées à la fabrication des agglomérés, que les concessionnaires de mines font construire pour utiliser certains de leurs produits. On a considéré que cette fabrication faisait partie de l'exploitation de la mine et les concessionnaires n'ont à supporter de ce chef aucun droit de patente. Par une juste compensation, on doit faire entrer, dans le compte des recettes, le prix de vente des agglomérés ainsi fabriqués et non la simple valeur vénale du charbon employé comme matière première de cette fabrication.

Il en est de même des frais d'établissement et d'entretien des chemins de fer ou canaux destinés au service d'une mine. Il conviendra seulement de distinguer le cas où les chemins de fer serviraient en même temps aux transports des voyageurs et des marchandises; il y aurait lieu alors de ne pas tenir compte des bénéfices provenant de ces transports, étrangers aux mines, et de défalquer la part des frais d'exploitation y afférente. Cette ventilation devrait, d'ailleurs, être opérée proportionnellement aux tonnages kilométriques fournis respectivement par chacune des entreprises empruntant les voies de communication dont il s'agit.

Les comités d'évaluation ont, plusieurs fois, examiné la question de savoir si les charbons servant à l'alimentation des machines d'extraction et au chauffage des bureaux et magasins devaient être comptés en dépense. Il a été admis, par l'administration, que ces fournitures rentraient dans la catégorie D (mise en action et entretien des moteurs, machines et appareils) de la circulaire ministérielle du 12 avril 1849. Il a été décidé également que les frais d'entretien et de réparation des bâtiments de direction étaient compris dans la catégorie E (entretien des bâtiments d'exploitation) de la même circulaire.

L'administration, à une certaine époque, avait pensé qu'il convenait de distinguer, au point de vue des impositions, entre les immeubles étrangers à l'exploitation d'une mine et les immeubles y affectés ; pour les premiers seuls, les impositions étaient rejetées des dépenses à défalquer du produit brut. Il a été définitivement reconnu que même les impôts sur les bâtiments d'exploitation ne devaient point entrer dans le calcul du produit net de la mine. En effet, la contribution foncière, comme toute contribution directe, est un impôt établi sur le *revenu net* des contribuables et peut être considérée comme constituant un prélèvement sur ledit revenu, qui doit, par suite, être déterminé abstraction faite de la contribution dont il s'agit. Du reste, l'impôt foncier des bâtiments d'exploitation d'une mine, n'étant que la partie du revenu que le propriétaire paye à l'état pour subvenir aux charges publiques, n'a pas le caractère d'une dépense d'exploitation proprement dite et, par conséquent, ne doit point être déduit du produit brut.

La même règle est évidemment applicable aux redevances fixe et proportionnelle.

De même encore pour la contribution sur les voitures et les chevaux, qui ne porte, d'ailleurs, aux termes de la loi du 23 juillet 1872, relative aux contributions directes à percevoir en 1873, que sur les voitures *suspendues*, destinées au transport des *personnes*, et sur les chevaux servant à atteler ces voitures. Elle n'est, en réalité, qu'une annexe de la contribution mobilière, dont, sous la législation antérieure, elle faisait partie intégrante.

Les primes d'assurances, l'abonnement au timbre des actions et les frais de procès n'étant pas de véritables dépenses d'exploitation, il n'a pas paru possible d'en tenir compte pour l'assiette de la redevance proportionnelle.

Je rappellerai ici, parce que la question s'est posée récemment, malgré les termes si nets de la circulaire du 26 mai 1812, que les frais de jetons de présence des conseils d'administration doivent être également écartés des dépenses à déduire du produit brut.

Les concessionnaires de mines dont la réunion avait été autorisée ont à tort prétendu que les dépenses et les recettes de ces mines devaient être confondues par la détermination de la redevance proportionnelle. L'article 37 de la loi de 1810 porte que cette redevance est imposée et perçue comme la contribution foncière, laquelle est due pour chaque immeuble pris séparément. L'article 17 du décret du 6 mai 1811 exige expressément qu'il y ait un état d'exploitation pour chaque mine. C'est pourquoi un arrêt du conseil d'état, du 21 décembre 1861 (*Compagnie des houillères et fonderies de l'Aveyron*), a décidé, conformément à cette thèse qu'avait toujours soutenue l'administration, que la redevance proportionnelle devait être calculée pour chaque mine prise isolément.

Les comités d'évaluation avaient plusieurs fois imposé à la redevance fixe, pour l'année entière, des mines dont la concession datait du courant de ladite année. Il a été décidé que, pour la première année de son existence, une mine ne devait être imposée à la redevance fixe qu'à dater du jour de l'institution de la concession.

Quant à la redevance proportionnelle, elle doit, dans le même cas, être calculée d'après le revenu net présumé de la première année, sans avoir égard aux dépenses faites avant l'institution de la concession, ainsi que le prescrit la circulaire précitée de 1849.

Telles sont, monsieur le préfet, avec les dispositions encore en vigueur des circulaires des 26 mai 1812, 12 avril 1849, 1er décembre 1850 9 avril 1851 et 14 juin 1852, les règles d'après lesquelles doit être calculé, pour l'établissement de la redevance proportionnelle des mines, le produit net des exploitations. Je vous prie de vous concerter avec l'ingénieur en chef des mines de votre département pour qu'elles soient appliquées au travail des redevances de 1877 (produits de 1876).

J'ajouterai que, pour ce travail, des ingénieurs m'ont soumis cette question, qui ne se reproduira pas naturellement les années suivantes ; quelle est la mesure à prendre à l'égard des stocks de minerai restés sur le carreau de la mine au 1er janvier 1876 et dont la valeur n'a pas été estimée pour l'assiette de la redevance de l'exercice 1876 ? Ils doivent figurer dans le calcul de la redevance, puisque l'on doit compter en recette la valeur de tous les produits extraits, qu'ils aient été ou non vendus et que, d'un autre côté, les frais occasionnés par l'extraction de ces stocks ont été défalqués du produit brut de la mine dans le travail dudit exercice.

Veuillez m'accuser réception de la présente circulaire, dont j'adresse ampliation aux ingénieurs.

Recevez, monsieur le préfet, l'assurance de ma considération la plus distinguée.

Le ministre des travaux publics,
PARIS.

Circulaire du 27 juillet 1877 concernant la révision des instructions relatives aux soins à donner aux ouvriers mineurs en cas d'accidents.

Monsieur le préfet, aux termes de l'article 15 du décret du 3 janvier 1813, concernant la surveillance et la police des mines, l'administration doit approuver une instruction réglementaire sur les moyens que la science indique comme les plus propres à conjurer ou atténuer les dangers qui menacent trop souvent la santé ou la vie des ouvriers mineurs. C'est en vertu de cette disposition qu'a été rédigée par le docteur Salmade, l'instruction médicale du 9 février 1813.

Les progrès réalisés depuis lors par la science médicale rendent évidemment indispensable une révision de cette instruction. Mon prédécesseur a donc fait appel aux lumières de l'Académie de médecine, pour connaître les modifications ou additions qu'il pourrait y avoir lieu d'apporter à l'ancienne instruction.

L'Académie a répondu qu'elle avait confié à la section d'hygiène publique et de médecine légale, constituée en commission, le soin de préparer ce travail. Mais, avant de le commencer, elle demande que les médecins attachés aux diverses concessions exploitées en France soient invités à répondre, dans un bref délai, aux trois questions suivantes :

1° Quels sont, à l'exception des fractures, des plaies ou de toutes autres lésions traumatiques, les maladies et les accidents spéciaux observés chez les ouvriers mineurs ?

2° Quels sont les moyens mis en usage pour y porter remède ?

3° Quelles sont les précautions prises pour les prévenir ?

Je vous prie, monsieur le préfet, d'inviter les exploitants de votre département à réclamer des médecins attachés à leurs mines la production des renseignements dont il s'agit. En conséquence, je vous adresse   exemplaires de la présente circulaire, que vous ferez distribuer aux concessionnaires de mines. Vous aurez à me faire parvenir sans retard ces renseignements au fur et à mesure qu'ils vous seront transmis.

Recevez, monsieur le préfet, l'assurance de ma considération la plus distinguée.

Le ministre des travaux publics,
Pour le ministre et par autorisation :
Le directeur des mines,
E. LAMÉ FLEURY.

Circulaire du 29 novembre 1877 sur les projets d'affiche des demandes en concession de mines.

Monsieur le préfet, le décret du 18 novembre 1810 porte (art. 24) que les ingénieurs en chef proposent aux préfets et adressent à l'administration centrale les projets d'affiche des demandes en concession de mines.

Ces projets donnent lieu assez fréquemment, de la part de l'administration, à des rectifications qui ont pour conséquence de les faire modifier. Mais souvent, pas suite de retards qu'il est évidemment possible d'éviter, ces rectifications ne parviennent dans le département que lorsque les projets sont imprimés ou même lorsque les affiches sont déjà apposées. D'où l'alternative de laisser se poursuivre l'enquête, avec des affiches défectueuses, ou de recommencer l'affichage, ce qui occasionne une perte de temps et de nouveaux frais.

Mon intention est donc qu'à l'avenir, les projets d'affiches ne soient livrés à l'impression que lorsque j'aurai reconnu qu'ils peuvent l'être sans aucun inconvénient.

Pour que, d'ailleurs, cette mesure n'entraîne pas de retard dans l'affichage, je vous prie, monsieur le préfet, dès qu'une demande vous est présentée, de la communiquer immédiatement à l'ingénieur en chef, qui devra rédiger aussitôt son projet d'affiche et nous l'adresser simultanément. Je l'examinerai tout de suite et, dans le cas où il ne motivera pas d'observation, je vous en informerai directement, afin que vous puissiez le faire imprimer sans délai. Dans le cas seulement où il devra être remanié, je ferai connaître mes observations à l'ingénieur en chef.

Enfin, pour éviter les erreurs qui se glissent quelquefois dans le tirage, vous voudrez bien adresser une épreuve à l'ingénieur en chef, qui devra la revoir et vous la renvoyer d'urgence, corrigée s'il y a lieu.

La même manière de procéder doit être appliquée à l'affichage des demandes en division, extension, réunion, fusion et renonciation des mines concédées, lesquelles sont instruites comme les demandes en concession elles-mêmes.

Je vous prie de m'accuser réception de la présente circulaire, dont j'adresse ampliation aux ingénieurs des mines.

Recevez, monsieur le préfet, l'assurance de ma considération la plus distinguée.

Le ministre des travaux publics,
Pour le ministre et par autorisation :
Le directeur des mines,
E. LAMÉ FLEURY.

Circulaire du 2 janvier 1878 sur les procès-verbaux de visite des mines.

Monsieur le préfet, chaque année, à pareille époque, l'administration centrale est dans l'usage de réclamer l'envoi des procès-verbaux de visite des mines dressés durant la campagne qui s'achève, en rappelant qu'aux termes de la circulaire du 1er décembre 1853, leur transmission, par les ingénieurs en chef, doit avoir lieu vers la fin de décembre.

Des objections, qui me paraissent parfaitement fondées, ont été formulées depuis longtemps contre la fixation de cette date : elle peut présenter, en effet, l'inconvénient d'empêcher les ingénieurs en chef de prendre une connaissance suffisamment attentive des procès-verbaux des ingénieurs ordinaires, que, dans l'état actuel des choses, ceux-ci adressent en bloc, dans les derniers jours de l'année. Conformément donc à l'avis d'une commission spéciale, composée de trois inspecteurs généraux, qui avait été consultée sur les réformes auxquelles pouvait se prêter cette branche du service, j'ai décidé que désormais les ingénieurs en chef auraient jusqu'au 31 janvier de l'année suivante pour faire parvenir, par votre intermédiaire, au ministère des travaux publics, les procès-verbaux de visite de mines afférents à l'année écoulée.

Cette prorogation du délai fixé par la circulaire précitée de 1853 sera d'autant plus convenable que, d'accord avec la commission, je crois opportun de substituer au système, usité jusqu'ici, de l'envoi en bloc des procès-verbaux par les ingénieurs ordinaires aux ingénieurs en chef, celui des envois successifs, indiqué par un grand nombre de chefs de service; ils reconnaissent, avec raison, de sérieux avantages à l'adoption de ce dernier système. Les ingénieurs en chef se trouveront déchargés du travail, souvent considérable, qui vient actuellement leur incomber, à la fin de chaque année, quand ils sont obligés de lire tous les procès-verbaux de visite des mines de leur arrondissement minéralogique. Ils pourront mieux surveiller le service de leur collaborateurs; avertis à temps des faits pouvant motiver leur intervention, ils seront en mesure de diriger de préférence leurs tournées en conséquence.

Une autre innovation a été demandée : jusqu'à présent la stricte exécution de l'article 6 du décret du 3 janvier 1813 avait paru à l'administration centrale impliquer la nécessité d'une rédaction immédiate, sur les lieux, du procès-verbal de visite. Ce mode de procéder a certainement d'excellents côtés. Quand, après avoir visité les travaux, l'ingénieur peut, sans hâte ni fatigue, faire son travail au bureau même de la mine, où il a la faculté de consulter les plans, de relever les croquis, d'interroger la personne qui l'a accompagné sur les galeries parcourues, les ateliers inspectés, etc., — ses souvenirs encore frais, complétés par cet ensemble de conditions, lui permettent peut-être de dresser son procès-verbal avec un peu plus de netteté et de précision. Mais, d'une part, sur beaucoup de petites mines, il ne trouve pas de bureau convenablement installé; d'autre part, une visite souterraine est une opération longue et pénible, après laquelle le repos est nécessaire; l'ingénieur est, en outre, obligé de regagner plus ou moins vite la gare du chemin de fer ou le bureau de la diligence pour ne pas manquer le train ou la voiture et prolonger inutilement son séjour, toutes circonstances qui peuvent nuire à la bonne confection du travail. Ces inconvénients m'ont semblé, ainsi qu'à la commission, compenser, et au delà, les avantages de la méthode actuelle, avantages que, tout en modifiant cette méthode, il est d'ailleurs facile de conserver. Il suffit que les ingénieurs, sans compter sur les souvenirs qui finissent toujours par s'altérer plus ou moins, prennent par écrit, avant de quitter la mine, les notes nécessaires à la rédaction ultérieure du procès-verbal; ils seront en mesure, une fois de retour à leur résidence, de l'écrire à tête reposée et avec réflexion.

La forme et la substance de ce document, qu'il sera indispensable de dresser à bref délai, continueront à être réglées par la circulaire du 30 janvier 1837, avec ce tempérament que l'indication des travaux parcourus devra être présentée sous une forme très concise, les développements donnés à une semblable description se concevant mieux dans certains cas spéciaux : par exemple, à propos de la plupart des accidents de mines. Il conviendra d'accompagner, des croquis nécessaires à son intelligence, cette partie du procès-verbal, dont la brièveté s'impose vis-à-vis de l'exploitant. Elle n'a évidemment pour lui aucun intérêt. Quant aux renseignements qui, n'étant pas de nature à l'intéresser ou ne pouvant lui être communiqués sans inconvénient, seraient utilement portés à la connaissance de l'administration, ils feront l'objet d'une note ajoutée à la suite de l'expédition destinée au ministère.

Cette expédition sera, aussitôt après la rédaction du procès-verbal, envoyée, avec l'expédition destinée aux exploitants, à l'ingénieur en chef. Celui-ci examinera si le travail est régulier, s'il comporte des observations, que, dans le cas de l'affirmative, il adresserait sans retard à l'ingénieur ordinaire, sauf ensuite, dans l'hypothèse de divergences sérieuses, à en référer à l'administration supérieure. C'est finalement l'ingénieur en chef qui sera chargé de faire transcrire le procès-verbal sur le registre d'avancement des travaux que l'ingénieur ordinaire se fera représenter, lors de ses visites suivantes, afin de constater si l'exploitant a opéré la transcription et de la signer.

L'ingénieur ordinaire aura jusqu'au 15 janvier pour envoyer à l'ingénieur en chef les procès-verbaux qu'il aurait dressés dans les derniers jours de décembre, ainsi que son rapport d'ensemble sur la situation de l'industrie minérale dans les différents départements dépendant de sa circonscription. Quinze jours resteront donc encore à l'ingénieur en chef pour revoir ces derniers procès-verbaux et les rapports d'ensemble, puis envoyer tout le travail à la préfecture.

J'ajouterai qu'en ce qui concerne les mines inexploitées, comme leur nombre s'est singulièrement accru, comme les renseignements y relatifs trouvent leur place naturelle dans les rapports d'ensemble, il me paraît inutile d'exiger qu'elles continuent à être l'objet d'un procès-verbal de visite.

Je rappellerai enfin qu'aux termes des circulaires des 24 janvier 1834 et 1ᵉʳ décembre 1876, relatives aux tournées des ingénieurs, les grandes carrières exploitées souterrainement, les groupes importants de carrières à ciel ouvert, etc., doivent être visités une fois au moins chaque année; cette obligation implique, à défaut de procès-verbaux de visite qui ne peuvent qu'exceptionnellement être nécessaires, l'affectation à cette matière d'un chapitre spécial du rapport d'ensemble.

Je vous prierai de m'accuser réception de la présente circulaire, dont j'adresse ampliation aux ingénieurs des mines.

Recevez, monsieur le préfet, l'assurance de ma considération la plus distinguée.

Le ministre des travaux publics,
C. DE FREYCINET.

Circulaire du 27 février 1878 concernant l'impôt direct sur le revenu des valeurs mobilières, payé par les sociétés minières.

Monsieur l'ingénieur en chef, j'aurais besoin de savoir d'*urgence* quelles sont les sociétés minières qui, depuis l'origine de l'impôt direct sur le revenu des valeurs mobilières, y sont assujetties et quelles sont les sommes sur lesquelles la taxe de 3 p. 100 a été exigée.

Je vous prie, en conséquence, de m'adresser, dans le plus bref délai possible et depuis le 1ᵉʳ juillet 1872, un relevé annuel de ces renseignements statistiques, relativement aux compagnies minières qui existent dans les départements de votre arrondissement minéralogique.

J'appelle, au surplus, votre attention sur la situation spéciale de certaines sociétés, tout à la fois minières et métallurgiques. Dans ce cas, je vous serai obligé de faire, autant que possible, une ventilation entre le revenu d'origine minière et le revenu d'origine métallurgique.

Recevez, monsieur l'ingénieur en chef, l'assurance de ma considération très distinguée.

Le ministre des travaux publics,
Pour le ministre et par autorisation :
Le directeur des mines,
E. LAMÉ FLEURY.

Circulaire du 12 mars 1878 sur les redevances.

Monsieur le préfet, je viens d'adresser aux ingénieurs des mines les formules imprimées qui leur sont nécessaires pour la rédaction des états relatifs à l'assiette des redevances de l'exercice 1878 (produits de 1877), sur les mines de votre département.

Je vous envoie, par le courrier de ce jour, celles dont vous aurez besoin pour faire faire la copie dudit travail, qui est destinée au ministère des finances.

J'insiste tout particulièrement auprès de vous pour que vous veilliez à ce que le comité d'évaluation puisse, conformément aux prescriptions de la circulaire du 12 avril 1849, être réuni dans le courant du mois de juin et pour que toutes les pièces de travail me soient adressées, par la préfecture, avant le 1ᵉʳ août.

Je vous serai obligé de m'accuser réception de la présente circulaire et des formules qui l'accompagnent.

Recevez, monsieur le préfet, l'assurance de ma considération la plus distinguée.

Le ministre des travaux publics,
Pour le ministre et par autorisation :
Le directeur des mines,
E. LAMÉ FLEURY.

Circulaire du 14 juin 1878 sur les règlements intérieurs des mines à grisou.

Monsieur l'ingénieur en chef, la commission chargée, en vertu de la loi du 26 mars 1877, de l'étude des moyens propres à prévenir à les explosions de grisou dans les houillères, a pensé qu'il serait utile de réunir les règlements intérieurs de toutes les exploitations que peuvent menacer des accidents de cette nature. Elle se proposerait d'en coordonner les dispositions essentielles et de composer ainsi une sorte de règlement prototype, où chaque exploitant serait à même de s'inspirer des dispositions qui s'adapteraient le mieux aux conditions spéciales de ses travaux.

Je vous prie de vous procurer et de m'adresser, le plus promptement possible, deux exemplaires de chacun des règlements de ce genre qui existent pour votre arrondissement minéralogique.

Recevez, monsieur l'ingénieur en chef, l'assurance de ma considération très distinguée.

Le ministre des travaux publics,
Pour le ministre et par autorisation :
La directeur des mines,
E. LAMÉ FLEURY.

Circulaire du 16 août 1878 concernant l'enquête sur les câbles employés dans les exploitations minières.

Monsieur l'ingénieur en chef, mon attention a été récemment appelée sur la fréquence des accidents dus à la rupture des câbles métalliques employés dans les mines. Sur l'avis du conseil général des mines, il m'a paru utile de faire procéder à une enquête, ayant pour objet d'établir les conditions de réception et de service des câbles de diverses natures dont l'industrie minière fait usage, ainsi que de rechercher les mesures techniques et administratives qu'il pourrait y avoir lieu de recommander ou même de prescrire, afin d'éviter les accidents.

En conséquence, j'ai fait dresser, par une commission spéciale, un questionnaire assez explicite pour qu'il soit inutile d'y rien ajouter. Je rappellerai seulement, en temps que de besoin, que vous devez uniquement vous préoccuper de ce qui touche à la sécurité des personnes.

Bien que l'enquête doive porter sur les câbles de diverses natures, en matières textiles comme en fils métalliques, il y a lieu d'examiner plus particulièrement les câbles métalliques. Je désire notamment avoir une statistique de toutes les mines de votre arrondissement minéralogique qui emploient de tels câbles, en distinguant ceux qui sont en fils de fer et ceux qui sont en acier, et en indiquant les profondeurs et la production des puits.

Le questionnaire a pour but d'indiquer tous les points qui paraissent de nature à éveiller l'attention en ce qui concerne l'usage des câbles ; il se peut toutefois que, en raison de circonstances exceptionnelles, vous soyez appelé à signaler d'autres particularités. Je crois ne point avoir besoin de vous dire que vous devez m'adresser toutes les observations, générales et spéciales, que vous penseriez avoir à présenter.

Les ingénieurs ordinaires, auxquels j'envoie ampliation de la présente circulaire, devront réunir tous les renseignements nécessaires auprès des exploitants de mines et des fabricants de câbles de leurs sous-arrondissements. Ils provoqueront et exécuteront, s'ils le jugent utile, de concert avec les exploitants ou fabricants, toutes les expériences que l'étude du sujet pourrait leur suggérer. Ils vous transmettront les renseignements ainsi recueillis, avec un rapport d'ensemble que vous me ferez parvenir en y joignant vos observations personnelles.

Je désirerais recevoir ce travail pour la fin du mois d'octobre.

Vous trouverez ci-joint un nombre d'exemplaires du questionnaire suffisant pour que vous puissiez les transmettre aux principaux exploitants de mines et fabricants de votre circonscription.

Recevez, monsieur l'ingénieur en chef, l'assurance de ma considération très distinguée.

Le ministre des travaux publics,
C. DE FREYCINET.

Circulaire du 3 mars 1879 sur les redevances.

Monsieur, vous recevrez, par le courrier de ce jour, les formules imprimées qui vous sont nécessaires pour la rédaction des états relatifs à l'assiette des redevances de l'exercice 1879 (produits de 1878) sur les mines du sous-arrondissement minéralogique d   .

A cette occasion, j'appelle votre attention sur un arrêt du conseil d'état, en date du 15 novembre dernier, interprétant le décret du 11 février 1874. Mon prédécesseur, dans la circulaire du 21 mars 1877, avait exprimé l'opinion, partagée par le ministre des finances, que, sur la proposition de l'ingénieur en chef, les décisions du comité d'évaluation pouvaient être réformées; il ajoutait que, du reste, le conseil d'état statuant au contentieux aurait à trancher prochainement la question. Or, aux termes dudit arrêt, ces décisions sont définitives quand aucun désaccord ne s'est produit entre le comité, d'une part, et l'ingénieur des mines ou le directeur des contributions directes, d'autre part.

Cette jurisprudence impose aux ingénieurs la plus grande circonspection. Ainsi que la recommandation s'en lit dans la circulaire précitée, à la moindre hésitation sur un point intéressant réellement les droits du trésor, ils devront en référer à leur chef de service et assez à temps pour que la réunion du comité d'évaluation ne soit pas reculée au delà des délais prescrits par la circulaire du 12 avril 1849.

Vous aurez, suivant l'usage, à faire préparer trois exemplaires du travail dont il s'agit (une minute pour les archives de votre bureau, une expédition pour la préfecture et une autre pour le ministère); cette dernière copie devra être remise, avec l'avis du directeur des contributions directes et le procès-verbal de la séance du comité d'évaluation, à l'ingénieur en chef, qui me fera parvenir le tout par l'intermédiaire du préfet, en y joignant ses observations.

Je vous prie de m'accuser réception de la présente et des états qui l'accompagnent.

Recevez, monsieur, l'assurance de ma considération distinguée.

Le ministre des travaux publics,
Pour le ministre et par autorisation :
Le directeur des mines,
E. LAMÉ FLEURY.

Circulaire du 4 mars 1879 sur les règlements de carrières.

Monsieur le préfet, la récente discussion du Sénat sur le projet de loi relatif à la révision partielle de la loi du 21 avril 1810 a montré l'opportunité de soumettre l'exploitation des carrières à un règlement d'administration publique, dans les départements qui en sont encore dépourvus.

J'ai l'honneur de vous communiquer ci-joint le type du règlement en vigueur pour la plupart des départements de la République et je viens vous prier de me faire connaître, dans le plus bref délai possible, après avoir pris l'avis des ingénieurs des mines, si vous verriez quelque inconvénient à ce qu'un tel règlement fût rendu applicable au département dont l'administration vous est confiée.

Au cas où ce type vous paraîtrait susceptible de quelques modifications de détail motivées par les circonstances locales, vous voudriez bien me les indiquer.

J'adresse ampliation de la présente circulaire aux ingénieurs des mines.

Recevez, monsieur le préfet, l'assurance de ma considération la plus distinguée.

Le ministre des travaux publics,
C. DE FREYCINET.

Instructions du 1ᵉʳ août 1879 adressées par le directeur général des contributions directes aux directeurs des contributions, au sujet des redevances des mines (concessions abandonnées, cotes irrécouvrables).

. . . .

Il existe un certain nombre de concessions de mines dont l'exploitation est abandonnée et dont les concessionnaires ou leurs ayants cause se trouvent *insolvables*. Ces mines, ne donnant plus aucun produit, ne sont plus soumises à la redevance proportionnelle ; mais elles continuent à être imposées chaque année à la redevance fixe, laquelle doit, en principe, être perçue tant que le retrait de la concession n'a pas été prononcé. Il en résulte qu'on ouvre chaque année, dans les rôles des redevances, un certain nombre de cotisations dont l'irrécouvrabilité est connue d'avance et dont le montant doit nécessairement tomber en non-valeurs. Cette situation a appelé l'attention du ministère des travaux publics et de celui finances, qui, d'un commun accord, ont reconnu qu'il conviendrait de cesser de faire figurer, dans les rôles comme dans les autres documents officiels servant à l'assiette des redevances, les mines se trouvant dans la situation indiquée ci-dessus. C'est ainsi qu'il y aura lieu de procéder, à l'avenir et même dès 1879, dans les départements où les rôles de l'année courante (produits de 1878) ne seraient pas encore rédigés.

. . . .

Le directeur général des contributions directes,
COPPENS D'HONDSCHOOTE.

Circulaire du 13 janvier 1880 sur l'intervention des ingénieurs en chef des mines dans le travail des redevances.

Monsieur l'ingénieur en chef, j'adresse aux ingénieurs, par le courrier de ce jour, les formules imprimées qui leur sont nécessaires pour la rédaction des états relatifs à l'assiette des redevances de l'exercice 1880 (produits de 1879) sur les mines de leur sous-arrondissement minéralogique.

Dans sa circulaire du 3 mars 1879, relative au travail des redevances du dernier exercice, mon prédécesseur a renouvelé la recommandation qui avait été faite, par la circulaire du 21 mars 1877, aux ingénieurs ordinaires, d'en référer, à la moindre hésitation de leur part sur un point intéressant réellement les droits du trésor, aux ingénieurs en chef. Depuis lors, une intervention régulière de ces derniers dans la préparation du travail m'a paru, comme au conseil général des mines, être indispensable, et désormais les propositions des ingénieurs sous vos ordres devront vous être soumises, avant la réunion du comité d'évaluation. J'ai fait appel au zèle des ingénieurs ordinaires, pour une production d'autant plus rapide desdites propositions qu'il est essentiel que, nonobstant l'examen dont je viens de parler, la réunion du comité ne soit pas retardée au delà du mois de juin, terme prescrit par la circulaire du 12 avril 1849. Je suis assuré d'avance, monsieur l'ingénieur en chef, que, de votre côté, vous vous efforcerez d'achever ledit examen dans le plus court délai possible.

Il n'est, d'ailleurs, dérogé en rien aux prescriptions de la circulaire du 30 avril 1849, aux termes de laquelle, après la délibération du comité d'évaluation, l'expédition complète du travail doit vous être remise par l'ingénieur ordinaire pour m'être ensuite adressée, avec vos observations, par l'intermédiaire du préfet.

Je vous signale une modification apportée aux états et sur laquelle j'ai appelé l'attention des ingénieurs ordinaires : dans les colonnes qui sont relatives à la production et à la valeur du minerai, *la tonne de 1.000 kilog. a été substituée au quintal métrique.* Cette modification est la conséquence nécessaire de la substitution identique opérée sur les états statistiques adressés annuellement à l'administration (circulaire du 30 septembre 1877).

D'accord avec le ministre des finances, il a été reconnu qu'il conviendrait de cesser de faire figurer, dans les rôles comme dans les autres documents servant à l'assiette des redevances, les mines dont la redevance a été déclarée irrécouvrable. Elles devront toujours être inscrites, pour ordre, dans l'état récapitulatif, mais sans qu'il soit fait mention de la quotité de la redevance fixe, qui ne sera pas, dès lors, comprise dans les totaux dudit état.

J'ai insisté auprès des ingénieurs pour qu'ils s'occupassent sans retard de ce travail, dont la préparation leur sera facilitée par l'envoi des formules dès le début de l'année ; ils pourront y faire immédiatement inscrire tous les renseignements non susceptibles de modifications. En ce qui vous concerne, monsieur l'ingénieur en chef, je vous prie d'accélérer le le plus possible la production dudit travail.

Je vous serai obligé de me renvoyer, sans lettre spéciale, le récépissé ci-inclus, après l'avoir rempli.

Recevez, monsieur l'ingénieur en chef, l'assurance de ma considération très distinguée.

Le ministre des travaux publics,
Pour le ministre et par autorisation :
Le directeur du personnel et des mines,
E. DEMANCHE.

Circulaire du 22 juillet 1880 sur la redevance proportionnelle (conversion, par un concessionnaire, de ses charbons en coke ou en agglomérés).

Monsieur le préfet, conformément à la jurisprudence résultant de plusieurs décisions contentieuses du conseil d'état, la conversion, par un concessionnaire de mines de houille, de ses charbons en coke ou de ses menus charbons en agglomérés était, jusqu'à présent, considérée comme un mode d'exploitation desdites mines. L'opération échappait dès lors à l'impôt de la patente et les dépenses et les recettes en résultant figuraient dans le calcul de la redevance proportionnelle.

Un arrêt au contentieux, du 7 mai dernier, a décidé que la fabrication du coke et des agglomérés par l'exploitant de gîtes houillers constituait une industrie distincte, devant être assujettie à la patente. En vertu de cet arrêt, pour calculer le produit net imposable à la redevance proportionnelle, il y a lieu de faire entrer en ligne de compte, tant dans le produit brut que dans les dépenses d'exploitation, uniquement les éléments relatifs à la houille, abstraction faite des éléments relatifs à la transformation de cette houille en coke ou en briquettes agglomérées.

La nouvelle jurisprudence du conseil d'état permet d'obtenir, pour l'assiette de la redevance proportionnelle afférente à l'exercice 1880 (produits de 1879), le résultat qu'assure à titre définitif, pour l'avenir, la loi du 15 juillet dernier sur les patentes, dont l'article 17, § 3, porte que « les concessionnaires de mines ne sont pas assujettis à la patente pour le seul fait de l'extraction et de la vente des matières par eux extraites, l'exemption ne pouvant, en aucun cas, être étendue à la *transformation* des matières extraites ».

Il nous a paru, à M. le ministre des finances et à moi, que les principes posés par l'arrêt du 7 mai devaient être appliqués au travail de la redevance proportionnelle qui est en préparation. Des instructions dans ce sens ont été données aux fonctionnaires des contributions directes. Les ingénieurs des mines auront, de leur côté, à tenir compte dudit arrêt, et je leur adresse directement des exemplaires de la présente circulaire, dont je vous serai obligé de m'accuser réception.

Recevez, monsieur le préfet, l'assurance de ma considération la plus distinguée.

Le ministre des travaux publics,
H. VARROY.

Circulaire du 6 août 1880 concernant la loi du 27 juillet 1880, portant modification de plusieurs articles de la loi du 21 avril 1810.

Monsieur le préfet, les mines, minières et carrières sont placées, depuis soixante-dix ans, sous le régime de la loi du 21 avril 1810. A différentes époques, quelques modifications y ont été apportées, et des vœux ont été, plus récemment, émis afin de mettre cette législation plus en rapport avec les besoins de l'industrie.

Pour donner, dans une sage mesure, satisfaction à ces vœux, le conseil général des mines et le conseil d'état ont été appelés successivement à se prononcer sur les modifications qui leur paraissaient indispensables. Cette étude a démontré que, dans ses dispositions fondamentales, la loi du 21 avril 1810 répondait à son but, et qu'il suffisait d'en combler quelques lacunes; un projet de loi, portant révision d'un certain nombre de ses articles, a été présenté au parlement par mon prédécesseur. Adopté, avec très peu de changements, par le sénat et la chambre des députés, il est devenu la loi du 27 juillet 1880, dont vous trouverez le texte à la suite de la présente circulaire.

Je crois devoir indiquer très sommairement l'économie des dispositions nouvelles.

L'article 11 de la loi de 1810 a édicté, en matière de recherche et d'exploitation de mines, des prohibitions qui, manifestement favorables aux propriétaires de la surface, motivaient, depuis longtemps, les réclamations des explorateurs ou des concessionnaires. Il a paru possible de concilier le respect dû à « l'asile des jouissances domestiques », pour employer l'expression de l'exposé des motifs de la loi du 21 avril 1810, et les nécessités de l'industrie des mines, en apportant audit article trois corrections importantes.

En effet, le nouvel article 11 réduit de 100 à 50 mètres le rayon de la zone de protection extérieure; d'autre part, il limite le bénéfice de cette zone aux habitations et clôtures murées y attenant, tandis que, précédemment, ce bénéfice était acquis à toutes les clôtures murées, attenantes ou non à des habitations; en troisième lieu, il n'exige le consentement du propriétaire que pour l'exécution, dans cette zone, des puits ou galeries, laissant sous le régime du droit commun les sondages, machines, magasins et ateliers.

Le nouvel article 11 a été d'ailleurs rédigé de manière à consacrer législativement la jurisprudence que, après bien des vicissitudes, la cour de cassation a fini par faire triompher, et en vertu de laquelle la protection accordée au propriétaire d'une maison d'habitation est indépendante de cette circonstance, qu'il possède ou ne possède pas les terrains environnants compris dans la zone protégée.

Quelques changements ont été apportés dans l'instruction des demandes en concession, au point de vue de la publicité. Ainsi la facilité et la rapidité des communications ont paru permettre de réduire de quatre mois à deux mois la durée de l'enquête; comme d'ailleurs les journaux constituent aujourd'hui l'élément le plus puissant de publicité, le nouvel article 23 prescrit l'insertion des affiches, deux fois et à un mois d'intervalle, non seulement dans l'un des journaux du département, mais aussi dans le *Journal officiel*.

Il va sans dire que les nouvelles dispositions sont applicables exclusivement aux demandes qui étaient à publier et à afficher lors de la promulgation de la loi du 27 juillet 1880. Les demandes déjà en cours de publication et affiches quand cette loi a été promulguée seront naturellement instruites suivant les formes anciennes.

Je ne m'arrêterai pas au nouvel article 42; il contient la consécration législative du droit, pour le gouvernement, de déterminer la quotité de la redevance tréfoncière.

L'article 43 actuel englobe les anciens articles 43 et 44, qui ont subi des remaniements dont les plus importants peuvent se résumer ainsi :

En premier lieu, le droit d'occupation, par un concessionnaire, de terrains situés dans le périmètre de sa concession ne découlait qu'implicitement de la rédaction primitive. La nouvelle proclame explicitement le principe et précise les formes de l'instruction devant précéder l'autorisation à obtenir.

En second lieu, sont déterminés les travaux pour lesquels l'occupation peut être autorisée.

En troisième lieu, il est stipulé qu'en matière d'occupation, le concessionnaire et l'explorateur, muni du permis de recherches mentionné à l'article 10, sont placés sur la même ligne.

D'un autre côté, en ce qui concerne les bases de l'indemnité due en semblable occurrence, le nouveau texte fait disparaître toute équivoque sur ce point; quand le concessionnaire est forcé d'acquérir le terrain endommagé, la valeur à envisager pour la fixation de l'indemnité au double est celle que ce terrain avait au moment où le dommage a été causé par l'occupation.

Enfin, il est nettement établi que les dommages, autres que ceux causés à la surface par les travaux énumérés dans l'article 43, ne comportent pas l'application de l'indemnité double édictée par cet article.

Le suivant contient une innovation dont l'importance ne vous échappera pas. Il permet de déclarer d'utilité publique et de faire profiter du bénéfice de l'expropriation certains travaux indispensables à l'exploitation des mines, et dont le nouveau texte donne la nomenclature. Cette disposition, empruntée à plusieurs législations étrangères, comble une lacune que de nombreuses réclamations avait mise en relief.

Au nombre des objets pour lesquels l'ancien article 50 investissait les préfets du droit de prendre, à l'égard de l'exploitation des mines, les mesures reconnues nécessaires, ne figuraient pas la conservation des voies de communication, celle des eaux minérales et l'usage des sources qui alimentent les villes, villages, hameaux et établissements publics. La nouvelle rédaction cite ces différents objets; elle donne, en ce qui touche notamment les sources, toute garantie à un intérêt public jusqu'à présent dénué quelque peu de protection.

La législation spéciale au minerai de fer présentait, dans l'application, des difficultés sérieuses quant à la délimitation des droits du concessionnaire et de ceux du propriétaire de la surface, ou mieux, quant à la ligne de démarcation à tracer entre la partie non concessible et la partie concessible ou concédée d'un gîte comprenant légalement ces deux parties. Il a paru possible d'aplanir ces difficultés et de prévenir les obstacles qu'une exploitation superficielle, présente ou future, pourrait susciter à l'exploitation souterraine.

A cet effet, le nouvel article 70 prévoit deux cas :

Dans le périmètre d'une concession qui vient d'être instituée, est ouverte une minière dont l'exploitation ne pourrait se prolonger sans rendre impossible l'exploitation avec puits et galeries. Faculté d'interdiction attribuée au ministre des travaux publics.

Dans le même périmètre se trouve une minière exploitable à ciel ouvert ou non encore exploitée. Faculté, pour le concessionnaire, d'obtenir du gouvernement la réunion de la minière à la mine par un décret rendu en conseil d'état.

Dans l'une ou l'autre hypothèse, le concessionnaire est tenu à indemnité envers le propriétaire de la minière, ladite indemnité étant fixée, dans les deux cas, par les tribunaux civils.

Tels sont, monsieur le préfet, dans ce qu'ils ont de plus essentiel, les points traités par la loi du 27 juillet 1880. Elle est, vous le voyez, conçue dans l'esprit le plus libéral et sera, je n'en doute pas, accueillie avec faveur par l'industrie des mines.

Je vous prie de m'accuser réception de la présente circulaire, que j'adresse directement aux ingénieurs des mines.

Recevez, monsieur le préfet, l'assurance de ma considération la plus distinguée.

Le ministre des travaux publics,

H. VARROY.

Circulaire du 9 août 1880 accompagnée d'une note sur les précautions à prendre dans l'emploi de la dynamite dans les mines et carrières.

Monsieur le préfet, justement préoccupé des accidents causés dans les mines et carrières par l'emploi de la dynamite, le conseil général des mines a pensé qu'il était du devoir de l'administration d'aviser aux moyens de prévenir ces accidents.

Conformément à l'avis du conseil, j'ai décidé qu'il y avait lieu d'inviter les exploitants, faisant usage de cette substance explosible, à recommander, pour son emploi, les précautions nécessaires en vue de la sécurité, par des ordres de service qui devraient être constamment affichés à l'intérieur des exploitations. Ces ordres de service seraient basés, suivant les circonstances locales, sur les principes exposés dans une note que le conseil a élaborée.

Vous trouverez ci-joint un certain nombre d'exemplaires de cette note, destinés à être adressés par vous aux principaux exploitants de votre département: il y aura lieu de l'insérer dans le recueil des actes administratifs, et, suivant les circonstances que vous apprécierez, d'assurer sa publicité par la voie des affiches.

En ce qui concerne particulièrement les mines souterraines de quelque importance, il convient, afin de donner aux règlements intérieurs relatifs à l'emploi de la dynamite une sanction pénale, en dehors des cas d'accident, que les règlements préparés à cette effet par les exploitants soient soumis par ceux-ci à l'approbation préfectorale. Les ingénieurs auront à provoquer, au besoin, l'application de cette dernière mesure.

Enfin, vous voudrez bien avertir tous les exploitants de mines et de carrières qu'ils engageraient gravement leur responsabilité et s'exposeraient à des poursuites, en cas d'accident, s'ils négligeaient de se conformer aux mesures de précaution qui leur sont indiquées, et de les porter à la connaissance de leurs ouvriers.

J'adresse aux ingénieurs des mines un exemplaires de la présente circulaire, dont je vous prierai de m'accuser réception en me renvoyant le récépissé ci-inclus.

Recevez, monsieur le préfet l'assurance de ma considération la plus distinguée.

Le Ministre des travaux publics,

H. VARROY.

NOTE SUR LES PRÉCAUTIONS RELATIVES A L'EMMAGASINEMENT ET A L'EMPLOI DE LA DYNAMITE

EMMAGASINEMENT.

Le dépôt où est emmagasinée la dynamite doit être construit de manière que les cartouches soient, autant que possible, à l'abri de la gelée en même temps que de l'humidité.

En aucun cas, les capsules-amorces ne seront conservées dans le même local que la dynamite.

Les cartouches ne doivent être remises aux ouvriers que dans un état parfaitement normal et n'ayant, autant qu'il se pourra, que moins de dix-huit mois d'emballage. Il est particulièrement interdit de délivrer de la dynamite gelée. La remise de la dynamite ne devra, d'ailleurs, être faite que par petites quantités, au fur et à mesure des besoins.

Dans les travaux à ciel ouvert, il conviendra que les cartouches soient enveloppées de substances non conductrices, afin de ne pas être exposées à geler en attendant leur emploi.

EMPLOI.

Les cartouches seront tenues, par les ouvriers auxquels elles auront été délivrées, à l'abri de la gelée, de l'humidité et de tout danger de feu par le voisinage des lampes, etc. Elles seront séparées de tout approvisionnement d'amorces, lesquelles devront être placées à un intervalle de 5 mètres au moins.

Lorsqu'elles seront en certaine quantité, elles devront être conservées dans des boîtes en bois, munies d'un couvercle, maintenu fermé par son propre poids, et fixées, autant que possible, contre les cadres de boisage des galeries dans les ouvrages souterrains; elles devront être tenues tout au moins à l'abri des chocs directs de l'air, dans tous les cas, à l'abri des éboulements et particulièrement de ceux qui pourraient résulter de l'explosion des coups de mines.

Il doit être formellement interdit :

1° D'employer des cartouches gelées ou incomplètement dégelées;

2° De chercher à ramollir des cartouches durcies par le froid en les exposant directement au feu, en les plaçant devant des cheminées, sur des poêles, sur des cendres chaudes, etc., en les mettant dans l'eau, à cause de la détérioration qui peut en résulter pour la matière qui les compose.

Les cartouches suspectes doivent être remises aux surveillants, qui feront procéder aux opérations de dégel au bain-marie dans des vases spéciaux;

3° De chercher à briser ou à couper des cartouches ainsi gelées totalement ou partiellement;

4° D'amorcer plus de cartouches qu'on ne doit en utiliser immédiatement, et de conserver des cartouches amorcées.

(Toute cartouche amorcée et non utilisée doit être séparée de son amorce et mise en lieu sûr. Si une cartouche amorcée est gelée, elle ne devra être désamorcée qu'après avoir été dégelée avec les précautions voulues);

5° D'employer des bourroirs en fer ou en métal pour le chargement des coups de mines et de procéder par chocs au bourrage;

6° D'introduire dans la charge d'autre cartouche amorcée que la cartouche-amorce proprement dite, laquelle doit être placée au-dessus de cette charge avec un soin particulier;

7° De revenir sur une mine ratée, qu'elle soit isolée ou fasse partie d'une série de coups, sans avoir laissé écouler un délai d'une heure au moins, et, dans tous les cas, de chercher à débourrer un coup raté pour en retirer les cartouches.

Les trous faits en remplacement des coups ratés doivent être placés à une distance des premiers telle, qu'il existe au moins 20 centimètres d'intervalle dans tous les sens entre l'ancienne charge et la nouvelle, cette distance devant être augmentée, s'il y avait lieu de craindre que la nitro-glycérine ne se fût répandue dans la roche, à travers les fissures.

On devra se défier de l'emploi de la poudre dans les trous de mines pour faire détoner la dynamite, dont l'explosion peut ainsi n'être pas déterminée d'une manière franche et complète.

En cas de tirage à l'électricité, la manivelle des machines électriques statiques sera toujours entre les mains du chef de poste préposé au tirage, qui ne la mettra en place qu'au moment d'allumer les coups.

Les dépôts explosifs seront séparés des locaux où sont placés les générateurs d'électricité.

Instruction, sur le caractère des accidents auxquels sont exposés les ouvriers mineurs et sur la nature des secours qui doivent leur être donnés, présentée, au nom de la commission d'hygiène publique de l'Académie de médecine, par le docteur Proust, approuvée par l'Académie de médecine dans la séance du 15 mars 1881 (1), et transmise par l'Académie à M. le ministre des travaux publics pour remplacer l'instruction de 1813 (2).

OBSERVATIONS PRÉLIMINAIRES

Depuis le 9 février 1813, époque à laquelle le docteur Salmade a rédigé l'instruction concernant les accidents dans les mines (3), les conditions sanitaires des ouvriers, notamment dans les houillères, se sont notablement améliorées (4).

Aujourd'hui, la descente dans les travaux s'opère à l'aide de *bennes*, généralement guidées, et non plus par des échelles. Les galeries de roulage sont vastes. Le traînage s'effectue par des chevaux; l'aération est

---

(1) Voir plus haut, p. 711, la circulaire ministérielle du 27 juillet 1877 concernant la révision des instructions relatives aux soins à donner aux ouvriers mineurs en cas d'accidents.

(2) *Bulletin de l'Académie de médecine*, 2ᵉ série, t. X, 45ᵉ année, p. 336 et suiv.

(3) Voir cette instruction, Dupont, *Jurisprudence des mines*, t. III, p. 180.

(4) D'après un travail statistique de M. Delseriès, ingénieur en chef des mines, la proportion des hommes tués dans les mines a été trois fois moins considérable de **1860 à 1875** que de **1817 à 1832**.

faite par des moyens puissants, et les plans de l'exploitation, relevés exactement, permettent de savoir où l'on est et où l'on va.

Ces améliorations ne sont cependant pas générales; et il est permis de dire que, même dans les mines les mieux tenues, les plus habilement dirigées, les ouvriers sont encore exposés à des causes nombreuses d'accidents et d'insalubrité.

La température élevée des mines profondes ou enflammées, la fumée, les gaz méphitiques et surtout le grisou sont des menaces de danger qui n'ont pas été supprimées et contre lesquelles, aujourd'hui, comme il y a soixante ans, il faut être en garde.

De nos jours, des catastrophes terribles, où 300 hommes ont péri en un instant, nous rappellent qu'il faut toujours veiller. Si quelques progrès ont été réalisés, il reste beaucoup à faire.

L'*instruction* présente, qui est destinée à remplacer ou du moins à compléter celle du docteur Salmade, en conservera le cadre. Elle est destinée aux directeurs des mines et à leurs préposés, afin qu'ils puissent donner les premiers secours. Ces soins doivent être d'autant plus prompts que les accidents entraînent quelquefois la mort avant l'arrivée du médecin.

Il serait donc utile que les médecins attachés aux mines fissent, par an, deux ou trois conférences aux chefs mineurs, presque toujours appelés les premiers au moment des accidents. Ces conférences seraient suivies de quelques exercices pratiques destinés à apprendre les pansements et à donner des indications sur le maniement des blessés et sur la façon d'employer les médicaments et les instruments que doit contenir la boîte de secours. Grâce à ces divers moyens, l'*instruction* aura toute son efficacité.

ASPHYXIE.

L'air que l'on respire à l'intérieur des mines présente une composition qui varie non seulement d'une houillère à une autre, mais encore dans la même, suivant des circonstances multiples. On peut affirmer, toutefois, qu'il ne présente jamais la composition normale.

D'après une analyse, que fit autrefois Moyle, de l'atmosphère de quelques mines du duché de Cornouailles, l'air ne renfermait que dix-sept parties d'oxygène au lieu de vingt et une, et 0,0085 d'acide carbonique au lieu de 0,0005 (en volume). De nos jours, M. Tournaire, ingénieur en chef des mines, résume ainsi son opinion sur ce point :

« L'air se charge dans la mine de beaucoup plus d'acide carbonique que la respiration des hommes et des animaux, la combustion de la poudre et des lampes n'en auraient pu produire; et la proportion de l'oxygène y est inférieure constamment à celle de l'air normal. »

On respire donc mal dans les mines, comme le témoigne d'ailleurs l'expérience suivante : Un homme de trente ans, par une température de 10 degrés et une pression barométrique de 732 millimètres, respire vingt et une fois par minute. Il descend dans un puits de 500 mètres de profondeur ; à l'intérieur des travaux, la température est de 30 degrés, la pression de 778 ; il respire trente-six fois par minute.

Outre sa pauvreté en oxygène, sa richesse en acide carbonique, l'atmosphère des mines contient des gaz provenant de la décomposition des matières végétales et animales. Les couches de houille exhalent des gaz carburés ; enfin les incendies, les explosions de grisou produisent des fumées, de l'acide carbonique et de l'oxyde de carbone. Nous allons passer en revue ces différentes causes d'asphyxie dans les mines.

Grisou. — Le grisou est un mélange de gaz dont la composition, variable selon les mines, se rapproche de la formule suivante :

Hydrogène proto-carboné. 80
Hydrogène bi-carboné. 2
Gaz divers (azote, acide carbonique). 18

Le grisou, quand on l'enflamme, brûle avec une belle flamme bleue ; mélangé à l'air dans de certaines proportions, il devient explosible ; à la dose de 6 pour 100, il commence à être dangereux ; à 10 pour 100, son pouvoir explosible est à son maximum ; il diminue à 16 pour 100 et disparaît à 30 pour 100.

La détonation du grisou développe une pression d'environ 6 atmosphères ; puis les gaz, qui sont à ce moment à une température très élevée, se refroidissent facilement ; la vapeur d'eau résultant de l'explosion se condense ; il se fait alors un retrait que l'on peut évaluer à 20 pour 100 du volume primitif, retrait qui appelle l'air extérieur avec une grande violence. Aussi, lorsqu'une explosion de grisou a lieu dans une mine, il se produit, suivant la quantité de gaz qui a détoné, des désordres plus ou moins graves, qu'on peut résumer ainsi :

Brûlures, production de gaz délétères, courants d'air d'une extrême violence, qui bouleversent les travaux et renversent les ouvriers.

Poussières charbonneuses. — Dans les mines sèches, les galeries sont remplies de poussières de charbon, provenant de l'abatage de la houille dans les tailles, et du piétinement des hommes et des chevaux. Ces poudres, soulevées et suspendues dans l'air, sont explosibles, ou tout au moins inflammables. Une détonation de grisou a lieu, la pression considérable qui en résulte fait tourbillonner les poussières, qui prennent feu à leur tour ; cette nouvelle explosion agit comme la première et lui fait suite en gagnant de nouvelles galeries, dont elle soulève et enflamme les poussières. C'est ainsi que l'orage s'alimente en marchant et ravage tous les travaux.

Après l'explosion, on trouve dans la mine, sur les bancs de soutènement, des croûtes légères de coke qui indiquent qu'il y a eu du charbon brûlé. D'après l'analyse de ces croûtes, on a pu calculer qu'un kilogramme de poussières soulevées et enflammées a dégagé 61 grammes de gaz, c'est-à-dire 84 litres (pour une tonne, 84,000) à la température et à la pression ordinaires ; mais ce volume a été considérablement amplifié par l'ignition.

On juge par là de la terrible puissance destructive d'une explosion de grisou dans une mine sèche poudreuse.

Nous citerons comme exemple les terribles catastrophes qui ont eu lieu, en novembre 1871 et en février 1876, au puits Jabin de Saint-Étienne. L'oxyde de carbone semble ici avoir été la cause de la mort de 186 ouvriers dans un cas, et de 70 dans l'autre.

Acide carbonique. — L'acide carbonique existe dans l'atmosphère des mines, en proportion plus considérable que dans l'air normal. Quelquefois, il s'accumule dans les travaux en grande quantité ; grâce à sa pesanteur, il occupe la partie inférieure des galeries, souvent à une hauteur de plusieurs centimètres ; quelquefois, il les remplit tout entières. Suivant certains auteurs, il serait exhalé par les couches exploitées. Ce qui est certain, c'est que les incendies le produisent ; enfin il peut avoir pour origine des gîtes calcaires qui circonscrivent les couches houillères, et communiquent avec les travaux par des failles.

Dans une mine du Gard, on a observé, non pas une explosion, mais une expansion de gaz acide carbonique, qui a bouleversé les travaux et tué les ouvriers qui s'y trouvaient. A part ces cas exceptionnels, l'acide carbonique est un gaz qui, bien que dangereux, puisqu'il est irrespirable, produit peu d'accidents, parce que, grâce à son poids spécifique élevé, il occupe les parties basses, éteint les lampes et décèle ainsi sa présence. Les ouvriers le connaissent et s'en méfient.

Fumées. — Quand un incendie se déclare dans une mine, la fumée envahit les travaux voisins, et même quelquefois les travaux des étages supérieurs et inférieurs ; elle est très dangereuse, parce qu'elle contient presque toujours une forte proportion d'oxyde de carbone et tue très promptement les ouvriers qui la respirent.

Travaux abandonnés. — L'air des travaux abandonnés est assurément fort dangereux ; les animaux qu'on y plonge périssent rapidement. On a cru d'abord que c'était à la présence de l'acide carbonique qu'il fallait attribuer cette influence nocive, mais il paraît démontré aujourd'hui que cet air vicié est presque complètement privé de gaz oxygène, qui a été détruit par la putréfaction des matières végétales et animales.

Coups d'eau. — A une époque déjà lointaine, les ouvriers mineurs étaient exposés aux accidents résultant des coups d'eau et notamment à l'asphyxie par submersion. L'exploitation pénétrait dans de vieux travaux pleins d'eau dont on ignorait l'existence ou tout au moins la position exacte ; l'irruption de l'eau faisait alors, suivant sa masse, des dégâts plus ou moins terribles. Aujourd'hui que, dans toutes les mines, on possède des plans exacts des galeries et des travaux, ces accidents sont devenus très rares et ne seront probablement plus guère observés dans la suite. Maintenant donc, il nous semble que l'asphyxie par submersion, grâce à la bonne tenue des exploitations, ne doit plus être rangée parmi les accidents des mines.

CHAP. XVIII. — ANNEXES. 731

Traitement de l'asphyxie. — Que l'asphyxie soit produite par le manque d'air, par la fumée, l'acide carbonique, etc., elle est toujours facile à reconnaître. Il y a cessation subite de la respiration, des battements de cœur, du mouvement et de toutes les fonctions sensitives; le visage se gonfle et se marque de taches rougeâtres, les yeux deviennent saillants, les traits se décomposent, et la face est souvent livide.

Quelle que soit la cause de l'asphyxie, elle réclame les mêmes secours immédiats.

« L'indication à remplir dans le traitement de l'asphyxie est de fournir l'oxygène qui manque, de chercher à régénérer le sang, et de faire que les globules qui ne sont pas encore complètement morts puissent de nouveau absorber de l'air et les porter dans l'organisme. » (Cl. Bernard.)

1° On soustraira l'asphyxié à l'action des gaz délétères; on le transportera en plein air ou dans un lieu bien aéré.

2° On lui projettera avec force de l'eau froide sur la figure, comme on a coutume de le faire pour les personnes en syncope, afin de provoquer un spasme du diaphragme, qui se traduit par une espèce de hoquet et qui est l'indice que la respiration prend son cours.

3° On excitera la membrane pituitaire avec un flacon d'acide acétique ou d'ammoniaque mis sous le nez.

4° On déshabillera l'asphyxié, et on lui fera rapidement quelques aspersions sur tout le corps.

5° Immédiatement après, on fera des frictions longtemps continuées sur toute la surface du corps et notamment sous les clavicules.

« C'est là que les nerfs, restant plus longtemps impressionnables, peuvent réagir plus directement sur les mouvements respiratoires. » (Cl. Bernard.)

6° L'asphyxié étant couché sur le dos, une personne placée en avant de l'asphyxié, et pour ainsi dire à cheval sur lui, élèvera et abaissera successivement les membres supérieurs, de façon à établir une respiration artificielle.

Le moyen suivant doit également être recommandé; on pratiquera des pressions intermittentes sur la poitrine :

Pour cela faire, on se placera à cheval sur le patient, les deux genoux touchant chacun l'une des hanches; on appliquera les mains sur le thorax (la droite sur le côté gauche, la gauche sur le côté droit), les doigts, autant que possible, logés dans les espaces intercostaux pour stimuler les muscles qui les remplissent.

Après cinq ou six pressions, on s'arrêtera pour observer si la respiration s'est rétablie; cette manœuvre doit être continuée longtemps; les frictions sur les membres sont faites concurremment par d'autres personnes.

7° L'oxygénation du sang étant le but que l'on doit se proposer, on devra se servir d'un des nombreux appareils qui ont pour but l'introduction de l'oxygène dans les poumons.

Le gaz oxygène est enfermé dans un sac en caoutchouc de la contenance de 25 ou 30 litres, qui se termine par un tube. Ce tube est introduit dans la bouche de l'asphyxié. On y fait arriver, en comprimant le sac, le gaz, qui, sous l'influence des mouvements rythmés du thorax, pénètre dans les poumons. Cette manœuvre ne présente aucun danger.

On s'assurera si le cœur bat en appliquant l'oreille ou simplement la main à la région précordiale; souvent, le pouls a disparu et le cœur bat encore. Quelquefois les battements sont très faibles, ce sont des frémissements, c'est un signe qui indique que la vie n'est pas éteinte et qu'il ne faut pas désespérer. Du reste, quand même on ne percevrait pas les battements, il faut continuer longtemps, très longtemps les secours que nous venons d'indiquer, autant que possible jusqu'à l'arrivée du médecin.

Souvent *dans des cas qui paraissaient désespérés, on a pu, à force de persévérance, ranimer des asphyxiés*. On entend un léger soupir qui se renouvelle au bout de quelques minutes, et la respiration ainsi que la circulation reprennent leur cours.

Aussitôt que le malade donne un premier signe de vie, on le place dans un lit chaud, on lui fait avaler quelques cuillerées d'eau mêlée avec de l'eau-de-vie, du rhum, de la chartreuse, ou tout autre cordial, et l'on a soin d'aérer convenablement la chambre où il repose.

Il nous reste à indiquer brièvement trois moyens de traitement que le médecin seul peut employer :

A. Insufflation d'air ou d'oxygène dans les poumons.

B. Ouverture de la trachée, afin de pousser de l'air ou de l'oxygène dans les poumons.

C. Transfusion du sang.

On a dans ces derniers temps perfectionné les procédés de la transfusion (Montcoq, *Transfusion instantanée du sang*, 1874).

Ce dernier moyen, qu'on ne doit employer que dans les cas extrêmes, compte des succès. Enfin il ne faut pas recourir à la saignée, « qui est une mauvaise chose dans l'asphyxie par le charbon; car on soustrait des globules sanguins à un organisme qui les a déjà perdus en partie ». (Cl. Bernard.)

BRULURES.

Dans les mines, les brûlures par le grisou sont les plus fréquentes et les plus graves, les autres sont généralement insignifiantes et méritent à peine d'être mentionnées. Le grisou enflammé est doué d'une température très élevée, et cependant il ne produit que des brûlures qui ne dépassent guère le 3me degré; cela tient à ce qu'il a un trajet très rapide; il passe comme l'éclair, disent les ouvriers; la gravité des brûlures causées par le grisou dépend de leur étendue. On peut dire d'une manière générale que si elles occupent plus de la moitié de la surface du corps, elles sont mortelles, soit par la douleur, soit par des congestions viscérales intenses. Si elles sont plus circonscrites, elles guérissent même rapidement, pourvu qu'elles ne soient pas accompagnées des complications dont nous allons parler.

On a signalé quelques cas d'ouvriers qui, après une explosion de grisou, avaient été brûlés légèrement et surtout à la figure; ils étaient rentrés à pied, à leur domicile, après l'accident, ils avaient mangé et ne semblaient pas gravement atteints. Cependant ils moururent d'étouffement le 2ᵉ ou le 3ᵉ jour.

Dans un cas, on constata à l'autopsie une rougeur intense de la partie inférieure de la trachée; la muqueuse des grosses bronches tuméfiée, couleur lie de vin, ramollie, se dissociant sous un mince filet d'eau; les petites bronches était obstruées par le gonflement de la muqueuse; il paraît probable, dans ces cas, que les ouvriers ont avalé le feu, suivant leur langage expressif. (RIEMBAULT.)

Secours aux brûlés. — Il ne sera pas question ici des brûlures légères qui n'ont d'autre inconvénient que de déterminer une incapacité de travail de quelques jours, qui réclament seulement un peu d'huile ou de cérat, et que tout le monde sait panser.

Les mineurs surpris par un coup de grisou ont les cheveux, la barbe, la figure, le dos, la poitrine, les bras brûlés, c'est-à-dire la partie supérieure du corps. Quelquefois aussi, rarement cependant, le ventre, le dos, les membres inférieurs sont atteints. C'est un horrible spectacle que de voir ces malheureux noirs de charbon, à demi nus (leurs vêtements sont à demi consumés et collés sur la peau), tremblants de froid et de fièvre, hurlant de douleur, s'agitant, ne pouvant ni s'asseoir ni même s'appuyer, à cause de leurs plaies.

Voici la conduite à tenir :

1° Autant que possible, le pansement devra être fait dans la mine, ou tout au moins dans la chambre de la machine du puits.

2° On enlèvera ce qui reste de leurs vêtements en les coupant avec des ciseaux.

3° On ne cherchera pas à enlever la poudre de charbon qui recouvre leur corps; elle n'est pas nuisible. Il n'en est pas de même de petits grains de charbons, anguleux, de dimensions variables, gros quelquefois comme un noyau de cerise; ces grains devront être enlevés un à un, soit avec un cure-dents, soit avec un instrument analogue, une allumette taillée en pointe, par exemple. Cette espèce d'épluchement sera fait minutieusement; un corps étranger de cette nature, de cette forme, que la pression d'un bandage enfonce dans la peau enflammée, causerait des douleurs intolérables.

4° On ne lavera pas les plaies, on les enduira d'une couche d'huile (huile d'olive ou d'amandes douces), et l'on enveloppera le malade de coton ouaté; le coton hygroscopique, complètement dégraissé, est celui qui convient le mieux. On en applique une triple ou quadruple couche sur le thorax, couche suffisamment large pour couvrir les flancs; on agit de même pour le dos, les bras, etc.; le tout est assujetti par quelques tours de bande; il ne faut pas craindre de serrer fort : le coton se tasse.

On a ainsi habillé le patient d'une couche épaisse de coton; il pourra dès lors s'appuyer sur le dos, se coucher, s'asseoir; il en a grand besoin; il est exténué de fatigue, de douleur; on peut le manier, le soutenir, le transporter. Ce pansement a l'avantage d'être d'une exécution facile et rapide, d'être solide, et il n'a pas besoin d'être souvent renouvelé. Nous indiquons ici les premiers secours à donner aux brûlés. Nous n'avons pas à nous occuper des soins qu'ils réclament dans la suite.

FRACTURES.

On reconnaît que l'os ou les os d'un membre sont fracturés à la déformation du membre, au gonflement, à l'impossibilité des mouvements, à la douleur, et à d'autres signes encore que le médecin seul est apte à connaître.

Dans le doute, il sera sans inconvénient d'agir comme s'il y avait fracture et d'avoir recours aux moyens que nous allons indiquer :

Dans les premiers secours que l'on doit administrer à des blessés atteints de fracture des membres, il faut se préoccuper surtout d'obtenir l'immobilité, afin de calmer la douleur, d'empêcher les fragments osseux de déchirer les tissus et de compliquer les blessures.

On a recours, à cet effet, à des attelles brisées qui sont constituées par deux bandes de toile de dimension variable, superposées et réunies l'une à l'autre par des coutures longitudinales et parallèles, de façon à former une douzaine de gaines (plus ou moins) destinées à recevoir des planchettes larges de 15 millimètres environ. Ces attelles, plus ou moins longues, plus ou moins larges (il en faut de toutes les dimensions), rigides dans le sens de la longueur, sont appliquées sur le membre fracturé, qu'elles enveloppent presque entièrement; elles sont maintenues par quelques tours de bande.

Les personnes étrangères à la médecine, qui donneront les premiers soins aux blessés, ne doivent pas exercer de traction dans le but d'obtenir la réduction des fractures.

Dans la plupart des cas même, elles ne devront pas dépouiller le membre atteint des vêtements qui le recouvrent, tout souillés qu'ils soient.

S'il s'agit d'une fracture de l'avant-bras ou du bras, on emploiera. après l'application de l'attelle brisée, un bandage fait avec un grand mouchoir, plié en fichu, dont les deux bouts extrêmes sont noués autour du cou. On forme ainsi une anse où le membre est appuyé et soutenu.

Pour les fractures de la colonne vertébrale, du bassin, des cuisses, des jambes, les soins à donner sont plus compliqués. Voici d'ordinaire comment les choses se passent :

Un ouvrier mineur est blessé durant son travail dans l'intérieur des mines; il est atteint d'une fracture de jambe ou de cuisse; ses camarades accourent, le relèvent; souvent le plus vigoureux d'entre eux le prend sur son dos et le conduit ainsi, à travers les galeries, à la recette du puits d'autres fois, on le porte à deux ; d'autres fois encore, on le place dans un wagonnet qui roule sur de petits rails plus ou moins bien agencés. Dans tous les cas, le membre est ballant, les fragments des os brisés se heurtent et déchirent les chairs. Arrivé à la recette du puits, on le place, tant bien que mal, dans la cage pour le remonter au jour ; on l'en retire, il faut ensuite l'installer dans une voiture ou sur une civière pour le conduire chez lui ou à l'hôpital, et enfin le mettre dans son lit.

Si l'on songe que toutes ces manœuvres se font tandis que le membre blessé est mal contenu ou non contenu, on s'imagine aisément les tortures du patient et les aggravations, quelquefois irréparables, qui en résultent.

M. le docteur Riembault, appelé journellement à constater les inconvénients de ces procédés, a fait construire un appareil destiné à relever et à transporter les blessés ; la manœuvre en est assez simple ; en une séance, des hommes de bonne volonté apprennent à le manier et à diriger les manœuvres qu'il exige, avec le concours d'ouvriers, les premiers venus, et qui, même, n'ont pas été exercés.

Règle générale, quand, dans les mines, un homme est atteint aux membres inférieurs, à la région vertébrale, au tronc, qu'il est incapable de se mouvoir, de se relever seul, il faut le laisser là où il est tombé ; à moins de circonstances exceptionnelles, comme une menace d'éboulement, ou d'un grave péril quelconque, ses camarades venus à son secours iront, les uns, avertir le chef mineur, d'autres, chercher l'appareil, d'autres enfin resteront auprès de lui.

On placera le blessé dans cet appareil, qui est une sorte de gouttière de Bonnet, montée sur un brancard. (Voir la manœuvre de l'appareil.)

PLAIES, HÉMORRHAGIES.

Plaies. — Même pansement que pour les brûlures ; on les enveloppe d'une couche épaisse de coton (coton hygroscopique, autant que possible), pour les soustraire à tous les contacts, notamment à l'action de l'air.

Hémorrhagies. — Quand la peau et les tissus sous-jacents ont été divisés, il se fait un écoulement de sang qui diminue rapidement et cesse même tout à fait au bout de quelques instants, à moins qu'un vaisseau important n'ait été ouvert. Dans ce dernier cas, l'écoulement persiste, il est abondant, il y a hémorrhagie.

Si la plaie qui donne du sang siège à la tête, au cou, sur le tronc, l'un des assistants appliquera les doigts sur la plaie, qu'il comprimera jusqu'à l'arrivée du médecin ; s'il est fatigué, il se fera remplacer par un autre, mais la compression ne doit pas cesser d'être exercée.

Si la plaie siège aux membres, comme cela a lieu le plus ordinairement, on a recours aux moyens suivants :

Membre supérieur. — Tout le sang du bras, de l'avant-bras et de la main vient d'une grosse artère qui traverse l'aisselle et passe à la partie interne et supérieure du bras, en côtoyant l'os pour descendre ensuite et s'enfoncer en se divisant dans les muscles de l'avant-bas. Si donc, en cet endroit, à la partie supérieure du bras, on établit une compression, l'artère est serrée contre l'os; son calibre s'efface, le sang ne passe plus; on peut s'en assurer en mettant le doigt sur le pouls (au poignet) qu'on suspend à volonté, en opérant cette compression.

Pour obtenir ce résultat, on emploie le tube en caoutchouc d'Esmark, du calibre du pouce environ, long de 90 centimètres, muni à l'un de ses bouts d'un crochet, et à l'autre d'une chaîne à anneaux. On enroule deux ou trois fois la partie supérieure du bras avec ce tube en serrant fortement, et l'on crochette; le sang s'arrête immédiatement si la compression est suffisante. Sinon, on l'augmente. Rien n'est plus simple et plus facile, il n'est pas nécessaire de dépouiller le blessé de ses vêtements.

Membre inférieur. — Pour le membre inférieur, le procédé n'est guère plus compliqué; l'artère qui nourrit la cuisse, la jambe et le pied sort du ventre, arrive à l'aine, où elle est située superficiellement et pour ainsi dire couchée sur un os. C'est là qu'elle est accessible à la compression. On appliquera donc dans la direction de l'aine une compresse graduée, longue de 15 centimètres, épaisse de 5 centimètres, ou mieux un morceau de caoutchouc ayant la même forme, ou simplement un mouchoir de poche roulé et ficelé, formant un tampon épais et dur, qui sera maintenu en place et comprimé par le tube en caoutchouc.

Le tube en caoutchouc devra être long de 1^m,50; à la rigueur, celui de 90 centimètres, qu'on emploie pour la ligature du bras, pourra suffire, à la condition d'ajouter une ficelle à la chaîne pour l'allonger (une ficelle double avec des nœuds pour fixer le crochet). Voici comment on le place:

Si c'est à l'aine droite qu'il faut opérer la compression, on appliquera le bout du tube terminé par le crochet vers la hanche gauche, et on fera maintenir fermement par un aide. Il sera nécessaire de lier énergiquement. Le tube passe obliquement sur le tampon, descend sur la partie externe de la cuisse, s'engage dans le pli fessier, apparaît à la partie interne et supérieure de la cuisse, remonte, gagne le tampon, croise son bout initial en formant un X, arrive vers la hanche droite, contourne les lombes et revient vers la hanche gauche, qui est le point de départ où s'opère l'accrochement.

Il ne faut pas craindre de distendre fortement le tube, afin de déterminer une pression énergique. Quand cet appareil est appliqué et que l'hémorrhagie est arrêtée, on entoure la plaie de coton; on peut alors faire remonter au jour le blessé, mais avec les plus grandes précautions et en lui tenant la tête déclive; il a perdu du sang, il est faible, il ne faut pas l'exposer à des mouvements qui pourraient déranger le pansement et renouveler le danger. On le placera sur le brancard, comme s'il avait une cuisse ou une jambe cassée et l'on aura recours à la manœuvre ordinaire.

MINES DE PLOMB, DE CUIVRE, ETC.

Nous ne nous sommes occupé jusqu'ici que des mines de houille : cela tient à ce qu'on y observe presque tous les accidents que peuvent occasionner les différentes mines exploitées en France, et aussi d'autres qui leur sont spéciaux (explosions de grisou). Nous avons donc, par le fait, indiqué des préceptes pour tous les cas pouvant se présenter dans les différentes mines. Ainsi, les accidents provenant d'éboulements (qui sont les plus fréquents) produisent des contusions, des plaies, des fractures; or, ces contusions, plaies et fractures réclament les mêmes secours dans une mine de cuivre ou de fer que dans une mine de houille.

Nous n'avons à indiquer ici que les soins qui présentent un caractère d'urgence. Dans les mines de plomb, les ouvriers peuvent subir l'intoxication saturnine. Cependant, c'est plutôt en traitant qu'en extrayant les minerais, qu'ils sont exposés à l'intoxication. Toutefois par l'altération à l'air, les minerais sont susceptibles de donner des sulfates pulvérulents, solubles, absorbables, par conséquent toxiques. Mais cette intoxication est généralement lente; en tout cas, elle n'offre pas de danger immédiat et exige un traitement suivi, méthodique, que le médecin seul peut prescrire et diriger et que nous n'avons pas à indiquer ici.

Nous ne parlerons pas non plus des moyens préventifs qu'on emploie dans ces exploitations, moyens divers, variés, qu'on s'ingénie sans cesse à rendre plus efficaces, qui méritent d'être aujourd'hui recommandés, et demain, grâce au progrès, délaissés pour de meilleurs.

L'étude de ces questions de prophylaxie ne saurait être trop encouragée, mais elle n'entre pas dans le cadre de cette *instruction*.

Il en est de même pour les mines de cuivre; les minerais de cuivre, par l'altération de l'air, sont susceptibles de donner des sulfates solubles qui, en contact avec la peau, l'irritent et la corrodent. Ces inconvénients, analogues à ceux qu'on observe dans certaines houillères qui contiennent des pyrites de fer, sont peu graves et ne doivent pas nous arrêter.

En France et en Algérie, on n'exploite pas de mines de métaux éminemment toxiques, comme l'arsenic ou le nickel et le cobalt, qui contiennent presque toujours des arséniures.

Il n'y a pas non plus de mines de mercure.

Nous donnons ici un tableau faisant connaître le nombre des mines exploitées en France et en Algérie. Ce tableau est suivi de la composition de la boîte de secours et de l'état des médicaments qui doivent se trouver près des mines.

Tableau des mines exploitées en France et en Algérie.

	Nombre des mines.	Nombre des ouvriers employés.
Houille, anthracite, lignite	328	108.000
Minerais de fer	94	12.000
Sel gemme	20	1.250
Bitume	23	500

Métaux divers.

Plomb, zinc, argent	29		
Cuivre	13		
Étain	2	60	5.500
Antimoine	3		
Manganèse	7		
Pyrite de fer (pour soufre)	6		

BOITES DE SECOURS.

Deux tubes en caoutchouc.
Coton hygroscopique, 5 kilogrammes.
Vingt bandes de dimensions différentes.
Une paire de ciseaux à pointes mousses.
Une pièce de flanelle de 10 mètres.
Deux flacons d'ammoniaque liquide.
Un litre d'eau-de-vie.
Deux litres d'alcool camphré.
Un litre de teinture d'arnica.
Deux litres d'huile d'amandes douces.
Deux litres d'eau de chaux.
Un verre.
Une cuiller de fer étamé.
Une canule munie d'un soufflet, propre à être introduite dans les narines.
Une canule en gomme élastique.
Un irrigateur Éguisier.
Tartre stibié, dix paquets de 5 centigrammes chacun.
Sulfate de soude, 1 kilogramme.
Noir animal, 1 kilogramme.
Dix attelles brisées de dimensions différentes.
Acide phénique, $1/2$ litre.
Un rouleau sparadrap.
Une boîte sinapisme Rigollot.
Perchlorure de fer liquide, $1/2$ litre.
Un appareil à fabriquer l'oxygène avec un sac en caoutchouc.

Etat des médicaments qui doivent se trouver près des mines et usines éloignées d'une officine pharmaceutique.

Acide phénique.	Baume du commandeur.
Éther sulfurique.	Laudanum (Sydenham).
Alcool camphré.	Perchlorure de fer liquide.
Huile d'amandes douces.	Sous-acétate de plomb liquide.
Eau de chaux.	Teinture d'iode.

Coton hygroscopique.	Magnésie calcinée.
Bandes.	Sulfate de soude.
Ammoniaque liquide.	Ipécacuanha.
Sparadrap.	Sous-nitrate de bismuth.
Cérat.	Chlorate de potasse.
Onguent mercuriel.	Calomel.
Nitrate d'argent.	Kermès.
Pastilles de potasse caustique.	Cognac.
Créosote.	Alcool de menthe.
Sulfate de quinine.	Fleurs pectorales.
Extrait thébaïque.	Fleurs de camomille.
Extrait de belladone.	Feuilles de mélisse.
Gomme arabique.	Fleurs de tilleul.
Tartre stibié.	Sulfate de cuivre.
Noir animal.	Farine de lin.
Bromure de potassium.	Sinapismes Rigollot.
Toile vésicante de Le Perdriel.	Ergotine.

Nous croyons devoir terminer ce rapport en résumant les principaux moyens qui doivent être conseillés en cas d'accident dans les mines. C'est là une sorte d'instruction populaire qu'il serait utile de répandre à un grand nombre d'exemplaires, et d'afficher partout dans les galeries de mines, de telle façon que les ouvriers l'eussent toujours à leur disposition.

RÉSUMÉ DES SECOURS A DONNER DANS LES CAS D'ACCIDENT DANS LES MINES

Secours aux asphyxiés.

L'asphyxie est toujours facile à reconnaître ; il y a cessation subite de la respiration, des battements du cœur, du mouvement et de toutes les fonctions sensitives. Le visage se gonfle et se marque de taches rougeâtres ; les yeux deviennent saillants ; les traits se décomposent et la face est souvent livide.

Quelle que soit la cause de l'asphyxie, l'indication générale à suivre est de fournir l'oxygène qui manque.

1° On soustraira l'asphyxié à l'action des gaz délétères ; on le transportera en plein air ou dans un lieu bien aéré ;

2° On lui projettera, avec force, de l'eau froide sur la figure ;

3° On placera sous le nez un flacon d'ammoniaque ;

4° On déshabillera l'asphyxié et on lui fera rapidement quelques aspersions d'eau froide sur tout le corps ;

5° Immédiatement après, on fera des frictions, longtemps continuées sur toute la surface du corps et notamment sous les clavicules ;

6° L'asphyxié étant couché sur le dos, une personne, placée en avant de l'asphyxié et pour ainsi dire à cheval sur lui, élèvera et abaissera successivement ses bras.

Il faut continuer longtemps, très longtemps l'emploi de ces moyens, autant que possible jusqu'à l'arrivée du médecin. Souvent, *dans des cas qui paraissaient désespérés, on a pu, à force de persévérance, ranimer les asphyxiés.* On entend un léger soupir qui se renouvelle au bout de quelques minutes, et la respiration, ainsi que la circulation, reprennent leur cours.

Aussitôt que le malade donne un premier signe de vie, on le place dans un lit chaud, on lui fait avaler quelques cuillerées d'eau mêlée avec de l'eau-de-vie ou du rhum, et l'on a soin d'aérer convenablement la chambre où il repose.

Secours aux brûlés.

Voici la conduite à tenir :

1° Le pansement devra être fait dans la mine, ou tout au moins dans la chambre de la machine du puits;

2° On enlèvera ce qui reste de vêtements, en les coupant avec des ciseaux;

3° On ne cherchera pas à enlever la poudre de charbon qui recouvre le corps, elle n'est pas nuisible. Il n'en est pas de même des petits grains de charbon anguleux, de dimension variable. Ces grains devront être enlevés un à un, soit avec un cure-dents, soit avec un instrument analogue : une allumette taillée en pointe, par exemple. Cette espèce d'épluchement sera fait minutieusement; un corps étranger de cette nature, de cette forme, que la pression d'un bandage enfonce dans la peau enflammée, causerait des douleurs intolérables.

4° On ne lavera pas les plaies; on les enduira d'une couche d'huile d'olive ou d'amandes douces, et l'on enveloppera le malade de coton ouaté; on en applique une triple ou quadruple couche sur la poitrine, couche suffisamment large pour couvrir les flancs; on agit de même pour les bras, le dos, etc... Le tout est assujetti par quelques tours de bande; il ne faut pas craindre de serrer fort : le coton se tasse.

Soins à donner dans le cas de fractures.

Il faut se préoccuper surtout d'obtenir l'immobilité, afin de calmer la douleur et d'empêcher les fragments osseux de déchirer les tissus. On ne devra pas exercer de traction, dans le but d'obtenir la réduction des fractures avant l'arrivée du médecin; et il ne faudra pas non plus dépouiller le membre atteint des vêtements qui le recouvrent, tout souillés qu'ils soient.

On appliquera des attelles sur le membre fracturé, en l'enveloppant presque entièrement; elles seront maintenues par quelques tours de bande.

S'il s'agit de fractures de l'avant-bras ou du bras, on emploiera, après l'application de l'attelle brisée, un bandage fait avec un grand mouchoir, plié en fichu, dont les deux bouts extrêmes sont noués autour du cou. On forme ainsi une anse où le membre est appuyé et soutenu.

Pour les fractures de la colonne vertébrale, du bassin, des cuisses, des jambes, on placera le blessé dans l'appareil Riembault, qui est une sorte de gouttière Bonnet, montée sur un brancard.

Secours à donner en cas de plaies.

Le pansement sera le même que pour les brûlures; on enveloppe la plaie d'une couche épaisse de coton pour la soustraire à tous les contacts, notamment à l'action de l'air.

Secours à donner en cas d'hémorrhagie.

Si la plaie qui donne du sang siège à la tête, au cœur, sur le tronc, l'un des assistants appliquera les doigts sur la plaie, qu'il comprimera jusqu'à l'arrivée du médecin; s'il est fatigué, il se fera remplacer par un autre, mais la compression ne doit pas cesser d'être exercée.

Si la plaie siège aux membres, on établit une compression à l'aide du tube en caoutchouc d'Esmark. On enroule deux ou trois fois la partie supérieure du membre avec ce tube en serrant fortement, et l'on crochette. Le sang s'arrête immédiatement si la compression est suffisante; sinon, on l'augmente. Il n'est pas nécessaire de dépouiller le blessé de ses vêtements.

On peut alors le faire remonter au jour, mais avec les plus grandes précautions et en lui maintenant la tête déclive. Pour cela, on l'a placé sur le brancard, comme s'il avait une cuisse ou une jambe cassée.

Les conclusions de ce rapport, mises aux voix, sont adoptées par l'Académie.

Paris. — Imprimerie Arnous de Rivière, rue Racine, 26.

A LA MÊME LIBRAIRIE

DICTIONNAIRE ADMINISTRATIF

DES

TRAVAUX PUBLICS

Donnant, à chaque mot : — 1° le texte des lois, décrets et règlements y relatifs ; — 2° un commentaire de ce texte avec les circulaires ministérielles correspondantes ; — 3° le sommaire et, pour les cas importants, le texte complet des principaux arrêts sur la matière ;

ET TERMINÉ PAR TROIS TABLES :

Table I. — Table chronologique des édits, lois, décrets, ordonnances et arrêtés réglementaires.

Table II. — Table chronologique des circulaires et instructions ministérielles.

Table III. — Table analytique des matières.

PAR

A. DEBAUVE

INGÉNIEUR DES PONTS ET CHAUSSÉES

2 forts volumes grand in-8°, à 2 colonnes

PRIX : **40** FRANCS